云南经济年鉴 2008

YUNNAN ECONOMIC YEARBOOK

云南省人民政府研究室
云南经济年鉴编辑委员会

线装书局

图书在版编目（CIP）数据

云南经济年鉴.2008 / 童志云，杨士吉，许太琴主编.
北京：线装书局，2008.11
ISBN 978-7-80106-856-9

Ⅰ.云… Ⅱ.①童…②杨…③许… Ⅲ.地区经济-云南省-2008-年鉴 Ⅳ.F127.74-54

中国版本图书馆CIP数据核字（2008）第162932号

云南经济年鉴（2008）

主　　管：云南省人民政府研究室
主　　办：云南省人民政府研究室
　　　　　云南经济年鉴编辑委员会
主　　编：童志云　杨士吉　许太琴
责任编辑：易　行　高晓彬
出版发行：线装书局
地　　址：北京市鼓楼西大街41号
邮　　编：100009
网　　址：www.xzhbc.com
经　　销：新华书店北京发行所
印　　刷：昆明鹰达印刷有限公司
开　　本：889mm×1194mm　1/16
印　　张：30
字　　数：1000千字
版　　次：2008年11月第1版　2008年11月第1次印刷
书　　号：ISBN 978-7-80106-856-9
定　　价：380.00元
广告许可证号：京西工商广字第8011号（1-1）

七彩云南保护行动启动仪式

2007年2月1日，云南省“七彩云南保护行动”启动仪式在昆明世博园举行　　黄喆春　摄

昆明新机场奠基仪式暨建设动员大会

2007年2月11日，昆明新机场奠基仪式暨建设动员大会在呈贡大板桥镇举行　　黄喆春　摄

昆明新机场奠基仪式　　黄喆春　摄

全民节能云南在行动启动仪式

2007年9月12日，“全民节能云南在行动”启动仪式在昆明国贸中心隆重举行　　黄喆春　摄

第二届中国云南普洱茶国际博览交易会

2007年10月12日，第二届中国云南普洱茶国际博览交易会在昆明举行　　黄喆春　摄

第二届中国云南普洱茶国际博览交易会会场　　黄喆春　摄

东航开通昆明——加尔各答国际航线

2007年10月30日，中国东方航空云南分公司开通昆明-加尔各答国际航线　　黄喆春　摄

中国国际旅游交易会

2007年11月1日，中国国际旅游交易会在昆明举行　　黄喆春　摄

中国国际旅游交易会会场一角　黄喆春　摄

滇西北生物多样性保护会

云南省人民政府滇西北生物多样性保护会议在丽江举行，省长秦光荣在会上讲话　　黄喆春　摄

2008年2月20日，云南省人民政府滇西北生物多样性保护会在丽江举行　　黄喆春　摄

滇西北生物多样性保护会会场　　黄喆春　摄

省长秦光荣为滇西北生物多样性保护会揭幕　　黄喆春　摄

昆曼国际大通道中国段通车仪式

2008年3月21日，昆曼国际大通道中国路段全线贯通仪式 黄喆春 摄

昆曼国际大通道中国段通车 黄喆春 摄

第16届中国昆明进出口商品交易会

2008年6月6日，省长秦光荣在第16届中国昆明进出口商品交易会上致词 黄喆春 摄

第16届中国昆明进出口商品交易会会场 黄喆春 摄

2008年6月6日，第16届中国昆明进出口商品交易会开幕仪式 黄喆春 摄

第三届中国——南亚商务论坛

2008年6月5日，第三届中国-南亚商务论坛在昆明开幕　　黄喆春　摄

2008年6月5日，中国-南亚商务论坛 GMS经济走廊论坛　　黄喆春　摄

2008年6月5日，中国-南亚商务论坛　　黄喆春　摄

奥运火炬昆明传递

2008年6月9日，奥运火炬昆明传递　　黄喆春　摄

白恩培从欧阳坚手中接过火炬　　周明佳　摄

仇和从秦光荣手中接过火炬　　周明佳　摄

秦光荣从老挝副总理宋沙瓦·凌沙瓦（右）手中接过火炬　　周明佳　摄

第一棒火炬手钟焕娣　　周明佳　摄

“北京奥运会非常好，我要祝愿北京奥运会成功！”年仅6岁的拉桑卓玛（中）和来自迪庆香格里拉的藏族同胞以独特的方式祈福北京奥运会圆满成功　　徐　雁　摄

来自哥伦比亚的火炬手参加火炬传递　　徐　雁　摄

奥运火炬丽江传递

2008年6月10日，秦光荣进行火距交接　　顾　彬　摄

奥运火炬在丽江传递　　顾　彬　摄

奥运火炬迪庆传递

在火炬传递终点——普达措国家公园，北京奥组委执行副主席蒋效愚（左）代表北京奥组委向迪庆州州委副书记李邑飞（右）赠送火炬和证书　　杨志刚　摄

2008年6月11日，北京奥运圣火传递到迪庆藏族自治州香格里拉县　杨志刚　摄

6月11日，北京奥运圣火“祥云”境内传递在第一个藏区——云南省迪庆藏族自治州香格里拉体育中心举行起跑仪式。图为各族群众挥舞着国旗和奥运会会旗，欢呼火炬开始传递　　杨志刚　摄

云南风光

官渡古镇

修葺一新的牌坊　　许太琴　摄

官渡古镇位于昆明市东南，滇池东岸，距离市中心约8千米，古称“蜗洞”。历史上的官渡，是一个滇池往来泊船的重要渡口，也是通往滇南交通要道上一个政治、经济、文化较为发达的集镇。这里分布着较多的古建筑、佛寺、阁楼、庙宇，俗称“六寺、七阁、八庙”，还有各级文物保护单位10余处。修建于公元1457年的金刚塔是我国现存最早建造、保存最完好的金刚宝座式石塔。

距今已有一千多年历史的官渡古镇，至今古色古香，民风淳朴，完整地保存了昆明地方传统历史文化风貌，紧锣密鼓的古镇恢复工程将把它昔日的繁华重彩呈现。

绿色掩映　　许太琴　摄

金刚塔　　许太琴　摄

古镇一角　　许太琴　摄

云南风光

彝人古镇

彝人古镇位于云南楚雄市经济技术开发区永安大道以北、太阳历公园以西、龙川江以东、楚大高速公路以南。占地约1740亩，总建筑面积100万平方米，总投资25亿元。彝人古镇是以古建筑为平台、彝文化为“灵魂”的大型文化旅游地产项目。

桃花溪　　许太琴　摄

彝人古镇共有七坊五十苑（浦）。整个古镇形似一个大围合，四合院式的民居建筑，突出了中国传统文化向内聚集的典型特征。古镇北边有一条小溪，横贯东西，两旁是竹林、芭蕉林，25 米宽的绿化带叫竹溪大道。镇中东西走向的主水体叫桃花溪，溪水潺潺流向古镇的主要街道和各个院落。这在全国的商住小区中是罕见的。尤其是在“滇中干旱区”的楚雄，更是难能可贵。

有人说，彝人古镇是“浓缩了一个彝族，乔迁了一段江南”。

夜幕下的古镇　　许太琴　摄

彝人古镇　　许太琴　摄

整齐的街道　　许太琴　摄

小桥流水人家　　许太琴　摄

云南风光

入滇第一关——胜境关

胜境关位于曲靖市富源县城东约8千米处，是由黔入滇必经之路，有“全滇锁钥”之称。自元代以来，胜境关就是中原内地入云南最重要的通道，被称作“入滇第一关”。胜境关不仅是文化积淀厚重的历史见证，也是自然气候的分界线，故有“山界滇域、岭划黔疆，风雨判云贵”的说法。在这雄奇界关上，不仅有以天为界的牌坊，以气候为界的石狮子，而且还有以地为界的小溪，以色为界的泥土。胜境关的界坊在研究滇黔两省的气象方面有一定的科学价值。此外，明代地理学家徐霞客考察盘江源流时也曾云游至此，杨升庵、林则徐都曾在此登临挥毫……

胜境坊　　许太琴　摄

胜境关　　许太琴　摄

入滇“五尺道”　　许太琴　摄

胜境坊牌楼　　许太琴　摄

探寻古典 激发当代
云南省文史研究馆

云南省文史研究馆是云南省人民政府领导下具有统战性、荣誉性的文史研究事业单位，通过礼聘省内一批造诣精深的文史学者、艺术家为馆员，开展文史稽研，书画创作和海外联谊工作。1954年7月24日成立以来，先后礼聘书画艺术家、文史学者239人，2008年有馆员48人。现任馆长何宣，副馆长苏建华、冯岫岭、张勇、张亚平。下设办公室、文史处、编辑部、宣传联络处4个处室，并新成立云南书画院和云南国学研究会，以推动边疆文化艺术的繁荣。

历史文化名人周钟岳纪念活动展览

学术报告会

云南省文史研究馆一直致力于传承优秀文化，并为此做了许多卓有成效的工作。建国初，为配合经济建设的需要，该馆组织编撰了《云南矿产史料汇编》、《明实录有关云南史料汇编》、《清实录有关云南史料汇编》，并组织撰写了大量三亲史料。改革开放以来，文史研究馆事业焕发新生，1985年创办《云南文史丛刊》季刊， 2002年更名为《云南文史》，至2007年已出刊95期。通过多年工作，积累学术，繁荣艺术，在文化界享有良好声誉，在全省内刊评比中，2007年荣获一等奖第一名，为期刊界所称道。近年还组织出版《云南历史文化名人录》、《云翰撷英——云南省文史研究馆馆员书画集》、《云南史话》、《先生之风》等图书。

自2002年起省文史研究馆启动云南历史文化名人研究。至2007年已经举办过袁嘉谷、赵藩、李根源、高奣映、钱南园、周钟岳等的研究。出版了云南历史文化丛书系列之《赵藩纪念文集》、《李根源纪念文集》、《高奣映研究文集》、《钱南园研究文集》、《钱南园诗文校注》、《钱南园书画集》、《周钟岳研究文集》。2008年还将进行楚图南、周体仁的研究，把云南历史文化名人的研究继续推进。

“云南文史论坛”是一个长期性的学术文化讲坛，近年已开展了涉及文史、艺术、哲学等各个领域的讲座20余次。2008年又举办“国学在云南”的专题系列讲座，继续把中国优秀传统文化推介到人民群众之中。

云南省文史研究馆以整理地方文献为己任，在省政府支持下确定整理重印的《云南丛书》将于2009年出版。该项

庆祝十七大会议召开——云南省文史研究馆馆员书画展

目因其重要的学术史料价值，已被列入国家古籍整理“十一五”规划重点项目。

云南省文史馆与泰国法政大学在人类学研究领域建立了长期的合作，进行文化交流，取得了一些成果。

2008年举办“庆祝中国共产党第十七次代表大会胜利召开书画展”、“彩云之南——全国文史研究馆书画联展”。

在今后的发展中，云南省文史研究馆将继续努力，探寻古典，激发当代，在政通人和、国富民强的新的历史时期为社会主义文化建设贡献更大的力量。

为奥运加油

群贤毕至

钱南园学术研讨会

云南食品药品监督局

2007年，云南省食品药品监督局以科学发展观总揽全局，以确保公众饮食用药安全为首要任务。不断加大执法监督力度，强化案件查办，有力地维护了药械市场秩序。全年共出动执法人员17.5万人次，比上年增加5.2万人次，查处假劣药械案件8942起，比上年增加1940起；涉案货值金额2029万元，是上年的2倍；罚没收入上缴国库金额2416万元，比上年增长21.7%；取缔无证经营573户，销毁假劣过期失效药械货值金额1774万元。

国家食品药品监督管理局局长邵明立（右三）在云南省局局长孙学明（右二）的陪同下对云南食品药品监管工作进行调研

2007年，省政府与各州、市政府签订食品安全工作目标责任书；省食品安全委员会办公室与各食品安全成员单位签订食品安全工作目标责任书。将食品安全工作的组织领导、制度建设、监督管理、保障措施、技术指标等纳入考核内容。同时，各州市政府均将目标责任分解到县政府，县政府又分解到乡镇，多数乡镇还分解到村委会、街道办事处。层层签订目标责任书，食品安全责任得到有效落实。随后出台《云南省2007年实施食品放心工程工作方案》。至2007年底，全省各州、市、县政府共为各级食品安全委员会及其办公室安排工作经费1500余万元，食品安全“三纳入”（纳入年初工作目标、纳入财政预算、纳入年终考核）、“五到位”（机构、人员、责任、经费、措施到位）得到有效落实，保证了食品安全工作的顺利开展。

云南省委常委、省政府副省长李江（左一）在云南省食品药品监督管理局局长孙学明（右一）、党组书记张笑春（左二）的陪同下，深入食品药品监管系统进行调研

2007年，为探索食品安全长效机制，省政府还决定对16州市政府所在地，各州市确定1~2个县，开展食品放心工程综合评价，对粮食制品、蛋制品、奶制品、猪肉四类食品进行安全性调查与评价工作，同时抽检了植物油、香肠、火腿肠、咸蛋、大米、米线、婴幼儿奶粉等10个重点品种的安全性调查与评价工作。共采集粮食制品样品360批，牛奶样品154批，猪肉样品120批。

泛珠三角九省区食品药品监管合作第四届联席会在云南召开，会议促进了区域一体化的发展，搭建起了区域间沟通、协调、交流的服务平台

2007年，全省共核查药品593个品种，完成比例达100%。其中，包括国家局抽查10个品种；确定497个，占已核查总数84%；撤回96个，占已核查总数16.2%；补充资料12个，占已核查总数2%；在规定时间内完成了全省药品注册现场核查目标任务。严把药品注册申请第一关，规范了药品注册行

云南省食品安全委员会与丽江市政府，联合开展了包括省级8个部门在内，近500人参加的重大食品安全事故应急预案演练

云南省局与昆明市局连续四年举办了家庭小药箱大检查活动，提高了人民群众饮食用药安全意识

为，确保从源头上保障公众用药安全。

2007年，全省共受理新药注册申请28件。其中创新药15件，改剂型13件。在15件创新药中，有2个中药5类品种，有7个中药6类品种。中药5类品种叶下珠总多酚片和叶下珠总多酚胶囊获得新药临床批件，益脉康胶囊（中药9类）获生产批件。

根据国家局的要求，于2007年4月制定《云南省驻药品生产企业监督制度（试行）实施方案》，部署全省高风险生产企业驻厂监督员派驻工作。至6月30日，已向全省26家高风险企业（含2家疫苗生产企业）派驻监督员52人，做到了人员到位、经费到位、监督到位。全省26家注射剂类药品生产企业全部签订了《药品生产质量承诺书》、《法定代表人质量授权书》，并向社会公开承诺依法生产，绝不生产假药、劣药。

2007年，云南省各级安监部门对药品生产企业建立了“一企一档”的日常监管档案，对企业信用等级进行综合评价，实行分类管理。对信用等级较低的企业加大监督检查力度，增加检查频次。同时，建立违法违规生产企业“黑名单”制度，加大对违法违规企业的曝光和处罚力度，完善了监管机制。

2007年，在整顿和规范药品市场秩序专项行动中，全省确立了对重点地区、重点环节进行重点监管的工作思路，将经济相对发达的地区和人口相对集中、药品购销相对活跃的地区作为重点监管地区，将药品购进、验收等影响药品质量的关键环节作为重点环节，加大整治力度。坚持“日常监管常抓不懈，专项检查突出重点，整顿与规范并举，处罚与教育相结合，着力在建立长效机制上下功夫”的原则，把专项整治与日常监管相结合，先后开展了药品储存条件、人血白蛋白、疫苗、医药器械等专项检查，对管理相对人执行药品、医疗器械的购进、验收、养护、销售、使用制度及完善记录等方面进行全面整治，严厉打击制售假劣药品，不按规定执行药品购进、验收、养护等违法违规行为，从而促进了药械经营秩序进一步好转。

为严厉惩治虚假违法药品广告，降低药品广告违法率，根据2007年5月1日施行的《药品广告审查办法》有关要求，及时制定药品广告审查制度，严格审批和备案广告。全年共审批药品广告425个、器械广告4个，备案药品广告738个、器械广告173个。先后移交工商部门处理的违法广告127个，还对67个违法广告药品实行“下柜”，停止在云南省范围销售等行政强制措施，并撤销了5个违法广告的批准文号。

执法人员对食品药品安全进行检查

中国农业银行云南省分行

中国农业银行云南省分行党委书记、行长字如钧

中国农业银行云南省分行领导：行长字如钧（中）、纪委书记吴佩锋（右二）、副行长刘文彬（左二）、副行长杨光廷（右一）、行长助理沈锐（左一）

云南农行向援建小学献爱心

2007年，农行云南省分行在云南省委、省政府和总行党委的正确领导下，坚持以邓小平理论和“三个代表”重要思想为指导，深入贯彻落实科学发展观，紧紧围绕“改革、发展、控险”三大主题，积极实施“发展、控险、创新、强管、提质、增效”的业务经营方针，着力推进经营战略转型，建立健全风险防控机制，有力推动全行各项业务经营实现速度、结构、质量、效益的协调统一发展。

截至2007年年末，全省农行人民币各项存、贷款余额分别达1464.14亿元和1114.69亿元，分别较年初增加165.4亿元和124亿元，存、贷款存量与增量市场份额均居省内四大国有商业银行之首。实现经营利润31.78亿元，同比增加12.26亿元。新增贷款的95.89%投向了电力、冶金、烟草等优势行业以及个人住房按揭贷款等低风险业务，信贷结构更趋合理。与此同时，全行经营战略转型迈出了新的步伐，银行卡、保险代理、网上银行等业务在全省保持了较好的同业竞争优势。

2007年是农业银行按照“面向‘三农’、整体改制、商业运作、择机上市”的总体原则全面启动股份制改革最为关键的一年。通过认真筹备，精心安排，较好地完成了股改各项基础工作，改革发展基础进一步夯实。同时，按照总行提出的“面向三农、以县域为基础、城乡联动、农工商综合经营”的市场定位，通过深入基层广泛开展调研，研究制定了《关于面向“三农”加大对县域经济支持的意见》，进一步明确了县域信贷支持的重点，完善了金融服务的功能，增强了县级支行经营的活力。并根据中央金融工作会议及省委省政府加强农村金融工作的新要求，在认真总结前几年金融服务“三农”各项工作的基础上，与省农业厅联合下发《继续实施并提升金融服务“三农”工作的意见》，确定了2007~2010年云南分行继续深入做好金融服务“三农”的总体要求和总体目标，切实加大了对县域经济的支持力度。截至2007年12月末，全行涉农贷款余额为388.06亿元，累计发放158.51亿元，同比多放645万元；县域贷款余额为804.78亿元，较年初增加97.95亿元，累计投放463.61亿元，占全行各项贷款累放数的64%，有力支持了全省特色资源开发、农业产业化、农村城镇化及农村基础设施建设的发展，为云南全面建设小康社会作出积极贡献。

在业务发展进程中，为实现业务经营从“规模效益型”向“质量效益型”转变，云南分行提升了经营层次，缩短了经营链条，尤其对总行确定的重点优良客户，积极实施上下联动，进一步提高了省分行对总行营销工作的响应速度和执行能力。在工作中，云南分行积极探索拓展优质小企业和个人资产业务的新思路，建立并完善了符合小企业特点的经营管理、业务运作、产品服务体系及相关制度。并进一步强化了中间业务与资产业务联动营销、本外币一体化营销的经营意识，有效提高了综合金融服务水平。同时，云南分行认真分析内控管理情况，仔细查找风险隐患，及时采取针对性措施，着力强化了内控管理，促进和保障了全行业务经营健康、持续发展。

为进一步增强全行经营活力，促进全行可持续发展，云南分行进一步完善了综合绩效考评。以人均经济增加值指标代替人均利润指标，突出了价值考核的核心地位。细化了中间业务收入含量指标，体现了中间业务与资产业务联动发展的经营理念，提升了资产回报中的无风险价值含量。加大了对内控合规的考核力度，凸显了内控管理在业务经营中的重要地位。在财务资源配置上，云南分行积极推进网点改造建设，2007年累计投资建设骨干网点20个，改造县域网点192个，大力提升了农行服务“三农”的社会形象。在人力资源改革上，云南分行进一步突出了网点布局的优化、服务设施的改善及服务水平的提高，有效提高网点单产效益。在收入分配制度改革上，适度向基层倾斜，并有效发挥工资分配的直接激励作用和对业务发展的杠杆、导向作用，进一步激发了经营行活力，充分调动了全行员工的工作积极性和主动性。

云南农行支持的旅游项目之一

云南农行布点昆明呈贡新区

云南农行支持的公路建设项目之一

云南农行领导到基层进行调研和项目考察

云南农行支持的技改项目之一

云南农行支持的电力项目之一

云南农行支持的农业产业之一

魅力城市——丽江市

丽江古城夜景

2007年，丽江市全面贯彻落实科学发展观，加大改革开放步伐，进一步优化经济结构，切实转变经济发展方式，加快国际旅游胜地、生态产业发展基地、清洁能源基地建设，经济发展迈上新台阶。全市实现生产总值（GDP）84.82亿元，增长13.9%，加快1个百分点。其中，第一产业增加值18.45亿元，增长6.5%；第二产业增加值28.03亿元，增长20.3%；第三产业增加值38.34亿元，增长13.2%。

2007年，全市农业结构继续优化，农业综合生产能力进一步提高，农业农村经济稳步发展。完成农业总产值30.44亿元，增长9.6%。其中，粮食总产量达41.02万吨，增长0.1%。新增高稳产农田10000亩、基本农田5000亩，解决4万人的饮水安全问题。投入各类扶贫资金2.07亿元，完成211个村的整体推进项目和1300名贫困人口的异地搬迁工作，减少贫困人口5万人。完成农村劳动力转移培训2.06万人，新增转移农村劳动力2.74万人，实现转移收入

德国总统霍斯特克勒访问丽江古城

3.36亿元，增长31.7%。

2007年，全市完成工业总产值45.32亿元，增长26.3%。其中，规模以上工业总产值29.8亿元，增长29.6%。完成工业增加值16.16亿元，增长20.4%；实现利税3.9亿元，增长26.6%。企业亏损面下降11.47个百分点。

友好往来

2007年，全市完成全社会固定资产投资88.65亿元，增长25.2%。其中，城镇投资84.74亿元，增长22.9%；农村投资3.91亿元，增长108.4%，占全社会投资的比重为4.4%，上升1.8个百分点。全社会固定资产投资中，第一产业投资完成3.63亿元，增长127.4%；第二产业投资完成39.74亿元，增长26.8%；第三产业投资45.27亿元，增长19.6%。

2007年，全市非公有经济实现增加值40.35亿元，增长21.5%；对现价GDP增长的贡献率为49%，占GDP比重为47.6%；提高0.3个百分点。新增私营企业249户，增长17.9%；新发展个体工商户1044户，增长4.3%。

全市完成第三产业增加值38.34亿元，增长13.2%，对经济增长的贡献率为43.9%，拉动全市GDP增长6.1个百分点。实现城镇消费品零售额17.23亿

连片种植的丽江雪桃

推进新型工业化发展进程

元，增长26.7%；农村（县以下）消费品零售额5.27亿元，增长11%。全年完成公路货运量853万吨，公路货物周转量12.12亿吨千米，增长1.8%；民航货邮运输量1.05万吨，增长26.1%；完成公路客运量710万人次，增长13.6%；公路旅客周转量8.17亿人千米，增长15.4%；民航客运量190.62万人次，增长23.8%。完成邮电业务总量12971万元，增长15.7%；电话普及率达到49.59部/百人，每百人净增1.87部。

全市金融机构人民币各项存款余额为138.05亿元，增长18.7%；各项贷款余额为105.87亿元，增长11.7%。商业性保险机构全年保费收入22768万元，增长13.5%。

全市进出口总值达1715万美元，增长18%，其中，出口1712万美元，增长19.1%。外商投资项目到位资金1872万美元，增长5.2%。实施国内合作项目179项，到位资金45.1亿元，增长15%。

全市共接待海内外游客530.93万人次，增长15.4%。实现旅游业总收入58.24亿元，增长25.8%。其中，旅游外汇收入1.19亿美元，增长34.9%；国内旅游收入49.32亿元，增长26.6%。

全市财政预算安排科技支出2733万元，增长59.5%。有7项科技成果获省级以上科技进步奖。

新型农村合作医疗制度顺利推进，实际参加农村合作医疗农民81.92万人，参合率83.2%。全市医疗卫生机构100个，卫生技术人员3338人，增长16%。

全市总人口121.6万人，增长0.2%。全市全社会从业人员66.74万人，增加0.67万人。城镇下岗失业人员再就业1715人，困难就业人员再就业336人，年末城镇登记失业率为3.2%，低于控制目标1.3个百分点。累计对外劳务输出6.83万人，新增2.18万人。农村社会养老保险制度积极推进，参保人数达3.12万人，增加831人。全市城镇居民最低生活保障资金支出4132万元，增长20.8%；农村社会救济支出3149万元，增长3倍。年末城镇居民最低生活保障人数3.99万人，农村居民最低生活保障人数6.8万人。建立各种城镇社区

新兴农特产品丽江雪桃

丽江星命名

全国五一劳动奖章获得者张桂梅

服务设施48个，各类社会福利单位31个，收养各类人员650人。

2007年，全市城镇人口30.4万人，城镇化率达到25%，提高1.2个百分点。全市城市建成区面积达到33.2平方千米，增长9.7%。

全市工业废水排放达标率达到97%，提高0.2个百分点；工业固体废物综合利用率为85%，提高7.2个百分点。节能降耗取得新进展，规模以上工业企业单位增加值能耗同比下降7.41%，全社会GDP能耗下降3.7%。实施化工、建材、煤炭等重点行业和年耗能5000吨标煤以上的重点企业的节能技术改造，抓好了节能管理，强化了节能目标责任制的实施和考核。

首届中国（丽江）婚俗文化节现场

发展中的保山市

红棉花开

2007年，保山市实现生产总值162亿元，比上年增长13.9%，增幅连续3年保持在13%以上，并创新高。其中：第一产业增加值52.43亿元，增长6.8%；第二产业增加值45.55亿元，增长20.1%；第三产业增加值64.39亿元，增长15.6%

2007年，全市农业和农村经济保持稳定增长。围绕农民增收目标，强化对龙头企业的扶持和科技推广，种植业作物结构、品种结构调整力度加大，种植规模效益突出。实现农业总产值85.9亿元，增长8.71%。

全年乡镇企业营业总收入为96.06亿元，增长19.9%；总产值89亿元，增长19.9%；利税总额11.4亿元，增长16.3%。2007年末，全市个体工商户达4.09万户，比上年增加1449户；私营企业1585户，比上年增加163户；个体私营经济从业人员8.65万人；上缴税金7.3万元，增长26.1%，占全市财政总收入的38%。

2007年，保山市实施支柱产业带动战略，重点抓好新型产业基地培植和工业园区建设，工业结构进一步优化，发展明显加快。全年完成工业总产值85.52亿元，增长30.8%，同比提高10.7个百分点；工业增加值34.37亿元，增长21.6%。

腾越风光

香料烟叶

新农村建设试点

2007年，全市环境污染治理投资达1.9亿元；工业废水排放达标率为80%，比上年增加2.3个百分点；工业固体废物综合利用率为62%，比上年减少0.18个百分点。

2007年，全市“百项”重大建设项目稳步推进，全年完成固定资产投资103.44亿元，增长30.3%，连续第五年实现30%以上高增长。

基础设施建设取得突破性进展。腾密公路境外段、腾板公路、施孟公路施甸至链子桥段建成通车；保龙高速公路、腾密公路境内段、昌宁县城至永平四季利河公路、腾冲驼峰机场建设进展顺利；保腾高速公路开工建设，县乡油路改造工程、保山客运物流中心、农村客运站等项目有序推进。实施农村公路建设工程197件，总投资4.3亿元。通讯基础设施建设投资力度加大，信息化水平不断提高，数字乡村工程圆满完成。农业基础设施明显改善，争取水利补助资金1.33亿元、政府信用贷款1亿元发展水利事业，红岩水库、八〇八、塘子坝等水库建设和除险加固工程进展顺利；投入烟水配套工程资金1.4亿元，农业综合开发资金0.58亿元，建成基本烟田和高稳产农田24.6万亩，耕地有效灌溉率达31.5%，提高1.5个百分点。解决了5.53万人的饮水困

保山概貌

保龙高速公路横跨怒江

难。电力基础建设明显加快，全市水电装机容量达到52万千瓦；农村电网改造35.85万户，电网改造率67.84%；槟榔江苏家河口及松山河口电站、龙川江一级及腊寨等电站建设进展顺利；槟榔江三岔河水库及一级电站、龙川江等壳、公养河三级电站等项目前期工作稳步推进。怒江流域水电开发、油气管道建设等重大项目前期工作成效明显。

全年全市货运量1335万吨，增长6.4%；货物周转量20.23亿吨千米，增长1.3%；客运量1023万人次，增长7.9%；旅客周转量9.86亿人千米，增加5.1%。2007年末，全市公路总里程1.15万千米。全市汽车拥有量4.84万辆。全年完成邮电通信业务总量5.68亿元。年末电话用户达23.53万户。

2007年，火山热海、邦腊掌等主要景区景点建设力度加大，腾冲被评为“一生要去的66个旅游名县”。全年全市共接待国内外游客461万人次，增长9.2%；实现旅游业总收入18亿元，增长20%。旅游业对第三产业的带动力进一步增强。

2007年，全市有4.96万名城镇职工和1.78万名离退休人员参加了基本养老保险，分别比上年增长7.4%和3%；有7.63万名职工和2.77万名离退休人员参加了基本医疗保险，分别比上年增长7.1%和12.1%。建立了农村居民最低生活保障制度，实现城

丰产茶园

保山杏花小区

镇居民应保尽保目标。在隆阳、施甸开展了廉租房建设试点工作。

2007年，全市通过职业介绍实现就业的人员有1.18万人，增长27.6%。城镇居民人均可支配收入1.11万元，农民人均纯收入2365元，分别增长8.5%和10%。

年末城镇建成区面积47.3平方千米，城镇人均居住面积35平方米，城市绿化面积3.77平方千米，城镇人均绿化面积11.6平方米，农村人均居住面积26.3平方米。

腾冲玉器

潞江坝

中国锡都——个旧

个旧市市委书记赵刚（中）到企业调研

个旧市市委副书记、市长王忠（中）到乡镇调研

个旧素有“锡都”美誉蜚声世界，她以悠久的锡文化历史，得天独厚的自然资源、碧波荡漾的金湖、四季如春的宜人气候，以及抱湖临山、精巧毓秀的特色，赢得了“东方佛罗伦萨”和“高原威尼斯”的美誉，似一枚银光耀眼的宝石镶嵌在祖国的西南边疆。

个旧市委、市政府始终坚持把个旧的发展置于全州发展的大局中，团结和带领全市人民，坚持以科学发展促进和谐建设，完善和创新个旧发展模式，以实现综合实力更强劲，发展质量更优良，城市形象更优美，人民生活更殷实，社会更和谐，党的建设更加强为努力方向，发扬“团结拼搏，迎难而上，敢于争先，真抓实干”的锡都精神，努力实施“一二三”工作思路、“三步走”战略设想，不断开创锡都发展新局面。2007年，全市实现地区生产总值85.6亿元，人均达1.88万元。其中，一、二、三产业增加值在生产总值中的比重为5.6：71.3：23.1。区域经济实力跻身全国中小城市100强、西部发展特色优势产业先进城市行列。连续3年为云南省县域经济发展十强县（市），中国西部百强县市县域经济基本竞争力排序为第25位。财政总收入完成16.58亿元，同比增长54.08%。其中，地方一般预算收入5.89亿元，同比增长36.82%。固定资产投资完成25.6亿元，同比增长21.7%。工业总产值实现260.98亿元，占GDP的比重为67.5%。实现农业

锡都之夜

滇南中心城市快速连接线——个屯一级公路建成通车

个旧市大力推进节能减排——云锡集团公司引进具有世界先进水平的锡冶炼设备奥斯麦特炉

个旧市大力发展高新技术产业——生物药业开发

总产值8.25亿元，年均增长7.3%；农村经济总收入达54.3亿元，年均增长10.8%。完成进出口总值6.3亿美元，同比增长76.5%，达历史最高水平；城镇居民人均可支配收入1.02万元，增长18.8%；农民人均纯收入4096元，增长17.1%。2007年，个旧市荣获全国法制宣传教育先进市、全国家庭教育先进市、云南省消防工作先进市等多项殊荣。

个旧，这枚滇南高原明珠，正在展示着“实力锡都、魅力锡都、生态锡都、和谐锡都”的灿烂辉煌。

个旧市举办世界锡都首届国际滑翔热气球比赛

节日锡都

德宏傣族景颇族自治州

领导视察

德宏傣族景颇族自治州地处祖国西南边陲、云南西部，是云南省8个少数民族自治州之一。国境线长达503.8千米。总面积1.15万平方千米。辖2市3县。2007年末，德宏州总人口117.72万人，其中城镇人口35.93万人，城镇化率30.5%；少数民族人口58.58万人，占总人口的49.76%。人口自然增长率控制在7.70‰以内。

2007年，全州实现生产总产值84亿元，比上年增长13.2%，增幅创1998年以来的最高纪录。其中，第一产业实现增加值25.9亿元，增长8.0%，拉动生产总值增长2.6个百分点；第二产业实现增加值23.8亿元，增长23.3%，拉动生产总值增长5.6个百分点；第三产业实现增加值34.3亿元，增长11.5%，拉动生产总值增长5.0个百分点。一、二、三产业对经济增长贡献率分别为19.7%，42.4%，37.9%。

2007年，全州实现农林牧渔业总产值37.47亿元，增长9.0%，农业农村经济全面发展。农业呈现出以下特点：一是粮食生产稳定，传统产业继续巩固提升，效益持续提高，甘蔗、茶叶成为农民增收的亮点。全州粮食种植面积145.5万亩，总产42.6万吨；完成甘蔗种植面积96.7万亩，产量478.2万吨；农业产值15亿元，蔗农人均甘蔗收入达1240元；全州完成茶园新植面积7.6万亩，农业产值1.4亿元，增长83.8%，全州涉茶人口30余万人，人均茶农收入470元。二是冬农开发成效显著，继续成为农民增收的亮点，完成冬农开发总面积72.6万亩，实现农业产值3.9亿元，开发区农民人均开发收入631元。三是农业产业化步伐加快。生物资源创新产业稳步推进，农业产业化龙头企业不断发展壮大，农民经济合作组织进一步扩大。四是集体林权制度改革有序推进。五是畜牧业稳步发展。大牲畜、生猪、能繁母猪、家禽生产恢复性发展、奶水牛业发展形势喜人、畜产品产量大幅增加；水产养殖快速发展，水产品产值1.6亿元。六是培训、转移农村富余劳动力，农民收入得到增加，农民增收渠道扩大。全年培训农村富余劳动力1.7万人，转移农村富余劳动力4.2万人。七是农田水利基础设施建设取得新进展。各类水利工程投资3.1亿元，完成6638件，完工6633件；土地开发整理及灾毁耕地复垦投入资金近4亿元，开发整理及复垦耕地22.9万亩。八是新农村建设试点有序推进，全州组织实施了50个自然村的新农村建设，重点整治了村容村貌；完成了全州“数字乡村”工程建设基础工作，农村信息化迈出新步伐。

2007年，全州完成工业总产值51.4亿元，比上年增长30.1%。工业实现增加值18.7亿元，占全州CDP的22.2%，拉动全州GDP增长4.8个百分点。工业生产呈现新气象：一是轻重工业均实现较快增长。轻工业产值增长37.0%，增速加快24.9个百分点；重工业产值增长24.4%，增速加快5.5个百分点。二是重点行业拉动作用突出，规模效益得到体现。制糖业、电力行业、水泥制造业、有色金属冶炼业分别

云南省第七届农民运动会会场

完成产值16.7、9.0、3.3、7.4亿元，分别拉动全部工业增长13.9、6.4、1.8、3.2个百分点。三是非公经济稳步发展，扩大了就业门路。全州个体工商户3万户，从业人员5万人；私营企业1679户，从业人员2.7万人。四是省下达的规模以上工业企业完成工业增加值、主营业务收入、利税总额、利润总额等四项经济指标均超额完成。

2007年，全州完成全社会固定资产投资59.6亿元，比上年增长44.3%。全年交通运输和邮政业完成增加值2.8亿元，增长18.4%。全年完成对外贸易进出口总额5.59亿美元，增长31.2%。其中：进口总额1.24亿美元，增长36.7%；出口总额4.35亿美元，增长29.7%，扭转了进口下降的局面。引进外资取得进展，全年直接引进外资项目5个，实际到位资金0.5亿美元。

通过加强旅游景区景点建设和区域旅游合作，不断改善旅游服务，旅游发展水平进一步提升。成功举办了“中国·德宏首届葫芦丝文化节”和

有一个美丽的地方大型活动场景

第七届中缅边交会，扩大了交流，促进了合作。2007年全州接待海外旅游者6.24万人次，比上年增长13.2%；接待国内旅游者328.19万人次，增长11.6%；实现旅游业总收入30.85亿元，增长10.7%。

2007年，教育事业稳步发展，“两基”巩固提高。实施国家、省、州级科技项目67项。公共卫生体系建设进一步加强，村卫生室覆盖面进一步扩大，共有9.53万人参加基本医疗保险，80万人参加新型农村合作医疗，参合率达93.4%。

2007年是三年禁防人民战争的验收年。全州各族群众对毒品和艾滋病危害的认识明显提高，拒毒防艾意识进一步增强。建立健全了党委政府统一领导、各部门齐抓共管、全社会广泛参与的禁毒防艾工作机制。创造了“南永模式”、“卡南模式”等十大禁毒防艾工作模式，为全省乃至全国的禁毒防艾人民战争提供了有益的借鉴。禁毒工作取得“六个减少、一个上升”的明显成效。“六个减少”即境外毒源明显减少、毒品渗透明显减少、新滋生吸毒人员明显减少、现有吸毒人员明显减少、社会面上的漏管失控吸毒人员减少、吸毒人群感染艾滋病的比例逐年减少。“一个上升”即吸毒人员戒断巩固率明显上升。艾滋病快速传播蔓延的势头得到有效遏制。

展览会会场

2007年，全州城乡居民生活水平继续提高，生活消费水平明显改善。年末，全州城镇居民人均可支配收入1.05万元，增长14.5%；农村居民人均纯收入2046元，增长17.1%。

年末，全州参加养老保险职工3.93万人，失业保险4.42万人，医疗保险9.53万人；全州享受城镇居民最低生活保障的居民有1.46万户，3.49万人。农村富余劳动力转移工作成效明显，共转移4.2万人。

德宏州州委农村工作会议会场

琳琅满目的农副产品

展览会会场一角

魅力茶城——普洱

为充分体现“尊重历史，实现渊源认同；尊重少数民族意愿，实现民族认同；尊重人民代表、政协委员意愿，实现社会认同”，2007年1月21日，经国务院批准思茅市更名为普洱市。全市辖9县1区，辖区面积4.5万平方千米，是云南省国土面积最大的地级市。

2007年4月8日，举行思茅市更名为普洱市庆典

资源富集 优势明显 发展潜力巨大

普洱是全球北回归线上保存最完好、规模最大的一片绿洲，森林资源丰富。森林覆盖率达64.9%，活立木蓄积量2.2亿立方米，人均占有森林蓄积量81.8立方米，为全国人均占有量的9.2倍，是全省最大的商品林基地和林产工业基地。全市分布着2个国家级、4个省级自然保护区，是全国生物多样性最丰富的地区之一，拥有众多中国乃至世界独一无二的动植物资源。被誉为云南“动植物王国”的缩影。

普洱市位于横断山系纵谷多金属成矿带——“西南三江一级成矿带”南端，成矿条件优越，矿产资源丰富。现已发现的矿产资源有40多种，600余处矿产地。在已探明的矿产资源中，非金属矿类岩盐储量43亿吨。其中，江城钾盐矿是全国唯一的固体可溶性古钾盐矿床，储量达1600多万吨。黄金储量104吨，占全省的81.9%。银1740吨。铁储量仅探明的澜沧惠民乡就达21亿吨，占全省的51.68%。铜储量66万吨（远景储量在250万吨以上）。铅保有储

孟连口岸联检大楼

昆曼大通道南岛河立交桥　　卢忠辉　摄

万亩茶园　　　　影苏云　摄

量35.5万吨。此外，还有丰富的锡、镍、铬、锌、石棉、石灰岩、大理石、花岗石、石油、天燃气等矿产资源。

普洱处于澜沧江、红河、怒江“三江”并流区域，水资源总量828.62亿立方米，占全省的14.7%，水能资源丰富。人均占有水资源量3.34万立方米，位居全国、全省之首。水能蕴藏量达1500余万千瓦。2007年澜沧江、李仙江流域开发水电资源达1260余万千瓦，普洱将成为云南省“西电东送”、“云电外送”的重要水电基地。

普洱是多民族集聚的大家庭。境内居住着26种民族，少数民族人口占总人口的59.38%，民族文化源远流长、积淀深厚、多姿多彩、绚丽夺目。特别是哈尼、拉祜、佤等少数民族文化是迄今中国乃至世界最具原生态特色的民族传统文化。

普洱是世界茶源、中国茶城。普洱人民与茶结缘已有3、4千年的历史。在历史的沧桑岁月中，生活在普洱这块热土上的各族人民，用智慧和勤劳，把普普通通的一片绿叶，培植呵护成令天下人共醉的茶饮料，并在时光的流逝中，完整地演绎出与人类生产生活息息相关的茶历史、茶文化，构成了从茶树的野生过渡到人工栽培，完整的人类发现、利用、驯化茶树的文明序列。距今3540万年的景谷宽叶木兰化石、2700年的镇沅千家寨“世界茶王”和野生古茶树群落、1000多年的澜沧邦崴过渡型古茶树、1800多年的澜沧景迈万亩栽培型古茶园等都充分证明，普洱是世界茶树的原产地中心地带，是普洱茶的故乡。茶文化以其悠久历史和丰富内涵演绎了光辉灿烂的茶文明，为世界文明作出了重大贡献。

普洱地处云南对外开放的前沿，与越南、老挝、缅甸三国接壤，历史上就是祖国西南的重要门户，具有“一市连三国、一江通五邻”的区位优势。被誉为“东方多瑙河”的澜沧江—湄公河纵贯全境后流经东南亚五国。即将全线贯通的昆曼高速公路穿境而过，是云南从陆路通往东南亚国家的桥头堡。有1个国家级口岸、1个省级口岸和18条对外陆路通道。

系统谋划 整体推进 经济社会又好又快发展

改革开放30年来，特别是撤地设市以来，在省委、省政府的正确领导下，普洱市委、政府始终坚持超前谋划、系统谋划、高位谋划，更加自觉地把普洱的发展放到全国、全省的大局中去审视。认真贯彻落实科学发展观，牢牢把握又好又快发展主题，坚持改革创新，攻坚克难，推动发展，全市经济社会发展保持了速度加快、质量提升、活力增强的良好态势。

发展实力显著增强。2007年，全市实现生产总值151.3亿元，增幅居全省第二位，经济总量比2003年翻了一番；完成全社会固定资产投资106.1亿元，增幅居全省第三位;实现财政总收入18.9亿元，其中，地方财政一般预算收入11.1亿元，增幅居全省第三位；实现财政支出55.8亿元，增幅居全省第一位；金融机构存贷款余额为198.4亿元和142.1亿元，增幅在全省居第3位，增量居第6位；城镇居民人均可支配收入9250元；农民人均纯收入2155元，增幅居全省第二位。

发展基础更加坚实。普洱作为欠发达地区，投资始终是拉动经济增长的最重要力量。近年来，牢固树立“以大项目带动大建设，以大建设促进大发展”的理念，抓住机遇，创新融资方式，拓宽融资渠道，千方百计扩大投资规模，改善投资结构，不

景迈千年万亩古茶园古茶树

景迈千年万亩古茶园古茶树

断加大对交通、水利、电力、市政公共设施等基础以及社会民生事业的投入。仅2007年，投入交通建设资金28.6亿元，完成电站、电网建设投资53.9亿元，完成通信建设投资3.3亿元，完成城市建设投资19.9亿元。投资的高速增长，使得全市基础设施不断完善，经济社会发展承载力明显增强。

产业不断发展壮大。产业发展思路更加清晰，发展速度明显加快，发展成效日益显著。立足资源优势，走产业生态化发展之路，突出可持续发展的要求，瞄准产业集群发展和做大做强的目标，形成了以茶、林、电、矿为四大支柱产业，以烟草、蚕桑、生物资源、旅游文化、畜牧水产、流通服务等为特色骨干产业的产业发展格局。2007年，实现茶产业产值32.6亿元、林产业产值43.3亿元、电力产业产值8.5亿元、矿产业产值22.6亿元，四大支柱产业产值占全市工农业总产值的比重达到81.6%。在产业发展过程中，通过整合资源，优化服务环境，引进了一批理念新、实力雄厚的大企业、大集团，大大推动了普洱产业结构优化升级和工业化进程。产业

发展速度明显加快，支撑作用日益显现。

改革创新全面推进。始终把改革创新作为推进普洱跨越发展的根本保障，作为贯穿经济社会发展的一条主线。坚持以改革健全机制体制，用改革规范市场行为，推动突破发展，坚定不移地走整合大资源、引进大企业、培植大产业，带动大发展的道路。采取市场的、法律的和必要的行政手段，依法依规在全省率先推进资源市场化配置改革，整合茶、林、电、矿、水等大资源向大企业、大集团集中，“洼地效应”充分显现，有力地促进了资源的集约利用和产业优化升级，经济效益和社会效益大幅提升。改革的宽领域、深层次拓展，并不断取得新突破，形成了普洱今天风清气正、心齐气顺、团结干事，快发展、好发展、科学发展的大好局面。

思茅松　　郑立学　摄

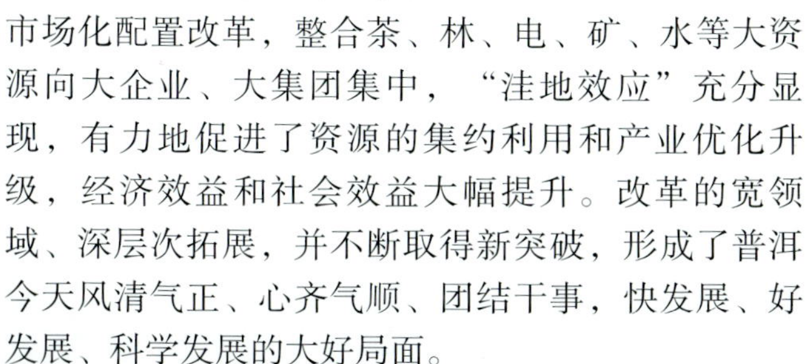

社会民生事业全面进步。在加快经济发展的同时，更加重视以改善民生为重点的各项社会事业建设。教育优先发展战略进一步落实，实现了基本扫除青壮年文盲目标，“普九”人口覆盖率达95.2%。教育均衡发展、促进教育公平都取得了新的成绩。进一步整合优化卫生资源配置，切实提高医疗保障水平，人民群众“看病难、看病贵”的问题得到缓解。深化文化体制改革和机制创新，民族文化精品工程建设初显成效。大力推进科技创新，强化科技和人才的支撑作用。社会保障体系不断健全完善，保障水平逐步提高。人口资源环境工作全面加强，可持续发展能力不断提高。深入开展平安普洱创建活动，全面推进禁毒和防艾工作，和谐社会建设不断取得新成效。

宁洱“6.3”地震重建新民房　　抗震办提供

挺起不屈的脊梁 重建美好新家园

2007年6月3日，普洱市宁洱县发生6.4级强烈地震，国家和人民生命财产遭受严重损失。地震发生后，在党中央、国务院和省委、省政府的亲切关怀下，在社会各界的鼎力帮助下，特别是在温总理亲临灾区视察慰问的巨大鼓舞下，灾区各族人民挺起不屈的脊梁，坚定抗灾自救和重建家园的信心与决心，化灾害为机遇，在最短时间内取得抗灾抢险的全面胜利。转入恢复重建以来，坚持恢复重建与社会主义新农村建设结合、与产业发展结合、与城市规划修编结合、与民族特色建筑结合、与民房防震安全结合，5.96万户民房修复、重建任务全面完成，圆满实现“2008年春节前灾民迁入新居”的目标，取得了阶段性成果，创造了多渠道整合资金捆绑使用、部门挂钩责任到人、突出民居民族特色、提升式恢复重建的“普洱模式”，受到上级的充分肯定。

回顾过去，普洱经济社会发展成绩斐然，硕果累累；展望未来，加快发展的宏伟蓝图催人奋进，振奋人心。普洱将以“三个代表”重要思想和党的十七大精神为指导，深入贯彻落实科学发展观，高举中国特色社会主义伟大旗帜，坚持创新发展、科学发展、和谐发展，为建设富裕文明生态和谐新普洱作出新的努力。

美丽潞西

芒市广场

潞西市位于云南省西部，德宏州东南部。全市国土总面积2987平方千米，与缅甸接壤，国境线长68.23千米。辖6乡5镇1个街道办事处，2个农场，80个村委会，8个社会区居委会。2007年，全市总人口37.17万人，其中，少数民族人口占49.4%。年均气温19.6℃。水能理论蕴藏量57.4万千瓦，已发现各类矿产地104处，其中最具开发价值的是黄金、铜、镍、铅锌、硅石等。潞西民族风情浓郁，具有独特的民族文化和别具一格的异国情调，是云南省四大旅游热区之一。

2007年，潞西市以科学发展观统领经济社会发展全局，贯彻落实“特色农业强市、新型工业富市、城镇经济兴市、文化旅游活市”的发展战略，紧紧团结和依靠全市人民、抢抓机遇，锐意进取，攻坚克难，全市经济社会建设取得显著成绩。

综合经济实力明显增强

2007年，全市生产总值完成27.79亿元，比上年增长15.2%；人均生产总值7457元，增长13.8%。三次产业结构调整为31：27：42。财政总收入3.04亿元，增长50%，其中地方一般预算收入1.74亿元，增长52.8%。外贸进出口总额6.53亿元，增长34.1%。社会消费品零售总额11.36亿元，增长25.3%。金融机构存款余额50.21亿元，增长10.2%；贷款余额39.26亿元，增长31.1%；居民储蓄存款余额24.71亿元，下降0.8%。全社会固定资产投资14.47亿元，增长36%。城镇居民人均可支配收入1.07万元、农村居民人均纯收入2296元，分别增长15.3%和18.8%。

特色农业强市战略迈出新步伐

2007年实现农林牧渔业总产值12.37亿元，增长11.2%。以“遮放贡”米为品牌，种植粮食50.83万亩，总产14.59万吨。甘蔗面积23.04万亩，下降3.1%，总产102.01万吨，增长8.9%。茶园面积12.98万亩，增长38%，产量5787吨，增长27.1%。新兴产业发展步伐加快，橡胶、咖啡、柠檬、澳洲坚果、木薯种植面积不断增加。森林覆盖率达61.2%。

新型工业富市战略取得新成就

年内完成工业总值17.1亿元，增长47.7%，较上年4%提高了43.7个百分点。工业园区建设步伐加快，完成了一期1.6平方千米的园区建设控制性详规，征地工作正在加紧进行。

城镇经济兴市战略扎实推进

近几年来，实施了城市绿化、美化、亮化、净化、建筑民族特色化“五化”工程和开墙透绿、“穿衣戴帽”、“一街一果一景”工程。2007年，城市建成区面积15平方千米，城镇化率32.9%，建成区绿化覆盖率30.6%，自来水供水普及率70%，城市污水处理率20%，生活垃圾无害化处理率100%。

文化旅游活市战略取得新成效

2007年，全市坚持“三贴近”文艺工作指导方针，积极开展文艺创作演出和送电影、送图书、送戏下乡等活动；完成“村村通”工程建设网点83个，发展微波传输数字电视用户2000户。旅游产业发展步伐加快，全年接待中外游客97.89万人次，实现旅游社会总收入6.5亿元，增长18.4%。

对外开放进一步扩大

外向型经济快速发展。对外贸易取得新进展。深入实施“走出去”战略，境外替代经济得到进一步发展。招商引资力度加大，储备项目50个，当年签约项目8个，结转项目13个，到位资金5.69亿元。

各项改革稳妥推进

国有企业和集体企业改制取得新进展，农村综合改革深入推进，全年拨付支农资金749.5万元、财政扶贫资金1816万元，兑现了种粮直

奥环水泥厂

红豆杉

补、种粮增支补贴和购置农机具补贴596.46万元，受益农户5.68万户26.8万人次。集体林权制度主体改革基本完成，配套改革逐步推进。大力发展非公有制经济，新增民营企业34户、个体工商户713户，非公有制经济实现增加值5.38亿元，增长12.6%；实现税收1.36亿元，增长22.5%，占税收入库数的74.95%。

各项社会事业取得新成绩

2007年，教育事业全面发展，小学入学率达99.53%，初中毛入学率提高10.54个百分点，高中毛入学率提高4.3个百分点。全民科技素质进一步提高，科技贡献率为53%。卫生事业健康发展，卫生基础设施建设不断加强，市医院综合住院大楼主体工程进入尾声，9个乡镇卫生院的住院病房竣工投入使用。社会保障体系进一步完善，全市参加基本养老保险1.6万人、医疗保险1.49万人、失业保险1.88万人、农村养老保险1759人。发放城市居民最低生活保障金808万元，受益9855人，发放下岗职工小额无息贷款101万元。千方百计扩大就业渠道，城镇登记失业率为3.8%。人口自然增长率、计划生育率分别为8.07‰和98.4%。

政府承诺的"十件实事"顺利实施

2007年，市政府向全市人民承诺的10件实事基本完成。实施整村推进工程32个，完成了1440户特困农户的茅草房、杈杈房改造和83户异地搬迁；新建农村沼气池800户，节柴改灶209座，解决了农村1.01万人及2402头大牲畜的饮水困难和饮水安全问题；免除了2.15万名学生的学杂费、教科书费，捐助贫困中小学生2448人，建设中小学校舍1.48万平方米，改造中小学危房1.17万平方米；解决了220户309人农村"五保"对象的供养问题；巩固扩大新型农村合作医疗成果，全市农民参合率达92.2%，新建了18个村卫生室；积极实施新农村试点村建设，部分村寨的村容村貌明显改善；加快农村公路建设，改造弹石路35.4千米、扩建公路53千米、新修公路35.6千米；加大劳务输出力度，转移农村富余劳动力就业1.06万人；实施食品放心工程，对芒市第一农贸市场的农产品进行了农药残留检测；电站移民安置工作扎实推进，完成了弄另电站外迁移民安置区龙昌移民村825亩水田、215亩住宅及基础设施建设用地征用工作。

芒市宾馆

边城龙陵

龙陵县城一角

龙陵县位于云南西部边陲，地处横断山系高黎贡山山脉南段，西南与缅甸隔江相望，国境线长19.71千米。全县国土面积2884平方千米，辖3镇7乡，116个村委会，5个社区居委会。2007年末全县总人口27.8万人。

2007年，龙陵县委、县政府坚持发展第一要务不动摇，不断调整优化经济结构，经济发展迈出新步伐。全县生产总值由2002年的7.93亿元增加到2007年的17.56亿元，年均增长13.4%，比2006年增14%；一、二、三产业增加值年均分别增长6.3%、26.8%和10.9%，三次产业比重由43.8∶21.5∶34.7调整为34.6∶37.7∶27.7。财政总收入达到2.46亿元，年均增长27.1%，比上年增23.6%。地方一般预算收入1.05亿元，年均增长22.9%，首次突破亿元大关。

具有先进水平的硅铁项目除尘设备

——农业基础地位不断巩固。认真落实中央一系列支农、惠农政策，不断加大“三农”工作力度，财政用于“三农”支出达到2.58亿元，比前五年增加9600多万元，增长60.2%。农业总产值由2002年的4.71亿元增加到9.6亿元，年均增长8.7%。加大对种粮农民的扶持，优先确保粮食安全，全县粮食产量稳定在1亿千克，确保了总量平衡。大力发展特色优势产业，甘蔗、烤烟、茶叶等传统产业得到巩固提升，产值分别比2002年增长41.1%、200%和800%，所占农业总产值的比重大幅提升；按照生态建设产业化、产业发展生态化的思路，林业生态效益和经济效益进一步显现。社会主义新农村建设稳步推进，先后启动实施了2批36个试点村建设，对发展农村经济、改善农村面貌、提高农民素质发挥了积极有效的推动作用。

——工业经济实力不断壮大。牢固树立“工业强县”思想，坚持走“矿电结合”道路，努力促进资源优势向经济优势的转化，工业经济发展的质量和效益进一步提高，工业总产值在2002年的基础上翻了两番，从3.67亿元增加到15.1亿元，年均增长28.2%，比上年增43.3%；工业增加值达到4.6亿元，年均增长26.2%。以制糖、矿冶、发电为主的规模以上工业企业产值和利税大幅提高，税收占财政收入的比重由2002年的52%提高到2007年的59.6%，成为财政增收的主要来源。传统产业升级改造力度加大，节能降耗和资源再利用工作取得新成效，万元GDP能耗降低到1.66吨标准煤。

——第三产业潜力初步显现。服务业发展速度加快，全社会消费品零售总额由2002年的2.09亿元增加到3.96亿元，年均增长13.6%，比上年增23.3%。商贸流通业活力不断增强，“万村千乡”市场工程建设进展顺利；积极组织民营企业参加各种交易会，成功举办了三届地方工农业产品展示展销会。旅游产业迈出新步伐，旅游平台搭建取得新进展，邦腊掌改造提升顺利推进。房地产业从无到有，5年建成商品房4.8万平方米。金融业平稳运行，金融机构存贷款余额达到17.72亿元和11.84亿元，分别比2002年增长155%和50.6%，比上年末分别增长24.2%和10.7%。交通运输、邮电通讯、商业餐饮、物资供应等行业服务水平和能力不断提高。

——扶贫攻坚成效显著。5年来，累计投入各类扶贫资金1.77亿元，先后组织实施了9个重点村、102个自然村整村推进项目，改造茅草房2708户，使1.22万人告别了篱笆房、杈杈房和茅草房；按照“政府引导、群众自愿”的原则和“搬得来、稳得住、能致富”的目标，建成安居房881幢，转移安置贫困人口3994人；以扶贫信贷资金为主，培育扶持了一批农副产品加工龙头企业，全县共有2.9万户、10.2万人在甘蔗、茶叶、石斛等产业发展及家庭养殖方面得到扶持，出现了一批产业开发的典型和亮点；PRCDP项目、扶贫开发“千村推进万户脱贫”工程稳步推进，成效明显；贫困地区劳动力转移培训有序开展，共完成培训转移1.1万人次，有序输出7095人，劳务收入已成为农民增收的重要来源。5年来，共解决了2.61万贫困人口的温饱问题，贫困人口从2002年的12.4万人减少到10.55万人，年均减少3.2%。

龙陵黄山羊

龙陵县今后5年的发展思路是：以邓小平理论和“三个代表”重要思想为指导，深入落实科学发展观，加快构建社会主义和谐社会，着力转变经济发展方式，调整经济结构，促进协调发展。深入实施“农业稳县、工业富县、文化旅游强县”三大战略，突出“加快推进新农村建设、发展壮大工业经济、全面改善基础条件、积极培植文化旅游产业、着力提升城市品位”五大重点任务，全面实施农业“422”工程、工业“129”行动计划和文化旅游“六个一”工程，更加关注民生，建立健全全民共享发展成果的利益分配和保障机制，更加注重生态保护和资源节约，推进龙陵经济社会又好又快发展。

龙陵抗战广场

中国民主建国会云南省委员会

新当选的领导集体成员——主任委员高峰与副主任委员杨先明、李啸云、苏洪涛在全会上

民建云南省第七次代表大会会场

民建省委深入学习贯彻中共十七大精神

民建中央捐赠20万元援建的希望小学落成，李啸云副主任委员前往祝贺

——加强思想建设。2007年，民建省委把深入学习贯彻中共十七大精神作为最重要的政治任务，集中开展以坚持走中国特色社会主义政治发展道路为主题的学习教育活动，深入学习中国特色社会主义理论，坚持科学发展观，进一步增强接受中国共产党领导的自觉性，为落实中共十七大提出的重大战略部署和任务作出应有贡献。

——组织建设取得较大进展。民建云南省第七次代表大会选出52名省委委员组成的第七届委员会。云南省副省长高峰当选为主任委员，杨先明、李啸云、苏洪涛为副主任委员，选举16名常务委员。全省现有1个省级委员会、6个市委会、69个基层组织，会员2743人。各级人大代表28名、政协委员200名，担任政府及司法领导职务的71名，各级特邀（约）职务29人。

——参政议政作出积极贡献。充分体现经济界的特色和优势，充分发挥整体功能，形成可操作性强的高质量提案；省政协九届五次会议上共提交大会发言及交流材料6篇，集体提案18件；多件提案引起有关领导及新闻媒体的重视，得到各承办单位的一致好评；民建省委和省政协联合提交的《关于切实让人民群众喝上安全水、放心水的提案》获得优秀提案表彰；调研课题《关于在政策层面支持我省民营企业走出去的对策建议》的专题汇报，得到秦光荣省长的肯定。

——社会服务及联络工作硕果累累。为迎接2008年北京奥运会，与省体育局、西双版纳州政府共同举办迎奥运“云南民建同力杯” 西双版纳澜沧江公开水域游泳邀请赛，来自全国12个省市区和澳门的26支队伍参加比赛，为迎奥运营造了氛围；全省各级组织为扶贫济困、救灾救急做了大量有益的工作，引导会员企业积极回报社会，捐赠800万元以上开展公益事业，为和谐社会建设贡献力量。

民建省委服务社会委员会组织的“思源扶贫工程”启动

云南铜业股份有限公司

云南铜业股份有限公司坐落于彩云之南的滇池之滨铁峰山麓，物华天宝，人杰地灵。公司凭借悠久的历史、先进的技术、科学的管理、优质的产品、热忱的服务和不懈的追求，使之在中国铜工业中占有重要地位，成为中国最著名、最有影响力、最具竞争力的有色金属工业企业之一。1998年改制上市后，公司实现跨越式发展，现已成为集“雄厚的铜矿资源，先进的采、选、冶炼及深加工技术”为一体的生产经营企业。

云南铜业有限公司

公司采用世界先进的铜冶炼技术及ISO9001-2000、GB/T28001—2001二合一标准体系组织生产，主要经济技术指标均为全国同行业领先水平。主产品“铁峰”牌高纯阴极铜，曾先后荣获部优、省优、全国“用户满意产品”称号，并获国家银质奖，为中国名牌产品、国家免检产品，在伦敦和上海有色金属交易所注册交易；“铁峰”牌工业硫酸、电工用铜线坯、黄金、白银为云南名牌产品。公司继承了云南铜、金的光辉历史，成功塑造了“有色金属王国”的品牌。

2007年，公司生产高纯阴极铜42万吨、电工用铜线坯7.8万吨、工业硫酸65万吨、黄金12吨、白银405吨，实现销售收入350亿元，实现利税24亿元。1998年上市以来，有18项科技创新成果获国家和省部级表彰。其中，富氧顶吹铜熔池熔炼技术荣获国家科技进步二等奖，“低浓度SO_2烟气制理设备和工艺”项目获国家环保总局颁发的环保科技进步三等奖；申报专利18项，其中已获专利9项。

以赤峰云铜10万吨铜电解项目建成投产为标志，公司实施了“走出去”发展战略，整合原料市场、延伸铜产业链。公司将以资源开发为基础，科技进步为先导，增强自主创新能力和综合实力，走新型工业化道路，建设和谐统一、资源节约的循环型企业，走上生产发展、生态良好的文明发展道路。“跨越发展，做大做强云南铜业；科学发展，打造百年云南铜业”，将公司建成“国内一流，国际闻名”的，进入世界铜工业前十强的现代铜工业企业，为中国铜业做出更大的贡献。

银粒

合金产品

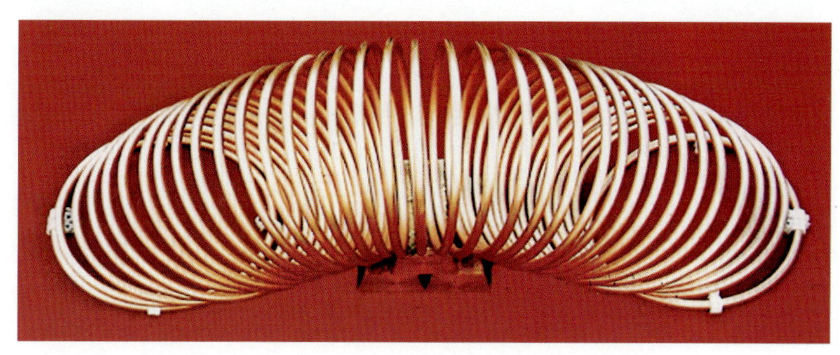
电工用铜线坯

景洪普文绿友咖啡种植厂

种植园

景洪普文绿友咖啡种植厂地处西双版纳州景洪市普文镇，属典型的南亚热带气候，这里冬无严寒，夏无酷暑，热量丰富，雨量充沛，日温差大，年温差小，基本无霜。土地类型为砖红良性红壤，土层深厚、松软，富含有机质，是种植咖啡的理想地区。

景洪普文绿友咖啡种植厂自1997年创办以来，始终坚持科学发展观，注重培育、提升种植、管理技术和经营等方面的实力。至今，已发展成为拥有1000余亩优质小粒咖啡种植基地和配套的咖啡豆加工厂。同时，拥有一批长期从事热带作物管理的技术干部及经过培训的管理工人。

景洪普文绿友咖啡种植厂种植的云南小粒咖啡不仅品质上乘，在国际国内市场上具有较强的竞争力，而且在促进区域经济发展，增加农民收入实现脱贫致富奔小康的进程中，发挥了积极的作用。

咖啡花

筛选咖啡豆

雀巢大中华区咖啡及饮品业务单位总监大卫·苏丹先生来种植园视察

绿友咖啡种植厂在向雀巢大东亚总裁尤勒先生介绍咖啡种植厂的情况

云南经济年鉴编辑委员会

云南经济年鉴编辑部

编辑说明

一、《云南经济年鉴》是1992年云南省人民政府批准创办、由云南省人民政府研究室（发展研究中心）主管主办的大型年度资料性文献。《云南经济年鉴》以一年为横断面，用丰富翔实的资料，系统地反映云南省国民经济的年度发展概况，至2008年已连续出版17卷。

《云南经济年鉴》坚持以马列主义、毛泽东思想和邓小平理论为指导，努力实践“三个代表”重要思想；坚持科学发展观，为云南经济全面、协调、可持续发展服务的办刊宗旨；紧紧围绕中共云南省委、省政府的经济工作中心，努力为广大读者提供丰富的经济信息资料，为云南省的改革开放和现代化建设作出积极贡献。

二、《云南经济年鉴》（2008）设特载、经济大事记、省情概况、国民经济、主要行业与部门、支柱产业、城市经济、民族自治州经济、区（市、县）经济、开发区建设、区域经济合作、非公有制经济、大中型企业、经济研究、年度专题报告、国民经济统计资料、重要经济法规、人物、附录共19个部类。

三、《云南经济年鉴》（2008）在编纂体例上除“特载”、“年度专题报告”等类目外，全部采用条目体的方式编纂，一般分为三个层次，如“国民经济发展”为第一层次（一级目），下设“民族自治地方经济”为第二层次（二级目），其下设“人民生活”为第三层次（三级目）；另有少量类目只分两个层次，如“省情概况”为第一层次，下设“位置面积”为第二层次，余类推。

四、《云南经济年鉴》（2008）除“特载”类目撰稿人署名在文章标题下，新闻、风光类图片署名在图片右下方以外，其余均在文末署名。此外，在书后按部类顺序集中统一署有撰稿单位及个人名单。

五、为方便读者检索，《云南经济年鉴》（2008）设有“英文目录”和“索引”。“索引”采取主题分析法编制，按汉语拼音音序排列；英文目录采取要目方式编制。此外，还设有彩色插页目录。

六、《云南经济年鉴》（2008）稿件由全省有关行政职能部门和企事业单位提供。由于行业和地区统计口径的原因，个别数据不一致的地方，以云南省统计局提供的资料数据为准。

七、《云南经济年鉴》（2008）的编纂工作得到全省有关部门、地区、单位的大力支持，但由于各种原因，直至本年鉴付印前，仍有少数稿件未到，编辑部作缺稿处理。

八、《云南经济年鉴》（2008）是集体智慧的结晶。在如期出版发行之际，谨向各级领导机关、有关行政职能部门及企事业单位表示诚挚的谢意。同时，由于时间仓促，加之水平有限，不足之处在所难免，敬请各位领导和广大读者提出宝贵意见和建议，我们将认真吸取，积极改进。

《云南经济年鉴》编辑部

2008年8月

目 录

特 载

经济大事记

省 情 概 况

国民经济

主要行业与部门

支柱产业

城市经济

民族自治州经济

区（市、县）经济

开发区建设

区域经济合作

非公有制经济

大中型企业

经济研究

年度专题报告

国民经济统计资料

重要经济法规

人　物

附　录

索　　引

CONTENTS

Special Issue

Economical Chronicle

Saves the Sentiment Survey

National Economy

Major Sector and Department

Pillar Industry

Urban Economy

National Autonomous Prefecture Economy

Area (city, county) Economy

Development Zones Construction

Regional Economic Cooperation

Non – Male Economy

Large and Middle Scale Enterprises

Policy Research

Year Report on a Special Topic

Statistical Materials on the National Economy

Important Economic Statutes

FIgures

Appendix

Index

彩色插页目录

要闻选辑

云南风光

今日云南

协 办 单 位

（排名不分先后）

云　南　省　军　区

云南省民族事务委员会

德 宏 州 人 民 政 府

丽 江 市 人 民 政 府

普 洱 市 人 民 政 府

保 山 市 人 民 政 府

云南铜业股份有限公司

特　　载

政府工作报告

——2008年1月18日在云南省第十一届人民代表大会第一次会议上

云南省人民政府省长　秦光荣

各位代表、各位同志：

现在，我代表第十届省人民政府，向大会作政府工作报告，请省人大代表予以审议，并请省政协委员提出意见。

一、第十届省人民政府工作成效显著

2003年到2007年，第十届省人民政府在党中央、国务院和中共云南省委的正确领导下，以邓小平理论和“三个代表”重要思想为指导，认真贯彻落实科学发展观，团结带领全省各族人民，解放思想，抢抓机遇，锐意进取，攻坚克难，加快推进现代化建设，基本完成了省第十届人民代表大会历次会议确定的目标任务。

过去的五年，是经济发展连续跃上新台阶的五年。我们始终坚持以经济建设为中心，聚精会神搞建设、一心一意谋发展，推动全省经济迅速走出低谷，步入健康发展的快车道。全省生产总值从2002年的2313亿元增加到2007年的4700亿元，人均生产总值从5366元增加到10450元。财政总收入从466亿元增加到1111亿元。第一产业增加值从463亿元增加到868亿元，粮食连续五年丰收，总产量达1546.68万吨。第二产业增加值从935亿元增加到2050亿元，其中工业增加值从788亿元增加到1700亿元，烟草产业实现利税从362亿元增加到600亿元。第三产业增加值从915亿元增加到1782亿元，其中旅游业总收入从290亿元增加到580亿元。全社会固定资产投资从829亿元增加到2799亿元。非公有制经济增加值占全省生产总值的比重从26.9%提高到37.3%。金融运行稳健，社会消费增加。新增科技成果近3100项，科技对经济发展的贡献率有较大提高。云南经济增长的速度、结构、效益和规模等指标都登上了新的台阶，综合经济实力显著增强。

过去的五年，是改革开放实现新突破的五年。我们始终坚持把改革开放贯穿到经济社会发展的各个环节，进一步增强了发展的动力和活力。农村改革全面取消了农业税和农林特产税，共减轻农民和涉农企业负担114亿元。国企改革两个三年目标如期实现，国有资产监管体制基本建立。财政、金融、投资、教育、文化等领域的改革不断深化。行政管理体制改革稳步推进。加快实施“走出去”与“引进来”相结合战略，积极参与中国—东盟自由贸易区建设，不断增强与大湄公河次区域国家的经济互动，主动拓展与南亚国家的多层次合作，

进出口贸易总额从22亿美元提高到87.8亿美元，境外投资日趋活跃，内外资引进快速增长。泛珠三角及滇沪、滇浙等国内区域合作不断取得进展。

*过去的五年，是人民生活水平得到新提高的五年。*我们始终坚持把造福全省各族人民作为加快发展的根本目的，下决心解决了一批人民群众最关心的利益问题，人民生活实现由温饱到总体小康的历史性跨越。城镇居民人均可支配收入和农民人均纯收入分别达到11496元和2600元，年均分别实际增长6.1%和7%，城乡居民家庭财产普遍增加。扶贫开发累计完成了1274个村委会和2万多个贫困自然村的整村推进，农村276.8万贫困人口的温饱问题、550多万人口的饮水困难和饮水安全问题得到解决。新建沼气池117万口，全省累计192万口。完成了15.4万人的易地扶贫搬迁安置，40多万特困农户告别了茅草房和杈杈房。全力以赴抗灾救灾，近3500万人次受灾群众得到妥善安排。不断创新工作方式，失地农民和工程移民得到妥善安置。建成了30多万平方米廉租住房。

*过去的五年，是基础设施建设取得新成就的五年。*我们始终坚持加大投入，加强基础设施建设，不断增强发展后劲，夯实发展基础。五年累计投资9126亿元，年均增长27.6%，建成了一批事关全局的好项目、大项目。综合交通运输体系初步形成，高等级公路超过7000公里，其中高速公路2508公里；一批铁路项目开工建设，沾昆铁路复线通车运行，昆明集装箱结点站投入使用；新增民用机场2个。水利建成中小型水库165座，新增11.5亿立方米蓄水库容和200多万亩有效灌溉面积。电力装机容量达2274万千瓦，增长1.5倍，主干电网覆盖全省，西电东送、云电外送电网建设抓紧推进。城镇供水普及率、污水集中处理率、生活垃圾无害化处理率稳步提高。电话普及率达每百人45部，互联网用户近100万户。

*过去的五年，是文化建设开创新局面的五年。*我们始终坚持社会主义先进文化前进方向，着力推动民族文化大省建设。加强社会主义核心价值体系建设，各族人民团结奋斗的共同思想基础进一步巩固。《云南映象》、《凤氏彝兰》等50多个文艺精品力作，以及《郑和史诗》等精品出版物，在国际国内获得100多个重要奖项。新建各级文化馆、图书馆、博物馆和文化站491个。民族民间传统文化保护和非物质文化遗产保护走在全国前列。全国文化体制改革试点地区的经验得到国家肯定。建立了报业、出版、广电网络等一批骨干文化企业，培育了大理、丽江等一批文化产业基地。哲学社会科学、档案、文史等工作取得明显成绩。全民健身运动广泛开展，竞技体育实现奥运金牌零的突破，成功举办了第七届全国残疾人运动会。

*过去的五年，是社会事业取得新进展的五年。*我们始终坚持以人为本，更加注重发展社会事业，促进社会和谐。教育全面发展，“普九”人口覆盖率达到90%以上，基本扫除青壮年文盲，实行了农村义务教育“两免一补”政策。改造中小学危房460多万平方米，新建、改扩建农村寄宿制学校567所。高中阶段教育、职业教育和高等教育均获得较大发展。公共卫生、医疗救治体系进一步健全，各级各类医疗机构设备、技术和服务水平不断提高，新型农村合作医疗实现全覆盖。在全国率先实行计划生育奖励扶助政策，人口自然增长率明显下降。坚持实施积极的就业政策，城镇新增就业95万人，43万下岗失业人员实现再就业，转移农村富余劳动力522万人次。社会保障体系建设进一步加强，1240万人分别享有养老、医疗、失业、工伤、生育保险，开展了城镇居民基本医疗保险试点工作和职工医疗互助活动。建立城乡最低生活保障制度，310万城乡特困群众得到扶助。高度重视信访工作，积极预防和妥善处置群体性事件。加强对矿山、交通、消防、食品、药品等领域的安全监管，建立完善突发公共事件应急体系，公共安全不断加强。

*过去的五年，是生态环境保护取得新成效的五年。*我们始终坚持从云南发展的全局出发，积极推进生态建设和环境保护。全面实施生态建设工程，积极探索“国家公园”生态保护模式，全省森林覆盖率提高到50%以上，生物多样性得到有效保护。采取综合措施加强湿地保护与恢复，九大高原湖泊水质保持基本稳定，滇池治理力度加大，抚仙湖—星云湖出流改道工程基本完成，洱海水质明显改善。落实节能减排各项措施，开展循环经济、清洁生产示范试点，加强了主要污染物排放总量控制工作。

*过去的五年，是民主法制建设取得新进步的五年。*我们始终坚持扩大社会主义民主，健全社会主义法制，努力建设社会主义政治文明。认真执行省人大会议决议、决定，自觉接受省人大及其常委会的监督，提请省人大常委会审议地方性法规52件，办理人大代表建议3470件。自觉接受省政协和各民主党派、工商联、无党派人士的监督，积极支持人民政协参政议政，办理政协委员提案3744件。加强与工会、共青团、妇联和各级群众团体的联系，充分听取各方面意见和建议。实行政务、厂务、村务公开，基层民主有序推进。贯彻党的民族政策，坚持民族区域自治制度，各民族共同团结奋斗、共同繁荣发展的良好局面进一步巩固。贯彻党的宗教工作方针，积极引导宗教与社会主义社会相适应。贯彻落实公务员法和行政许可法，各级政府的行政行为进一步规范。取消和调整行政许可项目419项。审计、监察等工作进一步加强。积极推进惩治和预防腐败体系建设，依法严厉打击各种犯罪，严密防范和打击敌对势力的渗透破坏活动。禁毒防艾人民战争取得阶段性成果。军民关系更加融洽，祖国边疆更加安宁。

刚刚过去的2007年，省政府以科学发展观统领经济社会发展全局，狠抓各项工作措施的落实，办实事、求实效、创实绩，基本完成了省十届人大五次会议确定的目标任务。全年工作呈现出8个特点：

（一）经济发展又好又快

认真落实中央宏观调控政策，及时解决经济运行中的突出问题，国民经济实现了又好又快发展。初步预计，全省生产总值增长12%以上，增幅创13年来最高水平；全社会固定资产投资增长26.1%；地方财政一般预算收入增长28%，增幅创10年来最高水平；单位生产总值能耗下降可完成年度目标；社会消费品零售总额增长17.3%；外贸进出口总额增长41%；城镇居民人均可支配收入和农民人均纯收入分别实际增长7.8%和10%；城镇登记失业率4.18%；人口自然增长率6.86‰。金融机构人民币存款余额7171亿元，新增1041亿元；贷款余额5672亿元，新增868亿元。实施了52项重大科技项目，专利授权量增长24%。

（二）新农村建设扎实推进

认真落实各项支农惠农政策，全省财政投入农林水资金126亿元，比上年增长22.7%。农业结构调整成效明显，农民增收渠道进一步拓宽。引进和扶持各个层次的龙头企业3500户，带动了530万农户。全省除烟草外的农产品加工产值达580亿元，农产品出口额达5.8亿美元，乡镇企业实交税金突破百亿元。农村生产生活条件继续改善，新增不同标准的高稳产农田和基本农田各100万亩；改建农村公路2万公里；开展了1万个自然村的村容村貌整治；完成16.6万户农村民居地震安全工程建设；农村电网改造使63.5万户受益，同时解决了4.5万无电户的用电问题；“数字乡村”工程初步覆盖全省。培训农村劳动力105万人，转移就业137万人。“千企结千村、共建新农村”活动稳步推进。县域经济发展47个试点县在全省起到了示范带动作用。“兴边富民工程”三年行动计划已投入48亿元，实施了30件惠民实事。

（三）特色产业培育步伐加快

做强支柱产业、提升传统产业、培育新兴产业、发展高新技术产业取得实效。烟草、电力、矿业和生物产业销售收入分别达到700亿元、453亿元、2100亿元和1850亿元，分别增长12.7%、18.5%、17.6%和15%。工业倍增计划、大企业倍增行动顺利实施，10户工业企业销售收入过百亿元。推进全省20个重点工业建设项目，完成工业投资946亿元。全部工业实现利税1100亿元。30个工业园区和8个特色产业园区完成工业增加值增长29%，销售收入增长32%。实施中小企业成长工程，新增各类中小企业1万多户。旅游二次创业取得成效，旅游总收入增长16%。

（四）基础设施条件进一步改善

继续加大投入，打牢发展基础。交通建设完成投资440亿元，全省公路总里程接近20万公里，新增高速公路1000公里；大丽、玉蒙、沾六、昆广铁路建设进展顺利；昆明新机场、腾冲机场建设以及大理、丽江等机场改扩建稳步推进；长江第一港水富港开始扩建。水利建设完成投资突破100亿元，建成山区“五小水利”20万件，完成干支渠防渗工程1000公里。电力建设完成投资500亿元，其中完成电网投资近80亿元，“三江”水电开发继续推进，滇东电厂一期、小龙潭电厂三期等项目相继竣工投产。城市基础设施建设不断加强，城镇化率达到31.6%。

（五）改革开放继续深化

农村综合改革取得阶段性成果，集体林权制度改革向纵深推进，重要农畜产品政策性保险逐步推行，农垦改革取得实质进展。48个国有企业政策性关闭破产项目全部进入破产法律程序。昆钢与武钢、云铜与中铝实现合作，成功引进了法国拉法基和香港瑞安两大战略投资者，与中石油的战略合作进入实施阶段。重构省投资控股集团，富滇银行顺利挂牌。公务员收入分配制度改革顺利实施。

积极深化与大湄公河次区域国家的合作，主要出境公路通道国内段基本实现高等级化，架设了4条对越输电线路。赴中南半岛5国开展“友好、合作、发展之旅”，有力地推动了企业“走出去”。实际利用外资5亿美元，引进省外资金530亿元，签订对外经济技术合作合同金额7.9亿美元。成功举办了中国昆明国际文化旅游节和第十五届昆交会等国际会展活动。在第四届泛珠三角经贸洽谈会上签约项目数及金额居合作各方前列。

（六）社会事业加快发展

全省财政用于解决民生问题的资金大幅增加。云南荣获国家“两基”攻坚成就奖。新增“普九”县5个，新建农村寄宿制学校校舍40万平方米，排除中小学危房80万平方米。免除610万名农村义务教育阶段学生的学杂费，向261万名学生免费提供了教科书，给予200多万名寄宿制学生生活补助。中等职业学校学生全部领到了生活补贴。呈贡高校新区建设取得进展，首批师生顺利入住。重点解决了140个乡镇卫生院和5800个村卫生室的业务用房，新增城市社区卫生服务中心和服务站54个。新办农业人口独生子女证近6万户，人口出生缺陷干预试点工作取得初步成效。城镇新增就业22万人，8.3万失业人员实现了再就业。70多万城镇居民参加了基本医疗保险，参加城镇职工基本医疗保险和工伤保险的进城务工人员分别达8万人和25万人。城乡社区建设取得新进展。农村敬老院建设顺利推进。深入推进社会治安防控体系建设，全省刑事案件及交通、火灾事故下降，人民群众安全感进一步增强。

（七）生态环境保护取得实效

全面实施“七彩云南保护行动”，唱响了生态立省、环境优先主旋律。“全民节能·云南在行动”等活动蓬勃开展，百家企业节能行动全面启动，对重点耗能企业实行了节能目标责任制，加大了差别电价实施力度，淘汰了500万吨水泥、10万吨黄磷、150万吨焦炭等落后产能。实现了二氧化硫、化学需氧量年度削减排放目标。启动了农村环境整治示范工程。滇池治理、区域环境整治等工程有效推进，洱海治理的成效和经验得到国家的重视和肯定。制定生态功能区划和生物多样性、湿地保护规划，完成营造林600万亩，治理水土流失面积2400平方公里。有效保护珍贵地质遗迹和地质景观，石林正式列入世界自然遗产名录。

（八）各级政府执行力不断提高

按照重点工作抓督查、重大项目抓责任的思路，围绕10件实事、20个重大项目和20项重点工作，加大监督检查力度，推进了各项措施的落实。省政府出台8项工作制度，进一步规范了行政行为。加强领导干部作风建设，认真落实廉政责任制，从源头上预防和治理腐败，坚决纠正了一些土地征收征用、房屋拆迁、企业改制中损害群众利益的行为。

五年来政府工作的实践充分证明，只要我们坚定不移地坚持党在社会主义初级阶段的基本路线，坚定不移地贯彻落实以人为本，全面、协调、可持续的科学发展观，坚定不移地把发展作为最大的政治、最硬的道理、最根本的任务，坚定不移地深化改革、扩大开放，坚定不移地发挥优势、创造特色，坚定不移地团结和依靠全省各族人民，凝聚各方面的智慧和力量，就一定能不断开创云南发展的新局面，实现云南发展的新辉煌！

回首第十届省政府的工作，我们深深感到成绩来之不易。这是党中央、国务院和省委正确领导的结果，是省人大及其常委会依法监督和支持、省政协民主监督和参政议政的结果，是全省各族干部群众团结奋斗的结果。在这里，我谨代表第十届省人民政府，向全省各族人民，向各位人大代表和政协委员，向各民主党派、工商联和各界人士，向驻滇人民解放军、武警官兵、公安干警，向所有关心支持云南发展的香港和澳门特别行政区同胞、台湾同胞、海外侨胞、国际友人，致以崇高的敬意和诚挚的感谢！

我们也清醒地认识到，云南的发展还面临不少困难和问题，与发达地区相比还有不小差距。主要是：转变发展方式的任务还十分艰巨，自主创新能力还不强，对外开放水平还不高，节能减排任务繁重，社会发展依然滞后，农业稳定发展和农民持续增收难度较大。煤电油运等“瓶颈”制约仍很严重。去年以来，受各种因素影响，我省居民消费价格总水平上涨5.9%。省政府对此高度重视，采取了一系列应对措施，增加了困难人群临时生活补贴，但物价上涨过快的势头仍未得到有效控制，给人民群众特别是低收入人群的生活带来了一定的困难。同时，政府工作作风和办事效率与形势发展还不适应、不协调，少数干部形式主义、官僚主义仍很严重，奢侈浪费、消极腐败等现象不同程度存在。在今后的工作中，我们必须高度重视并切实解决好前进道路上的各种矛盾和问题，努力做好各项工作，不辜负党和人民的希望和信任。

二、对今后五年云南经济社会发展的建议

各位代表！党的十七大全面总结了我国改革开放的伟大历史进程，高屋建瓴地作出了高举中国特色社会主义伟大旗帜、坚持中国特色社会主义理论体系、坚持中国特色社会主义道路的战略决策，明确提出了推进社会主义现代化建设的新要求，将中国的发展带入了一个新的历史阶段。做好新一届政府的工作，必须全面深入地贯彻党的十七大精神，按照省第八次党代会的部署，深入贯彻落实科学发展观，更加大胆地继续解放思想，更加坚决地推进改革开放，更加努力地推动科学发展，更加深入地促进社会和谐，不因任何干扰所惑，不被任何困难所阻，不为任何风险所惧，全力推进云南的经济建设、政治建设、文化建设和社会建设，在全面建设小康社会的征途上迈出更加坚实的步伐。

新一届政府的五年，是富民强省、全面建设小康社会和构建和谐社会的重要时期；是衔接两个五年规划，承前启后、继往开来的重要时期；是进一步解放思想、更新观念的重要时期；也是云南大有作为，实现加快发展的重要时期。站在新的历史起点上，我们面临重大机遇，也面临严峻挑战，但总体看机遇大于挑战：发展方式虽然还比较粗放，但各族干部群众对科学发展观的认识不断深化，转变经济发展方式、优化发展结构、提高发展质量的紧迫感尤其强烈；解放思想、更新观念的任务虽然还比较重，但破解体制机制障碍、挖掘潜能、发挥优势、拓展更大发展空间的思路更加明确；社会建设虽然还比较滞后，但全省人民实现统筹协调发展的愿望格外迫切，对生产生活环境和幸福感的关注前所未有；前进中的困难和问题虽然不少，但全省上下团结干事，聚精会神搞建设、一心一意谋发展的氛围十分浓厚，这是我们克服一切困难、勇往直前最重要的动力和源泉。我们一定要牢牢把握这个重要的战略机遇期，把思想和行动统一到十七大精神上来，把智慧和力量凝聚到实现十七大确定的各项任务上来，尊重人民群众的首创精神，创造条件，奋发有为，实现新时期云南发展的新跨越。

今后五年经济社会发展的主要目标是：在好字优先、好中求快的前提下，国民经济保持两位数以上增长，力争到2012年全省生产总值实现8000亿元，人均生产总值超过2000美元，财政总收入力争达到2000亿元。经济结构进一步优化，自主创新能力进一步增强，特色产业优势进一步发挥，城镇化进程进一步加快，非公有制经济进一步壮大，资源利用效率进一步提高，发展基础进一步牢固。城乡居民生活水平有较大提高，良好的生态环境和自然禀赋得到有效保护，城镇居民人均可支配收入力争达到2万元，农民人均纯收入超过4000元，居住条件有较大改善，各项社会事业全面繁荣，精神文化生活更加丰富，生活环境更加友好。劳动和社会保障体系更加健全，困难群众基本生活得到有效保障。社会主义市场经济体制不断完善，以东南亚、南亚为重点的全方位对外开放格局基本形成。精神文明和民主法制建设不断加强，全省民族团结、边疆安宁、社会和谐的大好局面更加巩固。

在经济社会发展的具体实践中，我们必须突出六个方面的重点：

（一）紧紧抓住转变经济发展方式这个关键，全面优化结构、提高效益

加快转变发展方式、不断创新发展思路、努力提高发展质量，对云南至关重要，是破解云南经济社会发展中深层次矛盾和问题、保持又好又快发展的重大战略举措，一定要全力抓紧抓好。一要在继续发挥好第二产业对经济发展重要带动作用的同时，努力调优第一产业、调快第三产业，依靠一、二、三产业协同带动促进经济

增长。加快发展特色经济，构建支柱产业、优势产业和新兴产业相得益彰的现代产业体系，积极培育年销售收入超百亿、超千亿的骨干企业集群，促进产业结构优化升级。二要继续发挥投资对云南经济的支撑作用，努力筹措资金，优化结构、突出重点、提高效益，再建设一批牵引带动能力强的大项目、好项目。加强消费、出口拉动，在经济发展的同时，调整优化国民收入分配结构，增加城乡居民收入。努力改善消费环境，培育消费热点，建设一批新的消费设施，创造新的消费业态，提高消费水平。扩大地产消费品的生产，转变贸易增长方式，提高云南产品在国内外市场的竞争力，加快形成消费、投资、出口协调拉动经济增长的格局。三要在保持经济快速增长、进一步扩大经济总量的同时，更加注重增长的结构、质量和效益。不断提高劳动者的科学文化素质，加快技术进步，推进管理创新，提高劳动生产率，努力实现经济增长由主要依靠增加资源消耗向提高资源利用效率转变，由主要依靠扩大规模向规模与效益并重转变，由主要依靠外延扩张向内涵式发展转变。

（二）做好统筹城乡发展这篇大文章，努力实现城乡互动，协调发展

统筹城乡发展是有效推进社会主义新农村建设，加快缩小城乡差距和地区差距，从根本上解决新时期“三农”问题的重要途径，对云南具有特别重要的意义。要着力推进城乡一体化发展，建立新型工农关系、城乡关系，从根本上突破城乡二元结构，逐步缩小城乡差距。打破城乡分割、城乡分治状况，建立促进城乡统筹发展的公共财政制度，建立和完善支持“三农”投入稳定增长的保障机制和以工促农、以城带乡的长效机制。统筹城乡基础设施建设，健全农村市场流通体系和农业服务体系，切实改善农村生产生活条件。建立城乡统一的劳动力市场，统筹城乡劳动力就业。

发展现代农业，繁荣农村经济。积极探索产业化发展、规模化经营、龙头企业带动路子。不断加强农业基础，强化农业科技支撑，提高农业装备水平，完善多元化农业技术推广体系。实行最严格的耕地保护制度。促进农村土地承包经营权依法流转，努力推进规模化、集约化经营。全面创新农业发展的模式，提高农民素质，培育有文化、懂技术、会经营的新型农民。

推进城镇化进程。抓好现代新昆明等六个层次的城镇化发展，力争全省城镇化率每年提高1到2个百分点。强化城镇产业支撑，努力形成一批工业强市、旅游强市、贸易强市等特色城市。强化城市基础设施和服务功能，努力解决好中心城市交通拥堵、公共设施短缺等问题。强化城市规划、建设和管理，努力形成全省城镇规模结构合理化、布局集群化、土地利用集约化、面貌特色化，大中小城市和小城镇协调发展的良好格局。

我们要通过持续不断的努力，促使云南农村面貌焕然一新，城镇经济繁荣活跃，城乡差距逐步缩小，全省发展更加协调。

（三）着力增强自主创新能力，加快建设创新型社会

创新是云南发展的不竭动力和源泉。要切实把增强自主创新能力贯穿到经济社会发展的方方面面，强化创新意识，完善政府投入引导机制、企业投入激励机制和创业风险投资机制，构建以企业为主体、市场为导向、产学研结合的技术创新体系。

加强原始创新。加强烟草、矿业、生物、先进装备等优势领域自主创新，着力研发对经济社会发展有重大作用的核心技术和关键技术，加大用高新技术和先进适用技术改造重化工等传统产业的力度，力争在高新技术产业、特色产业、资源节约和生态环保领域形成一批拥有自主知识产权的核心技术。

加强集成创新。整合科技资源，打破部门、行业和条块界限，有效集成各种创新要素，整合相关配套技术，由以单一技术突破为主向单一技术突破与多项技术集成相结合转变，形成新的技术优势。加强管理领域的集成创新，形成科学合理的管理模式。

加强引进消化吸收再创新。围绕重点产业，大力引进国内外技术和设备，提高技术水平和再创新能力。促进高新技术产业化。积极鼓励企业与高校、科研院所联合，开展引进消化吸收再创新技术攻关，着力攻克一批行业关键技术。加强知识产权保护。落实鼓励自主创新的各项政策，对创新形成的先进装备和产品，纳入政府优先采购范围。对运用相关技术和产品的重点项目，政府予以优先安排。

（四）扩大公共服务，解决民生困难，加快构建和谐社会

把实现好、维护好、发展好最广大人民的根本利益作为政府一切工作的出发点和落脚点，切实解决好人民群众在就学、就业、就医、住房、养老等方面的突出问题，努力实现学有所教、劳有所得、病有所医、老有所养、住有所居。

努力办好人民满意的教育。坚持教育优先，保障各民族群众公平接受教育的权利。完成“两基”攻坚，巩固义务教育，继续扩大高中阶段教育，大力发展中高等职业教育，提升高等教育质量，支持和鼓励民办教育，健全全民教育体系。全面实施素质教育，强化就业技能教育，重视学前教育，关心特殊教育，完善生活困难学生资助体系，促进教育均衡发展和公平。加大财政对教育的投入，重点扶持民族贫困地区教育发展。规范教育收费。重视师资队伍建设，努力提高教师素质和师德水平。

千方百计扩大就业。积极发展劳动密集型产业，大力开发就业市场，增加就业岗位。扶持5万名创业带头人，以创业带动就业。深化收入分配制度改革，稳步提高最低工资标准和社会保障水平，逐步解决部分社会成员收入差距过大的问题。全面推进劳动合同制度，促进劳动关系和谐。

完善社会保障体系。推进基本养老保险省级统筹，逐步提高医疗、失业、工伤、生育保险统筹层次，大力推进城镇居民基本医疗保险，统筹城乡社会保障，探索建立农村养老保险制度，稳步提高社会保障水平。进一

步完善城乡居民最低生活保障制度。健全社会救助体系。做好优抚安置工作。发展残疾人事业。加强老龄工作。搞好防灾减灾。

提高全民健康水平。坚持公共医疗卫生的公益性质，大力推进公共卫生、农村卫生、城市社区卫生服务体系建设，深化医药卫生体制改革，提高疾病预防、卫生应急和医疗救治能力，加快发展中医药、民族医药事业，努力让广大人民群众享有安全、有效、方便、价廉的医疗卫生服务。加强产品质量和市场监管，确保食品药品安全。抓好人口和计划生育工作，稳定低生育水平，到2012年，人口自然增长率控制在6.3‰以内。大力开展全民健身活动，提高各族人民身体素质。

以构建社会主义核心价值体系和提高文化软实力为重点，更加自觉、更加主动地推动文化大发展大繁荣。加大对公益性文化事业的扶持力度，支持发展广播电视、新闻出版、文学艺术以及文博、文史、档案等事业。加强社区和乡村文化设施建设，加快构建覆盖城乡的公共文化服务体系，努力为人民群众提供内容丰富、形式多样的文化产品和服务。建成若干文化产业基地和区域性特色文化产业集群，培育发展一批具有较强实力的大型文化企业集团，鼓励文化创意和创新，多出文化精品，进一步提升我省民族文化大省的影响力和竞争力。继续繁荣发展哲学社会科学。积极开展对外文化合作与交流。

群众利益无小事。我们要时刻把人民的安危冷暖放在心上，千方百计为群众办好事、办实事，切实做到发展为了人民，发展依靠人民，发展成果由人民共享。

（五）着力实施以东南亚、南亚为重点的全方位开放战略，深入改革不适应发展的体制机制

以更大的气魄和决心不断推进改革开放，是突破影响发展的体制机制制约的根本途径，也是实现经济社会又好又快发展的重要保证。

必须坚定不移深化各项改革。要努力提高改革决策的科学性，增强改革措施的协调性，把改革创新贯穿到经济社会各个环节，稳步务实地推进经济社会重要领域和关键环节改革。深化农村综合改革、行政管理体制、投融资体制、地方财税金融体制改革，完善国有资产监管体系，推进国有企业和社会管理体制改革，促进非公有制经济和中小企业发展。进一步完善社会主义市场经济体制，平等保护物权，健全现代市场体系，更好地发挥市场在资源配置中的基础性作用，着力构建充满活力、富有效率、更加开放、有利于科学发展的体制机制。

必须毫不动摇扩大对外开放。抓住国家实施自由贸易区战略和提升沿边开放的历史性机遇，优化开放环境，切实将区位优势转化为参与中国－东盟自由贸易区建设、大湄公河次区域合作、孟中印缅地区经济合作的新优势。务实开展与东盟和南亚的互利合作，力争通路、通商、通电、通关工作取得更大突破。积极争取国家从战略层面研究推进构建第三座亚欧大陆桥。继续加强泛珠三角等区域合作，扩大与各省区市多形式、多层次的经济社会合作。促进开放型经济发展。立足以质取胜，优化进出口结构，大力发展加工贸易，积极发展服务贸易。创新利用外资方式，优化利用外资结构，提高利用外资的质量和水平。创新对外投资和合作方式，鼓励支持有比较优势和竞争实力的企事业单位开展国际化经营。积极拓展对外开放广度和深度，把“引进来”和“走出去”更好结合起来，逐步建立内外联动、互利共赢、安全高效的开放型经济体系。

（六）把建设资源节约型、环境友好型社会放到突出位置，全面推进生态文明建设

建设生态文明是全面建设小康社会奋斗目标的新要求，也是云南发挥优势、推进发展的现实选择。要进一步加强资源节约，坚持开发节约并重，继续整合资源，促进能源、矿产资源节约和高效利用。推进重点耗能行业、重点耗能企业以及重点用能设备、重点耗能产品的节能降耗工作。发展循环经济，加快试点园区、试点县、试点企业和重大示范项目建设。开发推广节约、替代、循环利用和治理污染的先进适用技术，发展清洁能源和可再生能源，推进节能、节水、节地、节材和资源综合利用、循环利用。严格执行国家产业政策，探索建立落后产能退出机制，依法淘汰落后生产能力。推行清洁生产，倡导绿色消费。

进一步加强环境保护。坚持生态建设产业化、产业发展生态化，全面实施“七彩云南保护行动”。继续推进天然林保护、退耕还林还草、石漠化整治等重点生态工程，力争森林覆盖率达到55%。高度重视水环境污染防治，滇池治理措施要有重大突破，星云湖水质要有明显好转。全面推进县以上城市污水集中处理。严格保护饮用水源，保障人民群众的饮用水安全。积极防治农村面源污染，切实改善农村生态环境。加强自然保护区、生态功能区的保护和管理，注重发挥生态系统的自然修复功能，维护生物多样性。继续推进国家公园建设。广泛组织开展生态文明创建活动，积极推进生态城市、生态社区、生态村镇建设。开展重要资源有偿使用和生态环境补偿试点，逐步建立重要资源有偿使用制度和生态环境补偿机制。

良好的环境是云南生存、发展的基础和保障。我们要像珍惜生命一样珍惜我省的良好生态，像保护眼睛一样保护我省的优美环境。一定要让云南的青山绿水、蓝天白云从我们这一代，传到下一代，世世代代相传。

三、2008年省人民政府的主要工作

今年是全面贯彻落实党的十七大精神的第一年，也是落实省第八次党代会精神、实施“十一五”规划的关键之年。做好今年的工作，对进一步加快云南发展，圆满完成新一届政府的各项任务，意义十分重大。按照省委八届四次全会的要求，今年政府工作的基本思路是：**高举中国特色社会主义伟大旗帜，坚持以邓小平理论和“三个代表”重要思想为指导，深入贯彻落实科学发展观，坚持好中求快、稳中求进，坚持创新驱动、增强后劲，坚持改革开放、激发活力，坚持统筹城乡、协调发**

展，坚持节约资源、保护环境，坚持以人为本、促进和谐，加快全面建设小康社会进程。

全省国民经济和社会发展的主要预期目标建议为：生产总值增长10%，地方财政一般预算收入增长18%以上，全社会固定资产投资增长14%以上，社会消费品零售总额增长12%以上，外贸进出口总额增长12%以上，城镇居民人均可支配收入和农民人均纯收入实际分别增长7%和6%以上，城镇登记失业率控制在4.5%以内，人口自然增长率控制在7‰以内，单位生产总值能耗降低4%以上，居民消费价格总水平涨幅低于上年实际涨幅。为实现上述目标，我们要从实际出发，认真贯彻国家宏观调控的各项政策措施，把中央精神和省委部署真正落实到政府的各项具体工作中，努力做好10项重点工作。

（一）把加强“三农”工作的各项措施落到实处

把“三农”作为重中之重，力争实现农业总产值1600亿元、增加值920亿元。

大幅度增加投入。完善支农惠农政策，确保全省财政支农投入的增量、政府固定资产投资用于农村的增量、政府土地出让收入用于农村建设的增量明显高于去年。坚持并完善种粮、良种、农机、农资等对农民的直接补贴和对生猪、奶牛、油料发展的各项扶持措施。整合支农资金，完善投入管理办法，注重发挥政府资金的带动作用，引导农民和社会各方面资金投入新农村建设。

切实提高综合生产能力。把发展粮食生产放在更加突出的位置，全省粮食种植面积稳定在6350万亩左右，力争粮食总产量达到1560万吨。大力发展畜牧业，肉类总产量达到360万吨。积极推进农业产业化经营，建设蔬菜、油料、茶叶、花卉等农产品生产基地。今年要重点抓好核桃产业发展，建设70个核桃基地县，完成特色经济林种植600万亩。积极发展农民专业合作组织，省级重点扶持100户龙头企业、100个农民专业合作社和服务组织。推进“万村千乡市场工程”建设，启动乡镇农贸市场建设改造试点工作。抓好农业标准化生产、农产品质量安全监管和重大动植物疫病防控。加强农业科技成果转化和推广应用，推进省现代农业科技园区建设。抓好现代烟草农业建设试点，使受益面积达到140万亩。

努力改善发展条件。再建设高稳产农田和基本农田各100万亩，解决农村120万人饮水安全，改建农村公路2.5万公里，抓好“数字乡村”工程的建设和应用，新建沼气池20万户、农村改灶10万户，省级开展500个村的村容村貌整治试点，继续推进10万户农村民居地震安全工程建设。积极发展农村二三产业、乡镇企业和劳务经济，推行“培训、就业、维权”三位一体的劳务输出模式，扩大农村劳动力转移就业规模，再培训农村劳动力100万人，新增转移50万人，力争农民人均工资性收入达到650元。

继续深化农村综合改革。巩固和发展农村税费改革成果，全面推进以乡镇机构、农村义务教育和县乡财政管理体制为主的农村综合配套改革，逐步建立精干高效的农村行政管理体制和运行机制。积极化解农村义务教育的历史债务。全面推进集体林权制度、华侨农场和农垦单位的改革。开展强县扩权改革试点。实行城乡户籍统一登记管理，完善相关配套政策。

（二）进一步提高工业增长的质量和效益

按照走新型工业化道路的要求，促进信息化和工业化相融合，提升工业素质和发展水平。推动新一轮工业发展倍增计划。力争工业投入1200亿元，工业增加值达到2000亿元。

优化工业结构。烟草产业要继续优化卷烟产品结构，积极发展配套产业，提高烟叶质量，力争利税达到660亿元以上。矿产业要加快地质勘探、矿山整治、企业重组和资源整合，大力发展深加工、延长产业链。生物产业要突出生物医药、生物质能、绿色食品等重点，实现特色发展、规模发展。装备制造业要围绕电力、机床、物流等重点领域，加大扶持，向专、精、特、新方向发展。加快发展石化、信息、光电子、新材料等产业。集中力量开发特色轻工业，抓紧改造提升传统重化工业。

提高工业产业集中度。继续实施大企业、大集团战略，积极推进战略重组，增强云南企业在国际国内市场的竞争力。发挥好国家级和省级开发区的聚集和引领作用，抓好30个工业园区和8个特色产业园区建设，提高园区的项目承载能力、配套服务能力和聚集带动能力。以工业园区为平台，建设30个左右产业集群。着力打造40个工业强县，加快发展乡镇工业和劳动密集型产业，推进县域工业化进程。实施中小企业成长计划，力争4户左右中小企业上市。

（三）大力促进服务业发展

抓紧制定我省现代服务业总体发展规划、专项规划，出台扶持政策，引导服务业健康发展，力争第三产业增加值达到2000亿元。

启动旅游业改革发展综合试点。按照转变经济发展方式、统筹城乡经济发展、加快发展服务业、推进生态环境保护的要求，选择一批州县、景区、企业作为试点，积极推进旅游业改革发展试验探索。扩大旅游开放合作，建设一批度假康体基地，继续建设60个旅游小镇、200个特色旅游村。提高旅游业发展质量和服务水平。力争全年接待海内外旅游者上亿人次，旅游业总收入650亿元。

加快发展现代物流业。加强物流基础设施和现代物流体系建设，在区域性物流中心建设等方面取得实质性进展，重点建设30个现代物流中心、20户龙头企业和信息平台，逐步形成面向东南亚、南亚的现代物流基地。

鼓励发展高端服务业。完善公共服务，加快发展金融、保险、信息、会展、技术推广、服务外包等，为全省产业发展和工农业生产提供配套服务。规范发展法律咨询、会计审计、认证认可、信用评估等商务服务业。

（四）力争科技创新取得实效

搭建科技创新平台。增加政府对科技的投入，推进云南科技创新园建设，吸引国内外科研机构、高校和大中型企业进园创办研发机构。支持基础科研和重大科技攻关，鼓励技术发明和革新，建设好重点实验室和工程技术中心。推进中药现代化科技产业基地建设，启动“高新技术企业上市培育工程”。

提高企业创新能力。国家级、省级技术中心所在企业、大型企业和中小型企业，研发投入占销售收入的比例分别达到4%、3%、1.2%和0.8%。重点组织研发、推广应用20项关键共性技术，重点推进20项重大装备生产。今年新认定20个省级企业技术中心，争取2个企业获得国家级技术中心认定，企业专利申请量增长20%。

建设创新型人才队伍。继续实施人才强省战略。遴选省中青年学术带头人和技术创新人才培养对象各50名。启动“高端科技人才引进计划”，引进一批高层次科技和管理人才。对科技创新发明、贡献、推广做出突出成绩的单位和个人，给予表彰和奖励。加强科普工作，深入贯彻实施《全民科学素质行动计划纲要》，办好“云南科学大讲坛”。

（五）努力实现节能减排和环境保护目标

打好节能减排攻坚战、持久战。今年要把节能减排目标完成情况作为领导干部政绩考核的重要内容，完成能耗降低目标，二氧化硫、化学需氧量在2007年基础上都要削减2%。制定黄磷、电石、钢铁等重点“双高”产品生产总量控制计划，强化对火电脱硫项目建设和运行的监管。淘汰149条水泥、生铁、黄磷、焦炭落后生产线或生产装置，实施80个产能削减项目，推广10项节能减排技术。大力推进清洁生产，实施20个强制性审核项目。抓好首批20个循环经济试点。加强县城以上城镇污水处理和垃圾处理设施建设，城镇污水处理率达到42%，生活垃圾无害化处理率达到35%。建立和完善能耗统计指标体系、监测体系和考核体系，强化监管和督查，推进全民节能，确保工作取得重大进展。

深入开展“七彩云南保护行动”。以水、大气、土壤等为重点抓好污染防治，改善城乡人居环境。加强高原湖泊水污染综合防治，滇池治理要突出抓好北岸污染治理和面源污染控制，积极推进环湖公路、环湖截污、环湖生态、底泥疏浚、入湖河道整治、外流域引水等重点工程，巩固洱海污染治理成果，搞好抚仙湖—星云湖出流改道工程运行管理。抓好出境跨界河流水污染防治，开展污染源普查和南盘江治理。加强以滇西北为重点的生物多样性保护。编制完成云南省主体功能区规划。做好二次土地调查和基础测绘工作。抓好全省污染源普查和土壤污染状况调查。

（六）千方百计解决好民生问题

广开就业门路。采取多种措施扩大就业，统筹做好失业人员、城镇新成长劳动力、高校毕业生、复转军人、农村富余劳动力、残疾人的就业工作，新增城镇就业22万人，下岗失业人员再就业8万人。建立健全就业援助制度，确保零就业家庭至少有一人就业。

加强社会保障工作。以提高非公有制企业、灵活就业人员参保率为重点，做好社会保险扩面工作，使全省享有各类保险的人员达到1450万人。建立企业职工工资正常增长机制和支付保障机制，逐步提高最低工资标准。力争将城镇居民基本医疗保险试点扩大到10个州市。继续实施城乡医疗救助。关心弱势群体，抓好敬老院等福利设施建设，对特困老人和五保对象逐步实施集中供养。不断完善城乡低保政策，推进分类施保，适当提高补助水平。高度重视和做好防灾减灾工作。

持续抓好扶贫开发。加大对革命老区、民族地区、边境地区、贫困地区的扶持力度。进一步提高扶贫资金使用效益，实施9000个贫困自然村的整村推进，做好3万贫困人口的易地搬迁，再解决50万农村贫困人口的温饱问题。启动“兴边富民工程”新三年行动计划。继续实施边疆“解五难”工程。完成人口较少民族聚居的400个自然村的整村推进、改善67个村委会的基础设施条件。

有效保障群众基本生活。健全重要商品价格监测、预警和应急机制，增加粮油肉储备，保障市场供应。控制物价过快上涨，对因物价上涨而影响生活的低收入人群给予临时性补贴。合理调整住房供应结构，增加面向中低收入家庭的廉租房、经济适用房和普通商品房供应。完成80万平方米廉租房建设。

完善社会基层管理。健全党委领导、政府负责、社会协同、公众参与的社会管理格局。创新社会管理体制，构建科学高效、运转协调的社会管理模式和运行机制。积极发展社会组织，健全基层群众自治机制，推进城乡和谐社区建设。加强对流动人口的服务和管理。

（七）全面推进教育、卫生、文化事业

协调发展各类教育。完善农村义务教育经费保障机制，提高中小学校公用经费标准，全面免除农村学生教科书费和学杂费，提高寄宿制学生生活费补助标准，免去城市义务教育阶段学生的学杂费。新增4个县“普九”，排除中小学危房80万平方米。努力改善中等职业学校办学条件，力争中等职业学校招生规模达到20万人以上。重视高等教育，加强学科建设，提高教育质量，推进部分高校搬迁项目。落实大中专学校困难学生资助政策。加强以农村教师为重点的中小学骨干教师培训，实施特岗教师计划。把教师周转房纳入廉租房建设。

加快发展医疗卫生事业。稳步提高新型农村合作医疗参合面和筹资水平，参合标准由去年每人50元提高到90元，其中财政补助标准由每人40元提高到80元。对全省低保对象、五保对象个人缴纳的参合资金给予全额补助。积极推进医疗卫生体制改革试点。继续建立和完善药品供应网络。加快公共卫生服务体系建设，抓好县、乡、村三级农村卫生服务体系、城市社区卫生服务体系、省州（市）两级医疗机构基本建设，提高技术和服务水平。建设乡镇卫生院132个，加大乡村医生培养力度。抓好重大传染病预防控制工作，健全经费保障机制。提高突发公共卫生事件应急处置能力。认真落实并不断完善计划生育奖励扶助政策，继续做好出生缺陷干预和流动人口计划生育管理，提高新生儿健康水平。

创新发展文化体育。推进省博物馆新馆、云南民族艺术中心、亚广传媒中心、艺术家园区等重点项目，实施好38个国家文化信息资源共享工程分中心建设。推行"以奖代补"建设和运行管理模式，完成74个乡镇综合文化站建设项目，发挥好"两馆一站"在农村文化建设中的作用。继续实施广播电视"村村通"工程。力争推出3-5个获得全国重要奖项的艺术精品。注重文化领军人物和文化产业经营管理人才培养。保护好非物质文化遗产，对优秀的民间文化传承人给予生活补助。加快建设一批社区体育中心和大众健身活动中心。积极参加奥运会和残奥会。

（八）抓好基础设施建设

多方筹措资金，保持投资力度，力争完成全社会固定资产投资3200亿元。

抓好重点项目建设。水利要加快推进已开工水库项目建设，优选一批中小型水库项目，争取尽快开工建设。积极争取中央支持，搞好病险水库除险加固。继续开展干支渠防渗工程和大中型灌区续建配套与节水改造工程建设。兴建20万件山区"五小水利"工程。做好"滇中调水"金沙江龙头水库比选和牛栏江引水方案的研究论证。能源要继续推进"三江"水电开发，加快一批中小水电和大型火电项目建设。抓好输电主干网架和城乡电网建设。加快恩洪、小龙潭、老厂、先锋、昭通5大煤炭基地建设，保持煤炭产量稳定增长。积极推进新能源建设。交通要抓紧完成国道主干线工程，推进西部开发省际通道、国家和省高速公路网部分路段开工，加快沿边高等级干线公路建设。加快大丽、大瑞、玉蒙、沾六二线和昆广复线铁路建设，力争开工建设蒙河铁路。全面推进昆明新机场和腾冲机场建设，改扩建丽江、大理等六个机场。

抓好项目前期工作。按照国家规范，高质量做好项目前期工作。强化重大建设项目责任制，确保重大建设项目顺利开展。充分发挥政府投资的引导和带动作用，用好信贷资金与信用资金，利用股权、使用权转让等办法，吸引国内外战略投资。鼓励通过企业上市、发行企业债券、可转换债券、短期融资券等方法筹集建设资金。遵循国家土地法律法规，切实搞好建设项目用地储备，建立重大项目用地部门会商制度，尽力满足重大项目建设用地。

（九）切实加快改革开放步伐

深化各项改革。进一步完善国资监管制度体系，编制省本级国有资产经营预算。继续推进国有大中型企业和省属企业集团的股份制改革，力争省属二级企业的改制面达到95%以上，完成退休人员交由社区管理试点工作。今年要对省委、省政府加快发展非公有制经济政策措施的落实情况进行一次大检查，推进非公有制经济加快发展。逐步完善省以下财政管理体制，进一步加大一般性转移支付力度。积极发挥公共财政的再分配功能，调整优化支出结构，促进公共服务均等化。按照国家统一部署，积极稳妥地推进地方税税制改革。全面清理"小金库"，加强和规范政府非税收入管理。完善资源有偿使用机制，加快资源性产品价格改革，建立反映资源稀缺程度和市场供求关系的价格形成机制。加强对金融机构的协调和服务，推进银行、保险、证券机构的改革与发展。构建良好的社会信用体系。发展农村新型金融机构，筹备组建农村合作银行。扩大农业政策性保险试点，完善农业保险体系。探索建立产业投资基金，搞好国有投资公司的资本运作。今年要把昆明市和红河州作为全省综合改革的试点，积极推进。

扩大对外开放。支持特色农产品、机电产品和高技术产品出口；扩大先进技术、关键设备及零部件和重要资源、原材料进口，力争全年进出口贸易额达到100亿美元。以引进境外大企业、大集团为重点，确保实际利用外资有新的增长。支持和鼓励更多企业开展国际化经营，着力培育云南的跨国公司和国际知名品牌。推进区域经济合作，深化与越、老、缅、柬、泰等国的多边、双边合作机制，加强孟中印缅地区交往。促进贸易投资便利化。推进瑞丽、河口、磨憨三个跨境经济合作区建设。强化与周边国家高层定期互访和协商制度，加强文化、科技交流，扩大民间交往。增加招收周边邻国留学生规模，推进汉语国际推广工作。加强侨务工作。以泛珠三角区域合作为重点，加强与港澳、粤沪浙以及京津地区的合作，密切与相邻省区的经济联系。建设云南（昆明）深圳产业基地。与商务部共同举办好昆交会，承办好国际人类学与民族学联合会第十六届世界大会。

（十）继续加强精神文明和民主法制建设

构建社会主义核心价值体系。大力弘扬爱国主义、集体主义、社会主义思想，以增强诚信意识为重点，加强社会公德、职业道德、家庭美德、个人品德建设。做好青少年思想道德教育工作。深入开展群众性精神文明创建活动，创建文明社区，培育文明新风。

大力推进社会主义民主。各级政府要依法接受人大及其常委会的法律监督和工作监督，自觉接受政协和社会各界民主监督，坚持重大决策、重大问题、重大事项向人大报告，与政协协商，重大决策出台前广泛征询民主党派、工商联、无党派人士和专家学者的意见，广泛吸纳人民群众的意见。重视发挥舆论监督的作用。扩大基层群众自治范围，推进厂务公开，完善政务公开和村务公开制度，实现政府行政管理与基层群众自治有效衔接和良性互动，保障人民群众享有更多民主权利。支持工会、共青团、妇联等人民团体的工作。做好老干部工作。认真落实民族区域自治制度，保障少数民族合法权益，巩固和发展平等团结互助和谐的社会主义民族关系。认真贯彻党的宗教工作方针，依法管理宗教事务。

切实维护社会稳定。加强和完善信访工作。加大道路交通安全综合治理和消防安全监督管理力度，加强对危险物品的跟踪监管，强化安全生产管理，严防发生重特大安全事故，全力保障人民群众生命财产安全。依法严厉打击各类犯罪活动，深入推进社会治安防控体系建设，提高平安创建的层次和水平。打好新一轮禁毒和防艾人民战争。进一步加强隐蔽战线工作，维护边境安宁和社会稳定。

四、推进行政管理体制改革和政府自身建设

做好今后五年的政府工作，全面完成今年经济社会发展的各项任务，必须不断加强政府自身建设。要积极稳妥地推进行政管理体制改革，加快转变政府职能，努力建设行为规范、运转协调、公正透明、廉洁高效的政府，更好地承担起发展的重任。

第一，切实加强行政管理。根据国务院行政管理体制改革的总体要求，研究优化政府机构设置的途径和办法。严格施行《云南省机构编制管理条例》，规范、精简各类议事协调机构及其办事机构。加快推进事业单位分类改革，抓紧出台事业单位岗位设置的行业指导意见。认真贯彻行政许可法，继续清理、精简、规范和约束行政审批事项，切实减少政府对微观经济运行的干预。全面推行行政执法责任制。进一步规范行政执法权，落实重大行政行为审查、备案制度。推进综合执法，努力解决行政执法职责交叉、多头执法、重复执法等问题。

加大管理创新力度。一是推行行政负责人问责制，纠正领导干部不作为、乱作为行为；二是推行首问责任制，增强政府公务员的事业心和责任感；三是推行限时办结制，防止推诿扯皮、办事拖拉现象；四是推行服务承诺制，树立信守承诺、务实高效的良好形象。认真实施《政府信息公开条例》，凡是涉及群众利益和公共政策的事项，都要实行办事公开，提高透明度。加快发展电子政务，逐步扩大网上申报、查询、交费、办证、投诉等便民公共服务范围。

加强督办落实。今年省政府将继续狠抓各项工作措施的落实，严格执行责任制度、督办制度和考核制度，在去年工作的基础上，调整确立20个重大项目、20项重点工作，作为督办重点，全力推进各项工作落实。

第二，不断强化服务职能。政府的本质是服务。要进一步完善公共服务体系，为社会提供更多更好的公共产品，为市场主体提供公平竞争的环境，维护群众的合法权益，维护社会的公平正义。继续推进政企、政资、政事、政府与市场中介组织分开，把不该由政府管的事交给社会和市场。加强和改善经济调节和市场监管，做好经济普查工作。更加注重履行社会管理和公共服务职能，把公共资源更多地向社会管理和公共服务倾斜，着力解决好人民群众关心关注的重点、难点、热点问题。加强城乡社区自治组织建设，改善村委会和社区工作条件，提高基层组织服务群众的能力。完善社会管理制度，建立健全各种突发公共事件应急机制，提高社会管理能力。

进一步加强作风建设。发扬求真务实的工作作风，努力改进学风、会风和文风，切实精简会议，规范公文运转，倡导开短会、讲短话、发短文。支持和重用想干事、敢干事、会干事、敢负责的干部。努力革除办事墨守成规，说得多、做得少，不求有功、但求无过等行政痼疾。坚决反对形式主义、官僚主义，坚决反对虚报浮夸、急功近利，努力创造心齐劲足、风清气正的良好局面。

第三，深入推进廉政建设。政府工作要为民、亲民，尤其要取信于民，要进一步打造阳光政府，使政府工作更好地在宪法和法律规定的范围内运行，进一步支持人民群众发挥对政府工作的知情权、监督权，重视社情民意，使我们政府的各项工作经得起人民的检验。要坚持用制度管权、用制度管事、用制度管人，建立健全决策、执行、监督既相互制约又相互协调的权力结构和运行机制。全面落实廉政建设责任制，严格遵守中央和省委关于廉洁从政的各项制度和规定。健全质询、问责、经济责任审计、引咎辞职、罢免等制度。规范财政转移支付、土地和矿产资源开发、政府采购、国有资产转让等公共资源管理权力运行。深入开展治理商业贿赂专项工作。完善政府投资监管制度及国有资产监督管理办法。推进节约型政府建设，严格财政支出管理，规范公务接待，杜绝奢侈浪费，倡导勤俭办一切事业。

各位代表！加强军政、军民团结，是推进科学发展、构建和谐社会的重要保障。我们要深入进行国防教育，搞好国防动员、民兵、预备役和人防工作，广泛开展拥军优属和军民共建活动，积极为驻滇部队和国防后备力量建设提供良好保障。继续落实优抚安置的各项政策，做好军队转业干部和退役士兵安置工作。

各位代表！云南省第十届人民政府任期已圆满结束，第十一届政府的任务光荣而艰巨。让我们紧密团结在以胡锦涛同志为总书记的党中央周围，在中共云南省委的坚强领导下，高举中国特色社会主义伟大旗帜，认真贯彻落实党的十七大和省第八次党代会精神，进一步解放思想，开拓创新，团结奋进，再创佳绩，为建设富裕民主文明开放和谐云南，夺取全面建设小康社会新胜利而努力奋斗！

关于云南省2007年国民经济和社会发展计划执行情况与2008年国民经济和社会发展计划草案的报告（摘要）

——2008年1月18日在云南省第十一届人民代表大会第一次会议上

云南省发展和改革委员会

一、2007年国民经济和社会发展计划执行情况

2007年，在省委、省政府的正确领导下，全省以科学发展观统领全局，认真贯彻落实国家各项方针政策，采取积极有效措施，推进经济又好又快发展，社会事业全面进步，呈现出经济运行平稳、增长速度较快、质量效益提高、民生不断改善的良好局面。

除居民消费价格指数外，省十届人大五次会议确定的主要预期目标均完成或超额完成。初步预计，全省生产总值增长12%以上，全社会固定资产投资增长26.1%，财政一般预算收入增长28%，社会消费品零售总额增长17.3%，外贸进出口总额增长41%，城镇居民人均可支配收入实际增长7.8%，农民人均纯收入实际增长10%，城镇登记失业率控制在4.18%，人口自然增长率为6.86‰，单位生产总值能耗下降可完成年度目标。居民消费价格指数上涨5.9%，与计划目标3%左右相比，超过2.9个百分点。

（一）经济又好又快发展

发展速度明显加快，预计全年实现生产总值4700亿元，增长12%以上，呈现出农业稳步发展，工业持续增强，服务业增长强劲的势头。发展质量明显提高，财政收支双双跨上1000亿元台阶，全部工业利税跨上1000亿元台阶。发展后劲明显增强，全省铁路营运总里程达2327公里，公路通车里程20万公里，拥有民用机场11个；电力装机规模突破2000万千瓦；销售收入过百亿元的工业企业达到10户。

（二）农业基础地位得到加强

麻栗坝大（二）型水库、青山嘴大（二）型水库等重点水利工程进展顺利，17件中型水库实现大坝封顶，94件病险水库除险加固工程基本完成，建成山区“五小水利”20万件。预计全年农业总产值达到1400亿元，粮食产量1546.68万吨，畜牧业产值达到390亿元，肉类总产量335万吨，冬季农业开发面积达1800万亩。

（三）工业经济加快发展

昆钢大红山铁矿项目竣工投产，富瑞公司“836”二期工程试车成功，天安化工50万吨/年合成氨、云南三环中化120万吨/年磷铵等项目进展顺利。预计全部工业增加值完成1700亿元。

（四）消费需求稳中趋旺

推进以旅游业为龙头的服务业发展，预计全年社会消费品零售总额1394.54亿元，增长17.3%。旅游“二次创业”各项工作稳步推进，旅游经济发展势头良好，旅游业总收入达到580亿元。

（五）投资适度平稳增长

昆明市掌鸠河引水供水工程完工。沾益－昆明铁路复线竣工试通车，昆明－安宁、嵩明－曲靖、罗村口－富宁高速公路竣工试通车，新增高速公路1000公里。李仙江龙马电站、滇东煤电一体化等项目投产发电，新增电力装机421万千瓦。城镇化建设进程不断推进，城镇化率达31.6%。预计全年全社会固定资产投资完成2799亿元，增长26.1%。

（六）节能减排取得新成效

首批20个循环经济试点工作进展顺利。编制完成全省节水型社会建设规划，建立了我省GDP能耗指标公报制度。关停了一批高耗能、高污染企业。对黄磷、钢铁、建材、水泥等高耗能工业行业实行新的电价加价标准。预计单位生产总值能耗下降可完成年度目标。

（七）生态环保取得成绩

“七彩云南保护行动”全面启动，编制完成《滇池流域水污染综合防治“十一五”规划》，滇池北岸水环境综合治理项目开工建设，滇池船房河截污综合整治、星云湖－抚仙湖出流改道等工程基本完成。全省州、市、县城市污水处理工程加快推进，农村面源污染治理逐步实施。生态建设工程进展顺利，全省共完成营造林

600万亩，治理水土流失面积2400平方公里。

（八）改革开放成效明显

省政府八项工作制度开始实施。48个国有企业政策性关闭破产项目全部进入破产法律程序。富滇银行组建成立。农垦系统改革有序推进。129个县全部启动了集体林权制度改革。中小学教材招投标工作顺利实施。资源环境价格改革取得新进展。成功引进武钢集团与昆钢、中铝集团与云铜等战略合作。预计全年外贸进出口总额达87.8亿美元，实际利用外资5亿美元，引进省外资金530亿元。

（九）社会事业全面发展

新建农村寄宿制学校校舍40万平方米，排除中小学危房80万平方米。新增5个县实现“普九”。610万名农村义务教育阶段学生免除学杂费，261万名学生免除教科书费，公用经费补助600万人次，对200多万名寄宿制学生给予生活补助。中等职业教育招生规模达17.24万人，创历史新高。呈贡高校搬迁建设项目进展顺利，云南师范大学新校区已部分投入使用。科技进步不断推进，52项重大科技项目顺利实施。支持140个乡镇卫生院、5800个村卫生室建设，新增城市社区卫生服务中心21个和社区卫生服务站33个，疾控体系基本建成。边境“两馆一站”文化基础设施建设进展顺利，完成50户以上通电自然村“村村通”广播电视建设任务，启动20户以上广播电视“村村通”工程建设。启动农村体育健身工程试点工作，成功举办全国第七届残运会。

（十）切实解决民生问题

城乡居民收入不断增长，预计全年城镇居民人均可支配收入11496元，净增1426元；农民人均纯收入2600元，净增350元。全省城镇新增就业22万人，8.3万失业人员实现再就业。转移农村富余劳动力137万人。及时下达10万平方米廉租住房和230万平方米左右经济适用住房建设投资计划，完成16.6万户农村民居地震安全工程改建任务。预计全年减少贫困人口50万人，完成整村推进1万个。新建沼气池20.6万户，农村改灶13万户。顺利完成第一轮“兴边富民”行动计划目标任务。

（十一）价格监管调控不断加强

出台成品油调价措施，实施了油运价格联动政策。暂缓出台昆明、曲靖、普洱等城市第二步水价调整，昆明市煤气价格调整等项目。继续推进糖蔗价格联动政策，适当提高烤烟收购价格，差率控制化肥批发和零售价格。严格执行教材新的中准价标准，进一步规范教育收费行为。依法告诫行业协会、中介组织不得以协议、决议、会议纪要、协调口头约定等方式合谋涨价。大力整顿价格收费秩序，继续开展“价格服务进万家”活动。

二、2008年经济社会发展的宏观预期目标和主要任务

国民经济和社会发展主要宏观预期目标建议为：

——云南省生产总值增长10%；

——全社会固定资产投资增长14%以上；

——社会消费品零售总额增长12%以上；

——外贸进出口总额增长12%以上；

——城镇居民人均可支配收入和农民人均纯收入实际分别增长7%和6%以上；

——城镇登记失业率控制在4.5%以内；

——人口自然增长率控制在7‰以内；

——单位生产总值能耗降低4%以上；

——居民消费价格总水平涨幅低于上年实际涨幅。

为实现上述宏观预期目标，按照《政府工作报告》中提出的任务，力求做好以下十个方面的工作。

（一）落实宏观调控，促进经济又好又快发展

切实把防止经济增长由偏快转为过热，防止价格由结构性上涨演变为明显通货膨胀作为宏观调控的首要任务，认真领会、全面理解、准确把握国家宏观政策的走向，强化经济工作的系统性、预见性、主动性，把落实“双防”作为促进云南转变发展方式的机遇，作为促进云南好中求快、科学发展的动力，促进全省经济又好又快发展。采取有效措施，努力保持价格基本平稳。

（二）发展现代农业，建设社会主义新农村

提高农业综合生产能力，加强粮食安全综合示范和退耕还林口粮田等项目建设，巩固提升30个农产品生产基地。落实支持生猪、奶业等发展政策，力争实现农业增加值920亿元。大力推进农业产业化，引导农民优化种植结构，加快建设一批良种繁育、标准化生产示范基地，重点扶持100户龙头企业、100个农民专业合作社和服务组织。进一步加强农村基础设施建设，全面推进滇中调水工程前期工作，抓好以“润滇工程”为重点的大中型水库建设。新增高稳产农田和基本农田各100万亩，解决120万农村人口的饮水安全问题。开展500个省级改善村容村貌试点。加快农村电网改造，大力推进城乡居民用电同网同价。

（三）突出特色优势，推进新型工业化

牢固树立走新型工业化道路，发展集约型工业、特色工业、多元工业的思想，培植特色优势产业，大力发展矿产业，壮大电力产业，发展钢铁、有色、化工等精深加工，培育新材料产业，发展装备制造业。积极培育烟草配套产业，着力加快医药、食品、生物、环保等产业发展，加快发展粮油、蔗糖、茶和橡胶制品等特色产业。强化自主创新能力，以高新技术改造传统产业，组织实施一批生物高技术产业化及公共服务、公共研发平台等重大建设项目。

（四）加快三产增长，发展现代服务业

研究制定加快服务业发展的实施意见，加快出台促进服务业发展的配套政策。落实云南旅游“二次创业”的各项措施，积极推进旅游业发展改革综合试验区相关工作。加快实施云南省现代物流发展规划，推进物流重要节点城市、物流通道相关基础设施建设。积极发展农村服务业，促进农业、现代制造业与服务业有机融合，鼓励发展高端服务业。着力提升公共服务、酒店餐饮、

体育文化、休闲娱乐等行业，加快发展会展产业。

（五）扩大消费需求，增强对经济的拉动作用

增强消费能力，提高扶贫标准和最低工资标准，推动建立职工工资正常增长和支付保障机制。全面落实中央、省对农业农村的各项利民惠民政策，有效增加农民收入。适当增加对低收入困难群体补助。继续引导住房、汽车合理消费，扩大通信、旅游、休闲、文化、健身等热点消费。积极开拓农村市场，发展农产品批发市场，加大对农村商业网点连锁经营、农资连锁配送和专业批发市场建设等项目的支持力度，实施好“万村千乡市场工程”。

（六）夯实发展基础，保持固定资产投资适度增长

切实加强固定资产投资前期工作和重大问题研究，严格控制产能过剩项目和“两高”项目，把工作着力点放在国家鼓励发展、能带动新农村建设、有利于生态环境保护和改善民生的领域。健全投资项目管理，严格市场准入条件，提高项目资本金比例，进一步落实“双百”重点前期工作项目责任制。抓好铁路、农村公路改造、高速公路、机场、水运等交通项目建设，进一步强化能源建设。充分发挥政府投资的引导和带动作用，用好银行信贷资金与信用资金，鼓励通过企业上市、发行企业债券等方式筹集建设资金，力争全社会固定资产投资达到3200亿元左右。

（七）强化节能减排，保护生态环境

打好节能减排攻坚战、持久战，落实严格的问责制和“一票否决制”，严格控制“两高”产业发展。积极推行清洁生产和绿色技术，编制好节水规划，推行工业计划用水、节约用水和中水回用，大力发展高效节水农业和生态农业，加大城市推广节水设备和器具力度。大力发展循环经济，尽快启动并做好全省发展循环经济规划编制工作，积极启动并做好云铜、云锡和云天化等国家第二批循环经济试点企业方案制定和实施工作，建设一批循环经济型企业和生态工业园。强化生态环保工作，继续实施“七彩云南保护行动”，加强以滇西北为重点的生物多样性保护。编制完成云南省主体功能区规划。

（八）深化体制改革，增强经济社会发展动力

推进财税体制、地方金融机构改革。深化投资体制改革，建立投资项目后评价制度，扩大代建制范围，建立重大项目公示制度和责任追究制度。探索建立产业投资基金。继续推进国有企业股份制改造。全面推进农村综合改革、集体林权制度改革和农垦系统管理体制改革。建立健全资源有偿使用制度和生态环境补偿机制，有控制、有步骤地推进资源性产品价格改革和环保收费改革。积极稳妥推进教育、科技、文化、卫生等社会事业发展各项改革，落实深化医药卫生体制改革总体方案并稳步推进试点工作。加快推进收入分配制度改革，健全完善城乡统筹、多层次的社会保障体系。

（九）继续扩大开放，拓宽经济发展空间

发展外向型经济，积极引导和鼓励企业扩大有比较优势的现代生物、新能源等高新技术产业以及有色金属深加工、建材、花卉、蔬菜、林果、畜产品等特色产品的出口。加快面向东南亚、南亚的出口加工和承接东部地区产业转移的基地建设，加快实施“走出去”战略步伐。努力扩大招商引资规模，引导外资投向高新技术产业、现代服务业等技术密集型和资本密集型产业，以及我省具有资源优势的基础产业和基础设施领域。加大推进省级重点利用外资项目工作力度。

（十）努力改善民生，着力发展各项社会事业

优先发展教育，继续实施“两免一补”政策，提高贫困家庭寄宿生生活费补助标准，免除城市义务教育学杂费。扩大职业教育招生规模，稳步发展高等职业教育。加快高校迁建呈贡校区建设步伐。促进科技进步，进一步落实云南省中长期科技发展规划的政策措施和重大举措。发展卫生事业，健全农村三级卫生服务网络和城市社区卫生服务体系。推进城镇居民基本医疗保险试点，力争试点扩大到10个州市。积极稳妥地推进新型农村合作医疗制度，提高参合覆盖面和筹资水平。继续加强艾滋病防治工作，完成艾滋病防治新三年行动计划确定的任务。促进文化大发展大繁荣，坚持发展公益性文化事业，大力发展文化产业，突出农村和社区文化两个重点，建设覆盖城乡的公共文化服务体系。扎实推进“兴边富民工程”新三年行动计划，缩小边境地区与内地发展的差距。继续加强流动人口计划生育、控制人口数量增长、提高出生人口素质的工作。努力增加就业，加强农村劳动力培训和转移就业工作，将城镇登记失业率控制在合理范围内。进一步完善对弱势群体的扶持政策，建立健全社会保障体系。强化扶贫开发和社会救助力度，再解决50万农村贫困人口温饱问题。加强产品质量和食品、药品安全监管。加大房地产市场监管力度，完成80万平方米廉租房建设。

关于云南省2007年地方财政预算执行情况和2008年地方财政预算草案的报告（摘要）

——2008年1月18日在云南省第十一届人民代表大会第一次会议上

云南省财政厅

一、2007年地方财政预算执行情况

（一）全省财政收支预算执行情况

2007年，全省地方财政一般预算收入完成486.5亿元，比年初预算数增加50亿元，增长11.4%，比2006年决算数增加106.5亿元，增长28%。全省地方财政一般预算支出完成1133.6亿元，比年初预算数增支123.9亿元，增长12.3%，比2006年决算数增支240亿元，增长26.9%。财政收支均超额完成省十届人大五次会议确定的目标任务。

全省地方基金预算收入完成137.1亿元，比年初预算增加41.7亿元，增长43.7%，比2006年决算数增加49亿元，增长55.7%；地方基金预算支出完成136.5亿元，比年初预算增加40.1亿元，增长41.6%，比2006年决算数增加59.1亿元，增长76.4%。

（二）省本级财政收支预算执行情况

2007年，省本级财政一般预算收入完成107.1亿元，比年初预算增加22.1亿元，增长26%，比2006年决算数增加24.3亿元，增长29.4%；一般预算支出完成258.2亿元，比2006年决算数增支45.1亿元，增长21.2%。

省本级基金预算收入完成56.5亿元，比年初预算减少4.2亿元，下降7%，比2006年决算数增加1.9亿元，增长3.4%；基金支出完成40.7亿元，比年初预算减少5.8亿元，下降12.4%，比2006年决算数增加6.8亿元，增长19.9%。

二、2007年全省财税工作情况

（一）狠抓增收，财政收入实现快速增长

2007年，各级财税部门紧紧抓住全省经济又好又快发展的机遇，积极开辟财源，坚持依法治税，加强收入退库管理，有效堵塞“跑冒滴漏”，狠抓财政增收。认真清理了2004年以来出台的各项非税收入政策措施，完善了探矿权与采矿权使用费和价款管理办法及国有企业国有资本收益收缴管理办法等政策措施，拓宽非税收入增收渠道。2007年，全省税收和非税收入均实现了快速增长，全省地方财政一般预算收入是近10年来增幅最高的一年，财政支出增幅创分税制改革以来最好水平。

（二）把握重点，支持经济又好又快发展

全省经济建设支出完成210亿元，比上年增长24.2%，支持了全省交通能源、农林水利、教科文卫、生态环保、城镇发展等领域的重大基础设施建设。省级安排资金11亿元，支持了30个省级重点工业园区和8个特色产业园区建设，支持了121个重点技术改造项目，加快培育生物质能源等新兴产业，大力支持节能减排和发展循环经济，实施企业“走出去”战略，支持和鼓励我省企业拓展发展空间。积极支持地方金融企业投融资平台的建设，拓宽投融资渠道，有效缓解了我省基础设施建设的资金困难。

（三）支持“三农”，促进新农村建设扎实推进

全省农林水事务支出完成126.4亿元，比上年增长22.7%，重点加强农田水利基础设施建设，加大对农村能源、人畜饮水、农业科技开发、农业产业化发展、畜牧产业、村容村貌整治、农村劳动力转移培训、“数字乡村”工程、发展农村集体经济等项目的扶持，推进集体林权制度、农口事业管理体制和农垦体制改革，加快新农村建设步伐。省级下达农村税费改革转移支付资金14.8亿元，及时拨付农村综合改革所需资金，农村综合改革稳步推进。筹集资金28.4亿元，落实各项直补政策，并采取“一折通”发放，充分调动了广大农民群众发展生产、保护生态、建设新农村的积极性。省财政筹集安排扶贫资金19亿元，比上年增长22%，重点实施了9951个村的整村推进、3万农村贫困人口易地扶贫搬迁、30万农村贫困劳动力转移培训和产业扶贫项目，解决和巩固了60万农村贫困人口的温饱问题。投入少数民族发展资金1.11亿元，加快边疆民族贫困地区群众脱贫致富步伐。筹集资金2.1亿元，新建农村沼气池20.68万口、农村节柴改灶14.4万户；筹集资金4.88

亿元，解决了134万人的饮水安全问题。多渠道筹集资金10.74亿元实施农业综合开发，改造了中低产田71万亩，建设了优势农产品基地65万亩，重点扶持了46个农业产业化经营项目，实施了国家农业综合开发引导支农资金统筹支持新农村建设试点。

（四）改善民生，促进社会事业全面进步

全省教育支出完成190.2亿元，比上年增长14.1%，重点支持基础教育尤其是农村义务教育加快发展，大力推进职业教育，健全家庭经济困难学生资助政策体系。全省筹集农村义务教育保障机制改革资金23.75亿元，免除610万名农村义务教育阶段学生学杂费，向261万名贫困学生提供免费教科书，向200多万名寄宿制贫困学生提供生活费补助，排除中小学危房80万平方米，进一步提高农村和县镇学校公用经费保障水平，“两基攻坚”继续推进，全省新增5个“普九”县。全省医疗卫生支出完成77亿元，比上年增长31.1%，全面开展新型农村合作医疗，稳步推进农村医疗救助和城镇居民基本医疗保险试点，支持140个乡镇卫生院和5800个村卫生室建设，加大城市社区卫生建设力度，努力改善农村和城市社区医疗卫生条件。积极筹措资金，支持开展禁毒和防治艾滋病人民战争。全省社会保障支出完成169.9亿元，比上年增长26.9%，保证了企业离退休人员基本养老金按时足额发放，实现对76.5万名城市低保对象的应保尽保，因物价上涨对城市低保对象实行了动态补贴和临时救助，认真落实就业再就业政策，全面启动农村最低生活保障制度。省财政安排资金5亿元，实施农村民居地震安全工程。安排资金5230万元，支持10万平方米廉租房建设，及时发放租赁租金补贴。安排资金2100万元，重点加强了社会福利、救助设施建设。多渠道筹集救灾资金7.49亿元，支持了宁洱等灾区恢复重建。科技、文化、体育、传媒和计划生育支出完成39.6亿元，重点支持了“科技富民强县”、“科普惠农兴村”、“科技进村入户”和重大科研等工作，改善了城乡群众文化生活条件，支持备战北京奥运，推进广播电视“村村通”工程，继续实行农村人口独生子女家庭“奖优免补”政策。

（五）关注基层，增强县乡财政保障能力

进一步调整完善了省对下一般性转移支付办法、缓解县乡财政困难“六奖一补”办法和省对下一般性转移支付绩效综合评价办法，进一步提高了资金分配的透明度。安排一般性转移支付及缓解县乡财政困难奖补资金44.9亿元，比上年增长41.7%，进一步巩固了缓解县乡财政困难成果；安排工资性转移支付资金118.64亿元，比上年增长30.4%，确保了公务员工资和事业单位收入分配制度改革顺利实施；安排民族地区转移支付资金10.09亿元，比上年增长36.8%，加快了民族地区发展。省财政安排县域经济发展扶持资金1亿元，兑现考核奖励资金3.41亿元，重点扶持了154个县域经济发展项目，进一步增强了我省县域经济自我发展的能力。安排补助经费9.1亿元，着力解决贫困地区政法机关的装备、维修和办案经费不足等问题；安排专项资金3000万元，支持基层人大、政协改善办公条件；补助基层人大换届选举工作经费2250万元，确保县乡人大换届选举工作顺利进行；筹集安排边境地区专项转移支付2.75亿元，促进了边境地区的繁荣稳定。

（六）深化改革，努力提高财政管理水平

继续深化政府收支分类改革，强化预算编制管理，启动了经济支出科目预算编制工作，创新项目支出预算编制方法，试行由预算编审委员会民主审议和编制项目支出预算。进一步明确了省级财政追加支出预算的范围、申报和审批流程，规范了省级财政追加预算管理。国库集中收付制度改革向纵深推进，全省纳入国库集中收付制度改革的部门达4378个，纳入改革的基层预算单位8305个，纳入改革的财政性资金总量为625.2亿元，比上年增长57.8%。全省政府采购规模突破75亿元，比上年增长15%，政府采购效益逐步提高。认真清理核实省直机关单位津贴补贴发放项目、标准和资金来源，规范公务员津贴补贴工作进展顺利。全面开展了全省行政事业单位资产清查，为进一步加强行政事业单位国有资产监督管理奠定了基础。清收世行、亚行贷款项目到期债务8.87亿元，安排奖补资金3亿元用于化解农村义务教育债务。在全省率先建立偿债准备金，为启动化解政府性债务工作做好准备。积极推行行政执法责任制，创新财政投资评审工作思路，强化财政支出绩效评价，利用国库支付管理网络信息平台，对财政资金安排使用进行适时监控。在全省范围内开展了专项资金调研，摸清了各类专项资金到位及使用效益情况，为今后加强管理提供了依据。深入开展会计信息质量和会计师事务所执业质量检查，探索建立有效的内部会计控制制度和高效规范的财政、财务新秩序。

三、2008年地方财政预算草案

2008年财政预算编制的指导思想是：**全面贯彻落实党的十七大、中央经济工作会和省委八届四次全会精神，用科学发展观统领全局，坚持好中求快、稳中求进，按照实施稳健的财政政策的要求，着力推进经济结构调整和发展方式转变；坚持依法理财、科学理财、民主理财，深化财税改革，着力完善公共财政体系；狠抓财政增收，着力增强财政保障能力；继续优化财政支出结构，更加突出“三农”和改善民生，着力促进经济发展和社会和谐；加强财政科学化、精细化管理，着力提高财政资金使用效益。**根据上述指导思想，2008年，全省地方财政一般预算收入安排574.1亿元，比2007年快报数增长18%；地方财政一般预算支出安排1303.6亿元，比2007年快报数增长15%；省本级财政一般预算收入安排110.2亿元，比2007年年初预算增长29.6%；一般预算支出安排231.8亿元，比2007年年初预算增长28.8%。

四、2008年财政工作的主要措施

（一）加强财政收入管理，努力增强财政保障能力

深入研究内外资企业所得税法合并、跨区域经营企

业税收转移和利益分配等问题，进一步加强重点税源的监控，严格执行减免税政策，努力培植、巩固财源，充分利用现代化手段提高征管效率，确保税收收入稳定增长。不断完善非税收入政策体系，强化非税收入管理，严格执行“收支两条线”，足额规范地收取“两权价款”、国有矿产资源有偿使用费和国有资本收益，编制省本级国有资本经营预算，积极探索和推进省级行政事业单位经营性资产管理方式改革，研究落实土地收入各项政策，确保土地出让收支全额纳入本级地方政府基金预算管理，使这些非税收入真正反映到财政增收上来。支持发展壮大县域经济，着力增强基层财政保障能力。

（二）巩固加强农业基础地位，着力支持解决“三农”问题

2008年，省本级安排农林水事务支出21亿元，比上年增长21.3%，继续改善以农田水利为重点的农业生产条件，加大农业综合开发力度，突出支持规模化专业化农业生产，支持发展优势特色产业，推广农业科技，加强农民培训，加强动植物疫病防控和林业生态环境保护，努力促进农业增效、农民增收和农村繁荣；全省筹集资金28.4亿元，认真落实面向农民的各项直接补贴政策和扶持生猪、奶业、油料、橡胶生产发展的财税政策措施；省财政安排扶贫资金5.2亿元，并积极争取中央资金，全省重点支持9000个村的整村推进，实施100万农村劳动力转移培训，完成3万贫困人口易地搬迁，努力解决50万农村贫困人口温饱问题；安排资金2.5亿元，继续支持实施好各项惠农民心工程，积极支持发展村集体经济，让广大农村群众更好地共享发展成果；加大资金整合力度，突出支持重点，引导更多的社会资金投向“三农”，加快形成以工促农、以城带乡的长效机制；继续推进农村综合改革，以化解农村“普九”债务为突破口，逐步妥善清理、化解基层政府性债务。

（三）发挥财政宏观调控作用，支持经济又好又快发展

一是认真落实稳健的财政政策。积极运用财政政策和资金，大力支持粮油肉等农产品生产，保障基本生活必需品供应，抑制物价过快上涨。做好储备物资投放等相关财政工作，促进市场供求平衡和物价基本稳定。二是继续支持打牢经济发展基础。省财政年初预算安排经济建设支出18亿元，比上年增长44%，确保省委、省政府确定的水利、能源、交通、环保等领域的重大基础设施项目顺利实施，加快城镇化建设步伐，增强全省经济发展的保障能力。三是注重支持产业结构优化升级。加快推进现代农业建设，积极支持发展壮大旅游、现代物流等第三产业，努力实现第一、第二和第三产业协同带动经济增长。四是努力支持提高自主创新能力。完善支持自主创新的财税政策体系，以提升支柱产业和重点领域的科技优势为着力点，重点支持一批掌握核心技术、拥有自主知识产权、自主创新能力强、发展前景好、发展后劲足的企业做大做强，加快建立企业为主体、市场为导向、产学研相结合的技术创新体系。五是着力支持生态文明建设。多渠道筹集资金支持节能减排，加快健全有利于节能减排的财税政策体系，鼓励企业大力推行清洁生产、发展循环经济、推广节能减排技术、淘汰落后产能。大力支持“七彩云南保护行动”。建立完善矿产资源有偿使用制度和生态环境补偿机制。支持高原湖泊水污染综合防治、水土流失综合治理、天然林保护、退耕还林、退牧还草等重点生态建设工程。稳步推进集体林权制度和国有林场改革。

（四）调整优化财政支出结构，大力支持各项社会事业发展

一是大幅增加教育投入。省本级安排教育支出29亿元，比上年增长38.6%，免费提供义务教育阶段地方课程教科书，进一步提高家庭经济困难寄宿制学生生活费和中小学公用经费补助标准，认真落实大中专学校家庭经济困难学生的资助政策，继续实施80万平方米中小学危房改造，推动教育公平和城乡教育均衡发展。二是大力支持完善就业和社会保障体系。省级安排就业和社会保障支出35.7亿元，比上年增长33.9%，进一步建立健全就业援助制度，调整企业退休人员待遇，进一步扩大养老保险覆盖面，确保基本养老金按时足额发放，建立健全覆盖城乡的最低生活保障制度，落实优抚对象及部分军队退役人员生活补助政策。三是大力支持公共卫生体系建设。省本级安排医疗卫生支出22.2亿元，比上年增长45.3%，进一步提高新型农村合作医疗省级补助标准，完善城乡医疗救助制度，进一步扩大城镇居民医疗保险试点范围，构建以乡镇卫生院为主的农村公共卫生服务网络，提高城市社区公共卫生服务水平，做好重大疾病防控工作。四是着力解决城市低收入家庭住房困难。将解决城市低收入家庭住房困难纳入公共财政覆盖范围，进一步健全我省城市低收入家庭住房保障体系。省财政继续安排资金5000万元支持廉租房建设。五是大力支持科技文体传媒等事业发展。省本级安排科技支出6.1亿元，重点用于改善基础科研条件，支持重大科技攻关，积极引导科研成果向服务企业发展、服务农业生产转化。省本级安排文化、体育、传媒和计划生育支出4.22亿元，重点加强农村、社区公益性文化事业建设，推进广播电视“村村通”工程，加强城乡体育基础设施建设，落实计划生育奖补政策。六是促进社会稳定。继续增加投入，进一步加强基层政法基础建设，改善政法部门执法条件，支持新一轮禁毒、防艾人民战争深入开展；筹集安排资金5亿元，实施10万户农村民居地震安全工程建设；筹集安排资金，积极支持抗灾救灾工作，增强防灾减灾能力。

（五）实施科学化精细化管理，不断提高财政管理水平

一是逐步建立省以下财力与事权相匹配的财政体制。进一步完善省以下财政管理体制，调整和完善激励约束政策，支持建立县级最低财力保障机制、省以下财力差异调节机制和重点支出保障机制。全面实施和深化乡镇财政预算管理方式改革，规范乡镇财政管理。进一步完善转移支付制度和省对下综合绩效考核评价办法，继续加大一般性转移支付规模和比例，促进财政资源的

科学、合理、透明、高效配置。二是全面推行财政科学化精细化管理。深入推进部门预算和政府收支分类改革，完善支出标准设定。加强省级项目库建设，优化编制流程，细化项目支出，促进部门预算编制更加科学、精细、公开、公正。建立健全预算执行与预算编制互动机制，提高预算执行效率。全面深入推进国库集中支付制度和政府采购制度改革。继续推行行政执法责任制和政务公开，强化财政资金使用管理的事前和事中监督，建立健全覆盖财政运行全过程的监督问效机制。三是坚持勤俭节约办一切事业。完善省级财政安排的各类考核奖励和专项工作经费管理办法，实行统一规范管理。制定全省专项资金整合方案，调整、盘活存量资金，减少资金闲置浪费。严肃财经纪律，严格控制一般性支出，严禁搞形象工程、政绩工程和违规修建楼堂馆所，坚决反对大手大脚花钱和铺张浪费行为，真正把有限的资金用在刀刃上。

经济大事记

1月

8日

△省委召开常委会，传达贯彻中央农村工作会议、全国农村综合改革工作会议精神，听取并讨论全省工业、环境保护工作。会议要求，大力发展现代农业推进新农村建设，坚持“工业强省”战略不动摇，坚持实施“七彩云南保护行动”不动摇，推动全省经济社会又好又快发展。

10日

△省政府举行全省工业经济工作暨大型工业企业提前完成“倍增行动”目标表彰大会。省委副书记、代省长秦光荣在会上要求，全省上下要进一步增强加快工业发展意识，继续坚定不移地实施工业强省战略，加快推进新型工业化进程，为云南经济社会发展作出更大贡献。副省长李新华在会上宣读《云南省人民政府关于表彰为提前完成培增行动目标作出积极贡献企业的决定》，代表省政府与各州、市政府领导和各重点考核企业负责人签订了2007年工业经济发展的目标责任书及非公经济发展目标责任书。省政府秘书长丁绍祥主持大会。

11日~14日

△中共中央政治局委员、国务院副总理回良玉在西双版纳和思茅市考察民族地区经济社会发展和贯彻落实中央一号文件精神、推进新农村建设情况，强调要按照科学发展观和构建社会主义和谐社会的要求，把加快少数民族和民族地区发展摆在更加突出的位置，特别要尽快扶持人口较少民族优先发展，加快发展，促进各民族团结和谐繁荣进步。省委书记、省人大常委会主任白恩培，省委副书记、代省长秦光荣等省领导陪同考察和汇报工作。

12日

△全省建设工作会议在昆明召开，会议提出要推进全省城乡建设事业又好又快发展。省委常委、常务副省长罗正富出席会议并讲话。

14日

△由国家人口和计划生育委员会主办的新农村新家庭——大香格里拉地区人口健康促进项目在迪庆州正式启动。国家人口计划生育委员会主任张维庆、国家人口和计划生育委员会副主任、项目领导小组组长赵白鸽，云南省副省长高峰，西藏自治区政府副主席德吉出席启动会。

18日

△全省国土资源工作会议在昆明召开。省委书记、省人大常委会主任白恩培，省委副书记、代省长秦光荣对加强国土资源管理作出重要指示和批示。省委常委、常务副省长罗正富代表省政府分别与各州、市主管领导签订了2007年国土资源管理目标责任书。

22日

△省委、省政府与中国南方电网公司在昆明举行工作会谈，就加快云南电网建设，打造云南电力支柱产业等有关事宜交换意见。省委副书记、代省长秦光荣，省委常委、常务副省长罗正富，副省长程映萱、李新华、孔垂柱出席会议。

23日

△国务院召开安全生产电视电话会议后，省政府在云南分会场召开全省安全生产电视电话会，要求全省各地各部门要牢固树立安全生产同样也是政绩的意识，落实各项有效措施，坚决遏制重特大事故发生。副省长李新华到会并讲话。

24日~29日

△政协云南省第九届委员会第五次会议在昆明国际会展中心云南大剧院隆重举行。

25日

△在全国清理拖欠工程款电视电话会议后，省政府召开全省清理拖欠工程款电视电话会议，提出各级各部门要发扬成绩、标本兼治，把清欠工作继续推向深入。省委常委、常务副省长罗正富出席会议并讲话。

26日

△云南省第十届人民代表大会第五次会议在昆明国际会展中心隆重开幕。省委副书记、代省长秦光荣代表省政府在大会上作《政府工作报告》。

2月

1日

△“七彩云南保护行动”启动仪式在昆明世博园隆重举行。省委副书记、省长秦光荣出席启动仪式并作题为《保护七彩云南，建设和谐家园》讲话。省委常委、常务副省长罗正富，副省长程映萱、李新华、刘平、高峰出席启动仪式。

3日

△云南—上海对口帮扶协作领导小组第九次联席会议在昆明举行。会议总结了第八次联席会议以来对口

帮扶合作成功经验和做法，共商今后合作发展大计。中共上海市委副书记、市合作交流与对口支援工作领导小组组长王安顺，中共云南省委副书记李纪恒出席会议并分别代表各方在《云南 — 上海对口帮扶协作领导小组第九次联席会议纪要》上签字。两省市对口合作小组分别签署了2007～2008年对口合作工作备忘录。上海市向云南省捐增2007年度帮扶资金1.2亿元。副省长刘平主持会议。

6日

△全省统计工作会议在昆明召开。省委常委、常务副省长罗正富在会上要求各级统计部门用科学发展观统领统计工作，努力开创全省统计工作新局面。

8日

△全省财税工作会议在昆明召开。提出用改革的思路、发展的办法，千方百计做大财政“蛋糕”，确保今年财政总收入和地方一般预算支出双双突破千亿元大关，为全省经济社会又好又快发展提供有力的财力保障。省委常委、常务副省长罗正富出席会议并讲话。

10日

△全省金融工作会议在昆明召开。提出全面深化金融改革，推进金融创新发展。副省长程映萱出席会议并讲话，省政府秘书长丁绍祥传达全国金融工作会议精神。

13日

△云南省人民政府与微软（中国）有限公司签署《合作备忘录》，云南微软技术中心正式宣告成立。省委副书记、省长秦光荣，副省长李新华出席签约仪式。省长助理李磊在会上致词，省政府秘书长丁绍祥主持签约仪式。

14日

△云南机场集团有限责任公司揭牌仪式在昆明举行。新成立的云南机场集团有限责任公司，由云南省国资委、昆明市人民政府和云南省开发投资有限公司共同组成，作为昆明新机场建设项目业主，负责昆明新机场的安全运营管理。副省长刘平出席揭牌仪式并讲话。省政府秘书长丁绍祥主持揭牌仪式。

16日

△省委副书记、省长秦光荣主持召开省政府第48次常务会议。研究部署全省安全生产，道路交通安全和煤矿安全生产工作。省委常委、常务副省长罗正富，副省长程映萱、李新华、孔垂柱、刘平、高峰，省政府顾问邹纲仁，省长助理李磊，省政府秘书长丁绍祥出席会议。

25日

△省委、省政府在昆明召开滇池污染治理情况汇报会。要求必须确立滇池治理在云南经济社会发展中的重要战略地位，进一步增强责任感、使命感和紧迫感，下最大的决心，花最大的力气，尽最大的努力，采取更加有效的措施治理滇池污染。省委副书记、省长秦光荣出席会议并讲话。省委常委、常务副省长罗正富，副省长李新华、孔垂柱出席会议。

28日

△省政府召开省长办公会，研究部署全省农村民居地震安全工程建设工作。省委副书记、省长秦光荣主持会议并在会上强调，坚持科学发展观，以人为本，关注民生，全面实施农村民居地震安全工程。省委常委、常务副省长罗正富，副省长孔垂柱，省政府秘书长丁绍祥出席会议。

3月

12日

△云南省委、省政府与中国华电集团公司在北京就加快中国华电集团在云南电力开发，促进云南经济社会发展进行会谈并签署会谈纪要。省委书记、省人大常委会主任白恩培，省委副书记、省长秦光荣，省委常委、常务副省长罗正富，中国华电集团公司党组书记、总经理葛培玺等出席会议。

15日

△省委、省政府召开全省下派社会主义新农村建设工作队电视电话动员大会，进一步统一思想认识，明确职责任务，动员和激励农村工作指导员，不负重托，努力在全省社会主义新农村建设中建功立业。副省长孔垂柱主持会议并讲话。

18日

△由云南省政府出资控股，授权云南省水利厅行使国有资产出资人职能的云南省水利水电投资有限公司在昆明成立，标志着省水利水电投融资体制改革迈出实质性步伐。公司注册资金10亿元，主要从事全省重点水利工程的投资开发等。副省长孔垂柱代表省政府对公司成立表示祝贺。

19日

△全省农村民居地震安全工作会议在玉溪市举行。会议要求把人民群众生命财产安全放在首位，精心组织实施农村民居地震安全工程。省委副书记、省长秦光荣出席会议并讲话，省委常委、常务副省长罗正富主持会议，副省长孔垂柱出席会议并代表省政府与各州市签订《云南省2007年农村民居地震安全工程建设目标责任书》。

21日

△省委常委会专题听取全省对外开放工作情况汇报，提出以东南亚、南亚国家为重点，加快构建全方位、多层次、宽领域的对外开放新格局，把云南建设成为中国对东南亚。南亚开放的重要基地，服务国家总体外交，促进云南经济社会发展。受省长秦光荣委托，副省长刘平汇报全省对外开放工作情况。

25日

△国内最大的城市引水供水工程——昆明掌鸠河引水供水工程在昆明建成通水。省委副书记、省长秦光荣出席通水仪式。

△由省委副书记、省长秦光荣率领的云南省代表团赴缅甸、泰国、老挝、越南、柬埔寨5个大湄公河次区

域国家进行友好访问。

28 日

△省政府召开全省森林防火工作紧急电视电话会议，要求全省各地确保不发生重大森林火灾。副省长孔垂柱出席会议并讲话。

29 日

△由云南省人民政府和缅甸联邦商务部主办的“中国云南—缅甸贸易投资洽谈会”在缅甸仰光举行。省委副书记、省长秦光荣，缅甸商务部部长丁乃登出席洽谈会并致词。副省长刘平出席了洽谈会。

29～30 日

△省委、省政府在大理召开全省扶贫开发工作现场会。提出要进一步动员全省各族人民的力量，加大扶贫开发力度，突出重点提高效益，不断开创全省扶贫开发工作新局面。副省长孔垂柱主持会议并对当前扶贫开发工作进行具体部署。

4 月

3 日

△中国（云南）—老挝贸易投资洽谈会在老挝首都万象举行。云南省代表团团长、省长秦光荣出席洽谈会并就全面推进滇老经贸合作提出五点建议：一是加强通道建设合作；二是加强资源开发合作；三是加强产业合作；四是推进贸易快速发展；五是加强社会事业合作。

4 日

△中国（云南）—越南贸易投资洽谈会在越南首都河内举行。云南省代表团团长、省长秦光荣出席洽谈会并代表云南省政府提出四点推进滇越合作实现更好更快的发展建议：一是稳步推进昆河经济走廊建设；二是不断提升投资贸易规模和质量；三是积极拓展社会事业领域内的合作；四是加强企业间的交流与合作。

6 日

△中国（云南）—柬埔寨贸易投资洽谈会在柬埔寨首都金边举行。云南省代表团团长、省长秦光荣出席洽谈会并就滇柬经贸合作提出四点建议：一是明确合作方向；二是深化合作项目及内涵；三是加强企业间合作；四是建立高效协调的合作机制。

9 日～10 日

△省委、省政府在昆明召开动员会，全面启动“云南边疆解‘五难’惠民工程”。省委、省政府决定，从2007 年起，率先在25 个边境县、3 个藏区县开始，用3至5 年的时间，在全省全面实施“云南边疆‘五难’惠民工程”，逐步解决各民族群众“读书难”、“看病难”、“看电视听广播难”、“看戏难”和“学科学难”等五个方面的突出问题，逐步构建起较为完善的公共社会事业服务体系。副省长高峰主持会议并作会议总结。

10 日

△省政府在昆明召开全省“两烟”打假打私工作会议。副省长程映萱出席会议并讲话，同时代表省政府与各州、市政府签订 2007 年“两烟”打假打私目标责任书。

12 日

△省政府召开整顿和规范市场经济秩序电视电话会议。提出各地、各部门要抓好整顿工作，构建和谐社会。副省长程映萱出席会议并讲话。

14～16 日

△省委、省政府在普洱市召开全省深化集体林权制度改革工作现场会，提出以兴林富民为目标，全面推进集体林权制度改革。副省长孔垂柱主持会议并作工作部署。

17 日

△省政府在省发展和改革委员会听取汇报，专题调研固定资产投资工作。省委副书记、省长秦光荣要求，全省各级各部门要认真贯彻落实国家宏观调控政策，努力改善固定投资工作，促进全省经济又好又快发展。省委常委、常务副省长罗正富，副省长李新华、孔垂柱，省政府秘书长丁绍祥出席会议。

19 日

△省委副书记、省长秦光荣率省级有关部门负责人到省国资委进行工作调研，强调要围绕保值增值促进发展总体目标，努力抓好国资监管和国企改革工作。副省长李新华，省政府秘书长丁绍祥参加调研。

20 日

△省委、省政府在昆明召开全省水利建设动员大会。要求全省迅速掀起水利建设新高潮，为推动云南经济又好又快发展提供水利支撑和保障。省委副书记、省长秦光荣出席会议并作重要讲话。副省长孔垂柱，省政府秘书长丁绍祥出席会议。

21 日～26 日

△省委副书记、省长秦光荣，省委常委、常务副省长罗正富率省级有关部门负责人赴大理、丽江、迪庆、怒江，就全面贯彻科学发展观、促进水电开发、做好移民安置和生态环境保护等内容进行专题调研，强调坚持保护生态环境，妥善安置移民，努力推进水电和地方经济发展。

27 日

△省委副书记、省长秦光荣在全国节能减排工作电视电话会议云南分会场会议上强调，要下决心、花力气、抓落实，确保全省“十一五”节能减排工作目标的实现，为建设富裕民主文明开放和谐云南作出积极贡献。

△省政府在昆明召开金融工作协调领导小组会议。提出要统一思想，提高认识，促进金融业健康发展。省委常委、常务副省长罗正富出席会议并讲话。副省长程映萱主持会议。

29 日

△省政府召开省整顿和规范矿产资源开发秩序领导小组第四次会议。提出要按照国务院和省政府的总体部署和各项要求，全面落实整顿和规范矿产资源开发秩序的各项工作任务，为实现矿产资源开发秩序的长治久安和矿产业的可持续发展作出新贡献。省委常委、常务副省长罗正富出席会议并讲话。

5月

1日

△2007年中国昆明国际文化旅游节昆明狂欢节隆重开幕。全国政协副主席罗豪才宣布2007年中国昆明国际文化旅游节开幕。国家有关部委、西藏和广西自治区的领导出席了开幕式。出席开幕式的还有缅甸、泰国、越南、老挝、柬埔寨、马来西亚等国驻昆总领事和政府官员及旅游界代表。省委书记、省人大常委会主任白恩培，省委副书记、省长秦光荣，省委常委、常务副省长罗正富，副省长高峰出席开幕式。开幕式由副省长刘平主持。

4日

△临沧市云县境内发生一起特大交通事故，造成14人死亡、45人受伤。事故发生后，省委、省政府高度重视，白恩培、秦光荣等省领导及时作出批示，要求全力抢救伤员并处理好善后工作迅速查明事故原因，全省各地要吸取教训，采取更加有力的措施，做好交通安全工作，保护群众生命安全，确保社会稳定。

7日

△昭通市镇雄县一辆大客车在贵州省黔西县境内贵华公路上翻车，造成17人死亡、25人受伤。事故发生后，省委、省政府高度重视，白恩培、秦光荣等省领导作出批示，全力配合贵州省做好相关工作，昭通市政府、镇雄县政府迅速派人赶往事故现场，配合毕节地区尽快查明事故原因，核实死亡人员的身份，认真做好死者的善后处理和伤员医疗救治工作。

9日

△省防汛抗旱指挥部在昆明召开全体会议，提出要强化责任，落实措施，努力做好防汛抗旱工作。副省长孔垂柱出席会议并讲话。

12日～15日

△中共中央政治局委员、国务院副总理回良玉在省委书记、省人大常委会主任白恩培，省委副书记、省长秦光荣等陪同下到昆明市、保山市考察残疾人法律援助工作，了解中央各项强农政策落实情况，就集体林权制度改革进行深入调研。提出，集体林权制度改革是农村改革和新农村建设的一件大事，要高度重视、精心组织，试点先行、完善政策，依法办事、分类指导，充分尊重农民意愿，充分发挥林地效益，积极稳妥地予以推进，确保生态受保护、农民得实惠，促进林业又好又快发展。

18日

△国家发改委、国家环保局在北京主持召开滇池污染治理情况汇报会，指出要加快滇池治理，造福云南人民。国家发改委副主任杜鹰、国家环保总局副局长李干杰出席并听取滇池污染治理情况。省委副书记、省长秦光荣，省委常委、常务副省长罗正富，省委常委、昆明市委书记杨崇勇，省政府党组成员顾朝曦等有关领导出席汇报会。

25日

△省政府在昆明召开县域经济发展协调小组第二次会议。提出各级各部门要突出重点，狠抓关键环节，切实推动县域经济快速发展。省委常委、常务副省长罗正富主持会议并讲话。

26日～30日

△省委常委、常务副省长罗正富就进一步贯彻落实中央和省委领导关于怒江发展的有关批示精神，到怒江州进行调研，强调要坚持科学发展观，综合规划，重点突破，推动怒江经济社会又好又快发展。

31日

△省委副书记、省长秦光荣在昆明会见以泰国潮州会馆主席李光隆为团长的泰国九属会馆首长访问团一行，就进一步加强滇泰经贸合作进行座谈。省政府秘书长丁绍祥参加了会见。

6月

1日

△省政府召开第50次常务会议，专题研究全省20个重大建设项目推进落实工作。会议决定，建立全省重大建设项目责任制，确保重大建设项目的顺利推进。省委副书记、省长秦光荣主持会议并讲话。省委常委、常务副省长罗正富，副省长孔垂柱、刘平、顾朝曦，省长助理米东生、李磊、杨建昆，省政府秘书长丁绍祥出席会议。

3日

△5时34分，普洱市宁洱县发生里氏6.4级地震，震中位于县城老城区、城郊，造成3人死亡、17人重伤、286人轻伤，大量房屋倒塌，电力、通讯、交通、水利等设施损失严重，18万人需紧急转移。地震发生后，党中央、国务院十分关注。胡锦涛、温家宝和回良玉等中央领导作出重要指示，要求云南省委、省政府要以对人民极端负责的精神，切实做好抗震救灾工作。要动员一切力量，全力抢救伤员，尽最大努力减少人民生命财产损失：要严密监测震情，防止余震和次生灾害发生；要妥善处理安排灾区群众生活，抓紧解决好吃饭、饮水、住宿、医疗等问题。同时，要求迅速组成国务院工作组，尽快赶赴灾区协助做好应急处置等工作。省委、省政府高度重视，对贯彻落实中央领导重要指示精神迅速作出部署，提出明确要求，白恩培、秦光荣等省领导对抗震救灾工作作出批示。省委副书记、省长秦光荣，副省长孔垂柱率省直有关部门赶到地震灾区，了解灾情，慰问灾民，指导抗震救灾工作。国务院工作组抵达灾区开展工作。

4日

△省政府在宁洱县召开“6·3”地震抗震救灾现场办公会。要求各级、各部门要按照党中央、国务院和省委、省政府领导的指示精神，以对党和人民高度负责的精神，切实加强领导，把解决好群众生活问题作为抗震救灾工作中压到一切的中心任务，切实抓紧、抓好、抓

出成效。国务院抗震救灾工作组组长、民政部常务副部长李立国率工作组全体人员出席现场办公会。副省长、省抗震救灾指挥部指挥长孔垂柱主持办公会并对工作作出具体部署。

5日

△中共中央政治局常委、国务院总理温家宝视察宁洱地震灾区，看望慰问受灾群众，主持召开座谈会，在听取云南省的汇报后，对下一步抗震救灾工作提出七点要求。中共中央政治局委员、国务院副总理回良玉，民政部部长李学举，财政部部长金人庆，水利部部长陈雷等相关部门负责人及省委书记白恩培，省委常委、省委秘书长杨应楠，副省长孔垂柱陪同视察。

△由国务院侨务办公室和云南省人民政府共同主办，以“关注中国西部，共谋合作发展”为主题的第五届东盟华商投资西南项目推介会暨亚太华商论坛在昆明国际会展中心隆重开幕。来自泰国、印尼、新加坡、缅甸、菲律宾、马来西亚、老挝、柬埔寨、美国、加拿大等16个国家和香港、台湾等地的270名海外侨领和华商，西南五省区市代表等出席开幕式。省委副书记、省长秦光荣出席开幕式并致词，国务院侨务办公室副主任许又声，省政府秘书长丁绍祥出席开幕式，副省长刘平主持开幕式。

6日

△第15届中国昆明进出口商品交易会在昆明国际会展中心隆重开幕。本届昆交会组委会主任、中共云南省委副书记、省长秦光荣在开幕式上致词。老挝政府常务副总理宋沙瓦·凌沙瓦，柬埔寨王国国务兼商业大臣占蒲拉西，东盟和南亚国家代表团及有关负责人，国家有关部委负责人，四川、广西、贵州、西藏政府领导等出席开幕式。省委常委、常务副省长罗正富，副省长刘平、顾朝曦出席了开幕式。开幕式由本届昆交会轮值方代表、昆交会组委会副主任、西藏自治区副主席邓小刚主持。

10日

△省委副书记、省长秦光荣在长沙开幕的第4届泛珠论坛暨经贸洽谈会上就深化合作提出五项建议：加快国际大通道建设，进一步加强产业合作力度，不断提升投资贸易规模和质量，完善双边协商机制，共同构筑中国与东盟服务平台。

11日～14日

△省委副书记、省长秦光荣率云南省政府代表团对湖南省工农业发展、旅游业发展、城市和科技园区建设等方面进行实地考察。指出滇湘两省山水相融，合作潜力巨大。副省长刘平，省政府顾问邹纲仁，省长助理李磊，省政府秘书长丁绍祥参加考察调研。

12日

△云南边疆解“五难”惠民工程在德宏正式启动。副省长高峰主持启动仪式。

18日

△省委副书记、省长秦光荣主持召开省禁毒和防治艾滋病工作专题会议。要求要加强领导，落实责任，全力以赴扎实工作，确保实现禁毒防艾人民战争三年目标任务。副省长刘平、高峰，省长助理杨建昆，省政府秘书长丁绍祥出席会议。

19日

△省政府召开深化国企改革工作专题会议，研究全省新一轮深化国有企业改革工作。省委副书记、省长秦光荣在会上强调，要进一步提高认识，落实责任，扎实推进新一轮深化国企改革工作。省委常委、常务副省长罗正富，省长助理米东生，省政府秘书长丁绍祥出席会议。

21日

△香格里拉普达措国家公园在香格里拉揭牌。省委副书记、省长秦光荣，副省长刘平，省政府秘书长丁绍祥出席揭牌仪式并为公园揭牌。

22日

全省旅游产业发展大会在迪庆香格里拉举行。省委副书记、省长秦光荣出席会议并作重要讲话，副省长刘平作工作部署。

23日

△16时17分，缅甸境内勐拉县发生5.8级地震，西双版纳自治州勐海县、景洪市有强烈震感，勐海县打洛镇倒塌民房6间，数千间民房震裂和倾斜，勐海县布朗山、西定、勐混、勐满等乡镇6万多人受灾，上万间民房震裂和倾斜，部分道路中断，水利设施损坏，一些村寨断水、断电。灾情发生后，省委、省政府和西双版纳州委、州政府高度重视。省委副书记、省长秦光荣立即指示民政厅速派人员赶赴现场组织抗震救灾。省民政厅、建设厅、地震局等部门负责人和专家于当晚8时到达灾区。

25日

△省政府召开全省造林绿化电视电话会议。要求全省各地迅速掀起绿化造林高潮，推进“绿色云南”，“生态云南”建设，促进人与自然和谐发展。

27日

△石林彝族自治县喀斯特地貌成功申报世界自然遗产，跻身世界自然遗产名录。

30日

△云南电力装备产业基地建设启动仪式在昆明高新技术产业基地举行，揭开了省电力装备制造产业创新发展的序幕。副省长高峰出席启动仪式。

△全省节能减排工作电话会议在昆明召开。会议要求要全面完成“十一五”节能减排任务。省委常委、常务副省长罗正富出席会议并讲话，同时代表省政府与16个州市政府签订2007年节能减排目标责任书。省长助理米东生主持会议。

7月

3日

△省政府在普洱市召开全省水利工程管理体制改革工作现场会。提出完善运行机制，增强发展能力，实现

水资源的可持续利用和协调发展。副省长孔垂柱出席会议并讲话。

4日

△省政府在普洱市召开全省茶叶工作座谈会。强调要站在茶叶产业发展的新起点上，全面推进茶产业迈上新台阶。副省长孔垂柱出席会议并讲话。

5日

△全省县域经济发展现场会在楚雄召开。会议要求突出重点、推动县域经济又好又快发展。省委常委、常务副省长罗正富出席会议并讲话，省政府秘书长丁绍祥主持会议。

6日

△省委、省政府在普洱市宁洱县召开宁洱“6·3”地震灾区恢复重建现场办公会。要求尽快掀起宁洱地震灾区恢复建设高潮，确保全面完成灾区恢复重建任务。省委副书记、省长秦光荣在会上作重要讲话，副省长孔垂柱出席会议。

10日～11日

△省政府在昆明召开滇池水污染治理调研座谈会，认真贯彻落实国务院“三湖”水污染治理工作座谈会精神，进一步推进滇池治理工作。会议要求下最大决心花最大功夫尽最大努力，力争滇池污染治理取得实质性进展。省委副书记、省长秦光荣在会上作重要讲话。省委常委、常务副省长罗正富，副省长顾朝曦，省长助理李磊，省政府秘书长丁绍祥参加调研并出席座谈会。

14日

△省政府在昆明向到云南调研的国务院扶贫开发领导小组联合调研组汇报全省扶贫开发工作情况。调研组组长、国务院扶贫办主任范小建出席并讲话，副省长孔垂柱主持会议并讲话。

17日

△省政府在绥江县召开向家坝、溪洛渡水电站移民安置工作现场办公会。提出要开拓创新，扎实工作，做好库区移民搬迁安置工作。省委常委、常务副省长罗正富出席会议并讲话。

19日

△腾冲县槟榔江苏家河口水电站小江平坝料场剥离标段发生泥石流自然灾害，27人死亡。灾害发生后，省委、省政府高度重视，省委常委、常务副省长罗正富率省直相关部门组成的工作组立即赶赴灾区指挥救灾工作。

23日

△省政府召开全省防汛抗洪救灾电视电话会议。要求各级各有关部门把人民群众生命财产安全放在首位，切实做好当前防汛抗洪救灾工作。副省长、省防汛抗旱指挥部指挥长孔垂柱在会上作工作部署。

25日

△省委副书记、省长秦光荣与前来我省访问的越南老街省人委会主席阮友方举行工作会谈。双方就加强在各领域的合作签署了《会议纪要》。省政府秘书长丁绍祥出席了会议。

27日

△省委、省政府在昆明隆重召开2006年度云南省科学技术奖励大会，表彰奖励为云南省科技、经济和社会发展作出突出贡献的科技人员。省委副书记、省长秦光荣在会上宣读云南省人民政府关于2006年度科学技术奖励的决定。全省230个项目分别被授予自然科学类、技术发明类和科技进步奖一、二、三等奖，一批在科研、生产一线的科技人员获得总额900万元的奖金。中科院院士、中科院昆明植物研究所科学家周俊获得突出贡献奖300万元。

28日

△省委、省政府在昆明召开交通工作汇报会，向到云南调研的由交通部部长李盛霖、副部长冯正霖率领的调研组进行汇报。省委书记白恩培出席会议并讲话。省委副书记、省长秦光荣主持会议并讲话。副省长顾朝曦代表省委、省政府就云南省省情、交通工作情况及请求交通部帮助解决的问题作汇报。省委常委、常务副省长罗正富，省政府秘书长丁绍祥出席会议。

29日～30日

△省委副书记、省政府党组书记、省长秦光荣主持召开省政府党组（扩大）会议，认真学习贯彻胡锦涛总书记在中央党校的重要讲话精神，深入贯彻落实省委书记白恩培在省党员代表会议和省委中心组理论学习会上讲话精神；对省政府上半年工作进行总结，研究下半年要抓的重点工作和进一步加强政府自身建设，切实提高政府公信力和执行力，确保全面完成年经济社会发展各项目标任务。省委常委、省政府党组副书记、常务副省长罗正富，省政府党组成员、副省长程映萱、孔垂柱、刘平、顾朝曦，副省长高峰，省政府顾问邹纲仁，省政府党组成员、省长助理米东生、杨建昆，省政府党组成员、省政府秘书长丁绍祥参加会议。

31日

省委副书记、省长秦光荣主持召开省政府第52次常务会议，研究进一步深化投融资体制改革，充分发挥省属投资公司投融资平台作用等事项。强调要明确目标，更新观念，深化改革，理顺体制，完善机制，全面推进省属投资公司的建设，为保持全省经济社会持续快速健康发展提供有力支撑。省委常委、常务副省长罗正富，副省长程映萱、孔垂柱、刘平、高峰、顾朝曦，省长助理米东生，省政府秘书长丁绍祥出席会议。

8月

1日

△武汉钢铁（集团）公司与昆明钢铁集团有限公司在昆明举行战略合作签字仪式，根据双方达成的协议，从即日起由武钢集团重组昆明钢铁股份有限公司。省委副书记、省长秦光荣出席签字仪式，省委常委、常务副省长罗正富在签字仪式上讲话，省政府秘书长丁绍祥主持签字仪式，省长助理米东生出席签字仪式。

3日

△省政府在昆明召开全省质量工作电视电话会议，

深入贯彻温家宝总理在全国质量工作会议上的重要讲话精神，安排部署全省质量工作。省委副书记、省长秦光荣在会上强调要打好产品质量和食品安全攻坚战，努力提高全省产品质量和食品安全工作整体水平。副省长程映萱主持会议，省政府秘书长丁绍祥出席会议。

6日~7日

省委副书记、省长秦光荣在楚雄州调研，强调要站在坚持科学发展观、以人为本、执政为民的高度，充分认识建立城镇居民基本医疗保险制度的重大意义，扎实推进城镇居民医疗保险试点工作，建立覆盖城乡全体居民的基本医疗体系。省委常委、常务副省长罗正富，省政府秘书长丁绍祥参加调研。

6日~8日

△副省长孔垂柱在昆明市和曲靖市就水资源保护治理和开发利用等问题进行专题调研，提出要切实加大水污染防治力度，合理开发、优化配置水资源，保障全省经济社会持续健康发展。

8日

△省委副书记、省长秦光荣在昆明会见前来访问的缅甸外交部副部长吴貌敏。双方就进一步推进滇缅经贸、交通、金融等领域的合作进行了友好磋商。

10日

△省委、省政府主要领导率队就现代新昆明建设进行专题调研，提出进一步解放思想，转变工作作风，提高办事效率，加快推进现代新昆明建设。省委副书记、省长秦光荣，省委常委、常务副省长罗正富，副省长顾朝曦参加了调研。

△省政府在蒙自召开全省深化国企改革第三次工作会议，提出全面完成新一轮国企改革目标任务。省长助理米东生出席会议并代表省委、省政府就全省如何做好下一步工作提出要求。

11日

△23时30分，元江县发生严重洪涝灾害，造成农作物大面积受灾，房屋、交通、水利等基础设施不同程度受损，据初步统计，灾害已造成8人死亡、1人受伤、4人失踪。灾害发生后，省委、省政府高度重视，省委书记白恩培、省长秦光荣立即指示分管省领导及有关部门负责人迅速赶赴灾区，指导抢险救灾工作，妥善处理好善后工作，强调要高度重视雨季灾害，采取有力措施，确保人民群众生命财产安全。

13日

△省政府与中国南方电网公司节能减排合作备忘录签字仪式在昆明举行，标志着双方在云南省开展的节能减排“绿色行动”拉开序幕。省长助理米东生、南方电网公司副总经理肖鹏分别代表云南省政府、中国南方电网公司在合作备忘录上签字。

16日

△省政府在昆明召开推进落实20个重点工业建设项目专题会议。省委副书记、省长秦光荣强调，全省上下要始终把加快工业发展作为今后一个时期经济社会发展的关键来抓，继续下大力气推进新型工业化进程，确保“十一五”期间云南工业强省战略的预定目标。副省长顾朝曦、省长助理米东生、省政府秘书长丁绍祥出席会议。

23日

△省政府召开全省电网建设工作座谈会。提出要突出重点，全面推进电网建设。省委常委、常务副省长罗正富出席会议并讲话，省长助理米东生主持座谈会。

△省政府与中国出口信用保险公司在昆明签署《全面战略合作协议》。根据协议，双方将开展广泛而深入的合作，中国信保将为云南省从事东盟贸易、投资和经济合作的企业提供风险保障和融资服务。副省长刘平出席签字仪式并致词。

25日

△云南省深化改造加快农垦发展领导小组召开第一次（扩大）会议，研究部署全面深化农垦改革，加快农垦发展的各项工作。会议要求各级各部门要深入贯彻落实科学发展观，明确目标，突出重点，深化改革，加快发展，推进云南农垦“二次创业”，把农垦打造成全省农业产业化的“航空母舰”，现代农业的示范基地，新农村建设的“排头兵”和云南经济发展新的增长点。

省委副书记、省深化改革加快农垦发展领导小组组长李纪恒出席会议并讲话。副省长、省深化改革加快农垦发展领导小组副组长孔垂柱主持会议。

30日~9月4日

△中共中央政治局常委、全国政协主席贾庆林在云南调研时指出，云南发展正站在新的历史起点上，前景广阔，大有可为，要深入学习贯彻胡锦涛同志的重要讲话精神，为夺取全面建设小康社会新胜利贡献力量。

9月

3日

△省委、省政府在昆明举行工作汇报会，向国家发改委、国家环保总局调研组汇报全省治理滇池等高原湖泊水污染情况，听取调研组反馈意见和建议。国家发改委副主任杜鹰、国家环保总局副局长张力军带队调研并在汇报会上讲话，省委常委、常务副省长罗正富陪同调研并主持汇报会。

5日

△构建云南新型投融资体系论坛暨云南省开发投资有限公司成立10周年庆典活动在昆明举行。省委副书记、省长秦光荣在论坛讲话中强调，要以省开发投资有限公司更名为“云投集团”为新起点，努力构建云南新型投融资体系，为加快云南全面建设小康社会进程作出新的更大的贡献。副省长程映萱主持论坛及庆典活动，省政府秘书长丁绍祥出席论坛及庆典活动。

11日~12日

△省委、省政府在临沧市召开全省深化集体林权制度改革现场汇报会。提出坚定信心，完善措施，强势推进，扎实有效地深化集体林权制度改革。副省长孔垂柱主持会议。

12日

△省政府在昆明召开全省节能减排工作会议，提出要强化措施，落实责任，打一场节能减排攻坚战。省委副书记、省长秦光荣出席会议并讲话，省委常委、常务副省长罗正富主持会议。副省长刘平，省政府顾问邹绗仁，省长助理米东生、杨建昆，省政府秘书长丁绍祥出席会议。

△省政府在昆明国际会展中心举行“全民节能·云南在行动”活动仪式，号召全省人民积极行动起来，共同推进节能减排工作，让云南的天更蓝、水更清、山更绿、民更富。省委副书记、省长秦光荣出席昆明主会场活动仪式。省委常委、常务副省长罗正富，省政府顾问邹绗仁，省长助理米东生、杨建昆，省政府秘书长丁绍祥出席主会场活动仪式。全省16个州市政府分别在各分会场举行了“全民节能·云南在行动”活动仪式。

13日

△省政府与中国工商银行在昆明举行工作座谈，就进一步加强双方合作、推动共同发展进行深入交流。省委副书记、省长秦光荣，中国工商银行股份有限公司党委书记、董事长姜建清出席座谈会。省委常委、常务副省长罗正富出席并主持座谈会。

14日

△省委、省政府在昆明与国家烟草专卖局举行工作座谈，共商促进云南烟草产业发展大计。省委书记、省人大常委会主任白恩培，省委副书记、省长秦光荣，国家烟草专卖局副局长姜成康，副省长程映萱，省政府秘书长丁绍祥出席座谈会。

17日~18日

△省政府在文山州召开全省公路建设调研工作会议。省委副书记、省长秦光荣在会上强调要落实责任，突出重点，攻坚克难，坚决完成国道主干线建设任务。省委常委、常务副省长罗正富出席会议并讲话，副省长顾朝曦主持会议。

19日

△省委副书记、省长秦光荣在陆良县调研农业产业化经营和生猪生产工作，强调认真抓好各项政策措施落实，促进生猪产业又好又快发展。副省长孔垂柱参加了调研。

20日

△省委副书记、省长秦光荣与法国拉法基集团董事长兼总裁乐峰和香港瑞安集团董事长罗康瑞就进一步加强三方战略合作关系在昆明举行工作会议并就有关合作内容签署《会谈纪要》。副省长刘平，省长助理米东生，省政府秘书长丁绍祥出席会议。

24日

△省委、省政府在昆明召开全省国有资产监督管理工作会议，强调要切实加强国有资产监管工作，促进云南国有经济发展壮大。省委副书记、省长秦光荣出席会议并讲话，省长助理米东生出席会议。

26日

△省委副书记、省长秦光荣率有关部门负责人对昆明市重点领域的安全生产工作进行检查，强调要进一步强化安全生产责任落实措施，为国庆和十七大召开创造良好环境。省长助理米东生、省政府秘书长丁绍祥随同检查。

△滇沪特色产业投资合作项目推介会在上海举行。副省长刘平在推介会上作大会主题推介。此次推介会共签署项目17个，协议资金62.1亿元，引进上海资金59.9亿元。

28日

△省政府与华润（集团）有限公司在昆明就进一步加强双方合作举行工作会谈。省委副书记、省长秦光荣，华润（集团）有限公司总经理宋林，省委常委、常务副省长罗正富，省长助理米东生出席会议。

△云南省人民政府金融工作办公室成立大会暨挂牌仪式在昆明举行。省委副书记、省长秦光荣出席成立大会暨挂牌仪式并向省政府金融工作办公室主任肖晓鹏授牌。省委常委、常务副省长罗正富在会上讲话，副省长程映萱宣读省机构编制委员会的通知，省政府秘书长丁绍祥主持成立大会暨挂牌仪式。

29日

△滇池引水方案汇报会在昆明召开。省委书记、省人大常委会主任白恩培出席会议并讲话，省委副书记、省长秦光荣主持会议并讲话，副省长孔垂柱，省政府秘书长丁绍祥出席会议。

10月

6日

△凌晨6时10分，富源县竹园镇顺兴煤矿发生瓦斯事故，截至当日19时15分，事故共造成7人死亡，1人下落不明，17人不同程度受伤。事故发生后，国家安监总局，云南省委、省政府领导高度重视。国家安监总局局长李毅中作出批示，要求全力营救被困人员，查明原因、追究责任、深刻反思，加大煤矿整顿关闭，坚决防范事故重复发生。省委书记白恩培、省长秦光荣高度重视，要求采取有效措施全力营救井下人员；努力做好受伤人员医治及遇难者的善后工作；查明事故原因，举一反三加强防范，清除事故隐患，防止类似事故发生。副省长刘平当日赶赴现场指导抢险救援和善后工作。

△16时40分，弥勒县弥阳镇瓦草村委会境内小平坎二工区煤矿发生一起冒顶事故，造成4人死亡。事故发生后，省长秦光荣作出批示，要求组织一次矿井安全检查，切实加强安全监管，整改存在的问题，关闭小煤矿，把省委、省政府加强安全生产的要求落到实处。

8日

△“十一”黄金周全省共接待游客358.22万人次，同比增长28.14%。其中，接待过夜游客133.19万人次，同比增长20.77%；接待一日游游客225.03万人次，同比增长32.94%。黄金周共实现旅游收入15.4亿余元，同比增长32.84%。

10日~11日

△云南省十届人民代表大会第五次财经工作座谈会

在腾冲召开。会议认真分析总结本届人大财经工作的基本做法和成功经验，不断提高人大财经工作的质量和水平。

17 日

△由国家环保总局、云南省政府主办，亚洲开发银行、欧盟委员会、德国技术公司协办的“七彩云南”生物多样性保护国际论坛在昆明举行。

省委副书记、省长秦光荣发来贺信，强调树立生态立省意识，促进经济又好又快发展。国家环保总局副局长李干杰在论坛开幕式上讲话，副省长顾朝曦致开幕词。

26 日

△第四届中国生态旅游发展论坛暨首届昆明生态旅游国际论坛在昆明举行。论坛由中国生态学会旅游生态专业委员会、西南林学院、美国大自然保护协会、云南省旅游局、昆明市旅游局联合主办。主题是“生态旅游——实践与出路。”

30 日

△云南省政府与中国铝业公司在昆明签署战略合作协议，云铜集团与中国铝业公司达成战略合作伙伴关系，实行整体合作。根据双方协议，云铜集团以增资扩股的方式引进中铝公司，中铝公司以现金参股，实际注资将接近100亿元，并斥资20亿元在云南发展铜深加工项目。

省委副书记、省长秦光荣，省委副书记李纪恒，省委常委、省纪委书记李汉柏，省委常委、常务副省长罗正富，省人大常委会副主任戴光禄，省政协副主席和占钧，国务院国资委党委委员、纪委书记贾福庆，云铜集团董事长邹韶禄等出席签字仪式。

11 月

1 日

△2007 年中国国际旅交会在昆明隆重开幕。国务院副总理吴仪发来贺信，代表中国政府对旅游交易会开幕表示祝贺。

云南省委书记、省人大常委会主任白恩培，本届旅交会组委会主任、国家旅游局局长邵琪伟，组委会主任、云南省省长秦光荣，组委会主任、中国民用航空总局副局长杨国庆，云南省委副书记李纪恒，省政协主席王学仁，国家旅游局副局长张希钦，省委常委、昆明市委书记杨崇勇、省委常委、省委秘书长杨应楠，省人大常委会常务副主任牛绍尧出席开幕式。老挝国会主席通邢·塔马冯，旅交会主宾国印度代表团团长、印度旅游部辅秘桑杰·科特里，主席国希腊代表团团长、希腊驻华使馆旅游参赞斯代流斯，南太旅游组织总干事托尼·艾维立出席开幕式，并共同为旅交会开幕剪彩。

出席开幕式的还有：云南省人大常委会副主任梁公卿，贵州省委常委、副省长黄康生，国家旅游局副局长王志发、杜江，新疆维吾尔自治区人大常委会副主任达列力汗·马米汗，组委会副主任、云南省副省长刘平，内蒙古自治区政府副主席余德辉，陕西省副省长赵德全，甘肃省政协副主席喇敏智，中国旅游协会副会长王军，东方航空公司总裁李丰华等省市自治区及国家有关部委、行业协会、旅游企业的负责人，港澳台地区有关方面负责人等。

老挝、柬埔寨、斐济、印度尼西亚、马来西亚、莫桑比克，巴布亚新几内亚、法属波利尼西亚、汤加、缅甸、日本、泰国、蒙古、俄罗斯、新加坡、突尼斯、瓦努阿图等92个国家和地区的旅游主管部门、旅游协会及企业的负责人和代表应邀出席开幕式。

2 日

△为表彰在全省农业、工业、科技、医疗、文化、教育等领域为全省经济社会发展作出突出贡献的外国专家，省政府在昆明举行颁奖大会，隆重表彰荣获2007年度“彩云奖”的外国专家。副省长程映萱代表省政府对荣获“彩云奖”的10位外国专家表示祝贺并致以崇高的敬意。

4 日

△中国国际旅交会在昆明圆满落幕。旅交会期间共接待参观者8万人次。其中，专业人士4.5万人次，公众3.5万人次，分别比上届旅交会增长12.5%和16.7%。云南旅游局和云南展团获得组委会颁发的最佳组织奖、最佳展台奖、最佳广告奖和特殊贡献奖4项大奖。云南展团共签订合同1569份，签订组团人数57万多人次，合同金额超过3亿元人民币；达成意向性组团人数53万多人次，达成意向性协议3911份，协议金额超过1亿元。

12 日

△云南省领导干部学习贯彻党的十七大精神专题研究班在省委党校开班。省委副书记、省委党校校长李纪恒要求，要不断把学习贯彻党的十七大精神活动引向深入，努力在用党的十七大精神武装头脑、指导实践、推动工作上有新提高、新思路、新举措，在新的历史起点上推动云南经济社会实现又好又快的发展。

13 日

△省委副书记、省长秦光荣主持召开省政府第55次常务会议，认真传达学习胡锦涛总书记、温家宝总理重要批示精神和省委书记白恩培主持召开的省委专题会议要求，研究部署全省“兴边富民工程”新三年行动规划，听取云南边疆“五难”惠民工程资金安排情况汇报。

省委常委、常务副省长罗正富，省委常委、省宣传部长张田欣，副省长孔垂柱、高峰，省长助理杨建昆，省政府秘书长丁绍祥出席会议。

13 日～18 日

△省委副书记李纪恒到怒江傈僳族自治州的兰坪县、福贡县、贡山县、泸水县调研，与当地少数民族干部、群众探讨深入学习宣传贯彻党的十七大精神，加快边疆民族地区经济社会发展的好思路、好办法、好措施。

15 日～16 日

△省委副书记、省长秦光荣，省委常委、常务副省

长罗正富，副省长孔垂柱率领省级有关部门负责人分别到马关县、麻栗坡县、富宁县进行调研，贯彻落实中央领导加快云南边境地区发展的重要批示精神和省委专题会议要求，了解和总结全省“兴边富民工程”三年行动计划的实施情况和基本经验，听取对下一步继续实施“兴边富民工程”的意见和建议。并在文山召开“兴边富民工程”调研座谈会。

省政府秘书长丁绍祥参加调研并主持座谈会，省属有关部门及文山州负责同志等参加座谈会。

兴边富民工程

△省委书记白恩培，在省委常委、昆明市委书记杨崇勇，省委常委、省委秘书长杨应楠，省长助理米东生等陪同下深入昆明电机有限责任公司、昆明机床股份有限公司、昆明中铁集团公司、云南变压器电器股份有限公司、云南CY集团有限公司，就振兴云南装备制造业进行了专题调研。

省委办公厅、省委政研室、省政府办公厅、省发改委、省经委、省国资委、省机械行业协会等有关部门和昆明市负责人随同调研。昆明机电有限责任公司等部分企业负责人参加了座谈会。

19日

△首届“中国·福保乡村文化艺术节”在昆明市官渡区六甲乡福保村隆重开幕。

全国人大常委会副委员长李铁映，中共云南省委书记白恩培，全国人大教科文卫委员会副主任徐荣凯，中宣部原部长朱厚泽、文化部党组成员常克仁，云南省政协主席王学仁，省委常委、昆明市委书记杨崇勇，省委常委、省委秘书长杨应楠，省委常委、省委宣传部长张田欣，省人大常委会常务副主任牛绍尧，省人大常委会副主任晏友琼，副省长高峰等出席开幕式。

出席开幕式的还有省、市有关部门的负责人和来自全国农业专家和学者，非物质文化遗产的代表和全国十佳小康村村长和云南省各县的“村官”代表及昆明市各县区负责人。

柬埔寨、缅甸、越南驻昆明总领事和领事应邀出席开幕式。

19日~23日

△应越南海防市人民委员会主席的邀请，省长秦光荣率领代表团赴海防市，出席中国云南与越南河内—老街—海防—广宁第三次经济合作协商会并访问考察了越南海防、岘港、顺化、胡志明等省市。

24日

△省委召开常委会议，贯彻落实胡锦涛总书记、温家宝总理重要指示精神，研究部署新一轮“兴边富民”行动计划。会议认为，继续抓好“兴边富民工程”，推进新一轮“兴边富民工程”行动计划的制定和实施是贯彻落实十七大精神的重大举措，也是推动云南经济社会又好又快发展，实现全面建设小康社会的重大举措，我们一定要切实增强紧迫感、责任感，乘势而上，努力把新一轮“兴边富民工程”行动，做实、做好、做快。

省委书记白恩培主持会议。

△由省政府主办，省金融办公室、中国证鉴会云南监管局、省国资委、省经委承办，红塔证券股份有限公司协办的首届春城金融论坛在昆明举行。本届论坛会的主题是，机遇与挑战——资本市场与西部发展。应邀前来的中国证监会研究中心主任祁斌，国务院发展研究中心研究员，金融研究所副所长巴曙松及全国各地的金融、证券专家，围绕十七大提出的“优化资本市场结构，多渠道提高直接融资比重”的精神，就如何抓住中国资本市场发展的重大机遇，充分利用国内主板市场，集中力量培育一批生物资源开发，矿产、旅游、水电、交通等行业的企业上市等问题进行了探讨。

省级相关厅局及16个州市政府负责人，省内大中型企业（集团）及金融、证券，中介机构负责人出席论坛，并与专家们进行了对话交流。

26日

△省政府召开煤电运输专题协调会议，研究解决当前煤炭及电力生产和油料供应和铁路运输问题。省委副书记、省长秦光荣出席会议并讲话。他强调，要认真贯彻党的十七大精神，高度重视今冬明春全省电煤及电力生产供应面临的形势，做好当前的电煤生产供应工作，解决好油料供应及铁路运输问题，确保全年经济社会发展目标的全面完成。

27日~30日

△省政协主席王学仁率领由省旅游局、建设厅、文化厅、科技厅等部门负责人组成的省督查组赴丽江市就省政府确定的20项重点督查工作进行督促检查。督查组先后对金安桥电站工地、玉龙纳西族自治县拉市乡雪桃基地、拉市海调蓄水工程、泸沽湖滨路建设、宁蒗彝族自治县里格村旅游环境整治、女儿国小城镇规划等项目的开发建设情况进行了考察。

29日

△2007中国（昆明）国际节能新能源环保博览会在昆明国际会展中心开幕。本次博览会，由省经委、省政府节能领导小组办公室主办，省节能技术服务中心，昆明尼西文化传播公司承办，省节能协会、省能源研究会、省环保产业协会、云南铜业（集团）有限公司协办。本次博览会的主题是“节能减排、科学发展”。设云南节能减排阶段成果展、节能环保新能源展、节能环保科普知识展3个展区。全省16个州市政府、行业主

管部门、11户集团公司，以及国内外100多家节能、新能源、环保企业参展。组委会还邀请云南661户重点用能企业、行业及相关社会团体机构代表前来参会。有20多家能源服务公司将以“合同能源管理”模式与省内企业进行合作洽谈。还将举行“节能减排、科学发展”论坛和交流会。

12月

2日

△《云南省人民政府与中国石油天然气集团公司战略合作框架协议》签字仪式在北京举行。

省委书记白恩培，省委副书记、省长秦光荣，省委常委、昆明市委书记杨崇勇，省委常委、常务副省长罗正富，中国石油集团公司总经理、党组书记蒋洁敏，副总经理王宜林、李新华、廖永远等出席签字仪式

签字仪式前，白恩培、秦光荣与蒋洁敏等进行了友好诚挚的会谈。白恩培要求，把这件关于云南经济社会又好又快发展的重大工程，做实、做细、做出成效。

△8时30分左右镇雄县乌峰镇狮子山煤矿发生较大瓦斯爆炸事故，造成9人死亡，6人受伤。事故发生后，省委副书记、省长秦光荣，省委副书记李纪恒作出批示，安全生产人命关天，岁末年初，工作繁忙，安全生产更加要高度重视。昭通市委、市政府和镇雄县委、县政府按照省委、省政府领导批示，认真做好救援和善后工作。

8日

△中式卷烟大品牌发展高层论坛在玉溪举行。国家烟草专卖局局长姜成康，云南省委书记白恩培出席会议并讲话。省委副书记、省长秦光荣，国家烟草专卖局副局长何泽华、李克明，云南省委常委、省委秘书长杨应楠，副省长程映萱，省政府秘书长丁绍祥等领导出席会议。

此次论坛由国家烟草专卖局和云南省政府主办，来自全国烟草行业代表200余人参加高层论坛。

9日

△主题为“规范、价值、创新”的第三届“七彩云南”中国茶业经济年会暨中国茶叶流通协会第四届会员代表大会在昆明开幕。本届年会由中国茶叶流通协会和云南省政府联合主办，云南省农业厅和昆明七彩云南庆沣祥茶业股份有限公司承办。

第二届中国云南普洱茶国际博览会（黄喆春摄）

中华全国供销总社监事会主任、中国茶叶流通协会会长刘环祥，云南省副省长孔垂柱出席会议并讲话。

10日

△2007年中缅边境经济贸易会在瑞丽姐告开幕。本届边交会由云南省商务厅、缅甸联邦贸易部边贸司、德宏傣族景颇族自治州政府共同主办。缅甸、美国、泰国和台湾、广东等20多个省市自治区的企业和投资者参展、洽谈，参展企业达386家，涉及项目有木材、矿产、水产等17类2000余项。会间将举行“中国瑞丽—缅甸木姐经济合作区建设”座谈会及德宏州政府领导与缅甸驻昆总领事，泰国驻昆领事等座谈会。还举行中缅贸易、旅游、招商引资项目签字仪式，中缅双方企业家联谊会，中缅两国文艺演出等活动。

副省长刘平出席开幕式并讲话。

13日~14日

△中共云南省委八届四次全体（扩大）会议在昆明召开。会议主要是，深入学习贯彻党的十七大精神和中央经济工作会议精神，总结2007年工作，部署2008年工作，动员全省广大党员干部和各族群众，进一步把思想和行动统一到十七大精神上来，把智慧和力量凝聚到实现十七大确定的各项任务上来，加快建设富裕、民主、文明、开放和谐云南。

省委书记白恩培受省委常委会委托作工作报告并在会议结束时作重要讲话。省委副书记、省长秦光荣传达中央经济工作会议精神，并对全省经济工作作了总结和部署。

19日

△省政府在昆明举行云南煤化工集团、云南锡业集团、云南建工集团销售收入（产值）首次超百亿元庆祝大会。省委副书记、省长秦光荣出席会议并向3家企业授牌。

20日

△红云烟草（集团）有限责任公司举行隆重庆典活动，庆祝“云烟”提前一年实现单一品牌年产销量突破100万箱、年创税利突破100亿元，成为云南卷烟品牌中首个“双百品牌”。“双百”目标的实现，标志着红云集团在争创“中式卷烟”代表品牌、争做中国烟草标志性和排头兵企业的道路上又迈出了坚实的一步。

省委书记、省人大常委会主任白恩培，国家烟草专卖局副局长张辉，省委常委、省委秘书长杨应楠，副省长程映萱等出席庆典活动。昆明市、曲靖市负责人向红云集团授予“云烟特别贡献奖”奖牌。

24日~27日

△省委书记白恩培，省委常委、省委秘书长杨应楠到西双版纳傣族自治州调研时强调，坚持以人为本，着力解决就学、就业、就医、住房、养老等方面的突出问题，让各族群众更多地享受到改革发展的成果；坚持发展这个第一意义，努力实现经济增长向消费、投资和出口协调拉动转变，实现经济增长向第一、第二和第三产业协同带动转变，实现经济增长由主要依靠增加物质资

源消耗向依靠科技进步、劳动者素质提高和管理创新转变，推动经济社会又好又快发展。

25 日

△云南铜业（集团）有限公司2007年销售收入突破400亿元达406亿元，成为第一个销售收入超400亿元的省属企业。

28 日

△中共云南省委召开常委会议，传达学习中央农村工作会议精神，研究贯彻落实意见。会议强调，要全面领会中央农村工作会议精神，准确把握农业农村发展新形势，切实加大投入加强农业基础设施建设，进一步促进农业发展农民增收。

省委书记白恩培主持会议。

△省委、省政府召开烟草工作座谈会，提出深入贯彻落实科学发展观，不断开拓创新，抢抓机遇，增加品牌的市场竞争力和企业的核心竞争力，努力实现2008年全省烟草利税666亿元目标，开创云南烟草又好又快发展新局面。省委书记、省人大常委会主任白恩培出席会议并讲话。省委副书记李纪恒，省政协主席王学仁，省委常委、常务副省长罗正富，省委常委、省委秘书长杨应楠，省委常委、省政府党组成员曹建方，省人大常委会常务副主任牛绍尧出席座谈会。副省长程映萱主持座谈会。

30 日

△省政府在昆明召开金融工作座谈会。省委副书记、省长秦光荣与全省各金融单位负责人齐聚一堂，总结过去一年所取得的成绩和经验，研究2008年金融改革发展的新思路。

省委常委、常务副省长罗正富出席会议并讲话。副省长程映萱主持座谈会。省长助理和段琪，省政府秘书长丁绍祥及省直有关部门负责人出席会议。

中国人民银行昆明中心支行、云南银监局、云南证监局、云南保监局、省政府金融办负责人分别在会上发言。

△云南省第一家省级地方股份制商业银行——富滇银行在昆明成立。标志着云南经济发展的又一重大引擎正式启动。

省委副书记、省长秦光荣，省委常委、常务副省长罗正富，副省长程映萱出席成立大会并为富滇银行成立揭牌。程映萱在成立大会上讲话。

（魏家骏）

富滇银行挂牌成立

省 情 概 况

历史沿革

云南简称“云”或“滇”，是东方人类的发祥地之一。早在170万年前元谋猿就在这里生息繁衍。夏商周时期为中国九州之一的梁州的一部分。历史上古滇国、南诏国、大理国都曾建在这块土地上。云南之名始于西汉。公元1276年，元朝设云南行中书省，为全国10个行省之一。从此，云南正式作为全国省级行政区划的名称。公元1381年，明朝在云南设“三司”（即承宣布政使司、提刑按察使司和都指挥使司），辖府、州、县。清朝沿袭明制，设承宣布政使司，下辖道、府、州、县。民国初年“废府改县”。1950年2月云南全境解放，3月云南省人民政府成立。2007年，云南省设有8个省辖市，8个民族自治州，129个县（市、区）。其中县级市9个、县79个、民族自治县29个、市辖区12个。

位置面积

云南省位于祖国西南边陲，地跨东经97°31′~106°41′，北纬21°8′~29°15′之间，北回归线贯穿南部，属低纬度内陆省份。东与贵州省及广西壮族自治区接壤，北与四川省相连，西北隅紧倚西藏自治区，西与缅甸交界，南与老挝、越南毗邻。东西横跨846.9千米，南北纵距990千米，总幅员39.4万平方千米，占全国总面积的4.1%，位居全国第8位。全省山区、半山区面积占94%，耕地面积420万公顷。云南自古就是中国连接东南亚各国的陆路通道，国境线长达4060千米。其中，中缅边界1997千米，中老边界710千米，中越边界1353千米。有8个州市25个县（市）与缅甸、老挝、越南3国的6个省（邦）32县（市、镇）接壤。其中，11县（市）与邻国隔江（界）相望。国境线上有11个国家级口岸、10个省级口岸、83个边境主要通道和边民互市点。

自然概貌

云南属山地高原地形，境内高山峡谷交错，高原波浪起伏，盆地湖泊星罗棋布，山川河流纵横，山地高原约占全省面积的94%左右。东部为滇东、滇中高原，系云贵高原西缘部分，平均海拔2000米左右；西部高山峡谷期间，地形险峻，山岭和峡谷相对高差超过1000米。北部海拔一般在3000~4000米左右，南部在1500~2000米左右，西南部边境在800~1000米左右，地势由西北向西南缓降，河谷逐渐宽广。在5000米以上的高山顶部，常年积雪，形成奇异、雄伟的山岳冰川地貌。全省海拔高低差异较大，最高点是滇藏交界的德钦县梅里雪山主峰卡格博峰，海拔6740米；最低点在与越南交界的河口县境内南溪河与红河汇合处，海拔76.4米，南北相差6663.6米。全省海拔在2500米以上的山峰有30余座，主要山系有：滇西北的横断山，滇东北的乌蒙山，滇南的哀牢山与无量山等。境内大小河流600多条。其中，重河流180多条，分别于伊洛瓦底江、怒江、澜沧江、金沙江（长江）、元江（红河）和南盘江（珠江）六大水系。其中，红河、珠江发源于云南境内，其余为过境河。除金沙江、南盘江外，均为跨国河流，分别流入南中国海和印度洋。全省有高原湖泊40多个，多数为断陷湖泊，湖泊面积约1100平方千米。滇池为全省最大湖泊、面积约300平方千米；洱海次之，面积约250平方千米。抚仙湖为全国第二深水湖，最深处150多米；泸沽湖最深处约90米。

云南地处低纬度高原，立体气候，冬无严寒夏无酷暑。最热7月，月均温度在19~22℃之间，最冷1月，月均温度在6~8℃以上，年温差一般只有10~12℃。从一天的温度变化看，早晚较凉，中午较热，尤其是冬、春两季，日温差可达12~20℃。全省大部分地区降水量在1000毫米以上，85%的降雨量集中在5~10月。光照条件好，每年每平方厘米为90~150千卡，仅次于西藏、青海和内蒙古。

土地状况

项目	面积	占总面积(%)
按地形分类：（万平方千米）		
山地	约33.1	84
高原	约3.9	10
盆地	约2.4	6
按特征分类：（万公顷）		
常用耕地面积	419.18	10.6
森林	1501.50	38.0
疏林地、灌木林	660	16.8
荒山草坡地	565.11	9.7
水面面积	28	0.7
其他	953	24.2

自然资源十分丰富，素有“植物王国”、“动物王国”、“有色金属王国”、“花卉之乡”、“药材之乡”和“生物资源基因库”的美誉。全省森林面积1287.32万公顷，活立木总蓄积量14.24亿立方米，水面面积27.9万公顷，水力资源蕴藏量1.04亿千瓦，磷矿石保有储量38.38亿吨。在全国3万种高等植物中，云南就占60%以上。动物种类为全国之冠，有国家一类保护动物46种，国家二类保护动物154种。云南是全国得天独厚的矿藏资源宝地，有50多个矿种保有储量居全国第10位。其中，铅、锌、锡、磷、铜、银等矿产储量居全国前3位。水能资源理论储量居全国第3位，可开发装机容量居全国第2位。煤炭资源探明储量263.41亿吨，居全国第9位。此外，地热能、光能、风能、核能、生物能也有较好的开发前景。

主要湖泊

名 称	所属水系	湖面面积（平方千米）	最大水深（米）	平均水深（米）	平均水位（米）	总容水量（亿立方米）
滇 池	金沙江	306.3	8	5	1885	15.70
洱 海	澜沧江	250	23	10.5	1974	30.00
抚仙湖	南盘江	212	151.5	87	1720	185.00
阳宗海	南盘江	31	30	20	1770	6.02
星云湖	南盘江	39	12	9	1723	2.30
程 海	金沙江	78.8	36.9	15	1503	27.00
泸沽湖	金沙江	51.8	73.2	40	2685	20.72
异龙湖	泸 江	31	6.6	2.8	1413	1.27
杞麓湖	南盘江	37.3	6.8	4	1792	1.68

主要山峰

名称	标高（米）	所属地、州、市
高黎贡山	3374	保山
碧罗雪山	4141	怒江
梅里雪山（卡格博峰）	6740	迪庆
玉龙雪山（扇子陡峰）	5596	丽江
点苍山（马龙峰）	4122	大理
大雪山	3504	临沧
无量山	3291	大理、思茅
哀牢山	2940	思茅、玉溪、红河
五莲峰	2561	昭通
棋王山	3677	昆明
梁王山	2833	曲靖

主要河流

名称	境内河长（千米）	集水面积（平方千米）
大盈江	196	5859
瑞丽江	370	9743
怒 江	618	33366
澜沧江	1227	88574
金沙江	1560	105614
元 江	680	37455
南盘江	677	43342

民族人口

2007年末，全省总人口4513.7万人，与上年相比，净增人口30.8万人，人口自然增长率为6.86‰。少数民族人口约占总人口的1/3。云南是一个多民族的省份，少数民族人口仅次于广西壮族自治区，居全国第2位。除汉族外，人口在5000人以上并有一定聚居区域的少数民族有25个。其中，白族、哈尼族、傣族、傈僳族、佤族、拉祜族、纳西族、景颇族、布朗族、阿昌族、普米族、德昂族、怒族、基诺族、独龙族等15个民族为云南省特有少数民族，是特有民族最多的省份。云南少数民族分布为大杂居与小聚居交错，多居住在山区和边疆，全省没有一个县是单一民族自治县。云南各族人民世代和睦相处，安居乐业，在漫长的历史进程中创造了丰富多彩、独具特色的民族文化，有古滇文化、滇东爨文化、大理南诏文化以及纳西东巴文化、傣族贝叶文化、彝族太阳历文化、哈尼梯田文化等，在国内外均有较大影响。众多民族、多种语言、多种民俗、多姿服饰，构成绚丽多彩的民族风情，为云南增添了神密色彩。

旅游景区

云南拥有除海洋资源以外的其他各种旅游资源。境内建有主要景区风景名胜60多处。其中，4A级重点风景名胜区18个，丽江古城、“三江并流”风景区分别是世界文化遗产和世界自然遗产，有“天下奇观”美誉的石林也跻身世界自然遗产名录。1999年成功举办世界园艺博览会。2007年，紧紧围绕旅游业“二次创业”，创建国际旅游胜地的目标，切实抓好12个重点旅游区、10个重点旅游城市、60个旅游小镇的建设，旅游业整体竞争力全面提升，全省接待国内外游客8900万人次，旅游总收入580亿元，分别比上年增长15.3%和16.1%；接待海外游客230万人次，增长27.1%；旅游外汇收入8.5亿美元，增长29.2%。便利的交通，丰富的旅游资源和日趋完善的旅游接待设施，使云南成为中国旅游业发达的省份之一，是理想的旅游目的地。

交通设施

云南是中国通往东南亚、南亚的重要陆路通道，在连结中国、东南亚、南亚三大国际市场中具有突出的战略地位，东盟已成为云南的第一大贸易伙伴。特殊的区位使云南成为中国参与澜沧江—湄公河次区域合作的省份，成为中国对东南亚开放的前沿阵地。云南交通基础设施日趋完善，形成以昆明为中心的交通网络。2007年全省公路总里程接近20万千米，新增高速公路里程1000千米，有贵昆、成昆、南昆、内昆4条铁路通往省外，昆河铁路通往越南，连接东南亚各国的泛亚铁路云南段正在规划建设。金沙江航运可直达重庆、武汉、南京、上海等大城市，澜沧江—湄公河航运已开通到泰国。全省拥有昆明巫家坝国际机场和10个支线机场，通航城市90余个，始发航线200余条，是中国支线机场数量最多、等级最高的省份之一。随着中国—东盟贸易区建设进程，云南的区位优势更加突出，对外开放的步伐将迈得更大。

经济概况

2007年，全省经济发展速度明显加快。生产总值增长12.3%，经济增长速度创13年来的最高水平。其中，三次产业分别增长6.1%、15.1%、12.1%，比重为18.5∶43.6∶37.9，呈现出农业稳步发展，工业持续增强，服务业增长强劲的势头。全省经济发展跨上8个新台阶：人均生产总值跨上10000元台阶，财政收支双双跨上1000亿元台阶，固定资产投资规模跨上2700亿元台阶，农业增加值跨上800亿元台阶，第二产业增加值跨上2000亿元台阶，全部工业利税跨上1000亿元台阶，旅游业总收入跨上550亿元台阶，外贸进出口总额跨上80亿美元台阶。发展质量明显提高。全省财政总收入达1111.3亿元，增长25.3%；全部工业实现利税1100亿元，烟草利税突破600亿元；地方财政一般预算收入增长28%，增幅创10年来最高水平；单位生产总值能耗下降4.2%；城镇居民人均可支配收入和农民人均纯收入分别实际增长7.8%和10%。发展后劲明显增强。全省铁路营运总里程达2327千米，公路通车里程20万千米，高等级公路超过7000千米。其中，高速公路2508千米，拥有民用机场11个，内河航道通航里程2764千米；电力装机规模突破2000万千瓦，在建电力装机规模突破2800万千瓦，煤炭产量迈上8000万吨新台阶；销售收入过百亿元的工业企业达到10户，30个工业园区和8个特色产业园区正在成为全省工业新的增长极。发展的协调性有所增强。城镇登记失业率控制在4.2%以内；人口自然增长率6.8‰。金融机构存款余额突破7000亿元，新增1006亿元；贷款余额超过5700亿元，新增860亿元。实施了52项重大科技项目，专利授权量增长24%。

2007年，全省农林牧渔业总产值达1400亿元，增加值达868.09亿元，分别增长8%、6.1%。粮食产量1546.68万吨，比上年略有增长；蔬菜、茶叶、花卉、甘蔗、橡胶等优势特色产业继续保持良好发展态势，产量分别增长6.4%、20.4%、25.3%、13.5%、21.1%。畜牧业产值达到390亿元，增长7.6%；肉类总产量335万吨，增长4%。全省除烟草外的农产品加工产值达580亿元，农产品出口额达5.8亿美元，乡镇企业实交税金突破百亿元。

2007年，烟草、电力、矿业和生物产业销售收入分别达到700亿元、453亿元、2100亿元和1850亿元，分别增长12.7%、18.5%、17.6%和15%。云铜、云天化、昆钢、云锡、云冶、云南煤化工等10户工业企业销售收入过百亿元。全省规模以上工业完成增加值1494.38亿元，增长17.5%。其中，轻、重工业分别增长17.9%、16.5%。非烟工业完成增加值954.5亿元，占全省规模以上工业增加值的比重达64%。

2007年，全省社会消费品零售总额实现1394.54亿元，增长17.3%，增速提高2.4%个百分点。其中，城市和农村（县以县以下）分别实现771.32亿元、623.23亿元，分别增长18.3%、16.1%，加快3个和1.6个百分点。

2007年，全省全社会固定资产投资完成2799亿元，增长26.1%。全省投资结构继续优化调整。从产业看，三次产业分别增长10.5%、24.9%、27.5%，呈现全面增长趋势。从投资经济主体看，国有经济完成投资1197.69亿元，增长12.2%；民间投资1555.76亿元，增长38%；外商及港、澳、台投资45.44亿元，增长75.4%；3个投资主体的比重为42.8∶55.6∶1.6。

2007年，“七彩云南保护行动”启动实施。启动了农村环境整治示范工程、滇池治理、区域环境整治等工程有效推进。制定生态功能区划、生物多样性规划、湿地保护规划，退耕还林、天然林保护等林业重点工程进展顺利，完成营造林600万亩，治理水土流失面积2400平方千米。珍贵地质遗迹和地质景观得到有效保护，石林正式列入世界自然遗产名录。

2007年，建立了全省GDP能耗指标公报制度。“全民节能·云南在行动”等活动蓬勃开展，百家企业节能行动全面启动，对重点耗能企业实行了节能目标责任制。积极落实国家差别电价政策的各项工作，对黄磷、铁合金、电石、钢铁、建材、锌冶炼和水泥7个高耗能行业起征收新的电价标准。

2007年，全省城镇新增就业22万人，8.3万失业人员实现再就业。其中，特殊困难群体实现就业2.2万人，基本消除了零就业家庭，城镇登记失业率控制在4.81%。全年城镇居民人均可支配收入1.15万元，净增1426元，实际增长7.8%；农民人均纯收入2600元，净增350元，实际增长10%。

（秦　硕）

云南省行政区划表

全省	8个地级市　8个自治州　9个县级市　79个县　29个自治县　12个市辖区	129个县市区
昆明市	盘龙区　五华区　官渡区　西山区　东川区　呈贡县　晋宁县　富民县　宜良县　石林县　嵩明县　禄劝县　寻甸县　安宁市	5个市辖区、1个市、8个县
曲靖市	麒麟区　马龙县　陆良县　师宗县　罗平县　富源县　会泽县　沾益县　宣威市	1个市辖区、1个市、7个县
玉溪市	红塔区　江川县　澄江县　通海县　华宁县　易门县　峨山县　新平县　元江县	1个市辖区、8个县
保山市	隆阳区　施甸县　腾冲县　龙陵县　昌宁县	1个市辖区、4个县
昭通市	昭阳区　鲁甸县　巧家县　盐津县　大关县　永善县　绥江县　镇雄县　彝良县　威信县　水富县	1个市辖区、10个县
丽江市	古城区　玉龙县　永胜县　华坪县　宁蒗县	1个市辖区、4个县
普洱市	翠云区　普洱县　墨江县　景东县　景谷县　镇沅县　江城县　孟连县　澜沧县　西盟县	1个市辖区、9个县
临沧市	临翔区　凤庆县　永德县　镇康县　双江县　耿马县　沧源县	1个市辖区、6个县
楚雄州	楚雄市　双柏县　牟定县　南华县　姚安县　大姚县　永仁县　元谋县　武定县　禄丰县	1个市、9个县
红河州	个旧市　开远市　蒙自县　屏边县　建水县　石屏县　弥勒县　泸西县　元阳县　红河县　金平县　绿春县　河口县	2个市、11个县
文山州	文山县　砚山县　西畴县　麻栗坡县　马关县　丘北县　广南县　富宁县	8个县
西双版纳州	景洪市　勐海县　勐腊县	1个市、2个县
大理州	大理市　漾濞县　祥云县　宾川县　弥渡县　南涧县　巍山县　永平县　云龙县　洱源县　剑川县　鹤庆县	1个市、11个县
德宏州	瑞丽市　潞西市　梁河县　盈江县　陇川县	2个市、3个县
怒江州	泸水县　福贡县　贡山县　兰坪县	4个县
迪庆州	香格里拉县　德钦县　维西县	3个县

国民经济

经济社会发展综述

宏观调控目标完成较好

2007年，全省居民消费价格指数上涨5.9%，与计划目标3%左右相比，超过2.9个百分点。除居民消费价格指数外，省十届人大五次会议确定的主要预期目标均完成或超额完成。一是全省生产总值4721.77亿元，增长12.3%；二是全社会固定资产投资完成2798.89亿元，增长26.1%；三是财政一般预算收入486.5亿元，增长28%；四是社会消费品零售总额1394.54亿元，增长17.3%；五是外贸进出口总额87.8亿元，增长41%；六是城镇居民人均可支配收入11496元，实际增长7.8%；七是农民人均纯收入2600元，实际增长10%；八是城镇登记失业率控制在4.18%；九是人口自然增长率为6.86‰；十是单位生产总值能耗下降4.2%，完成能源下降4.2%的年度计划目标。

经济发展态势良好

2007年，全省经济发展速度明显加快。生产总值增长12.3%，经济增长速度创13年来的最高水平。其中，三次产业分别增长6.1%、15.1%、12.1%，比重为18.5∶43.6∶37.9，呈现出农业稳步发展，工业持续增强，服务业增长强劲的势头。全省经济发展跨上8个新台阶：人均生产总值跨上10000元台阶，财政收支双双跨上1000亿元台阶，固定资产投资规模跨上2700亿元台阶，农业增加值跨上800亿元台阶，第二产业增加值跨上2000亿元台阶，全部工业利税跨上1000亿元台阶，旅游业总收入跨上550亿元台阶，外贸进出口总额跨上80亿美元台阶。发展质量明显提高。全省财政总收入达1111.3亿元，增长25.3%；全部工业实现利税1100亿元，烟草利税突破600亿元；地方财政一般预算收入增长28%，增幅创10年来最高水平；单位生产总值能耗下降4.2%；城镇居民人均可支配收入和农民人均纯收入分别实际增长7.8%和10%。发展后劲明显增强。全省铁路营运总里程达2327千米，公路通车里程20万千米，高等级公路超过7000千米，其中高速公路2508千米，拥有民用机场11个，内河航道通航里程2764千米；电力装机规模突破2000万千瓦，在建电力装机规模突破2800万千瓦，煤炭产量迈上8000万吨新台阶；销售收入过百亿元的工业企业达到10户，30个工业园区和8个特色产业园区正在成为全省工业新的增长极。发展的协调性有所增强。城镇登记失业率控制在4.2%以内；人口自然增长率6.8‰。金融机构存款余额突破7000亿元，新增1006亿元；贷款余额超过5700亿元，新增860亿元。实施了52项重大科技项目，专利授权量增长24%。

社会主义新农村建设

2007年，全省各地认真贯彻落实中央1号文件和省委农村工作会议精神，加大支农惠农政策的落实，把解决“三农”问题作为工作的重中之重。全年全省农林牧渔业总产值达1400亿元，增加值达868.09亿元，分别增长8%、6.1%。全省财政投入农林水资金126亿元，增长22.7%。麻栗坝大（二）型水库、青山嘴大（二）型水库等重点水利工程进展顺利，17件中型水库实现大坝封顶，94件病险水库除险加固工程基本完成，建成山区“五小水利”20万件。继续实施和完善粮食直补、良种补贴、农机购置补贴等政策，实施了粮食安全综合示范区和退耕还林口粮田等项目建设，不断改善农田水利条件，粮食产量1546.68万吨，比上年略有增长；蔬菜、茶叶、花卉、甘蔗、橡胶等优势特色产业继续保持良好发展态势，产量分别增长6.4%、20.4%、25.3%、13.5%、21.1%，核桃、板栗等经济林产业发展势头迅猛。畜牧业产值达到390亿元，增长7.6%；肉类总产量335万吨，增长4%。冬季农业开发面积达1800万亩，实现产值117亿元，增长9.2%。积极发展现代农业，促进农业结构调整，拓宽农民增收渠道。引进和扶持各个层次的龙头企业3500户，带动农户530万户。全省除烟草外的农产品加工产值达580亿元，农产品出口额达5.8亿美元，乡镇企业实交税金突破百亿元。农村生产生活条件继续改善，新增不同标准的高稳产农田和基本农田各100万亩；改建农村公路2万千米；全省开展了1万个自然村的村容村貌整治；完成16.6万户农村民居地震安全工程建设；农村电网改造使63.5万户受益，同时解决了4.5万无电户的用电问题；“数字乡村”工程初步覆盖全省。培训农村劳动力105万人，转移就业137万人。“千企结千村共建新农村”活动稳步推进。

工业经济

2007年，全省各级党委、政府坚持走云南特色的新型工业化道路，着力调整工业结构，转变发展方式，做强支柱产业、提升传统产业、培育新兴产业、发展高新技术产业取得实效。烟草、电力、矿业和生物产业销售收入分别达到700亿元、453亿元、2100亿元和1850亿元，分别增长12.7%、18.5%、17.6%和15%。工业倍增计划、大企业倍增行动顺利实施，省属大企业集团改革重组稳步推进，云铜、云天化、昆钢、云锡、云冶、云南煤化工等10户工业企业销售收入过百亿元。推进全省20个重点工业建设项目，工业投资完成近1000亿元，昆钢大红山铁矿项目竣工投产，富瑞公司“836”二期工程试车成功，天安化工50万吨/年合成氨、云南三环中化120万吨/年磷铵、昆明国际印刷包装产业基地等项目进展顺利，全部工业实现利税1100亿元。30个工业园区和8个特色产业园区完成工业增加值增长29%，销售收入增长32%。实施中小企业成长工程，新增各类中小企业1万多户。全省规模以上工业完成增加值1494.38亿元，增长17.5%，其中，轻、重工业分别增长17.9%、16.5%。非烟工业完成增加值954.5亿元，占全省规模以上工业增加值的比重达64%。工业对全省经济发展的支撑作用进一步增强，全部工业增加值1701.78亿元，增长17%，占全省生产总值的36.04%，同比提高0.84个百分点。

第三产业

年内，随着全省城镇化进程加快，“万村千乡市场工程”深入推进，消费环境得到切实改善，城乡居民收入水平稳步提高，消费潜力逐步释放，以旅游业为龙头的服务业加快发展，消费结构进一步升级，消费对经济增长的拉动作用不断增强。全省社会消费品零售总额实现1394.54亿元，增长17.3%，增速提高2.4个百分点，其中，城市和农村（县及县以下）分别实现771.32亿元、623.23亿元，分别增长18.3%、16.1%，加快3个和1.6个百分点。住宿业发展前景向好，全省534户星级住宿业和84户限额以上餐饮业实现营业额45.7亿元，增长18%。餐饮业保持较快增长势头，实现零售额169.75亿元，增长23.2%，比全社会消费品零售总额增幅高5.9个百分点。批发零售贸易业保持较快增长势头，消费热点持续活跃，在限额以上批发零售贸易业中，粮油、肉禽蛋、日用品、金银珠宝、家用电器和音像器材、汽车等类零售额分别增长44.9%、21.3%、25.4%、1.09倍、82.7%、9.9%。旅游文化产业加快发展。认真贯彻中央和省委、省政府关于加强文化建设的精神，加强文化设施建设，文化遗产保护取得成效，非物质文化遗产保护走在全国前列。省博物馆新馆、云南亚广影视传媒中心等重大文化项目前期工作稳步推进；云南文化创意、图书发行基地、云南省有线电视数字化等文化产业项目发展进展顺利。紧密围绕旅游业“二次创业”，创建国际旅游胜地的目标，切实抓好12个重点旅游区、10个重点旅游城市、60个旅游小镇的建设，旅游业整体竞争力全面提升，全年接待海外旅游者230万人次，实现旅游外汇收入8.5亿美元，增长27.1%和29.2%；接待国内旅游者8900万人次，增长15.3%；全省实现旅游业总收入580亿元，增长16.1%。

固定资产投资

2007年一季度，全省固定资产投资增速呈现阶段性回落增长的特征。省委、省政府高度重视，及时召开全省固定资产投资工作会议，研究部署投资工作，扩大投资贴息资金规模，加大固定资产投资督查力度，努力促进全省投资适度平稳增长。从4月份开始，全省投资增速逐步回升。全年全社会固定资产投资完成2799亿元，增长26.1%。全省投资结构继续优化调整。从产业看，三次产业分别增长10.5%、24.9%、27.5%，呈现全面增长趋势。从投资经济主体看，国有经济完成投资1197.69亿元，增长12.2%；民间投资1555.76亿元，增长38%；外商及港、澳、台投资45.44亿元，增长75.4%；3个投资主体的比重为42.8：55.6：1.6，民间投资的增长速度和占全省投资的比重均大于国有经济投资，全省投资增长活力明显增强。重点行业投资支撑全省投资增长作用明显。全省工业完成投资978.57亿元，增长22.9%，其中，电力工业511.85亿元，增长12.3%；交通建设完成投资440亿元，其中，公路建设投资360.12亿元，增长3.3%；房地产完成投资422.86亿元，增长27.3%；水利环境和公共设施管理投资176.93亿元，增长9.87，其中，水利建设完成投资突破100亿元。工业、房地产、公路、水利环境和公共设施管理等行业投资占全省全社会固定资产投资比重达69.3%。坚持大项目带动大发展，全年“双百”重点建设项目共完成投资876.08亿元，完成年度计划880亿元的99%，其中，竣工投产项目、续建项目投资完成率均为102%。一批事关发展全局的重大项目建设竣工投产，全省基础设施条件进一步改善。昆明市掌鸠河引水供水工程已完工，沾益－昆明铁路复线竣工试通车，昆明－安宁、嵩明－曲靖、罗村口－富宁高速公路竣工试通车，新增高速公路1000千米。漫湾二期电站、滇东煤电一体化等项目投产发电，新增电力装机421万千瓦。建成山区“五小水利”20万件，完成干支渠防渗工程1000千米。城镇化率达到31.6%，比上年提高1.1个百分点。

机制体制改革

2007年，省政府加强了经济体制改革的总体指导和统筹协调，成立了云南省经济体制改革领导小组及其办公室。省政府八项工作制度开始实施，启动了第三轮行政审批制度改革。深入推进第二轮国有企业改革，48个国有企业政策性关闭破产项目全部进入破产法律程序，分离企业自办医院282家；省属企业整合重组、股份制改造、上市融资等国有企业改革继续深化，投融资体制改革不断深化，富滇银行组建成立；制定出台并正式实施云南省重大投资项目审批和核准制度；新成立省水利水电投资公司、省科技创新投资有限公司，全省已组建的专业投资公司达10个。农村综合改革力度不断加大，农垦系统改革有序推进，129 个县全部启动了集体林权制度改革，投入工作经费 3.95 亿元；以玉溪市红塔区为试点，启动了农民负担综合治理示范试点工作。农村土地制度改革积极稳步推进，重要农畜产品政策性保险逐步推行，社会事业体制改革继续深化。省属应用型科研院所以“三项制度”改革为重点的内部改革开始启动；中小学教材招投标工作顺利实施；省级公益性文化事业单位省图书馆、省博物馆、省文化馆的改革试点工作逐步深化；专业文艺团体经营性改革试点单位的改革继续推进。新型农村合作医疗在全省 16 个州市、129 个县全面实施；基本完成省第三人民医院与北京城志股份联合办医的初步方案。企业职工基本养老保险制度进一步完善，在昆明、红河、楚雄 3 个州市启动了城镇居民基本医疗保险试点。正式实施《云南省农民工工伤保险暂行办法》，农村养老保险试点继续推进。资源环境价格改革取得新进展，在全省范围内正式开始征收矿产资源有偿使用费，环境监管体制进一步完善，全面实施污染物排放总量控制和排污许可证制度。

对外开放

2007 年，云南省通过政府组团出访、推进交通和口岸建设等举措，深化与东盟自由贸易区、大湄公河次区域及孟中印缅地区等东南亚、南亚地区的合作，主要出境国际公路通道国内段基本实现高等级化，澜沧江—湄公河国际航运保持畅通，架设了 4 条对越输电线路。赴中南半岛 5 国开展“友好、合作、发展之旅”，有力地推动了企业“走出去”。积极融入“泛珠三角”、“长三角”等区域合作，继续做好滇沪对口帮扶与合作。推进重大战略合作，成功引进武钢集团与昆钢、中铝集团与云铜战略合作，与中石油的战略合作进入实施阶段，美铝与云南合作、香港玖龙纸业集团在云南林浆纸合作项目顺利推进，成功引进法国拉法基集团和香港瑞安集团投资建材行业等。成功举办了中国昆明国际文化旅游节和第十五届昆交会等国际会展活动。在第四届泛珠三角经贸洽谈会上签约项目数及金额居合作各方前列。全省外贸进出口总额达 87.8 亿美元，增长 41%；实际利用外资 5 亿美元，引进省外资金 530 亿元，签订对外经济技术合作合同金额 7.9 亿美元。实际利用外资 5 亿美元，引进省外资金 530 亿元。

生态建设和环境保护

年内，“七彩云南保护行动”启动实施。农村环境整治示范工程、滇池治理、区域环境整治等工程有效推进。制定生态功能区划、生物多样性规划、湿地保护规划，退耕还林、天然林保护等林业重点工程进展顺利，完成营造林 600 万亩，治理水土流失面积 2400 平方千米。珍贵地质遗迹和地质景观得到有效保护，石林正式列入世界自然遗产名录。

节能减排工作

2007 年，全省建立 GDP 能耗指标公报制度，“全民节能·云南在行动”等活动蓬勃开展，百家企业节能行动全面启动，对重点耗能企业实行了节能目标责任制。积极落实国家差别电价政策的各项工作，对黄磷、铁合金、电石、钢铁、建材、锌冶炼和水泥 7 个高耗能行业起征收新的电价标准。推进淘汰水泥、黄磷、电石、铁合金、小火电等落后生产能力工作，与相关州市政府和企业签订责任书，淘汰了 500 万吨水泥、10 万吨黄磷、150 万吨焦炭等落后产能。实现了二氧化硫、化学需氧量年度削减排放目标。国家循环经济试点单位—云南驰宏锌锗股份公司和 20 个循环经济试点进展顺利，积极向国家组织推荐“国家第二批循环经济试点单位”。在省预算内安排投资补助和贴息资金扶持 30 多个资源综合利用和循环经济示范项目。省级相关部门、州市政府和企业积极探索和开展发展循环经济工作。清洁发展机制（CDM）取得重大突破，全省 100 多个 CDM 项目获国家批准。

社会事业

2007 年，全省继续实施农村中小学危房改造、农村中小学远程教育、“两基”攻坚农村寄宿制学校建设工程，新建农村寄宿制学校校舍 40 万平方米，排除中小学危房 80 万平方米。云南荣获国家“两基”攻坚成就奖，新增 5 个县实现“普九”，人口覆盖率提高到 90% 以上。610 万名农村义务教育阶段学生免除学杂费，261 万名学生免除教科书费，公用经费补助 600 万人次，对 200 多万名寄宿制学生给予生活补助。中等职业教育招生规模达 17.24 万人，创历史新高。呈贡高校搬迁建设项目进展顺利，云南师范大学新校区已部分投入使用。科技进步不断推进，实施了 52 项重大科技项目。国家重大科学工程西南野生种质资源库、农业生物多样性国家工程研究中心等建设进展顺利，真空冶金国家工程实验室、云铜企业技术中心、云药企业技术中心能力建设获国家支持。新型农村合作医疗全面实施，参合人数达到 3100 万人。卫生服务体系建设加快，重点解决了 140 个乡镇卫生院和 5800 个村卫生室的业务用房，新增城市社区卫生服务中心 21 个和社区卫生服务站 33 个。省口腔医院已投入使用，省艾滋病关爱中心、省传染病医院完工，疾控体系基本建成。边境“两馆一站”文化基础设施建设进展顺利，广播电视“村村通”工程建设稳步推进，全省广播和电视覆盖率分别达到 92.3% 和 93.8%，均提高 0.3 个百分点。全省农村基层人口与计划生育的服务能力和服务水平得到进一步提高，人口出生缺陷干预试点工作取得初步成效，新办农业人口独生子女证近 6 万户。启动农村体育健身工程试点工作，各州市县体育设施条件逐步改善，成功举办了全国第七届残运会。

民生问题

2007 年，全省城镇新增就业 22 万人，8.3 万失业人员实现再就业，其中，特殊困难群体实现就业 2.2 万人，基本消除了零就业家庭，城镇登记失业率控制在 4.18%。转移农村富余劳动力 137 万人。城乡居民收入不断增长，全年城镇居民人均可支配收入 1.15 万元，净增 1426 元，实际增长 7.8%；农民人均纯收入 2600 元，净增 350 元，实际增长 10%。70 多万城镇居民参加了基本医疗保险，参加城镇职工基本医疗保险和工伤保险的进城务工人员分别达 8 万人和 25 万人。农村敬老院建设顺利推进。实施"民心工程"，着力解决城乡居民上学难、就医难、行路难和住房难等问题，及时下达 10 万平方米廉租住房和 230 万平方米左右经济适用住房建设投资计划，完成 16.6 万户农村民居地震安全工程改建任务。启动实施整村推进，通过信贷扶贫、易地扶贫、产业扶贫、以工代赈扶贫等方式进一步加大扶贫力度，全年减少贫困人口 50 万人左右，完成整村推进 1 万个。新建沼气池 20.6 万户，农村改灶 13 万户。扶持人口较少民族地区发展，顺利完成第一轮"兴边富民"行动计划目标任务。

存在主要困难和问题：国家加强宏观调控，着力保持投资持续增长难度较大；对外开放水平还不高，国家调整"两高一资"商品出口政策，对全省发展外向型支柱产业和扩大进出口提出了更高的要求；物价持续高位运行，价格调控和监管难度加大；转变发展方式的任务还十分艰巨，自主创新能力还不强，节能减排任务繁重，社会发展依然滞后；农业基础薄弱，农业稳定发展和农民持续增收难度较大；煤电油运等经济运行中的一些制约因素仍未缓解。

（杨　仪）

民族自治地方经济

综　述

2007 年，在省委、省政府的正确领导下，云南民族自治地方各级党委、政府带领各族干部群众真抓实干，认真贯彻落实科学发展观，把加快结构调整，转变经济增长方式，着力改善民生，加强环境保护，作为当前最关键最紧迫的战略任务之一，依托资源优势，优化生产要素配置，实现资源优势互补，提升产业整体实力，加快发展特色优势产业，促进经济社会持续、健康发展。民族自治地方呈现经济发展、社会进步、文化繁荣、民族团结、边境安宁的良好局面。

2007 年，全省民族自治地方国民经济继续保持持续快速健康的发展势头，呈现出增速较快、结构优化、质量提高的良好态势。地区生产总值达 1820.8 亿元，扣除物价上涨因素，比上年实际增长 13.5%，高于全省平均水平 1.2 个百分点；民族自治地方地区生产总值连续 5 年保持两位数增长，GDP 占全省的比重达 38.6%，比上年提高 0.4 个百分点。其中，第一产业达到 463.9 亿元，增长 7.0%；第二产业 732.7 亿元，增长 16.8%；第三产业 624.2 亿元，增长 13.8%。三次产业结构从上年的 26.20∶39.27∶34.53 调整为 25.48∶40.24∶34.28，第二产业占 GDP 比重突破 40%，工业对民族自治地方经济的贡献力进一步凸显，产业结构更趋合理。人均 GDP 达 8154 元，比上年增加 1266 元，按 2007 年中期汇率计算，折算为 1070 美元，突破 1000 美元大关。

农业经济

2007 年，全省民族自治地方全社会固定资产投资 1045.2 亿元，比上年增长 25.7%。其中，城镇固定资产投资 911.3 亿元，增长 23.6%；农村固定资产投资 133.9 亿元，增长 39.2%，农村增长率快于城镇 15.6 个百分点，农村基础设施进一步加强，新农村建设步伐进一步加快。实现社会消费品零售总额 481.4 亿元，比上年增长 17.6%，增幅高于全省 0.3 个百分点。进出口总额 24.4 亿美元，增长 39.8%，本年实际利用外资额 2 亿美元，增长 88.7%。

2007 年，全省民族自治地方有 791 个乡镇、7374 个村委会。其中，自来水受益村 6668 个，通公路村数 7199 个，通电话村数 6997 个，通电村数 7326 个，分别占村委会总个数的 90.4%；97.6%；94.9%；99.4%，与上年相比，分别上升了 0.7、-0.2、0.8、0.2 个百分点。农业机械总动力为 946 万千瓦，增长 10%，农村用电量 25.54 亿千瓦小时，增长 9.2%。

年内，农业产业结构和布局进一步优化。依托资源优势，坚持有所为、有所不为，集中力量重点推进烟、糖、茶、胶、花卉、果蔬、药材等优势农产品产业建设。以需求为导向，以推广优良品种为核心，调整优化种植业结构和布局，初步形成各具特色、相对集中，规模化、产业化的作物布局。实施天然林保护工程，合理规划，调整林种、树种结构，发展经济林木，开发林间产品，调整畜禽品种结构，加快品种改良，加快发展林业和畜牧业。2007 年，实现农林牧渔业总产值 720.2 亿元，比上年增长 7.7%，低于全省 0.4 个百分点。其中，农业、林业、牧业、渔业、农林牧渔服务业产值分别占农业总产值的 50.4%、12.8%、31.8%、1.9%、3.1%，与上年相比，农业、林业、农林牧渔服务业所占比重下降 0.7、0.6、0.3 个百分点，牧业所占比重上升 1.5 个百分点，畜牧业呈现加快发展的势头。

工业经济

2007 年，全省坚持"工业强州、强县"战略不动摇，加大对资源的开发整合力度，促进资源优势向产业优势、经济优势转化，培育壮大优势骨干企业，努力提升产业层次和水平，形成了电力、采矿、烟草、特色医药、绿色食品加工等具有区域特色的产业体系，工业经济规模、质量、速度、效益同步提高。全年民族自治地方国有及非国有规模以上工业企业发展到925家，实现全部工业1675.04亿元，增长22.3%，高于全省4.1个百分点；规模以上工业总产值1294.04亿元，增长24.1%；工业销售产值1246.3亿元，产销状况良好；工业增加值495.4亿元，占总产值的38.3%；实现利税总额273.3亿元，企业亏损额比上年下降，生产和效率协同发展。

财政税收金融

2007年，民族自治地方实现地方财政一般预算收入130.5亿元，增长29.1%，增幅高于全省1个百分点。其中，各项税收95.4亿元，比上年增长30.7%，财政收入结构逐步改善，税收比重逐步提高。财政支出重点突出，支农、科技和改善民生的力度明显增大。全年完成地方财政支出428.9亿元，增长30.4%，高于全省3.4个百分点。其中：支农支出36.2亿元，增长75.8%；抚恤和社会福利救济费、社会保障补助支出共计51.6亿元，增长169.3%。年末全部金融机构各项存款余额1988.8亿元，增长13.6%；全部金融机构各项贷款1324.1亿元，增长18.4%。其中，城乡居民储蓄存款余额1105.9亿元，增长9.5%。

第三产业

2007年，民族自治地方依托旅游资源丰富的优势，以形成旅游综合产业体系为目标，开发名牌旅游产品为重点，实行集约化经营，努力提高旅游业整体素质和效益水平。推进旅游产业的集团化进程，提高旅游产品的民族文化内涵和品质，加大宣传和市场开拓力度，开发有特色的旅游商品，建立健全旅游执法、监督和管理体制。全年实现国际旅游收入4.59亿美元，比上年增长36.6%；国内旅游收入243.2亿元，增长18.8%。有力地推动了第三产业发展。

民生状况

2007年，全省民族自治地方城镇居民可支配收入首次突破万元大关，达1.06亿元，比上年实际增长13.0%。随着新农村建设的推进，政府的粮食直补、良种直补、能繁母猪直补、购置农机补贴等惠农政策的落实，加上2007年水果和蔬菜特色农作物产量增加，价格上涨，农民收入持续增长，全年农民人均纯收入跨越2000元大关，达2194元，比上年增加284元，增长10.0%，是历年来增加量最多的一年。

2007年，民族自治地方农村定期救济人数39.3万人，比上年增长150.0%；城镇居民最低生活保障人数153.8万人，增长4.8%；城镇居民最低生活保障支出5.4亿元，增长68.8%；农村居民最低生活保障人数137.5万人，增长445.6%，农村居民最低生活保障支出16.0亿元，比上年增长534.9%；新型农村合作医疗参合率达到84.2%，新型农村合作医疗费用支出达5.1亿元。社保体系进一步健全，保障水平进一步提高，民生状况得到较大改善。

城镇化建设

2007年，全省以实施中心城市带动、小城镇建设推动为发展战略，加强市政建设，完善城市功能，丰富民族文化内涵，营造合谐环境，基本形成了以地市为骨干，以县市乡镇为基础，具有一定特色，规模较为合理，山川互济，城乡互补的城镇体系。城市基础设施、生活环境改善，城乡面貌焕然一新，城市的辐射力和聚集力明显增强，城市带动战略有了良好开端。全年民族自治地方城镇人口达564.4万人，城市化率达到25.9%。单位从业人员年底数124.8万人，比上年增长10.3%，新增11.7万人。

扶贫攻坚

2007年，全省通过实施“扶持人口较少民族发展”和“兴边富民工程”等一系列特殊优惠政策措施，不仅改善了群众的生产生活条件，带动群众增收脱贫，促进经济社会的发展，而且树立了国门形象，体现了党的民族政策和社会主义社会的优越性，使边境各族群众感受到党和政府亲切关怀，增强了维护民族团结和边疆稳定的自觉性和主动性，在周边国家的边境地区引起了良好反响。年内，民族自治地方贫困人口340.7万人。其中，低收入人口213.4万人，比上年减少20万人。

生态建设

2007年，全省实施“七彩云南行动保护计划”，切实加大环境治理力度，改善城乡人居环境，通过大力推进节能降耗，加快循环经济发展，推进清洁生产，开展绿色创建活动，积极构建人与自然和谐的生态家园。全年，民族自治地方工业废水排放总量2.13亿吨，比上年降低近20个百分点；工业废水排放达标量1.89亿吨，占排放总量的88.7%，达标率比上年提高14.1个百分点。工业固体废物综合利用量1351万吨，“三废”综合利用产品产值达22.02亿元，分别比上年增长40.3%、38.8%。

困难和问题

2007年，云南民族地区经济取得长足发展的同时，还存在不少困难和问题：一是特色经济的整体实力和市场竞争力较弱，可持续发展能力不足；二是支柱产业单一且竞争力下降，卷烟产销形势严峻；三是新兴产业和高技术产业成长缓慢，传统产业面临空前挑战；四是产业结构调整滞后，支撑经济增长的主导力量后劲不足等。

（李鸿雁）

县 域 经 济

综 述

2007年是云南县域经济发展试点的第三年。三年来，在省县域经济发展协调小组的直接领导下，通过各级各部门特别是试点县的不懈努力，试点工作顺利推进，各项措施总体落实，考核目标圆满实现，试点县带头领跑，全省县域经济发展水平有了明显提高，取得了试点先行、示范带动、促进发展、积累经验的预期效果，为进一步推进县域经济发展工作奠定了基础。

2007年，47个试点县占全省县级行政区划总数的36.4%，其国土面积占全省的36.3%，人口占全省47.9%。全年47个县共完成生产总值2984.8亿元、占全省的63.2%，比试点前的2004年提高了4.4个百分点；生产总值超过100亿元的有6个，超过50亿元的有22个，分别比2004年增加2个和12个。完成财政总收入236.19亿元，占县域经济总和的47.0%，比2004年提高了11.2个百分点。完成全社会固定资产投资总额1481.4亿元、占全省的52.9，提高了1.7个百分点。从人均指标来看，47个县人均地区生产总值达到1.38万元，相当于全省平均水平的131.97%，比2004年提高了13.8个百分点；农民人均纯收入达到2810元，相当于全省平均水平的106.7%，比2004年增加775.3元。从发展速度来看，2005—2007年，47个试点县地区生产总值、地方财政收入年平均递增12.6%、22.6%，分别比试点前三年平均增速高4.5、14.1个百分点，比同期全省平均水平高1个百分点左右。试点县实现了农民增收、工业增效、财政增长、后劲增强的总体目标，对全省县域经济发展的领跑和带动作用十分突出。

"一主三化"进程

2007年，全省47个试点县非公经济创造的增加值达到994.1亿元，占全省非公经济增加值的56.4%，比2005年提高5.8个百分点。完成工业增加值1276.34亿元，占全省工业增加值的75%，比2005年提高约5个百分点。城镇化率达到36个，比全省高近5个百分点。至2007年末，全省各类农业产业化龙头企业达到3500家，实现销售收入460亿元，其中，省级以上重点龙头企业总数达162家，大部分集中在47个试点县。

特色经济发展

至2007年的三年间，各试点县充分发挥比较优势，立足资源优势，坚持市场导向，培育优势产业，积极发展特色经济取得较大成效。红塔、弥勒、会泽等县区发展卷烟及配套工业，带动全县工业蓬勃发展，工业增加值占到其生产总值的比重分别达到69.8%、77.5%和62.4%，远超出全省平均水平，居全省各县前列；通海县发展五金制造、食品和彩印包装业，推动全县三次产业结构调整为20.6:42.6:36.8这样一个与目前全国、全省总体结构相一致的二三一格局；宣威市推行矿电循环经济，云县推进农业产业化，文山县开发三七生物医药产业，腾冲县实施"旅游兴县"战略，都打造出了大企业、培育出好品牌、提高了知名度，促进了特色经济大发展。

县域经济协调发展

2005~2007年，全省坚持"抓两头带中间"的县域经济发展思路。有针对性地在财政、金融和领导服务上，给予47个试点县重点扶持，促其率先发展；对发展慢、基础设施差、困难多的25个边境县实施"兴边富民"三年行动计划，以促其跨越发展；对其余62个县适当在项目安排上给予扶持，并纳入综合考核范围，建立激励机制，促进了全省县域经济整体发展，县域经济发展的协调性得到较大改善。2007年，25个边境县实现地方生产总值434.39亿元，完成固定资产投资309.10亿元，完成地方财政收入24.12亿元，比2004年分别增长70.9%、152.5%、120.5%，比全省水平分别高出近18、43和46个百分点。各县在经济发展取得突出成效的同时，文化、卫生、科技、体育等各项社会事业也取得了长足进步。

县域经济发展思路

通过近三年的实践，各地发展县域经济的思路进一步清晰，总结起来就是坚持以非公经济为主，推进农业产业化、工业化、城镇化、市场化、国际化的"一主五化"发展方针，突出有一个好思路、有一批好项目、有一个好的投融资平台、有一套好的政策措施的"四有"重点，抓好特色产业体系培育、城镇化发展、基础设施建设、社会事业发展、生态环境建设、科技服务体系建设、农村基层组织和专业经济合作组织建设"七项"工作，提高县乡干部的领导、发展、创新、执行"四个"方面的能力。这一思路有力地促进了县域经济的发展。

加强协调领导

三年县域经济试点工作中，省政府成立了县域经济发展协调小组，负责对全省县域经济发展的宏观指导和综合协调，每年召开一次协调小组会和全省县域经济工作会。协调小组办公室负责协调小组的日常工作，三年来共召开了10次工作会议，11次专题座谈会，印发协调小组及办公室通知等文件30余份、工作简报10期，较好地发展了协调、促进、服务的作用。16个州(市)、47个试点县也都先后成立了县域经济发展领导小组和工作班子，在制定规划、明确目标、确定重点、落实政策等方面，发挥了第一线的指挥和执行职能。省县域办促成驻滇11家银行金融机构成立了县域经济发展促进小组，组织召开了两次银行金融机构促进县域经济发展座谈会，通过县域办和各银行金融机构的共同努力，在金融机构与我省县域经济发展之间，初步搭起了合作桥梁和沟通纽带。目前全省已经建立并形成了领导挂帅、三级联动、部门行动的良好工作机制，切实保证了县域经济发展试点工作的深入开展。

坚持狠抓落实

至2007年的三年间，全省各级各部门认真落实省委、省政府关于加快县域经济发展的一系列政策措施，在资金投入、产业扶持、责任考核、表彰奖励、督导检查等方面加大工作力度，确保47个试点县如期或提前完成了县域经济发展目标考核责任目标。省政府研究室每年底都组织有关单位深入试点县开展督查和调研，认真检查政策措施的落实情况，及时协调解决发展中的新问题。省财政厅积极落实专项资金，三年投放3亿元，累计扶持优势产业项目621个；累计兑付财政包干考核奖励资金11.6亿元（含非试点县新平县，其奖励资金按50%发放），进一步增强了试点县财力。省统计局每年对129个县严格进行县域经济发展情况综合考核，并评选出“10强县”和20个先进县，为此省委、省政府每年兑现奖金600万元，加上将要兑现2007年的奖励，兑现奖金累计达1800万元。省银监局认真组织银行业金融机构创金融产品，提高服务水平，积极加大对县域经济的信贷投放，三年累计投放贷款4175.5亿元、占投放总额的54.5%，净增1312.5亿元、占净增总额的68.2%，呈现贷款比例高，增长速度快的特点。尤其是农业银行投入县域经济的贷款比例，占其各项贷款的72.2%；农村合作金融机构对47个试点县三年投放贷款累计达1007亿元，年均增长35%。此外，省发改委、经委、农业厅等有关部门，从自身职能职责出发，在基础设施、特色工业、农业产业化等方面，也加大对县域经济的倾斜和扶持，较好地落实了省委、省政府促进县域经济发展的各项扶持措施。

坚持统筹兼顾

至2007年的三年间，各县把加快县域经济发展与推进社会主义新农村建设结合起来，牢固树立新农村建设主抓靠县的思想，县级领导在新农村建设中积极发挥“一线指挥员”的作用，按照新农村建设的“二十字”要求，切实解决好本县的“三农”问题。47个试点县，尤其是官渡区、红塔区、麒麟区、宣威市、大理市等，新农村建设搞得有声有色，基本走上了县域经济发展与新农村建设互促互动的良性发展道路。各县在县域经济发展中，还特别注重建立以城带乡、以工哺农的长效机制，促进城乡产业互动、基础设施向农村延伸、公共服务向农村覆盖。各试点县大力开展平安县创建活动，努力构建和谐社会，促进经济建设与人口、资源、环境相协调、经济效益、社会效益和生态效益相统一。

县域经济发展总体实力

至2007年，全省县域经济竞争力长期处于全国的后列，县域经济规模较小。当年西部百强县的平均规模为：地区生产总值74.05亿元、地方财政一般预算收入3.80亿元、人均地区生产总值2.35万元、农民人均纯收入3880元。云南仅有10个县进入西部百强，其中6个县位次排在30名以后。云南县域经济平均规模为：地区生产总值36.6亿元、地方财政一般预算收入1.85亿元、人均地区生产总值1.05万元、农民人均纯收入2634元，分别仅相当于西部百强平均水平的49.1%、48.7%、44.7%和67.9%。县域地区生产总值低于全省县域平均规模的多达100个县，占全省县市区总数的78%。地方财政收入超过3亿元的县只有22个、占全省总数的17%，少于5000万元的县仍有24个。“农业弱县、工业小县、财政穷县”的面貌尚未根本上改变，加快全省县域经济发展任重道远。

县域经济发展状况

2007年，五华区、盘龙区、官渡区、西山区、麒麟区、红塔区、大理市、楚雄市等8个县（市、区）的地区生产总值超过100亿元，比2004年增加了2个，主要集中在滇中。全省经济总量居前10位的县（市、区）生产总值总和为1928.97亿元，占全省经济总量的40.85%，是居后10位的34.48倍；财政总收入居前10位的县（市）合计为194.1亿元，占全省财政总收入的17.47%，是居后10位的50.78倍。生产总值最高的五华区为391.6亿元，最低的贡山县2.35亿元，相差166倍；地方财政收入最高的五华区为10.77亿元，最低的西盟县0.13亿元，相差82倍；人均地区生产总值最高的红塔区60878元，最低的镇雄县2132元，相差28倍；人均地方财政收入最高的安宁市2697元，最低的红河县78元，相差33倍；农民人均收入最高的官渡区5965元，最低的贡山县894元，相差6倍。县域间经济发展的不平衡，突出反映了我省区域、城乡和工农三大差距悬殊的必然性。

综合评价及考核制度

2005～2007年对全省县域经济进行综合评价及考核，建立综合评价及考核制度。分别评出综合指数位于前列的10个强县、发展潜力和发展活力指数位于前列的各10个先进县。根据考评的结果，省委、省政府分别对“十强县”和“先进县”进行了表彰奖励。同时，省委组织部按照树立科学发展观和正确政绩观的要求，改进了对县乡领导班子和领导干部的考核，把县域经济社会发展的业绩作为县级领导干部选拔、任用的重要依据之一。通过建立县域经济综合评价考核机制，给县级领导班子压担子，奖励先进、鞭策后进，调动各地加快县域经济发展的积极性，全省上下形成了比、学、赶、超的县域经济发展势头。

选择部分县先行试点

2007年，在综合评价的基础上，本着实事求是的原则，选用了基本能反映发展水平、发展活力、发展潜力的10项指标，认真筛选确定了官渡区等47个试点县，覆盖全省16个州市。其中，既有综合实力较强的县，也有经济发展水平虽不太高但发展潜力较大的县。对于这些试点县，省里在投资、财政、经济管理权限等方面给予了重点倾斜，三年来，试点县实现了工业增效、农民增收、财政增长、后劲增强的预期目标，积极发挥了示范带动作用，成为全省县域经济发展的领跑者。

专项资金与财政目标考核奖励

至2007年的三年间，在县域经济发展专项资金落实上，省财政安排资金3亿多元，有力地支持了县域特色经济项目的建设。在县域经济发展财政目标考核奖励落实上，累计兑付财政目标考核奖励资金11.6亿元（含非试点县新平县，其奖励资金按50%发放），进一步增强了试点县财力。其中，2005年兑付考核奖励资金2.96亿元，2006年为3.41亿元，2007年达到5.17亿元。

金融保障

2005～2007年，全省银行业金融机构围绕服务社会主义新农村和县域经济建设这一主题，积极筹措资金、加大贷款投放力度。按要求国有商业银行要加大对县域经济发展的信贷投入。其中，农业银行新增贷款的70%要用于支持县域经济发展；农业发展银行当年新发放贷款的90%以上要用于支持县域经济发展。从我省银行业金融机构对县域经济的贷款情况看，农业银行投入县域经济的贷款比例，已占其各项贷款的72.2%；农业发展银行对县域经济净增贷款比重也达到90%以上。全省银行业金融机构为县域经济发展提供了有力的金融保障。

优势农产品推进工程

2007年为保证优势农产品推进工程顺利实施，省政府建立优势农产品推进工程联席会议制度，定期研究重大政策措施和重大问题，制定管理办法，审定年度计划，促进资金、项目向优势产业、区域集中，加快了18类优势农产品推进工程的建设步伐。当年，甘蔗、茶叶、橡胶、蔬菜、马铃薯、水果、蚕桑、花卉、咖啡、中药材等10种优势特色农产品面积达到3650万亩，产量也大幅度增长。其中烟叶、鲜切花、咖啡、茶叶、橡胶、甘蔗、马铃薯、核桃等面积和产量居全国前列。农产品加工、品牌培育和市场开拓取得重大进展，除烟草外的农产品加工产值达580亿元；绿色、无公害、有机、“三品”认证规模快速扩大，认证企业有579家、1023个产品；农产品出口突破6亿美元，年均增长10%，全国排位上升到第11位，居西部第一。农村市场体系建设和农民专业合作组织培育迈出新步伐，据不完全统计，至2007年末全省共有农产品综合市场551个、专业市场198个，开通了鲜活农产品“绿色通道”，农产品商品率达55%。全省农业产业化经营组织突破3500家，实现销售收入突破450亿元，上缴税金突破15亿元，直接带动农民增收突破100亿元，农民从事产业化经营收入185亿元。省级以上重点龙头企业达到162家，实现销售收入190亿元、上缴税金5.8亿元、带动农户530万户，其中销售收入上10亿元的大型龙头企业达到4家，实现零的突破。

农村改革

2005～2007年，在发展县域经济中，狠抓改革，出台一系列政策措施：一是农村税费改革顺利完成。2005年共有110个县实行了农业税免征政策。2006年全面取消了农业税，累计减轻农民和涉农企业负担87亿元，其中，减轻农民负担约60亿元，企业减负约27亿元。二是稳步推进乡镇机构改革。全省共撤并减少乡镇257个、减少村民委员会150多个、村民小组1600个，精简村组干部1.3万人，不仅优化了乡镇布局，节约了行政成本，而且促进了农村经济发展和社会主义新农村建设。三是县乡财政预算管理方式改革步伐加快。全省已有85个县的966个乡镇实行了“乡财县管乡用”，加大了对县乡一般性转移支付补助力度，有效缓解了县乡财政困难，实行村级公用经费补贴，进一步提高了农村基层运转保障水平。四是教育管理体制改革进一步深化。2007年全省义务教育“普九”县达到121个，全部免了610万名农村中小学生义务教育阶段的学杂费，200多万名农村寄宿贫困学生享受到了生活补贴。同时，集体林权制度、水利工程管理体制、农村金融体制、土地征用制度等方面的改革也得到稳步推进。

政策措施

2005～2007年，为发展经济省投资主管部门下放投资项目审批权限，对“五不一鼓励”的投资项目不再审批，由投资主体自行决策。但由于受国家宏观调控政策变化的影响，土地、资源、环保、安全等部门的权限存在你放我放不了的问题，影响了一些项目难以实施。

（赖晓蓉）

农业和农村经济

段兴祥，汉族，云南省农业厅厅长

综　述

2007年，全省农业系统以科学发展观为统领，努力探索用工业的理念谋划农业发展，扎实稳步推进新农村建设，狠抓粮食生产不放松，加快发展优势特色产业和促进农村劳动力转移，千方百计增加农民收入，农业农村经济发展克服了频繁发生的干旱、洪涝、低温等严重的自然灾害交替发生和农资价格持续上涨的不利影响，保持了快速健康发展的良好势头。全年农林牧渔业总产值（现价）完成1414.8亿元，比上年增长8.1%。其中：种植业产值707.2亿元，增长7.3%；畜牧业产值459.6亿元，增长7.4%；渔业产值35.7亿元，增长21.6%。农业增加值完成868.09亿元，增长6.1%，增速比全国平均水平高2.4个百分点。农民人均纯收入达到2634.09元，比上年净增383.6元，年度增加额是有史以来最高的一年，扣除价格上涨因素，比上年实际增长10.1%，增幅排全国第6位，增幅高于上年2.6个百分点，高于全国0.6个百分点，高于城镇居民2.3个百分点，增速为近11年来的最高。农民人均生活消费支出2637.18元，增长20.1%，农村居民家庭恩格尔系数为46.5%。

种植业

2007年，全省粮食生产再上新台阶，总播种面积达424.76万公顷，总产量达1546.68万吨，比上年增长0.3%，再创历史新高，连续4年达到300亿斤以上，实现1993年以来的第14年增产。其中：夏粮产量243万吨，增长1.3%；秋粮产量1266.1万吨，增加0.3%。谷物产量1283.2万吨，增长1.1%；豆类产量88万吨，增长28.7%；薯类产量（折粮）211.14万吨，增长3.4%。其中：马铃薯57.72万公顷，产量（折粮）178.25万吨，分别增长6.9%和3.5%。全省粮食和经济作物比例由上年的69.49%：30.51%调整到68.67%：31.33%。茶园面积30.29万公顷，产量17万吨，分别增长22.4%和22.9%；甘蔗面积31.29万公顷，产量1938.67万吨，分别增长9%和15.5%；橡胶面积39.65万公顷，产量28.22万吨，分别增长18.68%和6.8%；蔬菜面积56.2万公顷，产量1113.3万吨，分别增长7.5%和7.9%；水果面积26.51万公顷，产量202.37万吨，分别增长9.5%和24.5%；咖啡面积2.04万公顷，产量2.54万吨，分别增长10.9%和16.5%；花卉种植面积达34.5万亩，鲜切花产量49.9亿枝，分别增长15%和25.1%；烤烟面积36.76万公顷，减少0.94%，产量76.68万吨，增长1.2%；油料面积21.87万公顷，产量36.65万吨，减少6.1%。冬季农业开发119.37万公顷，增长4.5%，产值达117亿元，增长9.3%。种植业产值707.2亿元，增长7.3%。

养殖业

2007年，全省肉类总产量达335.5万吨，比上年增长4.2%；禽蛋产量25.9万吨，增长26.3%；奶类产量44.9万吨，增长15.9%。其中：牛奶产量42.3万吨，增长16.2%。大牲畜年末存栏973.7万头，增长1.2%；生猪年末存栏2720.7万头，增长3.9%；羊存栏670.1万头，增长8.7%。肉猪出栏2970.7万头，增长2.4%。人均占有肉类、奶类和蛋类达74.32千克、9.95千克和5.74千克，分别增长3.5%、15.2%和25.3%。工业饲料产量250.22万吨，增长11.2%。畜牧业产值达459.6亿元，增长7.4%，占全省农林牧渔业总产值（现价）比重比上年提高2.5个百分点。肉类总产量居全国第13位。水产养殖面积达10.07万公顷，水产品总产量达33.4万吨，增长14.2%。其中：养殖产量30.4万吨，增长15.6%；捕捞产量3万吨，增长3.4%。鲫鱼、罗非鱼等名特优品种的产量比重达30%。稻田养鱼面积达11.33万公顷，增长10.4%，全省人均水产品占有量7.4千克，增长13.5%。渔业产值达35.7亿元，增长21.6%。

惠农政策

2007年，中央和省委、省政府继续加大对农业生产的投入。中央财政安排云南省7.56亿元，对129个县种粮农民农业综合生产资料补贴，还安排5800万元农机购置补贴、3500万元油菜良种补贴、2550万元测土配方施肥补贴、860万元生猪良种补贴，670万元橡胶良种补助和210万元奶牛补贴等资金。省级财政继续安排1.1亿元对70个县实行粮食直补和良种补贴，安排26080万元能繁母猪补贴及保险补贴，安排700万元开展农机购置补贴，安排600万元开展测土配方施肥补贴。各地党委、政府和农业及财政等部门，按照省委、省政府的统一部署，认真做好各项支农惠农政策的落实工作，充分调动了广大农民务农的积极性。

农业基础设施装备建设

2007年，省级围绕龙头企业重点扶持建设了34个马铃薯基地县、26个蔬菜基地县、23个甘蔗基地县、

36个茶叶基地县、10个橡胶基地县、20个生猪基地县、25个肉牛肉羊基地县、12个奶源基地县、9个家禽基地县和15个优势水产品基地县，进一步提升了基地农产品生产能力。建设完善了80个县级动物卫生监督所，333个乡镇畜牧兽医站，完善肉牛冻改点40个，生猪改良示范点13个，鱼苗繁育基地4个。组织新建农村户用沼气池达20.67万户，占年计划任务的103.38%，沼气用户累计保有量达192万户；完成农村改灶14.35万户，占全年计划任务的143.56%，农村累计改灶达603万户。实施了省级500个村的村容村貌整治，2007年1～10月完成投资8.11亿元。新建村庄道路707.37千米，道路修缮硬化266.44千米，新建完善人畜饮水管道和支砌排灌沟渠601.594千米，修建垃圾收集点194个，修改公厕312座，危房改造298幢，新建农村文化活动室115间，篮球等活动场院地18个，村庄绿化植树16.78万株和种植花草6423平方米。与省发改委共同组织完成了6.67千公顷的农田建设任务，全省2007年底全省高稳产农田累计突破200万公顷、达202.3万公顷。全省农业机械总动力达到1861.91万千瓦，增长6.1%。拥有拖拉机36.13万台，增长10.4%。其中：大中型拖拉机6.4万台，小型拖拉机28.7万台。拖拉机配套农具21.74万部，增长8.4%。收获机械、农用排灌机械、农用运输机械和农副产品加工机械动力10.14万千瓦、118.09万千瓦、164.12万千瓦，和310万千瓦，分别增长34.1%、5.6%、9.5%和3.7%。全省耕耙播收作业面积达120.11万公顷，增长4.2%。

农业科技推广

2007年，全省建立科技入户示范工程示范户7600户，辐射带动15多万户农户，示范推广了30个主导品种，落实到位33项主推技术；推广超级稻楚粳27号10.99万公顷。共对5.1万名农民开展了新型农民科技培训，绿色证书工程培训19万人，8.9万人经过生产实践和业务考核获得绿色证书；通过科技直通车、送农业科技下乡、科技示范场和一事一训等其他途径共培训务农农民近80万人。推广测土配方施肥103.64万公顷，推广水稻良种74.67万公顷，玉米良种100万公顷，水稻、玉米、马铃薯高产高效栽培99.33万公顷。水稻、玉米、魔芋、大麦、小麦与蚕豆等6种农作物新品种选育及试验示范协作共通过省级审定品种20个，推广新品种68.93万公顷。蔬菜和水果主栽品种良种利用率分别达到90%和75%以上，甘蔗全省良种平均覆盖率达到80%。完成猪杂交改良配种达356.8万窝，牛冻改60万头，生猪和牛良种覆盖率分别达87%和22.48%，规模化养禽基本实现了良种化。推广渔业高产高效健康养殖技术2.2万公顷，稻田养鱼11.33万公顷；云南裂腹鱼、小裂腹鱼等部分本地土著经济鱼类人工驯养繁殖研究取得突破性进展，哲罗鱼引进养殖试验获得成功。试验鉴定了14家企业的拖拉机、旋耕机等64种机型，引进演示新机具10种、共计100多台套，演示推广了机械育秧、插秧和水稻收割，马铃薯机开沟、起垄、播种及收获等机械化生产技术，共为400多名农机户提供了技术服务，提供优质零配件2万余件。

农业产业化经营

2007年，全省农业产业化经营组织达4260家，比上年增加929家，实现销售收入突破428亿元，增长4%；上缴税金近15亿元，增长9%；促进农民增收145亿元，增长56%。通过引进江苏“雨润”、湖南“伟宏”等企业和加大扶持，龙头企业不断发展壮大，全省159家省级以上重点龙头企业实现销售收入182亿元、上缴税收5.8亿元、带动农户342万户次，分别增长35%、70%和32%。全省规模以上农产品加工龙头企业实现产值357亿元，增加值108亿元；159家省级以上重点龙头企业中的146家农产品加工企业实现销售收入160亿元，产值150亿元，增加值45亿元，上缴税金5亿元。至2007年底，全省共有各种类型的农民专业合作组织3497个。其中：农民专业合作社1391个，专业协会2068个，专业联合社10个，专业联合会28个。成员总数72.7万户，带动农户142万户。通过合作社统一组织销售农产品总值11.8亿元，统一组织购买农业生产投入品总值1.71亿元；合作社实现总收入7.8亿元，盈余1.55亿元，盈余返还总额5225.53万元，红利总额2178.7万元。

农村劳务经济

年内，省政府继续将“培训100万进城务工人员，新增转移50万人”列为2007年为民办好事的十件实事之一。中央财政投入全省农村劳动力转移培训阳光工程资金3000万元，增长58%。省级农村劳动力转移培训资金达到8780万元，增长33.4%。各地各有关部门都将培育壮大劳务经济作为增加农民收入和推进新农村建设的重大举措，在增加投入的同时认真组织实施“农村劳动力转移培训阳光工程”和“百万民工培训工程”，进一步加强了农村劳动力转移培训，通过实施“走出去，请进来”战略，组织举行“千人农民工欢送仪式”、“大型农民工专场招聘会”等系列活动，进一步提高了农村劳务输出的组织化程度，通过在省外建立劳务工作站，临时党支部等服务机构，进一步加强了对省外云南籍农民工的服务。2007年底，全省组织开展农村劳动力转移培训105万人，完成培训任务的105%。其中：全省阳光工程完成培训农村劳动力10万人。累计转移农村劳动力635万人，比上年新增65万人，完成全年计划的130%。实现农村劳动力转移就业收入170亿元，增加22亿元。农民人均工资性收入达到521.6元，增长18.1%，占农民纯收入的20.2%，创历史最高水平。劳务经济在农民增收和推进城乡统筹发展中的作用日益明显，工资性收入成为增加农民现金收入的一大亮点。

动植物疫病防控

2007年，全省动物疫病防控投入达2.74亿元。其中：中央财政投入2.11亿元、地方投入1730万元，省级财政安排动物疫病防治经费投入4551万元。建设完善了80个县级动物卫生监督所，333个乡镇畜牧兽医站。全面实施春秋两季集中免疫和日常补免相结合的免疫工作制度，完成禽流感免疫家禽2.91亿羽，猪瘟免疫3007.19万头，鸡新城疫免疫1.06亿只，开展免疫抗体监测3.03万份。边境沿线建立了纵深30千米的免疫保护带，各地建立了分户（场）的详细免疫档案。全年进行了4次大规模的重大动物疫情的监测和排查，监测畜禽样品达49.25万份，排查牲畜320多万头（只），禽类180多万只，及时排除了疫情隐患。全省共实施畜禽产地检疫1.34亿头只，屠宰检疫畜禽3282.68万头只，组织791吨生石灰、大碱和甲醛等消毒药品对畜禽交易市场进行了消毒。各地进一步完善了突发疫情应急机制，储备了一定数量的应急物资。全省成功防堵了禽流感、口蹄疫等境外动物疫情，省内未出现重大动物疫情。农作物病虫害发生面积1.2亿亩次，防治1.6亿亩次，挽回粮食损失12万吨。其中：稻飞虱特大发生，是建国以来比较异常的一年，各项指标均超过农业部颁发的大发生标准。省、州（市）、县（区）三级共派出124个防控工作组和11个专家组进行了直接指导，全省出动喷雾器30万台次，培训80万人次，防控面积达到2076.15万亩次。

农产品质量安全

2007年，全省认真贯彻执行省政府《关于加快推进农业标准化工作的意见》，积极实施农业部提出的“无公害食品行动计划”和省政府提出的“食品放心”工程，进一步加强标准化生产基地建设，加大标准化技术推广和农业投入品、农产品执法监管，深入开展农产品质量安全专项整治行动。全年全省共有60个产地获得无公害农产品产地认定，面积达10.36万公顷。共有50家企业、111个产品获得无公害农产品认证，认证面积4.92万公顷，产量75.1万吨。共有51家企业104个产品获得绿色食品标志，认证面积4.57万公顷，产量32.08万吨。共有10家企业16个产品获得有机食品认证，认证面积2.13千公顷，产量0.28万吨。在“三品”认证中共推广农业标准725项（次）。全省“三品”认证累计数突破1000个产品，达到1045个，实物总量1686.69万吨，环境监测的农田、草场、林地、水域面积118.24万公顷，历年累计推广农业标准近3000项（次）。15个州市政府所在地和16个蔬菜生产基地县蔬菜中农药残留监测合格率92.4%，比上年上升了4.2个百分点。昆明市蔬菜农药残留监测合格率由2003年的69.3%，上升了36个百分点，连续14次检测合格率超过94%，“瘦肉精”检测连续6次，磺胺类药物检测连续5次合格率为100%。全省35个农产品批发市场已经全部纳入了省农业厅质量安全监测范围；“12个100%”的目标全部实现。

农业对内对外开放

2007年，通过进一步加强了以东南亚地区为重点的农业国际合作，举办和参加“2007中国农业（泰国）展览会”、西双版纳湄公河次区域农产品交易会、第五届中国国际农产品交易会、第三届昆明国际农产品交易会等各类展会，加大农业对内对外招商引资力度，有力地促进了农产品出口，据海关统计，全年全省农产品出口额突破6亿美元，达到6.62亿美元，增长20.4%，占全省商品出口总额约14%，年出口额和增幅均创历史新高。出口农产品中烟草、蔬菜、食用菌、咖啡、香料油、水果及其产品和马铃薯及其产品出口额达2.46亿美元、8363万美元、4933万美元、3620万美元、1941万美元、2882万美元和656万美元，分别增长23.3%、56.1%、26.7%、11.4%、22.2%、130%和28.9%；茶1725万美元，减少11.5%；松茸3622万美元，减少30.9%；动物及其产品3470万美元，增长84.7%。出口市场中，对东盟市场、欧盟市场、香港市场和北美市场（美国、墨西哥、加拿大）出口额达2.45亿美元、1.51亿美元、4575万美元和3969万美元，分别增长29.3%、10.0%、17.7%和113%；日本市场7936万美元，减少7.9%。单项农产品出口额超过100万美元的单项农产品达到72个，超过1000万美元的单项农产品有12个。出口市场已遍及东盟、欧盟、日本和香港等85个国家和地区。

“数字乡村”工程建设

2007年6月22日“数字乡村”工程全面启动建设，各级党委、政府组建了领导机构和工作机构，全省有近4万人参与了建设，各级共落实建设资金1.24亿元，调剂和配置计算机5478台，数码相机6179台，打印机2075台，数码摄像机987台；开展培训4829期，培训16.84万人次。通过工程建设，全省共采集数据报表14万余份，网页总量140万个，拍摄图片1430多万张，视频6000多个，信息160万条，基本完成了1366个乡镇、1.34万个行政村、12万个自然村基础信息以图文等形式上网发布；建成了乡村基本情况数据库，进一步摸清了乡村特别是自然村的基本情况；建成了覆盖全省六级的“数字乡村”网站群，实现了“村村有网站”；初步整合了农、林、水等涉农部门“三农”信息资源，实现了省、州（市）、县（市、区）、乡镇四级及有关部门的互联互通；进一步增强了信息共享功能；绝大多数乡镇及一部分村委会和少数自然村已接入宽带网，形成了一支近4000人的专兼职农村信息化队伍，已初步建成了覆盖全省的农业和农村信息服务体系。通过“数字乡村”工程建设创建了信息服务、决策辅助、政策宣传、电子政务、民主监督、沟通交流、信息资料等七大平台。

农业信息化建设

2007年，围绕国家“金农”工程，农业部“三电合一”农业信息服务试点项目，全省开通了“12316”农业特服号，开通了农业新时空农业信息服务。“金农”工程一期项目可行性研究报告已通过了省级审核、审批，省财政厅已安排了前期工作经费，并已经申报国家发改委资金支持。全省16个州市农业部门都建立了门户网站和局域网，全省农业网站数量达到170个，全省省市县三级农业信息网访问量达2027万人次，发布各类农资、农产品及种养殖技术等农业信息27.8万条，各乡镇农业信息综合服务站农业信息咨询人数达40.7万人。通过农业信息网络牵线搭桥，全省促成农产品交易1657个，交易额8.93亿元。

农村改革

2007年，通过全省94个县（市、区）开展农村土地承包经营权证书免费补换发，21个农村土地承包纠纷仲裁机构的成立，进一步依法稳定和完善了农村土地承包关系，维护了农民土地承包权益。通过落实减轻农民负担各项政策，治理向农民的乱收费、乱罚款和集资摊派等，进一步减轻农民负担234万元。确定42个省级示范点继续推行农村财务管理规范化建设。至年末，全省实行“村财乡代管”乡镇达770个，村委会7708个，代管集体资金总额达51.3亿元。省级安排2000万元专项资金扶持250个集体经济“空壳村”、“薄弱村”发展壮大农村集体经济，促进了农村集体经济的发展和集体经济组织作用的发挥。通过10个化解村组债务试点，初步建立了防债化债的长效机制。研究制定了《云南省村民一事一议筹资筹劳管理实施办法》，全省开展“一事一议”筹资筹劳的村数达30%。结合村组换届选举，普遍开展了村干部任期和离任经济责任审计。配合民政部门制定出台《云南省村务公开和民主管理暂行办法》，进一步完善了村务公开民主管理机制。兽医管理体制和种业管理体制改革取得阶段性进展，正式启动了基层农技推广体系改革，加大了农业政策性保险工作力度。

农业法制

2007年，根据省人大立法规划和省政府立法进度要求，草拟了《云南省农业机械管理条例》、《云南省实施〈中华人民共和国渔业法〉办法》和《云南省农村集体资产和财务管理条例》的征求意见稿，配合省人大对《云南省种子管理条例（草案）》进行了修改完善。清理并废止了1980年1月1日起至2006年5月31日前制定发布、现行有效和主要内容与新公布的法律、法规和国务院相关规定不一致或者已被新的规定所代替的43件规范性文件，3件一般行政公文。据农业部“五五”普法和省委依法治省“二五”普法要求，全省共举办法制培训班16次，举办专题讲座17次，培训4100多人，联系广播、电视文艺宣传150多次；开展法律咨询服务9190多次，近30万人次接受服务；发放宣传资料8万多份；组织法律知识竞赛6次，1.02万人参加。全省农业系统成立综合执法机构42个，配备综合执法人员700多名，开展了以“放心农资下乡进村”为主题，以“农资打假专项治理行动”为基础，以“农产品市场整治”为重点的农业执法活动。全省共出动执法人员8.47万人次，印发资料1900多万份，检查企业3.68万个/次，整顿市场1.28万个/次，受理投诉举报案件210件；查处案件3477起，查获假冒伪劣农资2.79万吨、2.94万台件，货值金额415万余元，捣毁制假窝点22个，挽回经济损失1418万余元；立案查处制售假劣农资案件856件，查处结案793件，涉案人数588人；向公安移送案件3起，发生5万元以上的大要案4起，货值金额160多万元。

（刘余武）

工 业 经 济

综 述

2007年，全省工业战线认真贯彻落实科学发展观，深入实施工业强省战略，继续加快推进新型工业化进程，在国家土地、信贷、出口退税、淘汰落后产能等紧缩性宏观调控政策效应不断增强的情况下，克服了煤电油运等要素供应紧张的制约，全省工业经济持续快速健康发展，进入了增长较快、结构改善、效益提高、质量提升、协调推进的发展新阶段。

全年全省全部工业增加值1701.78亿元，比上年增长17.0%，对全省经济增长的贡献率达到48.5%，拉动全省生产总值增长5.97个百分点。其中，规模以上工业完成增加值1494.4亿元，增长17.5%；轻重工业完成增加值分别为691.1亿元和803.3亿元，分别增长17.9%和16.5%；工业企业利税突破1000亿元，利润突破400亿元，全省规模以上工业企业产销率达到98.4%。工业经济效益综合指数继续居全国前列，工业增加值增速居全国第24位、西部省区第8位。

2007年，全部工业实现增加值1701.8亿元，为2002年的788.4亿元的2.2倍。其中，规模以上工业企业完成主营业务收入4150.0亿元，为2002年的1313.3亿元的3.2倍；实现利税1000.0亿元，为2002年371.5亿元的2.7倍；实现利润400.0亿元，为2002年73.2亿元的5.5倍；非公有制经济实现增加值1764亿元，占全省GDP的比重由2002年的26.9%，提高到2007年的37.4%，提高10.5个百分点；乡镇企业增加值由2002年的373亿元增加到2007年的875.7亿元，增长134.8%，实缴税金突破百亿元。全省工业发展“倍增计划”预定的各项目标任务均全面超额完成。

投入和技术进步

2007年，全省工业投资创历史新高，达到978.57

亿元，增长22.9%，其中，除电力外的工业投资完成466亿元，增长36%，超过固定资产投资增幅10个百分点，全面完成省政府下达的投资责任目标。围绕装备制造、光电子和特色产业，重点推进重大工业建设项目20项，并建立起项目联系责任制；实施重点工业建设项目185项，总投资达914亿元；实施重点工业技改项目700余项；扶持重点技术创新、节能减排、装备制造、生物加工及企业信息化建设项目121项。完善了《云南省企业技术中心认定办法》，全省新认定企业技术中心23个，全省累计认定企业技术中心82个，其中，国家级企业技术中心9家。云铜集团技术中心获国家级技术中心认定，云药公司技术中心创新能力建设项目获国家资金扶持。州（市）企业技术中心建设稳步推进。

工业结构调整

2007年，全省非烟工业平稳较快增长，规模以上非烟工业完成增加值954.5亿元，增长18.2%，占全省规模以上工业增加值的比重达到63.9%。工业对外开放水平明显提升，引进战略合作伙伴取得实质性进展，与武钢、中铝、中石油、美铝、法国拉法基、香港瑞安集团、金光集团、玖龙集团等的合作重点推进，极大地提升了云南产业发展水平。州（市）工业经济协调发展，玉溪、保山、丽江、普洱、临沧、楚雄、文山、西双版纳、大理、德宏10个州市增速快于全省平均水平，增幅最高的是版纳州达37.6%。

重点产业支撑作用

2007年，全省主要工业行业继续保持较快发展势头，实现了速度和效益同步快速发展，煤炭、电力、烟草、有色、冶金、化工、医药、机械、通讯电子、建材、农特产品加工、造纸、印刷、饮料、炼焦等15个行业共实现利润388亿元，占全省规模以下工业利润的97.0%。其中，以磷化工和有色金属为主的矿业快速发展，增加值突破400亿元，年均增长速度达到20%以上，成为全省继旅游业后又一支柱产业；以水电为主的电力支柱产业及生物产业成为新的经济增长点。

重点工业园区建设

2007年，省级40个工业园区新入园企业789户，新完成基础设施投资50.6亿元；完成工业总产值、工业增加值、销售收入、税收、利润、就业人数达1513.16亿元、368.98亿元、1501.68亿元、93.96亿元、108.46亿元和29万人，同比分别增长29.58%、21.85%、28.68%、31.1%、13.95%和11.53%，其中，有18个园区的工业增加值增幅超过40%，24个园区的税收增幅超过40%，主要经济指标为几年来最好水平。全省工业园区呈现出基础设施建设快、入园企业多、入园项目规模大等特点，在增加就业、带动地区经济发展等方面发挥着越来越重要的作用。

培育工业强县

2007年，全省40个工业强县培育工作积极推进，嵩明、宣威、通海等一批县（市）积极构建加快县域工业发展的政策体系，20多个县设立了工业发展专项资金，通过加大投入、加强招商引资、加快技术进步步伐等措施，促进县域工业发展。全省前50个工业县完成工业增加值突破千亿元，增长27.4%，工业增加值超过当地生产总值30%的县达34个；在建项目267个，完成投资480亿元，增长21.8%；实现税收突破300亿元，增长23.6%。

淘汰落后产能

2007年，按照"谁投资、谁负责、谁承担风险，谁审批、谁清理、谁落实淘汰"的工作要求，认真落实"三定"（定地区、定企业、定装置）、"三明确"（明确淘汰工作进度时间表、明确责任主体、明确淘汰标准）、"一确保"（确保淘汰目标任务按计划完成），实行淘汰公告和淘汰落后挂牌督办制度，切实推进淘汰落后产能工作。全年关停巡检司4台小火力发电机组，装机容量10万千瓦；拆除炼铁落后产能21.5万吨，炼钢15万吨；拆除11台黄磷装置，淘汰产能3.69万吨，停产20台，产能6.26万吨；拆除水泥湿法窑4条、中空窑1条、立窑35条、淘汰熟料落后产能273万吨、水泥367万吨；电石计划淘汰装置已全部停产；焦炭合计淘汰产能37万吨；造纸淘汰产能2.2万吨。

工业循环经济

截至2007年底，全省10个县、10个工业园区、14户企业启动编制了循环经济试点示范实施方案，落实工业循环经济项目国债资金1690万元，认定资源综合利用企业120户，12户高耗水企业试点示范成效明显，100余户企业通过清洁生产认定，工业用水重复利用率和工业固体废弃物综合利用率分别提高4.0和2.0个百分点。

节能降耗

2007年，全省工业、交通、农业、商业、建筑、机关、社会等重点领域节能取得积极进展。全省单位生产总值能耗为1.64吨标准煤，同比下降3.98%，超过年度节能目标0.18个百分点。全省规模以上工业企业单位工业增加值能耗3.156吨标准煤，同比下降7.11%。2006年和2007年累计完成"十一五"节能目标任务的32%，为完成"十一五"节能目标奠定了一定的基础。

各类企业

2007年，全省销售收入上100亿元企业10户，其中，省级地方企业6户：云铜406.1亿元、昆钢220.4亿元、云天化218.5亿元、冶金集团165.2亿元、云锡122.7亿元、云煤117.9亿元。全省私营企业户数8.7万户，增长10.5%；规模以上非公工业企业实现增加值603亿元，增长24.1%，比上年提高近3个百分点；全年非公经济预计完成增加值1764亿元，同比增长20.7，占全省GDP的37.4%。全省乡镇企业预计完成增加值848.51亿元，比上年增长16%（现价，下同），其中，累计完成工业增加值400.12亿元，增长19%；完成营业收入4414.1亿元，增长22.7%；实现利润总额290.7亿元，增长22.1%；上交税金105.1亿元，增长17.7%。

经济运行调控

2007年，在煤电油运供应持续紧张的条件下，通过加强电煤协调、实行煤电挂钩政策、缩减"西电东送"电量等措施强化煤电生产和供应，保障全省生产生活用电；通过有保有压、合理调整运输结构和运力、落实电煤运输补贴政策、严格控制6类大宗资源性物资外运等措施，切实化解铁路运力严重不足的矛盾。全年，煤炭产量5519万吨，同比增长5.7%，其中，洗精煤671万吨，下降1.8%；焦炭1184万吨，下降4%。发电量896亿千瓦时，增长18.8%，其中，水电428亿千瓦时，增长20.2%；火电468亿千瓦时，增长17.6%。中石化、中石油购进成品油535万吨，销售532万吨。铁路货物发送6021.2万吨，增长8.7%，其中，准轨日均装车2300车，增长8.4%；出省物资运输3020万吨，增长10.9%。

主要困难和问题

一是宏观环境的不确定因素增加。国家进一步紧缩"银"根、"地"根，对一些项目进行限批，企业贷款难、用地难等问题突出。二是煤电油运等瓶颈制约日趋凸现。全年全省电煤缺口700万吨左右，省网缺电达到38亿千瓦时，煤电油供给全面紧张，铁路运输日均实际满足量仅占需求量的19%。三是节能降耗任务十分艰巨。发展与节能之间的矛盾突出，由于关停一批不符合产业政策的产能，使全省工业增加值减少18.5亿元左右。四是成本费用继续快速增长，亏损面有所扩大。在原燃材料、人工工资、财务费用增长的拉动下，企业成本费用继续快速增长，亏损总额增长24.43%，亏损面达到32.29%，同比上升0.34个百分点。五是产成品资金增幅提高，应收帐款净额回落。

（毕书明　杨永锋）

财　　政

综　述

2007年，全省各级财政部门深入贯彻落实科学发展观，认真按照党的十六届六中、七中全会，以及省第八次党代会和省委八届四次全委会要求，牢牢把握经济社会又好又快发展的有利时机，开拓创新，锐意进取，乘势而上，积极创新生财、聚财、用财的思路和机制，大力培植财源，充分挖掘非税收入增收潜力，不断强化财政支出管理，谱写了云南财政改革与发展的新篇章。

全年，全省财政总收入完成1111.3亿元，比上年增加224亿元，增长25.3%，其中，地方一般预算收入完成486.5亿元，比上年增加106.5亿元，增长28%；全省地方一般预算支出完成1135.2亿元，比上年增加242亿元，增长26.9%，超额完成了全年财政收支目标任务。年度财政收支增量首次双双突破200亿元，财政收入创近10年来最高增幅，财政支出增幅创分税制改革以来最好水平。全省税收收入完成378.4亿元，比上年增长26.4%。全省非税收入完成108.1亿元，比上年增长34.1%。全省16个州市财政收入都实现两位数增长，其中，昆明、曲靖、红河等州市的财政收入增幅超过了25%，德宏、丽江、普洱、怒江、文山等州市的财政收入增幅超过40%。

新农村建设投入

2007年，全省财政农林水事务支出完成126亿元，比上年增长21%，重点用于农田水利基础设施、农村能源、人畜饮水、农业科技开发、农业产业化发展、畜牧产业、村容村貌整治、农村劳动力转移培训、"数字乡村"工程、发展农村集体经济等项目的扶持，以及推进集体林权制度和农垦体制改革等。全省多渠道筹集农业综合开发资金10.7亿元，改造中低产田65万亩，建设特色农产品基地50万亩，支持43户龙头企业实施农业产业化经营项目，并实施了两个全国农业综合开发引导支农资金统筹支持新农村建设试点。全省共兑现落实了粮食直补、良种补贴、农机具购置补贴等各种补贴资金28.4亿元，广大农户不同程度直接受益。全省共筹集安排财政扶贫资金19亿元，着力实施了9951个村的整村推进、3万农村贫困人口易地扶贫搬迁、30万农村贫困劳动力转移培训和产业扶贫项目等，有效解决和巩固了60万农村贫困人口的温饱问题。

财政支农方式创新

2007年，全省大力采取财政贴息、以奖代补、民办公助、投资参股等多种方式，有效吸引银行、企业和社会资金投入"三农"，进一步推动资源配置向农村倾斜。积极开展奶牛、能繁母猪等农业保险试点，将财政进行事后补助的农业灾害救助模式，转变为将政策性农业保险与财政补助相结合的农业风险防范机制。着力创新财政扶贫资金管理方式，把资金、任务、项目审批权力和责任下放给基层政府；把扶贫贴息贷款改为到户贷款和项目贷款，并将贴息资金下拨各县，由项目县与金融机构结算贴息；努力探索"村民互助"的产业扶贫新方式，建立“资金滚动使用，村民参与决策，合理布局产业，做大产业蛋糕”的产业扶贫模式。不断完善农民补贴资金发放方式，通过搭建农民补贴信息系统，以及采取“一折通”等办法，将各项支农惠农补贴资金及时、便捷地兑付给农民。积极整合不同部门、不同渠道的支农资金，进一步提高财政支农资金的综合使用效益，有效保障了重点产业和重点项目的资金投入。

基础设施和重大项目建设

2007年，全省财政经济建设支出完成210亿元，比上年增长24.2%。省财政与省农业发展银行签订了20亿元的中长期财政垫付性建设贷款额度，向国开行贷款10亿元，筹集偿债资金6.8亿元。同时，安排财政贷款贴息资金6.3亿元，吸引银行资金200多亿元投入全省固定资产建设，有效缓解了全省基础设施建设的资金压力，积极支持了交通能源、农林水利、生态环保等领域的基础设施建设，重点保障了“润滇工程”、昆明新机场、农村民居地震安全工程和“七彩云南保护行动”等重大项目顺利实施。

推动新一轮国有企业改革

年内，省财政全额承担全省地方国有企业分离办社会职能所需资金，基本完成全省地方国有企业分离办社会职能，为国有企业破除了体制、机制性障碍，云南成为全国最先完成国有企业办中小学移交的省份。省财政共兑现落实省属和各州市6968名国有企业办中小学退休教师补助资金1.07亿元，全省符合政策规定的国有企业办中小学退休教师待遇问题得到全面解决。省财政安排企业改革和发展资金11亿元，重点支持30个省级重点工业园区和8个特色产业园区建设，支持企业进行技术改造和提高自主创新能力，大力实施企业“走出去”战略，加快培育生物质能源等新兴产业，着力支持节能减排和发展循环经济，加快建设中小企业信用担保体系。

农村义务教育经费保障机制改革

2007年，认真贯彻落实农村义务教育经费保障机制改革的各项政策措施，继续加大对农村义务教育的投入力度。全年全省共下达农村义务教育经费保障机制改革经费23.75亿元，用于安排免学杂费和补助公用经费资金9.5亿元，免费教科书资金2.36亿元，中小学校舍维修改造资金5.52亿元，寄宿生贫困生生活费补助资金6.37亿元。在全省642万名义务教育阶段学生中，共免除了610万名农村义务教育阶段学生学杂费，向261万名贫困学生提供了免费教科书，向206万名寄宿制贫困学生提供了生活费补助，共排除了80万平方米的中小学危房，全省农村和县镇学校公用经费保障水平进一步提高，农村义务教育办学条件得到明显改善。

农村贫困家庭寄宿学生生活补助

2007年，全省各级财政积极筹措资金6.37亿元，进一步提高对农村贫困家庭寄宿学生生活费补助标准，并不断扩大资助范围，在全省范围内全面推行农村贫困家庭寄宿学生生活费补助制度。全省近200万名农村贫困家庭义务教育阶段寄宿学生的生活费得到有效解决，占全省义务教育阶段在校生总人数的31%，在全国率先解决了农村义务教育阶段贫困学生的生活费资助问题。积极健全完善大中专家庭经济困难学生资助体系，省财政共筹措下达2007年秋季学期国家奖学金、国家励志奖学金、国家助学金3.28亿元，使全省普通本科、高等职业学院9.3万人受到奖励或资助，占全日制在校生总人数的29.77%；使全省中等职业学校一、二年级在校学生共29.95万人全部得到资助，资助面达100%。

自主创新能力扶持

2007年，全省通过采取追加预算、调整结构、调动存量等多种方式，不断增加财政科技经费投入。同时，积极采取多种有效的财税政策措施，大力引导和调动企业及社会增加对科技的投入，着力支持全省技术进步和提高自主创新能力。2007年，省财政共安排科技经费5.02亿元，其中：科技三项费用1.82亿元、科学支出3.2亿元，比上年增长9.9%，重点支持了一批科研基础条件好、带动能力强的重大科研项目。并且，积极调整财政科技支出结构，进一步加强了对农村科技工作的投入力度，实施了“科技富民强县”、“科普惠农兴村”、“富民兴边”、“科技进村入户”等科技兴农工作，有效促进了科教兴滇战略顺利实施。

农村公共文化服务体系建设

年内，为认真贯彻落实省委、省政府《关于加强公益性文化事业建设的若干意见》的精神，省财政着力整合各级财力资源，多渠道筹措公益性文化建设资金，积极推进了“千里边疆文化长廊”、农村电影2131与广播电视村村通等公益文化项目建设。全省共安排农村免费放映电影补贴专项资金400万元，用于补贴各县农村电影放映队以及少数民族语言电影译制补助。省财政通过调整支出结构，不断加大对广播电视“村村通”建设经费的投入力度，全年的经费投入达到744万元，确保了广播电视“村村通”工程顺利实施。

城镇居民基本医疗保险试点

2007年，根据《国务院关于开展城镇居民基本医疗保险试点的指导意见》，及时制定了《云南省人民政府关于印发云南省城镇居民基本医疗保险试点实施办法的通知》和《云南省城镇居民基本医疗保险试点实施细则》，从当年10月起，在昆明市、红河州和楚雄州3个州市先进行试点，将未纳入城镇职工基本医疗保险制度和新型农村合作医疗制度覆盖范围内的学生、少年儿童和其他非从业城镇居民全部纳入了城镇居民基本医疗保险范围。省财政共筹措城镇居民基本医疗保险补助资金2770万元，并积极争取中央补助资金1470万元，确保了城镇居民基本医疗保险制度试点工作稳步推进。

养老保险制度改革

年内，省财政积极筹措安排企业养老保险补助资金24.9亿元，确保了基本养老金的按时足额发放。同时，根据中央调整企业退休人员基本养老金有关规定，认真做好企业退休人员的待遇调整工作，并于当年8月31日将新增加的基本养老金全部兑现落实到位，企业退休人员月人均养老金由797元提高到887元，月人均增加了90元。扎实做好非公有制企业、城镇个体工商户和灵活就业人员的参保工作，积极稳妥地推进企业职工养老保险个人账户做实工作。大力推进省属企业退休人员社会化管理服务工作，多渠道筹集资金，解决省属企业退休人员社会化管理服务经费问题，切实推动省属企业退休人员移交属地社区管理服务工作顺利进行。

农村社会保障体系建设

2007年，在全省范围内全面实施新型农村合作医疗试点，省财政全额承担了国家和省扶贫开发重点县及边境县的地方财政补助经费。省财政全年共安排新型农村合作医疗补助经费11.67亿元，有力保障了新型农村合作医疗的正常运行。继续加大农村医疗救助投入，对贫困农民参加新型农村合作医疗的个人缴费部分给予补助，并对因患大病经新型农村合作医疗补助后个人负担仍过重，且影响家庭生活的继续给予补助。本着“低标准起步，重在建制”的原则，在全省范围内全面启动了农村最低生活保障制度。省财政共筹措农村最低生活保障补助资金5.5亿元，按每月人均补差30元的标准进行补助，将全省228.4万绝对贫困人口纳入农村低保，其中昆明、玉溪等地还将部分农村低收入贫困家庭也纳入了保障范围。积极采取集中供养和纳入农村居民最低生活保障等多种形式，将符合条件的农村五保供养对象全部纳入保障范围。

城镇居民最低生活保障制度

2007年，省财政共下达城镇居民最低生活保障补助经费7.26亿元，着力保障了城市低收入居民正常的生产生活。针对猪肉等副食品价格涨幅较大的实际，财政部门积极探索建立城镇居民基本生活消费品价格变动应急救助预案制度、动态补贴制度和临时救助制度，确保城镇低保家庭的生活水平不因副食品价格上涨而降低。同时，财政部门积极筹措资金，从2007年6月~12月、10月~12月，对城市低保对象每人每月分别增加15元、10元的临时补助，并根据各地价格涨幅和实际困难，对城镇低保对象中的“三无人员”、重度残疾人、危重病人、60岁以上老年人、单亲家庭中的未成年人及义务教育阶段在校学生，适当提高补助标准。12月初，省财政又下达专项补助资金849万元，妥善解决因液化气等物价上涨给城市低保家庭生活带来的影响。省财政安排资金4501万元，支持全省10万平方米廉租住房建设，并积极筹措资金对1.7万名低保困难家庭发放了住房租赁补贴。

医疗卫生服务体系建设

2007年，继续加大对乡镇卫生院设备购置、人才培养和村卫生室建设等方面的资金投入，着力改善农村医疗卫生服务条件。全年省财政投入资金1.94亿元，并结合州市县财政安排的资金，一次性全部解决全省无业务用房的近6000个村卫生室建设问题。其中，为配合边疆“解五难”工程的实施，省财政安排下达经费4860万元，按每个村卫生室补助5万元的标准，支持28个边境、藏区县中972个无业务用房村卫生室建设。不断加大对城市社区卫生建设的支持力度，省财政共筹措下达城市社区卫生补助经费6204.5万元，按照城镇人口人均不低于10元的补助标准，对城市社区卫生建设提供补助，着力支持构建新型城市卫生服务体系。省财政及时安排资金1.2亿元，确保艾滋病防治“四免一关怀”政策和“一办法六工程”得到贯彻落实。

抗震救灾资金保障

年内，针对全省自然灾害频繁发生的情况，省财政全年共筹措抗灾救灾资金6.89亿元，有力支持了各地抗灾救灾工作的顺利开展。特别是在2007年6月3日宁洱6.4级地震发生后，省财政积极配合有关部门，及时安排下达救灾应急资金4800万元，有效保障了灾区群众的基本生活，维护了社会稳定。同时，为做好宁洱地震后的恢复建设工作，省财政积极向中央反映灾情，大力争取中央支持，共筹措灾后恢复重建资金6.32亿元，其中，中央补助4.27亿元，省级安排1.58亿元，省级接收各类捐赠4700万元，有效保障了宁洱地震后恢复重建工作的顺利进行。

基层财政保障能力建设

年内，全省继续完善缓解县乡财政困难的奖补办法，将原来省对下“四奖两补”办法调整为“六奖一补”，着力提高缓解县乡财政困难政策的有效性与针对性。全年共安排省对下财力性转移支付补助资金219.6亿元，比上年增长26.3%。其中，安排一般性转移支付资金及缓解县乡财政困难奖补资金44.9亿元，增长41.7%，有效巩固了县乡财政解困成果；安排工资性转移支付补助资金118.6亿元，增长30.4%，有力保障了基层机关事业单位职工工资按时足额发放。不断改进完善民族地区转移支付办法，首次将少数民族因素纳入省对各地民族地区转移支付测算办法，安排民族地区转移支付补助资金10.1亿元，比上年增长36.8%，有效缓解了民族地区县乡财政困难，支持了民族地区经济社会事业加快发展。

预算管理改革

年内，选择景洪市作为全省乡镇财政预算管理方式改革试点地区，积极探索建立全省统一的乡镇财政预算管理方式改革模式。全省16个州市本级的2601个预算单位、113个县的16237个预算单位全面推行部门预算。省财政拟定了预算单位财政结余资金管理办法，有效减少财政资金的沉淀和闲置。继续深化政府收支分类改革，着力探索优化基本支出预算与项目支出预算的编制方式，及时启动经济支出科目预算编制工作，不断提高预算编制和预算执行的科学性、规范性、有效性。积极创新预算编制方法，省财政成立了财政预算编审委员会，推行预算编制民主决策，不断提高预算编制的透明度与公开性。制定完善省级财政追加预算支出审批制度，规范了省级财政追加预算支出的范围、申报和审批流程，明确了各类追加预算支出的办理方式，有效保障了各项重点支出的资金需要。

政府性债务风险防范和化解

2007年，在全省范围内全面清理核实现有政府性债务，并确保债务登记详实、统计分类准确。及时向省委、省政府提出了防范和化解基层政府性债务风险的方案，即：遵循"统一领导、分步实施、有奖有罚、全面化解"的原则，并按照"清理、锁定、控制、化解"的步骤，制定了一揽子控债化债的政策措施，积极促进全省政府性债务管理的制度化和规范化。省财政积极安排化解农村义务教育"普九"债务启动资金3.1亿元，补助到有标准债务的85个县，并率先建立偿债准备金，为全面启动化解政府性债务工作做好准备。同时，省财政积极清收世行、亚行贷款项目到期债务8.9亿元，并与金融部门签署日元贷款风险管理协议，着力规避外债风险。

基层政权建设投入

2007年，省财政共安排基层政权建设专项资金8555万元，实施了262个项目，进一步改善了乡镇政府办公条件，巩固了基层政府的执政基础。省财政共安排全省基层政法机关补助资金7.3亿元，比上年增长16%，其中，安排基层法院办案经费补助1.2亿元，主要用于解决贫困地区政法机关的装备、维修和办案经费不足等问题，解决了一大批基层政法部门多年来想解决而无力解决的困难。安排禁毒经费2.5亿元，全力支持禁毒人民战争工作的深入开展。支持全省开展创建"平安县"活动，加大维护社会稳定工作的经费投入力度。筹集安排边境地区专项转移支付资金2.75亿元，着力支持边境事务、边境公益事业和基础设施建设，有效促进了边境地区的繁荣与稳定。同时，全省各级财政部门积极安排县、乡级人大进行换届选举专项资金，确保了县乡人大换届选举工作的顺利进行。

国库集中支付改革

2007年，全省纳入国库集中收付制度改革的部门达4378个，纳入改革的基层预算单位达8305个，纳入改革的财政性资金总量为630.2亿元，全省共112.9万名财政供养人员工资实行财政统发。其中，省级137个部门及所属在昆554个基层预算单位全部纳入改革范围，16个州市本级和95个县区实行了国库集中收付制度改革试点。财政部门继续对财政统发工资、政府采购资金、车辆保险费和专项资金等实行直接支付，财政直接支付范围进一步扩大。省财政制定出台了预算单位公务卡管理办法，昆明、玉溪、红河、曲靖、大理、楚雄率先启动实施公务卡，国库集中收付制度改革继续深入推进。

行政事业单位国有资产管理

2007年，根据财政部第35号令，省财政厅及时印发《云南省省级行政单位国有资产管理暂行办法》和《云南省省级事业单位国有资产管理暂行办法》，进一步确立了省级行政事业单位国有资产管理的原则，明确了管理体制、机构及其职责，规范了资产配置、使用、处置等各个环节的管理，构建起了省级行政事业单位国有资产管理的基本框架。同时，按照财政部的统一部署，从2007年1月至8月，省财政厅积极组织开展了全省行政事业单位资产清查，通过资产清查，基本摸清了全省行政事业单位资产总量和分布状况，初步建立起了资产管理的信息化平台，为建立健全行政事业性资产动态监管系统，推进资产管理与预算管理、财务管理相结合奠定了坚实基础。

定点饭店管理制度实施

年内，按照财政部的安排部署，依照《政府采购法》的相关规定，本着"公开、公平、公正"的原则，圆满完成了中央国家机关赴云南出差和召开会议定点饭店的政府招标采购工作，经财政部批复同意确定全省出差住宿定点饭店88家和会议定点饭店76家。同时，借鉴此次政府采购的经验，积极探索做好云南省省级行政机关出差住宿和会议定点饭店的政府采购工作。并以此为契机，狠抓机关事业单位的人员和机构编制管理，严格控制出差、新增公务用车和公务出国，进一步精简会议、文件和节庆活动，加快建设节约型机关。

财政监督检查

2007年，积极启动财政监督信息化建设工作，利用国库支付管理网络信息平台，对财政资金安排使用进行实时动态监控。由省直各部门分管领导带队，在全省范围内对专项资金的使用与管理情况进行了大规模的专题调研，进一步摸清了各类专项资金到位及使用效益情况，并提出了改进和规范专项资金管理的对策措施。举办了全省会计知识大赛，深入开展会计信息质量和会计师事务所执业质量检查，积极建立有效的会计监管机制。着力完善政府采购制度，强化采购预算约束，不断提高采购效益，全省政府采购规模突破75亿元，节约资金5.6亿元。金财工程基本实现网络联通到县的任务，初步具备了承载各级财政部门业务软件应用和财政监管的能力。

（谭　文）

商品市场流通

综 述

2007年，全省积极贯彻落实中央关于扩大内需的各项政策，大力开拓城乡市场，积极推进流通方式转变，努力培育消费增长点，城乡市场消费协调增长，消费品市场总体规模再创新高，全年社会消费品零售总额达到1394.54亿元，比上年增长17.3%，增幅比上年提高2.4个百分点。

市场运行特点

全年消费品市场运行的主要特点：一是社会消费品零售总额稳步增长。消费品市场零售额增速均保持在14%~20%之间。二是城乡市场协调发展。城镇市场实现社会消费品零售总额1089.6亿元，比上年增长17.6%，占全省社会消费品零售总额比重为78.1%，仍占主导地位，拉动零售额增长13.5个百分点。县以下消费品零售额304.9亿元，增长16.2%，增幅比上年提高2.4个百分点，与城镇增速比较，相差1.4个百分点。全年农村市场占全省社会消费品零售总额的比重达21.9%，拉动零售额增长3.8个百分点。三是限额以上批零企业发展势头良好。全年限额以上企业消费品零售额384亿元，比上年增长13.8%。限额以上批零企业占社会消费品零售额的比重达27.5%，拉动社会消费品零售总额增长4.8个百分点。四是个体私营经济继续保持快速发展的势头。全年限额以下私营企业及个体户实现零售额895.2亿元，比上年增长18.2%，增幅比上年同期提高9.2个百分点，占全省社会消费品零售总额的比重达到64.2%，拉动社会消费品零售总额增长11.1个百分点。五是住宿业和餐饮业经营业绩良好，餐饮、旅游消费拉动作用明显。2007年，全省534户星级住宿业和84户限额以上餐饮业实现营业额45.7亿元，同比增长18%。其中星级住宿业营业额增长15.7%，限额以上餐饮业营业额增长24.1%。住宿餐饮企业餐费收入和客房收入分别增长23.9%和15.1%，仍是全省住宿餐饮业营业收入的主要来源。2007年，全省餐饮业的消费品实现零售额169.75亿元，增长23.2%，占社会消费品零售总额的比重为12.2%，拉动社会消费品零售总额增长2.1个百分点。旅游消费，2007年全省接待国内游客8900万人次，旅游业总收入突破580亿元。旅游消费和餐饮消费互相促进，带动了市场的发展。六是市场销售热点明显。1. 家居类商品零售保持稳定增长，全年家用电器和音像器材类增长24.9%，日用品类增长25.4%。2. 发展、享受及服务性消费所带动的商品零售增长较快，如化妆品类增长10.1%，金银珠宝类增长1.1倍，体育、娱乐用品类增长1倍，电子出版物及音像制品类，增长91.4%，儿童玩具类增长19.5%，服装鞋帽、针织品、纺织品类增长22.1%。3. 汽车类零售呈现恢复性增长，汽车类零售额比上年增长9.9%，石油及制品类零售快速增长7.9%。4. 粮油食品类增长较快，食品、饮料、烟酒类零售同比增长24.7%，其中粮油类增长44.9%，肉禽蛋类增长21.3%，饮料类增长75.8%。七是交易成交活跃。2007年末，云南省共有消费品交易市场3584个，其中城市684个，农村2900个。全年全省成交额超亿元的市场37个。据对昆明31家亿元市场统计，成交额比上年末增长2.9%。

消费品市场主要问题

2007年，全省消费市场发展存在的主要问题：一是消费需求仍显不足。2007年末，云南城乡居民人民储蓄存款余额达3046.4亿元，比年初增长6.7%。与此同时，据商务部2007年下半年国内市场供求状况调查结果显示，600种主要消费品中，供求基本平衡的商品486种，占81%；供过于求的商品109种，占18.2%，5种商品供应偏紧。饮料类、家居用品类、化妆洗涤类、文化用品类、办公用品类、工艺品类中178种商品市场供求性明显增强。居民储蓄高增长与供求关系矛盾突出并存，有效需求仍显不足，影响了经济结构的转型和升级步伐。二是城乡市场协调发展的基础还不够稳固。全年农村市场零售额仍占全省社会消费品零售总额的21.9%，比重偏低，与农村人口占总人口的比重反差较大。同时农民收入水平明显低于城市的现状也制约了农村市场发展。三是突发性公共事件，特别是食品安全、商品质量等问题增多，影响市场运行的稳定。

（连 桦）

国内外经济贸易

对外贸易

2007年，云南商务继续贯彻对外开放的发展战略，利用政府机制，积极地扶持各类、各地企业参与国际经济，加强了政府对商务的服务意识，对主要问题深入地进行了调研，同时利用信息化优势提高商务的质量和水平，全省进出口额持续实现了高速增长，增幅继续超过全国平均水平，列全国第五位。农产品出口、机电产品及高新技术产品进出口、边境贸易、民营企业进出口等全面增长，外贸、外资和劳务输出等涉及直接就业人口达96万人，省内流通服务业吸纳就业超过200万人。海关税收达14.7亿元，外商投资企业缴纳税收超过15亿元。出口增长对GDP增长的拉动度达1.7万百分点，贡献率为13.9%。经济外向度已由2002的9%提高到15.2%。进口铜矿砂、铁矿砂等重要原材料15.9亿美元，大大缓解了原材料短缺制约。加快了对国民经济的结构调整和产业优化，产生了良好的经济和社会效益。

据海关统计，2007年全省进出口总额完成87.8亿美元，比上年的62.32亿美元，增长25.48亿美元，增40.89%。其中出口：47.36亿美元，比上年的33.91亿美元，增长13.45亿美元，增39.66%；进口40.44亿美元，比上年的28.4亿美元，增长12.04亿美元，增42.39%。其中：一般贸易进出口总值6.61亿美元，占全省进出口总额的75.32%，比上年增53.9%。其中：出口34.85亿美元，占全省出口总额的73.59%，比上年增39.65%；进口31.27亿美元，占全省进口总额的77.34%，比上年增42.37%。

加工贸易进出口11.56亿美元，占全省总额的13.17%，比上年增1.8%，其中：出口6.83亿美元，占总额的14.42%，比上年增长4.46%；进口4.73亿美元，占总额的11.7%，比上年下降1.81%。

边境小额贸易进出口总额达10.11亿美元，占全省进出口总额的11.52%；比上年增18.6%，其中：出口5.68亿美元，占全省出口总额的6.47%，比上年增21.99%；进口4.43亿美元，占全省进口总额的10.96%，比上年增42.48%。

2007年与云南发生贸易的国家共计136个，以下是全省进出口的国别、地区及总值表：

国别及港澳台地区按进出口总额的业绩排序表

单位：万美元

国别、港、澳、台地区	合计			出口			进口		
	本年累计	上年同期	较同期增减%	本年累计	上年同期	较同期增减%	本年累计	上年同期	较同期增减%
全省合计	877975	623174	40.9	473612	339143	39.6	404 363	284031	42.4
越南	97167	50745	91.5	77773	37463	107.6	19394	13282	46
缅甸	87357	69208	26.2	64068	52113	22.9	23289	17095	36.2
澳大利亚	70959	59999	18.3	6716	2669	151.6	64243	57330	12.1
美国	49301	34318	43.7	21492	21711	-1	27809	12607	120.6
香港	44876	37560	19.5	43751	36504	19.9	1125	1056	6.5
新加坡	35884	46566	-22.9	32730	43320	-24.4	3154	3246	-2.8
日本	35394	33512	5.6	30240	28802	5	5154	4710	9.4
秘鲁	35284	16657	111.8	108	60	80	35176	16597	111.9
印度尼西亚	33823	23306	45.1	12551	10255	22.4	21272	13051	63
巴西	33500	15518	115.9	17917	2418	641	15583	13100	19
印度	33250	14069	136.3	15886	6451	146.3	17364	7618	127.9
智利	26219	16197	61.9	315	449	-29.8	25904	15748	64.5
伊朗	22468	6334	254.7	8548	1696	404	13920	4638	200.1
泰国	22021	13069	68.5	15680	10919	43.6	6341	2150	194.9
德国	19130	19736	-3.1	6309	5661	11.4	12821	14075	-8.9
加拿大	14406	16686	-13.7	3127	2662	17.5	11279	14024	-19.6
荷兰	14071	8403	67.5	11583	5883	96.9	2488	2520	-1.3
巴基斯坦	13832	283	4787.6	13832	283	4787.6			

续表

项目	合计			出口			进口		
	本年累计	上年同期	较同期增减%	本年累计	上年同期	较同期增减%	本年累计	上年同期	较同期增减%
意大利	13697	11802	16.1	8226	6051	35.9	5471	5751	-4.9
阿拉伯联合酋长国	12423	5127	142.3	1491	1149	29.8	10932	3978	174.8
坦桑尼亚	12388	7754	59.8	27	34	-20.6	12361	7720	60.1
墨西哥	11612	5527	110.1	4278	1002	326.9	7334	4525	62.1
韩　国	11067	16373	-32.4	9117	9594	-5	1950	6779	-71.2
土耳其	8423	2854	195.1	947	629	50.6	7476	2225	236
老　挝	8339	6932	20.3	3591	3469	3.5	4748	3463	37.1
南非（阿扎尼椏）	8319	4375	90.1	1741	948	83.6	6578	3427	91.9
台　湾	7806	5968	30.8	7208	4790	50.5	598	1178	-49.2
马来西亚	7425	4134	79.6	5581	3376	65.3	1844	758	143.3
沙特阿拉伯	6895	2307	198.9	3147	1529	105.8	3748	778	381.7
比利时	6639	7775	-14.6	6020	6789	-11.3	619	986	-37.2
奥地利	5890	2947	99.9	91	12	658.3	5799	2935	97.6
孟加拉国	5109	6498	-21.4	4960	6443	-23	149	55	170.9
菲律宾	4870	3140	55.1	4543	2925	55.3	327	215	52.1
赞比亚	4263	58	7250	12	50	-76	4251	8	53037.5
阿根廷	4119	4089	0.7	4081	787	418.6	38	3302	-98.9
刚　果	3957	1537	157.4	48	13	269.2	3909	1524	156.5
法　国	3547	3795	-6.5	2491	1986	25.4	1056	1809	-41.6
英　国	3427	4274	-18.8	2563	2554	0.4	909	1720	-47.2
西班牙	3241	3431	-5.5	2550	1495	70.6	691	1936	-64.3
俄罗斯联邦	3051	1168	161.2	965	868	11.2	2086	300	595.3
斯里兰卡	2578	673	283.1	2578	669	285.4		4	-100
瑞　典	1791	1784	0.4	81	86	-5.8	1710	1698	0.7
科威科	1782	1081	64.8	16	34	-52.9	1766	1047	68.7
蒙　古	1776	619	186.9	26	26		1750	593	195.1
以色列	1585	2200	-28	728	1070	-32	857	1130	-24.2
玻利维亚	1426	1284	11.1				1426	1284	11.1
哈萨克斯坦	1167	1291	-9.6	1049	960	9.3	118	331	-64.4
波　兰	1107	610	81.5	574	532	7.9	533	78	583.3

续表

项目	合计			出口			进口		
	本年累计	上年同期	较同期增减%	本年累计	上年同期	较同期增减%	本年累计	上年同期	较同期增减%
柬埔寨	990	351	182.1	990	351	182.1			
朝　鲜	823	28	2839.3	823	28	2839.3			
罗马尼亚	815	827	－1.5	105	720	－85.4	710	107	563.6
捷　克	811	346	134.4	274	162	69.1	537	184	191.8
瑞　士	714	1405	－49.2	92	113	－18.6	622	1292	－51.9
贝　宁	690	340	102.9	690	340	102.9			
多　哥	679	419	62.1	679	419	62.1			
乌克兰	678	476	42.4	197	403	－51.1	481	73	558.9
新西兰	675	299	125.8	523	261	100.4	152	38	300
委内瑞拉	672	61	1001.6	672	61	1001.6			
毛里塔尼亚	669			20			649		
冈比亚	668	287	132.8	668	287	132.8			
希　腊	623	297	109.8	386	296	30.4	237	1	23600
澳　门	622	531	17.1	622	531	17.1			
危地马拉	583	133	338.3	24	50	－52	559	83	573.5
埃　及	556	285	95.1	556	285	95.1			
芬　兰	543	913	－40.5	147	124	18.5	396	789	－49.8
斯洛伐克	528			1			527		
丹　麦	526	569	－7.6	262	176	48.9	264	393	－32.8
毛里求斯	424	243	74.5	424	243	74.5			
巴拿马	361	148	143.9	361	148	143.9			
尼日利亚	291	211	37.9	247	210	17.6	44	1	4300
苏　丹	284	221	28.5	284	221	28.5			
葡萄牙	271	740	－63.4	268	736	－63.6	3	4	－25
津巴布韦	270	1	26900		1	－100	270		
乌兹别克斯坦	250	546	－54.2				250	546	－54.2
厄瓜多尔	242	10	2320	242	10	2320			
几内亚	223	98	127.6	223	98	127.6			
摩洛哥	189	195	－3.1	189	49	285.7		146	－100
爱尔兰	183	219	－16.4	181	219	－17.4	2		

续表

项目	合计			出口			进口		
	本年累计	上年同期	较同期增减%	本年累计	上年同期	较同期增减%	本年累计	上年同期	较同期增减%
加　纳	175	161	8.7	175	161	8.7			
挪　威	170	147	15.6	14	50	-72	156	97	60.8
卡塔尔	161	53	203.8	7	1	600	154	52	196.2
巴布亚新几内亚	156	286	-45.6	156	286	-45.5			
黎巴嫩	138	120	15	138	120	15			
巴　林	134	1	13300	134	1	13300			
哥伦比亚	131	160	-18.1	129	157	-17.8	2	3	-33.3
叙利亚	127	131	-3.1	127	131	-3.1			
纳米比亚	112	55	103.6	112	55	103.6			
中华人民共和国	111	3081	-96.4				111	3081	-96.4
扎伊尔	110			5			105		
阿尔及利亚	104	120	-13.3	104	120	-13.3			
乌干达	93	126	-26.2	83	79	5.1	10	47	-78.7
立陶宛	88	125	-29.6	88	125	-29.6			
保加利亚	74	573	-87.1	26	560	-95.4	48	12	269.2
乌拉圭	68	14	385.7	11	2	450	57	12	375
也门共和国	65	37	75.7	65	37	75.7			
肯尼亚	58	76	-23.7	58	65	-10.8		11	-100
尼泊尔	55	55			9	-100	55	46	19.6
匈牙利	55	42	31	51	40	27.5	4	2	100
萨摩亚	53			53					
埃塞俄比亚	44	3	1366.7	38			6	3	100
喀麦隆	43	27	59.3	43	27	59.3			
吉尔吉斯	40	52	-23.1	40	8	400		44	-100
伊拉克	38	31	22.6	38	31	22.6			
斯洛文尼亚共和国	38	710	-94.6	38	708	-94.6		2	-100
阿　曼	37	7	428.6	37	7	428.6			
科特迪瓦（象牙海岸）	36	82	-56.1	36	82	-56.1			
约　旦	34	45	-24.4	34	45	-24.4			
哥斯达黎加	31	9	244.4	30	8	275	1	1	
加　蓬	28			27			1		

续表

项目	合计			出口			进口		
	本年累计	上年同期	较同期增减%	本年累计	上年同期	较同期增减%	本年累计	上年同期	较同期增减%
安哥拉	25	10	150	25	10	150			
几内亚（比绍）	23			23					
萨尔瓦多	16	4	300	16	4	300			
古　巴	13	1	1200	13	1	1200			
拉脱维亚	12	25	－52	12	25	－52			
布隆迪	10			10					
中　非	9			9					
利比亚	9	14	－35.7	9	14	－35.7			
留尼汪	9			9					
新喀里多尼亚	9	4	125	9	4	125			
马达加斯加	8	4	100	8	4	100			
塞浦路斯	7	7		7	7				
列支敦士登	7	3	133.3				7	3	133.3
突尼斯	6	131	－95.4	6	131	－95.4			
斐　济	5	178	－97.2	5	178	－97.2			
文　莱	4	1	300	4	1	300			
利比里亚	4	27	－85.2	4				27	－100
特立尼达和多巴哥	4	3	33.3	4	3	33.3			
巴勒斯坦	2	2		2	2				
索马里	2	2		2	2				
波多黎各	2	9	－77.8	2	9	－77.8			
乍　得	1			1					
卢森堡	1			1					
马耳他	1	27	－96.3	1	27	－96.3			
爱沙尼亚	1	4	－75	1	4	－75			
摩尔多瓦	1						1		
圭亚那	1			1					
巴拉圭	1						1		

出口上亿美元的产品有7个：磷化工9.41亿美元，比上年增231.5%；有色金属8.43亿美元，比上年减3.1%；农产品6.62亿美元，比上年增20.4%，其中：两烟2.46亿美元，比上年增23.3%；机电产品6.53亿美元，比上年增45.5%；纺织品及服装1.93亿美元，比上年增15.1%；电力1.15亿美元，比上年增227.9%。

进口上亿美元的产品有5个：金属原材料24.32亿美元，比上年增49.1%；机电产品4.62亿美元，比上年增1.8%；非金属原材料3.52亿美元，比上年增25.2%；木材1.27亿美元，比上年增0.9%；农产品1.26亿美元，比上年增72.5%。

新中国成立后云南对外贸易发展历程表

单位：万美元

年　份	进出口额	增长%	出口额	增长%	进口额	增长%
1950	5	—	0	—	5	—
1951	5	0	0	0	5	0
1952	32	540	5	—	27	440
1953	228	612.5	100	1900	128	374.1
1954	148	-35.1	57	-43	91	-28.9
1955	85	-42.6	33	-42.1	52	-42.9
1956	101	18.8	3	-90.9	98	88.5
1957	400	296	262	8633.33	138	40.8
1958	2543	535.8	1892	622.14	651	371.7
1959	4950	94.7	4818	154.65	132	-79.7
1960	4390	-11.3	4244	-11.94	146	10.6
1961	3794	-13.6	3723	-12.28	71	-51.4
1962	3147	-17.1	3089	-17.03	58	-18.3
1963	2900	-7.8	2814	-8.9	86	48.3
1964	2527	-12.9	2451	12.9	76	-11.6
1965	2634	4.2	2442	-0.37	192	152.6
1966	2228	-15.4	1896	-33.36	332	72.9
1967	2167	-2.7	1713	-9.65	454	36.7
1968	1811	-16.4	1303	-23.94	508	11.9
1969	698	-61.5	206	-84.19	492	-3.1
1970	940	34.7	181	-12.14	759	54.3
1971	1667	77.3	347	91.71	1320	73.9
1972	3670	120.2	2740	689.63	930	-29.5
1973	4228	15.2	3323	21.28	905	-2.7
1974	6938	64.3	5705	71.68	1233	36.2
1975	6351	-8.5	5011	-12.17	1340	8.7
1976	6880	8.3	5429	8.34	1451	8.3
1977	7267	5.6	5612	3.46	1650	13.7
1978	1042	43.4	6948	23.6	3472	110.4
1979	11557	1009.1	8891	27.96	2666	-23.2
1980	11037	-4.49	9601	7.98	1436	-46.14
1981	4190		1513		2677	

续表

年 份	进出口额	增长%	出口额	增长%	进口额	增长%
1982	3470	-17.2	1314	-13.2	2156	-19.5
1983	4591	32.3	1109	-15.6	3482	61.5
1984	6059	32	1289	16.2	4770	37
1985	37052	511.3	16429	1174.6	20623	332.3
1986	37238	0.5	16518	0.5	20720	0.5
1987	43788	17.6	27732	67.9	16056	-22.5
1988	59706	36.4	37371	34.8	22335	39.1
1989	73770	23.6	45403	21.5	28367	27
1990	70229	-4.8	45274	-0.3	24955	-12
1991	77261	10	47785	5.5	29476	18.1
1992	99673	29	61301	28.3	38372	30.2
1993	117173	17.6	79661	30	37512	-2.2
1994	164781	40.6	97511	22.4	67270	79.3
1995	214824	30.4	125779	29	89045	32.4
1996	184149	-14.3	103553	-17.7	80596	-9.5
1997	168063	-8.7	113681	9.8	54682	-32.5
1998	165227	-1.2	113066	-0.5	52161	-4.1
1999	165969	0.4	103444	-8.5	62525	19.9
2000	181278	9.2	117511	13.6	63767	2
2001	198906	9.7	124412	5.9	74494	16.8
2002	222635	12	142965	14.9	79670	7
2003	266767	19.8	167658	17.3	99109	24.3
2004	374777	40.4	223882	33.6	150895	52.1
2005	474345	26.57	264173	18	210172	39.28
2006	623174	31.4	339143	28.4	284031	35.1
2007	877975	40.9	473612	30.6	404363	42.4

国内贸易

2007年，市场工作主要做到“三到位，一突出”，即认识到位，“大流通才能促进大发展”，对流通业的基础性、先导性地位作用的认识，对促进消费拉动经济增长的认识，对流通业保障民生、构建和谐的认识，对流通工作艰巨性、复杂性和长期性的认识；职能到位，包括资源配置、准入管理和市场调控等政策导向，包括适应市场经济发展，进一步转变工作方式；协调到位，内贸工作一定要按照“营造商务生态”的理论，团结协调各部门、各地区以及协会和企业，形成内贸发展的良好环境；一突出，突出重点，统筹各方。要集中有限资源，着力解决人民群众最关心、最直接、最现实的利益问题，只有这样，才能抓出成效。

2007年，云南省社会消费品零售总额完成1395亿元人民币，比上年增长206亿元，其中：市级城市完成771亿元，比上年增长119亿元，增18.25%；县级完成318.3亿元，比上年增长43.9亿元，增16%；县以下完成304.9亿元，比上年增长42.5%亿元，增16.2%。批发业完成155.1亿元，比上年增长28.8亿元，增22.8%；零售业915.8亿元，比上年增长117.7亿元，增14.75；餐饮完成169.8亿元，比上年增长32亿元，增23.22%；住宿业62.1亿元，比上年增长10.3亿元，增19.88%；其他行业完成91.7亿元，比上年增长16.8亿元，增2.43%。

2007年，全省成品油、猪肉等重要商品的管理得到进一步加强。一是建立了成品油监管预警和应急机制。完善了对成品油市场供需的监测、分析制度，成立了全省成品油供应协调小组，明确相关部门、企业及州市县商务部门的职责、任务，下达市场供应年、月、日计划，推进国家在我省建立成品油国家储备项目；二是在全省范围内积极推进生猪定点屠宰。全省16个州市129个县区，已有124个县区设立了定点屠宰场137个，乡镇设立了定点屠宰场393个，全省共有530个定点屠宰场。积极开展了猪肉质量安全整治行动，县城以上城市生猪进点屠宰率达100%，县城以上城市超市、市场、集体食堂、餐饮单位销售和使用的猪肉100%来自屠宰场，乡镇市场零售检验检疫合格率达95%。

当年实施“万村千乡市场工程”建设改造3500个农家店和40个配送中心的任务，经过3年努力，全省共建设改造8210个农家店、150个配送中心，覆盖了全省95%的县、75%的乡镇和45%的行政村。有8家企业和市场获商务部“双百市场工程”，5个茧丝绸龙头企业获“东桑西移工程”项目支持。

利用外资

2007年，利用外资实现了较快的增长，增速超过全国平均水平。全省利用外资项目170个，比上年的204个减少34个，减16.67%；合同外资金额9.66亿美元，比上年增长1.68亿美元，增21.11%；实际利用外资3.95亿美元（省统计已有5.03亿美元），比上年增长9219万美元，增30.49%；利用外资有实质性增长，单个项目利用外资的金额有明显提高。

2007年利用外资分国别及港澳台地区表

单位：万美元

国别、地区	项目个数	合同外资	实际投资	国别、地区	项目个数	合同外资	实际投资
总　计	170	96608	39453	德意志联邦共和国		36	1
亚　洲	97	63544	17422	法　国	3	37	
港　澳	60	58719	15827	意大利	3	358	
香　港	60	57708	15827	卢森堡	1	-887	69
澳　门		1011		荷　兰	4	1168	16
台　湾	11	1189	174	西班牙	1	200	95
东南亚国家联盟	12	2073	1119	奥地利	1	255	
文　莱	1	40	26				
马来西亚	2	16	9	挪　威	1	8	29
菲律宾			1	瑞　士	1	173	
新加坡	6	1951	777	摩尔多瓦	1	500	
泰　国	3	66	306	拉美洲	15	28653	14761
孟加拉国			1	巴巴多斯	1	540	220
缅　甸		48	68	巴　西	1	3	3
印　度	1		5	开曼群岛	1	2219	
日　本	3	312	141	英属维尔京群岛	12	25891	14538
韩　国	10	1253	87	北美洲	28	1724	1968
阿拉伯联合酋长国		-50		加拿大	1	-200	104
非　洲	2	-4291	4691	美　国	27	1948	1864
毛里求斯	1	-4292	4691	百慕大		-24	
南　非	1	1		大洋洲	6	1067	253
欧　洲	20	3613	358	澳大利亚	5	1064	214
欧洲联盟	17	2932	329	新西兰	1	3	
丹　麦	2	30	10	萨摩亚			39
英　国	2	1735	138	投资性公司投资	1	2298	

云南省历年利用外资情况统计对照表

单位：万美元

年份	批准成立外商投资企业户数	协议外资	实际利用外资	年份	批准成立外商投资企业户数	协议外资	实际利用外资
1984—1991	73	5238	2364	2000	106	29700	12800
1992	202	16800	2313	2001	140	29400	6459
1993	509	51174	16500	2002	150	33298	11166
1994	262	28482	20300	2003	167	54351	16752
1995	269	37399	23500	2004	167	31818	14152
1996	153	20172	10500	2005	152	43623	17352
1997	127	26700	16600	2006	204	79771	30234
1998	119	33000	14600	2007	170	96608	39453
1999	138	33200	15400	合计	2956	607111	253093

2007年云南省外商投资分行业统计表

金额单位：万美元

行业	合同外资	实际投资	项目个数	合同外资	实际投资
总　计			170	96608	39453
农、林、牧、渔业			25	3169	972
采矿业			10	3196	2299
制造业			51	18236	11977
电力、燃气及水的生产和供应业			4	3654	10080
建筑业			1	9980	
交通运输、仓储和邮政业			1	1869	35
信息传输、计算机服务和软件业			4	60	5
批发和零售业			24	4986	1364
住宿和餐饮业			7	2142	1842
金融业			1	298	
房地产业			10	44222	5111
租赁和商务服务业			25	1184	371
科学研究、技术服务和地质勘查业			2	1323	1490
水利、环境和公共设施管理业			2	99	8
居民服务和其他服务业			1	453	3583
文化、体育和娱乐业			2	1827	316

从总体来看，云南外商投资企业仍然数量少、规模小，与云南资源的丰富性需要开发的投资还不相称，对全省经济的发展没有形成根本的拉动力，但从趋势来看，云南的资源开发、加工、制造、已开始引起外资的重视。

对外经济技术合作

2007 年，全省积极实施“走出去”战略，外经企业积极参与澜沧江—湄公河次区域的经济合作，充分发挥比较优势，开拓了非洲、南美等市场，对外经济合作各项业务稳步发展，对外承包工程、对外设计咨询、对外劳务合作业绩，再创历史新高，争取到国际无偿援助金额达 3748 万美元，涉及环境保护、艾滋病防治、扶贫开发、教育和人力资源开发等领域。外经业务正由单一的工程承包和劳务合作向总承包、带资承包、BOT 等方式转变，以资源开发为主的对外投资所占比例逐步扩大。充分利用我省区位和产业优势与次区域五国为主的东盟国家开展经济合作成效显著，合作领域进一步拓展。

全年共新签订对外承包工程、劳务合作、设计咨询合同 98 份，新签合同额 7 亿美元，与上年同期相比增长 16.1%；完成营业额 5 亿美元，与上年同期相比增长 15.3%。在项目中以 BOT 方式建设水电站项目合同额 2.84 亿美元，占总合同额 43.1%；大型成套 EPC 项目合同额 5256 万美元，占总合同额的 7.9%。项目档次及技术含量都稳步提高。工程项下共带动设备、材料出口 1.8 亿美元，增长 14.25%。

2007 年，云南省出台《关于建立云南省外派劳务基地的有关问题的通知》，并于 12 月 18 日在楚雄南华县挂牌成立了云南省首家外派劳务基地；大理签订了 300 名赴日研修生合同，是州、市首次成规模外派劳务；劳务工作成为州、市参与外经工作的突破口。援外工作取得了较大的进展，争取到了大批项目：援老挝农业示范中心、援泰国国王山地开发计划、援老挝琅勃拉邦医院新增工程、援缅甸一万吨大米项目、发展中国家档案管理官员研修班、中国—东盟高等教育管理研修班、禁毒执法培训班、发展中国家热带人工林可持续经营技术培训班等项目，交由云南省企业执行。此外，云南省企业通过竞标方式拿到了援 7 国文教用品项目、援几内亚难民物资项目、援几内亚比绍政府粮食援助等项目。当年累计执行我国对援助项目 11 个，金额达 5000 万人民币。

当年，全省新批外经企业 2 家。截止年底，共有经国家批准获得国际承包、设计咨询和劳务合作经营权的企业 51 家，形成了一批投资型企业，这些企业涉及交通建设、建筑、冶金、钢铁、电力、机械、铁路等我省优势行业。

在市场方面，周边国家虽然仍是云南省的重要市场，但比重已逐年下降，越、老、缅三国的项目合同金额占业务总合同额的比重，从 2005 年的 81.28%、2006 年的 57.71%、下降到 2007 年 24.5%，全省在次区域国家新签合同额占 84.12%。新增市场主要集中在柬埔寨、泰国、新加坡、尼日利亚等国，市场范围在逐步向外拓展和延伸。

2007 年云南省对外工程承包统计表

金额单位：万美元

	新签项目数	新签合同额	上年同期数	同比增长%	完成营业额	上年同期数	同比增长%
合 计	98	70098	60364	16.1	50028	43371	15.3
一、分国别	98	70098	60364	16.1	50028	43371	15.3
（一）亚洲	90	64836	32237	101.1	24356	16021	52.0
1. 缅甸	13	9291	12100	-23.2	8083	6203	30.3
2. 老挝	4	1370	397	245.1	901	1663	-45.8
3. 越南	31	6950	5731	21.3	5126	4196	22.2
4. 其他	42	47225	14009	237.1	10246	3859	158.8
边境经合业务	9	8823	4735	86.3	923	6638	-86.1
（二）非洲	7	4840	24973	-80.6	23772	10758	121.0
（三）其他	1	422	3154	-86.6	1900	16592	-88.5
二、分行业	98	70098	60364	16.1			
1. 交通建设	8	11918	33326	-64.2			
2. 房屋建筑	4	3291	7375	-55.4			
3. 电力	6	29725	9828	202.5			
4. 石油化工			3840				
5. 冶金	1	9000					
6. 机械制造	55	11626	5509	111.0			
7. 水泥厂	5	1000					
8. 其他	19	3538	486	628.0			

2007 年云南省对外投资统计表

金额单位：万美元

	新批投资企业	协议投资额	上年同期数	同比增长%	实际投资额	上年同期数	同比增长%
合　计	60	20101.2	8752.7	129.7	11834.6	4363.7	171.2
一、分国别							
（一）亚洲	52	16870.1	7705.4	118.9	10497.1	3780.7	177.7
1. 缅甸	5	2696.3	997.9	170.2	6781.6	1108.0	512.1
2. 老挝	24	6859.8	4388.5	56.3	1308.2	1370.0	-4.5
3. 越南	12	1500.0	1724.6	-13.0	391.3	956.7	-59.1
4. 其他	11	5814.0	594.4	878.1	2016.0	346.0	482.7
（二）非洲			1022.3	–	1100.0	500.0	120.0
（三）其他	8	3231.1	25.0	12840.0	237.5	83.0	186.2
二、分行业							
1. 农业	20	8037.9	2683.6	199.5		1547.0	
2. 林业						50.0	
3. 矿产	23	7712.6	3612.2	113.5		1870.3	
4. 油气							
5. 电力	7	2500.0					
6. 冶金加工			1101.5				
7. 机械制造						748.4	
8. 交通运输			16.0				
9. 房屋建设			350.0				
10. 轻纺加工			151.8				
11. 化学工业			37.8			38.0	
12. 邮电通讯							
13. 医疗卫生	1	15.0	5.3	184.6			
14. 教育							
15. 其他	9	1835.8	794.5	131.1		110.0	

近年云南省外经情况统计对照表

单位：万美元

年份	签订合同	合同金额	营业额	年份	签订合同	合同金额	营业额
1994	32	10500	3367	2002	109	29300	22500
1995	46	230000	10500	2003	73	30800	24400
1996	27	8700	12700	2004	85	3160	33648
1997	69	9800	9500	2005	132	53366	38766
1998	83	31000	10000	2006	85	60364	43371
1999	207	33900	16700	2007	98	70098	50028
2000	169	30000	15000	合计	1164	369422	262014
2001	81	28800	20300				

口岸工作

2007 年，全省口岸通关货值 32.7 亿美元，进出口货运量 651 万吨，全省口岸通道吞吐量稳步增长，功能不断完善，口岸建设加快，便利化不断推进。近五年，全省口岸通关货值 107.3 亿美元，比 1998 ~ 2002 年增长 166.1%；进出口货运量 2389 万吨，增长 82.9%。国务院新批准了孟定清水河、打洛为国家一类口岸。孟定清水河通过国家验收，正式对外开放。瑞丽等 13 个口岸联检楼、河口等 10 个口岸国门建成投入使用。河口、磨憨口岸对第三国人员开展口岸签证，河口口岸延长通关时间，河口—老街货物运输便利化“一站式”试点工作取得实质性进展。

2007 年云南省口岸进出口货物情况统计表

序号	口岸名称	进出口额（万美元）						货运量（吨）					
		合计	同比增长%	出口	同比增长%	出口	同比增长%	合计	同比增长%	出口	同比增长%	出口	同比增长%
	总　计	327156	21.6	245141	27.7	82015	6.4	6510081	41.5	2942690	39.9	3567391	42.9
	一类口岸合计	295985	22.8	225452	28.1	70533	8.5	5495577	59.1	2666405	43.6	2829172	77.1
1	昆明机场	85321	-13.3	63466	-7.1	21885	-27.4	13159	1.4	9722	-3.2	3437	17.1
2	瑞　丽	53019	32.6	48499	30.0	4520	69.0	758620	59.1	654906	65.7	103714	27.0
3	畹　町	4315	40.8	2406	-11.3	1909	445.4	86273	48.4	22450	-29.3	63823	142.1
4	河　口	110472	69.7	87610	90.8	22862	19.2	2256493	19.4	1711730	43.6	544763	-22.0
5	磨　憨	12831	-21.4	8908	-24.4	3923	-13.5	230751	-2.1	56625	-36.9	174126	19.3
6	金水河	508	-50.2	153	-63.4	355	-41.0	23193	-67.2	1438	-94.0	21755	-53.3
7	天　保	9489	211.9	4514	84.5	4975	736.1	105107	182.7	59513	154.2	45594	231.1
8	思茅港	0	0.0	0	0.0	0	0.0	0	0.0	0	0.0	0	0.0
9	景洪港	10901	15.1	6097	17.2	4804	12.5	130342	52.7	68406	61.3	61936	44.3
10	版纳机场	/	/	/	/	/	/	/	/	/	/	/	/
11	腾冲猴桥	5119	63.5	767	-24.2	4352	105.5	1795498	229.0	27636	-0.3	1767862	44.3
12	孟定清水河	4010	170.6	3032	223.2	978	79.8	96141	135.7	53979	169.0	42162	103.6
	二类口岸合计	31171	11.7	19689	24.3	11482	-4.8	1014504	-11.5	276285	11.5	738219	-17.8
13	片　马	1084	156.9	51	27.5	1033	170.4	97112	-9.6	469	19.0	96643	-9.7
14	盈　江	11095	2.6	6250	22.4	4845	-15.0	337013	-35.8	86866	82.2	250147	-47.5
15	章　凤	5914	65.1	5534	68.4	380	28.8	59052	60.7	14993	67.9	44059	58.3
16	南　伞	1715	63.3	1060	29.0	655	187.3	278823	104.8	54820	22.2	224003	145.4
17	孟　连	4209	-8.5	1875	7.1	2334	-18.1	97000	-28.7	48477	-36.6	48523	-18.6
18	打　洛	4544	21.3	4196	41.1	348	-55.0	65804	-45.7	55286	10.6	10518	-85.2
19	沧　源	2192	76.1	558	67.1	1634	79.4	74411	7.1	13438	14.1	60973	5.7
20	田　蓬	418	-82.9	165	-89.2	253	-72.4	5289	-63.3	1936	-74.6	3353	-50.5

2007 年云南省口岸出入境人员情况统计表

出入境人员（人次）

序号	口岸名称	合计	同比增长%	出境	同比增长%	入境	同比增长%	合计	同比增长%	出境	同比增长%	入境	同比增长%
	总　计	15403739	5.0	7782170	5.3	7621569	4.6	1903768	14.2	956694	12.2	947074	16.2
	一类口岸合计	1266314	6.0	6290214	6.4	6372920	5.7	1486780	19.8	746806	19.5	739974	20.1
1	昆明机场	1020029	4.6	512156	12.8	507873	-2.6	9069	9.7	4522	9.9	4647	9.6
2	瑞　丽	6004441	8.0	2960880	6.9	30436561	9.1	1114103	23.5	558362	23.5	555741	23.4
3	畹　町	440181	3.5	219058	4.9	221123	2.2	62022	0.4	30701	0.6	31321	0.1
4	河　口	3662611	4.6	1829037	5.5	1833574	3.7	116022	28.9	57973	28.4	58049	29.4
5	磨　憨	609125	72.5	306451	70.2	302674	74.9	86947	109.5	44339	104.0	42608	115.5
6	金水河	112562	-11.3	57258	-11.0	55304	-11.6	4274	-47.1	2154	-51.0	2120	-42.4
7	天　保	391942	-9.1	193616	-7.9	198326	-10.2	13009	44.3	6587	43.5	6422	45.1
8	思茅港	0	0.0	0	0.0	0	0.0	0	0.0	0	0.0	0	0.0
9	景洪港	37797	5.9	20111	9.1	17686	2.4	5812	115.2	2821	108.7	2991	121.7
10	版纳机场	13373	-6.0	6260	-7.2	7113	-5.0	322	-16.6	162	-16.1	160	-17.1
11	腾冲猴桥	146976	0.9	73202	2.6	73774	-0.7	40393	5.6	21360	3.2	19033	8.5
12	孟定清水河	224097	-40.4	112185	-43.1	111912	-37.4	34807	-55.8	17825	-55.5	16982	-56.2
	二类口岸合计	2740605	0.4	1491956	1.0	1248649	-0.4	416988	-2.2	209888	-7.9	207100	4.3
13	片　马	94931	-47.1	40576	-57.4	54355	-35.5	29385	-47.7	13305	-59.6	16080	-30.9
14	盈　江	770478	24.1	384456	32.6	386022	16.7	125136	4.3	62569	7.0	62567	1.8
15	章　凤	585312	2.5	400031	2.2	185281	3.1	36854	-33.6	25641	-32.6	11213	-36.0
16	南　伞	430597	-3.5	203803	-4.6	226794	-2.5	74627	71.5	37291	67.4	37336	75.7
17	孟　连	410969	11.6	241769	26.2	169200	-4.2	55645	9.6	23118	-6.4	32527	24.8
18	打　洛	259167	3.3	129801	4.0	129366	2.7	46771	-24.3	24147	-25.2	22624	-23.3
19	沧　源	176921	17.6	84080	15.2	92841	19.8	48252	27.4	23562	27.1	24690	27.6
20	田　蓬	12230	-91.5	7440	-92.3	4790	-89.8	318	-60.6	255	-60.4	63	-61.6

中国昆明进出口商品交易会

2007年，中国昆明进出口商品交晚会的参展企业达1830家，有22企图家和地区的300多家企业参展及国内27个省区市的企业组团参展。除东盟和南亚国家外，还有波兰、澳大利亚、韩国、津巴布韦、荷兰、俄罗斯等国的企业参展，据初步统计，仅东盟和南亚国家参会参展人数即超过5000人。海外参展的大企业、大集团增多，呈现出主体多元、实力较强的特点。在省外企业中除主办的五省区市六方外，还有广东、浙江、河北、江苏、安徽、山东、内蒙、辽宁、陕西、湖南、太原、深圳、武汉、厦门等14个省区市组团参展，商务部、全国工商联等国家部委领导和我驻东盟及南亚国家使馆的部分商务参赞应邀前来参加昆交会，国家有关部门和其它兄弟省区市也派代表到会考察和指导工作。

本届昆交会各项经贸成交累计20.74亿美元，比上届的20.03亿美元增长3.54%，其中，进出口成交额为10.39亿美元，比上届的9.68亿美元增长7.33%。一般贸易成交额7.83亿美元，其中，出口成交5.07亿美元，进口成交2.76亿美元，出口成交的主要国别和地区有：港澳、日本、美国、韩国和东盟国家。进口成交的主要国别和地区有：港澳、美国和东盟国家。出口成交的主要商品有农副产品、机电产品、有色冶金产品、轻工纺织服装和化工产品。进口的主要商品有：农副产品、有色冶金产品等。边境贸易进出口成交额2.56亿美元，其中，出口成交2.01亿美元，进口成交0.55亿美元。协议外资金额7.52亿美元，比上届的7.4亿美元增长1.62%，利用外资共签约29个项目，项目涉及农业、食品制造业、旅游业、磷化工、生物制药等。对外经济技术合作签约合同金额1.54亿美元，比上届的2.95亿美元减47.8%，签订对外经济技术合作项目14个。服务贸易成交1.29亿美元。本届昆交会签订国内合作项目133个，协议投资799.9亿元人民币，其中，引进省外资金434.16亿元人民币。

按照“特色化、专业化、上水平”的总体要求，本届昆交会借鉴国内外成功经验，展馆设置重点突出昆交会的区域性特点。共设8个专业馆和3个专题馆。专业馆除继续设置机电、农产品、医药及保健品、化工矿业、轻工、纺织、信息产业馆外，增设了旅游商品馆和服务贸易馆。3个专题馆为境外来展馆、投资促进馆和边境贸易馆。除室内展馆外，还设立了700多平方米的室外展场，重点展览展示大型机械等相关产品。本届昆交会共安排展位2208个，比上年增长734个。其中，农产品馆302个、医药及保健品馆82个、化工矿业馆69个、轻工纺织馆387个、信息产业馆85个、机电馆270个，境外来展馆306个、投资促进馆148个、边境贸易馆150个、旅游商品馆298个、服务贸易馆111个。各展馆展位数均较上年有明显增加。共安排国内企业展位1902个，境外企业展位306个。其中，联办各方展位1228个（重庆17个、四川89个、广西38个、贵州39个、西藏5个、成都4个、云南1036个）。国内其他14个省区市674个。在境外企业展位安排中，东盟国家186个（越南17个、泰国67个、缅甸40个、老挝16个、菲律宾24个、马来西亚8个、新加坡9个、柬埔寨5个），南亚国家80个（孟加拉59个、阿富汗8个、斯里兰卡7个、印度4个、尼泊尔2个）。波兰、澳大利亚。韩国、津巴布韦、俄罗斯、荷兰等国共40个。本届昆交会展位规模和参展参会客商数量均创历史最好水平，是昆交会举办以来展位最多、规模最大的一次交易会。

历届昆交会统计概况一览表

年份	省市区组团（个）	到会境外客商		达成交易额（亿美元）					
		国家、地区（个）	人数（个）	成效总额	外贸			协议外资	协议外经
					进出口	出口	进口		
1993	19	45	5169	17.57	8.3	5.6	2.7	9.21	0.06
1994	24	59	5466	14.62	7.78	5.01	2.77	6.42	0.42
1995	22	51	4690	15.16	7.22	4.38	2.84	6.83	1.11
1996	26	61	4600	12.53	6.37	3.37	3	5.6	0.56
1997		56		15.67	7.53	4.17	3.36	3.78	0.72
1998	21	57	6000	18.17	9.42	7.19	2.23	7.88	0.73
1999	21	48	7000	18.28	5.28	4.09	1.19	12.02	0.94
2000	25	50	3000	19.66	5.32	4.03	1.29	13.57	0.83
2001	27	40	7000	20.21	5.89	4.6	1.29	13.82	0.5
2002	22	40	8000	19.29	6.67	5.77	0.9	9.99	0.63
2003	17	24	13000	21.34	8.31	6.03	2.28	11.8	0.73
2004	24	18	10000	20.66	9.39	5.47	3.92	10.72	0.55
2005	28	22	10000	15.97	9.32	5.57	1.9	6.65	
2006	27	19	11000	20.03	9.68			7.4	2.95

（杨　明）

利 用 外 资

综 述

2007年，在省委、省政府的正确领导下，各地、各部门和相关企业坚持以科学发展观为指导，创新招商方式，拓展引资领域，扩大引资规模，提高引资水平，全省利用外资实现了历史性突破。全年新批外商投资项目171个，合同利用外资13.04亿美元，同比增长47.94%；实际利用外资首次突破5亿美元大关，达到5.03亿美元，同比增长41.3%，增幅超过全国平均水平；利用外资各项指标均达到历史最高水平，在“质”和“量”上均实现了较大突破，对全省扩大投资、调整结构、增加税收及解决就业的重要作用日益凸现。

外商投资行业结构

2007年，全省外商对第一产业的投资略有下降，对第二产业的投资稳步增长，对第三产业的投资有较大幅度的增长。从实际投资看，外商投资主要集中于制造业（占全省实际到位外资的30%）和电力、煤气及水的生产和供应业（占全省实际到位外资的20%）；科学研究、技术服务和地质勘查业形成新的投资热点（占全省实际利用外资的4.2%）；居民服务和其他服务业、房地产业、采矿业等行业的外商投资也比较活跃；此外，批发和零售业、住宿和餐饮业、农、林、牧、渔业也有外资进入。

外商投资来源地

2007年，全省外商投资主要来源于亚洲、欧洲、拉丁美洲及大洋洲的国家和地区。香港地区仍是云南最大投资来源地，占所有国家和地区实际到位外资金额总数的40%以上。2007年，对云南省投资前5位的地区和国家（以实际到位外资金额计）依次为：香港地区、英属维尔京群岛、毛里求斯、新加坡和美国，上述国家和地区实际到位外资金额占全省实际到位外资总额的96%。

州市利用外资

2007年，除昆明市利用外资突破3亿美元外，德宏、普洱、曲靖、丽江、大理、玉溪、临沧、红河、文山和版纳10个州市实际利用外资均达到了1000万美元以上，实际利用外资达到千万美元以上的地区比去年增加5个州市。外商投资已遍布全省所有州市，并对推动各州市经济持续健康发展起到了重要作用。

利用外资特点

2007年，全省利用外资呈现以下特点：一是独资趋势愈加明显。随着全省基础设施的不断完善和各项法规政策的逐步到位，投资软硬环境得到较大改善，外资逐渐倾向于以独资方式进入云南，全省外商独资企业不断增多，全省批准设立的外商独资企业数量已占全省新设外资企业总量的一半以上。二是外资参股并购已成为全省利用外资的重要方式。2007年，外资参股并购项目继续增多，TCC集团并购樱花酒店项目、新加坡百乐酒店集团并购昆明海逸酒店项目和华睿电力股权并购项目股权已经移交完毕；联浩集团有限公司成功完成了对云南农化科技有限公司、云南德宏英茂糖业有限公司和云南西双版纳英茂糖业有限公司的并购，实际到位外资3827万美元，并已完成增资手续；德克萨斯太平洋集团（TPG）参股云南红酒庄葡萄酒有限公司也已到位验资500万美元，并购项目的资金全部或部分到位，成为今年云南省实际利用外资大幅增长的主要支撑。此外，还有一批已签订合同的外资并购项目正在推进。三是利用外资在服务外包和融资担保领域取得突破。香港晨兴集团与中科院昆明动物研究所合作建设的灵长类动物实验项目及中科院晨兴科学院项目，总投资3600万美元，目前已到位资金1000万美元，并被国家科技部列为重点扶持项目；注册资金9000万人民币的云南富滇投融资担保有限公司项目也已顺利完成审批，成为云南省首家外资融资担保公司。四是外商对市政建设领域的关注继续加大。继昆明公交、自来水、垃圾焚烧发电项目实施后，2007年，香港中华煤气、西部水务等公司也纷纷来滇考察、洽谈市政公用设施项目。外商对自来水供给、污水处理、城市地下网管建设、垃圾处理、城市煤气供应等领域的关注和兴趣继续加大。五是跨国公司进入加快。跨国公司特别是世界知名跨国公司频顾云南，世界500强企业威立雅、微软、百事可乐、拉法基等相继在我省落户，目前，还有日本双日株式会社、英国太古集团、美国卡特比勒公司、美国美盛集团和韩国SK集团等多家世界500强企业拟在我省进行投资。除此之外，一些国际知名跨国公司，如香港晨兴集团、成至公司、台湾统一集团已成功落户云南。六是开发区示范作用凸显。年内昆明经济技术开发区和高新技术产业开发区进一步强化了其作为招商引资的平台作用，大力改善投资配套设施，完善招商政策，加强人员配备，对外吸引力不断增强，利用外资各项数据均居全省前列，1～10月，其实际利用外资总额已占全省总量的26.8%。此外，呈贡新城利用外资总量也有大幅增长。

（魏 薇）

实施西部大开发

综　述

2007年，云南省西部大开发工作根据中央经济工作会议、十届全国人大五次会议《政府工作报告》和《国务院2007年工作要点》，以及《西部大开发“十一五”规划》的具体部署，全面贯彻科学发展观，组织实施西部大开发“十一五”规划，继续推进基础设施建设、生态环境保护、科教发展和人才开发，努力促进全省经济又好又快发展，切实推进全省经济社会发展转入科学发展、和谐发展的轨道。全省实现生产总值4721.77亿元，同比增长12.3%；人均生产总值达10450元，财政总收入1111亿元。全社会固定资产投资总额2798.89亿元，比上年同期26.1%；单位生产总值能耗下降1.6%；社会消费品零售总额达1394.54亿元，增长17.3%；全省进出口总额87.8亿美元，同比增长41%；城镇居民人均可支配收入1.15万元，实际增长7.8%；农民人均现金收入2600元，实际增长10%；居民消费价格总水平上涨5.9%；城镇登记失业率控制在4.15%；人口自然增长率下降到6.86‰。

基础设施建设

2007年，全省交通基础设施建设完成投资396.58亿元，铁路、公路、航空、水运立体发展的综合交通运输网络骨架正在形成。公路：截至2007年底，全省公路通车总里程达19.85万千米，其中高等级公路5608千米，高速公路1632千米。云南省围绕国家2007年完成国道主干线改造任务的总目标，积极推进国道主干线、西部开发通道建设，加大省内干线公路建设力度，实施了“通县油路”、“县际油路”等工程，进一步完善了路网结构，以昆明为中心200千米范围内的干线公路已全部实现高等级化，连接省外和周边国家的干线公路也正在向高等级化方向发展。国道主干线GZ65线曲靖至嵩明高速公路已建成通车。国道主干线GZ40线水富至麻柳湾、昭通至待补、蒙自至新街、新街至河口，国道主干线GZ65线保山至龙陵，国道主干线GZ75线罗村口至富宁、富宁至广南、广南至砚山，西部开发通道兰州至磨憨公路（北京至昆明国家高速公路）永仁至元谋、元谋至武定、磨黑至思茅、小勐养至磨憨以及国高网项目石林至江底、一般国道项目祥云至澜沧江等一大批高速、高等级公路建设进展顺利，进入工程最后收尾阶段。除磨黑至思茅、富宁至广南、广南至砚山高速公路外，其它国道主干线建设项目将建成通车投入使用。昆明西南绕城线（安宁—晋宁）、及省级路网项目、农村公路改造项目也积极推进，确保完成全年农村公路2000千米建设目标。铁路：2007年铁路完成投资40.96亿元，贵昆铁路沾益至昆明增建二线建成通车，大理至丽江铁路、玉溪至蒙自铁路、贵昆铁路沾益至六盘水、成果铁路昆明至广通复线、大理至瑞丽铁路等5个重点项目正在抓紧建设，年底前还将力争蒙自至河口铁路开工建设。滇池南环线、丽江至香格里拉铁路、广通至大理新建双线、新南昆铁路等重点项目前期工作正在加紧推进。民航：加快昆明新机场昆建设前期工作，新建腾冲工程建设进度进展顺利，全面启动了芒市机场，昆明巫家坝机场改建工程，推进丽江机场、迪庆香格里拉、版纳机场扩建工作，促进了云南民航运输业的发展。水运：围绕“三出境，两出省”水运通道构建，全省积极推进以整治澜沧江和金沙江出境、出省航道及主要码头为重点的水运建设项目。

2007年，全省电力工业累计完成投资511亿元，比上年增长12%。全省累计电力装机2274万千瓦，其中，火电1049万千瓦，水电1224.5万千瓦（漫湾电站二期30万千瓦，其余为中小水电）；累计发电量905亿千瓦时，比上年增长20%，中水电430.9亿千瓦时，比上年增长21.1%，火电473.6亿千瓦时，比上年增长19%。向广东送电138亿千瓦时，增长28.8%，“西电东送”实现了从高压到超高压、小规模到大规模的送电；送越南25万千瓦时，增长235.8%，实现了3回220千伏、3回110千伏向越南送电，最大送电能力达到70万千瓦。

2007年，全省在建电力装机规模达到2851万千瓦。其中，水电4项、1525万千瓦；中小水电996万千瓦；火电4项、330万千瓦；三江干流筹建水电站装机规模达到1253万千瓦。漫湾电站二期于5月顺利投产发电；在建的小湾电站、景洪电站进展顺利；开展前期工作的橄榄坝、功果桥电站装机达105万千瓦。电网网架结构及电网联系进一步增强。全省西部农网改造工程累计完成一户一表改造117万户，累计解决1.3万户无电人口用电问题。大大缓解了全省农村电网建设严重滞后的矛盾，为加快新农村建设奠定了基础。

2007年，全省认真贯彻中央和省委有关文件精神，加大新农村建设投入力度。水利基本建设在资金严重短缺的情况下，维持以“润滇工程”为主的大中型水源工程建设，全面完成高稳农田建设100万亩，基本农田建设100万亩，新增灌溉面积53.51万亩，改造中低产田68.49万亩，新建“五小水利工程”17万多件，建设村镇供水工程1522件，解决和改善了132.47万人的饮水困难和饮水安全问题。

在建水利重大项目建设情况良好。至年末，昌宁大城水库、思茅箐门口水库、绿春黄连、丽江团山、云龙天池、玉溪星云湖抚仙湖出流改道等6件工程基本完工；陇川麻栗坝、双江南等水库、牟定龙虎水库已经大坝封顶；通海杞麓湖调蓄水隧道工程在建。一批新项目相继开工建设。经过国家批准，全省今年新开工建设楚雄青山嘴水库大（二）型水库；省委、省政府高度重视水利工作，决定采用水利专项贷款方式新开工一批水源工程建设。镇沅县五一水库、盈江县回龙河水库、洱源县三岔河水库、隆阳区红岩水库、永德大雪山水库、禄丰沙龙水库、水富铜锣坝水库、景洪勐宋水库、富源洞上水库、丽江拉市海调蓄水工程、富宁清华洞二期扩建工程共11件中型水源工程列入省级计划相继开工建设。病险水库除险加固工程中的61件中型和33件小（一）型工程建设基本完成，实现52件中型22件小（一）型水库的主体工程验收，完成39件中型和14件小（一）型整体工程竣工验收。

生态建设和保护

2007年，全省全面启动“七彩云南保护行动”计划。九湖治理各项工作有序推进，滇池流域水污染防治“十一五”规划编制完成。滇池北岸水环境综合治理、乌龙河和船房河截污综合治理，洱海湖滨带生态修复建设等一批环境治理重点项目建设进展顺利。退耕还林、天然林保护、重点防护林工程等重点工程和退牧还草工程按计划实施。全年全省共完成营造林451.58万亩，为计划任务的97%。其中：人工造林面积308.78万亩，封山育林142.8万亩。退耕还林工程造林面积68.36万亩，天然林保护工程造林19.43万亩，防护林工程造林10.97万亩，特色经济林造林65.7万亩。

全年争取国债资金、省预算内安排投资补助和贴息资金6000多万元，支持资源综合利用和循环经济示范项目。积极向国家推荐“国家第二批循环经济试点单位”，完成全省节水型社会建设规划，建立了全省GDP能耗指标公报制度。稳步推进淘汰落后生产能力工作。省政府与相关州市、云南电网公司和关停小火电机组企业签订了火电项目上大压小和能耗下降的责任书。关停了巡检司电厂4台2.5万千瓦小电机组。实施“百户企业节能行动”，全面开展重点行业和重点企业节能降耗工作。落实国家差别电价政策，对8个高耗能行业在内的工业行业实行新的电价加价标准。全省首批20个循环经济试点工作进展顺利，完成了试点单位的工作方案及规划审查并安排了一批启动项目。

特色优势产业

2007年，全省加快优势资源开发和整合，特色优势产业得到快速发展。烟草、矿业、电力、生物、旅游等支柱产业进一步巩固，冶金、化工、机械、建材和农产品加工等传统产业进一步提升，光电子、生物制药、绿色食品等新兴产业正在成为新的经济增长点。

全省规模以上工业完成增加值1494.38亿元，比上年同期增长17.5%，其中，全省规模以上重工业完成增加值803亿元，增长16.5%；全省规模以上轻工业完成增加值691亿元，增长17.9%。制糖、烟草制品业、化学原料及化学制品制造业、医药制造业、有色金属冶炼及压延加工业、电力、热力的生产和供应业完成工业增加值868.94亿元，占规模以上工业70%以上。工业省级重点建设项目中，昆钢集团大红山铁矿400万吨/年采选及管道输送项目已竣工投产，云南天安化工股份有限公司50万吨/年合成氨项目进入收尾阶段，云南云天化国际化工富瑞公司“836”二期工程核心装置已试车成功，宣威磷电有限公司磷电一体化项目（一期）部分装置已投入运行，云南三环中化化肥有限公司120万吨/年磷铵项目硫酸装置主要设备安装完成，昆明国际印刷包装产业基地项目进展顺利，云锡公司10万吨/年铅冶炼项目开工建设，为优化我省工业结构，扩大经济总量，发挥优势工业起到了积极作用。

2007年，优质和优势特色产业保持良好发展势头。春茶实现农业产值32亿元，比上年增21亿元。甘蔗、蔬菜播种面积为485.4万亩、805.2万亩，分别比上年增55万亩、22万亩。核桃、板栗等经济林产业发展势头迅猛。专用小麦、双低油菜、优质稻、专用玉米、专用型马铃薯等优质农产品种植面积继续扩大。畜牧业稳步发展。冬季农业开发成效显著，实现产值117亿元，增长9.2%。特色经济林产业持续增长，核桃、八角、咖啡、澳洲坚果、果梅、紫胶等特色经济林建设规模迅速扩大品种由分散发展向优势产业和优势产区集聚，全省特色经济林面积达到2000万亩，产值近200亿元，占农业总产值的比重由“九五”末期的11.4%提高到16.7%，成为了群众增收致富的重要渠道。

年内，旅游“二次创业”各项工作稳步推进，全省旅游经济发展势头良好。全省旅游外汇收入8.5亿美元，同比增长29.2%；接待海外旅游者人数230万人次，接待国内旅客人次8900万人次，旅游业总收入达580亿元，同比增长16.1%。

社会事业

2007年，全省组织实施科技计划项目。遴选并启动实施了一批农业、工业、高新技术和社会发展领域的重大项目50余项。组织了一批具有云南特色、具备竞争力的项目申报国家支撑计划、国家自然科学基金、科技富民强县专项行动计划等，争取国家的支持。开展10个重大专项规划的编制和各专项中重大项目的遴选，遴选出了一批重大项目，进入项目库。创新型试点企业工作不断推进，联合省国资委、省经委、省总工会完成了首批23家创新型企业试点工作任务书的签订工作，明确了第一批23家创新型试点企业创新示范目标任务，目前正在进行第二轮的遴选工作。新认定高新技术企业17家，全省高新技术企业达326家。

按科技部要求，结合全省经济社会和科技发展需求，向科技部推荐了小桐子生物柴油产业化关键技术开发与示范、云南民族药产业关键技术研究及产业化示范、云南球根花卉产业化关键技术研究与示范、灵长类实验动物与动物实验国际标准化研究与示范、微电子工业封装配套用贵金属新材料研究及产业化开发、高速铁路专用铜合金导线产业化开发、普洱茶产业可持续发展关键技术研究与示范等7个重大项目。目前，7个项目已通过科技部组织的专家评审、课题论证以及课题经费预算评审，争取国家经费1.4亿元。另外，还有3个

"973"项目争取经费8300万元，国家自然科学基金项目争取经费4433万元，"973"前期专项争取经费340万元，科技部富民强县项目争取经费1283万元，科技成果转化项目争取经费440万元。截止目前，已争取国家科技合计2.9亿元。预计全年可以争取国家科技经费约3.5亿元，超过了"十五"期间的5年之和。全省28个县市通过省富民强县计划申报的解决"学科技难"项目已通过审定，安排项目99项、经费1905万元，覆盖了28个县市的119个乡镇；省科普计划安排133万元科普经费，对17个边疆和藏区县进行科技辅导员培训；解"五难"范围内8个县通过省科技条件平台建设计划，安排经费118万元；解"五难"范围内的维西、盈江、富宁3个县已争取国家科技经费548万元，提高基层科技管理部门的服务能力。

全省中等职业教育基础能力建设进展顺利。"两基"攻坚农村寄宿制学校建设工程将建成投入使用。年内免除610.25万名学生的学杂费，补助公用经费人数600.8万人，分别比上年增加9.7万人和11.8万人；高校搬迁项目已开工建筑物面积约78万平方米，累计完成投资14.34亿元。对201万名寄宿制贫困学生给予生活补助。疾控体系基本建成，医疗救治体系绝大部份项目已竣工。340个农村卫生服务体系建设项目中的绝大部分已开工建设。全省128个县全面实施新型农村合作医疗。边境"两馆一站"文化基础设施建设进展顺利；启动20户以上广播电视村村通工程建设。竞技体育取得较好成绩，全省各州、市、县的体育设施条件逐步改善。为推进西部地区普及九年义务教育的进程，中央和西部地区地方政府还共同实施了"农村初中校舍改造工程"、"农村中小学校舍维修改造工程"、"农村中小学现代远程教育工程"，其中"农村中学寄宿制改造工程"已实施完毕。省委、省政府还实施了边疆解"五难"工程（指边疆地区读书难、看病难、看戏难、学科技难、看电视、听广播难）。这些"惠民工程"的实施，极大地改善了西部地区农村中小学校的办学条件。2007年，全省通过实施以上"惠民工程"，将有5个县实现"普九"，并通过省级验收，正报教育部审批，如全部通过，则全省"普九"县（市、区）将达到121个，人口覆盖率达到91.5%。全省广播和电视覆盖率分别达到92%和93.7%。

顺利完成东部地区2007年支持西部地区发展优势产业人才培训和远程学习网的培训教育等工作，在全省范围选派156名科级以上在职人员参加国务院西部开发办组织的西部人才研修班培训。围绕建设社会主义新农村，全面实施"县乡基层公务员培训工程"。把县乡基层公务员培训作为社会主义新农村建设的一项重要工作切实抓好。全面实施"少数民族公务员培养工程"。每年选派50名45岁以下有发展前途的中青年公务员到东部先进发达地区学习培训。落实少数民族公务员在职培训，力争在"十一五"期间，少数民族和民族地区的公务员，年均接受培训的人数不少于应参加培训人数的70%。按照"借地育才，引智培才"的思路，通过"走出去请进来"的方式，继续将培训高学历、高素质公务员纳入与清华、北大和中科院等高校和科研院所开展省院省校合作项目。引导和鼓励广大公务员特别是年轻公务员，本着学用一致的原则，参加各种学历层次的教育，特别要鼓励公务员参加公共管理硕士（MPA）专业学位教育，培养一批高学历、复合型的行政管理人才，改善公务员队伍的学历结构和知识结构，支持和鼓励公务员在职在岗学习。

外贸和招商引资

2007年，全省进出口总额87.8亿美元，同比增长41%。其中，出口总额47.4亿美元，增长39.6%；进口总额40.4亿美元，增长42.4%。对东盟在机电产品、农产品及化肥、金属矿砂、龙眼干等产品进出口稳步攀升，实现贸易总额18亿美元，增幅近50%，其中：与越南、印度尼西亚贸易增幅均超过120%。

全省新批外商投资项目171个，比上年下降16.59%；合同利用外资13.04亿美元，同比增加60.99%；实际利用外资5.03亿美元，同比增长47.94%。境外投资增长势头强劲，全省境外投资项目主要是以周边国家缅甸、老挝、越南、柬埔寨的资源开发类项目为主，投资主体主要以云南国际公司、云南地矿、昆钢集团等国有企业为主。截至2007年10月中方协议投资总额3.75亿美元，比上年同期增加2.09亿美元。全省境外投资项目数和中方协议投资总额均创历史新高。

（省西部开发办综合处）

环　境　保　护

环境法治行动

2007年，云南省政府出台《关于进一步加强节能减排工作的若干意见》、《关于进一步加强环境影响评价管理工作的通知》、《关于加强滇池水污染治理工作的意见》等政策文件。省人大常委会颁布了《抚仙湖保护条例》、《星云湖保护条例》，《杞麓湖保护条例》进入立法程序。省局与省检察院建立查处环境违法事件联席会议制度，与人行昆明支行、省银监局建立落实环境法规防范信贷风险工作联席会议制度，进一步完善了对环境违法违规行为的处罚和约束机制。

继续开展"查处环境违法企业保障群众健康"环保

专项行动。全省共出动环境监察执法人员31746人次，检查企业11055家次，查处违法企业110家，结案91家。对寻甸磷电公司等6家企业实施挂牌督办，对东川区域环境问题实施综合整治，对“两土”违法现象反弹的昆明、曲靖、昭通、红河4州市8个县（区）开展排查整改。落实全国“抓落实、捉减排”造纸行业环保专项督察电视电话会议精神，摸排157户造纸企业，依法处理5户制浆企业。加大排污费征收力度，全年共征收排污费2.92亿元，超额完成年度征收任务。

2007年，加强全省重点建设项目环境管理。组织环评专项检查组，对3个州市10个建设项目开展环评专项检查。全年省局审批建设项目环境影响评价185项，审批建设项目试生产77项，开展环保竣工验收63项，不予许可试生产4项，实施行政处罚11项；推进规划环评，组织流域水电开发规划环评审查7项，工业园区规划环评审查2项，城市新区规划环评1项。中（国）瑞（典）环保合作规划环评的能力建设取得成效。

环境治理行动

2007年，全省对152家国控、省控重点企业稳定达标排放和在线监测安装情况实施高频次监察，有12家企业按要求完成了强制性清洁生产审核验收。向社会公布并查处了20家环境违法企业和单位。推进工程减排、狠抓结构减排、强化管理减排。年初确定的53个省级重点减排项目完成了48项，完成淘汰落后产能47家，全年完成32项S02减排项目、34项COD减排项目。

抓好九湖“十一五”目标责任书确定的184个项目建设。已完成14项，在建73项，开展前期工作74项，未启动23项，项目开工率为47.3%。完成了滇池西岸高海公路沿线截污工程、星云湖退塘退田还湖工程、阳宗海数字化水下地形测量和异龙湖水域边界界定工程建设，新建昆明市第七污水处理厂和第三污水处理厂改扩建工程动工建设，其它八湖治理工程顺利推进。九湖治理全年共完成投资13.92亿元。滇池、洱海治理项目进入国家“水体污染控制与治理”科技重大专项；洱海治理经验受到党和国家领导人及国家有关部委的充分肯定，并向全国全省推广。

完成了全省城镇集中式饮用水源地情况调查，编制了全省21个重点城市（16个州市政府所在地及安宁、个旧、开远、宣威、瑞丽）的43个集中式饮用水源地环境保护规划和水源地保护区划定工作，组织开展全省267个县级以上城镇集中式饮用水源的环境保护规划编制工作，近80%的县区已编制上报规划。积极推进世行贷款云南城市环境建设项目，完成了世行贷款32个子项目国内审批程序所需技术文件的编制和对全部子项目的评估及安全保障审查。加强辐射环境管理，依法搞好辐射环境安全许可登记换证工作。积极推进各州市医疗废物、危险废物处置中心建设。

污染源普查工作进展顺利。全省重点污染源监测、培训、宣传动员、摸底清查、落实经费等基础工作扎实推进。省财政安排工作经费1965万元，国家财政补助经费1176万元；编制完成了全省污染源普查实施方案，并分3期对近900名州市污染源普查负责人、技术骨干进行了培训。

环境阳光行动

2007年，全省向社会公布了国控、省控重点污染源152个，加大对重点污染源的监管力度，编制完成在线监测监控信息管理系统，目前已安装验收15家企业，全省主要燃煤电厂安装了在线监测系统。开通“七彩云南保护行动”网站，发布、更新全省环保信息3500余条。加快省、州（市）两级电子公文传输系统建设，发布《2006年云南省环境状况公报》、《2006年度城市环境综合整治定量考核结果》及重点城市空气质量日报、全省环境质量监测月报、九大高原湖泊水质季报，维护了人民群众的环境知情权。

认真受理“12369”环保投诉，省局受理投诉案件1302起，办结投诉案件1253件，结案率96%。认真办理群众来信来访和人大议案、政协提案，受到省政府的表彰。利用网站和政务宣传栏公示建设项目环评验收结论，着手开展辐射许可证管理、环境影响评价网上公示、公告，进一步完善建设项目环保阳光审批机制。今年来省局共实施行政处罚10起，处罚金129万元，开展行政复议2件，组织行政复议和行政处罚事前调节3次。

生态保护行动

2007年，省环保部门核实了省级以上各类自然保护区的基本情况，成功举办“2007·七彩云南生物多样性保护国际论坛”。抓好亚行“大湄公河次区域生物多样性保护走廊建设西双版纳示范项目”，认真组织实施全球环境基金“长江流域自然保护与洪水控制. 云南老君山示范项目”。开展滇西北生物多样性保护调研。召开纳板河国家级自然保护区现场办公会，探索自然保护区建设发展的新模式。编制完成了《云南省生态功能区划》、《云南省社会主义新农村建设小康环保行动计划》。曲靖市麒麟区、玉溪易门县被列为全国农村环境保护试点。编制完成了《云南省有机食品生产基地建设规划》，为全省优势农产品的开发提供了有效的科学依据。全面部署开展全省土壤污染状况调查工作，建成了有机分析室、制样室，完成了近千个普查点、73个背景点的采样。全省土壤污染调查工作受到了国家环保总局的充分肯定。

绿色创建行动

2007年，加快生态省创建工作，编制上报《关于加快云南建设生态省的建议》，组织开展生态省建设前期调研。推进生态示范区和生态县建设，继西双版纳州、通海县、红塔区生态示范区通过国家验收命名后，澄江县生态示范区已通过省级验收并上报国家审批。在楚雄州和易门、峨山、通海、弥勒、澄江等县启动开展生态州、生态县建设；石林县长湖镇等3个乡镇申报全国环境优美乡镇、富源县富村镇富村村申报国家级生态村已通过专家审查，申报省级生态乡镇的55个乡镇有43个通过评审。组织全省开展第二批省级和国家级“绿色社区”创建和申报工作，制定了“绿色酒店”创建工作方案和标准，在昆明、丽江、版纳等旅游城市开展“绿色酒店”创建试点工作；昆明市和玉溪市的创建国家环保模范城市活动取得了新进展。全省有3个社区，5所学校、5个优秀组织单位、14个先进个人和优秀教师受到国家表彰。

绿色传播行动

年内，成功举办了“七彩云南保护行动.三个一”应征作品颁奖音乐会，举办了泛珠区域环保演讲大赛；在云南电视台，云南日报开辟了七彩云南保护行动专栏，云南电视台少儿频道开播了以“七彩云南保护行动”为主要内容的“绿色在线”栏目，其中“环保词典”板块获得中国科教电影协会“首届全国科教影视科普奖”环保类一等奖。编写了《七彩云南保护行动—市民宣传手册》，印制发放了6万份环保宣传挂图和手册，出版《公民节约资源行为规范》并获第十五届中国西部地区图书三等奖。同时还与省教育厅、省科协合作在全省中小学中开展了“七彩云南·我的家园”环境绘画、创意和摄影等比赛和“ITT”杯中学生水科技发明比赛。组织开展联合国开发计划署中国环境意识项目——“我眼中的可再生世界”摄影比赛，《节能小卫士》获得一等奖。组织部分绿色学校、社区与省外绿色创建单位开展交流活动，举办“走进七彩云南——中英青少年环保夏令营”、“中美环境教育教师交流”、“畅想绿色未来—绿色课堂走进七彩云南”等活动。

节能减排行动

2007年，按照省政府《关于抓好节能减排工作的通知》，分解落实了各州市县行政首长节能减排目标责任，配合省发改委、省经委制定全省节能目标和“十一五”淘汰落后产能计划；完成了全省20家循环经济试点工作，对列入国家千家企业节能行动中的25家企业开展能源审计。广泛开展全省百家企业节能行动、“全民节能·云南在行动”活动，全省单位GDP能耗持续下降，16个州市单位工业增加值能耗13家下降，淘汰铁钢、铁合金、黄磷、水泥、电石、焦炭、小火电和造纸等落后产能工作积极推进。

按照省政府《关于进一步加强节能减排工作的若干意见》部署，一是公布了“十一五”期间国家和全省152家重点监控企业名单。全面推行排污许可证制度，完成了国控、省控重点企业排污许可证的换证工作。重点污染企业限期安装在线监测装置并与环保部门联网。二是根据我省2007年主要污染物总量减排计划，确定了全省“十一五”期间必须完成的70个主要污染物总量削减项目和2007年的53个项目。三是编制了《云南省“十一五”主要污染物总量减排工作考核办法》，会同省经委印发了《云南省节能减排综合性工作方案和云南省节能减排工作任务分解方案》及各州市2007年节能减排目标责任书，有力地促进了减排工作任务的落实。四是从工程减排、结构减排、管理减排三个方面积极推进污染减排工作，53个省级重点减排项目已有48个竣工，占90%。五是加强全省环保系统污染减排基础工作，建立了省环保局《主要污染物排放总量控制工作制度》及《污染减排工作会商制度》，对全省污染减排的工作人员开展培训，认真搞好环境统计工作。全省2007年二氧化硫、化学需氧量较2006年分别减排3.14%（净削减1.73万吨）和1.36%（净削减0.4万吨），完成了年度主要污染物削减任务。

（陈　丽）

国土资源管理

张耀武，汉族，籍贯云南宣威，本科，中共党员，现任云南省国土资源厅党组书记、厅长

综　述

2007年，在全面实施国家土地督察制度，加强土地宏观调控、严格耕地保护，开展土地执法百日行动，推进整顿和规范矿产资源开发秩序，加强地质工作的形势下，全省各级国土资源管理部门坚持以科学发展观为统领，认真贯彻执行党中央、国务院和省委、省政府的各项决策部署，切实保障了国家和省各项重点建设项目及其他合理的建设项目用地，地质勘查及公益性地质调查队伍建设取得新突破，保护资源、保障发展、维护权益、服务社会的水平进一步提高，为全省经济社会持续健康协调发展做出了应有的贡献。

全年全省共办理土地征转报件541件，批准用地总面积为1.86万公顷；供应土地8632公顷，其中新增建设用地5880公顷，盘活存量土地2752公顷。腾冲机场、小龙潭矿务局五期扩建工程、大丽铁路、云南白药集团整体搬迁等一大批重点建设项目用地和省委、省政府关注的用地得到有效保障。

2007年，全省地质勘查投入保持高增长态势，地质勘查工作得到有力加强。全年全省共投入各类地质勘查资金8.9亿元。新增探明资源储量：煤炭3.8亿吨、磷矿石1.62亿吨，煤炭、磷、铅、锌、金、银的储量依然保持了较快增长的势头，新增宜良县月照磷矿大型矿区1个，北衙金矿外围找矿取得突破，新增储量金32.8吨、银774吨。开展了“云南省优势和重要矿产资源勘查找矿重大突破”课题研究，优选出21个成矿远景区，确定了最有找矿前景的64个重点勘查区。第二轮矿产资源规划编制全面启动。实施引进来与走出去战略，积极开展矿业对外交流合作。编制了《老挝北部九省工业手工业发展规划》，协调促进全省地勘单位和矿山企业在老挝的矿产资源勘查开发。公益性地质调查队伍建设取得突破进展，《云南省地质调查局组建方案》和“三定”方案分别经省委、省政府和省编办批准，组建公益性地质调查队伍进入实施阶段。

耕地保护

2007年，根据国务院坚守18亿亩耕地“红线”的要求，全省进一步落实耕地保护责任。省政府制定下发《云南省州市人民政府耕地保护责任目标考核办法》，并与16个州市签订耕地保护目标责任书。全省自上而下逐级建立了耕地保护目标责任制度，明确了工作职责以及目标责任考核的期限、标准、方法和奖惩措施，做到各级地方人民政府行政首长对本行政区域内耕地保有量和基本农田保护面积总负责，形成了层层有制度、级级有指标、任务明确、责任到人的良好工作格局。同时，全省各级国土资源管理部门严把建设占用耕地审核关，坚决守住基本农田这条红线，加大土地开发整理力度，耕地占补平衡和基本农田保护工作成效显著。全省完成耕地占补平衡项目47个，新增耕地7456.61公顷。全省从2000年起连续7年实现耕地占补平衡。通过把土地开发整理项目优先安排到示范区，开展高标准农田建设，落实陆良、姚安、祥云3个国家级基本农田保护示范区整理项目26个，总规模24981.93公顷，估算总投资6.06亿元。下达土地开发整理项目资金11.67亿元，审查入库项目118个，建设总规模66596公顷，预算总投资14.55亿元，预计新增耕地5404公顷。

矿产资源保护

2007年，全省各级国土资源管理部门着力抓好以下五方面工作，推动矿产资源开发秩序进一步规范。一是继续全面刹风治乱，坚决遏制乱占、乱采、乱卖、乱批、乱收、乱管“六乱”现象。组织开展探矿权、采矿权清理。重点开展了金沙江流域矿产资源开发专项治理，配合国土资源部开展云贵两省煤炭开采纠纷协调工作。二是全面规范和加强矿业权管理。严格执行矿业权审批权限和程序，进一步完善探矿权和采矿权申请、延续、变更、转让、注销等相关管理制度，完善健全勘查设计和开发方案的审查办法。三是从总结整顿和规范的经验入手，稳步推进矿产资源整合。下发《云南省矿产资源开发整合总体方案》和《云南省矿产资源开发整合实施方案》，29个重点矿区的资源整合全面推进，整合矿区内矿业权减少551个。通过整合，矿产资源开发布局得到优化，矿山结构进一步趋于合理。矿业开发由“多、小、散”向规模化、集团化转变，矿产资源综合利用水平显著提升，矿山安全生产状况明显好转，矿区生态环境明显改善，政府对矿产资源的宏观调控能力明显增强。四是全面推进矿业权有偿制度改革。全年共征收矿产资源有偿使用费5.67亿元，确认国家出资矿业权价款4.09亿元。五是规范矿产资源补偿费征收管理，积极做好矿业权评估，全面启动矿山储量动态监管工作。2007年全省矿产资源补偿费征收首次突破亿元大关，达1.06亿元，比2006年翻了一番，做到应收尽收和全额入库。完成矿产资源储量报告评审212份，备案197份，全省34种重要矿产的第一轮储量动态监测工作已完成70%，动态监管工作有了良好的开端。

地质灾害防治和地质环境保护

年内，全省各级国土资源管理部门积极开展地质灾害巡查和应急调查，山区丘陵区地质灾害普查顺利推进，加强地质灾害预报预警和群测群防体系建设，农村地质灾害防治知识万村培训行动成效显著。重点开展了东川、红河、绿春、德钦等地的地质灾害治理工程，全省共成功预报地质灾害124起，避免人员伤亡4917人，挽回财产损失4059万元，有效维护了人民群众的生命财产安全。完成大理苍山国家地质公园揭碑开园，澄江动物化石群、石林岩溶峰林等地质遗迹保护取得新进展，石林正式列入世界遗产名录，形成了一批重要的无形资产，珍贵的地质遗迹和地质景观得到有效保护。出台《云南省矿山地质环境恢复治理保证金管理暂行办法》等一系列政府规章和配套文件，首次在省内建立了矿山地质环境恢复保证金机制。争取矿山地质环境治理项目9个，资金2660万元，国家地质遗迹保护项目3个，资金790万元。

土地执法专项整治

2007年，为保证国家土地法律法规和土地调控政策的有效实施，巩固土地市场治理整顿成果，坚决惩处各类土地违法违规行为，根据国土资源部统一部署，9月15～12月底，全省国土资源系统深入开展了土地执法百日行动。在全省各级党委、政府的重视和支持下，各级国土资源管理部门采取有力措施，严查大案要案，督促重点地区整改，土地执法百日行动取得明显成效。共清理2005年以来“以租代征”、“擅自设立园区”和“未批先用”三类土地违法违规行为457起，占地6005.8公顷。除自行纠正和已获部批准用地的案件外，全省共立案406件，立案率88.8%，结案236件，罚没款7334.5万元，给予党纪政纪处分48人，移送司法纪检机关14人，保持了土地市场治理整顿搞压态势。年内，全省全面建立并推行查处国土资源违法犯罪案件协调机制，实现了国土资源行政执法和刑事执法有效衔接和查事与查人并重的制度保障。在全省范围内深入开展土地执法监察的制度建设和案件查处工作。省国土资源厅联合省监察厅开展查处土地违法违规案件专项行动，并积极配合相关厅局开展国有土地使用权出让情况专项清理和农村土地突出问题专项治理。加强动态巡查，应用卫星遥感技术开展第七次卫片土地执法检查，对重点地区进行跟踪督导，及时掌握重点地区土地违法情况，将违法行为的发现率、制止率列为重要考核指标。通过有案必查、查案必严，全省土地市场秩序得到明显改善。

土地利用

2007 年，全省各级国土资源管理部门认真贯彻落实《国务院关于加强土地调控有关问题的通知》，严把土地“闸门”，严格执行土地利用总体规划，强化建设用地审批管理，加快推动土地利用方式由外延粗放型向内涵集约型转变，全省土地节约集约利用水平明显提高。根据土地变更调查数据分析，全省 GDP 每增长 1 亿元新增建设用地 2007 年比 2002 年下降 28.7%。单位土地 GDP 产出从 2002 年的 58.25 万元上升到 2007 年的 122.65 万元，提高了 2.1 倍。积极开展旧城和旧村改造，推进建设用地整理，全年盘活存量土地 2752 公顷，占总供地的 31.8%。完成省级土地利用总体规划修编前期工作 21 个专题研究。

土地市场建设

2007 年，全省国土资源系统继续规范经营性国有土地招标拍卖挂牌出让。全省共供应土地 8632 公顷，土地出让成交价款达 160.4 亿元。其中，招标拍卖挂牌出让 3073 公顷，占总供地面积的 35.6%，成交价款 124.5 亿元。全面推进工业用地招拍挂出让，规范工业用地出让行为。及时解决全省工业用地中的历史遗留问题项目 132 个，面积 811 公顷，出让价款 11.4 亿元。完成了全省农用地等别划分和定级估价试点工作，发布土地市场信息 1236 条，土地市场信息公开发布和信息整理分析制度进一步健全规范。

矿业权市场建设

年内，以云南省矿业权交易中心为平台，建立起由政府主导的统一、规范的矿业权有形市场。2007 年，该交易中心以招拍挂方式完成一级市场矿业权出让 13 个，应收价款 1.78 亿元，入库 1.04 亿元。二级市场进一步规范，完成交易 260 件，转让合同金额 4.78 亿元，有力地推动了全省矿产业稳定健康发展。

干部队伍建设

2007 年，全省国土资源系统以深入推进“完善体制、提高素质”活动为契机，全面提升国土资源管理能力和水平。一是着力提高干部队伍素质。制定下发《关于加强全省国土资源系统领导干部班子建设的意见》和《云南省国土资源系统领导班子和干部考核奖励办法（试行）》。按照干部选拔任用的相关规定，决定任免及调整处级干部 70 名。同时，与地方干部交流渠道保持了畅通。2007 年 1 月至 2008 年 1 月，全省州（市）、县、乡三级国土资源部门向地方交流输送干部 98 名。干部结构进一步优化，干部管理机制进一步完善。举办各类培训班 181 期，培训人员 11378 人次；参加各类培训班 185 个，参培人员 1259 人次。干部整体素质明显提高。二是进一步加强基层国土所建设。按照“政治坚定、业务精通、制度健全、作风优良、清正廉洁、环境优美”的标准，把基层国土资源所建设作为强基固本工程，切实加强领导，加大投入，大力推进基层国土资源所标准化、规范化、制度化建设。组织召开了全省国土资源所规范化建设现场会，制定下发《云南省基层国土资源所规范化建设三年规划》，基层国土所的管理体制基本理顺，制度建设取得明显成效。三是不断加强党风廉政建设。全省国土资源系统以决策和执行为重点环节，以人财物和易于滋生腐败的部位为重点领域，着重抓好土地登记发证、土地开发整理、土地征转、供应、矿业权审批等环节的监督，进一步完善和规范程序，制定防范措施，有效实施事前预防、事中监督、事后查处。落实党风廉政建设责任制，形成了主要领导亲自抓，分管领导具体抓，其他领导配合抓，任务到人，责任明确，一级抓一级，层层抓落实，全系统上下齐抓共管的工作机制。2007 年省国土资源厅被省纪委、省监察厅评选表彰为“文明单位”。

基础业务工作

2007 年，按照国土资源部要求，全省国土资源系统积极推进“金土工程”一期建设，继续开展国土资源电子政务建设，基本建成结构完整、功能齐全、信息共享、多级联动、安全稳定的国土资源信息系统，使全省国土资源监测、监管和参与国民经济宏观调控的能力显著增强。全省 40 个国土资源信息化建设综合重点县分别完成土地利用规划数据库、城镇地籍数据库、城镇基准地价数据库建设。覆盖全省 4/5 的 2.5 米分辨率卫星影像以及近 70 个县县城规划区 0.6 米分辨率卫星影像基本完成正射影像图的制作，有力推动了全省土地调查和执法监察工作。同时，稳步推进地籍管理工作。年内，全面完成了 61 个县市土地更新调查收尾工作，全省第二次土地调查准备工作基本就绪，重点开展了高速公路用地和农村集体土地调查发证，积极推进城镇住房用地土地登记发证，城乡土地登记和地籍调查覆盖面不断扩大。到 2007 年底，全省累计登记发证 780 万本，《国有土地使用证》发证率达 90%。完成城镇、村庄地籍调查 3300 平方千米。

基本测绘工作

年内，全省基础地理信息资源建设进展顺利，测绘服务保障能力进一步增强，依法行政的能力和水平进一步提高。完成了全省三等水准网建设及 1: 万境界库建库工作。对 538 家持证单位进行了年度注册审查，新增测绘资质单位36家。为政府、部门、行业提供各类地图13941幅20228张，提供量较上年增长205%。同时，围绕区域协调发展、资源开发、环境保护等重点工作，编制完成《云南省省域主体功能区划空间决策支持系统设计方案》，较好地保证了经济社会发展对测绘的需求。

国土资源新闻宣传

2007年，省国土资源厅围绕全省国土资源中心工作，组织开展了一系列国土资源新闻宣传活动。一是与省科协、省地球物理学会及省地质学会在怒江州兰坪县联合举办了“4·22世界地球日”专家进兰坪科学传播活动，以“善待地球、节约资源”为主题，向当地矿政管理人员、矿山企业主和中小学生宣传资源环境的基本知识、基本国情省情、资源保护的政策法规及节约利用资源、保护地球环境的重要意义。二是与省政府新闻办、省土地学会联合举办了“6·25全国土地日”云南省专题新闻宣传活动，带领中央省内主要新闻单位记者团深入楚雄州、玉溪市、红河州三个州（市）的八个县（市、区）进行实地采访，集中宣传报道全省“节约集约用地、严格保护耕地”的突出成果和先进典型，引导全社会树立“节约集约用地，坚守耕地红线”的全民意识。三是按照国土资源部《关于做好全国土地执法百日行动新闻宣传工作的通知》，建立了土地执法百日行动新闻发布制度，召开四次全省土地执法百日行动新闻发布会，公开向媒体通报全省土地执法百日行动的进展情况，公布18个案件的查处执行情况，在中央政府网、新华网、云南日报等主流媒体刊登40余篇新闻报道，相关媒体转载新闻百余条。四是围绕2007年云南环保世纪行宣传活动主题“节能减排降耗，保护七彩云南”，积极配合省人大环资委开展2007年云南环保世纪行活动，大力宣传推广国土资源领域“节能降耗减排”的先进典型。带领中央电视台记者深入个旧矿山摄制危机矿山找矿纪录片，专题介绍个旧锡矿接替资源勘查工作最新进展和成果；组织中国国土资源报记者采访报道全省矿产资源整合工作和云南锡业集团的绿色节约型矿山创建工作，取得了较好的宣传和推荐示范作用。

（冉玉兰）

人口发展与控制

综　述

2007年，全省人口和计划生育各项工作都取得新成绩，全面完成了确定的各项人口发展目标任务。全省出生人口58.8万人，比上年减少了0.2万人；人口出生率13.08‰，比上年的13.2‰下降0.12个千分点；净增人口30.8万人，自然增长率为6.86‰，比上年的6.9‰下降0.04个千分点；死亡人口20万人，年末总人口4513.7万人。

贯彻中央人口问题决定精神

2007年1月9日，省委常委会专门听取省人口计生委关于全国人口与计划生育工作会议精神、党中央国务院对贯彻落实中央《决定》的要求、全省人口和计划生育工作情况及全省贯彻落实中央《决定》意见的汇报。省委常委会对全省人口计生工作取得的成绩给予了充分肯定，对全省面临的人口形势进行了认真分析，对全面加强人口计生工作统筹解决云南人口问题进行了全面部署，提出了具体的要求。7月、10月省人口计生委先后两次组织较大规模范围的督查调研，深入基层，对各州、市贯彻落实中央《决定》精神和年度目标任务完成进展情况进行了全面督查，促进了各州、市工作的均衡发展。

2007年4月和8月，省人口计生委先后召开了全省州市人口计生委主任会议、全省人口计划生育形势分析会，通过认真学习中央《决定》精神，结合云南实际，特别是根据中央的有关精神，参照国际标准和国家测算方法分析判断，得出相对统一的认识。全省总体人口形势已进入稳定低生育水平阶段，但同时面临极高的反弹现实风险，需要经过一段相当长的后稳定时期。总的思路是：控总量、提素质、促统筹、谋和谐、求发展。控总量，就是稳定低生育水平，控制人口数量；提素质，就是按照中央《决定》和十七大精神，努力提高出生人口素质；促统筹，即在控制数量的同时，要统筹其他方面的任务和要求达到谋和谐、求发展，实现人与自然、人口与经济社会资源环境协调可持续发展。

农业人口独生子女家庭奖励

2007年，全省新办农业人口《独生子女母光荣证》4.96万户。自实施“奖优免补”政策以来，全省共有52.4万户农户领取了《独生子女父母光荣证》，是之前24年累计领证数的3.8倍。由于实施“奖优免补”政策，全省人口增长得到有效控制。

出生缺陷预防试点

年内，在稳步推进对农业人口实施免费出生缺陷干预的25个县试点工作的同时，上报省政府批准增加20个县作为出生缺陷干预工程重点县，其余84个县开始开展出生缺陷预防的宣传、婚前培训和技术人员培训等工作。根据国家人口计生委会议精神和省政府的要求，省人口计生委注意抓好各项试点工作任务的落实，加强分类指导，做好婚前培训、孕前检查、科学服药等各个环节的工作，着力指导试点县探索城镇人口出生缺陷干预的偿服务机制，为全面启动出生缺陷一级预防工作奠定了良好的基础。

宣传教育

1月，省计生部门启动实施“新农村新家庭——大香格里拉地区人口健康促进”项目；配合中央党校和国家人口计生委在腾冲筹备召开全国党校系统人口理论教学研讨会；为倡导科学生育观念、宣传生殖健康科普知识，省人口计生委与省卫生厅、昆明市政府于4月25～5月4日联合主办了中国（昆明）首届生殖健康暨性文化博览会，取得了良好的社会效果。

推广使用安全套

2007年，深入贯彻落实省政府办公厅颁发的《云南省推广使用安全套管理暂行办法》，进一步加大了安全套推广的保障力度；省人口计生委组织编写《推广使用安全套一天培训教材》，促进了推广使用安全套预防艾滋病工作的进一步规范发展；充分发挥人口计生部门在防治艾滋病工作中主力军作用，利用农村计划生育服务站所等设施对重点人群培训宣传，通过健康筛查、设立“爱心屋”、“女性健康中心”等加强培训，提高安全防范意识，增强防治信心；积极关心和帮助艾滋病感染者或高危人群防治艾滋病，通过一些人性化的措施，使敏感问题非敏感化，防治工作日常化。

统筹解决人口问题能力建设

2007年，以中央《决定》精神为指导，从适应新时期人口计生工作发展需要出发，在人、财、物力各方面加大投入，切实增强全省人口计生系统统筹解决人口问题的能力。一是财政投入进一步加大；二是进一步加强人口计生服务网络建设，国家和省级共安排了4306万元。其中，国家发改委补助2766万元，省级发改委补助1540万元。资金用于新建和改扩建33个县级服务站、62个乡级服务所；三是努力增强基层计划生育技术和出生缺陷干预服务能力，安排660万元资金为服务站所配备了一批必要设备。

流动人口计划生育管理

2007年，全省加强流动人口计生管理工作：一是服务保障措施得到加强；二是建立了以现居住地为主的流动人口计划生育管理工作机制；三是联合各级公安、劳动保障、建设、教育、卫生、工商等部门，按照国家人口计生委等9个部门联合下发的《关于进一步做好流动人口计划生育工作的意见》要求，认真履行部门职责，加强协调和配合，联合构建流动人口合署办公平台，积极探索“一站式”、“一证式”管理服务模式，共同开展流动人口计划生育管理服务工作，流动人口计划生育综合治理工作格局初步形成；四是切实维护流动人口生殖健康合法权益，现居住地计划生育技术服务机构积极为流动人口提供查环、查孕、查病、治病服务，免费发放避孕药具，开展避孕节育技术服务。外来流动人口对云南人口计生工作的满意度逐年上升。

人口计生交流合作

年内，“联合国人口基金计划生育/生殖健康第六周期项目”、“中国中西部生殖健康/计划生育家庭保健服务能力建设项目”等多个国际合作项目进展顺利；积极争取“幸福工程——救助贫困母亲行动”的援助项目，争取到国家、北京市、上海市部分项目支持；成功接待发展中国家高官考察团对云南省人口和计划生育工作的考察，进一步树立了全省人口和计划生育工作的良好形象，扩大了对外影响。

省委专题研究人口计生工作

1月9日，省委书记白恩培在昆明主持召开常委会议，学习传达全国人口计生工作会议精神，党中央国务院对贯彻落实中央《决定》的要求，就如何做好全省人口和计生工作进行了讨论。会议认为，在省委、省政府的正确领导下，经过全社会的共同努力，特别是近几年来制定和实施“奖优免补”政策，全省人口和计划生育工作成效显著，人口出生率由1971年38.1‰下降到2006年的13.2‰，人口自然增长率由1971年30.09‰下降到2006年6.9‰，提前5年实现全省人口自然增长率到2010年控制在8.44‰内的目标，35年少生了1329万人，受到国务院的表彰和奖励。省委要求：一是要坚定不移地贯彻落实人口与计划生育工作的基本国策；二是要坚持“两手抓、两手都要硬”；三是要进一步为人口和计划生育工作创造条件，营造环境；四是要进一步加强领导，落实责任、狠抓落实。会议决定：原则同意以省委、省政府名义出台贯彻落实《中共中央国务院关于全面加强人口和计划生育工作统筹解决人口问题的决定》的实施意见，要求有关部门抓紧研究起草。同意适当时候以省委、省政府名义召开全省人口与计划生育工作会议，全面部署我省人口与计划生育工作。同意适当时候，由省委组织对各地各部门贯彻落实《中共中央国务院关于全面加强人口和计划生育工作统筹解决人口问题的决定》及全省人口与计划生育情况，进行一次督促检查。

人口健康促进项目在迪庆启动

1月4日，由国家人口和计划生育委员会主办的新农村新家庭——大香格里拉地区人口健康促进项目在迪庆藏族自治州正式启动。国家人口和计划生育委员会主任张维庆，国家人口和计划生育委员会副主任、项目领导小组组长赵白鸽，云南省副省长高峰，西藏自治区政府副主席德吉出席启动会。张维庆在会上作了重要讲话。赵白鹤在会议上作了《大香格里拉地区人口健康促进项目的意义和影响》的主旨发言。高峰、德吉分别讲话，表示要珍惜机会，加强领导，认真推进项目建设取得实效。中国（海南）改革发展研究院执行院长迟福林教授，清华大学传媒中心主任李希光教授，全国政协委员、TCL集团股份有限公司执行董事韩方明，国家人口计生委项目领导小组副组长兼专家组组长、昆明医学院健康研究所所长张开宁教授在会上分别发言。

生殖健康暨性文化博览会

4月25日~5月4日，“2007中国昆明生殖健康暨性文化博览会”在昆明国际会展中心举办。博览会以“预防艾滋、文明健康、构建和谐”为主题，主要内容包括：中华古代性文化展、性健康与疾病防治、防治艾滋病、计划生育科普展览、义诊和咨询服务、生殖健康和性保健用品展销等。博览会由省人口和计划生育委员会、昆明市人民政府主办，省健康教育所、春城晚报等承办。

2007年中国昆明生殖健康暨性文化博览会现场

（江　云　摄）

全省人口计划生育形势分析会

8月1日~2日，全省人口计划生育形势分析会在蒙自县召开。会议认为，自1999年以来，经过长期努力，全省人力增长过快的势头得到有效控制，从2007年起，全省已进入低生育水平的行列和低生育水平发展阶段。从1996年至2007年12年间，随着人口与计划生育工作的深入发展，全省人口出生率由20.87‰下降到13.08‰，人口自然增长率由1996年12.93‰下降为6.86‰，出生率和自然增长率分别下降了7.79和6.07个千分点，人口过快增长势头得到了有效控制。2007年上半年，全省人口出生水平仍比上年同期有所下降，全省计划生育工作继续保持良好的发展态势。

上海援滇幸福工程项目启动

11月30日，上海市人口计生委、计生协在昆明与云南省人口计生委、云南省计生协会举行签约仪式，决定在迪庆藏族自治州德钦县建立计划生育幸福工程项目点，提供幸福工程捐款15万元，帮助当地计划生育家庭贫困母亲脱贫。上海市计生委对云南省人口计生工作实行对口邦扶合作以来，在人口与计划生育科技合作方面，分别于2001年、2002年对全省的县级服务站站长进行了计划生育生殖健康和新技术的免费培训，并于2003年在景洪市橄榄坝乡服务所援助开展了合作项目，资金达25万元，提升了云南省基层人口计生工作的服务水平和服务能力的建设。上海市计生协会先后3次在云南省的宁蒗县、瑞丽市、香格里拉县资助开展幸福工程项目，这次是第四次在云南省建立幸福工程项目点，项目累计资金达46万元。

北京资助勐腊“幸福工程”项目点

11月，北京资助“幸福工程”勐腊项目点启动仪式在云南省勐腊县举行，这是全国“幸福工程”组委会在云南省建立的第6个项目点。北京市人口计生委和计生协出资28万元项目资金用于帮助勐腊县贫困母亲发展生产，帮助贫困母亲走向幸福路。在启动仪式上，勐腊县“幸福工程”项目办公室与贫困母亲户签订了项目协议书。项目将按照《幸福工程——救助贫困母亲行动管理办法》的要求，通过“小额资助、直接到人、滚动运作、劳动脱贫”的运作模式，帮助受助贫困母亲“治穷、治愚、治病”。

云南人口计生系统开展“四新”活动

2007年，全省在社会主义新农村建设中开展“四新”活动：一是倡导新风尚。引导农民大力弘扬以爱国主义为核心的民族精神和以改革创新为核心的时代精神，继承艰苦奋斗、自力更生精神，通过宣传教育，使家庭有新的婚育观念，做到家庭生育计划自觉服从生育政策和政策计划，主动配合和支持人口计划生育管理和服务，积极推动群众性精神文明创建活动，开展和谐家庭、和谐村组、和谐村镇创建活动，倡导社会主义荣辱观、婚育新风、男女平等、崇尚科学、正派善良、诚实守信、尊老爱幼、移风易俗、遵纪守法、说话文明、待人礼貌、讲究卫生、拒绝黄赌毒、不参与迷信活动，提倡科学健康的生活方式，形成文明向上，积极进取的新风尚。二是培育新农民，组织农民学文化、学技术、学管理，学习市场信息、生殖健康、优生优育等科学知识，开展丰富多彩的文体活动，不断提高农民思想道德素质和科学文化素质。促进农民全面发展，争做有文化、懂技术、会经营的新型农民，激发他们热爱家乡的热情，增强建设新农村的责任感和使命感。三是争创新农家。即创富裕农家：有文化素质、科技素质、管理素质，积极发展家庭经济，增加致富项目，使家庭人均收入逐年明显稳定增长，影响和带动周围群众科技兴家，勤劳致富。创文明农家，崇尚科学、文明、进步的新观念，树立正确的家庭观、婚育观和审美观，移风易俗，遵纪守法。创健康农家：环境整洁，庭院整洁，衣着得体，物设有序，关心身体健康，注重生育质量、生存质量和生活质量。创和谐农家；家庭民主、尊老爱幼，夫妻相爱，邻里友善，美满幸福。创高尚农家：热爱国家，关心集体，乐于奉献，积极参与各项社会活动和社会公益事业，在社会主义新农村建设中争当骨干。四是建设新农村。建设生产发展、生活富裕、村容整洁、乡风文明、管理民主的新农村。

（蔡　玲）

国民经济运行特点

综 述

2007年，云南省坚持以科学发展观统领经济社会发展全局，紧紧围绕科学发展、和谐发展，加快转变经济增长方式，着力提高经济增长的质量和效益，努力克服重大自然灾害频发、煤电油运紧张等不利因素影响，全省国民经济稳健运行，呈现出增长速度较快、经济效益较好、民生不断改善的良好局面。

2007年全省实现生产总值4721亿元，比上年增长12.3%。其中：第一产业完成增加值868.09亿元，增长6.1%；第二产业完成增加值2040.44亿元，增长15.1%；第三产业完成增加值1813.24亿元，增长12.1%。三次产业结构由上年的18.7∶42.8∶38.5调整为18.4∶43.2∶38.4。人均GDP达到10450元，按年末汇率折算为人均1430美元。非公经济创造增加值1753亿元，占全省生产总值的比重达37.3%，比上年提高0.8个百分点。

新农村建设

2007年，全省农业总产值完成1400亿元，比上年增长8%；农业增加值完成868亿元，增长6%。粮食生产实现连续5年增产。全年粮食作物播种面积6371.4万亩，粮食总产量1546.68万吨，取得了从2003年以来连续5年增产的可喜成绩。蔬菜、油料、花卉、烤烟、茶叶、橡胶、甘蔗、水果等农产品产量也有不同程度的增长。畜牧业稳步发展。全年肉类总产量达335万吨，增长4%。其中，猪肉272万吨，增长3%；牛肉25.6万吨，增长6.2%羊肉12.5万吨，增长10.6%；家禽24.9万吨，增长10.2%；禽蛋22.4万吨，增长9.1%；牛奶40万吨，增长9.9%。

全省农业结构进一步优化。优质粮食作物播种面积2300万亩，比上年增加140万亩，增长6.5%。蔬菜、马铃薯、甘蔗、茶叶、橡胶、水果、蚕桑、咖啡、花卉、中药材等10种优势农产品种植物面积达3650万亩，比上年增长6%，以核桃为主的特色经济林2550万亩，增长26.9%。冬季农业开发面积1800万亩。省级以上重点农业龙头企业由96家增加到162家，带动农户约530万户。

全年新建成高稳产农田100万亩、基本农田100万亩；新增节水灌溉面积50万亩、旱涝保收面积20万亩。新增解决100万农村人口饮水安全问题，新建农村沼气池20万口，农村改灶11万户，完成退牧还草工程70万亩。

工业经济

2007年，全省工业增加值完成1701.78亿元，比上年增长17%。其中：重工业完成工业增加值810亿元，增长16.5%；轻工业完成工业增加值690亿元，增长17.9%。一是烟草支柱地位得到巩固。全年累计生产卷烟670.27万箱，增长3.4%；累计完成工业增加值540亿元，增长17.7%，占规模以上工业增加值的比重为36.1%。全省烟草制品业实现主营业务收入700亿元以上。二是重点行业全面增长。全省38个工业行业大类中，有34个行业增加值均保持了增长。重点考核的六大支柱产业共完成工业增加值1055亿元，增长17.8%，增速比全省平均水平高0.3个百分点，占全部规模以上工业增加值的70.6%，有力地支撑了全省工业经济的发展。三是龙头企业带动作用突出。通过大企业战略的实施，充分发挥了龙头企业在工业经济中的带头作用。全年销售收入100亿元以上的企业有：红塔集团、红云集团、红河集团、铜业集团、昆明钢铁集团、云天化集团、云南冶金集团、云锡集团、煤化工集团、云南电网等。四是工业经济效益明显提高。全年工业经济效益指数为262.18，比上年提高23.12个百分点；主营业务收入3812.40亿元，增长27.2%；利税总额980.56亿元，增长23.7%；利润366.16亿元，增长29%。五是节能减排取得明显成效，启动全省百家企业节能行动，对年综合能耗在1万吨标准煤以上的100家工业企业实行节能目标责任制，关停和拆除了一批高耗能、高污染企业。淘汰了500万吨水泥、10万吨黄磷、150万吨焦炭等落后生产能力。全年单位生产总值能耗下降完成年度目标，二氧化硫排放量、化学需氧量分别削减4.5%和1.36%，全面完成2007年节能减排任务。

固定资产投资

全年固定资产投资完成2798.89亿元，比上年增长26.1%。其中，全省第一产业投资72.19亿元，增长10.5%；第二产业投资997.47亿元，增长24.9%；第三产业投资1729.23亿元，增长27.5%，三次产业投资呈现全面增长态势。全省亿元以上在建项目822个，完成投资1276.82亿元，重大项目投资占全省固定资产投资比重达到45.6%，工业、公路建设和房地产业三大重点行业投资占全社会固定资产投资的61.8%，重大项目和重点行业在投资中发挥了极其重要的带动作用。

消费品市场

全年社会消费品零售总额1394.54亿元，比上年增长17.3%，增幅比上年提高2.4个百分点。其中，城市实现消费品零售额771.32亿元，增长18.3%；农村（县及县以下）实现消费品零售额623.23亿元，增长16.1%。非公经济实现社会消费品零售额1150.48亿元，市场份额达82.5%。在限额以上批发零售贸易业商品零售额中，受食品价格快速上涨的影响，粮油类增长44.9%，肉禽蛋类增长21.3%；日用品类增长25.4%，金银珠宝类增长1.09倍，家用电器和音像器材类增长24.9%，通讯器材类增长39.1%，建筑及装潢材料类增长1.71倍，家具类增长82.7%，汽车类增长9.9%。

民生改善

2007年，全省财政用于民生领域的投入达628.1亿元，占全省支出的55.4%。从居民收入看，全年城镇居民人均可支配收入达1.15万元，实际增长7.8%；农民人均纯收入2600元，实际增长10%。从农村教育看，全面实行农村义务教育“两免一补”政策，免除了610万名农村义务教育阶段学生的学杂费，并扩大补助范围、提高了标准，并向261万学生免费提供了教科书；对职业学校和高等院校的困难学生实行救助；改造中小学危房80多万平方米。从农村卫生看，全省财政用于医疗卫生的资金近60亿元，新农合实现全覆盖，有3100万农民参加，参合率达86%。70多万城镇居民参加了基本医疗保险。从农村生活条件直，投入5亿元财政资金，完成了16.6万农村民居地震安全工程建设。从就业看，新增城镇就业22万人，解决了8.3万失业人员的再就业问题，动态消除了零就业家庭。转移农村富余劳动力137万人。从社会保障看，有1240万人分别享有养老、医疗、失业、工伤、生育保险，开展了城镇居民基本医疗保险试点工作和职工医疗互助活动。建立城乡最低生活保障制度，310万城乡特困群众得到扶助；其中农村有228万绝对贫困人口全部纳入低保范围。从居住条件看，建成了10多万平方米廉租住房。城镇3/4左右的家庭拥有两居室以上住房，农民人均住房面积超过26平方米。从减灾救灾看，成功抵御了干旱、冰冻、洪涝以及地震等自然灾害，恢复重建顺利进行，灾区人民生产生活得到保障。2007年6月发生强烈地震的宁洱县，有8000多户居民的房屋受到损害。在中央、国务院和国家有关部委以及社会各界的帮助下，省财政筹措6.3亿元用于恢复重建，灾民在春节前后全部搬进了新居。

财政收支

2007年，全省财政总收入完成1111.3亿元，比上年增加224.3亿元，增长25.3%。其中，地方财政一般预算收入完成486.5亿元，增长28%，增幅创10年来最好水平；各项税收收入完成378.4亿元，增长26.4%。重点支出保障有力，农林水事务、教育、医疗卫生、社会保障和就业支出分别比上年增长22.7%、14.1%、31.1%和26.9%。

金融运行

年末全省金融机构人民币各项存款余额7170.87亿元，比年初增加1041.17亿元，增长17%；其中，企业存款余额2578.84亿元，比年初增加516.76亿元，增长25.1%；居民储蓄存款余额3046.4亿元，比年初增加191.69亿元，增长6.7%。年末金融机构人民币各项贷款余额5671.66亿元，比年初增加868.16亿元，增长18.1%；其中，短期贷款余额2125.16亿元，比年初增加236.11亿元；中长期贷款余额3363.25亿元，比年初增加634.98亿元。

外贸旅游

全省外贸进出口总额完成87.8亿美元，增长41%。其中，出口完成47.4亿美元，增长39.6%；进口完成40.4亿美元，增长42.4%。全省实际外商直接投资4亿美元，增长32.5%。全年接待海外旅游者230万人次，实现旅游外汇收入8.5亿美元，分别比上年增长27.1%和29.2%；接待国内旅游者8900万人次，比上年增长15.3%；全省实际旅游业总收入580亿元，比上年增长16.1%。

存在的突出矛盾

一是消费价格上涨快，增加了居民负担。全年居民消费价格上涨5.9%，特别是食品类价格上涨过快，涨幅高达14.1%，加重了低收入居民的生活负担。二是基础原材料价格持续大幅上涨。全年原材料、燃料、动力购进价格水平上涨8.2%，高于工业品出厂价格上涨幅度2.5个百分点。成品油、电、天然气、金属矿砂等原材料价格不断攀升，下游企业盈利空间受到明显挤压。三是农资价格不断上涨。农业生产资料价格比上年上涨7%，其中，饲料类价格上涨9.3%，化肥价格上涨4.1%，农机用油价格上涨5.2%，农用薄膜价格上涨4.3%，产品畜价格上涨28.5%，农民生产成本大幅增加。四是煤电油运“瓶颈”制约加剧。全年产煤7755万吨，比计划用煤量短缺550万吨。省电网缺煤停机280万千瓦，全省日缺电量5000万千瓦小时。铁路运输请车满足率仅为19%，全省积压出省物资约310万吨。成品油供应紧张。

（张懋功）

主要行业与部门

林　　业

综　述

2007年，云南省林业以科学发展观统领各项工作，以建设生态文明为主题，深化改革、锐意进取、开拓创新，在省委、省政府的正确领导和国家林业局的支持帮助下，通过全省林业干部职工的共同努力，较好地完成了各项任务。林业生态建设力度不断加大，森林资源得到有效保护，营造林面积大幅增加；林业产业发展步伐进一步加快，八大产业取得新突破，林业产值明显提高；集体林权制度改革全面推进，理顺了工作机制，激活了发展机制；林业的功能得到了拓展，内涵更加丰富，地位不断提升；社会各界关注林业、参与林业建设的积极性空前高涨，林业特色优势得以充分彰显，资源潜力得到有效发挥，全省林业工作进入又好又快发展时期。全省共完成营造林40.67万公顷，同比增加13.7万公顷，与上年相比增长50.4%；全民义务植树1.02亿株，全省林业总产值达352亿元，全省森林覆盖率达50%以上；全省森林防火实现了无大火、无重大伤亡的“双无”目标。

林业生态建设

至2007年末，云南六大重点生态工程稳步推进，全民义务植树深入开展。天保工程区1242.29万公顷天然林得到有效管护，9.38万公顷天保工程公益林和5.34万公顷退耕还林任务全面完成。新建农村沼气池20.67万户，农村节能改灶14.36万户，推广太阳能热水器面积10万平方米。生物多样性保护得到进一步加强。野生动物肇事补偿和重大野生动物疫病监测防控工作取得新进展，高黎贡山等3个国家级自然保护区示范建设项目先后启动，《云南省生物多样性保护工程规划》、《云南省湿地保护工程规划》编制完成并得到省政府批准。在全国率先建立了“自然保护区重大建设工程生物多样性影响评价制度”，受到国家林业局高度评价，被批转全国各省市区参照执行。全省森林覆盖率已达50%以上，有林地面积和森林蓄积量实现连年双增长，森林资源质量进一步提高，森林生态功能不断增强，生态体系进一步完备。

林权制度改革

2007年，全省16个州（市）、129个县（市、区）、全面启动了林改工作，9个省级试点县基本完成主体改革任务，转入配套改革试点阶段。全省有8.19万个村民小组完成外业权属勘查，确权户数324.9万户，确权宗地数599.7万宗，确权面积860万公顷，已核发林权证74.4万本，发证面积673万公顷，确权面积和发证面积分别占全省集体林面积的39.8%和34.8%。2007年，全省林改成效初步显现：一是促进了森林资源的有效保护。林改使山林成了群众自家的财产，群众营林护林的积极性空前高涨，彻底改变了过去那种“林不归我，我不爱林；利不连我，我不营林；责不罚我，我不护林”的现象。全省实施林改以来，乱砍滥伐案件同比下降20.6%，森林火灾同比下降47.6%。二是开辟了农民增收的新途径。集体林产权明晰到户后，林农依托森林资源这一重要的生产资料，发展林业生产，开展多种经营，大幅度地增加林业收入。三是使林产业焕发了生机。林改激活了产业发展机制，让林业投资者吃下了“定心丸”，林业建设的社会投资大幅增加，促进了林业产业的快速发展，全省林业总产值达352亿元，引入产业发展资金3.07亿元。四是推动了集体经济的发展。各地结合实际，按照“村提民用”的原则，采取适当收取林地、林木使用费的办法，壮大了集体经济实力，增强了基层组织为民办事、为民服务的能力。五是促进了农村社会的和谐。为了防止林改中出现破坏森林资源的情况，云南省政府适时出台了《关于加强森林资源林政管理工作的意见》确保了森林资源的安全。省林改办召开了昆明、楚雄、玉溪、红河、普洱等5州市山林纠纷调处工作协调会，组织了普洱市与西双版纳州行政接边地区林权纠纷协调工作。林改以来，全省共排查山林纠纷近12.8万件，已调处11万多件，调处率达86%，有效地促进了社会的和谐和林改的顺利推进。

林业产业发展

2007年，全省林业系统始终把兴林富民作为现代林业发展的根本宗旨，大力加强林业八大产业建设，有效推进了林产业经济总量快速增长，产业质量进一步提高，产品竞争能力进一步增强。林业总产值达到330亿元，同比增长13.4%。尤其是以核桃为主的特色经济林和以膏桐为主的生物质能源发展迅速，核桃面积达到82.4万公顷，新增20万公顷，实现产值66亿元。种植膏桐5.88万公顷，总规模达到6.67万公顷，成为全国发展最快的省份。野生食用菌已成为全省第二大出口创汇农产品。以森林生态旅游为主的第三产业呈现良好发展势头，逐步成为全省旅游业提质增效新的增长点。林业产业协会建设得到全面加强，林业龙头企业辐射带动作用日益明显，省级龙头企业已达68户。在全国林业博览会上，共获金银奖29项，有效提升了我省林产品的竞争力和影响力。

核桃产业

2007年，云南核桃产业已发展成为重要特色产业，种植面积达82.4万公顷，居全国之首，产量突破30万吨，产值达60亿元。其中：大理州核桃总产值达30亿元，仅核桃一项就使山区群众人均增收335元，部分核桃种植大户的收入已超过5万元；漾濞县是国家林业局命名的“全国经济林核桃之乡”，全县泡核桃种植面积45万亩，核桃产量达6000多吨，全县农民人均核桃收入达到800多元，约占全县农民人均纯收入的52%；宾川县拉乌乡总人口1万多人，人均拥有核桃8亩以上，农民人均年收入4000多元，来自核桃的收入就达2800元，占农民人均年收入的70%。被群众称为“铁杆庄稼”、“木本油料”、“摇钱树”、“致富树”。

（王　锐）

林(竹)浆纸原料林基地项目

2007年，根据《云南省林业产业发展规划》（2006~2020年），云南把林（竹）浆纸产业列为八大重点林产业之一，确定全省166.67万公顷林（竹）浆纸原料林基地的规模和发展布局。其中：红河25.34万公顷、普洱51.34万公顷、保山14.67万公顷、德宏8.67万公顷、临沧20万公顷、西双版纳3.34万公顷、文山16.67万公顷、曲靖13.34万公顷和昭通13.34万公顷。先后完成了金光纸业（中国）投资有限公司与云南省合资建设普洱林浆纸一体化40万公顷基地项目可行性研究报告（代项目建议书）编制；金光纸业（中国）投资有限公司澜沧县20万公顷、西盟县1万公顷、孟连县3.33万公顷速生丰产用材林基地项目可行性研究报告编制；金光集团普洱64.33万公顷浆纸一体化基地建设可行性研究报告编制；金光纸业（中国）投资有限公司文山州36.67万公顷速生丰产用材林基地项目可行性研究报告编制；省投资公司勐像竹业有限公司3.33万公顷竹浆基地总体规划和可行性研究报告编制；云景林纸公司30万吨磨木浆13.33万公顷用材林基地建设项目可行性研究编制；陆良县1.33万公顷速生丰产造纸林基地项目建议书编制；陆良银河纸业有限公司曲靖市8万公顷速生丰产用材林基地建设项目使用林地可行性研究报告编制；沈阳天巍集团建设红河州弥勒县竹浆一体化4.73万公顷竹材基地项目可行性研究报告编制和绥江县竹产业发展规划及竹浆一体化竹基地建设项目可行性研究报告编制工作。至年末，全省共计完成14余万公顷的林（竹）浆纸原料林基地建设。其中：金光集团完成了5.93万公顷，陆良纸厂（企业+农户）完成了1.33万公顷，云景林纸完成了5.53万公顷，天巍完成了0.13万公顷，溪江中信（企业+农户）完成了0.4万公顷，临沧晶莹（企业+农户）完成了0.67万公顷。

（王　锐）

野生动植物保护管理

2007年，全省牢固树立科学发展观，坚持以人为本、全面协调可持续发展方针，紧紧围绕全省野生动植物保护工作重点，进一步解放思想，更新发展理念，创新发展模式，抓好野生动植物保护和自然保护区建设工程，实现了生态建设和林业产业的协调发展，野生动植物保护工作成效显著。一是抓规划，指导全省生物多样性保护有序开展。完成《云南生物多样性保护工程规划》和《云南湿地保护工程总体规划》，并上报省政府批复。2个《规划》填补了云南空白，为积极推动云南省生物多样性和湿地保护工作奠定了基础。永德大雪山、大围山国家级自然保护区总体规划、大山包黑颈鹤国家级自然保护区生态旅游总体规划得到国家林业局批准；完成白马雪山、西双版纳国家级自然保护区生态旅游总体规划和8个省级自然保护区总体规划和澜沧江、威远江、驮娘江省级自然保护区科学考察。二是抓规范，提高科学执政能力。由省林业厅组织编制的《云南省生物多样性影响评价技术规范》得到国家林业局批准，对在自然保护区实验区开展的重点工程实行生物多样性影响评价制度，妥善科学处理9件重大工程建设涉及保护区问题，为政府的科学决策提供依据。此外，配合林改办开展自然保护区林改工作调研，为林改提供决策依据。三是积极争取国家支持，加强保护区建设。启动西双版纳、白马雪山和高黎贡山3个国家级自然保护区示范建设，争取国家保护区基础设施建设投资1100万元。积极推进高原湿地保护，争取国家湿地保护工程基本建设投资1040万元；云南红河哈尼梯田湿地公园得到国家林业局批准。完成云龙天池省级自然保护区晋升国家级自然保护区组织上报工作；完成高黎贡山、大围山、白马雪山3个国家级自然保护区生态旅游试点部分建设工作，为生态旅游做好前期工作。积极做好4个国际重要湿地的监测数据上报和宣传工作。四是加强野生动植物保护管理，促进野生动物驯养繁殖产业健康发展。争取到国家的支持，将云南纳入野生动物肇事补偿工作试点范围，得到国家和省级安排972万元的补偿经费。制定并出台了《云南省陆生野生动物重大疫病监测和和应急预案》，进一步加强动物肇事补偿和疫病监测工作，提高预防和处置突发事件的能力。修改完善《云南省野生动物经营利用管理办法》，为野生动物驯养繁殖产业的发展提供政策保障。五是加强与科研院所和院校的合作。与中科院昆明动物研究所合作建立黑长臂猿研究基地，合作开展黑颈鹤、中甸叶须鱼繁殖、白掌长臂猿等研究；与西南林学院合作开展麋鹿栖息地、黑颈长尾雉研究；与中科院动物研究所合作开展滇金丝猴研究；与北京大学合作开展保护区监测体系建立培训；与北京师范大学合作开展亚洲象研究等。与中国野生动物协会、中国科协等单位合作开展陆栖小型脊椎动物野外工作和标本制作技术培训。支持中科院昆明植物研究所种质资源库建设，并合作开展"云南省自然保护区野生植物种质资源采集与保存培训"。六是认真组织实施好外援项目。全球环境基金（GEF）项目得到世界银行检查组的好评，及时下达了2007年度的（GEF）项目计划，并对项目实施4年来的工作进行认真总结，接受世界银行检查组的检查。检查组赴现场检查后，充分肯定云南省所作的工作和取得的成效，对全省3个项目执行单位的实施工作给予了高度评价。认真做好FC-CD项目的巩固期总结工作，与WWF、CI、TNC和FFI开展相关培训合作。七是加强宣传教育工作，提高群众的保护意识。与省教育科学院合作，联合开展"走进保护区、热爱大自然"儿童夏令营活动。贯彻落实省委、省政府七彩云南保护行动计划，在昆明开展了为期2周300多人参加的以"关爱自然，亲近鸟类"为主题的爱鸟周活动，组织了全国鸟类环志培训班，开展了为期一周的鸟类环志活动。协助中央电视台拍摄、录制宣传亚洲象救护等工作的专题片，已在中央电视台"绿色空间"栏目播出。

（省保护办）

退耕还林

2007年，全省退耕还林保护自然生态取得明显成效。全省累计在25度以上和15～25度陡坡耕地分别退耕还林21.5万公顷和8.86万公顷，占退耕地还林任务的62.4%和24.9%，有效地减少了全省陡坡耕作面积，工程区水土流失面积大幅度下降。据退耕还林生态效益监测站监测，25度以上陡坡耕地营造乔木树种的地块，其径流量下降82%，泥沙含量下降98%，土壤有机质增加了0.78个百分点，全氮、全磷有所减少，水解氮增加了1.42个百分点，增加了土壤肥力，改良了土壤，生态效益明显。通过实施退耕还林工程，全省增加了林草面积83.18万公顷，覆盖度增加2.3%，局部遏制了水土流失，有效地控制了泥沙流量，工程区生态环境得到了较大改善，为加快全省经济社会发展、维护国家生态安全作出了重要贡献。

资源林政管理

年内，全省出台《关于加强森林资源林政管理工作的意见》，编制了"十一五"期间工程建设项目使用林地年度定额。规范了林地征占用审核审批程序，加强了林木限额采伐管理，强化了森林植被恢复费的征收、管理和检查。对国家和省的重点工程征占用林地、采伐林木，采取召开协调会，简化办事程序，提高办事效率等措施，保障了重点工程的建设。2007年，省厅共审核审批和上报审核审批各项建设工程征占用林地1015宗，收取森林植被恢复费4.4亿多元。省厅被国家林业局评选为"全国保护森林资源先进单位"。在国家林业发展一、二级区划方案的基础上，组织编制了全省林业发展三级区划方案。矿区植被保护与生态恢复工程规划工作全面展开，矿区资源本底调查全面完成。通过对森林资源连续清查第五次复查，建立、完善了森林资源州（市）级连清体系，已有101个县完成了森林资源二类调查。

（陈立贤）

森林公安队伍建设

2007年，全省森林公安队伍紧紧围绕"维护林区社会稳定、服务林业改革发展大局"的总目标，以"三基"工程为载体，大力加强队伍思想、组织、作风、业务技能和基础设施建设，不断强化内部管理，正规化建设深入推进，执法能力进一步增强，办案质量明显提高。圆满完成了"绿盾二号"、"区域性严打"专项整治行动。共查处各类森林和野生动物案件1.3万起，打击处理违法犯罪人员1.4万余人，为国家挽回经济损失8104.3万元。省厅被国家林业局评为"'绿盾二号'优秀组织单位"，5个森林公安单位被国家林业局评为先进集体。林业行政执法工作取得较好成绩，获省政府好评。

林区禁种铲毒

2007年，按照禁毒人民战争的总体部署，认真履行林区禁种铲毒、配合打击毒品犯罪和林区禁毒宣传三大职责，积极组织开展"天网四号"扫毒行动和林区禁毒专项行动，重点整治了林区走私、贩运毒品通道，依法铲除了一批在林区非法种植的毒品原植物，抓获了一批吸贩毒违法犯罪分子，得到了省政府、省禁毒委和国家林业局森林公安局的充分肯定，省局被国家林业局森林公安局评为林区禁毒优秀组织单位，曲靖和临沧两市局被评为禁毒先进单位。全年全省森林公安机关共出动民警3.72万人次，踏查可疑地块4934处，清理林区出租房2851间，成立全民禁毒教育工作队15个，组织宣传活动275次，制作、散发宣传材料5.36万份，铲除毒品原植物大麻和罂粟7.95万株，查获毒品鸦片1527.6克，海洛因425克，冰毒1114.6克，易制毒药剂200千克，移交案件3起，抓获吸贩毒违法犯罪人员108人。

（王　锐）

林业应急管理

2007年，全省共发生森林火灾495起，受害森林面积1798公顷，因灾死亡2人，森林火灾次数和受害森林面积同比分别下降了16.8%、37.2%，实现了无大火、无重大伤亡的"双无"目标。发生林业有害生物面积39.82万公顷，防治面积32.26万公顷，防治率达81%。制定《云南省林业厅陆生野生动物重大疫病应急预案》，加强了野生动物疫源疫病监测网络体系建设，建立监测站点583个。

林木苗种国债项目申报

2007年，根据国家林业局的相关要求，全省启动主要申报良种繁育基地、种质资源收集保存两种类型的林木种苗国债项目。选择云南泡核桃、美国山核桃、膏桐、澳洲坚果和旱冬瓜等5个树种，建立7个良种繁育基地和1个种质资源收集库，建设规模138公顷，总投资1575万元。其中，林木种质资源收集保存项目1个，为会泽、红塔区、昌宁的旱冬瓜，建设规模30公顷，总投资307万元；良种繁育基地建设项目7个，为双江、元谋的膏桐，凤庆、大姚、蒙自的核桃，昌宁的山核桃，盈江的澳洲坚果，建设规模108公顷，总投资1268万元。在申报的项目中，云南泡核桃、美国山核桃、膏桐、澳洲坚果作为全省特色经济林产业发展确定的重点树种，在促进全省经济林产业建设和农村经济发展具有十分重要的地位和作用。膏桐作为林木生物质能源产业基地确定的主要发展树种之一，在林木生物质能源发展上具有举足轻重的地位。旱冬瓜作为全省重要的优良乡土树种，是云南速生丰产工业原料林基地发展的首选树种之一，在全省木材加工及人造板产业发展中具有重要的地位。

生物柴油项目建设

2007年，全省生物柴油项目建设任务为4.82万公顷，任务涉及13个州（市）52县。其中：省级财政调剂安排膏桐种植计划2.16万公顷，涉及13个州（市）50个县；国家林业局与中国石油天然气股份有限公司安排建设2.67万公顷，涉及6个州（市）12个县。同时，国家林业局和中石油公司投资新建4个良种繁育基地，建设良种繁育基地146公顷和丰产栽培示范推广面积500公顷。全年全省共完成膏桐原料林5.75万公顷，超额完成了今年的生物柴油项目建设任务，完成任务中：中石油林油一体化项目2.49万公顷；省级财政调剂安排的膏桐原料林和膏桐生物防火林带建设项目2.16万公顷，结合其他生态工程完成1.1万公顷。2007年，云南省林业调查规划院、省林木种苗工作总站、林业厅稽查办以及厅林木生物质能源办，对云南省2007年林业——中石油林油一体化项目开展省级专项检查，并通过省级专项检查，面积核实率为93.6%，面积合格率为90.1%，作业设计率100%，抚育率78.1%，管护率87.1%。

2007年，云南省生物柴油项目累计安排投入资金已达1.05亿元。累计下达膏桐生物柴油原料林基地建设资金9743.8万元，其中，中国石油公司资金4656万元。良种繁育基地建设项目总投资1079万元（含科技支撑费用290万元），累计下达资金739.6万元。按资金渠道：中央366万元，中国石油200万元，省级173.6万元。

农村能源沼气建设

至2007年底，全省农村沼气累计保有量达到192.04万户，农村改灶累计603.39万户。农村能源建设已经在开发和节约两个方面，形成年相当于开发和节约400多万吨标煤的能力，综合经济效益超过22亿元，促进广大农民群众实现家居清洁化、庭院经济高效化、农业生产无害化的目标，走上生态家园富民道路做出了贡献。

（陈绍光　杨志良）

水　　利

周运龙，汉族，籍贯四川，本科，中共党员，现任云南省水利厅党组书记、厅长

综　述

2007年，全省共完成水利水电建设投资103.2亿元，比上年增加29.7亿元，增长40.4%。其中：争取中央水利建设投资15.23亿元。全省新增34座大中小型水库，新增1.88亿立方米水库库容，新增有效灌溉面积42.6万亩，新建不同标准的高稳产农田和基本农田200万亩，解决了171万农村人口的饮水安全问题，治理水土流失治理面积2480平方千米，新增农村水电装机容量138万千瓦，进一步夯实了全省经济社会又好又快发展的水利基础。

4月20日，省委、省政府召开全省水利建设动员大会，省委书记、省人大常委会主任白恩培，省委副书记、省长秦光荣出席会议并作重要讲话。此次全省水利建设动员大会是自1958年以来我省规格最高、规模最大的一次水利会议，省委、省政府作出决定从2007年开始连续四年每年增加10亿元资金用于水利建设。

“润滇工程”

2007年，陇川麻栗坝大（二）型水库主体工程基本完工，防洪效益开始发挥；楚雄青山嘴大（二）型水库于当年12月成功截流，开创了全省大型水库建设史上当年开工当年成功截流的先河；巍山五茂林水库等20

件在建中型水库已有19件主体工程完工，部分水库已下闸蓄水开始发挥效益；新开工建设了11件中型和19件重点小（一）型水库，打破了云南连续3年未新开工中型水库项目的僵局。同时，玉溪星云湖—抚仙湖出流改道工程全线贯通并开始试通水，通海杞麓湖调蓄水隧洞工程进展顺利，掌鸠河引水供水工程正式向昆明供水，清水海引水工程开工建设。

病险水库除险加固

2007年，全省开工建设的70座中型病险水库除险加固工程已有49座竣工验收，其余21座除武定已衣、巧家长海正在建设外主体工程均已完工，正在开展各项验收准备工作；勐海曼丹等58座重点小（一）型病险水库除险回固工程已有39座竣工验收、6座完工待验，其余13座正在加紧建设。完成了第三批病险水库除险加固专项规划编制工作，全省有1座大型、27座中型和415座小（一）型水库列入国家规划。2007年底国家下达云南省100座重点小（一）型病险水库除险加固定额补助近3亿元，省水利厅正在抓紧开展开工前的准备工作。

防汛抗旱救灾

2007年，全省战胜了南汀河、横江、白水江50年一遇的大洪水，夺取了星云湖防汛抢险救灾的胜利，保证了大江大河干流防洪安全，大中型水库、重点小（一）型水库没有出现垮坝事故，完成了“6·3”宁洱地震等震区水利工程应急抢险工作。全省16个州市、129个县区全部完成了本级防汛抗旱应急预案的编制，初步形成了全省防汛抗旱应急工作预案及管理体系，最大程度地降低了洪旱灾害损失。全省抗旱临时解决262.5万人、163万头大牲畜饮水困难，抗旱挽回粮食损失208万吨，挽回经济作物损失14.8亿元；汛期全省减少受灾人口524.2万人，防洪减灾效益50.48亿元。年末全省库塘蓄水超过68亿立方米，为去冬今春全省城乡生产、生活、生态用水提供了有力保障。

农村饮水安全

2007年，中央下达云南二批农村饮水安全投资计划，总投资5.3亿元。其中，中央补助3.6亿元，省级配套5089万元，州县配套和群众自筹1.19亿万元，计划解决131.57万农村人口饮水安全问题；另外，省级人畜饮水专项资金5800万元，对29万农村人口饮水安全工程建设进行补助。全省建成引水工程6496件，集雨工程13277件，井泵63件，解决了农村人口的饮水安全问题，超额完成了省政府公开承诺办理的解决100万农村人口饮水安全问题的目标任务。初步拟定《云南省农村饮水安全项目建设管理实施细则》，组织了农村饮水安全工程验收。同时，以抓好3个全国农村饮水安全工程示范县建设为突破，加强技术指导，规范前期工作，强化监督检查，规范建设管理，落实管护责任，有力地提高了饮水工程建设与管理水平。

农村水利

2007年，全省农田水利建设投工突破4亿工日，是近3年来回升最快的一年，建成高稳产农田100万亩、基本农田100万亩，建成山区“五小水利”工程20万年，完成1000千米水库干支渠防渗建设任务。推进了曲靖、蒙开个等11个大型灌区和永胜团结灌区等4个中型灌区节水配套改造，启动了巧家引荞中型灌区建设，建设了兰坪通甸等14个节水增效示范项目，在灌区内大力组建用水户协会参与建设管理。完成了4个牧区水利试点项目调查评估，开展了39个社会主义新农村水利示范点建设。

水土保持

年内，全省加快了以“长治”、“珠治”工程为重点的水土保持生态建设，全省治理水土流失面积2480平方千米，新实施生态修复面积5000平方千米。水富等8个县的生态修复项目圆满完成规划防治任务，蒙自等5个县的生态修复试点工作进展顺利，松华坝水库面源污染防治试点工程初步发挥效益，嵩明等3个县的生态清洁型小流域试点工作取得阶段性成果，水土保持世行贷款项目全面开展。

农村水电

2007年，全省全面启动“十一五”水电农村电气化县建设，组织开展潞西农村水电增收解困工程试点、漾濞农村水电农民增收工程试点及龙陵小康水电农村电气化县建设试点工作，积极推进红河等4个县的小水电代燃料试点工程和西部农网改造工程建设，完成水利系统负责的县城电网建设与改造工程，解决了9万无电人口的用电问题，全省新增农村水电装机容量138万千瓦，年发电量达到233亿千瓦时。

水管体制改革

年内，省政府召开全省水利工程管理体制改革工作现场会，全面总结全省开展水管体制改革的成绩和经验，研究部署深化水管体制改革的任务和措施。为加快全省农村小型水利工程管理体制改革步伐，充分发挥农村小型水利工程效益，促进农业增效、农村发展和农民增收，推进全省社会主义新农村建设进程，省水利厅深入基层调研，广泛征求意见研究起草《云南省小型农村水利工程管理体制改革实施意见》和《云南省深化水利工程管理体制改革实施方案》；出台《云南省水利工程管理考核暂行办法》，按照考核标准，逐条对照和检查指导，使15个水管单位达到省级以上考核标准。充分发挥云南省水土资源优势，积极申报国家级水利风景区，现有10个水管单位荣获国家级水利风景区称号。

水利投融资改革

2007年，省水投公司正式挂牌运行以来，按现代企业制度完善法人治理结构，控股重组了云南水利电力有限公司和省城乡供水有限责任公司。省水利水电投资有限公司作为承贷主体办理了20亿元贷款用于全省水利建设，有效发挥了全省水利水电建设融资平台的作用。水利厅加快全省水权的市场转让，促使社会资金融入水利。

水价改革

年内，省水利厅制定完善《云南省水利工程供水价格改革综合示范区实施方案》，全省水价格改由水管单位试点向示范区建设发展，在各州市选择1～2个供水成本测算扎实、供水效益明显、水费收取率高、内部管理制度完善、水价上调有较好的盈利空间、供水对象承受力强的供水片区和区域，作为水价改革综合示范区。通过政策倾斜、资金支持，深化水价改革，让水工程真正走入市场，促进水利工程良性发展，探索适合云南省省情、水情的改革体制，各地水价改革综合示范区工作稳步推进。水务管理体制改革取得突破性进展，收到明显成效；农民用水户协会发展快速，全省组建农民用水户协会5096个。

依法行政

2007年，《云南省抗旱条例》等地方性水法规颁布，同时开展《云南省取水许可和水资源费征收使用管理办法》、《云南省地下水管理规定》、《云南省水文办法》立法前期工作。深入推进水行政执法工作，组织开展取水许可和供水水源地保护专项执法行动，与水利部同步启动了开发建设项目水土保持监督执法专项行动。省政府发布《关于划分水土流失重点防治区的公告》，全省审批开发建设项目水土保持方案1798个，征收水土保持设施补偿费3296万元。全面开展地下水清理整顿工作，查封非法地下水井2400多口，地下水私开、滥采现象得到有效遏制。

水资源管理

2007年，全省强化水资源管理。主要措施：一是认真贯彻落实《取水许可和水资源费征收管理条例》，切实加强取水许可管理工作。组织换发新版取水许可证1.1万套，重新核定取水许可水量，建立取水许可管理台账。二是积极落实水资源有偿使用制度，进一步强化水资源费征收工作，全年征收水资源费3.19亿元。省水利厅与省财政厅、省地税局组成督查组，对部分州市县的水资源费征收情况进行了现场核实，确保水资源费征收使用公开公正。三是严格按照《建设项目水资源论证管理办法》的规定，积极开展建设项目水资源论证工作。组织开展了162个建设项目水资源论证审查工作，组织60人次专家随机抽查42本水资源论证报告书进行评审，对抽查中暴露出审查把关不严的州市水行政主管部门和报告书编制质量低劣的资质单位进行全省通报，并要求限期整改，完成水文水资源调查评价乙级资质单位的年审工作。四是水务管理体制改革进展顺利。

水资源节约与保护

2007年，省水利厅编制完成并制发实施《云南省“十一五”节水型社会建设规划》，形成了省级层面的节水型社会建设规划体系，明确了“十一五”期间全省节水型社会建设的目标和主要任务。继续推进节水型社会建设试点和水权水市场试点工作，开展全省用水定额地方标准贯标工作，举办用水定额地方标准培训班，强化用水定额管理。水资源保护工作深入展开。积极实施水功能区划制度，编制完成《云南省地下水功能区划》。完成全省县级以上城市饮水安全现状调查评价报告和全省县城以上饮用水水源地安全保障规划。建立全省重大水污染事件报告制度，组织开展全省重要水域突发性水污染事件应急预案编制工作，成功应对了发生的水污染突发事件。全面启动入河排污口的清理整顿工作和水域纳污能力的核定工作。有效地开展了水质监测，定期发布主要江河、湖泊的水质月报和主要供水水源地水资源质量通报。

水利工程建设管理

2007年，全省完善以“三项制度”为核心的水利工程建设管理制度体系，强化项目建设管理，保障水利工程质量与安全。抓好水利工程建设管理，严格控制质量事故，杜绝重大生产安全事故。建立和完善了施工、监理企业信誉档案，继续开展和加强对施工、监理、设计、招标代理单位相关人员的市场主体考核、培训和公示工作。开展在建水利工程质量安全检查和汛前检查，开展文明工地、优质工程的评选工作。

水利规划和前期工作

年内，省水利厅编制完成并由省政府印发了《云南省水利发展“十一五”规划》；积极配合长江委开展长江流域规划修编、金沙江流域综合规划、西南诸河流域综合规划的编制；积极配合珠江委开展珠江流域综合规划修编、红河流域综合规划编制。同时还组织编制《云南省城市饮用水水源地安全保障规划》、《云南省“兴边富民工程”水利发展专项规划》等重要规划；按照水利部的统一部署，积极开展《云南省水资源综合利用规划》编制。高质量地完成了一批新增投资而提出的建设项目前期工作。

行业建设

2007年，全省水利系统认真学习贯彻党的十七大精神，加强执政能力建设，积极推行政务公开、办事公开。实施水利人才战略，弘扬“献身、负责、求实”的水利行业精神，大力开展专业技术人才知识更新工程，抓好水利干部培训，水利队伍整体素质明显提高，全省水利系统大专以上学历人员占职工总数比例由2002年的19%上升到现在的48%；高级职称专业技术人员由212人增加到442人。厅机关党风廉政建设工作被省委考核为优秀。在深入开展行业精神文明建设创建活动及社会治安综合治理工作中，省水利厅被省委、省政府命名为“云南省文明单位”和评为社会治安综合治理“先进单位”。

（闵　磊）

有色金属工业

综 述

2007年，国际国内经济快速发展，基础原材料市场需求逐步扩大。有色金属原材料作为不可再生的基础原料越来越稀少，供需矛盾加剧，国际有色金属市场价格在高位运行，带动国内有色金属市场价格走高。省内重点有色金属工业企业在持续看好的市场的拉动下，新上项目和配套工程逐步建成投产，产业链有所延伸，高附加值产品品种增多，产量增加，收入和利润实现同步快速增长。

2007年，十种有色金属产量233.77万吨，比上年增长13%。其中，铜40.16万吨、铝57.86万吨、铅45.67万吨、锌79.10万吨、锡8.19万吨，分别增长8.5%、24.3%、-3.7%、20%、0.5%。

全年全省有色金属工业共完成增加值268亿元，比上年增长39.7%，占全省重工业增加值的33%，占全省工业增加值的18%。其中，冶炼及压延加工业完成增加值199.53亿元，增长7%；共完成主营业务收入1148亿元，增长38%；实现利税188亿元，增长44%。其中，利润120亿元，增长29%。

2007年，国际、国内有色金属价格继续保持在高位震荡运行。大部份有色金属价格是从年头开始上升，年中保持在高位震荡运行，年底出现回落。2007年伦敦金属交易所（LME）场内现货价最高价与最低价情况：铜最高达8380美元/吨，最低6400美元/吨；铝最高达2985美元/吨，最低2290美元/吨；铅最高达4010美元/吨，最低1540美元/吨；锌最高达4130美元/吨，最低2200美元/吨；锡最高达1.8万美元/吨，最低9860美元/吨；镍最高达5.44万美元/吨，最低2.45万美元/吨。

2007年，全国共生产十种有色金属2360.5万吨，比上年增长23.31%。其中，铜349.7万吨、铝1255.9万吨。云南省十种有色金属产量占全国的9.9%，排在河南之后列全国第二位。

重点项目建设

2007年，全省一批产业发展的重点项目陆续建成投产，企业发展后劲不断增强，有色金属整体水平有所提高。

云南锡业集团在元江镍矿开发项目的矿石制备系统、搅浸工程、尾液沉镍系统、甘庄精炼厂技改工程四大攻关项目已投入试生产，取得了良好的效果和指标。10万吨铅项目已进入施工阶段。冶炼分公司锡冶炼系统技改扩能工程已开工。6000吨/年甲基锡扩建工程进展迅速。贵研铂业“铂基微电子浆料及专用材料产业化示范工程”一期工程通过了国家整体验收并已投入生产，二期工程已建成。

云南铝业股份有限公司积极向上下游延伸产业链结构，一方面推进文山80万吨氧化铝项目建设（此项目被省政府列为2007年“双百”重点项目及20个重点工业建设项目），解决资源瓶颈问题。一方面扩大铝加工生产能力，提高产品附加值，实施8万吨中高强度宽幅铝合金板带项目、4万吨耐热高强度电工圆铝杆项目和4万吨铝合金棒项目的发展计划，年产4万吨铝合金棒项目已于2007年11月23日建成投产。

云南华联锌铟公司紧紧围绕“做好锡、做大锌、做强铟”的发展战略，冶炼方面：通市10万吨锌、60吨铟冶炼项目于2005年12月25日启动一期工程，至2007年已累计完成投资1.66亿元。除精馏锌系统、提铟系统正在建设外，粗锌系统、脱硫制酸系统、公辅设施建设已全部完工，正在进行1～6#电炉和脱硫制酸车间的生产调试。马白冶炼车间3号炉改造工程计划投资550万元，实际完成投资458万元，于2006年12月19日开工建设，2007年6月5日竣工验收试生产，经调试已实现达标达产。

技术进步与科学管理

2007年，云南铜业通过国家第一批铜行业准入公告，成为云南省第一家通过国家铜行业准入公告的企业。

云南锡业集团技术攻关取得了一系列重大成果。缓倾斜含水层状松软矿体深孔连续采矿综合技术推广应用、卡房多金属资源综合利用关键技术开发及产业化研究、玻纤漏板材料、高密度高容量钴酸锂、锡酸钾新工艺及磺酸盐系列产品开发、抗氧化无铅焊料研制等科研项目取得重大进展，部分成果已应用于生产。

云南冶金集团技术中心和昆明冶金研究院实现合并重组，顺利通过国家级技术中心考核。“冶金工程中心”建设项目积极推进。结合集团产业建设和生产技术难题，加大新技术、新工艺的试验和研究力度，重大研发项目进展顺利。

云南华联锌铟公司紧紧围绕降低成本，提高采、选、冶技术和资源综合回收利用率开展技术攻关，引进先进工艺技术、设备，促进了生产提质增效。

节能减排不断深入

全年全行业主要企业都制定了“十一五”节能减排目标，成立了相应工作机构，分解落实了责任目标和工作措施。2007年，云南冶金集团万元产值电耗下降3.67%，云铝公司“铝电解综合节能项目”被列入国家发改委2007年技改奖励项目实施计划。云南锡业集团被列入国家第二批循环经济试点企业，全司有色金属能耗与上年同期相比下降10.99%；万元产值能耗与上年同期相比下降30.96%；工业增加值能耗与上年同期相比下降22.43%；工业增加值节能量完成年平均节能量的589.66%。云南铜业集团主要能耗指标进一步下降，工业增加值能耗677千克标煤/万元，同比下降25千克标煤/万元，降幅3.56%。云铜股份铜冶炼综合能耗269千克标煤/吨，同比下降34千克标煤/吨，降幅11.22%；粗铜综合能耗145千克标煤/吨，同比下降13千克标煤/吨，降幅8.23%；总硫利用率达到96.5%。

（李　莉）

钢　铁　工　业

综　述

2007年，全球经济保持增长态势，钢材需求较旺的总体局面尚未改变。省内钢材市场价格有涨有跌，库存有所上升，市场成交平稳，建筑钢材价格高位攀升，板材价格稳中小幅上涨，产品产量较快增长，行业效益明显好去上年。

2007年，全省共生产铁矿石原矿1847.94万吨，比上年增长21.9%；锰矿石成品矿67.85万吨，下降6.8%；生产生铁1202.77万吨、钢883.85万吨、成品钢材789.99万吨、铁合金64.59万吨、焦炭1184.40万吨，分别增长28.6%、39.1%、34.3%、24.5%、-4%。

2007年，全省规模以上黑色金属工业企业完成增加值95亿元，主营业务收入550亿元，利税总额52亿元，利润25.5亿元。其中，1～11月，增加值采选业完成15.81亿元，冶炼及压延加工业完成68.83亿元；主营业务收入采选业完成39.56亿元，冶炼及压延加工业完成458.17亿元；利税总额采选业完成7.98亿元，冶炼及压延加工业完成39.2亿元；全年采选业实现利润4.23亿元，冶炼及压延加工业实现利润18.54亿元。

重点企业生产经营情况

2007年，全省10户主要炼铁企业共生产生铁873万吨，占全省的73%。

昆钢：主要生产经营指标稳步提高。公司全年自产铁成品矿260万吨、钢543.85万吨、铁519.09万吨、成品钢材564.95万吨，分别比上年增长131.11%、31.55%、31.28%、37.29%。其中，红钢：铁94.88万吨，玉钢：铁93.32万吨。

云南德胜钢铁公司：全年产铁114.92万吨、钢122.45万吨、钢材111.09万吨，较上年分别增长14.91%、15.41%、45.56%。实现销售收入30.04亿元，较上年增长33.16%。

全省钢铁工业与全国的比较

按照中国钢铁工业协会的统计，2007年全国共生产生铁4.69亿吨、粗钢4.89亿吨、成品钢材5.64亿吨、铁合金1746.3万吨、焦炭2.29亿吨、铁矿石7.07亿吨，分别较上年增长15.19%、15.66%、22.69%、18.04%、16.29%、18.04%。云南省生铁、粗钢、钢材、铁合金、焦炭分别占全国产量的2.31%、1.52%、1.26%、3.62%、4.4%、2.58%，分别排在全国的第14位、第17位、第21位、第12位、第10位。

主要产品在全国的情况

单位：万吨

产　品	云南	全国	比去年同期增长（%）		云南占全国的比重（%）	在全国排位
			云南	全国		
铁矿石原矿量	1847.94	70707.34	21.9	18.04	2.61	
焦炭	1184.40	32894.33	-4	16.29	3.6	
生铁	1202.77	46944.63	28.6	15.19	2.56	13
粗钢	883.85	48924.08	39.1	15.66	1.81	15
钢材	789.99	56460.81	34.3	22.69	1.40	19
其中：中小型型材	26.06	2839.50	12.1	25.3	0.92	
棒材	153.42	4587.90	90.7	22.7	3.34	
钢筋	228.43	10136.60	7.0	16.8	2.25	
盘条（线材）	183.61	8038.21	31.4	13.8	2.28	
中板	31.46	3037.05	11.1	33.4	1.04	
热轧薄板	2.21	900.50	24.4	45.3	0.25	
铁合金	64.59	1746.70	24.5	22.10	3.7	

钢铁价格变动

2007年，国际钢材市场价格波动较大，在原燃材料价格不断上升的推动下，钢材价格从年初一路攀升，到年底市场呈现淡季不淡、价格继续上涨的局面，并创历史新高。12月的钢材价格每吨比11月份涨10%左右，部分螺纹钢飙升到5200元/吨，创历史最高价。昆明市场上昆钢产的6.5#和8#螺纹钢筋市场价是4850元/吨左右，12#至14#螺纹钢为5190～5250元/吨（12月中旬达到5500元/吨）；其他厂家产的6#、8#和10#的盘圆钢筋普线的市场价约4600元/吨，高线的市场价是4500元/吨。这个价格比11月普遍上涨10%左右。

重点项目进展

2007年1月，大红山铁矿400万t/a采、选、管道工程全线贯通，从戛洒到昆钢总部，精矿管道输送距离171千米，高差1512米，大红山铁精矿管道输送成本仅为汽车运输的三分之一。其生产规模、采矿强度及效率、选矿技术、管道输送技术和经济效益等指标都处于我国黑色金属矿山的前列。

大红山铁精矿管道工程创造了四个"中国钢铁工业之最"：矿浆输送压力24.44MPa，与秘鲁安塔密娜铜锌金矿并列世界第一；长距离矿浆输送管道敷设复杂程度居世界前列；铁精矿矿浆输送管线长度171千米，矿浆扬送高差1512米，均居全国第一。

2007年11月，文山斗南锰业股份有限公司25000KVA电炉顺利建成，并投入试生产，标志着10万吨铁合金节能技改工程基本完成。整个工程仅用时1年零11个月，累计完成投资1.95亿元，为斗南公司加快产业升级和产能迅速扩张，保持快速发展打下坚实基础。

战略重组

8月18日武钢（集团）昆钢股份正式挂牌，标志着昆钢引进战略合作取得重大突破。成功重组是昆钢发展史上一个重要里程碑。昆钢站在新的发展平台上，节能减排、调整结构的新项目正在全力加快推进，武钢的技术力量正在昆钢为开发新产品、发挥装备潜能进行扎实的工作。武钢（集团）的管理和技术优势也在逐渐与昆钢文化交融。武钢与昆钢战略协同、优势互补的效应开始逐渐体现。

文山斗南锰业股份有限公司按照总公司的布置和总公司领导的要求，组织了专人负责合并重组各项工作的落实，完成了资产的评估、审计、土地的划拨转出让等工作，并于2007年12月26日召开了股东会，于28日完成股权变更、工商注册，至此，斗南公司与建锰公司合并重组已基本完成。现公司保有资源量大幅提升，综合实力进一步增强，为持续快速发展注入新的动力。

淘汰落后产能

2007年，全省加大力度淘汰钢铁、铁合金落后产能。至"十一五"末，拟淘汰落后产能铁758万吨、钢31万吨，其中，2007年按国家规定的淘汰标准已淘汰铁91.1万吨、钢16万吨；淘汰铁合金落后产能54万吨，其中，2007年按国家规定淘汰标准已淘汰7.28万吨。2007年，昆钢实现节能62.68万吨标煤，万元增加值能耗9.01吨标煤，污染物综合排放合格率≥85%；工业废水外排达标率≥87%，工业废气外排达标率≥87%。

（李　莉）

食　品　工　业

综　述

2007年，全省食品工业运行状况良好，继续保持增长势头。一是食品工业企业经济效益稳步提高。2007年，全省食品工业（农副产品加工业、食品制造业、饲料制造业、烟草制品业）规模以上企业有366个，同比增长13.3%；工业总产值为979.24亿元，增长20%。其中，农副产品加工业工业总产值137.44亿元，增长22%；食品制造业工业总产值为25.08亿元，增长34.5%；饲料制造业工业总产值为66.95亿元，增长79.5%；烟草制品业工业总产值为751.58亿元，增长15.8%。在市场需求和政策导向的双重驱动下，全省食品工业快速增长。当年全省规模以上食品工业企业销售收入966.96亿元，增长20.18%。二是食品价格全面上涨。在国际油价不断攀升、运费上涨，以及各国纷纷开发生物质能导致粮食需求增加等因素影响下，粮食价格上涨，通过饲料等传导因素，推动了玉米、豆粕、氨基酸、维生素、微量元素，以及肉、油、禽、乳等食品价格的全面上涨，2007年全省食品类价格比上年上涨14.1%，拉动居民价格消费指数上涨4.8个百分点，影响度占2007年全省CPI上涨5.9%的81%。其中，肉禽及其制品、油脂两类涨幅最大，尤其猪肉价格，比2006年上涨49.1%，仅此一项就拉动CPI水平上涨1.6个百分点。食品上涨给全省农副产品加工企业带来效益的同时，也造成了一些食品制造、加工企业的成本上升，给企业的生产带来了压力。三是主要食品产量大幅度增加。2007年，全省食品工业主要产品的产量：小麦粉30.31万吨、精制食用植物油14.9万吨、鲜冷藏冻肉8.56万吨、乳制品24.80万吨、啤酒36万吨、软饲料111.27万吨，分别比2006年增长3.35%、2.39%、8.81%、43.71%、18%和19.22%。食品工业的产品结构趋于优化，有效满足了消费者日益增长的多层次需求。

行业结构优化

2007年，全省成长起一批知名企业和知名品牌，名优产品的市场份额明显提高。至年底，经过行业整合，制糖行业法人单位由整合前的78家变为30家，4个啤酒企业集团掌握了全省的17条啤酒生产线。云南本土饮用水在云南市场上所占的份额从5年前的30%提高到80%。其中，云南大山公司的“云南山泉”市场占有率40%，已达到百万吨的生产规模和销售上亿支瓶装饮用水、1000万桶饮用水的市场规模，是云南第8个获得“中国名牌”的品牌，在短短8年时间，成为云南饮用水的领军品牌。云南香格里拉酒业股份有限公司在世界自然遗产“三江并流”核心保护区云南迪庆德钦金沙江、澜沧江腹地建设了万亩青稞基地，在云南迪庆德钦、河北秦皇岛和山东蓬莱等中国优质酿酒葡萄产区投资自建5000多亩葡萄园，独具个性和优质葡萄酒和青稞干酒，加上较为完整的质量管理体系和市场营销网络，迅速进入了中国红酒行业前十强，“香格里拉”、“大藏秘”系列葡萄酒、青稞干酒成为国内红酒知名品牌。云南的下关沱茶，“宜泰”牌宣威火腿，“宏斌”牌小米辣3个品牌获得“2007年中国名牌农产品”。普洱茶成为2008年北京奥运会唯一指定礼品茶，龙润集团的5万套普洱茶成为2008年北京奥运会特别许可限量版产品。此外，出现了“太阳魂”牌干型葡萄酒、梅里冰酒和健康版葡萄烈酒等一批云南知名企业和品牌，成为云南省食品行业新的生力军。

农产品加工业

年内，在相继出台《中共云南省委云南省人民政府关于推进农业产业化经营的意见》、《云南省优势农产品加工推进工程方案》后，成立了省农产品加工业协会，加大了发展农产品加工业的力度，昆明信威食品有限公司、昭通市昭阳威力淀粉有限公司等200家企业被省经委、省乡镇企业局授予云南省农产品加工重点企业并授牌。省经委在推进工业园区的工作中，农产品加工区作为一个重要方面着力推进，出现了迪庆香格里拉、大理邓川工业园和宣威特色产业园为代表的农特产品加工产业。一批具有市场竞争优势的食品企业发展壮大，在食品工业中已具有重要地位。如云南王国食品有限公司生产的青刀豆罐头在世界博览会质量评比中被评为第二，主要产品有法国青刀豆、洋蓟、芦笋、蘑菇等系列出口罐头食品，具备年产3万吨能力。被法国CARREFOUR、OPERA、DCASINOD等国际跨国集团指定为法国青刀豆、洋蓟食品优质生产供应基地，并与其建立了长期稳定的贸易合作关系。云南元谋闽中食品公司2007年建成云南最大的真空冷冻干燥（FD）食品生产线，年生产冻干食品400吨，脱水烘干食品1000吨（具有脱水7000吨的规模），为云南省食品加工业注入了活力。

2007年，全省提出将重点发展农产品精深加工，在加工能耗显著降低的前提下，力争用5年时间，使全省农产品加工产值突破1000亿元，实现增加值250亿元，优势农产品加工转化率达55%；打造20个国家和省级名牌产品，建立10个农产品加工示范基地，把云南省建成全国重要的绿色农产品加工出口基地。

食品质量

2007年，云南食品顺应国际食品发展趋势，不断提升食品质量，朝着营养、健康、环保方向发展，一批天然、有机食品行业快速发展。云南小粒咖啡、洱宝雕梅等十个云南知名品牌通过国家认证，成为中国新的绿色食品，使全省无公害、绿色、有机食品认证数量达1045个，覆盖面积1773.55万亩，食物总量1686.69万吨。其中，无公害农产品304家，产量313.54万吨，绿色食品213家企业，产量142.16万吨，有机食品41家企业，87个产品。在云南出口创汇额排名前六位的农产品中，绿色产品的食品占据四强，分别是野生菌、咖啡、果品及加工业、茶叶。绿色食品作为我省重点培育的新兴产业，平均增长率超过20%，正逐渐形成云南新的经济增长点。此外，云南大力挖掘绿色资源优势，发展核桃等经济林产业，一批核桃等加工产业发展迅速，如丽江红土地天然植物油开发有限公司利用野生核桃生产的核桃油以及红花油、青刺果油等产品，具有较高的食用价值，符合当前绿色、天然食品发展理念，成为大豆油等传统植物油的替代品，为当前粮油价格大幅度上涨起到缓冲作用。

工业投入

2007年，为提升云南省食品加工业的整体水平和档次，提高产品的质量和技术含量，云南省经委对云南特色食品加工企业加大了扶持力度，带动了农副产品加工升值，促进了云南绿色经济发展。年内积极扶持有市场潜力、工艺技术先进、具有一定规模的食品加工龙头企业。其中，扶持农产品加工项目26个，共安排扶持资金3970万元，带动社会投资13.43亿元；支持茶叶良种推广、改进生产加工工艺、建设销售网络项目36个，安排扶持资金3200万元。其中，无偿性补助3120万元，项目总投资7.94亿元。支持云南特色食品的乡镇食品加工企业、县乡中小食品企业技术进步，共安排农产品加工技术改造项目164个，扶持资金1.11亿元，项目总投资53.37亿元。其中，扶持非工企业农产品加工项目29个，安排扶持资金1265万元，带动社会投资13亿元。扶持乡镇企业农产品加工项目73个，安排扶持资金2700万元，带动社会投资19亿元。这些项目的建成，大大提升了全省食品加工企业的整体水平和档次，提高了竞争力，促进了农特产品加工业和生物资源创新产业的开发利用。

食品安全

2007年，全省以食品安全委员会办公室为平台，实施食品放心工程，不断建立完善监管和检验机制，深入开展专项整治，全省食品安全水平稳步提高。初步形成

"全省统一领导、地方政府负责，部门指导协调，各方联合行动，社会广泛参与"的工作格局。使全省的食品安全监督工作逐步进入规模化、制度化、科学化的轨道。截至年末，连续3年无重大食品安全重大事故发生。

2007年，云南省对传统优势产业如白酒、辣椒、鲜粮制品等生产环境及卫生状况进行改善，使其得到规范生产，并根据当地的百姓的饮食特点制定了特色食品质量安全标准，质检部门先后制定出台了鲜米线、普洱茶、豆腐皮、鲜面条等18个强制性地方标准，曲靖市制定《宣威火腿质量监管办法》，昭通市制定了《白酒生产加工小作坊监督管理办法》。

2007年，在食品安全工作中，全省农业部门以实施农业标准化为核心，切实加强对各种农产品的管理，全省无公害农产品，绿色食品、有机食品达1045个，成为全国"三品认证"发展最快的省份之一；质监部门实施了食品质量安全准入制度，加强检测体力建设，形成了以省级检测中心为龙头，各州市级检测中心为骨干的检测网络；省经委加大对食品工业的投入，共有200多个食品生产项目得到不同程度扶持；工商管理部门以重大节假日为重点时段，集中力量开展节日食品市场、儿童食品市场和农村食品市场执法检查，累计销毁有毒有害违法食品91万千克；商务部门力推农产品批发市场标准化建设，强化生猪定点屠宰为首，实行酒类经营者备案登记制度和酒类流通随附单制度，从源头和流通保障食品安全；检验检疫部门严厉打击假冒进出口食品违法犯罪活动；卫生部门开展农村食品卫生许可，食品添加剂等专项整治；粮食、海关等单位亦结合自身职能，积极开展各项整治。全省食品安全技术支撑能力不断提高，食品安全监管工作呈现行政监督与技术监督协调发展的良好态势。

存在问题

2007年，全省食品工业存在的主要问题：一是精细加工的程度比较低，食品工业整体发展水平不高；二是食品加工业企业规模偏小，布局分散，严重制约了食品行业生产集中度的提高；三是食品工业布局尚不尽合理，区域优势没有充分发挥。

（周建新　赵　红　苏燕妮）

制　　糖　　业

综　述

至2007年底，全省制糖工业法人单位30家。其中，年产糖30万吨以上的法人有2家，10~20万吨的法人有3家，5~10万吨的法人有6家，以上11家法人的总产糖量占全省产糖量的85%。全省所有糖厂除两家农垦系统的糖厂尚保留国有体制外，其余糖厂（集团）已全部改为民营或民营控股。糖业通过整合、改制、民营化，规模效益显现，竞争实力加强，全省企业（集团）的平均资产负债率逐年下降，从2003/2004年榨季的95.5%下降到2004/2005年榨季的77.66%；2005/2006榨季的72.6%；2006/2007榨季的68.04%，逐步走入稳定健康发展的道路。

至2007年7月11日，2006/2007榨季结束，历时228天。本榨季全省甘蔗种植面积428.44万亩，甘蔗农业总产量1656.24万吨，农业单产3.87吨/亩，与上一榨季相比，分别增加61.15万亩、291万吨、0.15吨/亩。全省有77条生产线投入生产，日加工甘蔗能力15万吨，按100天计算，设备利用率94.73%，产糖总量183.14万吨，混合出糖率12.28%，产酒精14.03万吨。与上一榨季相比，产糖量增加41.88万吨，混合出糖率降低0.14%，酒精产量增加3.23万吨。

本榨季全省11个产糖州、市食糖产量排序为：临沧52.72万吨，德宏45.32万吨，保山27.4万吨，普洱19.29万吨，西双版纳11.8万吨，玉溪10.35万吨，红河10.3万吨，文山2.5万吨，大理1.55万吨，丽江1.15万吨，昭通0.72万吨。其中，临沧、德宏、保山、普洱、版纳、玉溪、红河7个主产区产糖177.2万吨，占全省食糖总产量的96.75%。

2006/2007榨季，全行业销售收入完成60.81亿元，其中，糖产品销售收入54.87亿元，综合利用产品销售收入6.42亿元；利润总额3.13亿元，税金6.29亿元。2006/2007榨季由于食糖产量增加，吨糖固定费用摊销下降，以及企业加强管理，吨糖完全成本与上榨季相比下降199.64元/吨，降幅17.48%。由于市场变化，白砂糖吨糖销售价格低于上一榨季，每吨低691.04元，致使全省制糖工业利润大幅下降。全行业虽然盈利，但是，红河、玉溪、大理、丽江、昭通仍出现亏损。

生产运行特点

2007年，全省食糖生产运行情况，主要体现"两高"、"两好"、"两降"、"三刷新"的特点。"两高"：一是食糖产量高，全省甘蔗收榨面积比上榨季增长22.9%，入榨甘蔗量增长31.1%，食糖产量比上榨季增加41.88万吨，增长29.7%，是全省第二个食糖高产年。二是销售收入高。据省糖协统计，全省白砂糖平均售价3484.4元/吨，销售总收入60.81亿元，比上榨季增长0.8%，创历史最高水平。"两好"：一是产品质量好。本榨季，全省制糖企业执行白砂糖新的国际标准GB317-2006。新标准对企业的生产经营提出了更高的要求，但全省白砂糖优一级品率仍然达到91.93%，比上榨季提高0.18个百分点。国家质检总局对全国161家企业的162种糖产品质量进行国家质量监督抽查，全省的康丰糖业公司龙坪糖厂、英茂糖业公司景真糖厂、金珂糖业公司、力量生物制品公司芒市食糖厂生产的一级白砂糖受到好评。二是社会效益好。据核算，全省蔗农的甘蔗收入29.98亿元，比上榨季增加8.33亿元，增长38.5%。蔗糖企业收购甘蔗没有出现“打白条”的现象，为构建和谐社会，建设社会主义新农村做出了积极贡献。“两降”：一是生产成本下降。由于企业加强生产管理，加之食糖产量增加，吨糖固定费用摊销下降。吨糖完成成本比上榨季下降199.64元。二是企业利润下降。受糖价下滑的影响，全省制糖企业利润比上榨季下降6.11亿元。“三刷新”：一是工业增加值创新高。全省规模以上制糖企业完成工业增加值23.86亿元，同比增加5.16亿元，增长16.6%（可比价），食糖工业增加值再创历史最高水平。二是综合能耗下降创新高。本榨季，全省制糖企业平均百吨甘蔗综合能耗6.1吨标煤，比上榨季的6.33吨标煤下降0.23吨，降幅为0.8%，减少煤耗3.43万吨，百吨甘蔗综合能耗创我省制糖行业的历史最好水平。三是企业安全生产管理创新高。本榨季，全省制糖企业平均生产安全率为99.14%，比上榨季提高0.07个百分点，生产安全率创历史最好水平。

制糖业价格

2007年，全省制糖行业在食糖价格比上年降低的情况下，仍然继续保持了较好的发展水平。其主要原因：一是省政府在糖业发展上采取了一系列的政策措施，推进了糖业整合，促进了资源集中，降低成本，全省糖厂在生产、资金和仓储能力方面增强了实力。二是国家宏观调控政策的引导。根据全国食糖产量增加的市场形势，国家有关部委启动了3500元/吨的食糖收储政策，同时严格限制糖精生产，稳定了食糖的市场价格，增强了企业和中间商购销的信心。三是企业抗风险能力有所增强。经过行业整合，全省糖厂已经在资金、仓储上具备了一定的实力，能够在糖价低迷时减缓销售节奏，这也是制糖企业竞争能力提高，抗风险能力逐步增强的具体表现。四是各有关方面的通力合作和大力支持。各产糖州、市政府、各有关部门和糖厂在糖料生产、糖料收购价格和糖料收购秩序等方面做了大量的工作；省交通厅把甘蔗公路运输纳入了鲜活农产品“绿色通道”；省经委、昆明铁路局高度重视食糖出省运输，早部署、早安排、早落实食糖出省计划；金融部门和中石油、中石化两大集团积极协调流动资金和成品油的供应；省糖业协会、昆明商品中心批发市场及时提供食糖供销信息，为全省糖业持续稳步发展创造了良好的外部环境和条件。

新榨季运行

全省2007/2008榨季制糖生产期从2007年11月8日瑞丽糖厂率先开榨。到2008年1月10日统计，全省产糖38.6万吨。截至2007年12月31日，全国累计产糖360.01万吨（上年同期产糖323.23万吨、同比增加36.76万吨）。其中：产甘蔗糖293.48万吨（上年同期产239.83万吨、同比增加53.65万吨）；产甜菜糖66.53万吨（上年同期产83.42万吨、同比减少16.89万吨）。在全国产糖区中北方为甜菜糖产区，南方为甘蔗糖产区，云南为甘蔗糖的主产区。在全国各主产糖省区中，2007年南方：广东30万吨、广西225万吨、云南23.28万吨、海南12.21万吨。北方：新疆33.06万吨、黑龙江17.5万吨、内蒙11.8万吨。

存在问题

2007年，全省制糖生产存在的问题主要是：一是由于省区的产量预测不断调整，使全省对供大于求关系的判断也不断修正，错过了一些销售机遇，加大了中后期销售的压力。二是对消费量的判断和淡旺季的区分仍然受传统经验的影响，缺少深入的调查分析，信息出现偏差，有的糖厂还很不适应销售格局和销售方式变化的情况，应对市场变化的反应滞后，影响了经济效益。三是对运输能力的变化了解不够，适应滞后，以致一个阶段产生积压，不得不拉大价差促销，增加了损失。

（赖庆华）

机 械 工 业

综 述

2007年，在省委、省政府的领导下，全省机械行业的广大干部职工认真贯彻落实振兴装备制造业的有关政策，以市场为导向积极调整产品结构，推进技术进步，实现了快速稳定的发展，为全省经济的发展作出了贡献。

全年全省机械工业规模以上企业298户，全部从业人员平均人数7.1万人；工业总产值完成247.23亿元，同比增长23.74%；工业增加值完成60.98亿元，增长22.61%；主营业务收入完成248.32亿元，增长27.09%；实现利税总额20.17亿元，增长37.35%。其中，利润总额11.74亿元，同比增长41.86%。全员劳动生产率达到8.58万元/人。

2007年，全行业经济运行特点：一是主要经济指标增速都在20%以上，实现快速稳定增长。多数行业累计产销实现了增长。机床、汽车、电工、农机、石油化工、通用机械、食品及包装机械、工程机械行业、仪器仪表行业累计产销继续保持增长。机床、汽车、农机、工程机械行业的累计产销增速高于行业平均增速。机械基础件行业累计生产正增长、累计销售负增长。重型矿山机械行业累计产销继续负增长。二是汽车、电工、机床行业继续是全行业增长的主要力量。汽车行业仍然是第一大行业，实现主营业务收入69.75亿元；电工行业是第二大行业，实现主营业务收入53.84亿元；机床行业是第三大行业，实现主营业务收入28.92亿元。汽车行业累计产销分别增长28.63%和29.59%。由于汽车及汽车发动机增长的拖动，主要的零配件也实现了快速的增长。具有代表性的产品—发动机连轩总成销售506万支，同比增长31.76%。钢板弹簧生产57.47万架，增长15.41%。电工行业累计产销分别增长11.79%和12.63%，是变化最大的一个行业。由年初高速增长回落到了一定增长，而且部份骨干企业增势明显回落。机床行业累计产销分别增长60.38%和52.17%。行业的发展实现了质和量的较大提升。全行业的产值数控化率达到56.67%。机床、数控机床、机床光机的生产量和销售量都创历史新高。机床产品开发又跃上了新的台阶，更大型化、重型化的新产品相继推出。机床销售2.18万台，同比增长46.87%。其中，数控机床销售3293台，增长117%；机床光机销售2.23万台，增长28.57%；销售汽车7.08万辆，增长27.95%；发电设备销售81.52万千瓦，增长21.98%；变压器累计销售1042.35万千伏安，负增长1.96%；高低压开关柜累计销售106万台面，增长6.69%；交流电动机累计销售159.44万千瓦，增长27.08%；大型铁路养护机械销售122台，增长15.09%；拖拉机累计销售6.21万台，增长32.83%；柴油机销售超过16万台，增长14.14%；自动化物流系统设备生产3874台，烟草机械生产2608台。三是产业集中度、经济效益明显提高。18户企业的主营业务收入超过2亿元，其合计的主营业务收入165.27亿元，占全省机械行业的66.56%，同比增长30.4%。其中，云南力帆骏马车辆有限公司、昆明船舶设备集团有限公司、一汽红塔云南汽车制造有限公司、昆明云内动力股份有限公司、昆明电缆股份有限公司、昆明中铁大型养路机械集团有限公司、沈阳集团昆明机床股份有限公司、云南通变电器（集团）股份有限公司超过10亿元；昆明台正精密机械有限公司、云南CY集团有限公司、云南变压器电气股份有限公司超过5亿元。21户企业的利润总额超过1000万元，其合计的利润总额12.88亿元，同比增长73.08%。其中，沈阳集团昆明机床股份有限公司、昆明云内动力股份有限公司、云南力帆骏马车辆有限公司、昆明中铁大型养路机械集团有限公司超过1亿元。四是云南机械行业在省外、省内、出口3个市场上都实现了较快增长。据对重点企业监测分析，省外市场占到56.64%，同比增长36.66%；省内市场占到39.03%，增长19.34%；出口市场占到4.33%，扣除进口替代的原因，增长22.44%。五是机床出口实现重大的突破。昆机出口韩国4台大型数控落地铣镗床，每台售价均超过百万美元，总金额达409万美元。CY集团首次实现了成批的数控车床出口加拿大等发达国家。

经过发展，云南机械工业初步形成了昆明机床产业群、电力装备产业群，大型铁路养护机械、自动化物流系统设备生产基地，滇西中重型载货汽车、滇东轻型汽车基地，玉溪铸造产业群，通海五金机电产业群以及为汽车、电工、机床发展配套的大批中小企业的发展格局。

新产品及技术进步

2007年，国Ⅲ排放标准用于乘用车的小缸径多缸TCI系列柴油发动机，252千伏户外隔离开关、断路器，高档数控机床等一批新产品的成功开发标志着云南机械装备业的产品技术水平和开发能力又上了一个新台阶。

一批企业实施了技术改造项目，购进许多关键设备，对于保证产品质量起到了关键作用；本省企业购买省产机床明显增加；企业的竞争力明显提高，扩大了产能，满足市场需求。重点企业的新产品产值占其工业总产值达到26.77%，同比增长22.11%。云南大为化工设备制造有限公司、昆明船舶设备集团有限公司、云南力帆骏马车辆有限公司、沈机集团昆明机床股份有限公司、云南CY集团有限公司、昆明中铁大型养路机械集团有限公司、云南通变电器（集团）股份有限公司、昆明电机有限责任公司、云南锡业机械制造有限责任公司、昆明嘉和科技有限公司等企业新项目都投入了使用。其中，4户企业的投资都在一亿元以上。一批企业的技术改造项目还在建设中。

调整与改革

年内，沈阳机床正式进入昆明机床，成为第一大股东，交大昆机科技股份有限公司更名为沈机集团昆明机床股份有限公司。

云南西仪工业股份有限公司2007年开始批量生产数控机床，机床行业又出现了一户具有较强竞争实力企业。

昆明煤矿机械总厂、云南机器二厂经法院公告破产进入资产重组阶段。

振兴装备制造业

2007年11月16日，省委书记白恩培在考察了机械装备制造企业后召开了振兴云南装备制造业调研座谈会，对振兴云南装备制造业作出了重要指示。白书记指出：振兴云南装备制造业要通盘规划，重点突破；自主创新，突出特色；深化改革，增强后劲；完善政策，加大扶持。

在大力振兴装备制造业形势下，一批重点项目、工程正在加紧建设。昆明电力装备产业基地正式开工建设。总投资17.89亿元的轿车柴油机生产基地、总投资12亿元的大型铁路养护设备生产基地正在建设。

（周建中）

建　材　业

马　列，回族，在职研究生，中共党员，现任云南省建材工业行业协会党组书记、会长

综　述

2007年，全省建材行业深入贯彻落实科学发展观，坚持新型工业化发展方向，以产业结构调整和节能减排工作为重点，充分把握全省固定资产投资继续增加对建材产品需求持续增长的有利时机，挖潜力、降成本、增效益，行业经济运行呈现两方面特点。一是生产保持较好增速。全省列入全社会统计口径的19种主要建材产品中，除水泥制品产量有所下降外，其它产品产量均实现不同程度的增长。主要建材工业产品累计生产：水泥3568.53万吨，比上年增长7.9%。其中，新型干法水泥1836.45万吨，占水泥总产量的51.5%，增长22.8%；商品混凝土229.64万立方米，增长56.7%；平板玻璃329.79万重量箱，增长9%；技术玻璃211.73万平方米，增长48%；砖（折标准砖）108.19亿块，增长6.2%；建筑陶瓷3838.24万平方米，增长152.9%；大理石板材443.77万平方米，增长12.5%；水泥预制管桩320.78万米，下降0.25%；水泥压力管1.98万米，下降62.2%。二是经济效益喜忧参半。一方面，全省规模以上建材工业行业主要经济技术指标完成情况基本稳定。全行业累计完成：工业总产值（现价）109.31亿元，比上年增长4.4%；工业增加值31.24亿元，下降14%；主营业务收入102.4亿元，增长1.1%；销售产值105.7亿元，增长2.6%；利税9.42亿元，同比下降49.3%；实现利润0.71亿元，同比下降91.3%。另一方面，经济效益呈下滑势头，亏损企业增加，达136户，比上年增加69户。其中，亏损企业较多的有：水泥行业108户，增加62户；水泥制品行业13户，建筑陶瓷行业7户。

产业结构调整

2007年2月，国家发改委下发《关于做好落后水泥生产能力有关工作的通知》，要求云南省在“十一五”期间淘汰落后水泥生产能力700万吨。为认真贯彻落实《通知》精神，加快淘汰落后产能步伐，省政府相继出台《关于做好淘汰落后水泥生产能力工作的通知》和《关于进一步加强节能减排工作的若干意见》等一系列政策性文件，制定了全省“十一五”淘汰落后水泥生产能力2000万吨的具体目标任务和工作措施。

为确保全省顺利完成“十一五”淘汰落后目标任务，省级有关部门及时召开各州市相关单位和企业参加的座谈会，广泛听取和征求各方面意见，统一思想，统一认识。同时深入各地企业宣贯政策，了解情况，听取意见，为企业排忧解难。由于措施得当，工作到位，淘汰落后工作取得了显著成效。2007年，全省已淘汰落后水泥熟料生产能力599.8万吨。其中，已拆除或废毁烧成设备的有542.8万吨；停止供电的41万吨；实行差别电价尚在生产的16万吨，涉及企业72户。共拆除或废毁湿法窑4条，中空窑2条，立窑72条。特别是立窑水泥生产企业较为集中的曲靖市陆良县，全年共拆除立窑生产线10条，淘汰落后水泥熟料生产能力91万吨。昆明市西山区拆除干法中空生产线1条，湿法生产线2条，立窑生产线4条，淘汰落后水泥熟料生产能力73万吨。

投资招商

2007年，云南建材工业行业固定资产投资继续增加，总投资达62.94亿元，比上年增长92.3%，施工项目72个。其中，水泥行业投资达47.54亿元，增长38.8%，占建材行业总投资的75.5%，施工项目39个，新开工项目16个。至12月底，多元化投资主体投资兴建的新型干法水泥生产线有13条建成投产，新增水泥熟料生产能力851万吨，是近几年来新型干法水泥生产线建成投产最多的一年。由于认真贯彻发展与淘汰并举的方针，2007年云南省新型干法水泥熟料生产能力直线上升，达到58.1%，比上年提高14.96个百分点。《云南省水泥工业“十一五”发展结构调整专项规划》提出的“2010年新型干法水泥比重达到70%”的目标将提前实现。

云南省列入国家重点支持结构调整的60户大型水泥企业（集团）名单的两大企业继续加大投资力度。昆钢嘉华水泥建材有限公司在保山市施甸县建成日产3000吨新型干法生产线，云南瑞安建材投资有限公司在昆明市西山区、大理州剑川县、丽江市华坪县共建成日产1500～2000吨新型干法水泥生产线三条，进一步增强了两大集团的企业规模和竞争实力。此外，宣威宇恒水泥有限公司、大理水泥集团公司分别兴建的日产3000吨生产线均顺利投产。

省内投资不断增加的同时，招商引资也取得喜人成绩。水泥浙商南下云南，浙江红狮集团计划投资4个亿、宁波科环新型建材有限公司计划投资近3个亿，分别在昆明市宜良县和红河州蒙自县兴建日产4000吨新型干法水泥生产线，项目开工以来进展顺利，预计于2008年建成投产，

2007年11月28日，云南省人民政府与世界水泥巨头—法国拉法基集团在昆明签署了《关于进一步深化扩

大建材行业战略合作的协议》。作为云南省建材行业的重要战略合作伙伴，拉法基集团将参与云南省建材工业的结构调整，计划投资6亿美元，建设先进、高效的水泥、骨料、混凝土和石膏板生产线。到2010年，拉法基集团在云南投资的水泥产能将增加1000万吨。

评选表彰

2007年，云南省建材工业行业协会在全省范围内开展建材行业先进集体、先进个人的评选表彰活动，共评出先进集体5个，先进个人22名。在此基础上，向国家人事部和中国建筑材料工业协会推荐的2户企业被评为“全国建材行业先进集体”，推荐的10名建材职工被评为“全国建材业劳动模范和先进工作者”，对激发企业的创新能力建设，促进云南省建材行业的技术水平和职工整体素质的全面提升起到了较大的推动作用。同时，协会还组织了第二届“云南省建材行业技术革新奖”的申报、评选工作，共评出一等奖1名，二等奖2名，鼓励奖1名；经全国建材技术革新奖励办公室评审，云南明泰玻璃股份有限公司的“宽幅钢化玻璃产品开发”获得2007年度“中国建材杯”全国建材行业技术革新奖技艺工法类二等奖。

存在问题

2007年，全省建材业存在的困难和问题主要有：一是由于新增产能迅速，加之落后生产能力继续挤占市场空间，致使水泥市场供大于求，市场竞争激烈，不少新建企业为扩大产品销路，不惜采用低价促销的策略，导致所在地区的水泥销售价格一路走低；二是受2007年上半年全省遭遇大范围干旱的影响，水量不足，加之煤炭供应紧张，导致电力供给紧缺，煤、电价格多次上调，造成生成成本不断上升；三是由于国家适度从紧的货币政策，使企业资金周转困难，带来了较大的赢利压力。

（王洪军）

国防科技工业

综　述

2007年，是贯彻省八次党代会精神的第一年，全省国防科技工业战线广大干部职工在省委、省政府及国防科工委的领导下，认真贯彻邓小平理论和“三个代表”重要思想，全面落实科学发展观，克服煤电油运紧张的困难，振奋精神，顽强拼搏，各项工作取得了新成绩，全面完成全年主要经济发展目标，实现全行业又好又快发展。

全年全行业完成工业总产值64.6亿元，比上年增长22.8%；实现销售收入75.7亿元，增长20.3%；实现工业增加值19.1亿元，增长18.3%；实现利润5.8亿元，增长22.1%。其中，地方军工完成工业总产值25.4亿元，增长30.5%；实现销售收入35.7亿元，增长25.1%；实现工业增加值9.2亿元，增长30.6%；实现利润3.2亿元，增长33.4%。

转型升级

2007年，全省国防科工系统自主创新能力进一步提升。自主创新和军民品开发取得新突破，核心竞争力明显增强。一是红外技术、微光夜视技术、水中兵器、光电对抗特种弹的研制生产，充分体现了自主创新，确立了在国家军工行业不可替代的地位。二是云南民爆集团公司的新产品新技术的研发成效显著，自主研发的自动中包机组获云南省科技进步三等奖；RY刚性药头制造技术获得中国爆破行业协会科技进步一等奖；磁电雷管、高威力乳化炸药及其制造工艺和高能无梯粉状炸药及其制备方法获中国爆破行业协会科技进步三等奖。三是云南开关厂完成了110KVGIS和220KV隔离开关的开发，核心竞争力进一步增强。

年内，企业自主创新体系建设成效显著。昆船公司列入国家创新型试点企业，云南开关厂、安宁化工厂、云南机器三厂列入省创新型试点企业，云南开关厂、云南燃一厂、云南机器三厂、西仪公司等4户企业通过省级技术中心认定。

民品产业进一步扩大。立足民品兴业，加大科研和技术改造投入，民品产业得到快速发展。一是昆船公司的烟草制丝成套设备、打叶复烤成套设备、自动化物流系统、工业化造纸法再造烟草薄片，西仪公司的发动机连杆、数控机床等技术含量高、核心竞争力强的民品规模不断壮大。二是云南省政府与中国兵器工业集团公司合资建设的昆明光电子基地项目一期已建成投产，二期项目正在积极推进。这是中央军工与地方经济融合的一个成功典范，得到国防科工委的充分肯定。三是民爆集团大力推进结构调整和行业整合，产业规模不断扩大，核心竞争力显著增强。通过结构调整，云南民爆生产布局、技术起点、装备水平、自动化程度、本质安全显著提高。抓住机遇，成功实现与西昌永盛实业有限公司、凉山州民爆器材有限公司和海南全省民爆生产企业的整合重组，集团下属云南燃一公司成功参股山东武莲民爆公司。通过整合重组，云南民爆集团正朝着集团化、集约化的方向发展。四是云南开关厂目前已形成以110KV高端和220KV初端为代表的高中低压系列产品，规模和技术水平在西南地区开关行业处于领先地位。五是核工业209队和地调队争取国家资金开展勘察工作和引进国外资金、技术进行金矿的风险勘探取得显著成效，全年共开展了10多项金、铀、铁、铜、铅、锌多金属矿产调查。中央军工及地方军工企业与东南亚国家的合资合作、经贸合作、技贸合作和商贸取得新的进展。

安全生产

2007年，全省军工单位对安全生产高度重视，列入重要议事日程，主要领导挂帅抓，分管领导亲自抓，形成制度、责任明确，方案切实可行，措施周到完善的安全管理体制。安全生产教育培训工作得到加强，干部职工的安全生产意识进一步提高，安全投入力度加大，企事业单位科研生产条件逐步改善，安全生产管理进一步规范，安全生产基础进一步加强。在全系统多次开会布置工作，组织了多种形式的安全检查。经过艰苦努力，全系统保持了安全生产形势平稳的势头，全年未发生重特大安全事故。

企业改革

2007年，中央军工的破产工作有了新进展。298厂分立式破产工作基本结束，有效实现了减员、减负和经营机制的转变。航天总公司制冷设备厂破产获得国家批准，方案通过评审，今年可进入法律程序。地方军工列入政策性破产的4户企业已全部进入法律程序，破产重组工作正稳步推进。职工思想稳定，科研生产正常。云南开关厂积极推进股份制改造工作，目前正在编制实施方案。军工企业主辅分离工作进展顺利，所办学校的移交工作基本完成，所办医院有的已移交，有的正在实施改制。

存在问题

2007年，全省国防科技系统存在的主要问题是：转变观念不够，体制机制不活；经济总量偏小，发展速度不快，生产经营粗放；军民品科研生产基础薄弱，自主发展和创新能力不强，高端人才缺乏，发展后劲不足。

（徐莉萍）

乡 镇 企 业

综　述

2007年，全省乡镇企业坚持科学发展观，围绕社会主义新农村建设这一主线，启动实施“企村结对”共建新农村活动，进一步突出与三农关系最为紧密的农产品加工业的发展。全省乡镇企业达到88.3万户，从业人员400.6万人，同比增长5.5%；完成增加值875.7亿元，增长19.9%；实现营业收入4306.1亿元，增长13.1%；完成总产值3571.6亿元，增长17.7%；实缴税金118.1亿元，增长29.2%；完成出口交货值61.0亿元，增长27.7%；完成固定资产投资214.9亿元，增长19.3%；乡镇企业支付劳动者报酬291.5亿元，增长19.6%。呈现出发展持续加快、效益稳步提高、贡献进一步增大的良好态势。

2007年，乡镇企业占全省生产总值的18.6%。其中：乡镇工业增加值470.2亿元，占全省工业增加值的27.7%；实缴税金118.1亿元，相当于全省地方财政收入的24.3%。全省乡镇企业新增从业人员20.7万人，年末从业人员达到400.6万人，发放劳动者报酬291.5亿元，全省农民人均从乡镇企业得到的工资性收入达788元。全年全省乡镇企业直接投入支农建农及补助社会性支出总额达4.5亿元。

产业结构调整

2007年，全省乡镇企业坚持走新型工业化道路，继续加大以农产品加工业发展为重点的产业结构调整力度，乡镇企业产业结构二产比重加大，增强了与农业产业化发展的关联度。乡镇企业三次产业比重由上年的1.3:55.0:43.7，调整为1.2:60.2:38.6，第二产业特别是工业比重的持续提高，有力地促进了农村工业化。

农产品加工业

2007年，全省农产品加工业实现增加值125.38亿元，完成工业销售产值462.00亿元，实现利润32.20亿元，上交税金12.01，支付劳动者报酬31.69亿元。其中：乡镇企业从事农产品加工业企业完成增加值77.64亿元，乡镇企业农产品加工业增加值占全省总量的61.9%；实现工业销售产值326.52亿元，实现利润22.11亿元，上交税金8.77亿元，支付劳动者报酬22.15亿元。农产品加工骨干企业规模日益壮大，规模以上农产品加工企业数达376户，完成增加值31.88亿元，占乡镇企业农产品加工业增加值比重达41.1%。

乡镇工业

2007年，全省乡镇工业企业发展继续保持强劲增势，主要经济指标保持两位数增长。乡镇工业企业数达到12.8万户，从业人员133.6万人，实现增加值470.2亿元，同比增长39.9%，比全省工业增幅高22.9个百分点。占全省乡镇企业增加值的53.7%，比上年提高了7.7个百分点；完成工业总产值2062.5亿元，增长38.8%；实现销售产值2038.3亿元，增长38.7%；实现利润总额130.0亿元，增长19.4%；实缴税金88.6亿元，增长31.3%；发放职工劳动报酬111.0亿元，增长29.2%。其中：规模以上乡镇工业企业达2036户，比上年增加232户，实现增加值243.6亿元，同比增长32.9%，占全部乡镇工业的51.7%；实现利润71.1亿元，增长18.7%；实缴税金52.1亿元；发放劳动者报酬46.2亿元，同比增长34.8%。

外经外贸

2007年，全省乡镇企业主动适应国家出口退税调整政策的新形势，努力扭转乡镇企业出口交货值增幅年初高开后逐月下降的趋势。出口企业户数达197户，实现出口产品交货值61亿元。其中：规模企业出口交货值50.1亿元，占乡镇企业出口交货值总量的82.1%。出口产品结构进一步优化，形成了以矿产、化工、食品为主，化工、机械、轻工、纺织、服装和工艺品等特色产品共同构成的出口产品结构。其中：食品类出口产品交货值16.9亿元，占乡镇企业出口交货值的27.7%，所占比重比上年提高5.9个百分点。

固定资产投资

2007年，全省乡镇企业完成固定资产投资214.9亿元。其中：企业自筹资金140.6亿元，占投资总额的65.4%，企业自主投资成为乡镇企业固定资产投资的主体。金融机构支持力度加大，全年为乡镇企业固定资产投资提供贷款33.0亿元，占投资额的15.4%，引进资金18.4亿元，占投资额的8.4%。乡镇企业固定资产投资中，工业固定资产投资完成168.8亿元，占投资总额的78.5%。固定资产投资中新建项目投资额占投资总额的比重达60.5%。工业投资持续高速增长以及年度新建项目保持较大比例，为乡镇工业的持续快速发展奠定了坚实的基础。

产业发展

2007年，全省乡镇企业坚持走新型工业化道路，围绕全省工业园区建设，加快布局调整，走聚集发展道路，成效明显。2007年底，全省共有乡镇企业园区53个（大部分已成为省级各类开发区或工业园区的园中区、区中园），区内企业3289户，从业人员13.2万人，创造增加值53.3亿元，占全省乡镇企业工业增加值的11.3%，上交税金10.7亿元，利润总额14.2亿元，累计利用外资4365万美元，出口交货值11.5亿元，固定资产投资44.2亿元。聚集发展已成为乡镇企业整合利用资源，调整优化结构，提升产业层次，增强可持续发展能力的重要途径。

企业技术进步

2007年，全省已建立技术创新中心或研发机构的乡镇企业达366个。乡镇企业建设项目中技术改造投资占项目总投资的55%以上。云南下关沱茶（集团）股份有限公司与云南省农业科学院茶叶研究所被农业部认定为“国家农产品加工技术研发专业分中心”。全省乡镇企业“中国名牌产品”和“云南省名牌产品”分别达到5个和67个。

职业培训

2007年，全省乡镇企业加大职业技能培训和鉴定力度，努力提高职工素质，共培训136.7万人次。其中：蓝色证书培训78.8万人次（包括：职工岗前、在岗及技术人员、管理人员培训），各类短期培训53.9万人次，全省乡镇企业共投入培训经费3672.4万元。381人取得了考评员资格证书，3人获国家职业技能考评质量督导员证书。建立了20个乡镇企业职业技能培训点和34个职业技能鉴定工作站，初步建立职业技能鉴定专家库、教材库和试题库。完成涉及30个工种的职业技能培训38545人次，获职业技术证书人数1.2万人。

2007年，全省乡镇企业学历教育在读5297人。从业人员中大中专以上人员达8.97万人，中专及技校人员达19.97万人。有16.2万人取得初级以上技术职称。其中：具有高级职称人数达14350人，具有中级职称人数达44741人。

“企村结对”活动

2007年，全省乡镇企业，充分发挥乡镇企业和各类企业在吸纳农民就业和发展现代农业中的优势与作用，广泛动员企业和村（组）开展“企村结对”活动，共建社会主义新农村，积极探索建立“以企带村、以村促企、以工建农、互利共赢”的长效发展机制。全省落实“企村结对”共建新农村企村1037对，涉及村民人数81.5万人，带动农户17.7万户，实施村民就业培训13万多人，吸纳村民就业6.96万人，参与结对企业共投入新农村建设资金（含折资）2.51亿元。涌现出了一批“企村结对”先进典型，有效的促进了农村生产的发展，为全省新农村建设作出了积极贡献。

管理服务

2007年，为加强对乡镇企业发展重点，农产品加工业发展的管理、指导和服务，经相关部门批准，成立“云南省农产品加工业技术服务中心”。在全省实施了“云南省农产品加工业统计报表制度”。

（蔡　昆）

乡镇企业主要经济指标

单位：个、人、万元

指标名称	增加值	总产值	营业收入	利税总额	上交税金	固定资产原值	从业人员年末数	劳动者报酬
总　计	4894188	20759206	23061410	1474184	866744	11353163	1479545	1420313
一、按登记注册类型分组								
1. 内资企业小计	4809200	20496669	22790250	1444584	853443	11156929	1467294	1397349
其中：（1）集体企业	225345	1029864	1077064	51955	40910	612233	99073	100424
（2）股份合作企业	99603	487881	488710	40817	25914	241526	27599	27039
（3）联营企业	10554	29257	29367	4934	860	26780	7909	4861
（4）有限责任公司	1948416	8575233	9802837	565292	374476	5087589	471058	482267
（5）股份有限公司	296385	1060938	1110576	73932	46977	365309	32251	50717
（6）私营企业	2215896	9270835	10254043	704116	363203	4799758	819330	726261
（7）其他企业	13001	42661	27653	3538	1103	23734	10074	5780
2. 港、澳、台商投资企业	35193	97651	92562	17498	4373	113253	6326	8887
3. 外商投资企业	49795	164886	178598	12102	8928	82981	5925	14077
二、按国民经济行业分组								
1. 农林牧渔业	74409	394159	389595	21212	2523	187982	69525	32669
2. 工业	3451368	14814578	14911858	1088420	675116	8552903	850205	859095
其中：采矿业	1102978	3060936	3218604	464808	219933	1544062	317327	346136
制造业	2242339	11409742	11365469	592059	439139	6235060	517219	493399
电力、燃气及水的生产和供应业	106051	343900	327785	31553	16044	773781	15659	19560
3. 建筑业	567869	2440460	2394954	124942	67361	821840	322941	272845
其中：资质等级企业	268437	1193424	1161269	68707	35041	388573	158215	120585
4. 交通运输仓储业	135113	611151	631721	42490	14983	238351	43699	38683
5. 批发零售业	401006	1451403	3582087	132085	61810	805373	83652	125391
6. 住宿及餐饮业	100178	370836	421067	28195	13703	337927	56767	40161
其中：餐饮业	29762	112440	134258	7895	4747	77033	23165	14032
7. 居民服务、其他服务业和娱乐业	99024	323341	367945	24529	12172	278820	38537	35299
8. 其他	65221	353278	362183	12311	19076	129967	14219	16170

注：按农业部乡镇企业局《全国乡镇企业统计报表制度》（2007 年度），此表为企业指标值。

建　筑　业

核心，充分发挥检测的主导作用。四是开发完成并投入运行工程质量监督信息系统，填补全省工程质量监督管理信息化工作空白局面。运用现代管理手段搭建信息交流平台，规范监管行为，实现全省工程质量监督机构联网，全省工程质量监督动态和高效监管，推进工程质量诚信体系建设。全年各级机构共监督单位工程8182个，建筑面积5911.75万平方米。其中，竣工工程3737个，建筑面积2027.66万平方米，监督面积较2006年增加26.7%。通过有效地开展质量监督，2007全省工程质量形势平稳，工程质量稳步提高，工程质量投诉数量明显下降，全年受理工程投诉131起，较2006年下降34.8%，结构质量方面的投诉所占比例较小。

综　述

2007年，全省全社会完成建筑业增加值338.66亿元，全省具有资质的建筑企业完成总产值742.05亿元，占全省生产总值的7.6%，实现利润20亿元，上缴税金31亿元，支付农民工工资45亿元。全省建筑业连续三年快速发展，建筑业产值年增长率均超过10%，已成为促进全省国民经济发展的重要产业。建筑业的蓬勃发展在推动全省国民经济持续稳步增长，提高城乡各族人民物质文化生活，促进农村产业结构调整，吸纳富余劳动力，以及加速城镇化进程和增加地方财政收入各个方面，都起到了积极的带动和辐射作用。根据云南省建筑业管理信息网统计，截至2007年末全省共有建筑施工、监理企业、检测企业3606家，建筑施工企业3194。其中，特级2家，一级124家，二级852家，三级2146家，无等级70家。工程建设监理公司177家。其中，甲级14家，乙级71家，丙级92家。检测单位209家，项目管理单位26家。

建筑业管理

2007年，全省建筑业管理信息网进一步完善，开设了建设工程安全、质量、企业网站等接口，为建筑业管理信息网进一步发展奠定了基础。勘察设计全行业完成产值达到58.5亿元，勘察设计单位的组织模式和所有制形式走向多元化，已有90%的勘察设计单位完成了改企工作。工程建设标准化和造价管理上，初步建立编制、执行、监督三者并重的工程建设标准化管理体系，编制发布地方标准31项，工程造价年咨询业务收入超过2亿元。全省工程质量监督管理系统以执法检查（巡查）工作为核心，以参与工程建设各方责任主体的质量行为为重点，推行“差别化”有效监管。一是在全省范围开展以建设过程中的各方质量责任主体和有关机构的质量行为重点的执法大检查。5月底至7月初，共组织抽查472个、建筑面积747.9万平方米建设工程，下发执法告知书、整改通知书136份。7月中下旬，派出2个监督执法组对昆明、大理、玉溪、曲靖、楚雄5州（市）25个、建筑面积109.5万平方米的项目进行随机抽查，下发6份整改通知责令有关单位限期整改。二是制定并实施《云南省建设工程质量监督机构和人员考核管理暂行办法》，规范监督人员的行为。为把考核工作开展好，先后组织7期共1033名监督人员学习培训，通过现场考核，至年底共有141个监督站通过考核，4个站未通过考核，限期整改。三是制定贯彻落实建设部《建设工程质量检测管理办法》实施办法，严把工程质量检测关。全省127个工程质量监督机构对检测业务工作进行了剥离，成立建设工程质量检测中心。以市场为核心，充分发挥检测的主导作用。

招投标市场监管

2007年，省建设厅围绕“备案管理、过程监督、依法查处”的12字监管方针，认真抓好工程建筑招标投标监管工作。全面推行“云南省房屋建筑和市政基础设施工程招标评委专家管理及抽取系统”，统一专家专业划分标准和门类，完善专家的专业配置，增加专家的数量，特别是增加特殊专业和资深专家的数量，全省有建设工程评标专家库入库专家2340名。实际工作中，严格抽取程序，严防泄露专家名单情况发生，招标评委专家管理及抽取系统，通过评标现场监督、评标文档抽检和综合能力评估等方式严格考核专家评标的能力和质量，建立违规违纪及时清出机制。按云南省建筑市场管理条例要求，办理省管工程项目报建115件，投资总额468.37亿元，比上年增加357.02亿元。办理施工许可证137件，合同价款43.52亿元，建筑面积448.06平方米；办理招标人自行招标备案审查项3项；招标备案登记353项。其中，分开招标291项，邀请招标62项，应公开招标率达到100%。全年累计中标额107.38亿元。全省共有117家招标代理机构。其中，甲级23家，乙级74家，暂定级20家。依法受理招投标举报投诉4件。其中，有效投诉3件，已查处或回复有关部门3件。2007年，省建设厅紧密结合云南造价市场的实际，突出重点、难点，特别对争议大、影响较大的项目依法依规进行严格审查。截至年末，全省共完成工程造价编审119项，总造价约20.10亿元。其中，审查项目74项，送审价6.76亿元，审定价为5.72亿元，核减1.04亿元；编制拦标项目45项，造价13.34亿元。完成执法检查项目6个，总造价1.76亿元，配合上级纪检部门复核工程造价3200万元，保证了案件的及时查处。

建筑安全生产监管

2007年，省建设厅根据建设部《建筑工程安全生产监督管理工作导则》，建构建设行业大安全工作架构和机制的要求，结合实际制定了建筑工程安全生产层级监督与重点地区监督检查制度、形势分析报告制度、预警提示制度、安全重特大事故约谈制度，并调整建立建设厅“大安全的工作架构和机制”，进一步强化厅各职能处室的安全生产职责和各级建设主管部门的行业安全监管主体责任。大力推进建筑施工安全标准化工地建设，在工程数量大幅上升的情况下，建筑行业安全生产形势保持总体稳定。从1月1日起，省建设厅在全省建筑行业统一推行建筑意外伤害保险制度，同时与承担全省建筑意外伤害保险业务的保险公司制定了一系列工作措施，建立协调统一工作机制。实践证明，此项制度充分发挥了保险公司对建筑安全生产工作的辅助管理功能，对切实保障作业人员合法权益、分散施工企业事故风险发挥了积极作用。认真组织开展建筑安全生产专项整治和隐患排查治理专项行动。2007年，省建设厅成立工作领导小组，制定工作方案，召开会议部署建筑施工安全专项整治、专项行动。工作中将专项整治、专项行动、夏季和汛期安全生产工作以及几年来开展的建筑施工安全质量标准化工作有机结合，进行统一的部署和安排，并在昆明组织召开了两次专项整治暨安全质量标准化工作经验交流观摩会议。各地在工作中，针对不同情况采取较为有效的措施，认真开展隐患排查。在专项行动的督查检查阶段，全省建筑施工排查安全隐患6300条，下发整改通知书937份，责令企业对隐患进行整改，整改率达91%。

优质工程和优秀企业（个人）

2007年，由昆明一建建设（集团）有限公司承建的云南省电信有限公司关上综合业务楼、云南建工第六建筑工程有限公司承建的翠湖宾馆二期（商务综合楼）、云南省火电建设公司承建的开远电厂2×300MW等3项工程获“中国建筑工程鲁班奖”。由安楚高速公路指挥部申报的云南安楚高速公路、云南财经大学申报的云南财经大学图书馆工程、云南建工集团总公司承建的昆明市五华（绿地）广场、云南建工第六建筑工程有限公司承建的集大广场、云南工程建筑总承包公司承建的曲靖市第一人民医院第二住院楼等7项工程获“国家优质工程银质奖”。5家企业获得“全国优秀施工企业”、5名企业管理者获得“全国优秀施工企业家”、5家企业获得“全国用户满意施工企业”、6项工程项目获得“全国用户满意工程”、26名项目经理获得“全国优秀项目经理”等称号。中国水利水电第十四工程局和驻滇建筑业承建的云南电信关上综合业务楼、昆明市掌鸠河引水供水水源工程（云龙水库）等93个项目为“云南省优质工程”，卯昌礼、杨大志等116人为“云南省优秀项目经理”。认定中铁二十局第二工程公司、云南省送变电工程公司、云南第二公路桥梁工程有限公司、昆明二建建设（集团）有限公司等4家企业为全国工程建设AAA级信用等级企业。推荐评定云南省第五建筑工程公司、云南官房建筑集团股份有限公司等2家为“全国信用企业”。

（黄　增）

铁路建设和铁路运输

综　述

昆明铁路局属国家铁路运输企业，管辖线路跨越云南、四川、贵州3省，主要负责管辖区域内的旅客乘降和货物运输组织工作。开行昆明直通北京、上海、广州、成都、重庆、厦门、南宁、南京西、贵阳、六盘水、攀枝花、大理、楚雄等旅客列车32对，负责货运五定班列、行包快运专列、集装箱专列、鲜活冷藏班列、大宗货物直达列车等的货物运输组织工作。

2007年，昆明铁路局管辖贵昆、成昆、南昆3条准轨电气化铁路干线；昆河、蒙宝2条米轨铁路干线；昆玉、广大、水红3条地方、合资铁路；羊场、东川、盘西Ⅰ线、昆阳、安宁、东王6条准轨支线；昆石、昆小、草官3条米轨支线。成昆线在四川省攀枝花站K750+897处与成都局交界、贵昆线在凤凰山站K367+000处与成都局交界，南昆线在贵州省威舍站K491+129处与柳州局交界，昆河线在中越铁路大桥K464+444处与越南衔接。

管内线路总延长3083.0千米。其中：正线2172.1千米；营业里程1923.7千米。其中：电气化铁路1065.8千米。有桥梁1229座，隧道527座，道口377个（有人看守93个）。设置197个车站。其中：特等站1个，一等站1个，二等站8个，三等站12个，编组站1个。各型机车388台。其中：内燃机车171台，电力机车217台；配属客车1023辆。固定资产原值288.08亿元，被列入2007中国企业500强排行榜和云南省企业100强行列。

运输生产任务

2007年初，铁道部下达昆明局的运输任务指标均较上年有较大增长。面对运输生产任务指标逐年增加，地方经济发展需要铁路运力支撑的实际，昆明局以提高运输效率为目标，坚持内涵扩大再生产，加强运输组织，统筹优化运力资源配置，实施精细化管理，切实转变运输增长方式，实现运输能力的提升。全年，货物发送量完成6021.2万吨，同比增加479.4万吨，增长8.7%；旅客发送量完成2105.9万人，增加267.5万人，增长14.6%；换算周转量完成370.6亿吨千米，增加42.8亿吨千米，增长13.1%；实现运输收入60.2亿元，增收6.1亿元，增长11.3%。运输效率大幅提高，准轨周时完成1.98天，比年计划压缩0.2天，同比压缩0.14天，相当于节约运用车33万车，节约车辆占用费2729万元。在全面完成铁道部下达任务指标的同时，运输生产任务指标再创历史新高。

出省物资运输

2007年，昆明局按照云南省确定的“五保四压”（保重点、保增长、保效益、保鲜活农副产品、保行业整合，压初级产品、压原矿、压低价值产品、压不符合产业政策的产品）原则组织好铁路运输，根据每月路地联席会议确定的出省物资运输计划，加强组织协调，将运力主要集中于两烟、食糖、化肥等重点物资上。2007年，提前54天完成云南省政府下达的2530万吨出省物资运输任务，累计完成3020.4万吨，同比增运296.9万吨，增长10.9%。铁路运输出省物资实现的产品销售收入，已占全省规模以上工业完成销售收入的34%，对云南省经济发展起到重要的支撑作用。

成品油运输

2007年，由于受国际油价和冬季取暖的影响，云南省成品油供应紧张，为缓解供应压力，昆明局全面强化成品油运输组织，保障成品油供应。一是加强在途运输组织。到达管内的成品油罐车优先挂运、优先放行，空、重罐车严禁途中保留，做到及时回送。二是加强卸车组织。加强油罐车到达预报，提前与专用线及收货人联系，做好卸车准备，车辆到站后优先安排取送。三是加强专用线作业组织。将到达的汽、柴油罐车化验作业关口前移，由专用线单位指派专业技术人员在车辆送达专用线前进行取样化验，压缩车辆停留时间，加速车辆卸车作业。11月1日～22日，全局共抢运到达油罐车3501车。

电煤运输

2007年，针对云南省煤电供应紧张的实际，昆明局认真落实云南省电煤油运专题协调会议精神，坚持计划、配空、装车、挂运、送达卸车“五优先”，全力以赴做好电煤运输工作，确保电煤运输需求得到满足。

昆明局组织工作小组深入到相关各电厂调研，主动征求意见，了解生产情况，摸清电煤运输需求，做到心中有数。指定专人负责电煤日常运输，从货源组织、提报请求车、批车等环节盯死落实，建立电煤统计台帐，逐日进行分析掌握；调度所每日落实电煤装车的各个环节，确保电煤运输计划的落实，并在每天调度交班会汇报当日电煤运输任务完成情况和存在的问题。相关站段安排专人每日了解掌握各电厂的进煤、耗煤、库存煤及卸车情况，随时与电煤装车站保持联系，互通信息，保证电煤的及时供应。全年，电煤运输发送626.5万吨，较上年496.1万吨增加130.4万吨。

果蔬运输

2007年，云南省果蔬出省运输量大、集中、时限要求高，为确保高峰期果蔬运输及时有序，昆明局加强运输组织，健全工作制度，做到菜不烂地、货不压车、车不压站，支持云南省绿色经济发展。一是成立专门组织，负责果蔬运输的组织落实。昆明局成立果蔬运输领导小组，由主管运输副局长任组长，相关单位成立相应的由主管生产站段长直接负责的工作小组，并安排专人负责果蔬运输。加强与云南省果蔬外运协调领导小组的协调联系，及时处理果蔬运输出现的问题。二是设立果蔬运输专门接待窗口，提高服务质量，严禁因服务问题引起货主不满。在主要果蔬装车站设立果蔬运输专门接待窗口，并制定相应的货主接待制度。定期召开果蔬货主座谈会，互通情况，帮助货主排忧解难。三是调整果蔬装运车站。将果蔬运输工作由昆明东站调整到昆明南站，利用昆明南站的地理区位优势和交通便利条件，按照“就地、就近、方便客户”的原则组织装车。四是结合果蔬运输的特点和实际情况，及时修改车站的装卸车作业组织措施。将车站公共货场可对装的货位全部安排为装运甘蔗、洋葱、西瓜等货物，严格按方向别装车，加强考核，加快装卸车进度。全年，昆明局完成果蔬运输47.68万吨。其中：蔬菜39.09万吨、瓜果8.59万吨，同比增运4.28万吨。

抗震救灾物资运输

2007年6月，宁洱县发生6.4级大地震，急需救灾物资以保障民生。为确保救灾物资及时运输到位，昆明局积极与铁道部运输局和相关路局联系，提前了解掌握到达救灾物资运输情况；局管相关车务站段主动与地方民政部门联系，摸清管内救灾物资运输需求，提前进行安排。对外局到达的救灾物资，第一时间通报地方政府，全程跟踪掌握救灾物资车辆动态，做到优先接入、优先取送、优先卸车、优先交付；对本局装运的救灾物资，在运力资源上予以全力保证，做到优先计划、优先配空、优先装车、优先挂运、优先到达卸车，确保救灾物资第一时间送达目的地。

大瑞铁路建设

3月20日上午，大理至瑞丽铁路建设动员大会在云南保山市大（理）瑞（丽）铁路保山站站址举行，云南省委副书记、省长秦光荣，云南省委副书记李纪恒，省政协主席王学仁，省委常委、常务副省长罗正富，省人大常委会常务副主任牛绍尧，省政府秘书长丁绍祥，铁道部党组成员、副部长卢春房以及有关司局负责人等出席大会。

大理至瑞丽铁路是中国《中长期铁路网规划》中完善路网布局和西部开发性新线项目之一，也是我国西南进出境通道之一的中缅国际铁路通道的重要组成部分。德宏州、保山市与缅甸接壤，国境线长达671千米，拥有腾冲、瑞丽、畹町3个国家级口岸，铁路建成后，可经缅甸至仰光港直接面对印度洋，对促进中国—东盟自由贸易区建设，加快中国连接东南亚、南亚国际大通道建设，开辟中国通往印度洋的陆路通道具有十分重要的战略意义。

2007年2月，大理至瑞丽铁路可行性研究经国家发展和改革委员会批复。大理至瑞丽铁路属国家Ⅰ级单线电气化铁路，由铁道部与云南省合资建设，东起广大铁路终点—大理站，向西经云南漾濞、永平、保山、龙陵、潞西、瑞丽市等3个州市和7个县区市，途穿高黎贡山，跨越漾濞江、银江大河、澜沧江、怒江等，西至瑞丽，线路全长约350千米。其中：桥隧总长258千米，占线路总长的75%。项目投资估算147亿元，预计总工期6年，设计运输能力为客车12对/日，货运1200万吨/年。

大瑞铁路吸引区范围为我国重要的“三江成矿带”，拥有丰富的铁矿、硅矿和铅锌矿；旅游资源得天独厚，有闻名中外的腾冲火山热海、德宏热带风情，是云南省继丽江、西双版纳之后的第三个旅游开发热点。

沪昆铁路沾昆复线全线开通

2007年4月15日20时零2分，沪昆铁路沾昆复线全线双线自动闭塞开通，标志着沾昆复线全线建成。4月16日，复线开通仪式在金马村站举行。中共云南省委常委、云南省常务副省长罗正富，云南省发展和改革委员会（云南省铁路建设办公室）主任和段琪、云南省经委主任刘绍忠、云南省财政厅厅长陈秋生等有关部门负责人以及曲靖市、昆明市相关领导出席开通仪式。

沾昆复线全长145.82千米，设计时速为160千米，是全国铁路网“八纵八横”主骨架上海—株洲—怀化—昆明通道（沪昆铁路）最西端的重要一段，也是云南省境内第一段双线自动闭塞铁路。2004年4月15日正式开工建设，按照分段建成、分段开通的目标，先后于2006年9月8日开通曲靖至吴官田段，2007年1月15日开通小新街至杨林段、3月31日开通吴官田至小新街段、4月10日开通金马村至昆明东段、4月15日开通杨林至金马村段，最终全线建成开通，实现全线电气化牵引、复线自动闭塞、全区段调度集中，成为云南省第一条复线大能力出省通道，对提高云南出省通道输送能力、加快云南国际大通道建设步伐、保障云南省经济社会又好又快发展，将起到极大的促进和推动作用。

运输能力释放

2007年，昆明局利用沾昆复线开通后释放的运输能力，将管内南昆线开行列车进行分流，改走沪昆线，增加管内沪昆线列车开行对数，运输能力得到提高。一是对管内南昆线开行列车进行分流。沾昆复线开通前，沪昆线开行管内货物列车22对，南昆线必须保证开行货物列车18对，才能满足货物运输需求。沾昆复线开通后，南昆线分流7对列车走沪昆线，沪昆线开行管内货物列车增至33对，南昆线车流不积压，为南昆线线路大修施工和“天窗”的兑现提供保证。二是增加管内沪昆线列车开行对数。开行旅客列车由原来的11对增至21对，货物列车由原来的22对增至33对，年运输能力由原来的1656万吨提高到5890万吨，极大地缓解云南铁路运输的压力。

第六次大提速新运行图实施

2007年，根据铁道部实施第六次大面积提速调图的要求，昆明局编制出台2007年列车运行图和货物列车编组计划，于4月18日零时起执行。新运行图按照“提速、增吨、加密、贯标、扩能”的原则编制，综合体现运输能力、运输效率和运输效益。一是利用线路允许速度资源，提高运输效率。路局管内提速准轨正线线路达到461.258千米，占全局准轨正线里程的34.5%，旅客列车旅行速度同比提高3.55km/h，货物列车旅行速度同比提高1.89km/h。二是用足用好每一条运行线、每一台机车的能力，提高货物列车的牵引重量，做到货物列车满重或满长。南昆线陆良至威舍间上行货物列车牵引定数由4000吨提高到4500吨；沪昆线昆明东至凤凰山上、下行货物列车牵引定数由3880吨提高到4000吨；威红线红果至威舍上行货物列车牵引定数提高到4500吨；昆明东至读书铺内燃机车牵引定数上行由3000吨提高到4000吨，下行由3000吨提高到3500吨；读书铺至中谊村内燃机车牵引定数由3000吨提高到4000吨；水红线旅客列车牵引定数由15辆提高到18辆。三是加大行车密度，增加货物列车对数，提高运输能力。沪昆线增加3对，成昆线读书铺至广通增加2对，水红线增加2对，主要干线利用率达到95%以上。利用沾昆复线开通后的新增能力，开行威舍至读书铺（经沪昆线运行）的货物列车。发挥新线开通和技术改造成果的作用，增加分界口列车交接对数，威舍和攀枝花口各增加客车1对，六盘水南口增加客车3对、货车2对。四是增加直通旅客快车5对，顺应旅客运输需求。其中：由昆明局担当的昆明至北京西K472/1次、昆明至重庆2652/1次；由成都铁路局担当的西昌至昆明2647/8次、成都至昆明2639/40次（经由内六线和水红线）；由南宁铁路局担当的南宁至昆明2637/8次。由昆明局担当的昆明至南宁K394/3次延长到桂林；由郑州铁路局担当的郑州至昆明K337/8次改经京广线、沪昆线运行（原经麻尾口现改大龙口）。五是全面优化区段、摘挂列车开行方案，满足中间站作业需求。调整部分分界口货物列车编组计划，威舍口增加部分区段列车开行，凤凰山口减少1对区段列车改为直通列车；增加直达列车开行比重，共开行跨局始发直达列车8.5列、5个方向的“五定班列”共3列、管内点到点始发直达列车8列，始发直达“五定班列”开行比重（车数）占路局计划装车数的43.1%。通过新增客车开行以及客车扩编，客车运能实现大幅增长，全局客车始发定员48460座卧/日，比原图增加5546座卧/日，新图较现图相比能力增长12.9%。

昆明至北京西K472/1次旅客列车增开

4月17日9时26分，昆明至北京西K472/1次列车在昆明站首发，昆明局开行的进京列车增至2对。该次列车的开行，对缓解T62/1次列车旅客运输压力，促进人员交流将产生积极作用。该次列车是“4·18”全国铁路第六次大面积提速、实施新运行图后增开的唯一一趟进京快速列车，为全列25G型空调列车，编组18辆，旅客定员1090人，每日开行。经由沪昆、盘西、水红、益永、石长、京广、西良线运行，途经云南、贵州、湖南、湖北、河南、河北、北京等六省一市，单程运距3216千米，沿途停靠22个车站。上行全程运行48小时11分，下行全程运行47小时03分。

昆曲城际列车公交化

6月1日10时14分，首趟曲靖—昆明T901次城际旅客列车从曲靖站开出。这是昆明局充分利用沾昆复线建成开通后的运输能力，为昆明至曲靖间往来的旅客提供优质优价的交通出行方式，提高铁路短途客运市场竞争能力，实现客运增运增收的重要举措。该车使用电动车组，两动两拖，采取“一站直达”的方式开行，每天往返两趟（T902/1、T904/3次），区间运行106分钟，每趟列车定员360人（其中硬座232人、软座128人），单程票价在铁路空调特快（快速）列车票价的基础上，分别下调16.7%、18.9%，硬座20元、软座30元。为方便旅客进站上车，提供方便快捷的乘车条件，在昆明站、曲靖站开辟城际列车绿色通道，加强乘车引导，旅客上车补票均不收取手续费。城际列车增开后取得较好的社会反响。为进一步满足公众的出行需求，自7月1日起，昆明至曲靖间管内特快列车增至6对，自8月15日起增至8对，实现每天从7时至21时、每隔2小时就有1趟列车发出。同时，进一步优化列车开行方案，按照公交化的开行模式，实行昆明、曲靖两边同时对开，运行90分钟。该列车使用车底2组，一组为电动车组，一组为直供600V车底。城际列车开行后，每日新增旅客发送约3000人。

机车跨局长交路轮乘制实施

1月23日23时47分，由昆明局负责牵引K366旅客列车任务的机车首次开进南宁站，标志昆明局与南宁、成都局正式实施机车跨局长交路轮乘制，3个局的机车将相互开进3局所辖车站。截至4月10日，成昆、沪昆、南昆线跨局旅客列车及沪昆、南昆线直通货物列车全面实行跨局机车长交路，旅客列车机车交路最长达825千米（昆明—南宁），增加517千米（实施前昆明—威舍308千米）；货物列车机车交路最长达808千米（昆明东—南宁南），增加507千米（实施前昆明东—威舍301千米）。实施跨局机车长交路，减少区段站机车出入库、整备作业环节，机车运用效率得到较大提高，累计节省电力机车9台，直接经济价值6000多万元。

路企直通运输

2007年10月，为进一步提高运输效率，减少铁路与企业之间的货车交接环节，昆明局与省经委启动路企直通运输工作。11月1日，路企直通运输在昆钢、云天化国际化工富瑞分公司专用铁道率先试行，货物列车直接通过原来的交接场，在企业工厂站到发，减少列车解编作业。

至年末，共开行直通列车272对，昆钢在日均货物发送量增长14.5%、到达量增长12.9%的情况下，货车停时降低0.3小时、压缩2%，日均装车由88车增至102车；富瑞公司在日均货物发送量增长40.1%、到达量增长4%的情况下，货车停时降低2.2小时、压缩17.7%，日均装车由56车增至80车，货车运用效率明显提高，企业的货物运输需求进一步得到满足。

专用线作业效率考核

自2007年3月1日起，专用线作业效率考核在试点基础上全省所有专用线、专用铁路范围内全面推广，除首批纳入考核的16家专用线企业仍由昆明局直接考核外，其余202家实行分级属地管理，签订装卸车作业协议，由所属州、市经委和铁路站段组织对辖区内专用线作业效率进行考核，并上报省经委和昆明局进行奖罚。2007年，纳入考核的16家专用线货车平均停时完成7.0小时，较上年同期压缩17%。

战略装车点建设

2007年，昆明局按照铁道部战略装车点建设要求，对战略装车点进行规划布局，枢纽地区按方向别组织装车，原则上成昆方向货流在昆明西站、读书铺站，沪昆方向货流在金马村站，南昆方向在昆明南站组织装车。成昆、沪昆、南昆、威红、盘西等线，根据吸引区范围内的货物流量及流向、公路条件、货场能力等确定，对于具备市场条件，有运量支撑的，集中运力车支持，培育建设羊尾哨、威箐、金马村、昆明南、上西铺、中谊村、蒙自、龙津沟、黑老湾（或松林站）、读书铺、安宁（或温泉）、宣威、马龙站战略装车点。在新线基本建设中，对大理东、保山北、瑞丽东、丽江、香格里拉站按照战略装车点的思路和标准进行前期规划和实施。

2007年内，昆明局加快推进战略装车点建设，宣威、马龙战略装车点相继建成投用。宣威战略装车点于8月初开工、11月26日竣工验收、11月28日全线开通运营，发运能力近期可达200万吨/年，远期可达300万吨/年，能够完全满足周边骨干企业的铁路运输需求。货场设置自动喷淋、粉尘污水沉淀过滤池等设施，对粉尘、污水进行处理，达到国家排放标准后自然排放。马龙战略装车点一期工程于10月18日开通运营。一期工程于2007年8月20日开工，10月15日竣工，规划运量为450万吨/年，主要装运生铁及其他散堆装货物，能够满足曲靖市南海子工业园区及马龙周边13家钢铁化工企业的运输需求。

大牲畜挂牌管理

2007年，为切实防止大牲畜上道危及行车安全，昆明局制定大牲畜挂牌管理办法，对管内沿线两侧各500米范围内近1万户村民饲养的大牲畜实行挂牌管理。各铁路派出所和护路组织根据管内各村委会养殖户的数量，与村委会或养殖户签订管理责任书，规定大牲畜养殖户不得在铁路两侧20米范围内放牧大牲畜，大牲畜确需穿越铁路时必须牵引防止与火车碰撞；村委会负责根据大牲畜集中横越铁路的地点和时间进行巡查、防护等，落实挂牌管理制度。

昆明局按每户每年150元的标准安排专项奖励经费。其中：养殖户120元，村委会或管理人员30元，按季度考核清算。季度内未发生挂牌大牲畜违规放养和被火车撞扎的，兑现大牲畜户主奖金30元，兑现村委会年奖金总额的1/4。在铁路安全保护区内放牧或挂牌大牲畜违规上道的，发现一次，扣减养殖户奖金30元、村委会10元，发生多次的进行累计考核，直至年度奖金扣完；发生一起挂牌大牲畜被列车撞轧的，扣除该养殖户全年奖金，扣除村委会年奖金总额的30%，扣除村委会其余各养殖户每户30元；发生2起及以上挂牌大牲畜被列车撞轧的，扣除该村委会及各养殖户全年奖金。

北衙隧道贯通

8月28日，云南省第一长隧道大丽铁路北衙隧道顺利贯通。大丽铁路全长162千米，穿越崇山峻岭，有47座隧道，北衙隧道为其中最长的隧道，长8435米，位于云南省大理白族自治州洱源县汇尾镇和鹤庆县西邑镇境内，是大丽铁路全线控制性工程。

2004年12月20日，大丽铁路开工建设，北衙隧道先后顺利通过七处富水逆断层，一号横洞进口端于2005年8月28日大跨贯通，一号横洞和二号横洞于2006年7月28日胜利贯通，二号横洞三岔口段于2007年4月24日安全贯通，2007年8月28日实现全隧安全贯通，对推进大丽铁路建设进度有重要作用。

昆明局获“全国五一劳动奖状”

2007年，昆明铁路局被中华全国总工会授予2007年“全国五一劳动奖状”。昆明局自1997年成立以来，以地方经济发展为己任，通过内涵挖潜，优化生产结构，运输生产率逐年提高，在全省铁路运输满足率仅为18.9%的情况下，重点物资和重点企业的运输满足率达97.8%，连年超额完成云南省政府下达的出省物资运输任务，发送货物实现的产值占全省GDP的30%。同时，强化安全管理，夯实安全基础，连续11年实现防洪安全年，实现安全生产1490天。

（吴立群）

交 通 建 设

杨光成，白族，籍贯云南宾川，研究生，中共党员，现任云南省交通厅党组书记、厅长

综　述

2007年，全省完成交通固定资产投资339.76亿元，同比增长0.95%。公路建设完成338.6亿元，同比增长0.77%。其中，重点公路完成231.18亿元，路网改造完成48.79亿元，汽车客运站（含农村客运站）建设完成2.48亿元，水运建设完成5299万元；农村公路完成56.04亿元，同比增长431.18%。改建农村公路2.02万千米。

至年末，全省公路总里程达20万千米，等级公路为10.48万千米，占总里程的52.30%；高等级公路达7263千米，其中，高速公路达2508千米，居全国第七位，西部第一位。有铺装和简易铺装路面3.5万千米，占总里程的17.53%；未铺装路面16.52万千米，占总里程的82.47%。公路密度以国土面积计算为50.85千米/百平方千米，以人口数量计算为44.69千米/万人。

年内，全省完成国道主干线改造任务。国家规划“五纵七横”12条国道主干线网络里有3条涉及云南——“五纵”中的二连浩特至河口；“七横”中的上海至瑞丽、衡阳至昆明。经过“十五”和“十一五”期的建设，全省投资近800亿元，开工建设20多个国道主干线项目。至年底，全省境内总规模约2500多千米的“五纵七横”国道主干线基本贯通。其中，高速公路达2200多千米。

路网结构进一步完善，4条通向东南亚、南亚干线公路国内段全部实现高等级化，7条通向邻省的干线公路有6条基本实现了高等级化，出省勇边大通道雏形基本形成。

公路养护质量稳步提升。全省公路累计平均好路率60.78%；养护质量综合值67.92。其中，干线公路（不含收费公路）累计平均好路率76.82%，比上年同期上升0.96个百分点；养护质量综合值74.98，上升0.44个百分点；重点线路累计平均好路率83.45%，上升0.78个百分点；养护质量综合值77.65，上升0.4个百分点。农村公路累计平均好路率54.97%，上升0.22个百分点。

全年道路运输完成客运量4.29亿人、旅客周转量265.8亿人千米，货运量6.55亿吨、货物周转量450.8亿吨千米，同比分别增长5.02%、7.3%、8.62%、10.10%。

思小高速公路获土地登记证

1月14日，省国土资源厅为思茅至小勐养高速公路颁发了土地登记证。使思小高速公路成为全省第一条获得土地登记证的高速公路。

平锁高速公路建成通车

2月12日，平远行至锁龙寺高速公路正式建成通车。平锁高速公路全长61.31千米，东接在建的GZ75衡昆国道主干线罗村口至砚山高速公路，西接昆河公路和拟建的GZ40二河国道主干线石林至蒙自高速公路，南接国家级边境口岸那发、船房、河口，按4车道高速公路标准建设，桥隧总长度占路线总长度的23%。概算投资20.19亿元。

个旧至大屯一级公路通车

2月13日，锡都隧道及个旧至大屯一级公路建成通车，个屯公路全长15.7千米，为双向4车道；个屯公路上的锡都隧道双向总长6900米，是云南省最长的公路隧道。个屯一级公路通车后，个旧至蒙自只需20分钟。该工程以BOT模式建设，项目投资总额8.25亿元。

昆安高速公路建成通车

2月28日，昆明至安宁高速公路建成通车。昆安高速公路是"五纵七横"国道主干线上海至瑞丽公路的重要路段，是滇西大动脉的重要组成部分。昆安高速公路全长22.37千米，工程主要以桥梁、隧道为主，里程达12.5千米，占路线总长的56%；高峣立交是昆安高速公路、石安一级公路、高海高速公路、南绕城高速公路及马街至高峣公路的交汇点，枢纽立交由高海、草海、王家堆3个立交组成，路线总长约13.6千米，为目前西南地区第一大立交。工程于2004年11月开工建设，投资概算28.1亿元。

2月28日，昆安高速公路建成通车（王家凯　摄）

罗富高速公路建成通车

10月24日，罗村口至富宁高速公路建成通车。罗富高速公路是国家"五纵七横"国道主干线衡阳至昆明公路（GZ75）在云南境内的第一段，也是国家高速公路网广州至昆明高速公路在云南的第一段。罗富高速公路全长79.36千米，于2005年1月1日开工建设，概算总投资46.65亿元。建成通车后，比老路缩短31千米。

10月24日，罗富高速公路建成通车（王家凯　摄）

曲嵩高速公路建成通车

11月1日，云南省第一条由地方为主体承建的国道主干线曲靖至嵩明高速公路建成通车。曲嵩高速公路是国家"五纵七横"国道主干线和国家高速公路网上海—昆明、杭州—瑞丽在云南境内的重要路线，全长76.57千米，途经2市4县7个乡（镇）。其中，曲靖至马龙段22.5千米为双向8车道；马龙至嵩明段54千米为双向4车道。2005年3月正式开工建设，投资概算22.5亿元。

昭待高速公路建成通车

12月18日，昭通至待补高速公路建成通车，昭待公路是国家"五纵七横"国道主干线二连浩特至河口（GZ40）公路在云南的重要路段，全长148.8千米，昭通至会泽110.77千米采用二级公路标准建设，按远期建设高速公路标准预留设计；会泽至待补38.03千米按双向四车道高速公路标准建设。线路经云贵两省的1区3县3镇6乡，桥隧比例占33.67%，大桥、特大桥占桥梁比例的88.1%。2005年初开工建设，投资概算为49.53亿元。

12月18日，昭待高速公路建成通车（杜江荣　摄）

整齐块体弹石路纳入国家统计

2月9日，交通部批复，同意将云南省整齐块体弹石路面纳入国家统计，在云南省通乡油路建设中可以用整齐块体弹石路面代替沥青及水泥路面。整齐块体弹石路面建设成本低，每千米造价在25万元左右，比沥青、水泥路面造价低50%以上。具有施工简单，技术要求不高，管养成本较低，适于农民管理养护。

丽江客运站获"中国优秀旅游汽车站"殊荣

11月11日，在北京人民大会堂举行的"2007首届中国旅游论坛会"上，丽江客运站被评为全国"优秀旅游汽车站"。这是全国获此殊荣的惟一一家汽车站。

昆明绕城高速公路西南段进场

9月28日，昆明绕城高速公路西南段召开进场动员会。昆明西南绕城高速公路全长43.7千米，起于安宁（昆安高速公路），止于晋宁余家海，接已建成的昆玉高速公路。全线采用6车道高速公路标准建设，概算投资约23亿元，计划工期3年。

保腾高速公路进场

10月28日，保山至腾冲高速公路召开进场动员会。保山至腾冲高速公路全长153.94千米，保山至龙陵高速公路利用段90千米，新建设63.9千米，新建段起于正在建设中的保山至龙陵高速公路小田坝立交，止于腾冲县中和乡，与腾冲至缅甸密支那二级油路相连。所经地区山高谷深，地质复杂，是中国通往南亚国际大通道的控制性路段。概算总投资资46.07亿元，计划工期4年。

道路运输经济平稳增长

至2007年底，全省拥有道路运输经营业户20.80万户，从业人员48.31万人，拥有营运客车5.22万辆，营运货车23.23万辆。全年完成客运量4.21亿人，完成货运量4.91亿吨。实现道路运输生产总值266.03亿元。

交通安全监督GPS系统推广应用

2007年，为提高道路运输安全生产的监管水平，全省加强公路运输管理GPS中心管理平台的稳定性，积极推进交通安全监督GPS系统在运输企业生产工作中的应用。至年底，全省已完成1.62万辆道路运输营运车辆上的GPS安装。

"云南交通科技项目储备库"建立

2007年，通过大量考察、调研，从北京、上海、重庆、南京、天津等地高等院校、科研院所收集到228项交通领域先进技术和科技项目，结合云南交通实际，进行整理分类，建立了分学科、分专业的"云南交通科技项目储备库"，为全省交通系统申报科技项目提供了查询选择的空间。

农村公路科技专项资金

2007年，全省安排下达农村公路科技项目计划二批，共63项，安排项目补助经费2640万元。其中，新上项目50项，补助资金1981万元；部省配套项目4项，安排配套资金260万元；结转项目9项，补助资金399万元。

西部交通建设科技项目通过验收

2007年，云南公路陡崖峭壁护栏开发研究、硅藻土改性沥青混合料路用性能研究、澜沧江国际边境河流航运开发、边坡加固施工工艺与施工控制技术研究、路基路面排水施工技术研究、云南公路数据库的开发与建设、应用GPS、GSM进行车辆定位于管理的研究、连拱隧道建设关键技术研究、澜沧江—湄公河助航保障技术研究、思茅至小勐养高速公路建设环境保护与工程对策研究、膨胀土地区公路环境保护技术研究等11个西部交通建设科技项目通过交通部验收。

水路发展

至2007年，全省通航里程达2764千米。水路运输完成客运量599万人、旅客周转量1.21亿人千米，货运量262万吨、货物周转量4.6亿吨千米，同比分别增长10.1%、3.6%、6.07%、8.9%。从事澜沧江—湄公河国际航运的船舶达100多艘。

水富港扩建工程开工建设

1月25日，长江第一港—水富港扩建工程正式开工建设，该工程计划投资1.499亿元，计划工期为2年。

澜沧江五级航道建设竣工验收

9月4日，澜沧江五级航道建设一期工程景洪港至中缅243号界碑段71千米航道整治工程通过竣工验收，该项目总体被评为优良工程。

（陈乃文　刘云建）

海　　关

综　述

2007年，昆明海关税收净入库14.7亿元，监管进出口货物727万吨，进出口总值38.8亿美元，监管进出境旅客208万人次，行邮物品38.4万件，查获各类走私案件538起，案值3039万元，缴获各类毒品51千克，易制毒化学品2吨。

综合治税

2007年，昆明海关以综合治税大格局统筹海关业务工作，税收征管质量进一步提高，税收创历史新高。一是加强价格、归类、原产地、减免税、加工贸易和税收征管的监控力度，防止税收"跑、冒、滴、漏"。二是加强与地方有关部门及辖区重点企业的协调合作，积极拓展综合治税内涵。三是综合分析总署税收调整政策，准确预测关区税收增幅走势。四是全面推进片区价格管理，继续完善纳税人管理制度，实行税收征管工作量化考核，推动税收征管模式转型。五是积极推广H2000电子手册系统，强化关区加工贸易手册的监控。年内，确定首批试点企业4家，为辖区2家企业开通电子手册3本，电子手册覆盖率9.09%。首次实现了加工贸易企业与海关之间的电子数据交换，关区联网监管模式正式启用。六是加强税收风险管理和监控分析。适时调整下发关区重要大宗、特殊、敏感商品清单，确保各项价格指标均处于合理区间。全年共征收税款14.7亿元，比上年增长119.2%。其中，征收关税3.85亿元，增长218.1%；征收进口环节税10.86亿元，增长97.5%。

监管通关

2007年，昆明海关口岸管理职能作用充分发挥，通关监管效能不断提升。一是积极推动关区口岸建设规范化、标准化管理进程。年内答复边境口岸建设事项和参与完成对各边境口岸建设项目方案的评审、验收等事项21起。二是对查验指标作出明确规定。三是通过对辖区内走私、购买、使用外籍车辆违法活动开展综合整治，确保进出境运输工具全部纳入海关系统管理。四是通过设置边民互市二线验证点，制定边民互市管理操作规程，适时升级边民互市管理系统等多项综合治理措施，关区边民互市管理逐步规范。五是规范行邮物品监管。加大对行邮渠道违禁物品的查缉和对免税品的监管力度。推广旅检渠道关检“一机两屏”，认真做好中老双方国际邮件互换工作。六是积极做好武警协勤的前期准备工作。全年共计监管进出口货物727万吨，进出口总值38.8亿美元；监管进出境旅客208万人次，行邮物品38.4万件；审核进出口报关单8.5万份。

打击走私

2007年，昆明海关始终保持打私高压态势，反走私斗争成效明显。坚持打击走私“不动摇，不松懈，不麻痹”，充分发挥情报主导使用，全面加强缉私执法质量建设，切实发挥缉私工作在关区综合治税大格局中的保障作用。一是进一步加大对涉税走私案件的打击力度。通过强化和推动综合治理，先后铲除了多个私开通道，并侦办了一批大要案，打掉了一批长期在边境地区采用“化整为零、蚂蚁搬家”方式进行走私的团伙。侦办涉税走私大要案件数量和案值均较去年明显增加。二是开展打击木材、矿产品走私、利用边民互市渠道逃避国家税管和“两烟”打假打私等专项查缉行动，保障了正常的进出口贸易秩序，维护了边疆稳定。三是持续深入开展关区“禁毒人民战争”。加大对重、特大毒品案件和易制毒化学品走私违法活动的打击力度。先后开展“飞鹰二号”、“猎鹰行动”、“秋季扫毒战役—南线扫毒专项行动”等缉毒专项行动。继续加强境外禁毒执法合作。年内，成功破获2起跨国走私毒品案。加大缉毒犬培训投入和现场用犬力度，为香港海关培训的缉毒犬在港多次查获毒品，并创造了一次查获毒品160千克的香港海关个案查获毒品数量历史最高纪录。四是严密防范和有效遏制ODS非法贸易、废物走私等环境违法犯罪活动，以及野生动植物及其制品走私活动。全年共查获走私固体废物案件14起，查获走私进口固体废物136吨；查获走私濒危动植物及制品案件17起，查获象牙、虎皮、犀牛角、石斛等动植物及制品一批；查获各类案件（立案）538起，案值3039万元。其中，刑事立案85起，案值929万元，对134名走私犯罪嫌疑人采取强制措施，向检察机关移送起诉33人。查获各类毒品51千克，易制毒化学品2吨。

风险管理与稽查

2007年，昆明海关风险防控能力逐步增强，后续稽查工作积极开展。紧紧围绕现代海关制度第二步发展战略中心环节，逐步完善关区风险防控体系，努力提高关区整体风险的防控能力。进一步健全完善风险管理机制，突出风险分析监控重点，加大风险分析监控力度，优化关区风险处置手段。做好风险管理计算机系统的推广应用，认真落实风险分析成果转化。积极探索规范边贸企业管理的有效途径和促进企业诚信守法的海关企业管理模式。建立诚信企业档案，完善企业分类管理，着力推进企业诚信守法体系建设。认真开展常规稽查和专项稽查，切实做好验证稽查试点工作。以报关员IC卡管理系统实施为契机，加强对报关员的规范化管理。全年关区各单位运用风险管理平台查获各类走私违规案件及情事12宗，案值1603万元，追补税款386万元。稽查企业99家，稽查补税入库442万元，移交缉私案件4起，涉嫌违规案值180万元。

服务地方经济

2007年，昆明海关找准把关与服务的平衡点，积极支持地方经济发展。坚持依法行政与完善服务并举，不断提升服务层次与水平。一是全力支持西部大开发建设和云南省实施“走出去”战略。主动适应云南经济社会不断发展的需要，制定实施了《昆明海关进一步支持西部大开发，促进云南经济社会发展的40项措施》。同时，积极支持云南国际大通道建设，参与和推动中国—东盟自由贸易区建设、大湄公河次区域经济合作、“泛珠三角”区域合作以及与南亚国家的合作。二是全面推行便捷通关措施，提高通关效率。积极实施区域通关改革，支持“海铁联运”业务发展，全面推广关区内“属地申报，口岸验放”模式，新增加霞海海关作为我关跨关区“属地申报，口岸验放”与沿海口岸开通的第三对通道，与厦门海关就区域合作共同草拟合作协议，使受益企业进一步增强，受益进口货物从单一的一般征税货物，扩展到进口减免税设备。全年通过跨关区和关区内“属地申报，口岸验放”模式进出口货物247票，货值3.16亿美元；关区监管“海铁联运”进出口货物20万吨，进出口总值2亿美元。此外，积极推进云南电子口岸建设，目前云南电子口岸网站建设进展顺利。三是积极宣传和落实海关税收优惠政策，帮助地方政府和企业正确理解、运用好优惠政策。全年共审批减免税总货值3.32亿美元，减免税额5.94亿元人民币，有力支持了云南外向型经济发展。四是积极支持云南加工贸易和保税业务发展，推进云南外贸增长方式转变。五是及时向各级地方党政提供统计咨询服务。全年共向省委、省政府报送各类统计预测分析信息60多篇，被采用50篇，省领导批示3篇。大量统计数据、分析文章在新闻媒体发表，广受社会和企业欢迎。六是积极配合云南省政府妥善处理中缅木材、矿产品贸易摩擦，采取了相应措施有效遏制非法进出境经济活动，维护了中缅边境的和平安定。

队伍建设

2007年，昆明海关以准军事化纪律部队建设统筹队伍建设各项工作，按照"政治强，业务精，管理严，作风硬，廉政好，效率高"的准军事化建设要求，切实推动队伍建设各项工作全面发展。班子活力和能力得到增强，领导作风更加务实。人事制度改革稳步推进，教育培训力度不断加大。全面贯彻实施《公务员法》，不断深化干部人事制度改革。公务员登记、工资套改和规范津补贴等工作均得到顺利开展。认真落实"全国海关准军事化纪律部队建设工作会议"精神，"岗位练兵"的针对性和实用性得到增强。紧紧抓住思想教育这个"中心环节"，努力增强思想政治工作的针对性和有效性。先后开展了"增强法律意识，规范执法行为"、"新时期海关精神"大讨论、"和谐社会、和谐青年、和谐行动"青年文明号爱心促和谐等活动。加强精神文明建设和海关文化建设，积极开展创建"文明行业"、评选"文明幸福家庭"等活动。大力开展扶贫济困、捐资助学入村和"禁毒防艾"等各类社会公益活动。全年关区共有1个集体荣立一等功，2个集体荣立二等功，2个集体受到嘉奖；2人荣立二等功，15人荣立三等功；28人受嘉奖；受到总署及省、部级以上表彰及单项业务表彰的先进集体42个、先进个人23名；受到地（市）级组织的各类表彰的先进集体98个、先进个人87名；参加社会公益事业，各类公益捐助折合人民币38万余元。

（吉　永）

出入境检验检疫

综　述

2007年，云南出入境检验检疫局共检验检疫出入境货物14.2万批次，货值33.54亿美元，与上年同期相比，批次增长-9.4%。货值增长14.36%，签发各类原产地证明书1.8万份，签证金额7.1亿美元；检疫查验出入境人员866.2万人次，健康检查3.95万人次；检疫、消毒处理交通工具44.85万辆（架、艘）次。其中，从出境货物中检出不合格商品77批，货值269.19万美元，从进境货物检验出不合格商品47批，货值200.42万美元。进境植物及植物产品截获有害生物7373次，与2000年同期相比次数增长114.83%，截获检疫性有害生物489次，截获次数增长203.73%；检出传染病2644例。其中，HIV抗体阳性283例。查处禁止进境物3730批，货值145.1万元，主要品种为废旧物品、动植物及其产品、食品等。检疫除害处理31810批，主要品种为木材、粮豆类、水果等。

产品质量和食品安全专项整治

2007年，云南检验检疫局把专项整治工作作为重中之重来抓，结合云南实际，采取十项措施，切实有效地开展专项整治工作。一是召开会议，广泛动员；二是成立机构，加强领导；三是制定方案，全面部署；四是从局机关抽调60名干部组成工作组，深入15个基层单位帮助、支持和督导；五是领导带头深入基层，靠前指挥，局领导10余次分赴分支局工作点和拉网式到一线检查指导；六是对进出口企业和出口农产品种植基地开展拉网式检查；七是督促企业进行整改的同时，帮扶企业建立保证产品质量和食品安全的长效机制；八是加强全系统依法行政能力建设，全面开展内部工作质量大检查；九是争取地方党委、政府的支持，全面加强质监、海关、工商、商务等相关部门的沟通，形成联合执法的监管体制；十是加强宣传力度，促进专项整治工作顺利开展。专项整治工作成效显著，辖区内备案的167家出口食品原料基地100%进行了清查；清理检查1364家企业，318家出口食品生产企业100%进行了拉网式检查；针对存在问题，对50家企业出口食品卫生证书作了失效处理；7家存在安全隐患的企业暂停出口报检，限期整改，对273家企业提出500余条整改意见；对3512批次出口食品运输包装加贴了576万枚检验检疫标志，加贴率100%；继续严厉打击非法进出口禁止进境物的违法行为；共立案查处29件违法案件，对3730多批（次）、145.1多万元（含边民互市商品）的非法入境产品进行了100%退货或销毁处理。

农产品出口

2007年，根据出口植物及其产品的特点，云南检验检疫局在帮助企业建立病虫防控及食品安全卫生为重点的质量管理体系，加强日常监管，加大基地备案、生产基地存放单位登记注册、出口食品卫生登记注册，木质包装除害处理库登记备案以及相关认证认可工作管理力度的基础上，就供港蔬菜采取与深圳检验检疫局签订实施《关于确保云南供港水果蔬菜安全扩大出口的合作备忘录》，就进口种苗花卉等与广东检验检疫局签订《合作备忘录》，密切产地局与口岸局的联系，建立源头把关与口岸快速通关的合作机制。同时，会同省农业厅、商务厅将国内认证基地按照出口检验检疫要求进行完善和转化，加大基地备案和源头管理等六项落实措施，提高云南供港农产品的竞争力，促进了云南农产品的扩大出口。截至10月31日，经考核合格的供港蔬菜企业已达77家，生产基地102块，面积10.1万亩，培训合格的植保员195名，使云南出口蔬菜占到港澳市场1/3，列全国第一。

黑山羊首次出口香港

2007年，云南检验检疫局积极组织人员对云南黑山羊的分布、数量及外销情况进行了深入调查，针对服务“三农”和新农村建设，按照国家质检总局的相关要求和规定，提出了具体的扶持意见和措施。在云南检验检疫局的积极帮扶下，昆明市盘龙区生畜经营部于2007年9月取得《供港澳活羊中转场检验检疫注珊证》，为云南黑出羊出口香港奠定了基础。云南检验检疫局严格按照国家关于供港澳活羊的检验检疫要求，规范检验检疫过程，截至12月底，共出口3300只。云南黑山羊首次成功直接出口香港，为山区农民脱贫致富办了一件实事。

防止境外疫情传入

2007年初，境外周边局部地区相继爆发口蹄疫、禽流感等疫情。面对重大动物疫病防控工作的严峻形势，云南检验检疫局及时对防控工作作出部署，各分支局启动应急预案，落实防控任务，补充了19万余元的消毒防疫物资及设备器具。成立重大动物疫病人间禽流感防控指导工作小组，分别赴西双版纳、红河、文山等口岸检查督导，有效防止了疫情从境外传入，把关能力得到进一步加强。年内云南检验检疫局“六种重要动物外来病早期快速检测试剂盒研究”等6个科研项目顺利通过国家质检总局科技成果鉴定，“水泡性口炎、口蹄疫、猪水泡病和猪瘟病毒检测技术”获国家质检总局“科技兴检”一等奖。

出入境检验检疫管理

2007年，云南检验检疫局在突出抓好专项整治的同时强化把关和管理，做到既便利通关，又严格监管。一是制定《口岸应急预案体系建设和应急管理体系建设》，突出突发卫生事件的应急管理和口岸卫生安全工作；二是加强边境口岸及直属办事处辖区内卫生监管力度，对边境进出口量较大的食品制定实施《边境进口食品监管计划》；三是把加强进出口企业诚信体系建设和建立企业产品质量和食品安全管理档案作为提高产品质量的重要举措加以实施。年内，建立了进出口机电类产品生产企业质量诚信体系考核、评价指标及转化体系和进出口机电企业电子档案、产品检验监管档案；与392家外经贸企业签订《进出口产品质量和食品安全信用责任承诺书》。四是利用“关检”合作机制，整合资源，在景洪港、天保等口岸实行“一机两屏”，增强口岸疫情把关工作的有效性。2007年8月，云南检验检疫局在对一批自荷兰进口的百合种球进行隔离试种过程中，检疫发现南芥菜花叶病毒，这是云南局首次截获该病毒，云南检验检疫局立即组成除害处理工作小组，研究制定销毁处理方案，在公司隔离种植基地现场，监督货主对该品种植株进行拔除烧毁，并对土壤进行熏蒸消毒。加强对该基地的疫情监测，防止了危险性病毒的传播。2007年9月，“中国昆明国际花卉展”中，为确保展会的成功，又有效防止外来有害生物的入侵，云南检验检疫人员在境外花卉运抵昆明的第一时间就对参展花卉种苗实施检疫，发现问题及时处理。花展期间，检疫了来自荷兰、澳大利亚、韩国等国的进境花卉和种苗8批次，87种，1万多枝（盒）。从来自荷兰的参展菊花切花中查获了红蜘蛛、蓟马等有害生物，当即做了销毁处理。展览结束后，对所有参展花卉照清单集中进行了检疫除害处理，确保无外来有害生物的入侵。

获“全国青年文明号”殊荣

2007年，云南检验检疫局云南国际旅行保健中心、昆明机场办事处被团中央和国家质检总局联合命名为“全国青年文明号”；云南检验检疫局机关和河口、腾冲、西双版纳检验检疫局4个单位被省政府命名为省级“文明单位”；云南局检务处、临沧局南伞办事处等6个单位被团省委命名为省级“青年文明号”。

（薛荣昆）

金　融

综　述

2007年，云南省经济发展、改革开放和社会进步取得重大成绩。云南省国有商业银行分支机构在改革中发展，新体制、新机制在基层分支机构顺利运行，国有商业银行分支机构的资产质量不断提升，经营效益大幅增长，各项业务稳定发展。农村金融改革取得进展，农村信用社法人治理结构进一步完善，服务“三农”能力有效加强；地方中小银行机构改革迈出重要步伐，资本实力有效提升。各金融机构加快金融服务创新，探索新的金融产品和衍生工具，大力拓展中间业务。资本市场基础性制度建设不断完善，直接融资规模和比重扩大。上市公司整体质量提高，证券公司法人治理改善。保险业改革发展不断推进，保险服务领域不断拓宽。金融业审慎监管加强，金融监管协调配合机制不断完善，社会信用体系建设得到推进，金融生态环境明显改善。云南省辖区内影响区域金融稳定的隐患基本处置终结，金融业运行稳定。

2007 年末，全省本外币各项存款余额达 7215.6 亿元，同比增长 16.51%，比年初增加 1024.5 亿元。其中，人民币各项存款余额为 7170.8 亿元，比年初增加 1041.17 亿元。

截至 12 月末，全省本外币各项贷款余额为 5733.89 亿元，同比增长 18.09%，比年初增加 882.4 亿元。信贷资金支持经济社会发展成效显著。一是支撑了全省固定资产投资的较快增长。1～12 月，全省城镇固定资产投资来源中银行贷款到位 759.31 亿元，同比增长 37.8%，占到位资金的 30.1%。二是增加了新农村建设的资金投入。金融机构新增涉农贷款占全部新增贷款的 24%，比上年同期上长了 10.8 个百分点，重点加强了对县域经济、农业产业化龙头企业、优势传统产业的信贷投入。三是缓解了薄弱环节的资金困难。新增中小企业贷款占全部新增贷款的 26.2%，对民营经济的投入加大，私营及个体贷款同比增长 22.33%；发放下岗失业人员贷款和助学贷款 2.5 亿元和 1.1 亿元。

至 2007 年底，全省共有 26 家上市公司，共发行 26 只 A 股和 1 只 H 股。当年，有 2 家公司实现新股发行、3 家公司实现定向增发、1 家公司实现公司增发、1 家公司发行可转换公司债、1 家公司发行附认沽权证可分离交易公司债，合计融资 91.31 亿元，同比上升 5.31%。同时，云南省企业发行短期融资券取得新进展，云铝和华能澜沧江水电公司成功发行 28 亿元短期融资券，参照一年期贷款基准利率，为企业减少财务成本 6100 万元。

2007 年，全省保险业稳步发展。1～12 月，全省保险业累计实现保费收入 111.86 亿元，同比增长 17.39%，保费规模突破百亿元大关，列全国 23 位、西部第 4 位。1～12月，保险业共支付各项赔款 47.75 亿元，同比增加 2.4 亿元，增长 65.27%。云南省各保险公司的赔款和给付规模居全国第 18 位，增速居第 24 位。

金融运行

2007 年，全省金融业运行保持平稳，金融调控政策效果明显，银行及信用社改革深入推进，融资结构呈现积极变化。全年银行业运营势头良好，信贷增长处在合理区间，证券业经营持续向好，保险业务较快增长。金融业资产规模不断壮大，金融创新成效明显，服务功能日益增强。

2007 年，全省银行类金融机构规模和效益大幅提高。全年各项存款较快增长，贷款增速小幅平稳回落，现金投放减少，利率水平整体上行，银行类金融机构改革不断深化，多元化银行服务体系形成。一是银行业规模和效益大幅提高。全省银行业金融机构资产规模不断壮大，年末银行资产规模增长 21.3%。其中，农村信用社资产规模增长 23%。伴随着贷款规模的迅速扩张和存贷利差的扩大，全省银行业实现当年结益 123.9 亿元，较上年增长 87.9%。二是各项存款保持平稳较快增长，短期化特征突出。年末金融机构人民币各项存款余额 7170.9 亿元，同比增长 17.0%，增幅同比回落 2.8 个百分点，全年增加存款 1041.2 亿元。企业存款在工业实现利润高增长的推动下，同比增长 25.1%，比上年多增 516.8 亿元，是拉动存款增长的主要因素。物价上涨预期加重、居民投资理财意识增强以及资本市场财富效应等因素加速了储蓄存款分流，全年储蓄存款有 5 个月份出现净下降，年末同比仅增长 6.7%，同比少增加 231.9 亿元。年末，全省人民币定期存款余额占全部存款余额的比重为 29.5%，同比下降 3 个百分点；活期存款占比为 49%，同比提高 1.3 个百分点，存款活期化趋势不减。人民币升值促使企业和居民结汇踊跃，外汇存款持续下降，余额 6.12 亿美元，同比下降 22.1%。三是各项贷款增速平稳回落。2007 年末，全省人民币各项贷款 5671.7 亿元，同比增长 18.1%，增幅呈逐步回落态势，比上年降低 2.4 个百分点，金融调控效果明显。全年净增加贷款 868.2 亿元。其中，中长期贷款增势平稳，同比增长 22.9%，增幅与上年持平，占全部新增贷款的 73.1%，保证了全省重点建设项目的资金需求。短期贷款增速放缓，票据融资持续下滑，贷款期限结构不尽合理。受下半年信贷收紧的影响，贷款进度极不均衡，下半年新增贷款占全年的比重仅为 28.7%。在全省有色、电力等行业快速发展的带动下，高耗能行业贷款集中度进一步提高。年末，六大高耗能行业贷款余额占全省的比重达 55.0%，较上年提高 2.7 个百分点。金融机构对基础设施及薄弱环节的信贷投放逐步增强，基本建设贷款、农业贷款同比分别增长 41.45%、42.47%，全年新增中小企业贷款占全省比重达 26.2%。此外，企业境外采购及对外投资增加带动外汇贷款需求增加，外汇贷款余额 8.52 亿美元，同比增长了 38.8%。四是现金净投放减少。随着小额支付系统和银行结算账户管理系统的建成运行，全省支付清算环境得到极大改善，非现金交易比重增加。2007 年现金支出同比仅增长 12.8%，增幅同比下降 15.5 个百分点，现金净投放 76.8 亿元，较上年少 4.3 亿元，节约了支付成本。五是地方法人流动性较为充足。近几年，云南地方法人金融机构坚持资产与负债均衡增长的发展方向，通过银行间市场、信贷市场建立了多层次的流动性储备，实现流动性与盈利性的协调。2007 年，全省地方法人流动性比率季度间保持稳定，全年平均维持在 38.7% 水平。

证券业经营

2007 年，云南省证券期货市场持续向好，市场交易活跃，证券公司经营业绩大幅提升。证券期货市场交易活跃；上市公司质量逐步提高，盈利能力逐步增强，直接融资有突破；证券公司经营状况良好，盈利水平提升；期货公司运行平稳。辖内证券业没有发生影响区域金融稳定的风险隐患，证券市场运行基本平稳。

截至2007年底，云南省证券经营机构累计总成交金额为7481.91亿元，较上年同期增加408.89%，创历史新高。其中，A股、基金累计成交6517.51亿元，较上年同期增加470%；B股累计成交28.64亿元，增加494.19%；网上交易量4759.54亿元，增加516.20%，占总成交量的64.15%；月末客户保证金余额83.32亿元，增加155.5%；A股、基金托管市值435.06亿元，增加302.01%。截至2007年底，云南省累计开户数110.92万户。其中，上海56.27万户，深圳54.65万户，较上年同期增加83.62%。

截至2007年底，云南省共有26家上市公司，共发行26只A股和1只H股，在上海证券交易所和深圳证券交易所挂牌交易的公司各为13家。26家上市公司总市值达3509.13亿元、平均市值为134.97亿元。与云南经济关系紧密的有色冶金、化工、电力、旅游等行业公司的效益利市，在股票市场上具有云南特色的市场板块逐步形成，充分体现了云南的资源优势、独特价值和竞争优势。年内，直接融资再创历史新高。云南省上市公司股权分置改革工作完成，云南省直接融资再创历史新高。截至2007年底，云南省上市公司累计直接募集资金220.32亿元。其中，发行股票、可转债募集资金200.32亿元，资产证券化产品募集资金20亿元。全年云南省有2家公司发行新股、3家公司定向增发、1家公司公开增发、1家公司发行可转换公司债、1家公司发行附认沽权证可分离交易公司债，合计融资91.31亿元，为全省累计融资额的41.73%。2007年，随着太平洋证券公司上市，云南省上市公司所属行业增加了金融行业，推动了行业分布向多元化发展。2007年，云南省证券监管部门加强对上市公司并购重组活动的监管，将上市公司治理水平作为股权激励和其他核准事项的前提条件，促使云南省上市公司健全和完善公司内部制衡机制，强化上市公司的自我约束机制，使云南上市公司规范运作，透明度明显提高。2007年面临退市危险的云大科技股份有限公司股票代码＊ST云大科技，通过股改，由太平洋证券公司借壳上市，在一定程度上减少了云大科技股份有限公司流通股股东和银行债权的损失。另外，云南城投参与红河光明股改，实施重大资产重组、定向增发与股改相结合的综合方案，有效化解了原上市公司的风险隐患。

年内，全省辖区共有2家证券公司、35家营业部、23家服务部。截至2007年底，云南省两家证券公司的注册资本为28.89亿元。在2007年证券公司分类评价工作中取得良好结果，红塔证券获得B类BBB级，太平洋证券获得B类BB级。权证创设、金融期货IB业务等创新业务也有序推进。截至2007年底，两家证券公司累计实现营业收入32.08亿元，较上年同期10.2亿元，增长214.2%，实现净利润17.98亿元，较上年同期7.28亿元，增长146.98%。年内，证券公司借助资本市场增强竞争力。太平洋证券通过两次增资扩股，取得了规范类券商资格，资本金增加到15.02亿元，并利用换股实现金融创新，成功上市，成为云南省首家金融类上市公司。红塔证券已取得创新类证券资格，注册资本已增至18亿元，并已开展了首次公开发行股票的前期准备工作，积极争取公司上市融资。

2007年，全省证券业发展中存在的主要问题。一是上市公司数量少、资产规模小。截至2007年12月底，从全国在沪深两个证券交易所挂牌交易的上市公司总数分析，平均每个省拥有上市公司47家，云南省仅有26家。二是民营企业参与直接融资程度较低。2007年12月，绿大地公司上市，是云南省第一家上市的民营企业，另外25家为国有企业。三是证券和期货机构规模较小。云南省证券经营网点集中在云南省经济发达地区网点，布局不合理。证券公司仍主要以经纪、自营业务收入为主要收入来源，产品创新性不够，核心竞争力不突出，抗风险能力有待进一步提高。

保险业务

年末，全省保险公司总资产194.0亿元，比年初增长9.7%，保险从业人员突破5万人。有云南省级保险分公司24家，专业中介机构41家。全省保险公司积极推进农村网点建设，县域业务拓展步伐加快，有地市及以下分支机构1765家。

2007年，全省保险业累计实现保费收入增长17.4%，共支付各项赔款和给付增长65.3%，赔款和给付规模居全国第18位。保险业务创新收到良好效果，为6.5万人/次学生助学贷款提供风险保障2.9亿元，推动了全省国家助学贷款政策的顺利实施；为本省企业进出口提供信用风险保险22.8亿元，同比增长128.1%，支持了企业“走出去”战略的实施。

2007年，全省保险业认真贯彻中国保监会关于《保险公司风险管理指引（试行）》和《关于规范保险公司治理结构的指导意见》等文件精神。保监局初步建立监管信息平台，完善监管机制，建立报告分析、评价机制，加强了对辖区公司偿付能力、公司治理和市场行为进行的监管，监管执行力不断提高，推动保险公司完善治理结构取得积极进展。

云南保险业在运行中仍存在一些需要关注的问题和矛盾：一是保险业务发展不平衡。在财产保险的保费收入中，仍然是机动车辆的保费收入高，占保险费收入的77%，其他财产保险费收入占比较小。人寿保险业务发展严重不足，滞后于非人寿保险业务。2007年，云南省人寿保险公司保费收入同比仅增长5.61%，增速比全国平均水平低16.55个百分点，比西部地区平均水平低19.81个百分点。全国财产保险和人寿保险公司保费收入之比为33:70，西部地区为34:66，云南为46:54。云南省人寿保险业务发展滞后于财产保险。二是保险公司经营成本较高。2007年，云南省各保险公司经营成本不断加大，高投入、高成本、高消耗、低效率问题突出且未根本好转。全年，各保险公司业务管理费同比增长

37.92%，高于保费收入增幅20.53个百分点。其中，财产保险公司综合成本率由2006年同期的96.09%增加到98.03%，上升1.94个百分点。人寿保险公司手续费及佣金支出同比增长22.15%，高于人寿保险公司保费收入增速16.54个百分点。

金融市场交易

2007年，随着证券市场融资功能逐步增强，全省企业通过股市、短期融资券和企业债券募集资金达119.3亿元，直接融资与间接融资的比例为11.9:88.1，直接融资比例比上年上升4.3个百分点。企业融资渠道进一步拓宽，对贷款需求产生了一定的替代效应，有利于缓解商业银行信贷资金投向的“贷大、贷集中”现象和促进信贷结构的优化。

全年云南省货币市场总体运行平稳。在国家宏观调控趋紧及证券市场发展交易旺盛的作用下，同业拆借活跃，货币市场交易量大幅增长。全年银行间同业拆借、债券回购、现券买卖累计成交8313.8亿元，同比增长44.7%。市场利率波动较大，全年债券回购加权平均月利率最高4.03%、最低1.64%。

2007年，随着一系列宏观调控政策的出台，市场资金面趋紧，部分商业银行采取压票据、保贷款的经营策略，票据贴现持续下降，年末各金融机构贴现余额同比回落了26.3%。票据贴现与转贴现利率伴随利率调整逐步上升，商业汇票承兑价格优势明显，业务保持较快增长，年末承兑余额同比增长23.0%。

年内，黄金、外汇市场快速发展。在人民币持续升值和国际黄金市场日益活跃的背景下，国内黄金需求趋旺。2007年，云南省开办黄金业务的商业银行从原来的2家增加到6家，商业银行黄金业务累计交易同比增长2.0倍；黄金交易所成员累计交易47吨。全年，云南省机构在银行间市场外汇交易成交量同比增长12.6%。

2007年，云南省民间借贷利率整体呈上升趋势，民间借贷加权平均利率20.42%，同比上升2.65个百分点，较同期金融机构贷款加权利率高12.77个百分点，发生额是上年的1.1倍。农户民间借贷利率水平总体较高，利率超过25%的贷款占到71.9%，与金融机构贷款利率的差距进一步扩大。

人民币边贸结算

2007年，人民币在边贸结算中的作用日渐突出。人民币汇率形成机制改革后，人民币兑美元持续升值，加之云南省继续推进边贸人民币出口退税政策，边境企业使用人民币结算交易速度快、成本明显降低，人民币在边境地区的信赖度和认同度进一步提高，2007年，人民币升值屡创新高，使人民币对缅币、越南盾、老挝基辅、泰铢周边四国货币汇率均呈现升值态势，人民币兑缅币、越南盾升值幅度分别为5.55%和6.77%，人民币兑老挝基辅、泰铢下半年逐步升值，与年初相比，升值幅度分别为1.18%和0.6%，人民币在边贸结算中的地位日渐突出。全年云南省对缅、老、越三国边境贸易总额10.1亿美元，同比增长30.2%。共办理边贸出口人民币结算38.69亿元，占比90.78%。其中，对缅边贸出口人民币结算34.71亿元，占比94.29%；对越边贸出口人民币结算3.58亿元，占比73.85%；对老边贸出口人民币结算0.39亿元，占比41.55%，边境小额贸易出口结算中，人民币结算占比连续三年保持在90%以上。

金融创新

2007年，云南省4家国有商业银行和2家股份制银行获准开办汇率和利率类衍生产品业务，18家金融机构开办了个人理财及QDII产品，6家商业银行开办黄金业务，3家银行开办债券交易业务，金融产品创新稳步推进，商业银行以金融创新来管理利率和信贷风险，优化负责结构，主动管理风险能力进一步增强。

金融机构改革

2007年，中国银行、建设银行、工商银行云南省分支机构继续深化落实各项改革措施，经营管理方式更趋科学化，农业银行股份制改革步伐明显加快，金融机构符合现代金融企业运行模式的考核、管理、营销及风险管理体系逐步建立。

2007年，农村信用社各项改革稳步推进。云南省农村信用联合社挂牌成立，全省128家联社已有123家改制为统一法人社，有4家农村合作银行挂牌开业，产权制度改革处于全国前列，信用社的法人治理结构和内部管理制度进一步完善。农信社改革试点专项票据兑付全面启动，实现兑付金额4.43亿元，占发行额的27.1%。全年农村合作金融机构盈利面达99.2%，拨备覆盖率达到25.9%，远远高于全国农村信用社平均水平，农村合作金融机构实力得到明显增强。

昆明市商业银行成功重组更名为“富滇银行”，中国邮政储蓄银行云南省分行挂牌成立，其分支机构组建工作正积极推进。全省银行业机构门类日益健全，多元化的银行服务体系得到加强。

金融生态建设

2007年，在人民银行积极推动下，政府主导、经济综合部门、金融部门、公检法及社会媒体配合，广大公众积极参与，金融生态建设取得新进展。一是金融生态环境建设机制体制逐步完善，成立了云南省金融生态建设领导小组，制定了若干实施意见下发执行。二是省政府组织开展“诚信云南”建设活动，社会各界信用意识得到明显增强。

信贷资产质量

年内，银行业在规模与效益大幅提高的同时，不良贷款率继续下降。按五级和四级分类，银行业和农村合作金融机构不良贷款率分别为6.0%和6.6%，分别下降0.4个百分点和1.6个百分点。不良贷款继续双降的难度加大，一是不良贷款余额下降空间有限。截至2007年12月末，云南省银行业金融机构不良贷款余额为

297.59亿元，比年初增加27.19亿元，不良贷款率为6.04%，较年初下降0.37个百分点。现有不良贷款盘活难度较大，损失类贷款核销力度不够，不良贷款下降的难度较大。部分银行业金融机构不良贷款余额有上升。按五级贷款分类，2007年云南省国有商业银行不良贷款余额上升29.04亿元，原因主要是农业银行云南省分行不良贷款余额增加31.82亿元；按四级分类，农村合作金融机构不良贷款余额上升1.7亿元。

（龚晓兰　康晓虹）

金融机构（含外资）本外币信贷运行情况表（2007年12月）

汇率：7.3046　　单位：万元

栏目 项目名称	本月余额	比上月		比年初	
		增减	增减%	增减	增减%
一、各项存款	72157898	798388	1.12	10244575	16.55
1. 企事业单位存款	25904133	333466	1.30	5111373	24.58
（1）活期存款	20390920	724688	3.68	3887744	23.56
（2）定期存款	5513214	-391222	-6.63	1223629	28.53
2. 储蓄存款	30763720	893440	2.99	1815576	6.27
（1）活期储蓄	14931263	575345	4.01	1953769	15.06
（2）定期储蓄	15832457	318096	2.05	-138193	-0.87
3. 信托存款					
4. 委托存款	134222	-68222	-50.83	57041	42.50
5. 其他存款	15355823	-360296	-2.35	3260586	21.23
二、所有者权益	1721123	172180	11.12	707088	69.73
其中：实收资本	554236	79908	16.85	94557	20.57
当年结益	1256409	86614	7.40	1256409	
三、其他	-15320189	-955157	44.52	-1933519	14.44
资金来源总计	58558832	15410	-0.01	9018143	18.20

金融机构（含外资）本外币信贷运行情况表（2007年12月）

汇率：7.3046　　单位：万元

栏目 项目名称	本月余额	比上月		比年初	
		增减	增减%	增减	增减%
一、各项贷款	57356688	240686	0.42	8803784	18.13
1. 短期贷款	21465886	62313	0.29	2470966	13.01
2. 中长期贷款	33911547	150268	0.45	6370070	23.13
3. 信托贷款					
4. 委托贷款				-8572	
5. 其他贷款	146338	1927	1.32	-7861	-5.37
6. 票据融资	1762098	27511	1.59	-14837	-0.83
7. 各项垫款	70819	-1332	-1.85	-5983	-7.79
二、有价证券及投资	1202144	-225276	-15.78	214359	21.70
资金运用总计	58558832	15410	-0.01	9018143	18.20

金融机构（不含外资）本外币信贷运行情况表（2007 年 12 月）

汇率：7.3046　　单位：万元

项目名称 \ 栏目	本月余额	比上月		比年初	
		增减	增减%	增减	增减%
一、各项存款	72156032	798437	1.12	10245021	16.55
1. 企事业单位存款	25903066	333463	1.30	5111996	24.59
（1）活期存款	20389852	724686	3.69	3888367	23.56
（2）定期存款	5513214	-391222	-6.63	1223629	28.53
2. 储蓄存款	30763231	893451	2.99	1815415	6.27
（1）活期储蓄	14931141	575371	4.01	1953825	15.06
（2）定期储蓄	15832091	318081	2.05	-138410	-0.87
3. 信托存款					
4. 委托存款	134222	-68222	-50.83	57041	42.50
5. 其他存款	15355513	-360255	-2.35	3260570	21.23
二、所有者权益	1709846	172253	11.20	707315	70.55
其中：实收资本	543852	79908	17.22	94557	21.05
当年结益	1255514	86687	7.42	1255514	
三、其他	-15324812	-955049	44.50	-1913961	14.27
资金来源总计	58541065	15642	0.03	9038375	18.26

金融机构（不含外资）本外币信贷运行情况表（2007 年 12 月）

汇率：7.3046　　单位：万元

项目名称 \ 栏目	本月余额	比上月		比年初	
		增减	增减%	增减	增减%
一、各项贷款	57338920	240917	0.42	8824016	18.19
1. 短期贷款	21465886	62313	0.29	2470966	13.01
2. 中长期贷款	33893779	150499	0.45	6390302	23.23
3. 信托贷款					
4. 委托贷款				-8572	
5. 其他贷款	146338	1927	1.32	-7861	-5.37
6. 票据融资	1762098	27511	1.59	-14837	-0.83
7. 各项垫款	70819	-1332	-1.85	-5983	-7.79
二、有价证券及投资	1202144	-225276	-15.78	214359	21.70
资金运用总计	58541065	15642	0.03	9038375	18.26

外资银行本外币信贷运行情况表（2007 年 12 月）

单位：万元

栏目 项目名称	本月余额	比上月		比年初	
		增减	增减%	增减	增减%
一、各项存款	1866	-49	-2.58	-446	-19.29
1. 单位活期存款	1067	3	0.27	-623	-36.86
其中：中资企业存款					
外商投资企业存款	1067	3	0.27	-623	-36.86
2. 单位定期存款					
其中：中资企业存款					
外商投资企业存款					
3. 储蓄存款	489	-11	-2.26	161	48.98
其中：定期存款	367	15	4.19	218	145.90
4. 其他类存款	310	-41	-11.66	16	5.55
5. 境外存款					
二、境内中长期借款					
三、卖出回购证券					
四、境外筹资					
五、向中央银行借款					
六、中央银行存款					
七、应付及暂收款	189	48	34.41	-372	-66.36
其中：应付及预提利息	180	52	40.94	-301	-62.60
八、同业存放					
（1）境内同业存放					
（2）境外同业存放					
九、同业拆入					
（1）境内同业拆入					
（2）境外同业拆入					
十、委托基金存款（净）					
十一、外汇买卖					
其中：结售汇					
十二、境内联行存放					
十三、境外联行存放	578	-1	-0.10	-8	-1.39
十四、各项准备	641	-16	-2.50	-655	-50.54
其中：贷款损失准备	641	-16	-2.50	-655	-50.54
十五、所有者权益	11278	-73	-0.64	-227	-1.97
其中：实收资本	10384				
当年结益	894	-73	-7.56	894	
十六、其他	11579	-152	-1.30	-19528	-62.78
资金来源总计	26131	-243	-0.92	-21237	-44.83

外资银行本外币信贷运行情况表（2007年12月）

单位：万元

项目名称 \ 栏目	本月余额	比上月		比年初	
		增减	增减%	增减	增减%
一、各项贷款	17767	-231	-1.29	-20231	-53.24
1. 短期贷款					
（1）境内短期贷款					
其中：中资企业贷款					
其中：外商投资企业贷款					
（2）境外短期贷款					
2. 中长期贷款	17767	-231	-1.29	-20231	-53.24
（1）境内中长期贷款					
其中：中资企业贷款					
外商投资企业贷款					
（2）境外中长期贷款	17767	-231	-1.29	-20231	-53.24
3. 进出口贸易融资	489	-11	-2.26	161	48.98
4. 票据融资					
其中：贴现					
5. 各项垫款					
6. 境外筹资转贷款					
二、投资					
1. 购买有价证券					
其中：购买境外有价证券					
2. 其他投资					
其中：投资境外					
三、应收及预付款	377	38	11.08	-431	-53.34
其中：应收及预付利息	377	39	11.66	-431	-53.37
四、买入返售证券					
五、存放中央银行	755	353	87.91	373	97.82
其中：缴存准备金	94	4	4.38	-1	-1.09
六、存放同业	3568	95	2.75	-696	-16.32
（1）存放境内同业	3222	-13	-0.39	-16	-0.48
（2）存放境外同业	346	108	45.31	-680	-66.28
七、拆放同业	3652	-48	-1.29	-252	-6.46
（1）拆放境内同业	3652	-48	-1.29	-252	-6.46
（2）拆放境外同业					
八、存放境外联行		-444	-100.00		
九、库存现金	11	-7	-38.95	0	3.11
资金来源总计	26131	-243	-0.92	-21237	-44.83

金融机构（不含外资）本外币贷款按行业分类统计表

行业名称	2007－01－31	2007－02－28	2007－03－31	2007－04－30	2007－05－31	2007－06－31	2007－07－31	2007－08－31	2007－09－30	2007－10－31	2007－11－30	2007－12－31
贷款总计	50324416	51094676	52020896	53127939	53754826	54739864	55355085	55707447	56505716	56543522	57098003	57338920
A、农、林、牧、渔业	3719285	3724675	3891059	3970465	4056876	4232957	4334605	4399199	4320025	4408344	4431327	4562381
B、采矿业	1978700	1822740	1956712	2001896	2054772	2370851	226347	2165688	2206814	2163088	2234344	2183379
C、制造业	7601034	7949282	8123089	8294032	8389153	8078100	8419137	8542589	8675000	8482046	8414784	8337279
D、电力、燃气及水的生产和供应业	8554290	8703289	9062609	9255182	9349580	9695926	9650252	9636995	9720663	9730514	9935719	10131418
E、建筑业	1467473	1526288	1512360	1398572	1408862	1437454	1444016	1425900	1656050	1655657	1423397	1743754
F、交通运输、仓储和邮政业	7228121	7305134	7448016	7638080	7776037	7808893	7747717	7820945	7605096	7665785	7973761	7673490
G、信息传输、计算机服务和软件业	525285	513151	517434	520264	510977	508318	515944	511340	509431	508902	508283	509303
H、批发和零售业	2790368	2685468	2831349	2804381	2828533	2826349	2947673	2963981	2986704	2943126	3023863	3060367
I、住宿和餐饮业	307805	286362	295317	303152	297671	298556	305577	291207	296022	307608	279942	276183
J、金融业	373463	389234	365869	486518	370864	299760	219224	259709	227378	300348	278930	420725
K、房地产业	1865660	1898760	1957614	2036813	2042940	2146202	2300152	2319318	2335041	2339916	2382245	2431572
L、租赁和商务服务业	1157079	1213020	1197133	1246075	1306438	1357571	1377275	1362538	1355328	1358303	1381487	1208431
M、科学研究、技术服务和地质勘查业	190076	203418	218916	229186	202165	251863	235431	247480	246755	249371	235305	230545
N、水利、环境和公共设施管理业	3315516	3261520	3157162	3199668	3228325	3327402	3398518	3431555	3493595	3546719	3657211	3774770
O、居民服务和其他服务业	785791	1004822	752238	876866	873858	860428	815715	753765	905336	980308	953361	753370
P、教育	583932	586657	606715	611852	653248	647338	680133	690519	712073	724121	756527	757455
Q、卫生、社会保障和社会福利业	238019	234512	237754	233278	242596	255525	251992	270575	273823	269041	284234	291472
R、文化、体育和娱乐业	142425	136996	139221	139246	142568	144949	142435	140753	150053	144083	161531	167920
S、公共管理和社会组织	623654	657671	582957	558924	572859	609357	631929	613933	702137	570210	509420	521132
T、国际组织	8	8	108	123	15	91	204	53	113	112	44	95
对境外贷款												
个人贷款	6876433	6991668	7167262	7323366	7446489	7581972	7673683	7859406	8128281	8195920	8272288	8303881
其中：个人消费贷款	5079346	5134584	5213226	5291220	5359881	5516942	5595024	5713062	5855800	5928013	6047996	6140407
附：信托贷款												
委托贷款	8572	8572	8572	8572	8572	8572	8572	8572	8572	8572		

云南省保险业经营状况简表（2007 年）

单位：万元

指标项目	保险公司合计		财产险公司		寿险公司	
	金额	增长	金额	增长	金额	增长
一、原保险保费收入	1118572.76	17.39%	513040.60	35.19%	605532.16	5.61%
1.财产险	481433.29	36.64%	481433.29	36.64%	–	–
其中:机动车辆保	371243.77	36.22%	371243.77	36.22%	–	–
2.人身险	637139.47	6.09%	31607.31	16.33	605532.16	5.61%
人寿保险	502629.73	4.71%	–	–	502629.73	4.71%
健康保险	73933.33	6.66%	2835.53	81.95%	71097.80	4.92%
意外伤害保险	60576.41	18.26%	28771.78	12.33%	31804.62	24.19%
二、赔付支出	477546.99	65.27%	250147.95	35.55%	227399.03	117.79%
1.财产险	231606.68	34.32%	231606.68	34.32%	–	–
其中:机动车辆保	190324.75	35.36%	19324.75	35.36%	–	–
2.人身险	245940.30	111.09%	18541.27	53.13%	227399.03	117.79%
人寿保险	185300.00	193.14%	–	–	185300.00	193.14%
健康保险	36075.16	5.88%	2167.70	344.61%	33907.46	0.97%
意外伤害保险	24565.14	27.71%	16373.57	40.90%	8191.58	7.58%
三、退保金	148080.53	100.28%	–	–	148080.53	100.28%
四、手续费及佣金支出	90129.97		38393.89		51736.08	
五、业务及管理费	154965.15	37.92%	103473.43	46.12%	51491.72	23.94%
六、预计利润(税前)	-80462.16	–	3213.14	–	83675.30	–
七、资金运用余额	0.00	–	0.00	–	0.00	–
1.银行存款	0.00	–	0.00	–	0.00	–
活期存款	85645.25	16.07%	58198.99	14.45%	27446.26	19.66%
定期存款	0.00	–	0.00	–	0.00	–
其中:大额协议	0.00	–	0.00	–	0.00	–
2.债券	0.00	–	0.00	–	0.00	–
其中:国债	27.84	0.00%	0.00	–	27.84	0.00%
金融债券	1348.00	0.00%	0.00	–	1348.00	0.00%
企业债券	0.00	–	0.00	–	0.00	–
3.证券投资基金	0.00	–	0.00	–	0.00	–
4.买入返售金融资产	0.00	–	0.00	–	0.00	–
5.股票(股权)	0.00	–	0.00	–	0.00	–
6.金融衍生工具	0.00	–	0.00	–	0.00	–

续表

指标项目	保险公司合计		财产险公司		寿险公司	
	金额	增长	金额	增长	金额	增长
7.贷款	0.00	–	0.00	–	0.00	–
8.投资性房地产	0.00	–	0.00	–	0.00	–
9.拆借资金	216.00	0.00%	0.00	–	216.00	0.00%
10.其他投资	0.00	–	0.00	–	0.00	–
八、应收保费	42691.30	15.54%	25053.38	62.36%	17637.92	-18.03%
其中:人身保险业务应收保费	0.00	-100.00%	0.00	–	0.00	-100.00%
九、固定资产原值	104998.80	22.24%	61101.15	7.42%	43897.66	51.30%
减:累计折旧	38363.78	13.51%	26069.81	12.54%	12293.97	15.65%
固定资产净值	66635.02	27.90%	35031.33	3.90%	31603.36	71.92%
十、在建工程	4120.00	27.01%	1390.69	–	2729.31	-15.86%
十一、实收资本(股)	0.00	–	0.00	–	0.00	–
十二、资产总额	1940125.62	9.73%	355242.90	37.18%	1584882.72	5.02%
十三、所有者权益	-471149.12	-25.82%	0.00	100.00%	-469498.97	-25.91%

注:1. “本年累计增长”一至七项为同比增长数;八至十四项为较年初增长数;
2. 一至三项不包括再保险公司的数据,四至十三项为以集团合并汇总数据;
3. 第二项赔付支出不包括直保公司的分保赔付支出;
4. 实收资本(股本)含外资保险公司分公司接受的由总公司拨给的营运资金;
5. “保险公司”业务包括中华联合控股本级的寿险业务。

云南省各保险公司业务状况简表(2007年)

单位:万元、%

公司	保费收入				赔(给)付			简单赔(给)付率
	本期累计	上年同期	同比	市场占比	本期累计	上年同期	同比	
人保财险	277779	221389	25.47%	54.14%	152715	121533	25.66%	54.98%
太保财	50578	38643	30.88%	9.86%	20614	13006	58.49%	40.76%
平安财	59826	44701	33.84%	11.66%	30004	21681	38.39%	50.15%
华泰	6014	4216	42.67%	1.17%	2186	2773	-21.16%	36.34%
天安	23841	18332	30.05%	4.65%	11767	9802	20.04%	49.35%
永安	15934	11250	41.65%	3.11%	7831	7220	8.46%	49.14%
大地	44501	24125	84.46%	8.67%	14981	6101	145.55%	33.67%
出口信用	1522	1303	16.77%	0.30%	175	118	48.65%	11.51%
华安	3386	6452	-47.52%	0.66%	2222	834	166.54%	65.63%
安邦	8086	7417	9.01%	1.58%	3763	1435	162.27%	46.53%
永诚	4630	778	495.21%	0.90%	542	15	3618.09%	11.71

续表

公司	保费收入				赔(给)付			简单赔(给)付率
	本期累计	上年同期	同比	市场占比	本期累计	上年同期	同比	
阳光财产	9106	887	926.31%	1.77%	1555	24	6275.15%	17.07%
都邦	5594	8	68450.51%	1.09%	1641	0	–	29.34%
太平保险	2243	0	–	0.44%	152	0	–	6.78%
产险公司小计	513041	379501	35.19%	100.00%	250148	184541	35.55%	48.76%
国寿	283261	315143	–10.12%	46.78%	174756	70146	149.13%	61.69%
太保寿	80975	61045	32.65%	13.37%	9134	5175	76.51%	11.28%
平安寿	87626	76337	14.79%	14.47%	26366	19570	34.73%	30.09%
泰康	91151	73228	24.48%	15.05%	7098	7282	–2.54%	7.79%
新华	35156	36515	–3.72%	5.81%	2013	880	128.76%	5.73%
人保健康	22619	11112	103.56%	3.74%	8003	1355	490.54%	35.38%
太平人寿	4137	0	–	0.68%	28	0	–	0.69%
人保寿险	606	0	–	0.10%	0	0	–	0.00%
寿险公司小计	605532	573379	5.61%	100.00%	227399	104410	117.79%	37.55%
合计	1118573	952880	17.39%	–	447547	288950	65.27%	42.69%

云南省证券投资者历年开户股东数

单位：户

年度	当年开户			累计开户
	当年开户数	其中		
		上海开户	深圳开户	
1993	20808	11677	9191	20808
1994	7483	5743	1740	28351
1995	7937	5897	2040	36288
1996	49520	24636	24884	895808
1997	105623	58541	47577	191431
1998	74377	34067	39449	266303
1999	49926	26013	24744	316229
2000	130310	231654	21885	446539
2001	58053	261136	243456	504592
2002	18657	270638	252611	523249
2003	18561	280390	261420	541810
2004	19936	289917	271829	561746
2005	10788	295294	277240	572534
2006	31577	311233	292878	604111
2007	505134	562723	546522	1109245

云南上市公司股本结构表（2007年）

截至2007年12月31日

编号	公司简称	总股本（万股）	流通A股（万股）	流通A股占总股本百分比	限售A股（万股）	限售A股占总股本百分比
1	云南城投600239	29052.1376	12841.2483	44.20	16210.8893	55.80
2	昆明制药600422	31417.6	23480.2919	74.74	7937.3081	25.26
3	贵研铂业600459	8595	5095	59.28	3500	40.72
4	保税科技600794	15501.1584	9245.2838	59.64	6255.8746	40.36
5	昆明机床600806	42486.4883	13213.7933	31.10	18001.11	42.37
6	太平洋6301099	150331.3349	4200	2.79	146131.3349	97.21
7	云南白药000538	48405.1138	22062.9325	45.58	26342.1813	54.42
8	昆百大A000560	13440	9390.0395	69.87	4049.9605	30.13
9	名流置业000667	76527.3112	48328.4074	63.15	28198.9038	36.85
10	云铝股份000807	87360	42435.1617	48.58	44924.8383	51.43
11	云南铜业000878	125668.88	36497.3583	29.04	89171.5217	70.96
12	云内动力000903	29970	15795	52.70	14175	47.30
13	南天信息000948	16055.0952	7457.7073	46.45	8597.3879	53.55
14	锡业股份000960	53685.6	25711.0581	47.92	27974.5419	52.08
15	云南盐化002053	18585.1103	10523	56.62	8062.1103	43.38
16	世博股份002059	21500	5500	25.58	16000	74.42
17	绿大地002200	8393.728	1680	20.01	6713.728	79.99
18	驰宏锌锗600497	39000	18984.1784	48.68	20015.8216	51.32
19	云维股份600725	29012.9478	7593.75	26.17	21419.1978	73.83
20	*ST马龙600792	12622.5	5531.625	43.82	7090.875	56.18
21	罗平锌电002114	10214	2560	25.06	7654	74.94
22	景谷林业600265	12980	6848	52.76	6132	47.24
23	云天化600096	53635.0269	21020.8292	39.19	32614.1977	60.81
24	博闻科技600883	23608.8	15000.12	63.54	8608.68	36.46
25	文山电力600995	26584.8	16338.84	61.46	10245.96	38.54
26	丽江旅游002033	9932.3048	5141.0593	51.76	4791.2455	48.24

云南上市公司直接融资情况表

单位：亿元人民币

年份	筹资总额	首发筹资额	增发筹资额	配股筹资额	可转债融资	备　注
1990	–	–	–	–		
1991	–	–	–	–		
1992	–	–	–	–		
1993	6.2801	6.02801	–	–		云南白药、昆百大、昆明机床（发行H股资金已折算为人民币）首发上市
1994	–	–	–	–		
1995	0.7854	0.18	–	0.6054		保山水泥遗留股上市；云南白药、昆白大配股
1996	1.981	1.981	–	–		云维股份首发上市，华一投资遗股上市
1997	7.5218	7.5218	–	–		云南马龙、大理造纸、云天化首发上市
1998	15.266	15.266	–	–		云南铝业、云南铜业、云大科技首发上市
1999	17.2543	16.02	–	1.2343		云内动力、南天信息、红河光明、锡业股份首发上市；云南白药配股
2000	9.3886	6.164	–	3.2246		景谷林业、昆明制药首发上市；云大科技、富邦科技配股
2001	8.7275	–	–	8.7275		保税科技，云南铜业、红河光明配股
2002	7.3073	–	5.454	1.8533		云南铝业增发、云内动力配股
2003	6.82	2.72			4.1	贵研铂业首发上市；云天化发可转债
2004	8.681	8.681				丽江旅游、驰宏锌锗、文山电力首发上市
2005	0	0	0	0	0	2005年4月以来，因股权分置改革，发行审核工作暂停，与全国一样，云南企业没有在资本市场上融资。
2006	38.9975	7.09	11.9075			云南盐化、世博股份2家首发；名流置业、驰宏锌锗2家定向增发；云南华能澜沧江水电有限公司实施了云南首个水电资产证券化项目。
2007	91.31	6.043	68.767		16.5	罗平锌电、绿大地2家公司实现新股发行；云南铜业、云维股份、云南城投3家公司实现定向增发；云内动力实现公开增发；锡业股份发行可转换公司债；云天化发行附认沽权证可分离交易公司债。

注：统计至2007年12月31日

信息产业

综 述

2007年是深入贯彻科学发展观、加快构建社会主义和谐社会的重要一年，也是实施“十一五”规划的关键之年。一年来，全省信息产业系统坚持以科学发展观为指导，按照省委、省政府、信息产业部的统一部署和要求，开拓创新，扎实工作，各项工作取得了明显成绩。全省信息产业实现销售收入216.97亿元，国民经济和社会信息化建设稳步推进，无线电管理事业取得了显著成绩，为全省经济建设和社会发展做出了新贡献。

2007年，全省通讯业继续健康、稳定发展。全年通讯业务收入累计完成149.77亿元，同比增长率11.38%，完成年计划目标147亿元的101.8%。通讯业务总量累计实现457.46亿元，同比累计增长39.62%，完成年计划440亿元的103.97%。

至年末，全省电话用户总数达到1973.6万户，累计新增261.3万户，同比增长率15.26%。其中，固定电话用户627.2万户，减少17万户，同期增长率-2.64%；移动电话用户1346.4万户，新增278.4万户，同期增长率20.47%；全年固定电话普及率下降，移动电话普及率增幅较大。其中，固定电话普及率14.09部/百人，较上年同期降低0.39个百分点；移动电话普及率30.26部/百人，较上年同期增长6.26个百分点；电话用户普及率44.35部/百人。

电子信息产业

2007年，云南省统计内企业96户，云南省电子信息产业共实现销售收入67.2亿元，比上年同期下降1.2%；完成工业增加值10.2亿元。其中，软件业增加值3.9亿元，下降36.6%；利润总额4.5亿元，增长40.6%；上缴税金1.4亿元，下降33.3%。

2007年，全省制造业保持良好的增长势头，统计内制造业企业16家，实现销售收入42.3亿元，同比增长18.8%；利润总额2.2亿元，下降22.2%；上缴税金0.8亿元，下降11%。

统计内软件企业80家，软件业主营业务收入24.9亿元，下降3.5%；软件业务收入合计18.9亿，下降5.5%（其中：软件产品收入3.5亿元，增长12.9%；系统集成收入13.5亿元，下降14.6；软件服务收入1.2亿元，增长58.2%）；上缴税金0.59亿元，下降1.7%；利润2.3亿元，增长27.8%。

至2007年底，计算机系统集成资质认证和软件企业认定、软件产品登记工作有新的进展，云南省通过认定的软件企业有104户。其中，国家规划布局内重点软件企业1家，通过登记的软件产品达307个，计算机系统集成单位56家。其中，一级资质单位1家，二级资质6家，三级资质单位17家、四级资质单位32家。

2007年，云南省计算机产量3.62万台，同比下降5.7%；存折打印机产量9.54万台，增长35%；银行自助服务终端产量5897台，增长69%；楼宇对讲机产量2.5万台；磁卡读写器产量2.1万台，增长38%；硅太阳电池组件产量5802千瓦，增长51%；钴酸锂产量566吨，增长143%。

园区建设和招商引资

2007年，昆明市经济技术开发区紧紧围绕市委、市政府的发展思路，立足于专业园区的综合开发建设，通过整合昆明地区的电子信息产品制造业、软件外包业和信息服务业，吸引国内外的高科技企业和知名大企业落地，发挥聚集效应、以规模化、集团化发展为目标，逐渐向高附加值信息产品设计、研发和自创品牌方向发展。重点发展信息制造业、光电子产业、软件外包业、信息服务业，把昆明信息产业基地建成我国西南地区面向东南亚、南亚的信息设备及产品制造基地、光电子产业基地、软件外包基地、人才培训基地。

年内，云南省积极引导、鼓励、指导重点企业创建国家级、省级技术中心、科研中心和工程中心，经过几年的努力，在原有的昆船集团国家级企业技术中心、昆明贵金属研究所国家贵金属工程研究中心、南天电子信息产业股份公司和昆明北方光电仪器有限公司省级企业技术中心的基础上，云南无线电有限公司、云南天达光伏科技股份有限公司、昆明阳光基业股份有限公司相继被认定为省级企业技术中心。南天电子信息产业股份有限公司、贵研铂业股份有限公司列入云南省第一批创新型试点企业并获相关资金扶持，南天同时跻身第二批国家创新型试点企业。昆明市经济技术开发区发布了《昆明经济技术开发区关于进一步推动企业技术创新的意见》，给予区内企业技术中心认定资助、科技计划项目资金配套、企业技术标准升标、专利资助、科技配套奖励。

云南南天股份有限公司在昆明市信息产业基地投产1.5亿建设新的生产基地，以解决生产能力不足的问题，项目完成后，生产能力将大幅提高，达到年产10000台银行自助终端的能力；并持续加大对金融行业软件、硬件产品的研发投入，加强市场渠道推动，完善服务体系建设，对行业进行整体策划、统一运作，进一步巩固公司在金融信息化行业的地位。

“昆明光电子产业园”一期项目已投产，目前已形成年产1000套二代探测器、3000套红外光学镜头、700套红外热成像整机生产能力，昆明北方红外技术股份有限公司成为生产规模亚洲第一世界排名第五的企业。

云南天达光伏科技股份有限公司启动了第二条25MW生产线建设，同时做好第三条生产线的基础准备工作，总产能将达到90MW。在技术研发方面，启动具有前瞻型的换代晶体硅太阳电池的新品（薄膜电池）研究，完成国家科技部光伏与建筑结合并网示范项目，持续优化生产工艺技术，在提高光电转换效率、薄片制造技术等方面取得突破。

昆明北方光电科技有限公司在光电子产业基地投资3亿元建设光学生产厂房和高分辨率摄录变焦镜头生产线，计划2008年竣工。

贵研铂业股份公司以“铂基微电子浆料”国家产业化项目建设为重点的一期工程，按照设计的要求已在昆明高新技术开发区全面完成了建设内容。以“贵金属前驱体新材料技术改造”项目、贵金属研究孵化中试平台和人才公寓为重点的二期工程项目进展紧张有序，项目建设进入主体施工。

拓展国际市场

2007年，云南南天股份公司全年进口总额完成625万美元，比上年增长42%。南天海外销售网络初步建成，中东地区销售取得突破性进展，存折打印机产品出口创历史新高，比上年增长74%，ATM机和BST产品开始试验性海外销售，并开展了对外包软件的探索。德国独资企业昆明金壳电子防盗产品有限公司出口楼宇对讲机4万台。云南天达光伏科技股份有限公司以欧洲的光伏电池组件市场为公司主力目标市场，国际市场销售量占公司年销售总量的70%。

电子政务项目审查

2007年，《云南省电子政务管理办法》颁布后，为了进一步规范电子政务项目审查工作，制定了《云南省电子政务项目审查管理办法》，编制了《云南省电子政务项目可行性研究报告格式规范》，加强与省财政厅、省发改委的协调、沟通，建立了项目形式审查、第三方机构评估、专家组评审、项目复审四步走的审查程序，为此项工作的顺利开展提供了保障。全年共收到部门新申报项目33个，共申请省级财政资金6.5亿元。经审查后，批准项目27个，批准资金1.21亿元，有效地节约了财政资金。

全年协助各厅局完成电子政务专网方案的设计，有省检察院的行政执法与刑事司法信息共享平台接入方案、省地税专网改造方案、全省“金财”工程建设方案、全省“网上信访”工程建设方案、全省高校组织部接入组织工网方案、全省监狱联网方案和文山县政务中心网络建设方案等。并对农村党员干部远程教育系统和全省应急体系提出了建设性的建议。同时对国家外网工程建设提出网络安全系统建设意见，有力地支持了国家电子政务外网安全系统的建设。

截至2007年11月底，省级各部门依托电子政务网已建在建待建全省性专网达48个，已建好全省性专网15个，全省接入电子政务专网的政务机关达4149个，接入PC机16260台。2007年，VPDN接入用户新增了1285家，到目前在云南省电子政务网管中心提供的政务网VPDN平台上共有1881个。今年新增建设7个业务专网，包括省森林防火指挥专网、省煤监专网、省劳教专网、审计专网、行政执法与刑事司法专网、监狱专网、高校组工网。

电子政务调查

2007年，中央编办、国信办、国家发改委、财政部联合发出通知，开展全国电子政务情况调查。省信息产业办组织74个省级部门和16个州（市）政府开展了自查。在各级各部门的紧密配合下，经过一个半月的努力，按时按质按量完成《全国地区电子政务发展状况调查表》，并上报《2007年云南省电子政务发展自查报告》。6月，由中央编办、国信办、国家发改委、财政部组成的联合检查组对云南省上报情况进行复查，对抽查两个州市的电子政务建设工作情况较为满意，给予了高度评价。

电子政务项目评估

2007年，为充分了解云南信息化专项资金支持的电子政务项目实施情况，对自2004年以来获得财政专项资金支持的19个省级部门的电子政务项目实施情况进行了评估，并向被评估单位反馈了评估意见。评估结果向省信息化领导小组作了书面汇报。通过评估，对由省财政专项资金支持的电子政务建设项目的完成及应用情况有了全面的了解，为进一步做好电子政务建设项目的监督管理工作奠定了基础。

州市电子政务建设

2007年3月为进一步推进全省州市电子政务建设，全省信息产业工作会上，省委副秘书长罗杰代表省电子政务应用推广工作协调指导组与16个州（市）政府签订了《云南省电子政务工作州市目标考核责任书》。为推动各州（市）完成好《考核责任书》要求的各项目标，制订了《考核工作方案》及相关附件。组织了4个小组分别对16个州（市）电子政务发展状况进行了调研。并分别组织召开了东部片区和西部片区州（市）电子政务工作座谈会。

“数字乡村”工程建设

2007年，根据“数字乡村”领导小组的安排部署，省信息办主要负责参与省级信息平台的技术审查和把关，并负责联系、督促昆明市的项目建设工作，组织了对昆明市的项目验收工作；另外，还选取昆明市石林县和曲靖市麒麟区两个县（区），申报“国家级县域信息化试点县”。将两县（区）列为县域信息化省级试点。两县区正根据工作方案进行县域信息基础设施、经济、政务、文化、社会和党建等全方位、多领域的信息化建设。

农村信息化综合信息服务试点

2007年，组织省移动通讯公司牵头开展的“农信通”项目申报信息产业部农村信息化综合信息服务试点项目。该项目是充分发挥各级政府、三农主管部门、新华社云南分社的行政管理职能和服务职能，通过逐讯通业务平台整合云南移动覆盖广大农村的移动网络、数据网络和互联网等资源，将政府农业部门、农业科研机构、农业院校、涉农企业、信息服务站提供的农业信息及时传递到农民的手中。此外，选取了玉溪市通海县作为农村信息化试点。运用信息化手段，促使通海县蔬菜、花卉、乡镇企业等特色经济更好地面向市场，促进农民增产增收。至年末，项目试点方案正在编制中。

计算机信息系统集成及信息工程监理资质认定

至2007年底，云南省计算机系统集成资质获证企业共计50户。其中，包括一级企业1户，二级企业6户，三级企业13户，四级企业30户。2007年新获证的企业有：二级企业2户。其中，包括换证企业1户；三级企业5户。其中，包括换证企业2户；四级企业10户，包括换证企业1户。

根据信息产业部《关于开展2007年度计算机信息系统集成资质监督检查的通知》的要求，对符合年检要求的34家获证企业进行了年检，年检结果有一家企业因未提供年检材料被取消资质外，其余33家企业均通过年检。年内，监理企业资质方面，全省只有云南紫金实业发展有限公司在2005年获得信息系统工程监理（地方）临时资质，该企业于2007年11月通过信息系统工程监理（部）临时资质的审核，是全省唯一信息系统工程监理资质企业。

网络和信息安全保障

2007年，全省组织开展云南省信息安全专项规划的编制工作；为进一步推动全省信息安全风险评估工作，在完成《云南省信息安全风险评估暂行管理办法》发布的基础上，组织完成了对文山州政府电子政务系统、省委新建办公楼智能信息系统的信息安全风险评估工作；组织了对北京大正语言知识研究院开发的HNC智能信息过滤器的考察调研、性能测试，并为省政府提出合理的推广试点意见；根据中央办公厅、国务院办公厅《关于加强网络文化建设和管理的意见》的有关精神，进一步推动州（市）一级网络与信息安全协调工作和机构的建设。同时根据国信办的要求，向国家网络与信息安全协调小组汇报，汇报了我省目前省、州（市）两级网络与信息安全协调机构建设的情况。

电子商务推进工作

2007年，根据《国务院办公厅转发〈国家网络与信息安全协调小组关于网络信任体系建设若干意见〉的通知》精神，会同省委机要局，提出《关于加强云南省网络信任体系建设的实施意见》，明确网络信任体系建设的目标、任务以及各职能部门承担的职责；筹建云南省数字证书认证中心。按照“政府主导、市场运作”的原则，组织有关投资方申报成立“云南省数字证书认证中心有限公司”。政府部门在项目的建设过程中，主要负责数字证书认证中心的许可和密钥发放。目前正在准备外出考察，学习省外发达地区前期数字证书认证中心项目建设的经验，吸收教训，少走弯路，使云南数字证书认证中心的项目建设取得事半功倍的成效。

无线电行政管理

2007年，省人大常委会对《云南省无线电管理条例》的贯彻执行情况进行了执法检查，通过检查进一步理顺了州市无线电管理机构体制，16个州市无线电管理机构中，8个为正处级8个为副处级；县级无线电管理工作不断向前推进，各县区市都建立了无线电管理领导小组，确定了专兼职管理人员，协助州市无线电管理机构做了大量工作，省、州、县三级无线电管理体系建立起来；省政府办公厅发布了《云南省无线电管理工作评议考核办法》，省长助理李磊代表省政府与各州、市政府、省无委会成员单位和省无办签署《云南省无线电管理工作责任状》，各州、市政府与所属的县、市、区政府签署《无线电管理工作责任状》，无线电管理工作纳入同级政府议事日程；完善了行业管理部门和设台单位无线电管理领导小组和无线电专办员制度，建立与管理相对人的沟通联系机制。全面落实无线电频率台站行政许可制度和监督检查制度，无线电管理规划建设工作稳步开展，着手编制《云南省无线电事业“十一五”及中长期发展规划》，开展150MHz、800MHz的频段划分规定的制定工作，推进《云南省无线电台站址规划》贯彻落实工作，开展无线电台站建设规划审查工作，边境地区频率规划研究工作全面开展。圆满完成云南天文台设置探月工程“嫦娥一号”地面接收站使用无线电频率保护的协调工作，以及第七届全国残运会通讯保障等工作，受到省政府表扬。

无线电管理法规制度建设

年内，云南省人大常委会一审通过了《云南省无线电电磁环境保护条例》，预计将于2008年上半年通过二审后正式颁布实施。省政府与成都军区联合颁布《云南省军地无线电管理协调办法》；无委办还起草了《无线电台站设置许可办法》（政府规章）上报省法制办，制定下发了《无线电频率台站行政许可实施办法》等规范性文件，对指导无线电管理具有重要的现实意义。

基础设施建设

2007年，全省全面构建无线电管理技术支撑体系：一是努力完成全省无线电监测网三期建设。2007年，通过公开招标，按计划较顺利地完成三期建设设备采购任务，签订省级遥控测向站、高山遥控测向站、移动站、数字综合测试系统建设购置合同，并及时下发了州市监测业务用车，省及县级无线电专管员电脑设备，下拨了高山固定站配套建设费，以及完成了监测指挥控制中心智能楼宇无线电管理信息系统综合布线工程等。二是完成监测业务楼建设。监测业务楼建设于2006年12月30

日动工，主体工程现已竣工，于10月16日通过了有关部门的初步验收。监测业务楼建成后，将集成新的监测、控制、通讯、数据存储交换等设备。真正实现联网操作、资源共享、信息全面、监控灵活、反应快捷、指挥科学和可视化的数字化无线电监测指挥中心。将大大提高我省的无线电监测和无线电管理能力。三是进行国家短波监测建设。国家信产部于2007年8月30日批复国家昆明短波监测站开工建设，整个工程于2008年12月完工并投入使用。加大日常监测力度，认真查处干扰，确保通讯安全。通过积极开展日常监测及监测月报工作，积累了各种数据，数据的分析利用，为频谱资源管理提供了技术依据，为我省的电磁频谱空间安全提供了可靠的技术保障。根据《云南省无线电监测工作规范》，建立了监测值班制度，制定了月监测计划，有对民航通讯、调频广播、开路电视、400MHz、800MHz等频段重点进行扫描分析。今年共实施监测129356.1小时，主动发现非法信号12个，查找干扰40起。共进行了20多项电磁环境测试工作，外出100多人次，完成了民航昆明空管中心、云南机场集体公司、军队电测07、云南天文台探月工程保护多项电磁环境测试任务项目。为这些单位建站设台提供了可靠的技术依据和环境保护。另外，还对昆明空管中心电台、昆明铁路局对讲机、全省移动机站的设备进行了检测，共计954部。

（刘润元）

邮　　政

综　述

2007年，是云南邮政公司化运作的开局之年，也是全省邮政企业进一步加快发展的关键之年。一年来，各级邮政企业认真落实“社会公用事业”和“通信基础设施”的社会定位，坚持社会效益与经济效益并举，不断创新发展思路，大力推进机制和体制的转变，积极推动邮政业务市场化和商业化运作。在全体员工的共同努力下，企业经济保持了增长较快、结构优化、效益提高的良好态势，初步实现了速度质量效益相协调、各专业发展相协调、区域间发展相协调的良好局面，企业呈现出“快”为基础，“好”为方向，“实”为特点的新趋势。通过深化体制改革和机制创新，企业发展活力明显增强；和谐企业建设稳步推进，精神文明建设跃上了新台阶。2007年，全省邮政业务总收入首次突破10亿元，达到11.39亿元，比上年增长16.85%，增幅在全国邮政行业中排列第10位，业务收入连续两年实现了两位数的同比增长，取得了邮政独立运营以来发展速度和发展质量的最好成绩。

邮务类业务

2007年，全省函件业务实现收入9392万元，增幅达17.59%。其中，商函业务收入占全省函件业务收入比重达72.31%，商函、贺卡成为拉动函件业务快速增长的主要因素。以名址建设为重点，大幅提升名址质量和数量，以行业客户为龙头，逐步推动各州市邮政局规模开发账单业务；利用数据库，对大客户进行梳理分析，招生商函、新春商函专项营销成效明显；以商场超市、通信、房地产、餐饮、旅游业为重点，开展全省性主题营销，无名址商函业务稳步发展；贺卡、景点门票、校园邮资封、形象封等封片卡业务亮点不断。全年实现包裹业务收入6910万元。由于加大个人物品寄递和协议客户快速包裹业务的开发力度，快包占比达47.03%；在业务发展中，各级邮政企业创新营销思路，土特产、节日礼品、国际包裹等商品包裹市场不断拓展，旅游、会展包裹大幅增长；同时还把握昆明至北京第二条火车邮路开通的有利时机，成功地拓展了部分产品价值高、时限要求快的商包寄递用户，有效地增加了包裹收入。书报刊发行业务收效明显，全年实现收入1.26亿元。各级邮政企业通过精选104种发行量较大的重点报刊，对重点报刊补续订增量进行精确量化管理，开展了《特别文摘》的整合营销，促进了2007年度报刊破、续订工作的开展。由于提早准备，措施得力，圆满地完成了全省2008年度报刊大收订任务。通过创新发展传统业务，搭建了以《特别文摘》、《东方女性》、《读者》等为主产品的期刊广告平台，以《中国剪报》、《云南广播电视报》为主产品的报纸广告平台，以《中学生阅读世界》、《小学生阅读世界》为主产品的教育市场广告平台。教材发行业务也逐渐成熟，服务水平不断提升，2007年秋季教材发行在发行标段、服务范围、发行品种、服务学生人数等方面均取得重大突破。集邮业务以效益为中心，通过多渠道开展营销，呈现出健康稳固的发展态势，全年实现收入6074万元。在业务拓展中，新邮预订实现规模发展，个性化邮票业务发展迅速，“金色童年”、“八一”个人专题个性化邮票成绩显著；通过集邮文化与“茶文化”的融合，使集邮业务服务领域得以拓展；在此基础上，积极开展形象年册、生肖收藏、新春礼品、奥运热点等项目营销，使集邮品定向开发和管理实现了效益最大化。还成功地举办《神州风貌系列第六号——昆明石林》、《腾冲地热火山》邮票首发式。

速递物流业务

2007年，全省邮政速递业务在加大项目开发和营销力度的同时，还积极推进速递专业化的改革工作，由于上述两项措施的落实，有力地促进了速递业务的快速发展，全年实现业务收入1.73亿元，比上年增长38.08%。其中，异地速递业务增长23.26%，同城速递业务增长55.75%，国际速递业务增长53.05%。尤其是重点业务项目的拉动效果十分明显，仅第二代居民身份证邮寄项目就完成360万件的寄递量，实现业务收入近5100万元，同比增幅达20%。“思乡月”中秋礼品的邮寄项目在早安排、早部署、早见效的原则推动下，通过深入细致地开展产品设施和业务宣传等工作，实现业务收入933.64万元，同比翻了一番。中、高考录取通知书的寄递业务，通过及时收集相关信息和不断改进服务质量，为各院校提供服务方案，帮助他们解决交寄中的困难，加强对客户的维护工作，进一步巩固与院校的合作基础，邮政部门共与40家院校签订了录取通知书寄递业务协议，比上年增加了6所，录取通知书的交寄量突破了20万件。邮政物流业务全年实现收入6077万元，同比增幅达20.65%。在邮政物流业务中，烟草项目的运营范围和收入规模同步增长，全省已有11个州市邮政局成功开发和运营烟草配送项目，实现物流配送收入近1500万元，有效地拉动储蓄中间业务和汇兑业务的发展；农资业务呈现新亮点，大理、曲靖启动“订单+分销渠道建设”的农资运营新模式试点工作；按照省人民政府制定的“万村千乡”市场工程建设工作的具体要求，完成80个万村千乡工程“农家店”的建设；全国一体化物流业务也有新突破，成功开发了华北区域的“滇虹药业”项目和省内一体化项目“石家庄药业”。

金融类业务

2007年，全省各级邮政企业在发展金融类业务中，积极转变增长方式，邮储余额增长从依靠揽储激励向依靠发展优质客户、加大业务激励转变，业务收入增长从依靠余额利差收入向资金运行管理增收、存款结构优化增收、发展结算业务增收转变。全年累计实现邮储业务收入4.56亿元，邮储余额达171亿元，活期储蓄比重为42.96%，全省邮储活期比重高于全国邮政行业平均水平5.57%，排列第12位。中间业务规模越做越大，代收数字电视收视费、代理结算保险金、代收付烟草款、代发工资和养老金等业务范围不断扩大；积极开展“绿卡村”、“金榜题名　绿卡相伴”专项营销，卡户规模、质量同步提升，卡均余额1912.82元，在全国邮政行业中排列第11位，活卡率在全国邮政行业中排名第1位；大力发展基金业务，实现收入3043万元；小额质贷业务稳步发展，服务范围覆盖全省；通过开展同业融资、银团贷款、票据转贴现，资金运用业务总成交额达80.25亿元。此外，还有效地启动了县乡农村代理保险业务市场，大力发展批量代收付保险金业务，加快产品转型，丰富了代理险种结构，累计代理保费9860万元。

业务结构调整

2007年，各级邮政企业加大了业务结构的优化和调整力度，收效十分明显。一是邮政业务总体运行平稳，业务规模不断扩大，在保持健康发展的前提下，全省邮政业务收入连续两年实现了同比两位数的较快增长，邮政业务总收入首次突破10亿元，全省邮政系统月均业务收入为9391万元，达到近年来的最好水平。二是邮政业务结构进一步优化，经营效益不断增强，各级邮政企业经济效益意识不断增强，以效益为中心的原则在各项业务发展中得到充分体现，邮务类、速递物流类业务在邮政业务总收入中的比重已经达到52.62%，高于全国邮政行业平均水平7.1个百分点，对新增收入的贡献率达到60%；函件、报刊、特快、金融等专业内部调整效果进一步显现，商函、快递包裹、优质报刊、国内同城特快专递、金融中间业务等优质、高效业务的发展力度不断增强，占比不断提高，对经济效益的提升作用不断显现。三是市场营销模式进一步完善，“总部营销”模式得到深入推进，移动、建行、工行等大客户的账单、速递二代身份证、教材发行等原有总部营销项目规模不断扩大；大客户营销体制和机制不断创新，建立了大客户分析会议制度，形成了较为成熟运行高效的大客户营销机制，经营工作逐步由业务经营向客户经营转变，由单一营销、专业营销向整合营销、团队营销的方式转变，尤其是邮政服务中小企业的工作有了明显推进，邮政服务客户的营销方式方法有了不少创新。

经营管理

2007年，全省各级邮政企业采取一系列有效措施，夯实管理基础，提升经营能力。一是实施精细化管理，对经营预算的执行进行跟踪，通过年度中期预算质询进行动态调整，同时加强过程控制，对营销项目的推进、过程监控和业绩管理实行全过程管理，使项目运行质量不断提高，规模不断扩大，实现了对客户的深度开发，同时使企业的管理工作也得到较大提升，促进企业发展的效果十分明显。二是加强干线运费结算和责任中心损益核算，进一步推运一级邮运干线和国际运费结算工作，在组织开展速递模拟核算、储蓄分账核算和现业局速递专业损益核算工作的基础上，按照中国邮政集团公司的统一要求实施了责任中心损益核算，为产品重组和业务重组，优化资源配置，提升邮政企业市场竞争能力打下了较好的基础。三是以邮政营业系统和邮政网运作业系统实现互联互通为契机，不断完善规章制度，规范操作处理流程，大力提高业财一致、用户欠费等的管理能力与水平，确保经营收入的完整性、真实性和准确性。四是以效益为中心开展营销工作，强调“存量—增量”发展的区别对待；在业务发展上，加大业务工作力度，加大对帐单、报刊订阅、教材发行、“次字型”国内异地特快专递、烟草配送、代理基金等高效长效和新增业务的成本支撑、激励机制和资源配置，实现了“保存量”、“促增量”的发展目标。

速递和物流专业化经营改革

年内，根据中国邮政集团公司关于推进速递专业化经营改革工作的相关要求，省邮政公司组织开展了昆明地区的速递业务省市一体化经营改革工作，4月，组建云南邮政速递公司，同时启动曲靖和大理的邮政速递专业化经营改革。至年末，全省共有13个州市邮政局组建了州市速递分公司，并在重点市场成立了速递经营点部，初步建立起速递专业化营销体系。邮政物流专业化经营改革工作也积极推进，省邮政公司拟定《云南邮政物流专业化经营改革方案》，进一步明确云南邮政物流业务的产品定位，突出烟草、农资物流项目的重要性。同时调整了云南邮政物流公司的机构和职能，进一步强化省邮政物流公司对全省邮政物流业务经营的管理、支撑、服务职能，理顺了全省邮政物流业务经营管理体系。至年末，全省共有12个州市邮政局成立邮政物流分公司，初步建立起邮政物流专业化营销体系。

实物传递网络建设

2007年，全省邮政在实物传递网的建设上，以调整优化网络结构为重点，提高网络核心竞争能力；以实现网络信息化为基础，提升网络运行的管理水平。为解决全省邮件进出口运能不足的问题，省邮政公司积极与铁路部门协商，于6月3日开通了昆明至北京K472/471次火车一级干线邮路。该邮路是云南省通往北京的第二条火车邮路，邮路单程3247千米，运行时间约48小时，是全国干线邮路中单程里程第二，运行时间最长的邮路。邮路开通后，解决了长期以来云南省进、出口华北、东北、华东地区邮件疏运的瓶颈问题。12月16日，经各方面的努力，又开通了昆明至厦门K229/232、230/231次火车一级干线邮路。这是云南邮政开通的第二条通向省外的运邮大通道，邮路单程2495千米，运行时间40小时。昆明至厦门火车一级干线邮路开通后，对促进云南邮政业务发展，扩充干线网络运能起到了极大的作用，从根本上解决了西南地区发往华东方向两广、福建的邮件及浙江、江苏、上海的重件、快包滞留问题，同时也减轻了华东方向邮件的运输压力，为云南邮政增加了业务发展的主动条件，增强了云南邮政的竞争力。此外，通过调整昆明至大理、保山和大理至香格里拉等省内8条邮路的运行时间或路线，开通个旧至开远、个旧至蒙自自办汽车报刊专线邮路，从而加快了全网邮件的传递速度。同时还对昆明市城区趟车的网路组织及二次分拣模式进行改革，使昆明城区投递邮件的传递时限至少加快1小时。

信息化建设

2007年，云南邮政把推进信息化建设来提升企业的核心竞争力做为一项重要工作来落实，在各级邮政企业的努力下，信息化建设取得了一系列成绩。一是全省邮政汇兑系统大集中的实现进一步推动金融业务的集约化经营，增强了金融业务整体竞争能力。二是邮政营业系统与网运生产作业系统“两网”互通工程成功上线，实现了邮件信息一次录入、全程共享以及邮件处理全过程的实物流与信息流的有机融合。三是报刊分发系统、邮区中心局邮运指挥调度系统和管理信息系统“两子”系统二期工程的实施，提高了邮务类业务信息化水平。四是邮政综合服务平台功能不断完善，有力地支撑了代收付业务的拓展。五是邮政客户服务中心“11185”大集中工程有效地整合了全省邮政客户服务平台，为业务宣传和业务推广提供了更加灵活便捷的渠道。六是邮政财务、人力资源管理系统的建设和应用，提供了高效、快捷、科学的数据查询、管理、分析手段。

履行普遍服务

2007年，全省共有邮政服务网点1977个。其中，有1483个服务网点设在农村地区，直接服务于“三农”，占了全省邮政服务网点总数的75%，此外，农村投递路线达4765条，投递路线的单程长度为16.1万千米。这些设在农村地区的邮政服务网络，由于受交通等因素的制约，运作成本高，业务收益少，使云南邮政每年为提供普遍服务而造成政策性亏损高达2.56亿元。但云南邮政从未因沉重的经济负担而撤并服务网点，降低服务质量和水平，而是通过不断发展新业务，克服服务范围广、服务实施难度大、服务成本高等困难，站在“讲政治”的高度服务好边疆人民的用邮需求。针对云南的实际情况，相继开发了代发退耕还林款、代发农村独生子女家庭养老补助金、农村小额贷款、中小学教材配送、农资配送等一系列直接服务于“三农”的业务。同时，还有许多像德钦县藏族女投递员尼玛拉木那样热心为农村群众服务的邮政投递人员，日复一日，年复一年地穿山越岭，把党的声音和平安家书传遍千家万户。

教材配送工作

2007年，是云南邮政进入中小学教材发行领域的第四年，全省各级邮政企业通过不断提高服务质量，发行的教材品种和数量逐年快速增长。4月18日，经过竞争性谈判和省教课书发行评审委员会评议，云南邮政又取得2007年秋季一至六年级国家免费教课书和地方课程免教课书的发行权，至此，云南邮政公司取得了全省小学阶段的全部免费教课书的发行权。云南邮政在一年之内再次取得2007年秋季八至九年级非免费教课书的发行权。此次秋季云南邮政教材的发行范围覆盖了全省2万余所中小学校，服务学生达240万人。由于需要教材配送的学校多数位于山区和边远农村，且配送数额大，为保证教材按时配送到校，云南省邮政公司党组对配送工作做了周密的安排和部署，调配了充足的运力，向全省邮政企业发出“举全省邮政之力做好教材配送工作”的号召，各级邮政企业克服山塌路垮等自然灾害带来的种种困难，采用人背马驮等方式，履行了“课前到书、人手一册”的庄严承诺，以优质的服务，取得了政府、学校、人民群众“三满意”的收效。

体制改革

2月7日，云南省邮政公司正式成立，并与先期成立的云南省邮政管理局共同举行揭牌仪式。云南省邮政公司的前身是云南省邮政局，根据国务院有关邮政体制改革的指示精神，国家对邮政管理机构进行了政企分开的改革，分别设立云南省邮政管理局和云南省邮政公司，改革后的两个邮政部门各自承担不同的职能。新成立的云南省邮政公司属全民所有制企业，是中国邮政集团公司的全资子公司。云南省邮政公司成立后率先在全国邮政部门中开展对州市县邮政部门的定编、定员、定岗的“三定”工作，使省州（市）县三级邮政部门都顺利转入公司化运营机制。新成立的云南省邮政公司将自觉接受国家邮政局、云南省邮政管理局和政府相关主管部门的监管，在中国邮政集团公司的领导下以市场需求为导向，依法自主经营；切实承担起邮政普遍服务和特殊服务义务，确保服务水平不降低；加快推进体制转型和机制创新，强化内部管理，增强企业核心竞争力，努力构建一个机构科学、管理精细、运转高效、技术发达、服务先进的现代化社会公用通信服务平台，实现传统邮政业向现代邮政业的转变。

营业网点标准化改造工作

年内，由于受历史遗留问题较多和资金匮乏的影响，使全省邮政网点整体建设滞后于全国邮政平均水平，营业网点破旧状况较为突出。不少邮政营业网点存在布局不合理、安防条件差、室内设施陈旧等问题。通过近几年来企业的持续发展和积累，云南邮政的整体实力有了明显增强，终于从“想建设无能力”的困境中摆脱出来。2007 年 7 月，省邮政公司党组决定分批对全省不达标的邮政营业网点进行大刀阔斧的标准化改造工作，通过改造一举扭转全省邮政营业网点“破、小、旧”的状况。改造工作得到了国家发改委和中国邮政集团公司的大力支持，并提供强有力的资金支撑。改造工作于 8 月份正式启动，分 3 批下达改造计划，当年全省纳入改造的营业网点共有 215 个，其中 173 个为邮政储蓄综合网点，涉及 16 个州市的 129 个县市区。全部改造工程严格按照中国邮政集团公司颁行的建设标准运作，为保证在较短的工期内完成各项改造工程，省邮政公司结合云南的实际情况，制定了科学实效的工程改造推进方案，按照“效益优先，逐步推进”的原则，确保“改造一个，达标一个”。通过全省邮政系统上下各方的共同努力，至年末，全省 215 个邮政营业网点的标准化改造工程全面完成。改造后的营业网点标识醒目、宽敞明亮、设施新颖、安防达标，网点的硬件条件和服务质量有了较大幅度提升，向社会展示了云南邮政的崭新形象。

精神文明建设

2007 年，全省各级邮政企业以构建和谐企业为中心，认真抓好党风廉政建设责任制的落实，抓好十七大精神的学习和贯彻，构建和谐企业的工作迈上了新台阶。云南邮政顺利通过省级文明行业的考评验收，全省邮政已建成州市文明行业 12 个，建成率达 75%；建成文明单位 130 个，文明单位建成率为 95%。其中，全国文明单位 1 个、省级文明单位 43 个、州市县级文明单位 86 个。同时，获全国青年文明号集体 8 个、省级青年文明号集体 26 个。玉溪市邮政局获得中国质量协会和全国用户委员会联合授予的“全国用户满意企业”称号。尼玛拉木获“全国道德提名奖”，罗平女子投递班荣获“全国巾帼文明岗”，红河、曲靖局被授予全局五一劳动奖状。

（高长华）

科　　技

综　述

2007 年，全省科技工作围绕“一个突出、两个一批、三个协调、四个结合”的工作思路和重点，即：突出科技创新支撑产业、服务企业、把重点产业和重点企业作为工作的第一服务对象，引导和支持创新要素向企业集聚；实施一批对云南经济社会发展有支撑引领作用的重大项目，抓好一批创新型试点企业；加强与科技部的协调，加强与省直有关部门的协调，加强与州市的协调；强化产学研相结合，强化人才、基地、项目相结合，强化应用基础研究、应用技术开发研究、产业化相结合，强化科技项目与金融资本相结合，开拓创新，努力提高科技对经济社会发展的支撑作用，各项重点工作顺利推进。一是“两个一批”得到全面推进。通过实施“技术创新引导工程”，共遴选出省级创新型试点企业 44 户，安排第一批创新型试点企业创新研发平台建设经费 1150 万元，引导企业匹配经费 5449 万元。对试点企业申报的项目给予优先支持，2007 年，共安排配套科技计划项目 13 项，安排省科技经费 2203 万元，引导企业投入研发经费 3.98 亿元。2007 年，省科技计划共组织实施 52 项战略性重大项目，投入省科技经费 12258 万元。二是认真落实云南边疆解“五难”（学科技难）惠民工程。2007 年，安排 28 个县市解决“学科技难”项目经费 2156 万元。其中，富民强县计划安排经费 1905 万元，覆盖 28 个县市的 119 个乡镇；科普计划安排 133 万元，对 17 个边疆和藏区县进行科技辅导员培训。三是人才队伍建设和科技奖励工作取得新进展。新选拔培养省中青年学术和技术带头人后备人才 50 名、省技术创新人才培养对象 30 名，经出站考核后省政府认定省技术创新人才 21 名。科技奖励政策进一步激发科技人员积极性创新性，2007 年，科技奖励在技术发明类和科技进步类项目中，突出了科技与经济社会发展相结合的重要评价指标，充分体现了科技奖励加速科技成果转化、推进科技管理创新、提升企业、产业（行业）和全社会的科技创新能力这一根本宗旨。

科技管理

2007年，全省以企业为主体的技术创新体系建设取得新突破。一是调整科技计划体系设置，改进项目组织实施机制，实现省科技经费投入结构调整和优化配置。2007年，省科技厅新设立的科技创新强省、重点新产品开发、社会发展、科技条件平台建设和科技富民强县五大科技计划正式实施，并实行科技计划项目的常年申报制度。科技创新强省计划、重点新产品开发计划、科技富民强县等计划的申报主体是企业，鼓励产学研联合申报，企业承担的科研项目必须有高等学校、科研院所提供技术支撑，高等学校、科研院所的应用研发项目必须有企业参与，充分体现了企业是技术创新的主体。同时，国际科技合作、省院省校科技合作的重点从合作研究开发向引进国内外先进技术成果在云南实现产业化转移也有了新的突破。科技富民强县、企业技术创新暨产业化示范等计划实行备案核准制，实现管理重心下移，充分调动各方面积极性。新的科技计划体系设置，进一步集成了科技资源，科技计划项目服务支撑经济社会又好又快发展的目标性得到增强，体现了科技工作重心向产业和企业的转移，突出了以企业为主体的技术创新体系建设。二是加强以企业为主体的技术创新体系平台和机构建设。云南科技创新园建设前期工作稳步推进，省科技厅与省政府研究室联合开展云南科技创新园规划研究，初步形成《云南科技创新园建设研究》报告，提出创新园建设的总体思路、目标任务和推进建设的建议和保障措施。组建云南省科技成果转化服务中心，注资6000万元成立云南省科技创新投资有限公司，促进科技成果转化。

科技管理机制和方法

2007年，全省科技管理工作取得新进展。一是建立部省会商机制，积极争取科技部对云南科技工作的指导和支持。2007年，部省会商议定的重大项目得到落实，小桐子生物柴油产业化关键技术开发与示范等7个支撑计划重大项目，争取国家经费1.4亿元，全年共争取国家科技经费3.5亿元。二是建立多元化投入机制。鼓励企业、科研院所、高等学校采取产学研相结合的方式申报实施科技项目，鼓励省内外相关单位联合申报实施科技项目，鼓励申报国家科技计划项目。对匹配资金提出了明确的要求，企业申报的项目匹配资金不低于1∶5，院所申报的项目匹配资金不低于1∶1，高校申报的项目匹配资金不低于1∶0.5。2007年立项实施的科技计划项目，引导项目承担单位自筹经费累计达22.7亿元，获得银行贷款累计近5亿元，省科技经费投入与项目承担单位投入资金比例达到1∶10.5。2007年还设立了"云南省科技厅—昆明医学院应用基础研究联合专项资金"，通过100万元省财政科技经费引导昆明医学院投入应用基础研究经费400万元，形成上下联动的工作机制。三是积极探索多种经费配置方式。在继续完善科技项目经费补助的基础上，实现以引导性资助、偿还性资助、风险投资三个种类，配套经费、投资参股、偿还性资助、后补助、以奖代补、贷款贴息等六种具体配置科技经费的方式。四是加强科技经费的管理与监督，提高使用效益。首次引入社会中介机构，加强对政府财政科技经费监督管理。2007年，省科技厅委托会计师事务所对部分科技项目进行经费预算执行事中及事后专项审计；同时，对部分在研科科技项目进行评估，促进科技项目的实施质量和成效，提高了财政资金的使用效率。

（张红云）

科技体制改革

2007年，全省科技体制改革取得积极进展：一是调整科技计划体系设置，强化以企业为主体的技术创新体系建设，改进项目组织实施机制，实现省科技厅科技经费投入结构调整和优化配置。二是调整科技管理工作的机制和方法、实现科技管理工作创新，建立部省会商机制，积极争取科技部对云南科技工作的指导和支持。三是建立多元化投入机制。四是积极探索多种经费配置方式。五是加强科技经费的管理与监督，提高使用效益。六是制定完善与国家科技法律、法规和技术创新政策相配合的地方性法规、政府规章及规范性文件，强化自主创新政策对企业创新的保障激励作用。

（和振远）

基础研究

2007年，省应用基础研究面上项目按照备案核准制的方式进行管理。云南省科技厅与昆明医学院按1∶4的比例共同出资500万元设立省应用基础研究联合专项资金，专项资金支持项目按面上项目管理。应用基础研究面上项目共新立项310项，项目总经费2242.5万元。省应用基础研究重点项目按照评审制的方式进行管理，共立项支持19项，支持总经费1205万元。共获得国家自然科学基础项目190项，总经费4930万元。其中，国家基金重点项目5项。4项973计划前期研究专项课题获科技部批准，资助总经费340万元。以张亚平院士为首席科学家申报的"中国—喜玛拉雅地区生物多样性演变和保护研究"、以王文研究员为首席科学家申报的"人工选择与基因组进化"和以季维智研究员为首席科学家申报的"猕猴干细胞自我更新、定向分化的分子机制"3个项目获国家973计划立项，资助总经费为8300万元。至此，我省承担的973计划项目达到5项，在西部省（市、区）中处于前列。

（毕　红）

农业科技

2007年，全省拨付科技经费5558万元。其中，省农业科技攻关计划、农村科技星火燎原计划等安排接转项目64项，拨付年度经费2205万元；省科技创新强省计划（农业部分）、重点新产品开发计划（农业部分）、科技富民强县计划等正式下达新上项目64项，计划投入科技经费4870万元，拨付年度经费3153万元。经认定的农业类省级创新型试点企业达10户。其中，2007年新认定6户。2007年，育成主要农作物新品种31个，占同期省级农作物新品种审定数的54%。玉米新品种"云瑞21"至2007年应用示范面积已达240万亩，增加产量1.3亿多千克，增加产值近1.7亿元。"云蔗94－375"、"CP85－1308（云引2号）"通过国家甘蔗新品种审定，占国家同期审定新品种总数的2/3。其中，"云蔗94－375"是云南省育成的第一个糖、能兼用新品种。截止2007年底，云南拥有自主知识产权的花卉新品种达到30个，占全国花卉新品种总数的70%以上，花卉新品种选育处于全国领先地位。

（孙　进）

工业科技

2007年，全省完成39个省科技计划项目的组织立项工作，省级科技经费支持3455万元。其中，到位1969万元。获得国家科技支撑计划、创新基金、火炬计划、重点新产品、863计划等项目52个，国家支持经费4743万元。其中，"高速铁路专用铜合金导线产业化开发"、"微电子工业封装用钎焊材料、键合金丝、蒸发材料及导电胶开发"等2个重大项目获国家科技支撑计划支持经费2480万元。2007年围绕钢铁、有色、化工、建材、煤炭、电力等重点行业中节能减排技术需求及年耗5000吨标准煤以上企业节能降耗的示范工程，组织实施节能减排新工艺、新装备、新产品以及示范工程等项目共18项，支持经费1950万元。2007年首批认定云南省大学科技园、昆明高新技术创业服务中心、昆明863孵化器等7家科技企业孵化器。新认定省级高新技术企业27家。截止2007年底，全省有国家重点高新技术企业22家，省高新技术企业324家。筹备成立云南省高新技术企业发展促进会；组织开展"云南省高新技术企业上市培育工程"，发布了云南省高新技术企业上市培育工程实施方案；组织完成了工业领域2007年10家省创新新试点企业和3家国家创新试点企业的组织筛选工作，截止2007年底，全省有工业领域省级创新型试点企业25家，国家创新型试点企业6家。

（金振辉）

高新技术研究与开发

2007年，新立项安排高新技术产品研究开发及产业化示范项目39项，省科技经费资助3455万元，引导社会科技经费投入5.36亿元。获得国家863计划、科技支撑计划、火炬计划、重点新产品计划、中小企业创新基金等国家高新技术研究开发及产业化示范项目52项，获得国家科技经费支持4743万元。组织实施节能减排新工艺、新装备、新产品以及示范工程等项目18项，安排科技经费1950万元。红塔创新投资股份有限公司获得国家科技型中小企业创业投资引导基金项目支持，获得国家经费资助303万元。2007年，在省科技厅备案、科技部认可的科技中介机构已达11家。另一方面积极鼓励和支持中小企业公共技术服务机构申报国家相关科技计划项目，提高为中小企业开展公共技术服务的能力。2007年，昆明八六三软件孵化器有限责任公司、昆明创新园科技发展有限公司、昆明市生产力促进中心、云南云百草生物技术有限公司等4家中小企业公共技术服务机构获得国家科技经费支持280万元，省科技厅相关科技计划也给予了配套支持。

（黄丕铂）

科技型中小企业技术创新

2007年，全省安排项目16项，支持省财政经费525万元。获国家立项支持28项，国家资助经费1903万元。其中，创新项目20项；初创期小企业创新项目4项；中小企业技术服务机构补助资金项目3项；创业投资引导基金项目1项。红塔创新投资股份有限公司获得国家科技型中小企业创业投资引导基金项目，获国家支持303万元，目前该公司已为12家中小企业进行风险投资，投资金额达1.068亿元，2家中小企业成功上市。

（金振辉）

"云南边疆解'五难'（学科技难）惠民工程"

2007年，云南省科技厅依托国家科技富民强县计划、省级科技富民强县计划、省科普计划，组织实施"云南边疆解'五难'（学科技难）惠民工程"。共安排科技经费2704万元（省政府考核指标为2000万元），落实年度配套经费960.2万元。其中，州（市）325.1万元，28个县（市）635.1万元。项目覆盖28个县市的117个乡镇。其中，维西、盈江、富宁3县争取国家科技富民强县计划经费548万元。共选派省级科技特派员116名，州（市）级科技特派员117名，县（市）级科技特派员589名；共培养村级科技辅导员1035名。截至2007年底共建设和配套科技活动室561个，培训9111期78.56万人次，发放科普宣传宣传资料30.8万份，科技图书19.95万册，实用科技光碟1.61万张。促进项目区农民人均增收230元。同时，还建了一批科普宣传栏。四是做好宣传工作。全年印发《工作简报》18期，在《云南科技报》上开办"边疆兴科技，共建新农村"栏目，在省科技厅网站上开设宣传专栏。

（吴　杰　牛永东）

创新型企业试点

2007年10月，在开展第一批创新型试点企业工作的基础上，确定了云南开关厂等21家第二批省创新型试点企业。是年8月给第一批创新型试点企业每户安排50万元的创新研发平台建设经费，企业按不低于3:1比例（150万元以上）进行匹配，同时，结合2007年科技厅五大科技计划对试点企业申报的项目给予优先支持，全年共安排配套科技计划项目10余项，安排项目经费2200多万元，引导企业投入研发经费4亿多元。目前，第一批创新型试点企业试点工作成效逐步显现，确立的179个（项）重点新产品和关键技术中，已启动130多个（项），占70%以上；试点企业研发投入大幅增加，研发投入占企业销售收入的比重平均增幅达到4.4%以上；企业研发平台建设得到明显加强，80%以上的试点企业都建立了“企业+学校+科研院所”的研发机制，并签订系列合作协议；企业人才队伍建设得到加强；企业新产品研发带动销售收入大幅增加；试点企业大力进行技术革新，提高生产效益，节能减排成效显著。

（牛永东）

科技富民强县

2007年，省科技厅进一步加大对州（市）县科技工作扶持力度，以兴边富民、边疆解“五难”（学科技难）惠民工程、培育非公中小企业为重点，大力推广先进实用技术，加快农业科技成果转化，突出以企业为主体，培育区域优势特色产业。为认真落实云南省边疆解“五难”（学科技难）惠民工程，全年，通过国家科技富民强县计划、省科技富民强县计划和省科普计划，安排28个县市解决“学科技难”项目经费2704万元，覆盖了28个县市的119个乡镇；围绕县域优势特色产业的培育与发展，安排科技富民强县项目26项，安排项目经费1075万元。此外，继续重视对非公中小企业技术创新的引导和扶持，2007年，组织遴选非公有制经济发展（中小企业技术创新）专项计划项目60项，安排科技经费2000万元。

（杨磊权）

民营科技

2007年，按照科技部统计口径，全省报送报表的企业共有587家。其中，国有企业2家、集体企业117家、有限和股份责任公司95家、私营企业359家、外商及港澳台企业16家。分别占企业总数的0.34%、19.93%、16.18%、61.16%、2.73%。据不完全统计，民营科技企业资产总额339.9亿元，企业平均资产负债率46.37%。全省民营科技企业全年总收入达到27.15亿元。其中，总收入100万元以上的企业275家，占企业总数的46.85%，全省民营科技企业长期职工总数为8.32万人。其中，具有中、高级职称的8105人，占长期职工总数的9.75%；2007年全省民营科技企业共承担3项863计划项目，承担28项科技型中小企业基金项目，承担6项科技攻关计划项目，承担12项其他国家级科技计划项目；全年共投入R&D经费7.06亿元，占全年总收入的2.59%，实现技术性收入3.73亿元，占全年总收入的1.37%；拥有经授权并在有效期内的发明专利数为127件。

（和振远）

科技成果及应用

2007年度，全省共登记科技成果648项，比上年增长3.5%。在556项应用技术成果中，已应用的成果539项，占97%；未应用的成果17项，占3%。成果的应用率继续稳步提高。对成果未应用的原因进行分析，资金问题有13项，技术问题有1项，市场问题有2项，政策因素有1项。据对97项应用技术成果的统计，项目投入实际应用后，实现净利润38.613亿元，实交税金9.050亿元，出口创汇0.805亿美元，节约资金688.439亿元。对资金的节约能力较往年有较大幅度增长。

科技成果鉴定登记

2007年，全省共登记科技成果648项。其中，各州、市科技局登记352项，省直委、办、厅、局登记296项。在所统计成果中，发明专利授权数76项，制定了44项行业标准，较往年有所增加。在648项科技成果中，基础理论成果32项，占成果总数的5%；应用技术成果556项，占成果总数的86%；软科学成果60项，占9%。根据对556项应用技术成果水平的分类统计，整体或部分达到国际领先的9项，整体或部分达到国际先进水平的30项，整体或部分达到国内领先的164项，整体或部分达到国内先进水平的241项，国内一般水平的成果112项，成果的总体水平较往年有所提高。

科技奖励

2007年，云南省科学技术奖共受理申报项目420项，奖励项目228项（名）。其中，突出贡献奖1名；自然科学类一等奖7项，二等奖14项，三等奖15项；技术发明类一等奖3项，二等奖1项，三等奖2项；科学技术进步类一等奖5项，二等奖30项，三等奖150项。2007年度全省共有6个项目获2007年度国家科学技术奖科技进步类二等奖。

技术市场

2007年，全省共登记技术合同869项，合同成交额14.30亿元。其中，技术交易额12.01亿元，合同成交额和技术交易额分别较上年增长73%和180%。从合同类别看，技术开发合同518项，合同成交额7.94亿元，分别占合同总金额和技术交易总额的56%和51%；技术转让合同59项，合同成交额5.58亿元，分别占合同总金额和技术交易总额的37%和40%；技术咨询合同88项，合同成交额0.24亿元；技术服务合同204项，合同成交额0.84亿元。

（王雪升）

教 育

罗崇敏，汉族，籍贯云南江川，博士，中共党员，现任中共云南省委高校工委书记、省教育厅党组书记、厅长

综 述

2007年，全省教育系统广大干部职工高举邓小平理论和“三个代表”重要思想伟大旗帜，坚持和落实科学发展观，坚持解放思想和改革开放，坚持优先发展教育、建设人力资源强国的战略方针，坚持促进教育公平的基本政策，以办让人民满意的教育为宗旨，不断巩固成果，深化改革，提高质量，持续发展，进一步促进了各项教育事业的持续、协调、健康发展，为建设人力资源强省作出了应有的贡献。据不完全统计，全省用于义务教育“二免一补”的经费达18.19亿元；共投入2.25亿元资金对就读中职学校的29.95万全日制学生人均给予每年1500元生活费补助；共投入3.28亿元，资助贫困大学生39.25万人。部分在昆高校搬迁建设进展顺利，5所高校已开工面积123.57万平方米，完成投资22.98亿元。全年共查处违规收费典型案件39件，查处违规收费金额326.6万元，清退处理违规收费金额304.74万元，处理责任人46人。

“两基”工作

2007年，扎实抓好“两基”攻坚和巩固提高工作。顺利完成农村寄宿制学校、中小学危房改造、西部农村初中改造、邵氏基金捐建项目、明德小学建设等重大工程项目，农村中小学办学条件继续改善。新增广南、勐海、贡山、德钦和维西5个“普九”县，全省121个县（市、区）实现“普九”，人口覆盖率提高到91.5%。云南省政府获教育部、财政部、国家发改委颁发的全国“两基”攻坚成就奖，一批先进单位和个人受到国家的表彰。小学适龄人口入学率达97.59%，初中阶段适龄人口毛入学率达到99.63%，分别比上年提高1.02个百分点和1.44个百分点。创新工作机制，试行扫盲工作项目管理办法，加强对妇女和少数民族的扫盲工作，开展“双语”扫盲，全年扫除青壮年文盲13万人，青壮年文盲率控制在5%以内。金平、云县2个县实现普及实验教学，全省累计92个县实现“普实”验收。完成了对2000年前实现“两基”尚未进行复查的17个县复查年审。全面启动县级政府教育工作督导评估，完成第二届云南省人民政府督学的换届工作。

年内，全省幼教、特教事业继续稳步发展。全省有在园（班）幼儿86.31万人，幼儿入园率近47.45%，比上年提高5.27个百分点。多渠道筹措经费，积极改善特殊教育学校和普通学校附设特殊教育班办学条件，残疾儿童入学率达85.16%，比上年提高5.41个百分点。

全年投入5.35亿元用于农村中小学校舍维修改造，圆满完成省政府工作报告“十件实事”中“排除中小学危房80万平方米”的任务。启动全省危房校舍普查工作，初步建成农村中小学校舍维修改造管理信息系统，进一步完善中小学校舍维修改造的措施和办法。

大力实施现代远程教育，圆满完成农村中小学现代远程教育工程，累计建设光盘播放点1.98万个，卫星教学收视点1.19万个，计算机教室1902间，工程覆盖率达到100%，全省中小学生机比由2006年的55:1提高到2007年的40:1。

进一步加强城乡教育统筹力度，促进教育公平和均衡发展。认真组织实施“边疆解五难”及“兴边富民”工程，边疆地区人民群众“上学难”问题得到有效缓解。坚持“以流入地管理为主，以公办学校接收为主”的原则，维护农民工子女接受义务教育的基本权利。着力改善民族中小学办学条件，做好民族地区寄宿制中小学建设和扶持少数民族贫困学生就学工作。

职业教育和普通高中教育

2007年，全省中等职业教育招生18.14万人，比上年增加3万余人；在校生达43万人（含技工学校），增加4.71万余人；中职学校毕业生就业率达95%以上。普通高中与中职教育在校生的比例大体相当，达到1:0.75。高中阶段毛入学率为45.71%，比上年提高6.37个百分点，是“十五”以来增幅最快的一年。

全省共建成乡村成人文化技术学校1.21万所、有省级示范性乡镇成人文化技术学校185所。各级各类职业院校和培训机构，以满足城乡就业和农村劳动力转移的需要，面向社会、面向进城务工农民开展多种形式的短期培训。全年共培训农民工500万人次，组织100多万脱盲及小学辍学农民参加成人小学学习，有106万人结业。建成回乡初中毕业生职业技术教育校点500多个，帮助未升学学生掌握一技之长。

2007年，全省有普通高中465所，比上年增加13所；普通高中招生人数20.33万人，在校生达57.64万人，比上年增加3.1万人，增长5.7%；加快优质高中建设，新增一级完中5所，一级完中达到91所，在校生人数占普通高中在校生总数的41%。普通高中教育教学质量稳步提升，高考高分学生呈现出分布广、增幅大的特点。扶持农村高中发展，在师资调配、专项资金安排和教学仪器设备配备上对农村地区高中给予倾斜。

高等教育

2007年，全省普通高校数增加到51所，布局结构进一步合理。有普通本科高校17所，专科学校34所，普通高校共在校生31.11万人；另有成人高等学校2所，在校生15.53万人，高等教育毛入学率14.61%，比上年提高0.61个百分点。

继续稳步扩大普通高校招生规模，省内高校在云南实际招生10.5万人，比上年增长12.3%。积极争取教育部支持，推动省属高校扩大研究生教育规模，全年全省高校招收博士研究生313人，比上年增长3.98%；招收硕士研究生5924人，增长6.2%。

大力推进重点高校和重点学科建设。启动13个省级一类重点学科建设，33个省级二类学科建设和6个国家重点学科建设。在继续建设并发挥好原有重点实验室、工程研究中心的基础上，按照建设高水平科技创新支撑平台的要求遴选新建“云南省高校重点实验室”25个，“云南省高校工程研究中心”11个，“云南省高校人文社会科学重点研究基地”9个。

继续实施高等教育教学质量和教学改革工程。积极推进研究生教育创新计划，深化研究生培养机制改革。对云大等5所博士单位开展助教、助研、助管制度，实施导师及导师组负责制。启动第三批80个重点专业和示范专业建设。继续做好“精品课程”建设工程，2007年获国家级“精品课程”7门、省级“精品课程”重点建设60门。配合教育部组织完成玉溪师范学院、曲靖师范学院、昆明医学院、云南中医学院等本科高校教学工作水平评估工作。在通过教育评估的12所高校中，云南大学、云南师范大学、云南财经大学获教育部本科教学水平评估优秀荣誉，其余8所为合格。

大力实施高等职业院校技能型紧缺人才培养培训工程。以就业为导向，积极引导高职高专院校走特色办学之路。完成对云南农业职业技术学院、云南能源职业学院等5所高职高专院校人才培养水平评估工作。国家高职实训示范基地建设取得新进展，建立了8个国家级高职实训示范基地。云南交通职业技术学院被教育部评为高等职业教育示范建设院校。

高校服务经济建设和社会发展的能力不断提高。全省高校现有企业76个。其中，科技型企业52个。全年共获得自然科学类课题2662项，获云南省科学技术奖82项。云南大学张喜光教授“古生物”研究成果入选2007年中国高校十大科技进展。继续推进高校校办产业的改革改制及规范化建设工作，初步构建了产学研相结合的科技服务体系，科技创新能力不断增强，科技成果产业化进程不断加快。仅云南农业大学生物多样性控制稻瘟病和生物多样性控制病害两项专利就在全省8341万亩农田推广应用，促进农民增收近65亿元。

毕业生就业工作取得新进展。把就业工作贯穿到学校教育教学改革的全过程，全面提高学生的实践能力、创新能力和就业竞争力。加强就业指导全程化、全员化、信息化和专业化建设，全面提高就业指导与服务水平。2007年全省高校毕业生平均就业率为89.8%，比去年同期提高2.6个百分点，就业人数增加了20025人。

在昆高校迁建工作取得阶段性成果。在省委、省政府的高度重视和领导下，云南师范大学新生如期入住呈贡新校区。截至12月底，5所高校已开工面积123.57万平方米，完成投资22.98亿元。其他高校的新区建设和老校区置换工作也在加紧进行。

教师队伍建设

2007年，全省普通小学、普通初中学历合格率分别达到97.34%、97.46%，比2006年分别提高了0.44、0.91个百分点。

加大高校教师引进和培养培训力度。拥有一批结构合理、思想活跃的学术梯队和教学、科技创新团队，涌现出戴永年、侯先光、张克勤、朱有勇、王展飞、张建国等一批高校名师。云南大学段昌群教授和昆明理工大学宁平教授获国家级名师称号。开展了云南省首届高等学校教学名师评选工作，共有21名教师荣获省级“教学名师”奖励，120名教师列为省级教学、科研带头人培养对象。对高校新补充的近2800名教师进行了岗前培训工作。在云南大学、云南师范大学建立了省级高校思想政治辅导员班主任培训基地。

做好全省教育系统的职称改革和高校高层次人才工作。积极推进教师职务评聘改革工作，制定了《云南省高等学校辅导员职务评聘试行意见》。评审通过中专高级讲师238人；中学高级教师3433人；高校教授191人、副教授475人。推荐出18名省政府特殊津贴候选人。

加强职业学校师资队伍建设。在全国率先实施中等职业学校“特聘教师”制度，从2007年开始，每年由省财政投入1500万元，聘请1000名企事业单位的高技能人才、高级技师、技工到学校任教。在5所高校建立了省级职教师资培训基地，在3所中等职业学校建立省级实训基地；在云南大学和云南省旅游学校建立国家级职教师资培训基地。教师学历达标率和教育教学能力不断提高，131名教师被评为省级学科带头人。“双师型”教师数量有了较大增长。

进一步加强对教师队伍的管理。认真贯彻落实胡锦涛总书记在全国优秀教师代表座谈会上的讲话精神，进一步加强教师队伍建设。全年共招聘4285名“特岗教师”，派遣400余名高校新任教师到“三区一线”支教，安排第七批100名上海赴滇支教教师赴民族贫困地区支教。进一步深化深化师范类毕业生就业制度改革，取消了师范专业本科毕业生就业限制。严格执行教师资格制度，继续开展师范教育类专业毕业生认定教师资格和面向社会人员认定教师资格工作，全省认定教师资格25000余人。

教育投入

2007年，进一步完善全省高校经费保障机制。针对全省高校基本支出以2003年基数包干，一定五年不变的政策到期，会同省财政厅共同调研并提出了切合全省高等教育实际且可操作性强的高等教育经费保障新机制方案建议，并已上报省委、省政府。

积极推进农村义务教育阶段“两免一补”工作。2007年全省共免除610.25万名农村和城镇学校农村户口义务教育阶段学生的杂费，比上年增加享受人数9.74万人；为261.52万名农村中小学生免费提供教科书；向201万名农村寄宿制学校贫困学生提供生活补助，享受生活补助学生人数比去年增加近90万人，补助经费由省和各州市按不同比例分担，共涉及资金6.22亿元。

中等职业教育投入力度加大。从2007年开始每年安排1亿元专项资金用于中等职业教育和农村成人教育的发展。加大贫困生资助力度，中央、省共投入2.25亿元资金对就读中职学校的29.95万全日制学生人均给予每年1500元生活费补助。

建立健全大中专贫困学生助学体系。出台了《云南省建立健全普通本科高校高等职业学校和中等职业学校家庭经济困难学生资助政策体系的实施意见》，家庭经济困难学生新资助政策体系在云南省全面落实。2007年，国家奖学金、国家励志奖学金和国家助学金秋季学期（半年）资金总投入3.28亿元，资助39.25万人，覆盖在校生的29.77%。省政府奖助学金共投入2400万元，奖励5500名学生。面对国内粮、油、肉价格上涨给贫困学生生活带来的影响，向20万名大中专贫困学生发放了1375万元临时性生活补助。

全力做好灾区救灾工作。多方努力，争取到教育部救灾补助3000万元。跟踪救灾专款使用情况，确保救灾专项全部用于受灾学校校舍修复和重建。动员全厅党员干部职工为普洱地震灾区捐款15万元。

积极推进教育系统建设工程欠款清理和和办学体制机制改革管理工作。加强分类指导、定期统计、定期通报、明确重点、跟踪督办，稳步化解全省教育项目拖欠工程款问题。

依法治教

2007年，进一步规范中小学办学行为，解决好基础教育领域内热点问题。全面清理公办中小学校超项目、超标准向学生和家长收费；全面清理公办中小学服务性收费项目。依法规范公办中小学改制，依法停止公办中小学的改制审批，依法停止公办学校出售、转让，切实维护公共教育资源。依法规范中小学招生行为，义务教育阶段学校招生坚持“划片、就近、免试”入学的制度。认真实施国家10部委颁发的《中小学幼儿园安全管理办法》，学校安全预警机制进一步健全，学校安全管理水平不断提高。

加强教育法制建设，推进依法行政。《云南省学校安全条例》顺利通过省人大立法审议，于2008年3月1日正式施行。《云南省教学成果奖励办法（草案）》已报请省政府审批。在开展调研的基础上，对《云南省民办教育促进条例（初稿）》进行了修改完善。按照省政府部署和要求，开展行政审批事项清理工作。配合省人大开展了贯彻义务教育法的执法检查。聘请6位专家为省教育厅常年法律顾问。

高度重视人大、政协的监督和提案办理，全年承办人大代表建议和政协提案136件。其中，人大重点建议1件、政协重点提案2件。

教育对外开放

年内，认真实施“走出去”战略。在16所高校成立28个泰、老、缅、越等小语种教研室，开设了小语种公共选修课程。选派了48名汉语教师志愿者到海外开展对外汉语教学。在境外建设了2个汉语中心，云南大学附中等8个中学被国家汉办批准为国家汉语国际推广教学基地。周边国家来滇留学人员和自费出国留学人员比上年有所增加。

存在问题和困难

教育资源总量不足、结构性供求矛盾尖锐和教育质量不高的问题并存；教育改革中思想不够解放，开放程度不高，体制机制性障碍比较多；教育管理的理念不够新，管理方式滞后，管理水平不高，管理效益低；支撑教育的经济基础比较薄弱，教育成本高、效益低；全民兴教的社会氛围还不够浓，社会能提供的就业岗位还不够多，学生占全省人口的1/5，教育所承担的社会责任和社会压力很大。

（邛　林）

测　　绘

综　述

2007年，全局干部职工认真学习贯彻党的十七大精神，以“三个代表”重要思想为指导，深入贯彻科学发展观，紧紧围绕省委、省政府工作的总体部署，各项工作取得了新的进展，测绘工作为云南经济社会又好又快发展做出了积极贡献。

国务院印发《国务院关于加强测绘工作的意见》，省测绘部门把学习领会、贯彻落实《意见》作为极其重要的工作，摆上重要日程，及时传达贯彻，迅速作出安排。主动向省政府汇报工作，协助省政府做好贯彻《意见》的文件起草工作；全局上下点面结合，展开多层次学习讨论，深刻领会《意见》精神；适时召开全省测绘行业和相关部门参加的学习会议，使全行业掌握《意见》精神，指导开展工作；主动联系当地主要媒体，多种形式并举，争取连续报道，追踪报道，扩大社会对测绘工作的认知度。经过积极工作，省政府于11月14日印发《云南省人民政府转发国务院关于加强测绘工作意见的通知》，要求全省各级各部门高度重视测绘工作，加快全省基础地理信息资源建设，建立基础地理信息共享平台，加强测绘市场的监督管理，建立和完善测绘法规体系，完善资金投入机制。

基础地理数据资源建设

2007年，精心组织省级基础测绘。完成三等水准观测1141.6千米，全省三等水准网建设全面完成。组织协调好省级大地控制网（GPSC级）的选埋及观测，完成GPSC级点选埋376点、观测732点。完成1:1万地形图外业调绘298幅、内业数字化测图547幅。全面完成国家对云南省首个边疆少数民族地区基础测绘补助项目“孟腊1:1万空白区测图项目”131幅的测制。

积极争取并配合做好重大项目实施。争取到二个空白区航摄项目，涉及云南省香格里拉、广南等地。摄影区面积达34935平方千米，计划投资697万元。“云南GPSC级网观测与数据处理”列入国家测绘局和财政部2007年度边疆少数民族地区基础测绘补助项目，争取到补助经费250万元。由国家测绘局与我省共同建设的“云南省似大地水准面精化工程”正抓紧实施。“西部测图工程”中由云南省承担的资料收集和专题数据库建设两个分项目进展顺利。完成国家测绘局安排的“1:5万数据库缩编与更新”项目试验工作，现已进入正常生产。完成全省1:5万境界数据建库工作。

继续推进基础地理信息数据库建设。完成1548幅1:1万数字线划图、数字高程模型、数字正射影像图的入库工作。完成《云南省基础地理信息1:1万空间数据库设计》、《云南省基础地理信息数据库1:1万数据入库生产技术规定》、《昆明、大理、个开蒙测区1:1万（716幅）基础处理信息数据建库技术设计》及其数据分析报告，进行了入库数据的整理。

稳步推进基础测绘规划编制。经省政府原则同意，与省发改委联合印发《云南省省级基础测绘“十一五”规划》积极推动州（市）、县（市、区）基础测绘规划编制工作，编制了《州县级基础测绘规划编制资料汇编》，指导各地开展基础测绘规划编制。截止目前，红河、大理、德宏、文山等地已启动基础测绘规划编制工作，其中红河州规划编制已评审通过。

基础地理信息公共服务平台建设

2007年，根据省政府要求，完成云南省和国家测绘局“数字乡村”建设试点任务之一“孟腊县数字乡村地理信息系统服务平台”项目。配合省政府编制《“十一五”期间云南省突发公共应急体系建设规划》，向省政府提交《云南省突发公共事件应急基础地理信息平台》项目建议书。提出《中国（云南）—东盟自由贸易区—南亚区域合作联盟空间信息公共平台》项目建议，并向省政府提交了有关材料。该项目得到国家测绘局支持，已列入国家西部测图工程应用示范项目，并得到了启动经费。

测绘服务保障

年内，为省委、省政府和省有关部门提供各类地图3072幅。为温家宝总理视察普洱“6·3”级地震灾区制作视察线路图。向社会提供各种比例尺地形图15239幅21693张。提供大地控制点成果资料6081数组。为各用户单位提供各种数字地图遥感影像数据3772幅/景，数据量达185GB，保证了全省经济社会发展对测绘的需求。编制完成《云南省域主体功能区划空间决策支持系统设计方案》。与昆明市防震减灾局合作完成了昆明市防震减灾应急系统电子地图建设项目。与云南省烟草科学研究院合作开展了《云南省烟叶适应性评价和种植管理空间地理信息系统》研究开发。为第七届全国残疾人运动会编制《第七届全国残运会昆明志愿服务导航图》。相继建成大理古城地理标识和迪庆州松赞林寺地理标识。

测绘依法行政

2007年，加强制度建设。出台《测绘行政执法责任制及追究方法》。通过明确责任、持证上岗、公开执法、严格考核、有错必究等措施，保障职责到人、行为规范、程序合法、监督有效和权责一致。对现行的行政许可项目和非行政许可审批项目进行了清理。

开展执法检查，维护统一监管权威。配合省人大对昆明市、曲靖市贯彻执行测绘法律法规情况开展调研，与省政府法制办联合对昆明市、德宏州贯彻测绘法律法规情况开展执法检查。通过执法调研和检查工作，掌握了昆明、曲靖、德宏三地贯彻测绘法律法规、测绘行政执法主体建设、执法行为规范和测绘统一监督管理等方面的情况，发现了行政管理中存在薄弱环节和一些亟待解决的问题，经反馈引起相关部门和领导的重视。对其他政府部门设定的、与现行法律法规相抵触的相关规定，书面建议其撤消该内容，在协商未果后，依法向省法制办提交了审查裁定申请。

加强岗位培训，强化法制宣传。先后举办了3期行政执法人员岗位培训，对全省各州（市）、县（市、区）399名测绘行政执法人员进行培训，并组织参加国家测绘局执法人员岗位统一考核，申请办理执法证件，为改变测绘行政执法中存在的“不愿执法、不敢执法、不会执法”的现象起到了积极推动作用。认真组织开展“8·29”测绘法制宣传活动。全省各地测绘主管部门、测绘资质单位采取悬挂宣传横幅、设立测绘宣传点发放宣传资料、出墙报和板报、召开座谈会、出动宣传车辆等方式开展广泛宣传，一些电视台、电台、报纸、网站等媒体对宣传活动进行了报道，收到了良好的宣传效果。

测绘行政管理

2007年，以公开、高效、便民为原则，不断提高行政许可服务工作质量。全年审核通过的地图55幅，印刷数量约25万张。开展测绘资质年度注册工作，对538家持证单位进行年度注册审查，准予注册525家，缓期注册2家，不予注册11家。经过审核，新增测绘资质单位36家，全省共有持证单位595家。对“2006临沧坐标系”进行了评审论证并上报了国家测绘局。完善航空摄影计划行政审批程序。审批批准拆迁国家Ⅲ等水准点一个。

与市场主体加强联动，切实强化地图市场管理。邀请昆明市主要地图编制单位召开会议，通报当前地图市场存在的违法情况，就进一步加强地图管理、规范地图广告、提高地图质量、共同构建健康有序的地图市场进行探讨并达成了共识。对昆明市导航电子地图市场开展执法检查，并就存在的问题及加强监管等向国家测绘局提出了建议。查处了昆明某地产杂志使用“问题地图”作为杂志封面、某航空公司使用“问题地图”印刷订票宣传资料等2起案件。

采取有效措施，切实加强测绘市场监管。《云南省测绘项目施测交验测绘资质证书管理规定》的贯彻落实取得新进展。采取有效措施，对低价竞争单位实行项目质检，将测绘单位是否合法经营作为年度注册的考核依据。把测绘技术质量保证体系建设及运行情况作为一项长期的工作来抓，以切实加强测绘市场监督管理。联合省保密局对使用涉密测绘成果的用户单位进行了保密检查。配合国家测绘局做好全国重点测绘工程成果质量监督检查工作。

测绘科技

2007年，按照《云南测绘局科技发展“十一五”规划》，确立《精密单点定位技术在省级基础测绘中的应用研究》等9个项目作为年度科技项目。

由中国测绘学会评选的全省科技项目《YWCS数字化图检查系统》等项目分别获得测绘科进步三等奖、优秀测绘工程铜奖。

对外交流

对外交流取得新突破。与老挝国家地图局互访取得丰富成果、受老挝国家地图局邀请，年内组团访问老挝国家地图局，向老挝送交1万份《老挝旅游图》，达成进一步合作的若干意向。与东南亚测绘界交流不断深入。云南省测绘学会承办了东南亚测量协会第27届理事会，参加了在越南首都河内举行的东南亚测量协会第28届理事会和在新西兰举行的第九届测量师协议代表大会。

人才建设

2007年，抓好人才培训，提升队伍素质。安排部分处级干部到省委党校参加中青年干部进修班学习。以新知识、新理论、新技能、新信息为主要内容，开展专业技术人员培训工作，共举办培训班32个，参加人数1208人次。举办两期共95人测绘职业技能培训，开展测绘行业特有工种技能鉴定，鉴定人数138人。完成了全局学术和技术带头人考核及增选工作。组织完成全省注册测绘师认证申报工作。

电子政务建设

年内，电子政务建设取得新进展。积极开展《云南省电子地图集》电子政务应用系统建设。按照公安部门要求，组织局属单位对各个信息系统进行了安全评估和备案。

政务信息工作取得新成绩。全年共刊发各类政务信息138条，其中，局网站采用98条，被国家局网站采用24条，被省政府政务信息系统采用16条，完成省政府办公厅对全局的政务信息目标考核任务。报送省政府的关于“数字乡村”地理信息服务平台试点工作的信息被国务院办公厅采用。

（郑延麟）

气　　象

丁凤育，汉族，籍贯广西博白，理学学士，高级工程师，中共党员，现任云南省气象局党组书记、局长

综　述

2007年，全省相继发生了低温、霜冻、雪灾、干旱、大风、冰雹、雷击、洪涝等气象灾害和滑坡、泥石流、农林生物病虫害等气象衍生灾害。各级气象部门始终把为党政领导和决策服务和公众服务放在首位，准确预报了2月初强寒潮和大范围降雪、春季云南东部出现的倒春寒、夏季大雨和暴雨、秋季连阴雨等重大灾害性天气过程，省气象局全年制作报送的决策气象服务材料达到262期，为省委、省政府决策提供了科学依据。开通“移动灾害性天气决策服务短讯平台”，收集全省各级党委、政府和相关部门负责应急工作领导的手机号码12700余个，年内共发布气象预警信息5万人次，使相关领导在第一时间通过短讯方式得知气象预警信息。开通了新农村气象短讯服务系统，全省各州（市）、县均可免费使用。公众气象服务信息通过广播、电视、报刊等各类媒体以及手机短讯、电子显示屏等多种渠道发布，公众气象服务覆盖范围进一步扩大。为昆交会、旅游节、奥运火炬传递演练及“春节”、“五一”、“十一”

黄金周等重大活动提供了及时准确的气象预报服务。特别是第七届全国残疾人运动会气象保障服务出色，获得云南省委、省政府颁发的"特别贡献奖"。

年内，全省气象服务领域进一步拓宽。除面向农业、林业、水电开发、地质灾害防御、重大社会活动庆典、重点工程等领域开展服务外，还面向云南五大支柱和特色产业提供专业专项气象服务，气象服务拓展到烟草、交通、农垦、旅游和环保等行业。以金沙江溪洛渡水电站气象服务为示范，开展了为全省35个水电站建设的气象服务；为橡胶产业开发服务建成了云南农垦气象信息服务系统；以洱海为试点，积极开展了湖泊保护治理气象服务，建立了人工增雨增加洱海蓄水的长效机制。

气象预报预测

2007年，全省初步构建了短时、临近预报业务框架，实现了每天3次滚动发布未来6小时、12小时空间分辨率至乡镇一级的气象要素预报，每小时发布一次监测预警产品和每天发布两次灾害天气潜势预报；发布了1544个乡镇未来36小时时间分辨率为3小时的气象要素客观预报。全年全省气象部门共发布预警信息230次，近3000万人接受了预警信息服务。

通过采取预报质量定期通报、天气预报技能竞赛、高影响天气预报预测技术交流等措施，促进了预报预测准确率的提高。全年月平均降水量距平百分率预测准确率为64%，全年月平均气温距平预测准确率为73%。重要天气消息综合Ts评分为50.94%，寒潮天气消息准确率达到75.0%；强降水天气消息准确率为46.67%。

气象现代化建设

年内，全省气象观测站网进行调整，9个一般站升级为国家气象观测站一级站，地面观测业务顺利切换，运行稳定。大理国家气候观象台试点站和香格里拉大气本底站建设进展顺利，年底前进行了部分观测仪器的安装和调试，蒙自国家气候观象台完成三通一平工程。2007年，全省新建区域自动气象观测站489个，建成16个州（市）级数据处理分中心和1个省级中心站。已建成的6部新一代天气雷达实现了全省和全国雷达资料联网共享。完成宣威713数字化雷达安装调试并投入业务应用。实现全省和全国雷电资料共享，发布4种雷电监测预警产品。完成省级局域网的升级改造。建成全省16个州（市）DVBS接收站，实现风云二号C/D双星组网观测资料的实时接收。

人工影响天气

年内，全省共有15个州（市）的90个县（区、市）开展了人工增雨防雹作业，累计作业10359点次，为缓解旱情、减少雹灾、降低森林火险等级做出了积极贡献。农田受益面积约740千公顷，减少经济损失约13.2亿元。

应对气候变化工作

2007年，云南省气象局气候变化应对工作领导小组成立，制定了《云南省气象局贯彻落实国家应对气候变化方案行动计划》；组织编写《云南省气候变化评估报告》、《"云南对全球气候变化的响应"评估报告》和《云南热区适应气候变暖需要关注的问题及对策建议》等材料；开展气象灾害防御规划的调研，启动了《云南省气象灾害防御规划》的编写工作。

气候评价

2007年，云南省气温正常至偏高，降水正常至偏多，日照偏少。气温除4月和9月正常至偏低外，其余时段多为正常至偏高，"暖冬"不明显。降水除1月、3月、6月、10～12月偏少外，其余时段为正常至偏多，其中4月降水量大都偏多一倍以上。我省大部地区雨季于5月上旬、中旬开始，为正常至偏早，结束期为9月下旬至10月下旬，其中东部偏早而西部偏晚。日照除3月、6月、12月偏多外，其余时段大都偏少。全年干旱、倒春寒、洪涝、秋季连阴雨等异常气候事件频繁，给全省工农业生产和人民生活带来较大影响。总体而言，综合气候条件对经济、社会、生态各方面影响属于中等偏上年景。

气温

全省各站点年平均气温6.3～23.7℃，与常年平均相比，除华坪、永仁、元谋、墨江4站偏低外，其他地区正常到偏高，其中昭通市北部及河口、云龙等地偏高1.0～1.3℃。全省站点平均气温16.7℃，较常年偏高0.3℃，比2006年偏低0.5℃。从时间上看，全年气温除4月和9月正常至偏低外，其余时段多为正常至偏高。冬季（2006～2007年）温度正常稍偏高，暖冬不明显，为本世纪以来冬季偏暖最不明显的一年。

降水

2007年，年降水量总的分布特点为由南向北递减。最大降水区位于滇南边缘一带，降水量为2000mm以上，其中绿春2412mm为全省最大值。次之为滇西、滇西南的潞西、沧源以及滇西北的贡山一带，降水量为1500～2000mm。降水量最少的地区位于大理东部的宾川和滇东北的昭通一带，降水量少于750mm，其中宾川629mm为全省最小值。其余地区多为750～1400mm。滇西南的云县年降水量达1282mm，突破历史最多记录，而滇东南的富宁年降水量仅848mm，突破历史最少记录。

与常年相比，除滇东南和滇西北的部分地区偏少外，其余地区大都正常至偏多，其中临沧市东部、普洱市北部、迪庆州北部等地偏多1～3成。全省站点平均年降水量1132mm，较常年偏多2.4%，为近5年来的最多年。

日照

2007年，日照时数最多和次多区域位于滇西的保山和宾川一带，最少次少区域位于滇东北的绥江和盐津一带。具体分布为：除滇东南及滇西北和滇东北的部分地区外大都多于2000小时，其中保山2589小时为全省最大值；滇东北的部分地区少于1000小时，其中绥江873小时为全省最小值。与常年相比，除昭通市大部、曲靖市北部、文山州中部、普洱市东部、西双版纳州东部、临沧市南部、保山市大部等地偏多外，其余大部地区偏少，其中滇中、滇东南等地偏少200～400小时，昆明市的石林县偏少达657小时。全省站点平均年日照时数1931小时，较常年偏少5.5%，为近30年的第4个少日照年、近10年第1个少日照年。

气候事件

2007年，云南省主要气候事件有倒春寒、春季干旱、五月低温、雨季始期偏早、夏旱、秋季连阴雨。

弱暖冬

2006年12月至2007年2月，全省平均气温10.2℃，比常年同期偏高0.2℃，是本世纪以来冬季温度最低的一年，为弱暖冬年。

春季干旱

2007年2月下旬～3月下旬，全省大部地区持续高温少降水，其中54个站无降水或只有微量降水，24个站降水量突破历史同期极小值，是近三十年来同期降水量最少年，致使昭通、玉溪、昆明、大理、迪庆、保山、红河、文山等州（市）出现干旱。

倒春寒

2007年3月云南省东部边缘地区有13个站出现倒春寒天气。4月上旬昭通市、曲靖市、文山州的17个站出现倒春寒天气。

五月低温

5月12～18日滇中及以北以东大部地区出现明显低温天气，丽江、大理、楚雄、保山、潞西等27站中旬气温突破历史同期最低纪录。

雨季偏早

5月14日第一号孟加拉热带风暴生成，受其影响云南大部分地区相继进入雨季。除盐津、广南、西盟等11站为偏晚至特晚，昭通、沾益、文山等15站为正常外，全省大部地区为偏早至特早。

夏旱

5月下旬至7月上旬全省平均气温（22.5℃）比历年同期偏高0.9℃；降水持续偏少，平均降水量（203.9mm）比历年同期偏少87mm，昆明、大理、普洱等13站破历史同期降水最少值，滇中及以西的大部地区出现了明显的夏季干旱。

秋季连阴雨

9～10月全省大部地区低温、寡照、阴雨日数偏多，有101站出现了7天以上的秋季连阴雨天气，其中39站次出现了2次连阴雨天气，21站出现3次连阴雨天气，临沧、沧源、施甸、瑞丽4个站甚至出现4次连阴雨天气，为历史上罕见。

雨季结束

滇中、滇东的雨季于9月下旬至10月上旬结束，为偏早；滇西大部地区的雨季于10月下旬至11月中旬结束，属偏晚。

气象灾害

2007年，云南省主要灾害有低温、霜冻、雪灾、干旱、大风冰雹、雷击、洪涝及强降水引发滑坡、泥石流灾害。其中强降水引发的洪涝、滑坡、泥石流灾害是我省最严重的气象灾害，造成的直接经济损失占总损失量的58%，其次是干旱和强对流天气引发的大风、冰雹、雷击灾害，造成的直接经济损失占总量的30%。灾害造成的经济损失较2006年稍偏多，而死亡人数有所减少。

雪灾

雪灾造成全省139.4万人受灾，死亡1人，直接经济损失24494.3万元，其中农业直接经济损失22169.7万元，较2006年偏重。其中较为突出的有：1月31日至2月3日，云南省出现了入冬以来最强的降温降水天气过程，曲靖市、昆明市、玉溪市、楚雄州、大理州南部的最低气温普遍下降4～6℃，最高气温下降了5～11℃，昆明市、玉溪市、楚雄市、大理州、丽江市、迪庆州和普洱市、临沧市、保山市的高海拔地区出现雪灾，对房屋、农作物、牲畜造成危害，并对滇中及以北地区的交通造成明显影响。

低温霜冻

2007年，全省低温、霜冻灾害造成全省95.9万人受灾，农作物受灾67.9千公顷，绝收9.3千公顷，直接经济损失18401.3万元，其中农业直接经济损失17950.3万元，较2006年偏轻。灾情较突出的有：3月上旬、4月上旬和5月上旬，德宏州西部、保山市西北部，昭通市、昆明市、曲靖市及红河州的北部出现低温、霜冻灾害；9月中旬末受冷空气影响，曲靖市北部的会泽、宣威、富源等站出现霜冻灾害，这些地区的霜冻初日提前了50天左右，为历史同期罕见。

旱灾

2007年我省出现春旱和夏旱，造成全省607.2万人受灾，176.6万人饮水困难，农作物受灾523.2千公顷，绝收62.4千公顷，直接经济损失128716.2万元，其中农业经济损失122126.4万元。

洪涝

5～10月云南省共出现大雨1058站次，暴雨264站次，大暴雨12站次。与多年同期比，大雨增加92站次，暴雨增加48站次、大暴雨减少3站次。强降水主要集中在5月中旬及7～8月，引发严重的洪涝灾害，其中昭通、曲靖、玉溪、红河、保山、临沧、德宏、普洱等州（市）灾害偏重。洪涝灾害造成644.8万人受灾，死亡193人，直接经济损失436504.1万元，其中农业直接经济损失196435.3万元。

大风冰雹雷击

2007年春、夏季云南省大风、冰雹、雷击灾害出现频繁。4月至8月大风、冰雹、雷击造成昭通、曲靖、昆明、玉溪、红河、楚雄、丽江、西双版纳等州市受灾较重。全省269.3万人受灾，死亡81人（其中雷击致死64人），因灾造成直接经济损失94931.6万元，其中农业直接经济损失80947.5万元，灾害损失较2006年略偏轻。

滑坡泥石流

2007年，全省因强降水引发的滑坡、泥石流共造成99人死亡，经济损失40347.7万元，其中农业直接经济损失14401.7万元。昭通、红河、保山、临沧、德宏、昆明、怒江等州（市）受灾较重，其中7月19日腾冲县出现的泥石流灾害造成29人死亡；8月7日泸水县六库镇石缸河村出现的滑坡灾害造成8人死亡和7人受伤。

（冯　颖）

扶　　贫

王　智，汉族，在职研究生，中共党员，现任云南省政府扶贫开发领导小组办公室主任

综　述

2007年，在省委、省政府的正确领导下，全省上下共同努力，社会各界热心帮助，贫困地区呈现出经济持续增长，全年解决和巩固了73.8万农村贫困人口的温饱问题。其中，绝对贫困人口31.9万人，低收入人口41.9万人，为全省实现与全国同步进入小康社会的奋斗目标作出了积极贡献。5年来，全省累计投入省级以上财政扶贫资金72.14亿元，贫困人口从2002年底的887.6万人下降到2007年末的597万人、减少了290.6万人；贫困发生率由25.4%下降到17%左右。

一年来，省扶贫办认真贯彻落实省委、省政府扶贫开发重大部署，坚持开发式扶贫方针，紧紧依靠各级党委和政府，充分发挥各级扶贫办的积极作用，采取了“政府主导、部门协作，整合资源、整村推进，突出重点、分类指导”的主要做法，切实加大工作力度，全年共投入各项扶贫开发资金33.03亿元，比上年增长5.26%；各项扶贫措施全面落实，全省农民人均纯收入增长6%，超额完成了年初计划任务。荣获全国“雨露计划成果展”一等奖、省委“督查工作”一等奖、“全省提案办理”先进单位等荣誉。

2007年，省委、省政府连续召开了两次重要扶贫会议，推出大理州以“大扶贫”理念为构思，以整村推进为载体，以产业扶贫为支撑，对内整合扶贫开发各项措施的经验。省级机关企事业单位定点挂钩扶贫动员大会，以“大扶贫”的决心和气魄，从根本上改变了以往定点挂钩扶贫“随心功德”的做法，进一步明确了定点挂钩扶贫的工作制度和资金投入具体要求。年内，省委、省政府顺应形势发展变化的要求，以“大扶贫”的理念谋划农村贫困地区的整体发展，在贫困地区推行一系列的支农惠农政策。全年共筹集资金8.34亿元，将全省228.4万农村绝对贫困人口全部纳入农村低保范围；共安排省级财政资金1.66亿元，排除农村中小学危房、建设农村寄宿制学校校舍；投入中央财政资金6亿元，省级财政资金5亿元，在全省所有行政村实施新型农村合作医疗；投入5亿元，对10万户特别贫困农户的民居进行加固改造或重建，使之能抗御6级左右的地震；在25个边境县和3个藏区县实施解“五难”惠民工程，即读书难、看病难、看电视听广播难、看戏难、学科学难。全省各州市在贯彻落实中央和省委、省政府扶贫开发工作重大部署中，深化了对“大扶贫”的研究和探索。大理州组织实施“千村扶贫开发百村整体推进工程”，用10年的时间，实施1000个行政村的整体推进，采取整合部门资金、加大州市（县）投入、引导社会和群众投入等措施，使每个行政村投入达到270万元，使贫困农户实现“8个有”，30户以上的自然村和行政村分别实现“6个有”；曲靖市从当年开始，组织实施第一批162个贫困村委会共1531个自然村的“千村扶贫、百村整体推进”工程，计划每个村委会投入400万元；迪庆州以行政村为单位实施整村推进，全年整合资金2000万元，使整村推进资金达5000万元，每个行政村投入达250万元。

整村推进

2007年，整村推进是省委、省政府为民办“十件实事”之一，全省共投入资金18.05亿元，实施了10102个村的整村推进，完成计划8250个村的122.45%。其中，省级财政扶贫资金实施4633个村、以工代赈资金1100个村、少数民族发展资金409个村、上海援建151个村、各级挂钩扶贫单位支持和州市县自筹资金3809个村，超额完成了年初计划任务。共完成安居工程改造2.76万户、基本农田11.73万亩、沼气池2.92万口、节能灶3.79万眼、农用沟渠956条864.17千米、小水池（水窖）蓄水工程1.67万件13.92万立方米，解决了37.78万人和35.56万头大牲畜的饮水问题，架设10千伏输电线路310.75千米和低压输电线路158.82千米，村间道路硬化2875条4338.02千米，建成科技文化活动室37152间，发展经济作物23.48万亩、经济林果43.48万亩、大牲畜10.7万头，科技培训98.53万人，贫困群众生产生活条件进一步改善，受益农户28.85万户111.42万人。同时，启动了临沧市云县“县为单位、整合资金、整村推进、边片开发”试点工作。通过整村推进整合各部门资金达6.46亿元，是上年整合资金总数的近7倍；各州市自筹资金达6.92亿元，是上年州市自筹资金总数的3.6倍，在整村推进数量和资金投入、建设质量、工作水平都取得了新突破。5年在贫困地区新修及改扩建村级公路里程3.1万千米，完成“五小”水利工程近77万件，新增小水窖和小水池20万个、沟渠25万千米，完成退耕还林533.1万亩，建成沼气池124.5万口。

社会扶贫

2007年，通过沟通与协调，在云南挂钩的中央国家机关27家单位，加大了帮扶力度，投入帮扶资金1亿多元；帮扶领域不断拓宽，中国中信集团在红河州注资资金1亿元，成立了“中信红河产业开发有限公司”，外交部充分利用外交途径引入中国海洋石油总公司200万元，援建麻栗坡县人畜饮水工程。省级机关企事业挂钩扶贫单位由203家增加到236家，各单位认真贯彻省级机关企事业单位定点挂钩扶贫动员大会精神，成立了定点挂钩扶贫领导小组，安排专人联系定点挂钩扶贫工作，派干部到挂钩点落实帮扶项目，积极深入挂钩县贫困乡村调查研究，制定帮扶规划，投入帮扶资金物资1.5亿多元，比上年增长50%；上海市及14个区对口帮扶全省4个州市26个县，投入帮扶资金1.41亿元；向绝对贫困宣战行动得到各方面的响应，如中国扶贫基金会向宁洱县等灾区捐赠价值500多万元的物资等，社会扶贫工作取得了新的突破。5年来，中央和全省国家机关、企事业单位、民主党派、人民团体、科研单位、大专院校、人民解放军和武警部队参与云南省扶贫开发的单位不断增多，规模不断扩大，投入不断增加，27家中央和200多家省级定点挂钩扶贫单位直接投入帮扶资金11.7亿元、帮助引进资金7.4亿元，上海市累计投入对口帮扶资金5.7亿元。省级挂钩扶贫单位有近2000个不同类型的企业涌跃投入“一企扶一村，共建新农村”活动，在全社会初步形成了扶贫动真情、献爱心、做实事的良好氛围。

产业扶贫

2007年，全省投入财政产业扶贫资金8000多万元，投入科技产业资金1000万元，安排小额到户贴息资金6650万元贴息到户贷款13.3亿元，安排项目贷款贴息资金1000万元贴息项目32个使用贷款2.6亿元，集中扶持贫困地区产业。发展了经济作物、经济林果、畜牧养殖等一大批产业扶贫项目，扶持了一批种养加农户和扶贫龙头企业，增强了龙头企业带动群众增收致富的信心。如巧家县实施的种草养畜科技扶贫项目等，扶贫成效十分显著，探索了财政扶贫资金实施产业扶贫项目的新途径。5年共投入省级以上财政产业扶贫资金2.25亿元、信贷扶贫资金77.68亿元，集中扶持发展了一大批特色经济项目；80个扶贫重点县新增甘蔗、茶叶、核桃等经济作物、经济林果790万亩；新增出栏大牲畜760多万头，生产总值年均增长17.6%、增幅高于全省平均水平2.4个百分点；地方财政收入由37.1亿元增加到65亿元，年均增长15.1%。

外资扶贫

年内，世行四期扶贫项目累计完成投资1.07亿元。其中，2007年利用外资0.7亿元，并对外资扶贫工作进行了整改，引资范围进一步扩大，在世界银行和英国国际发展部“贫困农村社区发展项目”第五次检查中，得到了外方的好评，受到贫困地区群众的称赞，受益贫困人口达37.25万人，外资扶贫在规范项目管理，提高工作水平上取得了新突破。5年来，引进外资范围进一步扩大，实施了中德合作项目、外交部—西班牙项目、世行中国贫困农村社区发展第四期项目等一批外资扶贫项目，累计引进外资5.1亿元。

异地扶贫

2007年，异地扶贫是省委、省政府20项重点工作之一，全年省级财政异地扶贫资金投入1.5亿元，搬迁贫困人口3万人，项目建设进展顺利，已完成工程量的25%，能够按计划竣工验收；2006年度异地扶贫项目工程建设基本结束，已进入总结验收阶段。5年来，全省完成了22.44万人的异地扶贫搬迁安置。

劳动力培训转移

2007年，全省完成贫困地区劳动力引导性培训转移24.36万人，占计划的115%；完成技能培训3.4万人，占计划的101%。开展了示范基地抽检工作，全省职业技能培训不仅数量上取得新进展，而且质量上明显提高。全省5年共投入财政扶贫资金1.61亿元，扶持了1个国家级和84个省级劳动力培训示范基地，培训和组织贫困地区劳动力输出就业98.02万人，在增加贫困农户收入、缓解了贫困地区就业压力的同时，促进了贫困地区群众观念的更新和素质的提高。

特殊类型地区扶贫

2007年，是实施“兴边富民工程”三年行动计划的最后一年。三年来在边境25个县累计投入财政扶贫资金7.92亿元，完成破旧茅草房、杈杈房改造11.56万户，完成贫困自然村整村推进3080个村。2007年“兴边富民工程”投入财政扶贫资金1.94亿元，实施了1155个村的整村推进。人口较少民族扶持积极推进，全年共投入苦聪人扶贫资金8200万元。其中，中央财政扶贫资金1000万元，省级投入400万元，整合部门资金4590万元，信贷资金750万元，市县配套550万元，社会帮扶资金910万元和一批物资器材，实施了69个村的整村推进和1300人的易地搬迁，使苦聪人村寨呈现跨越式发展的喜人景象。5年来，省委、省政府认真贯彻落实中央领导有关重要批示精神，投入镇沅县苦聪人扶贫资金2.01亿元，实施了122个村的整村推进和3000人的易地搬迁，基本解决了1.07万人的温饱问题，使苦聪人实现了世代期盼的安居夙愿。在人口较少民族和沿边少数民族主要聚居的25个边境县，实施2498个贫困自然村的整村推进，改造23.5万特困农户破烂茅草房；累计投入836.5万元，对景颇族聚居的陇川县4个贫困自然村进行了重点帮扶。

干部培训

2007年，结合新阶段扶贫开发的特点，省扶贫部门及时调整培训内容，适时改进培训方式，适当拓宽培训领域，逐步加大异地联合办班的力度，采取灵活多样的培训手段，切实提高培训质量。全年省级共举办各类干部培训班10期，培训干部2234人次；组织干部参加国务院扶贫办举办的各类培训班10期，参训200人次，进一步提高了扶贫干部队伍素质。

扶贫宣传

2007年，省扶贫部门先后组织了3个批次30多家新闻媒体单位近70名记者参加的大型采风活动，并结合重大扶贫会议、重大活动，同主流媒体联合开办专栏，掀起了宣传报道扶贫开发成果、典型事迹的热潮，报纸、杂志、网络、电台和电视台播报新闻及专题报道500多篇，比上年明显增加；编印“扶贫工作简报”70期，比上年增加20期，进一步加大了扶贫开发宣传报道力度，使扶贫政策深入人心，扶贫工作得到各方面的支持和理解；开通了“云南扶贫开发网”，搭建了扶贫信息交流、政策宣传的新平台，使扶贫宣传工作有了新的平台。

项目资金管理

2007年，省扶贫办认真执行《云南省财政扶贫资金管理办法》，加强扶贫项目资金管理，从源头上防范违法乱纪行为的发生。从保护干部、严肃纪律、促进发展的角度出发，在全省扶贫开发项目实施中，实行财政扶贫资金专户制、报账制、公告公示制、工程检查验收制、资料归档制等行之有效的工作制度。采取项目跟计划走、资金跟项目走、管理跟资金走的办法，强化了项目资金的监管。从近3年来，审计部门连续对全省支农专项资金审计的情况看，扶贫专项资金的管理和使用情况在所有支农资金中是最好的。全省扶贫系统签订了《2007年度财政扶贫资金管理使用绩效考核责任书》，从制度上落实扶贫项目资金的管理责任，通过年终检查和考核，各州市和县区扶贫办都较好地落实了责任制。

纪检监察工作

2007年，切实加强全省扶贫系统纪检监察工作，全年全省举办了扶贫纪检监察干部培训班，对纪检机关派驻全省10个州市54个县区扶贫办的94名纪检监察干部或分管纪检监察工作的领导进行了培训，紧紧围绕扶贫开发中心任务开展纪检监察工作，确保项目资金用在刀刃上，确保扶贫各项工作顺利开展，筑牢了上级监督、部门监督、监察审计监督、群众监督和社会舆论监督5道防线。

扶贫新任务

2007年，全省扶贫开发面临的新形势，需要准确把握扶贫开发面临的两个新的情况：一是农村低保制度的建立，使扶贫开发的力量得到了增强，绝对贫困人口的最基本生存问题得到了一定程度的保障。但是农村低保不可能完全覆盖贫困人口，更不能解决他们可持续脱贫和可持续发展问题。因此，农村低保的建立使扶贫开发工作的形势发生了新的变化，但扶贫工作的长期性、艰巨性和复杂性没有变；二是提高扶贫标准，既是国民经济实力不断提升的体现，也是立足于统筹城乡发展的客观需要。提高扶贫标准后，全省的贫困人口仍将占到全国贫困人口的10%，分布也将由原来的“点线面并存”，变为“点线面并存、连线成片贫困凸现”的状况，革命老区、边境民族地区、特殊贫困区域以及人口较少民族和特困群体等集中连片贫困问题势必更加突出。

全面把握当前全省扶贫开发面临的新形势，需要抢抓良好的机遇：一是扶贫开发工作定位更加重要、地位更加突出。党的十七大对扶贫开发提出的“一个目标”、“两个加大”和“一个提高”的要求和省委、省政府关于新阶段扶贫开发的新部署，不仅为进一步做好扶贫开发工作指明了方向，大大提升了扶贫开发在发展全局中的定位，把扶贫开发摆到有中国特色社会主义建设和富裕民主文明开放和谐云南建设中更加突出的位置，而且也为扶贫开发提供了制度和政策保障。二是全省的综合实力和财政调控能力在逐步增强。5年来全省经济总量和财政收入连续迈上新的台阶，国民收入分配有条件更多地向贫困地区倾斜，各种资源有希望更多地投向扶贫领域。三是农村公共事业的社会保障功能进一步强化。农村新型合作医疗、农村最低生活保障等制度的建立和完善，一定程度上缓解了农村因病致贫问题，对稳定解决农村贫困人口的温饱问题起到保障作用。四是贫困地区干部群众求发展、思富裕的愿望和决心更加强烈。贫困地区农民群众商品意识、市场意识、竞争意识、民主法制意识和进取观念日益强化，渴望增加收入、改善生产生活条件、过上宽裕生活，发展生产、建设家园的积极性高涨。五是"大扶贫"的工作格局正在形成。近年来，党中央连续出台5个1号文件，实行"工业反哺农业、城市带动农村"和"多予、少取、放活"的方针，着力调整农业和国民经济的关系，制定实施了一系列支农惠农强农政策，各级党委、政府把扶贫开发放在更加突出的战略位置，扶贫开发从主要依靠经济增长拉动和专项扶贫计划推动，转变为各行业、全社会和区域政策共同推动，一个"大扶贫"的工作格局初步形成。与此同时，多年的扶贫实践使扶贫开发的思路更清晰、措施更完善，贫困地区自我发展能力明显增强。

困难和问题

2007年，全省扶贫开发面临诸多困难和问题，主要有：一是贫困面大、贫困程度深的状况仍然没有根本改变。至2007年底，全省还有农村贫困人口597万人，居全国第一位，占全国贫困人口总数的13.8%，占全省农村人口的16.5%。其中，绝对贫困人口有196.5万人，居全国第二位，占全国的13.2%；绝对贫困发生率为5.4%，比全国平均水平高3.8个百分点；低收入人口有400.5万人，居全国第一位，占全国的14.1%，占农村人口的比重达11.1%，比全国平均水平高8.1个百分点。有73个国定和7个省定扶贫开发重点县，还有60多万特困群众基本丧失生存条件。目前全省的贫困人口规模、低收入人口总量和扶贫重点县数量3项指标均位居全国第一位。二是城乡差距、收入差距呈继续拉大的趋势。农村居民人均纯收入与城镇居民可支配收入的比率，从全国来看，2002年为1:2.8，2007年为1:3.22；从全省的情况看，2002年为1:4.27，2007年为1:4.53，城乡差距进一步拉大。同时，2007年全省农民人均纯收入均2634.1元，绝对贫困人口和低收入人口人均纯收入分别为558.7元、938.5元，收入之比为1:4.71:2.81，与2002年的1:3.53:2.14相比，农村内部收入差距呈继续扩大的趋势。三是新形势下的工农产品剪刀差依然存在。2007年，全省农林牧渔业总产值为1400亿元、比上年增长8.0%。其中，第一产业生产总值为868亿元、比上年增长6.0%；同期全省生产总值达4700亿元，比上年增长12%，第二产业生产总值达2050亿元、比上年增长15.5%。全省人均第一产业总产值仅为1922元，人均第二产业总产值达4541元。四是特殊类型贫困地区的贫困问题日益突出。47个革命老区县中有27个国定、3个省定扶贫工作重点县，贫困人口占老区总人口数的近20%；"三江"沿岸地区有扶贫工作重点县38个；7个人口较少民族贫困发生率高达74.2%，16个沿边跨境民族贫困发生率达45.2%，12个"直过"民族138万人处于整体贫困状态。五是扶贫开发投入与需求的矛盾仍然十分尖锐。初步测算，实施整村推进每个贫困自然村需投入资金40万元左右才能取得较好效果，目前平均每村只能投入15万元，缺口25万元。再加上未能纳入整村推进规划的3万个贫困村，全省扶贫资金缺口将会更大。

（王恩泽）

民　　政

王树芬，女，藏族，籍贯云南香格里拉，本科，中共党员，现任云南省民政厅党组书记、厅长

抗灾救灾

2007年，全省先后发生春夏两季干旱，6月3日普洱市发生6.4级强地震，主汛期严重洪涝、泥石流、滑坡、风雹等灾害，属重灾年。据统计，全省16个州市不同程度受灾，受灾人口2043.96万人，因灾死亡378人，因灾伤病11279人，紧急转移安置24.13万人，饮水困难人口189.3万人；倒塌房屋16.38万间，损坏85.78万间；农作物受灾1356.61千公顷，绝收200.73千公顷；死亡大牲畜2.39头（匹）；交通、水利、通讯、教育、卫生等基础设施严重受损。灾害造成直接经济损失100.97亿元，其中农业经济47.82亿元。面对频繁严重的自然灾害，党中央、国务院十分关心，胡锦涛、温家宝、贾庆林、回良玉等中央领导同志作出重要批示。民政部针对我省灾情启动3级应急响应1次，4级应急响应1次。6月5日，温家宝总理、回良玉副总理率领国家有关部委领导莅临宁洱地震灾区视察灾情，看望慰问灾区干部群众，直接指导抗震救灾。国家发改委、民政部、财政部、中国地震局、水利部、建设部、国土资源部等十几个国家部委多次派出工作组和专家组赴云南灾区帮助指导抗灾救灾；民政部李学举部长、李立国常务副部长等领导多次到云南，指导抗灾救灾工作，并及时安排资金和物资帮助云南，仅宁洱地震，国家民政部就向灾区调运救灾帐篷2.2万顶。省委、省政府高度重视救灾工作，省委书记白恩培、省长秦光荣，省委副书记李纪恒，常务副省长罗正富，分管救灾工作的副省长孔垂柱等省领导先后作出重要批示和

指示。省领导先后25次深入灾区指导抗灾救灾，省委、省政府专题召开全省救灾工作会达15次，启动省级应急响应9次，省民政厅、财政厅、水利厅、国土资源厅、地震局、建设厅等部门向灾区派出工作组136个。仅省领导对抗灾救灾综合协调办公室批示、指示就达125次之多，派出督查组定期对“6·3”宁洱地震灾区恢复重建工作进行指导和督查。

全年全省共安排抗灾救灾资金9.6亿元，是上年的3.1倍。其中，中央安排5.45亿元，同比增长250%；省级安排3.44亿元，增长263%；州市、县市区本级安排7033万元，增长27%。省民政厅还向灾区调运救灾帐篷2.6万顶、棉被3.48万床、毛毯6100床，新旧衣服323万件；全年共救济灾民152.95万户581.23万人；全年全省灾区民房恢复重建需规划完成22.86万间，中央、省级共安排民房恢复重建资金5亿元，通过各级各部门和灾区干部群众的共同努力，顺利实现省政府提出的2008年春节前让灾区所有倒房户搬入新居的目标。全年共接收社会捐款1.27亿元，接收价值4471.76万元物资，所募集的款物已及时下拨发放，有效解决了灾区受灾群众的困难。

社会救助体系

2007年，全省城市低保工作在坚持应保尽保、动态管理、按标施保的基础上，努力推进分类施保工作，切实加强规范化管理。同时，为化解物价上涨对城市低保家庭基本生活造成的影响，积极采取应对措施，先后3次发放临时补助，人均共增加临时补助30元，并下发《云南省民政厅、云南省财政厅关于妥善安排城市居民最低生活保障家庭生活有关问题的通知》，要求各地认真执行。在此基础上，又对城镇低保对象中的“三无人员”、重度残疾人、危重病人、60岁以上老年人、单亲家庭中的未成年人及义务教育阶段在校学生等特困人群再适当提高补助标准。截至2007年底，全省共有城市低保对象42.74万户、77.02万人，月人均补助水平达到120元，全年累计发放保障金9.34亿元。

2007年，省政府将228.4万农村绝对贫困人口全部纳入保障范围，并列入全省20项重点督查内容，进行重点督查督办。在中央补助农村低保资金2.57亿元和迪庆州农牧区特困群众生活救助资金943万元的基础上，省级安排资金3.02亿元，各州市共筹集资金1.28亿元，各县（市、区）筹集16133万元。全年共发放低保金8.58亿元，实际救助236万人，有效保障了农村贫困群众的基本生活。为推动五保供养政策的全面落实，省人大内司委牵头，与省民政厅、省财政厅、省老龄委、省妇联、省残联等单位组成联合调查组，重点对楚雄、文山等州（市）的五保供养情况进行了调查，为全省农村五保供养工作顺利开展提供了依据。2007年，全省共有五保对象22.1万人，其中，14.3万人按照年人均720元的标准纳入省级财政转移支付补助供养，剩余的7.8万人暂时按农村低保资金的筹资比例纳入供养。对38所敬老院进行了新建、改建和扩建，共投入敬老院建设资金3930万元。其中，福彩公益金投入2310万元，省级财政投入1620万元。截至年底，全省共有敬老院688所，拥有床位14656张。

至年末，全省开展城市低保对象医疗救助工作县已由28个增加到61个，占全省129个县（市、区）的47.3%。72个县（市、区）累计救助7.53万人次，全年累计支出资金2831.29万元，人均救助水平376元。全年共救助五保户、特困户202.68万人次，其中，资助参加新农合195.64万人次，救助未参加新农合人员9741人次，参加新农合后二次救助60653人次。全年共支出医疗救助资金5952.82万元。

年内，认真贯彻民政部“两个规范”，加大对城市生活无着的流浪乞讨人员的救助力度，做好流浪乞讨人员中危重病人、精神病的救治工作，对救助人员进行人性化管理。开展流浪未成年人救助保护机构的申报工作。全年共救助受助人员3.15万人次，其中：未成年人（16岁以下）3069人次，老年人（60岁以上）2049人次；青壮年2.64万人次；精神病人752人次，救治病人653人次。

双拥优抚安置

2007年，全省各地继续加大双拥工作力度，认真组织元旦、春节、八一等重大节日走访慰问，积极做好双拥模范城（县）、爱国拥军模范单位和个人的评选推荐工作，向全国双拥办推荐上报了10个双拥模范城（县）、6个爱国拥军模范单位、4名爱国拥军模范个人的相关材料。召开了省双拥工作领导小组第四次全会，解决了制约双拥工作持续发展六个方面的突出问题，讨论和修订了《中共云南省委办公厅、云南省人民政府办公厅关于加强退役士兵教育培训促进就业的意见》、《云南省双拥模范城（县）创建命名管理办法实施细则》等规范性文件。积极响应省委、省政府边疆解“五难”惠民工程，切实解决边疆贫困地区“读书难”问题，省民政厅、省双拥办、省教育厅及云南省军区、武警云南省总队等共同筹资400万元在福贡、沧源、勐腊、屏边四个边境贫困县援建四所“双拥希望小学”。筹资980万元帮助驻滇部队解决了急需的老干部生活设施、道路维修、饮水工程等问题。双拥办与申报全国的9个双拥模范城（县）共同编辑出版了《云南省双拥模范城（县）巡礼》大型画册。

2007年，全省各级优抚部门认真贯彻落实《民政部财政部关于调整部分优抚对象抚恤补助标准的通知》精神，将在乡老复员军人生活补助标准每人每月提高50元，使其生活达到当地农村居民平均生活水平；将带病回乡退伍军人生活补助费每人每月增加30元，达到每人每月100元；同时，对在农村和城镇无工作单位且家庭困难的参战退役人员，每人每月补助100元。

全面实行“双考”安置办法，积极拓宽安置渠道，共接收安置退役士兵近1万多人，其中符合城镇安置条件的3000多人。城镇退役士兵自谋职业1000多人，全省于7月底前较好地完成了年度安置任务。2007年，全省首次将退役士兵职业技能培训省级补助标准统一提高到750元，退役士兵城乡一体化培训格局基本形成。以推荐就业、人事代理、社会保障、跟踪服务等为主要内容的公共服务保障体系逐步建立，全省退役士兵安置工作在进一步深化改革中平稳健康发展。

村务公开和民主管理

2007年，全省顺利完成了第三届村民委员会换届选举工作。全省12859个村委会，选出村委会成员6.95万名，印制发放当选证10万册。制定下发《关于做好全省第三届村民委员会换届选举工作的通知》、《关于采取有效措施确保村级组织换届选举工作顺利实施的通知》、《云南省村委会换届选举指导》、《关于进一步加强村干部队伍教育培训工作的通知》和《全省优秀村干部教育培训计划》一系列指导性文件。结合我省实际，省纪委、省委组织部、省民政厅、省财政厅、省农业厅联合下发了《云南省村务公开和民主管理暂行办法》

6月9日，全省召开社区建设工作会议，对全面推进和谐社会建设工作进行全面安排部署。出台《关于推进和谐社区建设的若干意见》，成立省社区建设工作领导小组。向国家发改委和民政部申请了2007年和2008年社区服务设施建设项目8个，争取中央资金1875万元。制定下发《云南省社区基础设施建设规划》、《关于做好社区组织工作用房、居民公益性服务设施建设和管理的实施意见》、《关于开展和谐社区示范单位创建活动的实施方案》和《云南省社区工作准入暂行规定》等7个有关社区建设的相关配套文件，明确当前和今后一段时期我省社区建设的主要发展目标、重点建设任务和有效保障措施。根据全国农村社区建设工作会议精神，将西山区、麒麟区等8个县（市、区）作为全国首批农村社区建设实验县（市、区），启动了农村社区建设，在积累试点经验的基础上在全省范围内推开。

殡葬改革

截至2007年底，全省共有殡仪馆40家，经营性公墓50个，56个县市区推行了火化，全年共火化遗体31941具，火化率达到11.7%，共接收骨灰安放9385件。根据《云南省县级火化设施建设规划》要求，实施了第二批18个殡仪馆新建项目，项目资金已全部下拨至各项目点，部分项目已动工，姚安县殡仪馆、元谋县殡仪馆土建已完工。省政府召开了全省殡葬改革工作会议，下发了《关于规范农村公益性公墓建设管理的通知》，省民政厅代表省政府与各州市政府签订了2008年殡葬改革目标责任书，并对2006年殡葬改革工作中取得突出成绩的州（市）进行表彰。

儿童福利事业

2007年，全省成功完成残疾孤儿手术治疗754例，其中：五官科手术182例、外科手术450例、先天性心脏病手术85例、矫形康复32例，超计划完成497例，增幅达193%，共投入手术治疗经费724.66万元。自2004年启动实施“明天计划”以来，全省共为1500多名残疾孤儿实施了手术矫治。出台了《关于解决我省公民事实收养有关问题的若干意见》，有效解决了因事实收养造成的被收养人在落户、入学、就业等方面的合法权益难以得到充分保障的问题。根据民政部、国家发展改革委《“十一五”儿童福利机构建设规划》、《儿童福利机构设施建设指导意见（试行）》的有关要求，全省申报了10所儿童福利机构新建项目，争取建设资金2460万元。“蓝天计划”的实施为全省完成2010年在每个州市新建一所集养、治、教、康于一体的综合性儿童福利机构的目标创造了条件。

民间组织管理

2007年，全省共办理省属民间组织成立登记43个，其中成立登记社团30个，省属民办非企业单位10个，基金会3个，新成立社团分支机构18个。至年末，全省共有社会团体6592个，民办非企业单位2165个，基金会23个。认真开展社团、民办非企业单位和基金会年检，清理整顿了41个同一人在多个民间组织任社团法定代表人的个案。组织全省191家民间组织联署向全省8000多家民间组织发出倡议，号召民间组织参与服务新农村、构建和谐社会活动。与省质量技术监督局代码中心联发《关于进一步规范民间组织办理组织机构代码证相关问题的通知》，规范民间组织办理及定期审查组织机构代码证的问题。举办“全省民间组织管理行政执法培训班”，119名民间组织管理人员通过考试取得了省政府法制办颁发的《行政执法证》。还对境外非政府组织、民办非企业单位和基层社区类民间组织情况开展了调研。

地名管理工作

2007年，全省举办了地名公共服务工程建设培训班，并及时出台《云南省地名数据库建设验收方案》。曲靖9县（市、区）全面完成了地名数据的录入和检查验收工作，楚雄、红河、玉溪等州（市）也基本完成了地名数据的录入。与省建设厅共同确定了昆明市呈贡县、丽江市古城区、保山市腾冲县为地名规划试点工作县（市、区），其中，《丽江市古城区城市地名规划》已通过专家评审。全省共设置城市地名标志近4万块、乡村地名标志3000多块，极大地方便了公共交往和城乡居民生活。州市间和州市内的各条县级界线的年度联检工作进展顺利，川滇线的实地联检工作顺利完成。加强调查研究，形成了《关于云龙水库饮用水源保护区行政区划问题的调研报告》和《云南省民政厅关于对怒江州提出的行政区划调整问题征求大理保山两州市意见综合情况的报告》，并上报省政府。及时向社会和相关部门提供勘界成果资料，建设完成14个州（市）、80个县（市、区）勘界成果档案信息系统。

福彩发行

2007年，全省共发行销售福利彩票18.8亿元，筹集福彩公益金6.5亿多元，创全省福利彩票销售历史新高。电脑福利彩票在我省的市场份额为54.57%，全国排名第12位，西部排名第2位。

老龄事业

2007年3月30日，省十届人大常委会第28次会议高票通过《云南省老年人权益保障条例》，并于7月1日起施行。修订后的《条例》将优待内容从原来的10项扩大到现在的28项，范围包括老年人的养、医、行、住、学、乐和维权、殡葬等方面，将优待标准下降为60周岁以上老年人。4月份，召开了全省州（市）老龄办主任会议，与州市老龄办签订了《2007年老龄工作目标管理责任书》。积极协调省发改委、财政厅等单位，对“十一五”期间实施“163”计划的社区进行了全面安排部署。6月16日，省民政厅、省老龄办、省委宣传部、省司法厅等单位在昆明市金碧广场隆重举行了《条例》系列宣传暨孝心行天下活动启动仪式，营造了学习、宣传、贯彻《条例》的良好氛围。7月，会同省发改委、省劳保厅、省司法厅、省文化厅、省卫生厅等部门组成4个联合工作组，赴昆明、曲靖、玉溪、红河、普洱、大理、昭通、临沧8个州（市）、21个县（市、区）对执行《条例》、老龄事业发展“十一五”规划制定与落实、“百村建设”等情况进行了调研，促进了工作的落实。与省司法厅共同举办了“云南省老年人权益保障法律知识竞赛”活动，成功举办了云南省第二十届敬老节暨第三届“云岭十大孝星”颁奖晚会，组织开展慰问贫困老年人的活动。

（李培华）

劳动和社会保障

综　述

2007年，是“十一五”规划实施的第二年，在省委、省政府的正确领导下，在国家劳动和社会保障部的指导下，云南省劳动保障系统坚持以邓小平理论和“三个代表”重要思想为指导，以科学发展观为统领，认真贯彻党的十七大和省委八届二次会议精神，紧紧围绕经济社会又好又快发展的主题和构建社会主义和谐社会的总体要求，进一步统筹城乡就业，完善社会保障体系，发展和谐的劳动关系，维护劳动者合法权益，较好地完成了劳动保障各项工作任务，劳动保障事业实现了新的发展。

全年全省劳动和社会保障部门坚持“劳动者自主择业，市场调节就业，政府促进就业”方针，继续落实各项就业再就业优惠政策，提高，就业再就业资金使用效率，开展“下岗失业人员再就业月”、“民营企业招聘周”、“高校毕业生就业双向选择交流周”等就业援助的重要活动，促进了城市新成长劳动力实现充分就业、下岗失业人员实现再就业、零就业家庭至少一人实现就业。全年实现新增就业21.89万人，失业人员实现再就业8.70万人，帮助困难群体实现就业2.33万人，全省登记的1.94万户零就业家庭全部实现至少有一人就业，实现了零就业家庭动态清零。全年城镇登记失业率为4.2%。在完成以上任务中，全省争取中央就业专项补助资金3.40亿元、上级财政补助资金2200万元，全省支出就业再就业资金6.13亿元，其中，16.80万人享受社会保险补贴3亿元，享受社会保险补贴人数；2.28万人享受公益性岗位补贴6850.8万元；9.19万人享受职业培训补贴5468.1万元；13.1万人享受职业介绍补贴1147.3万元；1.8万人享受小额担保贷款贴息支出1016.9万元。

农村劳动力转移就业

2007年，全省劳动和社会保障部门通过各级政府大力加强城乡一体化的劳动力市场和覆盖城乡的职业培训体系的建设，促进公共就业服务体系实现了新的发展。省、州、市、县劳动就业服务机构进一步健全完善，乡镇劳动保障站（所）在劳务输出中所发挥的作用越来越大。通过坚持“培训、就业、维权”三位一体的劳务输出新模式，强化组织有序的劳务输出，健全政策扶持、就业服务、技能培训一体化的工作机制，落实农村进城务工人员职业培训补贴政策，引导各地加大农村劳动力培训补贴资金投入，加快了农村劳动力转移就业的进程。全省各地投入农村劳动力转移就业的资金占中央补贴资金的比例均达到10%以上。全年实现农村劳动力转移就业150万人次，农村劳动力的就业服务支出6025.30万元，享受人数达20.6万人。曲靖市作为全国统筹城乡就业试点，率先实现了10个劳动力市场与乡镇街道劳动保障信息网络的联网，转移农业富余劳动力就业达到9.70万人次。

技能人才培养

2007年，全省劳动与社保部门启动了“415”高技能人才培养计划（2007年~2010年，4年新培养15万名高技能人才）。2007年，全省培训社会劳动者28.29万人，通过鉴定取得职业资格证书人数达到19.58万人，其中高技能人才4.11万人，完成机关事业单位技术工人培训鉴定1.7万人。通过指导大型企业和行业组织开展14个职业技能大赛，积极组织参加全国职业技能大赛，全省3名技校学生在全国技工院校学生高技能人才职业生涯规划演讲决赛中获得1个特等奖、2个二等奖。省级劳动保障部门积极研究探索加强技工学校建设的有效措施，提出“把技工学校建设作为第二产业的第一车间”的创新观念，制定了全省技工学校整合与发展计划。经省政府批准，我省第一所技师学院即云南技师学院正式开始筹建。年内，全省技工学校招生2.75万人，在校生人数达到5.70万人，培训各类人员5.35万人。

企业职工基本养老保险

从2007年1月1日起，全省企业职工正常退休不再进行审批，企业职工提前退休统一由省级劳动保障行政部门进行审批，实施审批前网上公示，进一步规范了企业职工退休审批工作。全省参加基本养老保险人数净增11.93万人，达到279万人；继连续3年提高企业退休人员基本养老金标准后，第四次提高了企业退休人员基本养老金标准，全省企业离退休人员人均基本养老金达到923元/月，79.33万企业退休人员得到不同程度的提高。年内，全省争取到中央转移支付养老保险补助资金25.16亿元，确保了85万名企业离退休人员基本养老金的按时足额发放。积极完善企业年金政策和基金监管规则，印发《关于开展我省企业年金基金监管工作的通知》，规范了企业年金基金进入市场投资动作。全年共受理64户行业、企业的企业年金基金管理合同报备，出具了企业年金计划确认函，113户企业的16.3万职工建立了企业年金，基金总量达到9.26亿元。省政府出台《关于落实省属企业退休人员移交属地管理服务工作的实施意见》，较好地解决了破产、关闭和改制、重组企业退休人员移交属地社会化管理服务的问题，有力地推进了国有企业的改革进程。企业退休人员社会化管理服务率达到99.5%，其中社区管理服务率达到50.1%。

城镇职工基本医疗保险

2007年，全省城镇职工基本医疗保险扩面工作进一步加快，城镇职工基本医疗保险参保人数为345.81万人，其中农民工8.49万人。医疗保险经办机构与定点医院和定点药店的服务协议更加完善，医保药品目录得到进一步补充。年内，全省提高了省级离休干部医疗费统筹标准，从每人每年1.2万元提高到了3万元，制定了解决拖欠医院的离休干部医疗费的方案，缓解了省级2006年底前离休人员和医疗照顾人员的医疗欠费问题。积极研究解决关闭破产企业、困难企业退休人员参保难问题。对全省各统筹地区生育统筹现状进行了调研，生育参保人数稳中有增，生育保险参保人数达到165.14万人。

城镇居民基本医疗保险

2007年，省政府出台了城镇居民基本医疗保险制度试点实施办法，昆明市、红河州和楚雄州作为国务院全国城镇居民基本医疗保险首批试点城市，10月1日全面启动试点工作。截至12月底，3个试点州市参保登记73.5万人，占应参保人数的37.4%，有327人开始享受待遇。全省统一的城镇居民基本医疗保险政策框架，特别是以财政补助为主的筹资机制，州级统筹的制度运行模式为进一步扩大试点奠定了良好基础。

失业保险

2007年，全省失业保险运行保持了基金收入、基金积累持续增长的良好态势，失业保险金标准提高35%，基金支出、领取人数开始呈现下降态势，领取人数同比下降28%。至年末，全省失业保险参保人数达190万人，失业保险基金收入9.02亿元，同比增加1.31亿元；基金滚存积累达23.04亿元；基金支出2.1亿元，同比减少0.9亿元，确保了9.28万名失业人员失业保险金按时发放。

工伤生育保险

2007年，全省以落实“农民工工伤保险平安计划”为重点，大力推进农民工参加工伤保险工作，制定实施《云南省农民工工伤保险暂行办法》，农民工和高风险行业人员参加工伤保险的人数快速增加，玉溪市、保山市先期进行有雇工的个体工商户参加工伤保险试点。工伤保险参保188.47万人，其中农民工25.32万人。工伤保险基金收入2.65亿元，基金支出1.42亿元。全省享受工伤保险待遇的企业职工达到1.12万人，待遇得到进一步提高，其中，1~4级工伤职工伤残津贴每人每月增加150元，5~6级伤残津贴按本企业职工平均工资同步提高，生活护理费每人每月增加80元，工亡职工供养亲属抚恤金每人每月增加70元。2007年，全省生育保险参保165.14万人，生育保险基金收入2.12亿元，支出0.87亿元。

社会保险基金监督

2007年，全省社会保险经办机构认真总结吸取上海社保基金违法违规案件教训，大力加强社会保险经办机构制度建设，对关键高危岗位实施有效监管，建立并实施了经办机构内部控制制度、社会保险基金要情报告制度，开展五项社保基金专项检查与整改纠正工作。省、州（市）两级共对461户社保经办机构的会计、出纳岗位实施了现场监督，提出了整改意见，下达了75份书面整改意见书。对420户经办机构原开设的558个基金收入存款户进行了清查，并按有关规定予以注销。对全省各级各类社保经办机构会计、出纳人员基本情况进行了调查摸底，对审计查出的问题进行了认真整改。全省对434户社保经办机构五项社保基金进行了专项检查，提出了口头整改意见389条，下达165份整改意见书。回收归位社保基金2832.2万元。全省共对685户参保单位，6.18万名参保职工，397户社保经办机构社会保险费核定情况进行现场检查，查出少报、少漏缴各项社会保险费1060.48万元，查出困难欠费参保单位代扣未缴职工个人保险费1110.49万元。

农村社会养老保险

2007年，昆明市、德宏州、保山市腾冲县、曲靖市经济技术开发区、红河州蒙自县相继出台被征地农民社会保障相关政策文件。红河州制定了村干部参加农村养老保险“政府补贴与个人缴费”相结合的办法，6.4万名被征地农民实行了社会保障。全省16个县市以“个人、集体、政府”共同筹资的新型农村养老保险制度试点有序开展，农村社会养老保险人数净增3.95万人，达139.66万人，6.69万参保农民已开始领取养老金。农村社会养老保险资金收入0.76亿元，支出0.14亿元。

劳动合同

2007年，全省推进劳动合同三年行动计划，全面清理国有企业临时用工、季节用工等不签订劳动合同的情况，劳动关系三方机制与16个州、市建立的劳动关系三方协调机制密切配合，有力地推进了企业开展平等协商签订集体合同的工作，确定昆明、玉溪、曲靖、楚雄州市政府所在的城市作为全省培育劳动合同制度实施的示范城市。通过由省委办公厅、省政府办公厅联合发出通知在全省范围内开展劳动用工大检查，加快了全省劳动合同制度的推进。至年底，全省用人单位与劳动者签订劳动合同达到270万人，劳动合同签订率达到92%，签订集体合同的企业达到3210个，涉及职工89.05万人。410户不同所有制企业参加了创建劳动关系和谐企业与工业园区活动，6户企业被国家有关部门表彰。

劳动工资

2007年，全省调整各类地区的最低工资标准，增幅平均达25.9%。发布云南省2007年企业工资指导线和企业劳动力市场工资指导价位，16个州市发布了企业工资指导线，10个州市通过劳动力市场发布了276个职位（工种）的工资指导价位2386个。昆明、曲靖、玉溪、楚雄4个中心城市发布了行业人工成本信息，初步形成全省工资宏观调控体系。同时，通过采取有力措施，争取中央和省财政支持，督促企业解决了全省历史拖欠的职工工资4.1亿元，其中，为2.3万农民工支付了1.84亿元的历史拖欠工资。2007年，全省城镇单位在岗职工平均工资2.05万元，其中国有单位平均工资2.29万元，城镇集体单位1.41万元，其他单位1.67万元。

劳动信访与仲裁

2007年，全省各级劳动保障部门信访、仲裁机构认真按照省维稳办、省处置突发性事件联席会议办公室的要求，严格落实请求报告制度，创造条件开展网上信访投诉，积极参与省委、省政府信访局组织的处置集体上访事件的工作，扎实开展部分军队退役人员对劳动保障问题信访的专项调处，涉及劳动保障业务的矛盾纠纷和突发事件得到及时妥善处理。全年共接待处理群众来信、来访6.4万件次，集体上访170起，现场处理劳动保障方面的群体性突发事件349起；排查不稳定因素60余件次，涉及90多户企业12万余职工。全年各级劳动争议仲裁委员会立案受理劳动争议案件2745件，比上年增加1093件；集体劳动争议案件94件，当期结案2688件，当期结案率为98%。

劳动保障执法监察

2007年，全省劳动保障监察执法机构在做好日常接待，受理举报投诉，开展日常巡视检查，及时办理社会保险登记证业务的同时，还开展了企业劳动保障诚信等级评价活动，完成了对全省10.7万户不同类型用人单位的劳动保障执法年审，先后在全省范围内开展了六次专项执法检查，特别是认真汲取山西“黑砖窑事件”的教训，与有关部门联合在全省开展了整治非法用工打击违法犯罪专项行动、清查童工专项行动、清查整顿黑职业中介专项行动，由省政府发出通知在全省范围内开展了清理拖欠农民工工资和解决企业历史拖欠工资的活动。由省委办公厅、省政府办公厅联合方式在全省各类用人单位开展劳动合同自查自纠活动，有力地促进了劳动用工的规范，维护了劳动者的合法权益。2007年，全省各级劳动保障监察机构共检查用人单位和“七小企业”14.2万户，职业介绍机构212户，涉及劳动者372万人，主动监察用人单位4.99万户次，涉及劳动者127.30万人次；对6.82万户用人单位进行了劳动保障执法年审，涉及劳动者166.32万人。立案处理劳动保障监察案件7357件，结案6462件；查处群众举报案件1976件，结案1764件。通过日常监察和专项监察执法活动，责令各类企业为23.64万人补签劳动合同；追发劳动者工资2亿余元，涉及劳动者15.27万人；督促3422户用人单位缴纳社会保险费8186.86万元，涉及劳动者9.71万人。督促5303户用人单位办理社会保险登记，涉及劳动者6.83万人；清退非法收取劳动者的风险抵押金240.84万人，涉及劳动者3952人；取缔非法职业中介机构55户；清退童工149人。

农民工工作

2007年，省农民工工作联席会议各成员单位紧紧围绕帮助农民工实现平等就业和培训、公平签订劳动合同、合理获取劳动报酬、享受应有的社会保障，保护农民工在子女就学、住房、城市管理等方面的合法权益开展工作。省农民工联席会议办公室主动介入，精心协调，督促有关方面改选职责，工作取得了较好的成效。通过农民工工资支付专项检查，追回克扣、拖欠农民工工资1.01亿元，农民工签订劳动合同人数达到56万人；整治非法用工打击违法犯罪专项行动，检查小企业2.16万户，清退童工62人，救助残障人员236人，为4657名农民工补发工资和经济补偿金533万元。组织开展了“春风行动”和清理整顿劳动力市场秩序专项行动，为2021名农民工清退被骗取的现金41万元。实施了农民工工伤保险“平安计划”，农民工参加工伤、医疗、养老保险分别达到25.32万人、8.41万人、8.18万人。开展“关爱农民工生命安全与健康特别行动”，全省艾滋病宣传教育覆盖农民工8万余人。在全省开展农村留守儿童现状调研，启动了“共享蓝天”关爱农村留守流动儿童大行动。

劳动保障依法行政

2007年，全省严格按照《劳动合同法》、《就业促进法》、《劳动争议调解仲裁法》和有关行政法规和部颁规章，及时认真清理全省相关政策规定和规范性文件，保持了与国家法律、法规的一致性。依法办理35件行政复议申请案件，处理14起行政诉讼和43起行政复议被申请案件。省劳动和社会保障厅承办的74件人大代表建议和政协委员提案全部答复，满意率达到100%。将《就业促进法》、《劳动合同法》、《劳动争议调解仲裁》纳入"五五"普法教育的重要内容，在全省开展以3部法律为重点的学习、宣传、培训活动。全省共培训劳动保障工作者、用人单位负责人和劳资人员、律师、职业介绍机构人员等各类人员近4万余人。

劳动保障信息化建设

2007年，全省各级劳动保障部门以"金保工程"为依托，通过改造、新建、扩容、升级等方式，使劳动保障信息化建设水平得到较大的提高。至年底，全省统一的劳动力市场升级改造基本完成，养老保险信息系统部署实施，有13个州市（除怒江、迪庆、西双版纳）实现了养老保险数据向省中心联网上传，医疗保险系统实现扩容升级，城镇居民医疗保险试点州市的信息系统运行平稳，3000多家定点医院、定点药店和社保经办机构分别与省、州（市）数据中心联网。全省统一的社会保障卡使用人数达到194万张，工伤、生育保险信息系统已在5个州市开始试运行，12333咨询服务电话服务能力逐步提高，16个州市全部开通视频会议系统。

劳动保障政策宣传

2007年，全省劳动保障部门以宣传即将于2008年先后实施的《劳动合同法》、《就业促进法》、《劳动争议调解仲裁法》3部法律为重点，结合提高企业职工基本养老保险待遇、失业保险待遇、工作保险待遇和启动城镇居民基本医疗保险试点、发布最低工资标准等重要工作，发挥云南劳动保障网的主阵地和各类新闻媒体的主渠道作用，运用新闻发布会、新闻通气会、编辑《云南劳动保障指南》专刊等方式，卓有成效地开展了劳动保障政策宣传。全年先后召开3次新闻发布会、6次新闻通报会。与省总工会等6个部门联合在全省范围内组织自下而上的"两法"电视知识竞赛活动，在全省县以上城市（镇）广场和街道、社区、企业统一开展了大规模"两法"宣传活动，共设置普法宣传点211个，发放了"两法"宣传资料65万份，答复咨询人员29万人次。云南劳动保障网政府门户网站和"12333"咨询服务电话作为劳动保障政策宣传的主阵地，成为广大群众了解掌握劳动保障法律法规政策的主要渠道，全年网站点击次数达到240万人次，提供电话服务次数达到10.2万人次。

（原红凯　朱远昆）

城　乡　建　设

综　述

2007年，全省建设系统认真贯彻省委、省政府的各项决策部署和新的城乡建设工作思路，正确理解和执行国家宏观调控政策，主动服从、服务于国家经济发展大局，全面落实科学发展观和构建和谐社会的战略思想，不断强化规划对城乡发展的综合调控作用，努力推进"六个层次"城镇规划建设与管理，完善市场监管和宏观调控，积极推动建筑业和房地产业健康有序发展，城乡基础设施建设力度加大，人居环境有了新的改善，资源节约和环境保护有了新的加强。全省建设事业继续保持了又好又快的发展势头，各项工作亮点频出，整体推进，取得了明显成绩，得到省委、省政府的充分肯定。2007年底，全省城镇化水平提高到31.6%，比上年提高1.1个百分点，城乡建设事业为促进云南经济发展、社会和谐作出新的贡献。

规划管理机构建设

2007年，按照《云南省人民政府关于进一步加强城乡规划工作的决定》和2007年全省城乡规划工作会议的有关精神要求，省建设厅积极督促各州市加快城市规划管理机构的建设。至年末，全省共成立规划局（含规划建设局）60个。其中，州（市）成立规划局14个，保山市、迪庆州积极筹备成立；县（市、区）成立规划局46个。在已成立的规划局中，昆明市、丽江市、红河州、玉溪市等16市、县成立政府单列的一级规划局。严格按照《行政许可证》及建设部有关部令的规定，依法依规实施城市规划编制单位资质行政许可。共完成12个单位的行政许可和变更工作。全省城市规划编制单位达到88个，规划从业人员达2000余人。全省设有村镇建设管理机构的建制镇352个，占76.52%；配备人员1753人。其中，专职人员909人。设有村镇建设管理机构的乡集镇373个，占51.52%；配备人员1585人。其中，专职人员815人。设有村镇建设管理机构的农场17个，农场建设管理人员156人。其中，专职人员61人。2007年，省建设厅为实施省委、省政府"六个层次"城镇发展战略，全面开展滇中城市群规划、滇西城市群规划、省域城镇体系规划编制（修编）工作。至年底，滇中城市群规划完成11个基础课题研究；滇西城市群规划在大理召开前期调研会，就如何开展规划编制征求滇西规划建设管理部门、各规划编制单位、大专院校、城市研究机构的领导、专家、学者的意见和建议；省域城镇体系规划修编工作完成原规划实施情况评估，在个旧市召开调研会，征求各方面意见；滇西城市群规划编制和省域城镇体系规划修编工作稳步推进。严格执行《城乡规划法》，加强和规范城市总体规划规模核定、审批管理，督促和要求有关单位按规定的程序开展工作，共完成9个县（市）城市总体规划的规模核定及玉溪市总体规划、临沧市体系规划和总体规划、楚雄州城镇体系规划的修编认定工作，完成西双版纳州城镇体系规划、迪庆州城镇体系规划审查报批工作。全省353个建制镇有总体规划。其中，2007年投放7596.56万元编制完成24个；380个乡集镇有总体规划。其中，2007年投入5167.72万元编制完成44个；2330个行政村有建设规划，占17.44%。其中，2007年编制完成606个；6898个自然村有建设规划，占5.59%，其中，2007年编制完成2359个；10个农场有总体规划。其中，2007年投入486万元编制完成1个。

城乡规划督察制度

2007年4月26日，全省城乡规划工作会议在楚雄市召开。提出把贯彻科学发展观，统筹城乡协调发展、加强管理机构建设、突出区域城镇体系规划、积极稳妥开展城乡规划督察等作为工作重点。在省委、省政府高度重视下，省编办批复同意在云南省城乡规划建设领导小组办公室的基础上成立云南省人民政府城乡规划督察办公室（简称省规划督察办，设在省建设厅），主要履行承办全省城乡规划建设领导小组全体会议、开展城乡规划督察、主持城市群规划编制三项职能。2007年，《云南省人民政府办公厅关于开展城乡规划督察工作的通知》明确了组织领导，督察组、督察员开展工作的原则、方式、内容、重点和程序，基本理清工作思路，明确工作做法，聘请28名督察员，名单经省城乡规划建设领导小组第5次全体会议审议通过。8月10日，第一次城乡规划督察工作座谈会在昆明召开，正式启动全省的城乡规划督察工作。省规划督察办按“点”（领导批示的重大问题和群众举报、关注的热点问题）“线”（专项督察普遍存在的突出问题）“面”（不定期的巡查）的工作思路先后进行两项专项督察：一是开展城乡规划行政管理权限专项督察。重点检查有没有违反《国务院关于加强城乡规划监督管理的通知》第二条、第五条，《建设部等九部委关于贯彻落实〈国务院关于加强城乡规划监督管理的通知〉的通知》第八条，《云南省人民政府关于进一步加强城乡规划工作的决定》第二十六条规定的行为。二是开展城市总体规划编制规范性的专项督察。重点检查《云南省建设厅关于进一步规范城市总体规划审批工作的通知》的执行情况。

宣传贯彻法规条例

2007年全国《城乡规划法》宣传贯彻工作电视电话会议后，省建设厅召开全省《城乡规划法》宣传贯彻工作电视电话会议。昆明市政府和省级有关部门的领导，建设厅机关有关处室、昆明市规划局、省规划院、昆明市规划院等单位的负责人，各州（市）、县（区）人民政府领导、城乡规划建设主管部门负责人参加会议。省建设厅厅长冯志成站在贯彻落实科学发展观，推进城镇化健康有序发展的高度，分析全省城乡规划管理工作中面临的新形势、新问题，提出要着力抓好的七个方面工作。2007年11月29日经省十届人大常委会第三十二次会议审议通过《云南省历史文化名城名镇名村名街保护条例》，2008年1月1日正式实施。2007年12月21日，省人大常委会在昆明主持召开《条例》颁布施行新闻发布会。省内外20余家新闻媒体对《条例》和新闻发布会进行宣传报道。历史文化名城（名镇、名城、名街）申报列级和保护工作稳步推进并纳入法制化管理。2007年共完成19个名城名镇的申报列级审查和报批工作，全省历史文化名城（名镇、名城、名街）达到52个。完成弥渡县文盛街村、石屏名城、石屏郑营村、巍山名城、巍山东莲花村等名城名镇名村保护规划的审查报批工作。《云南省历史文化名城名镇名村名街保护条例》于11月29日颁布，2008年1月1日正式实施，为全省历史文化名城名镇名村名街的申报、保护规划编制及审批、保护管理等工作提供强有力的法律依据。

房地产市场宏观调控

2007年，省建设厅牵头会同有关部门认真贯彻落实科学发展观，从全省实际出发，因地制宜地深入贯彻落实国务院房地产宏观调控政策，促进房地产市场持续健康发展，保持住房价格基本稳定，推进城市住房保障制度建设，努力开辟房地产工作全面协调发展的新局面。2007年底，全省房地产开发企业达到1896家，从业人员3万余人；物业管理企业700多家，从业人员7万余人；房地产中介服务机构近600家，从业人员2万余人。根据省地税局的不完全统计，全年全省房地产相关税收实现64.63亿元，同比增长44.0%，其占地税组织的地方税收收入的比重达到20.5%，较上年提高2.3个百分点。全省城镇人均住房面积28.24平方米。

2007年，是全省全面贯彻落实国务院调控房地产市场，防止房地产开发投资增速和房价上涨过快关键一年。省建设厅根据省委、省政府发展房地产业的要求，牵头会同有关部门进一步解放思想、开拓创新、狠抓落实，正确处理宏观调控与经济发展的关系，把产业发展作为工作的重中之重，把加强保障改善民生摆在重要位置，扎实开展房地产市场调控工作。一是调整供应结构。按照国务院的政策要求，指导各级城市结合实际情况编制并组织实施住房建设规划，增加90平方米以下小户型住宅的市场供应。并按建设部要求组织开展全省新建住房结构比例的考核检查工作。二是加强政策引导。在加强调研，深入剖析影响我省房地产业发展的制约性因素的基础上，初步提出促进全省房地产业持续健康发展的若干意见。并在年内召开房地产开发企业座谈会，征求房地产开发企业意见，引导开发企业正确理解国家房地产宏观调控政策，一定程度上解除了开发商的疑虑和观望。根据我省县城房地产业发展的形势，拟定了促进县城房地产业全面发展的指导意见，经有关部门共同研究后，上报省政府审定并由省政府办公厅印发实施。三是适时召开会议。针对2007年一季度末，房地产开发投资增速出现大幅回落的情况，明确要求全省各地各部门要进一步学习领会国务院文件精神，理解省政府的意图，把思想统一到如何又好又快地发展云南省房地产业上来。坚持发展房地产业不动摇，坚持从实际出发调控房地产，坚持协调发展房地产。四是突出住房保障。抓好国务院24号文件和全国城市住房工作会议精神的贯彻落实。按照省政府要求，积极筹备全省城市住房保障工作会议，代拟了落实国务院24号文件的贯彻意见，经征求有关部门意见后报省政府印发实施。牵头会同有关部门加大对全省各级城市城市廉租住房制度建设的指导力度，对列为省政府10件实事之一的10万平方米的廉租住房建设项目开展了专项检查，督促各设区城市于2007年底前启动了廉租住房补贴的发放工作。住房保障工作的全面推进，促进了房地产投资的协调发展。五是紧盯重点城市。省建设厅领导高度重视昆明市房地产开发投资增速偏低的问题，利用市委、市人民政府领导到省建设厅调研工作会议、新昆明建设工作会议以及昆明市人民政府房地产专题研究会议等时机，反复提出请昆明市高度重视房地产开发投资增速下降以及由此可能产生的房价大幅上涨问题，建议或要求昆明市加快土地、规划等环节的工作效率和工作力度，从全省经济发展、社会稳定的高度，加快房地产开发投资。引起昆明市委、市政府及有关部门的重视，并采取有力措施促使房地产开发投资增速得到了恢复。六是强化监测分析。加强对各城市房价的监测分析，对年初以来一度出现房价上涨偏快苗头的大理市及时下发做好房地产宏观调控、稳定房价的督导意见。引起大理市政府和有关部门的密切关注，并采取措施使房价涨幅回落到全国70个大中城市平均涨幅以下。通过房地产经济运行分析联席会议，加强与省发改、国土、统计、地税、人行昆明中支及昆明市建设、房管等部门的沟通，整合各相关部门的力量，加强对房地产市场的引导。并于每月定期形成分析报告，按季度定期召开分析会议，为省政府和有关部门进行决策提供重要依据。七是整治市场秩序。按照建设部等多部门的要求，在2006年以来开展房地产交易秩序整治的基础上，又组织了房地产市场秩序专项整治工作，进一步净化市场环境，收到了较好成效。会同省统计局进一步加强和规范房地产统计工作，下发《关于做好房地产开发统计年快报工作的通知》，加强统计培训和房地产统计的指导，提高房地产开发企业统计数据填报的及时性和准确性。

房地产业开发投资

2007年初，全省房地产市场表现出了对国务院房地产宏观调控政策的高度敏感性，一季度末房地产开发投资增速大幅下滑。针对这样的形势，省建设厅会同有关部门积极采取应对措施，促使房地产开发投资增速逐步恢复上扬。特别是在2007年的最后几个月开展了一系列卓有成效的工作，最终确保房地产开发投资责任目标的超额完成，实现与全省经济社会发展相适应的房地产开发投资增长。2007年，全省完成房地产开发投资422.86亿元，同比增长27.3%，完成目标任务的105%。房地产开发投资规模在全省历史上首次突破400亿元大关；房地产开发投资增速高于同期城镇固定资投资增速（22.1%）5.2个百分点。房地产业发展对拉动全省国民经济平稳较快增长起到越来越重要的作用。全年全省完成住宅开发投资320.46亿元，同比增长34.2%；住宅开发投资占房地产开发投资的比例达到75.8%，比上年同期提高了3.9个百分点。90平方米以下小户型住宅开发投资占住宅开发总投资的比例逐步加大。全省完成90平方米以下住宅投资66.51亿元，占住宅开发投资的20.8%，接近全国平均水平。全年完成经济适用住房开发投资12.99亿元，同比增长9.1%。2007年，全省房地产开发投资规模前四位分别是：昆明市221.99亿元，曲靖市35.99亿元，大理州22.14亿元、文山州21.75亿元。从房地产开发投资增速来看，共有10个州市的增速高于全省平均增长水平，排在前6位同比增速较高，分别是：普洱市138.6%、玉溪市125.5%、迪庆州123.5%、文山州64.4%、德宏州59.4%和红河州54.1%。从各州市房地产开发投资所占的比重来看，除昆明市外的15个州市的占比继续提高，合计完成房地产开发投资200.87亿元，同比增长40.3%，占全省房地产开发投资的比重达到47.5%，比上年提高了4.4个百分点。房地产开发投资过度集中于昆明的不平衡现象进一步改善。2007年底，全省商业性房地产贷款余额734.11亿元，同比增长48.1%，增速较上年提高20个百分点，新增房地产信贷占全省新增贷款总额的27.5%。其中，房地产开发贷款余额232.53亿元，同比增长124.2%；个人住房贷款余额501.59亿元，增长27.9%。同时住房公积金个人贷款住房发放力度进一步加大。截至2007年末，住房公积金个人住房贷款余额104.83亿元，同比增长41.8%。2007年，全省房价平均水平总体较低，商品房销售均和商品住宅销售均价均低于全国平均水平，更低于沿海发达省区市的房价水平。主要城市房价涨幅低于全国70个大中城市的平均涨幅。根据国家发展改革委和国家统计局发布的1~12月全国70个大中城市房屋销售价格指数显示，对比房屋销售价格、新建商品住宅销售价格和二手住宅销售价格三项指标的同比上涨情况，昆明市2007年下半年以来三项指标的涨幅都明显低于全国70个大中城市涨幅；大理市下半年以来三项指标的涨幅也都保持在全国平均涨幅以下。

商品房市场供求

2007年，全省商品房施工面积4284.25万平方米，同比增长29.0%；商品房新开工面积2014.77万平方米，增长60.5%。其中，住宅施工面积3582.68万平方米，增长30.8%；住宅新开工面积1696.27万平方米，增长70.8%。全省商品房销售建筑面积1894.44万平方米，同比增长11.9%。其中，住宅销售建筑面积1726.77万平方米，增长15.1%。由于同期商品房竣工面积同比下降，房屋空置面积有所消化。2007年商品房竣工面积913.74万平方米，同比下降21.3%。其中，住宅竣工面积753.79万平方米，下降20.3%。全省商品房空置面积135.24万平方米，下降20.7%。其中，住宅空置面积67.69万平方米，下降11.8%。2007年年初以来省建设厅敏锐地捕捉到全国70个大中城市房价涨幅开始加快的迹象，高度关注全省商品房新工面积不足和竣工面积增幅下降的问题，牵头会同有关部门采取措施，在一季度末扭转了新开工面积一度下降的局面，并从6月以来保持了50%以上的较快增速。最终2007年商品房供求比值同比略有提高，商品房施工面积与竣工面积之和与销售建筑面积的比值为2.74，略高于2006年的2.65。其中，2007年住宅的供求比值为2.51，略高于2006年的2.46，表明商品房市场销售周期略有提高。在房价上涨加快的情况下，这种局面有利于进一步做好房地产宏观调控工作。在国土资源部门出台一系列措施加强土地调控和管理，省建设厅一再强调抓好房地产开发项目新开工工作的作用下，全省土地购置面积和开发面积年初以来呈现同比下降的问题得到逐步改善。2007年全省购置土地面积1298.71万平方米，同比增长3.6%；完成开发土地面积753.39万平方米，增长16.0%。

廉租住房制度

2007年，省政府继续将省级财政补助5000万元建设10万平方米廉租住房作为10件实事之一来抓。昆明等州、市在省级廉租住房计划的基础上，加大投入，增加建设规模。截至2007年，全省已累计建成50余万平方米、1万多套廉租住房。建设厅牵头会同有关部门加大对廉租住房补贴发放工作的督导力度。在2007年底，全省各设区城市向符合条件的1.73万户城市低收入居民家庭发放了廉租住房补贴。通过实物配租和发放廉租住房补贴两种方式，全省共有2.7万多户城镇低收入居民受益于廉租住房制度。廉租住房制度已覆盖全省16个州（市）、51个县（市、区）。年内，省建设厅召开全省城市住房保障工作会议，对贯彻落实《国务院关于解决城市低收入家庭住房困难的若干意见》及全国城市住房工作会议精神进行了部署。审核下达2007年度省属困难企业经济适用住房计划和2007年度10万平方米廉租住房建设投资计划，至年底，10万平方米廉租住房建设任务顺利完成。各设区城市对符合规定住房困难条件、申请廉租住房租赁补贴的城市低保家庭基本做到了应保尽保。2007年底，全省219个县（市、区）均建立了住房公积金制度，全省参加住房公积金的职工人数达165.8万人，职工覆盖率达到76%，较上年增长0.3%；住房公积金归集总额382.9亿元，增长30.4%；归集余额247.6亿元，增长24.5%；住房公积金个人贷款总额212.4亿元，增长42.8%；个人贷款余额突破100亿元大关，达到121.3亿元，增长44.5%。上述经济指标与住房公积金管理机构调整前的2002年底相比，分别增长了376%、343%、747%、725%。存贷比稳步提高至49%，较上年同期增长16%；个人贷款逾期率从上年的0.45%再降至0.26%；单位项目贷款回收1.05亿元。在全国率先建立了住房公积金监管系统，加大对各种违规行为的查处力度。住房公积金制度支持职工改善居住条件的作用日益显现。

农村居民地震安全工程

2007年，省委、省政府为贯彻国务院关于加强防震减灾工作精神，切实加强全省农村民居地震安全工程建设，提高农村抗御灾害的能力，由省建设厅牵头在先行试点取得成效的基础上，于3月在全省全面铺开农村民居地震安全工程。4月9日，省人民政府下发《关于实施农村民居地震安全工程的意见》，进一步明确全省农村民居地震安全工程的重要性和必要性、指导思想、目标任务、工作原则、实施的步骤和范围以及工程的组织领导、项目、资金筹措和使用等。依据省人民政府的意见，省财政厅印发《云南省农村民居地震安全工程建设补助资金管理办法（试行）》，对农村民居地震安全工程补助资金的管理、使用和监督提出了要求和规定；省建设厅印发《云南省农村民居地震安全工程项目管理办法（试行）》和《云南省农村民居地震安全工程技术导则（试行）》，分别对农村民居地震安全工程的实施步骤、项目管理和全省农村民居的新建、加固技术提出要求。该工作涉及全省16个州（市）、70个县（区）。省、州市、县层层签订责任书，各级领导深入基层，狠抓落实，有力地推动工程顺利开展。截至2008年1月，已投入资金9.37亿元，完成加固改造和拆除重建民房25.09万户。建立健全全省建设系统应对突发地震灾害应急机制，先后完成盐津、大关、宁洱地震恢复重建工作，并实现了项目、资金的规范化管理。豆沙古镇建设成为小城镇恢复重建的典范。

2007年6月3日宁洱县发生6.4级地震，造成3人死亡，28人重伤，40万人受灾，直接经济损失达18.99亿元。地震发生后，省建设厅、省抗震办迅速赶赴灾区参加应急抢险，300多名专家和工程技术人员深入灾区对受损房屋大规模开展排危除险、房屋鉴定工作，累计完成宁洱县近170万平方米的房屋建筑、32363户农村居民的震害损失评估和鉴定。及时恢复了灾区市政基础设施，开展排危除险和受损市政基础设施及房屋鉴定，防止了次生灾害的发生。编制宁洱县旧城区恢复重建详细规划，加强建筑质量的监管，编制《宁洱地震灾区恢复重建工程项目全过程造价控制办法与技术建议》，保证新建民居达到抗震标准。截至2008年1月30日，灾区民房共完成恢复重建1.69万户，修复加固4.5万户，顺利完成第一阶段工作目标。

2007年5月23日由云南省人民代表大会常务委员

会第二十九次会议于审议通过出台《云南省建设工程抗震设防管理条例》。自10月1日起实施。标志着全省建设工程抗震设防管理工作走上规范化、法制化轨道。

城市建设和管理

2007年，全省城市市政基础设施完成投资121亿元，比上年增长51.2%；城市建成区面积达1150.34平方千米，比增长约152.34平方千米；全省用水普及率达到90.95%，人均日用水量131.63升，城市综合供水能力达到了431.91万吨/日，比上年增长18.91万吨/日；全省已建成的污水处理厂达37座，城市污水厂集中处理率为39.6%，形成城市污水处理能力125.05万吨/日，比上年增长33.0万吨/日；全省建成无害化垃圾处理场29座，无害化处理率达30%，形成无害化处理能力9490吨/日，比上年增长158吨/日；城市燃气用气人口达685.01万人，增长173.01万人；全省拥有标准运营公共车9031辆，增长2680辆；全省城市人均公共绿地面积为6.02平方米，建成区绿化覆盖面积为2.56公顷，增长3769公顷；全省建成城市道路6714千米，比上年增长1412千米；同时，全省建成150余支城建监察队伍，监察人员达到6000名。全省创建园林城市（县城）步伐加快，首批云南省园林县城创建申报陆续展开。在昆明市和大理市开展“公交优先周”及“无车日”活动，昆明市率先在全国实行了每月一次的无车日活动。加大了规范出租汽车行业管理和打击“黑车”等非法营运专项治理工作的督查力度。昆明市四区及安宁市、曲靖市麒麟区等相继开展了数字化城市管理试点。城建监察队伍率先在全国依法实施了统一着装，提高依法行政、文明执法水平。同时，各地进一步加强城市综合交通体系规划、城市公共交通建设规划、城市轨道交通建设规划编制与实施的监督检查，推行公交专用道、智能交通系统建设。全省新建建筑全部达到节能50%以上的要求，新型墙体材料推广应用的比重由2002年的20%上升到25%。可再生能源在建筑中的应用比例逐年增大，全省太阳能热水器使用量在全国处于领先地位，累计使用量达到600余万平方米，每年节约能源折合标准煤90万吨。全省城乡太阳能热利用率已达28%，昆明、曲靖、玉溪等市已达30%。同时，省建设厅组织开展云南省风景名胜区综合整治工作，违规建设和不履行法定审查程序的行为得到遏制。12个国家级风景名胜区均已编制完成总体规划，成立了管理机构，管理职能总体上履行到位。云南省在全国率先成立了世界遗产管理委员会，并完善了风景名胜区管理机构。配合建设部开展为期五年的国家级风景名胜区综合整治工作。完成国务院对石林、大理、腾冲国家级风景名胜区总体规划审批。石林风景区申报成为世界自然遗产。开展了“七彩云南”保护行动国家级风景名胜区管理体系设立25周年成就展览。目前，全省有世界自然遗产2处，世界文化遗产1处，有国家级风景名胜区12个，省级风景名胜区53个。

旅游小镇和重点小城镇建设

2007年，省政府成立云南省旅游小镇开发建设协调领导小组，进一步理顺旅游小镇开发建设管理机制。加强旅游小镇规划指导和督促检查工作，对全省60个旅游小镇和部分备选旅游小镇进行专项督查。省人民政府按照“60个规模不变、优胜劣汰、动态管理”的原则，公布10个旅游名镇，保留37个，淘汰14个，新增23个，对原有的60个旅游小镇进行了调整。2007年底，已有40多家企业进入旅游小镇开发建设，综合累计投资额62.2亿元。旅游小镇累计接待游客人数7622.86万人次，实现旅游业综合收入71.68亿元，年新增就业岗位近20万个，吸引约37万农业人口向非农业人口转移。旅游小镇开发建设呈现出财政投资逐年减少、企业投资快速增加、贷款建设平稳有序的发展态势。2007年，全省小城镇建设继续实施重点带动战略，集中力量促使一批小城镇实现“做大、做强、做特、做好”的阶段性发展目标。至年末，全省小城镇共1184个。其中，建制镇460个，乡集镇724个，村庄12.345万个；小城镇建成区面积7.44万公顷，全省村镇总人口3604.84万人。2007年底，全省小城镇用水普及率82.75%，1142个小城镇实现集中供水。全省小城镇排水管道密度2.30千米/平方千米。其中，建制镇2.82千米/平方千米，乡集镇1.49千米/平方千米。燃气普及率22.43%，人均道路面积8.28平方米，绿化覆盖面积为3711.89公顷，生活垃圾处理率60.78%，村镇房屋竣工总面积2060.70万平方米（混合结构以上1364.93万平方米，占总面积的66.24%）。

村镇规划试点

2007年末，为探索出新时期云南特色村镇规划建设有益经验，树立样板，发挥典型引路示范带动的作用，省建设厅印发《云南省建设厅关于在部分州市县开展第二批村镇规划建设试点工作的通知》，并形成上下联动，齐抓共推，以点带面的村镇规划建设管理的良好局面。全省共有各级各类村庄整治试点5015个。其中，省级1091个，市级1066个，县级2858个。一是县域村庄整治试点。协调建设部将沧源县、大理市和麒麟区列为“全国县域村庄整治联系点”，并完成《县域村庄整治实施方案》初审。2007年底，麒麟区专门成立的技术室编制完成辖区内70%村庄规划。麒麟区白石江办事处在迁村并点过程中，根据城市总体规划要求，组织村民投资建设建材市场和综合市场出租，开辟了农民增收致富的渠道，使农民有了长期稳定的收入来源。沧源县依规划完成50%村庄整治，并整合资源，将国家实施的“兴边富民工程”、“整村推进工程”和“茅草房叉叉房改造工程”合三为一，实现重点村整村推进。大理市建成一批“基础设施明显改善、产业布局相对科学，生产生活更加便捷”的小康示范村。二是县域村镇体系规划编制试点。先期在麒麟区和江川县试点。2007年底，已完成全国《麒麟区区域村镇体系规划》编制完成，2008年1月15日通过评审，成为全国第一个县域村镇体系规划。

通过试点，各级进一步明确规划编制基本理论、方法、内容、工作深度和技术要点，掌握工作量、成本和收费情况，探索出高效、低耗的规划编制组织方式，为全省开展县域村镇体系规划编制工作奠定了基础。三是县域村镇环卫设施规划建设试点。委托昆明理工大学编制完成《景洪市域村镇环卫设施规划》，规划提出了“村收集、乡转运、县集中无害处理”的村镇垃圾收处新模式。为在县域范围内进行环卫设施的统一规划和建设积累了经验。四是小城镇专项建设试点。红塔区研和镇推行“六统一”（统一规划、统一征地、统一设计、统一配套、统一施工、统一管理）建设试点；西畴县兴街镇的县域经济中心小城镇、砚山县平远镇的中心小城镇、七个特有较少民族聚居地区之一的景洪市基诺乡小城镇、巍山县大仓镇的商贸型小城镇、宣威市来宾镇的工业园区生活基地型小城镇、陆良县三岔河镇的三农服务型小城镇、元江县甘庄华侨农场和景洪市东风农场等各种类型的小城镇建设试点工作均已展开。五是村庄建设与整治试点。革命老区宣威市来宾镇虎头村规划、建设与整治试点，麒麟区沿江乡庄家圩村委会冯家圩村的新村规划、建设试点，麒麟区越州社区旧村规划与整治试点，宾川县国营彩凤华侨农场大营分场规划与整治试点陆续展开，为全省不同类型的村庄规划、建设与整治，以及旧村整治探索积累了经验。

（黄　增）

国　税　管　理

综　述

2007年，云南省国家税务局认真落实科学发展观，坚持“聚财为国、执法为民”的税收工作宗旨，围绕“质量效益年”工作主题，规范执法，夯实基础，强化征管，优化服务，加强队伍建设，各项工作质量和效率显著提高。

2007年，全省国税系统共组织税收收入730.15亿元（不含海关代征），比上年增收137.73亿元，增长23.25%，收入规模连续跨越了600亿元、700亿元两个大关，增收额突破100亿元，超额完成了国家税务总局下达的税收任务和省政府提出的税收收入目标任务。其特点：一是全面增长。全省国税部门征收的6个税种收入全面增长，国内增值税347.55亿元，增长27.42%；国内消费税253.98亿元，增长15.49%；企业所得税88.31亿元，增长35.87%；外商投资企业和外国企业所得税11.22亿元，增长8.95%；储蓄存款利息所得个人所得税8.28亿元，增长12.02%；车辆购置税20.82亿元，增长22.03%。全省16个州、市国税收入均超额完成省国税局下达的各项收入任务，增长幅度均在两位数以上。二是持续较快增长。2007年，全省国税收入比上年增长23.25%，增幅比2006年提高7.63个百分点。非烟行业、非公经济和地方级收入的比重持续提高。三是协调增长。2007全省实现GDP4721.77亿元，现价同比增长17.99%，全省国税收入增长23.25%，国税收入增长高于经济增长。

2007年，全省经济呈现出工业持续做强、服务业增长强劲和需求协同增长的良好势头，为税收增长奠定了坚实的税源基础。一是全省卷烟“两税”收入完成335.40亿元，占税收总额的比重达45.94%，比上年增长16.62%，增收47.79亿元，增收额占税收总增收额的34.7%，拉动整体税收增长8.07个百分点。二是全省除卷烟外的其他“两税”收入完成266.13亿元，增收61.06亿元，增长29.78%，增幅提高6.21个百分点。其他“两税”收入占税收总额的比重达36.45%，提高1.83个百分点，拉动整体税收增长10.31个百分点。三是企业所得税、外商投资企业和外国企业所得税、储蓄存款利息所得个人所得税收入完成107.80亿元，增收入25.12亿元，增长30.38%。“三项所得税”收入占税收总额的14.76%，提高0.81个百分点，拉动整体税收增长4.24个百分点。四是车辆购置税收入完成20.82亿元，增收3.76亿元，增长22.03%。

税收征管

2007年，全省国税系统认真贯彻《税收管理员操作实务》，进一步落实税收管理员制度，顺利完成税收管理员辅助信息系统的开发工作。建立完善了税收经济分析、企业纳税评估、税源监控和税务稽查“四位一体”互动机制，强化“以评促管、以评促收、以评促查”的目标措施，纳税评估的实效性和针对性大幅度提高。强化对资源综合利用水泥行业、社会福利企业、民贸企业、卷烟工业企业的精细化管理，加强消费税管理和机动车辆税收“一条龙”管理。通过所得税申报管理软件的全面推广应用，对所得税征管基础资料进行了大规模清理，实现了数据的再利用，为后续管理提供了高效的数据平台。认真执行国家对“高耗能、高污染、资源性”出口产品的出口退税率调整政策，引导出口企业做好出口产品结构调整。充分应用全省出口退税数据集中管理系统，逐步脱离出口退税“就单审单”的传统模式。规范和加强对“走出去”企业的服务和管理，编印《云南省企业境外投资税收服务指南》，在国税网站开设了企业境外投资税收服务窗口，为企业境外投资提供更具针对性的税收服务。

依法治税

2007年，全省国税系统依法治税，主要工作：一是

云南省2007年分地区国税收入完成情况表

单位：万元

项目 / 州市	收入（不含海关代征）		国内增值税		国内消费税		企业所得税		外商投资企业和外国企业所得税		个人所得税		车辆购置税		出口退税
	累计	比上年同期增减%	累计	比上年同期增减%	累计	比上年同期增减%	累计	比上年同期增减%	累计	比上年同期增减%	累计	比上年同期增减%	累计	比上年同期增减%	
昆明市	2339963	22.10	1199914	27.27	575858	14.49	345405	24.41	101014	6.22	34448	11.66	83324	24.19	95432
曲靖市	1023384	25.25	498220	25.33	393035	21.07	101921	47.47	2180	53.74	7156	13.32	20872	15.49	4600
玉溪市	1544225	19.48	483240	20.99	851477	15.40	185179	39.35	2841	101.06	6930	11.58	14557	-0.93	4100
保山市	101749	21.42	69849	18.57	1767	32.46	21006	26.75	139	135.59	2599	10.97	6390	39.46	8400
丽江市	47014	19.70	33365	15.18	78	9.86	7282	51.71	225	-41.41	1610	8.78	4454	24.62	653
昭通市	268382	25.45	130092	30.85	103024	11.97	24834	87.24	1407	5.71	2825	14.70	6199	13.97	503
楚雄州	389004	22.85	159388	21.09	170871	15.55	48364	73.32	247	-45.35	3560	10.73	6572	17.82	844
红河州	848203	25.20	398986	44.47	339840	11.67	82924	10.64	1967	6.55	7235	14.12	17306	24.83	22000
文山州	116949	56.69	89429	58.41	171	9.62	15193	58.15	576	323.53	2512	16.57	9068	47.93	698
普洱市	82825	16.97	69685	15.78	1046	12.96	1413	45.52	580	391.53	2521	13.87	7580	18.59	2000
版纳州	44192	48.08	30923	37.44	210	-25.00	4141	1991.41	89	242.31	2135	14.78	6694	34.42	21600
大理州	289105	25.41	135923	19.45	98865	17.69	37594	106.95	900	32.16	4829	11.52	10994	14.92	3800
德宏州	58326	27.17	47573	27.47	1110	36.03	2572	67.78	11	175.00	2186	4.64	4874	18.97	33000
怒江州	51727	13.77	49416	13.51	29	11.54	243	55.77	0		449	17.23	1590	16.23	40
迪庆州	24068	47.83	18161	46.08	237	0.42	2704	104.38	0		318	4.26	2648	33.40	236
临沧市	72410	35.07	61354	31.66	2170	39.01	2287	164.07	1		1493	9.06	5103	58.68	1534
合　计	7301526	23.25	3475518	27.42	2539788	15.49	883062	35.87	112177	8.95	82806	12.02	208225	22.03	180000

深入贯彻国务院《全国推行依法行政实施纲要》，按照建设法制云南的要求，推进“依法治省示范单位”试点工作，结合国税工作实际，大力推进依法治税，被省委授予“依法治省工作先进集体”称号。二是深入推行税收执法责任制管理考核，强化税收执法管理信息系统的应用管理，开展税收执法的实体性考核，严格过错责任追究。三是开展税收规范性文件清理工作，对1994年税制改革以来至2006年10多年间制定的1688个税收规范性文件进行了清理审查，完善了税收规范性文件的制度管理机制，为依法治税工作的不断推进奠定了坚实的制度基础。

税务稽查

2007年，全省各级稽查部门共检查各类企业3491户。其中，有问题户为1964户；查补总额为2.38亿元，实际入库2.29亿元，平均处罚率为11.26%。与公安、地税部门协同配合，组织开展打击涉税违法犯罪专项行动，重点打击虚开和接受虚开增值税专用发票和“四小票”骗抵税款、骗取出口退税，利用做假账、两套账和账外经营等手段愉悦的违法活动。全年查处大要案63件，已结案26件，移送公安机关19件，涉案税额7432.24万元，追缴入库税额、滞纳金、罚款共计2905.76万元，促进了云南经济环境的健康发展。

科技强税

2007年，全系统推行增值税专用发票抵扣联网上认证方式，有效解决了专用发票异地认证问题，提高了办税效率。推广车辆购置税电子信息采集系统，开发完成“自助申报系统”，切实减轻了纳税人和基层税务机关负担。自行开发应用“数据分发系统”，完成了税收管理员辅助信息系统的首期开发，电子政务门户网站进行了改版扩容，网络版财务管理软件成功上线，档案管理软件在全省推广应用，有效提高了税务机关的行政管理工作效率。进一步完善技术运行维护工作制度，成立了“云南省国税局数据技术支持中心”，建立问题处理机制，确保了信息化支撑的各业务系统正常运转。

（彭颖睿）

附件：云南省2007年分地区国税收入完成情况

地 税 管 理

综　述

2007年，云南省地税系统在省委、省政府和国家税务总局的正确领导下，全面落实科学发展观，紧紧围绕组织收入中心，坚持聚财为国、执法为民的工作宗旨，进一步推进依法治税，稳步深化税制改革，全面强化科学管理，切实加强队伍建设，圆满完成了各项工作任务。全年共组织税费收入479.79亿元，同比增收98.72亿元，增长25.91%。其中，地方税收入315.63亿元，增收68.24亿元，增长27.59%，超过年初计划的10.75%；社会保险费收入154.47亿元，增收29.31亿元，增长23.41%；地方教育附加收入6.64亿元，水资源费收入2.05亿元，文化事业建设费收入6563万元，旅游宣传促销费收入3522万元。

依法治税

2007年，全省建立了税收政策执行情况反馈报告制度，对税收政策执行情况进行跟踪问效。省地税局与省政府法制办研究起草《云南省车船税实施办法（草案）》和《云南省城镇土地使用税实施办法（草案）》，并经省政府常务会议审议通过，分别以第142号和第143号政府令颁布实施。经省政府同意，与财政厅完成各地城镇土地使用税土地等级和适用税额的审批工作。加强与省保监局和保险公司协商，制定《云南省车船税代收代缴暂行办法》。加大对《云南省社会保险费征缴条例》的宣传、贯彻和执行力度，与省政府法制办编写《云南省社会保险费征缴条例释义》，促进了地税干部职工和广大缴费人了解掌握社会保险费征缴政策。加大稽查力度，集中力量做好总局部署对5户汇总纳税企业的税收专项检查工作，以全省税收专项检查为主，省局重点检查为辅，把房地产企业作为重点，将昆明市旅行社企业列为专项整治内容，严查制售假发票的违法犯罪行为，着力打击各种涉税违法行为，进一步整顿和规范地方税收秩序。2007年共检查纳税户1.31万户。其中，发现问题5132户，查补税款6.59亿元。

税收征管

2007年，在认真总结2006年开展税收“征管质量年”活动的基础上，省地税局针对存在的薄弱环节和不足之处，制定下发《关于进一步深化税收“征管质量年”活动实施意见的通知》，使税收征管质量和水平得到了明显提高。认真贯彻总局《税收分析工作制度》，制定了具体的实施办法，建立了税收分析例会制度，开展了税收与相关经济指标的关联分析。为摸清家底，在核实正常管户的同时，认真清理了非正常户、停歇业户、失踪户，共清理漏管户2.78万户。对地税纯管所有纳税企业4.9万户进行了纳税信用等级评定，鼓励纳税人依法诚信纳税。积极向总局反映铅锌矿和铜矿资源税税额过低的问题，引起了总局的重视和支持，大幅提高了铅锌矿和铜矿资源税的适用税额标准。圆满完成了年所得12万元以上纳税人自行申报纳税工作，全省共有1.16万人到地税机关进行申报纳税。强化发票管理，继续推行有奖发票，强化货运发票稽核比对，抓好自印发票工本费管理。加强涉外税收征收管理，严格执行涉外税收协定，做好与缔约国的自动情报交换工作，认真开展涉外企业联合年检。

2007 年云南省各地地方税收计划完成情况表

单位：万元

地区	各项税费收入总计		地税部门组织地方税收收入				社会保险费收入	
	累计数		累计数				累计数	
	实际完成数	比上年同期±%	实际完成数	比上年同期±%	比上年同期±额	完成年计划%	实际完成数	比上年同期±%
昆明	1342708	25.48	940072	27.03	200048	109.95	380142	22.03
昭通	161316	31.39	102919	22.51	18907	107.77	55302	54.02
曲靖	507081	24.59	380133	29.03	85534	113.47	114996	13.39
玉溪	447872	20.13	303222	19.40	49273	106.88	130283	24.44
红河	391759	24.98	260011	25.83	53380	111.07	122130	24.35
文山	148983	33.97	110788	35.68	29132	119.38	36624	29.12
普洱	147215	39.09	87606	50.13	29254	131.74	53099	27.34
西双版纳	92846	24.22	57787	30.00	13334	114.20	34178	15.52
楚雄	211338	25.92	140178	32.34	34255	117.11	67194	15.07
大理	234235	21.90	164319	20.82	28313	108.25	65421	25.65
保山	118906	27.52	82989	28.25	18279	114.78	33903	25.73
德宏	75441	33.22	52022	39.84	14822	123.86	21835	20.48
丽江	95100	43.20	68417	46.87	21834	127.88	25584	35.37
怒江	39962	37.53	28024	39.99	8006	121.84	11071	29.25
迪庆	30036	45.25	18417	45.75	5781	127.01	11010	46.50
临沧	93191	25.05	54541	27.56	11783	113.63	31294	23.01
省直征局	659928	23.99	304813	24.77	60507	116.34	350643	23.35
全省合计	4797916	25.91	3156258	27.59	682442	110.75	1544708	23.41

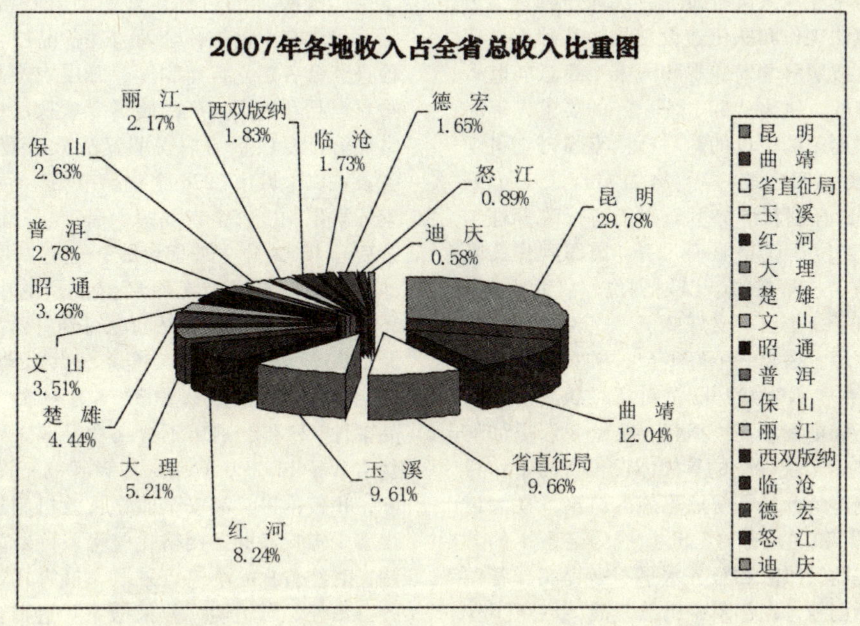

信息化建设

2007年，全省地税系统积极稳步加快税收信息化建设，取得了较大突破。一是进一步修改和完善《云南地税综合管理信息系统V2.0》。二是在深入调研的基础上，制定了全省数据大集中系统推广方案，成功地实施了在丽江、临沧、版纳、怒江4个州市地税局的数据大集中系统推行工作。三是全力做好信息化技术性服务工作，认真做好三级广域网全面开通运行维护服务工作。四是根据各项税收业务需求，开发企业所得税汇算清缴软件，对货运发票税控系统及时进行了升级，做好推行个人所得税管理信息系统的技术准备，完成财税库行横向联网的试点准备工作，制定云南地税财税库行联网试点工作方案。

税收宣传

2007年，全省地税系统大力开展税收宣传：一是认真抓好第16个全国税收宣传月活动，紧紧围绕“依法诚信纳税，共建和谐社会”的宣传主题，继续加强与国税、公安、报社等部门的密切配合，形成强大的宣传合力。二是宣传形式进一步丰富，专门编印《云南省地方税务系统征收管理的24种税费简介》，赠送各级地方党政领导，使之了解地税系统，熟悉地税部门，进而更好地指导地税工作。积极组织参与“金色热线”节目，倾听纳税人呼声，解决纳税人关注的热点、难点和焦点问题。有条件的州、市局相继开通12366纳税服务热线，免费为纳税人提供政策咨询。继续发挥《云南地税》刊物、永久性税收宣传牌、户外电子显示屏、云南地税网站等宣传阵地和宣传媒介的作用，持久开展税收日常宣传，扩大地税工作的社会影响，努力提高纳税人对税法的遵从度。三是大力推行“文明办税八公开”制度，继续开展办税服务厅规范化建设，进一步融洽了征纳关系。在全省444个办税服务厅统一配备了610台触摸屏，330台电子显示屏，用于宣传有关政策和管理情况，及时更新内容，方便纳税人查询。

（王　玫）

工商行政管理

综　述

2007年，全省工商行政管理系统全面落实科学发展观，坚决贯彻省委、省政府和国家工商总局的安排部署，全力以赴开展以产品质量和食品安全为重点的各项专项整治，尽心尽力服务云南经济又好又快发展，各项工作取得了新的突出成绩。

2007年4月，省委对省工商局领导班子进行了调整。新一届领导班子在深入调查研究、认真分析总结云南工商市场监管执法工作和队伍建设现状的基础上，广泛征求各方意见，按照科学发展观和国家工商总局监管与发展、服务、维权、执法“四个统一”的要求，审时度势提出新时期云南工商工作的新目标：牢固树立科学发展观，认真落实“四个统一”，努力实现“三个到位”和“六个好”，开创新形势下云南工商行政管理工作新局面。“三个到位”就是明确职责、履职到位；爱岗敬业、工作到位；统筹兼顾、谋划到位。“六个好”就是建设一个好班子、带出一支好队伍、完善一套好制度、营造一个好环境、搭建一个好平台、树立一个好形象。“三个到位”和“六个好”既是对新时期云南工商行政管理工作的正确把握和高度概括，又是我们贯彻科学发展观、落实“四个统一”的具体体现。新的工作目标一提出，全系统广泛开展了解放思想大讨论，在大讨论中，“三个到位”和“六个好”迅速成为全系统的共识，广大干部职工监管执法和服务水平不断提高，各项工作在传承中不断创新，在创新中继续发展，取得了较好的成绩。

产品质量和食品安全专项整治

2007年，全省工商行政管理系统坚决贯彻国务院、省政府和国家工商总局的总体部署，以流通环节产品质量和食品安全为重点的专项整治全面展开，整顿和规范市场秩序工作取得新进展。全年共查处各类经济违法违章案件2.15万件，案件总值5.69亿元，罚没金额2.19亿元，移送司法机关案件11件。

年内，全省流通环节产品质量和食品安全专项整治取得明显成效。全系统紧紧围绕“两个100%”和“一个彻底解决”的目标，紧密结合我省边疆民族省份实际，采取有力措施，全面清理食品经营主体资格，指导检查经营者建立自律制度，开展农产品、食品、猪肉等重点产品和进出口产品质量专项执法检查，强化基层日常监管，专项整治取得明显成效。截至2007年底，全省县城以上城市3224个食品市场、超市已100%建立了索证索票制度；全省乡镇、街道、社区13.73万个小食杂店已100%建立进货台账；全省共取缔乡镇政府所在地及县城以上城市无照经营食品的小食杂店、小摊店3692户，无照经营食品问题得到有效治理。省工商局共派出23个督查检查组，全系统共出动执法人员16.3万人次，检查食品经营户33.9万户次，查处假冒伪劣食品案件723件，退市不合格食品8.2万千克，销毁假冒伪劣食品14.2万千克。各级工商行政管理机关结合实际，积极推进食品安全监管长效机制建设，探索和总结出不少宝贵经验。网格化监管、重要商品食品留样备查制、对经营食品小摊点采取“捆绑式”办证明确经营者各方责任、对边境“蚂蚁搬家”进口食品实施严密监控等做法，得到了国家工商总局的肯定。国务院派出的检查验收组对云南产品质量和食品安全专项整治工作，给予了充分肯定和高度评价。

广告市场

2007年，全省工商系统在强化日常监管的基础上，继续深入开展虚假违法广告专项整治行动，突出重点整治药品、医疗、保健食品、化妆品、美容等五类广告和查处讨债非法广告，加强广告发布环节监测监管，狠抓各项监管制度落实，建立和完善长效监管机制。同时，充分履行广告专项整治联席会议牵头单位的职责，加强沟通协作，形成了各部门对虚假违法广告齐抓共管、综合治理的良好局面，全省广告市场秩序进一步得到规范。全年共监测和检查各类广告152.52万条次，查出违法广告4.98万条次，查处违法广告案件1908件。

商标行政保护

2007年，全省各级工商行政管理机关积极组织开展“联想”、“999”、“花花公子”、“云南白药”、“普洱茶”等国内国际驰名知名商标以及奥林匹克标志专项保护行动，有效地保护了商标权人的合法权益。承办“泛珠区域”商标工作会议，参与西部商标协作，加强区域商标保护合作力度，树立了云南大力保护知识产权的良好形象。全年共查处商标违法案件644件，收缴和消除违法商标标识13183件（套）。

传销行为治理

2007年，全省工商行政管理系统继续加强与政法、公安等部门的协作配合，群防群治，加大对城乡结合部的监控，继续保持高压态势，重拳打击“拉人头”式传销活动，有效遏制了传销的猖獗势头。进一步落实属地监管责任制，推进“无传销社区（村）”创建工作，防范和打击传销活动的长效机制初步建立。认真落实全省打击传销工作考评机制，牵头完成全省打击传销年度考评工作。全年共查处传销案件171件，捣毁传销窝点2335个，抓获传销头目及骨干106人，教育劝返参与人员13946人次。

商业贿赂治理

2007年，全省各级工商行政部门紧紧围绕自查自纠、案件查办、建立长效机制三大任务，切实加大对医药购销、工程建设、商业零售、中介评估、出版发行等商业贿赂案件的查处力度，进一步拓宽执法领域，排查案件线索，搞好部门协作，稳步推进治理商业贿赂工作深入开展。全年共查处商业贿赂案件467件，涉案金额1.82亿元。

违法经营治理

年内，全省加大对虚假出资、虚假注册和抽逃注册资本行为的查处力度。严厉打击“傍名牌”、商业欺诈等不公平交易行为。继续加强无照经营取缔、手机市场整治、“两烟”打假打私、陈化粮市场监管、集贸市场监管、禽流感防控、打击走私贩私、整顿规范房地产交易秩序、打击非法拼组装汽车、取缔黑网吧、加强合同监管等监管执法工作，严厉查处各种扰乱市场秩序的违法行为。积极发挥职能作用，开展社会治安综合治理和平安社区创建，积极参与安全生产专项整治、校园周边环境治理、扫黄打非、打黑除恶和禁毒防艾等工作，努力促进社会稳定和谐。

市场主体发展

年内，全省不断规范企业和个体工商户登记注册工作，全面推行一审一核制，深化落实首办责任制、一次告知制、当场登记制等制度，积极开展网上查询咨询、网上登记和年检受理等新业务，进一步简化程序，规范流程，不断探索和推行全省统一、规范、高效的登记注册工作模式，建立便捷高效的市场准入服务体系。大力支持国有企业做大做强和企业改组改制；大力鼓励、支持和引导个体私营等非公经济快速发展；大力为招商引资提供优质服务，为各种所有制经济平等竞争、互相促进创造良好了的环境。截至2007年底，全省共有内资企业5.8万户，注册资本金3005.1亿元；外资企业2055户，注册资本金66.14亿美元；城乡个体工商户85.23万户，注册资金196.91亿元；私营企业8.47万户，注册资金1823.74亿元。同时，认真落实帮扶政策，积极引导下岗失业人员和高校毕业生，在个体私营经济领域实现就业再就业。2007年，共帮助3.18万人实现了就业再就业，减免规费3000多万元。

促进经济结构调整

2007年，认真执行国家经济结构调整和经济发展政策，大力支持全省两烟产业、生物产业、旅游业、水电产业、矿产业等优势产业，积极扶持各地各具特色的工业园区高新技术产业、文化产业和现代服务业发展，配合有关部门做好产能过剩、技术落后、污染严重等企业的变更和注销登记工作，积极参与环保治理、节能减排、矿产资源整合、小煤窑关闭等工作。继续把引导和支持省内企业实施商标广告战略，作为服务企业增强自主创新能力、提高经营效益的有效措施。全年，昭通天麻、蒙自石榴、富源大河乌猪、富源魔芋等特色产品获得地理标志证明商标注册，“斗南”花卉商标成为中国驰名商标。目前，我省有效注册商标已达到3万件左右。其中，中国驰名商标7件、云南著名商标523件。全省广告经营单位发展到3574户，广告从业人员1.78万人，广告业经营额达到16.45亿元。

支持社会主义新农村建设

2007年，继续完善工商服务新农村建设的“七农”机制，活跃、发展和繁荣农村经济。培育发展农村经纪人7815户，制订合同示范文本104种，签订涉农订单100多万份，合同金额87.85亿元，行政调解涉农合同纠纷106件；落实省政府“万村千乡市场工程”建设，协助完成3500个村委会“农家店”建设。积极协助各级政府改造提升农副产品批发市场和集贸市场，支持发展农产品拍卖、连锁经营、网上交易等新业态。省工商局和16个州市工商局都建立了新农村建设工商帮扶点和扶贫点，帮助村委会发展生产、培育市场。深入开展“红盾护农”行动，打击生产销售假冒伪劣农资等违法行为，确保农户播上“放心种”、施上“放心肥”、打上“放心药”，全年共查处农资违法案件1139件，没收假冒伪劣种子8040千克、化肥20.62万千克、农药4335千克，有力地维护了广大农民群众的合法利益。

消费维权工作

2007年，全省围绕“消费和谐”年主题，针对消费者关注的食品、药品等九大项消费热点，收集信息，及时发布消费警示，引导成熟消费、节约消费和文明消费。积极推进12315消费维权体系建设，工商维权服务点“五进”行动继续深入，横向到边、纵向到底的维权网络体系初步形成。农村消费维权“一会两站”发展较快，全省覆盖率已达70%以上。认真及时受理、处理消费者申诉、投诉，消费维权水平进一步提高。全年，共受理消费者申诉、投诉2.43万件，解决成功率达到98%，为消费者挽回经济损失3161.83万元。创建“诚信市场”和消费者满意街600个（条），公示“守合同、重信用”企业3647户，市场诚信度进一步提升。

依法行政能力

2007年，全省组织开展“五五”普法“法律六进”活动，加大法制宣传教育力度，共发放法制宣传材料300多万份，接待群众法律法规咨询15万余人次。进一步完善激励和约束并重的行政执法评议考核制度、行政执法案卷评查制度、行政执法责任追究制度，加强制度建设，不断推进行政执法责任制全面落实。开展行政执法检查，加强执收执罚监督，抓好案件核审、听证、复议、备案等重要环节，提高案件查办质量，依法行政的能力和水平进一步提高。

（杜立基、杨　璇）

质量技术监督

综　述

2007年，全省有3个产品被评为中国名牌，53个产品被评为云南名牌。有效期内的中国名牌产品达17个，云南名牌产品达206个。首次公布了《2007年云南名牌产品评审准则》，明确提出了环保一票否决制和企业经营效益否决制。4个县（市、区）开展了“质量兴市”活动。483个产品获得工业产品生产许可证。云南省第29次QC小组代表会共有64个QC小组进行了成果发布，其中创新型成果有8个，评选出16个参加全国的优秀QC小组成果发布。全省共1376人报考质量职业资格考试，合格率达35.11%，是高于全国平均合格率的9个省市之一，创下开考后的新高，全省的质量工程师人数达1140人。组织对11家质检机构进行了“二合一”复查评审和扩项评审；顺利完成全省机动车安检机构的档案及资质审批和监管职能交接；通过国家实验室认可的实验室达到30家。

年内，出台《云南省质量技术监督局关于进一步加强贯彻普洱茶强制性地方标准规范普洱茶生产经营有关问题的通知》，制定《普洱茶中茶多酚的检测方法》地方标准，向国家质检总局、国家标准化管理委员会请示汇报，积极开展普洱茶地理标志产品保护申报工作；征集并下达年度各项工作计划；成立省级标准化工作专家库；完成2007年烟叶国家标准仿制样品签封审定；组织完成《鲜米线》等40个120项地方标准的制修订；29家全国农业标准化示范区项目完成了考核验收，启动新一批全国农业标准化示范区项目的申报工作，并有20个项目被列为全国一类项目，进一步完善云南特色农产品标准体系；117家企业304个产品通过了采标认可或复审确认，冶金、化工、建材、制糖等主要工业产品采标率达到90%以上，备案的企业标准累计达1.47万个，实现了企业执行标准的动态管理；17家企业完成了全国和省级“标准化良好行为企业”的试点验收工作。红河灯盏花、洱源梅子、程海螺旋藻等3个产品申报地理标志产品保护通过了国家质检总局的技术审查。

2007年，定量包装商品净含量国家监督专项抽查顺利完成；积极组织开展计量专项监督检查工作；全省节能减排工作进展顺利；对全省范围内的在用汽车衡进行认真的清查检查；全省各州、市局紧密结合当地的工作实际，组织开展烤烟收购、农副产品收购、定量包装商品、医疗卫生机构、各检测实验室在用计量器具等各具特色计量专项监督检查活动，取得明显的成效。2007年，定量包装商品净含量国家监督专项抽查合格率达到80%，60%以上的县（市、区）、80%的州（市）建立了强检计量台账；完成30家单位计量标准新建（复查）考核178项；6家26个产品获“C”标志；对35万台（件）计量器具实施了强制检定，税控加油机受检率达到100%。计量认证工作得到稳步推进，全省共计培训计量认证内审员1300名，系统内评审员94人；全省认证的3家机构，顺利通过了国家认监委专家的严格检查；云南省法定检定机构能力比对工作顺利完成；二级注册计量师认定工作顺利启动。

特种设备安全监察

2007年，积极开展电站锅炉整治和注册登记工作，全省有50%的电站锅炉经过整治，由省局进行了注册登记，纳入正常安全监管。截至2007年12月底，全省未发生特别重大事故、重大事故或较大事故，发生严重事故8起，死亡6人，受伤2人，事故起数和受伤人数与上年同期持平，死亡人数下降66%，实现了“杜绝特大事故、遏制重大事故、减少一般事故”的工作目标。

食品安全整治工作

年内，充分利用媒体参与食品安全工作的积极性，在电台、电视台开办“政风行风”热线，解答人民群众对产品质量和食品安全的疑问，通过报刊、网络等新闻媒体，加大食品安全工作的宣传报道力度，尤其是大力宣传QS产品、食品安全意识强的大企业集团，扶优扶强了一批企业，正面宣传了一批安全可靠食品，正确引导消费。2007年，为确保食品质量安全，集中对食品生产加工业进行整治，积极深入实施食品质量安全市场准入制度，已基本形成了城市的商场、超市无QS标志的食品不上架，消费者乐于购买有QS标志食品的良好氛围，全省食品质量安全水平有了进一步提高。

区域监管责任制

全年全系统共出动执法人员52014人次，立案查处制假案件8810起，捣毁了一批黑窝点，对情节恶劣的一批案件向司法机关进行了移送，严厉查处了一批反映强烈、危害严重的大案要案。突出农资、建材、食品、汽车配件、“地条钢”、“黑心棉”、化妆品、特种设备、加油机计量、生活用品、节能产品和保护知识产权等重点监管的产品，组织专项整治行动。同时，加大监督抽查频次和力度，监督抽查合格率稳步提高，特别是重点产品监督抽查平均合格率有明显提高。全省国家免检产品已达50个。

产品质量专项整治

2007年8月，国务院决定开展全国产品质量和食品安全专项整治行动。省委、省政府及国家质检总局高度重视，多次召开会议进行研究部署，各级质监部门认真贯彻落实全国、全省质量工作及专项整治工作电视电话会议和两次现场会精神，按照《国务院关于加强食品等产品安全监督管理的特别规定》、《关于贯彻〈特别规定〉的实施意见》、全国、全省产品质量和食品安全专项整治行动方案及省领导小组的要求，认识到位，行动迅速，措施得力，进展良好。据统计，自专项整治行动开展以来，全省执法监管部门共出动执法人员23.21万人次，立案6268起，对制售假冒伪劣产品、用非食品原料和回收食品生产加工食品，以及滥用食品添加剂，以不合格产品冒充合格产品、无生产许可证擅自生产等质量违法行为进行了严厉查处，其中，13起案件移送司法机关处理。吊销“三证”915户，取缔无证生产加工窝点2674个，有力地打击并震慑了违法犯罪分子。

2007年，各级质监部门围绕本系统的四项任务、九大目标，坚持规范与整治、扶优与治劣、治标与治本相结合的工作原则，多管齐下，综合整治，切实加大对食品生产加工单位的整治力度。全省2886家规模以上食品生产加工企业全部取得食品生产许可证，并在产品上加贴QS标志；彻底解决了县城以上城市、乡镇政府所在地和城乡结合部婴幼儿配方乳粉等16类食品无证照生产加工的问题。

年内，全省企业累计建档1107家，其中，10类重点产品362家，危险化学品201家，农业生产资料263家，其它企业281家。截至2007年底，全省已有109家企业加入“中国产品电子质量监管网”。

2007年，针对特种设备安全事故隐患，各级质监部门严格落实“四查”措施，强化重点项目、重点工程的现场监察督促，分别建立和基本落实了安全隐患监管责任和重点监测监控措施，确保了特种设备安全运行。全省共有特种设备起重机械3746台，已注册登记3684台，登记率达98.35%；电站锅炉24台，已登记使用16台，登记率达69%；危化气瓶充装人员241人，持证上岗率达100%，游乐设施使用登记率达100%。

（李钰潇）

煤矿安全监察

邹立生，汉族，籍贯云南嵩明，本科，中共党员，现任云南煤矿安全监察局、云南省煤炭工业局党组书记，云南煤矿安全监察局局长

综　述

2007年，云南煤矿安全监察局认真贯彻落实党中央、国务院领导关于加强安全生产工作的一系列重要指示精神，用科学发展观和“安全发展”指导原则统领煤矿安全监察工作全局，确定了细化“两个责任状”，盯住“两个重点区域”，落实“两个主体责任”，夯实“两个基础”，深化“两个攻坚战”的工作思路，制定措施，明确责任，落实监察计划，强化监察执法，深入打好两个攻坚战，认真组织开展煤矿安全隐患排查专项行动，在煤炭产量不断增长的情况下，全省煤矿安全生产继续保持了总体稳定、趋于好转的发展态势，全年取得了“一升五降”的良好成绩，创造了改革开放30年来煤矿安全生产的历史最好水平。

全年全省各类煤矿共生产原煤7755.19万吨，同比增长416.11万吨，增长5.69%，原煤产量已从全国第13位上升到第11位。煤矿安全形势保持了持续稳定好转的局面。全年全省各类煤矿事故起数、死亡人数、较大事故、特别重大事故和原煤百万吨死亡率明显下降。全年煤矿共发生死亡事故138起，同比减少43起，下降23.8%；死亡总人数200人，同比减少99人，下降33.1%，比国务院和省政府下达的控制指标减少90人；发生一次死亡3~9人的较大事故10起，死亡41人，同比减少11起，少死亡45人，分别下降52.4%和52.3%，发生一次死亡10~29人的重大事故2起，死亡20人，同比事故起数持平，少死亡23人，下降53.5%；全省没有发生一次死亡30人以上的特别重大事故。原煤百万吨死亡率2.58人，同比下降1.49人，降幅为36.61%，比国家总局下达的控制指标下降1.04人。

2007年，全局共监察矿井1316矿次；累计下达各类执法文书6759份，查处各类事故隐患8.63万条，已整改8.28万条，整改率为96%。其中，重大安全隐患922条，已整改770条，整改率为84%。

2007年，发生的138起煤矿事故中，应结案129起，实际结案128起，事故结案率为99.2%。同时加大了事故责任追究力度，建议给予事故责任人政纪处分60人，建议给予党纪处分8人，移交司法机关追究刑事责任23人。

煤矿安全执法

2007年，积极推进监察分局规范化建设，加强内部管理，规范执法行为。省局编印《云南煤矿安全监察局监察分局规范化建设手册》，分发监察人员人手一册，要求监察人员在监察执法过程中严格按照《手册》规定的监察程序、监察内容和监察方法开展监察，做到所有执法文书用电脑制作，现场打印，使煤矿安全执法监察工作进一步规范化和制度化。规范行政许可，严把安全准入关。省局设置了办证窗口，制定了“窗口”管理办法，全局所有行政许可项目管理工作全部交由窗口办理。严格煤矿建设项目安全设施“三同时”工作，积极配合省发改委做好煤矿建设项目的核准工作，进一步规范“三同时”内审受理、设计审查和竣工验收工作。加强煤矿安全生产许可证的日常监管工作，及时办理煤矿安全生产许可证的年审及变更工作，依法吊销或暂扣关闭矿井的煤矿安全生产许可证、矿长资格证和矿长安全资格证。成立云南煤矿安全评价分会，进一步加强煤矿安全评价工作的协调、指导工作。

煤炭资源整合

2007年10月，省政府出台《云南煤炭资源整合实施方案》，明确煤炭资源整合的“双控目标”。即到2008年底，全省煤炭企业数量控制在400户左右，矿井数量控制在1300个以内。为切实抓好煤炭资源整合工作，加快整合工作进度，云南煤监局积极配合省煤炭工业局制定《云南省煤炭资源整合方案编制内容提纲》，指导、督促各州（市）编制上报整合方案。至2007年末，已有普洱、玉溪、红河、昆明等州市上报了整合方案。

煤矿整顿

2007年，按照省政府的统一部署，省局会同省安监局、省国土厅、省公安厅、省工商局等部门，先后多次组织联合督查组，督促各州（市）落实上报关闭矿井名单、按时完成关闭矿井任务。8月31日，全省230个关闭煤矿矿井名单在《云南日报》公告后，省局相继吊销了关闭矿井的安全生产许可证、煤炭生产许可证。并与省煤炭工业局联合组成督查组，开展了联合执法行动，重点对230个已公告关闭矿井的关闭工作落实情况、省政府挂牌督办的煤矿重大安全隐患治理情况、120万吨以上的煤矿重大基础设施安全隐患排查治理情况进行了督查督办。截至年末，230个矿井已经关闭完毕。

瓦斯集中整治

2007年，省局认真督促各级部门和各煤矿企业，认真贯彻落实国务院第81次常务会议确定的煤矿瓦斯治理7项措施，坚持“监测监控，先抽后采，以风定产”的煤矿瓦斯治理十二字方针，密切协作，狠抓落实，集中打好煤矿瓦斯治理攻坚战，全省煤矿瓦斯防治工作取得了新进展。截至年底，全省207个高突生产矿井全部安装了瓦斯监测监控系统，安装率为100%；全省1108个低瓦斯生产矿井中，有1057个矿井安装了瓦斯监测监控系统，安装率为95.4%；全省有9个县（市、区）334个矿井实现了区域联网。同时，全省瓦斯抽放、瓦斯抽采和利用工作均取得了新进展。全省已有86个矿井安装了瓦斯抽放系统，瓦斯抽放量达0.5亿立方米；由于措施得力，全省煤矿瓦斯事故得到一定控制。全年，全省煤矿发生瓦斯事故28起、死亡70人，比上年的34起、115人分别下降17.6%和39.1%。

煤矿安全生产隐患排查治理专项行动

年内，为认真贯彻落实党中央、国务院关于在重点行业和领域开展安全生产隐患排查治理专项行动的批示和云南省关于煤矿安全生产的一系列重要决定，有效遏制煤矿事故多发势头，省局印发《云南省煤矿企业安全生产隐患排查治理专项行动实施方案》，下发全省各地贯彻执行。各州（市）人民政府高度重视作出安排部署，各级政府、煤矿安全监管部门及煤矿企业逐级成立了隐患排查治理领导小组，加强对煤矿安全隐患排查治理专项行动的领导。各煤矿企业对排查出的事故隐患严格实行定措施、定人员、定时间进行整改，并加大对整改的投入。各级煤矿安全监管部门、监察机构对排查出来的安全隐患实行跟踪监督、动态监管、定期检查、掌握实情，督促落实防范措施。年内，省局先后组织了3次大的隐患排查治理专项行动督察工作。各煤矿安全监察分局把省人民政府在《云南日报》上向社会公布的6个国有煤矿、7个乡镇煤矿的13条挂牌督办的重大隐患，作为监察重点，督促有关煤炭管理部门及煤矿企业限期进行整改。截至年底，全省已在煤矿安全隐患排查治理中，投入治理资金14473.6万元。全省各类煤矿企业对查出的安全隐患及时制定了整改计划，明确了整改责任和整改期限，使煤矿安全隐患排查治理专项行动取得了阶段性成果。

强化监察监管执法

2007年，省局始终以重点区域为重点，严格执法：一是突出阶段性工作特点，强化安全监察。省局按照国家局的要求，认真编制省局机关“三项监察”计划并报经国家局审查批准后实施。同时，切实抓好各分局“三项监察”计划的审批和执行情况的检查考核，并根据各阶段煤矿安全生产形势和工作重点，适时调整完善监察计划，合理分配监察力量，增强监察计划的针对性和实效性。全年，仅省局就组织实施“三项监察”6次，完成监察执法工作日1472个，监察矿井167矿次，比年计划监察矿井115个多52矿次。其中：重点监察矿井40矿次；专项监察矿井85矿次；定期监察矿井42矿次。各监察分局共监察矿井1316矿次，均超额完成年计划监察矿井数。对231个重大危险源实施了监控，责令停产整顿矿井137处，提请地方政府关闭矿井230处。二是盯住两个重点区域，加大监察执法力度。2007年，省局把曲靖市和昭通市确定为两个监察重点，实施重点监控。通过有效措施特别是曲靖市煤矿安全形势明显改观。全年全市原煤生产百万吨死亡率为0.83人/百万吨，仅为全国平均水平的56%。三是深入贯彻《条例》，严格事故查处。2007年，省局和各分局按照法律法规的规定，加强对事故的调查处理和批复结案工作。坚持“四不放过”的原则，同时加强督促检查，发挥事故警示教育作用。在每次事故调查处理结束后，各监察分局都及时召集事故县乡煤矿管理人员，通报事故情况，认真分析事故原因，汲取事故教训，达到“惩处一矿，教育一片”的目的。

落实两个主体责任

2007年，省局及各监察分局进一步强化地方政府安全监管的主体责任和煤矿企业的安全主体责任，继续细化分解八项安全基础工作，提升煤矿安全基础条件；同时，积极争取政府的政策、资金支持。一是认真落实省政府确定的5000万元煤矿安全隐患治理配套资金。二是认真学习贯彻国家安全监管总局、国家煤矿安监局会同有关部委下发的关于加强国有重点煤矿和小煤矿安全基础管理工作的两个指导意见，结合云南煤矿实际，制定下发《云南省关于加强小煤矿安全基础管理实施办法》，确定了云南省小煤矿安全基础管理的总体目标、事故控制目标、煤矿安全质量标准化目标、人才培养目标和矿井规模控制目标；提出了小煤矿安全基础管理的标准、条件和要求。三是制定了煤矿八项安全基础条件和标准，指导督促地方煤矿安全监管部门组织实施。四是加强煤矿管理人员、特种作业人员的培训，提高从业人员素质。2007年，全省共培训、复训煤矿矿长、法人代表、安全管理人员和特种作业人员3.04万人次。其中，煤矿矿长600人次，法人代表219人次，安全管理人员4382人次，特种作业人员2.52万人次。五是组织开展煤矿安全生产条件评估、评价工作，每年对所有生产矿井进行一次评价，推进煤矿基础条件的改善和提高。六是组织煤矿企业负责人学习安全生产法律法规，分析事故案例，指导和帮助煤矿企业开展设备检测、技术咨询等工作。

队伍建设

2007年，省局加强了党风廉政责任目标责任制的考核工作，经常开展廉洁执法的警示教育；严格执行煤矿安全监察廉政监督卡和办证年检廉政信息反馈表制度，坚持走访监察对象，召开特邀廉政监督员会议，加强社会监督；深入开展煤监系统治理商业贿赂工作，从源头上治理执法中违法行为的发生。开展“创先争优”活动，红河监察分局及7名监察人员荣获国家人事部和国家安监总局授予的全国安全生产监管监察系统先进集体和先进个人荣誉称号。省政府表彰了1个州市煤炭管理部门、8个县（市、区）煤炭管理部门、6个省属国有煤矿为2007年度煤矿安全生产先进单位。省局党组还表彰了8个基层先进党组织、38名优秀共产党员、5名优秀党务工作者。

存在问题

2007年，全省煤矿安全监察工作存在的主要困难和问题：一是煤矿事故总量仍然偏大，重大事故时有发生，瓦斯和顶板事故仍较突出，安全生产形势依然十分严峻。二是资源整合矛盾突出，任务艰巨，资源整合工作涉及面广，情况复杂，政策性强，协调难度大。三是煤矿安全生产隐患排查治理专项行动进展不平衡，少数地区和企业重视程度不够。四是在监察中使用各种监察设备和仪器取证落实不到位，监察执法文书的制作和事故调查报告的撰写还存在不够规范、不够严谨的情况。

（马全林）

煤 炭 工 业

综 述

2007年，是全省煤炭工业继续取得较快发展的一年。全省煤炭行业广大职工，紧紧抓住市场需求旺盛给云南煤炭工业带来的大好发展机遇，牢固树立和认真贯彻落实科学发展观，把满足云南经济社会发展对煤炭的需求作为第一要务，坚持从省情出发，进一步解放思想、开拓创新、与时俱进，遵循“节能优先、效率为本，以煤为主、多元发展，规划调控、合理布局，技术进步、体制创新，保护环境、保障安全”的总体思路，不断深化改革，加快发展，推进结构调整，努力提高安全生产水平，各项工作都取得了较大成绩。

2007年，煤炭产量继续保持了较快增长，基本满足了云南省经济社会发展对煤炭的需求。全省实际生产原煤7755.19万吨，比上年增长5.67%，近5年年平均增长17.6%；生产洗精煤878.92万吨，增长27.86%，近5年年平均增长35.6%；焦炭产量为1184.40万吨，下降3.99%，近5年年平均增长15.8%。

2007年，煤炭行业经济效益得到较大提高，对全省GDP的贡献日益突出。全省煤炭行业实现现价工业总产值240.46亿元，比上年增长18.12%；实现现价销售产值233.42亿元，增长19.05%；完成工业增加值137.16亿元，增长12.22%，煤炭工业增加值占全省工业增加值的8.07%，占全省GDP的2.92%。煤炭产业已经成为全省产值超百亿元的屈指可数的大产业之一，对电力、冶金、化工、建材等耗煤行业的快速发展起到重要的保障和促进作用，为全省经济发展提供重要的能源保障。

2007年，全省煤矿安全总体呈现逐步好转的趋势。全省煤矿累计发生死亡事故138起，死亡200人，比上年少发生事故43起，少死亡99人，分别下降23.8%和33.1%。其中：全省煤矿发生一次死亡3－9人较大事故10起、死亡41人，比上年少发生事故11起，少死亡45人，分别下降52.4%和52.3%；发生一次死亡10－29人重大事故2起、死亡20人，同比，事故起数持平，少死亡23人，死亡人数下降53.5%；原煤百万吨死亡率为2.58人/百万吨，比国务院安委会下达的控制指标3.625人/百万吨减少了1.046人/百万吨，下降28.8%；比2006年下降1.495人/百万吨，下降36.7%；近5年百万吨死亡率年平均下降26.2%。

2007年，全省煤炭行业改革取得新进展。随着煤炭行业政企分开迈出重大步伐，市场机制对资源配置的基础性作用开始发挥，煤炭价格逐步放开，企业分离办社会职能开始起步，一些大中型企业集团组建完成投入运转，一批劣势企业逐步退出市场，关闭破产了一批资源枯竭，扭亏无望的国有煤矿。同时，通过连续三年的整顿关闭，全省先后依法关闭了632个非法和不具备基本安全生产条件的小煤矿，加快了煤炭产业经济结构的调整速度，全省煤矿矿井平均单井生产能力，由2002年的1.6万吨/年上升到2007年的5.7万吨/年，实现了矿井数量减少，产量增加的良好发展态势。

年内，煤炭工业基础管理工作得到了不断加强。成立了省级煤炭行业管理办公室，各州、市、县（市、区）层层建立了煤炭行业管理、煤矿安全监管机构，加强了煤矿安全监管监察力量。同时，长期坚持抓好各类煤矿的各项基础管理工作，促进了全省煤炭产业的发展和技术升级。煤炭行业管理和安全监管体制逐步得以加强和完善。各级煤炭行业管理部门、煤矿安全监管部门和煤矿安全监察机构，采取有效措施，加大工作力度，抓规划发展、制度建设、技术进步、整顿关闭、瓦斯集中治理等基础工作。坚决贯彻执行国家安全生产法律法规和规章，加大联合执法力度，依法查处煤矿事故，依法严厉打击违法违规开采行为，认真落实政府监管和企业安全生产主体责任，强化企业管理人员和从业人员安全技术培训，狠抓煤矿企业基础管理工作，加快推进煤矿质量标准化矿井建设，促进了企业办矿水平和管理水平的提高。

煤炭行业管理

2007年，全省煤炭行业管理不断强化。一是切实加强规划及煤矿建设项目管理工作。先后完成国家级、省级《云南省煤炭工业“十一五”发展规划》及《国家大型煤炭基地云南省恩洪矿区总体规划》、《云南省煤层气开发利用“十一五”规划》的编制工作；初步完成《国家大型煤炭基地云南省镇雄—威信矿区总体规划》

的编制工作；完成曲靖市煤炭开发总体规划等区域性规划；及时启动普洱市、保山市、开远市、泸西县、华坪县、祥云县、宾川县的规划工作，为煤炭资源整合及煤炭资源的规模化、规范化开采利用提供了有利条件。同时，规范建设程序，保障煤矿建设和生产安全，省局和省发改委联合下发《关于规范新建、改建和扩建煤矿建设项目管理的通知》，对煤矿基本建设程序作出了一系列规定，并多次派出督查组对重点地区煤矿建设项目进行了专项督查监察。二是积极协调，推进国家规划矿区大项目建设工作。审查批复小龙潭矿区小龙潭矿务局五期扩建工程（670 扩 1490 万吨/年）初步设计、老厂矿区白龙山煤矿（500 万吨/年）初步设计；配合国家局完成了白龙山煤矿的安全专篇审查，有力地推动了两个大项目的前期工作。三是不断推进煤炭地质勘探、科研设计工作上新台阶。省煤田地质局开动钻机 100 多台，完成钻探进尺 19 万余米，提交资源量 6.8 亿吨，使全省煤田地质勘探工作上了一个新台阶。煤炭设计完成雨汪煤电一体化等 52 个项目的科研、初步设计、施工图设计。四是认真开展生产能力复核工作。国家发展改革委、国家安全监管总局、国家煤监局批复全省 2006 年煤矿生产能力复核结果为：现有正常生产的煤矿为 1527 处，生产能力为 7105 万吨/年；在建新井、实施改扩建、技术改造和资源整合的煤矿共 81 对，建成后投产能力为 2256 万吨/年。生产和在建矿井合计生产能力为 9361 万吨/年。五是及时组织开展煤炭生产许可证年检及换证工作。全省已换发新版煤炭生产许可证 1305 个，占 95%。六是开展煤炭经营资格条件变化和依法经营状况全面检查及换发新版煤炭经营资格证的工作。全省共检查了 639 户煤炭经营企业。其中，不合格和注销企业 133 户。现已换发和取得煤炭经营资格证企业 577 户。其中，批发企业 393 户、零售企业 174 户、民用企业 10 户。此外，为依法加强煤炭经营监管，规范煤炭经营秩序，加大对无证非法经营、违法违规经营的处罚力度，打击非法经营、保护合法经营，营造公平竞争环境。

煤炭资源整合

10 月，省政府出台《云南省煤炭资源整合实施方案》，为切实抓好煤炭资源整合工作，按照云南省人民政府的要求，在省煤炭工业局设立省煤炭资源整合工作领导小组办公室，成立煤炭资源整合方案论证专家组，印发《云南省煤炭资源整合方案编制内容提纲》，指导、督促各州（市）编制、上报整合方案。截至 2007 年底，已经有普洱、玉溪、红河、昆明等州市上报了整合方案；普洱市、玉溪市的整合方案已通过审查。其他州（市）的资源整合方案目前正在抓紧编制中。

煤矿整顿关闭和瓦斯整治

2007 年，按照省政府的统一部署，省煤炭工业局会同省安监局、省国土厅、省公安厅、省工商局、云南煤监局等部门，先后多次组织联合督查组，督促各州（市）落实上报关闭矿井名单、按时完成关闭矿井任务。8 月 31 日，全省 230 个关闭煤矿矿井名单公告后，省局相继吊销了关闭矿井的安全生产许可证、煤炭生产许可证。至年底，230 个矿井已经关闭完毕。

2007 年，各州（市）人民政府、各有关部门和各煤矿企业，认真贯彻落实国务院第 81 次常务会议确定的煤矿瓦斯治理 7 项措施，坚持“监测监控，先抽后采，以风定产”的煤矿瓦斯治理十二字方针，密切协作，狠抓落实，集中打好煤矿瓦斯治理攻坚战，全省煤矿瓦斯防治工作取得了新进展。截至 2007 年底，全省 207 个高突生产矿井全部安装了瓦斯监测监控系统，安装率为 100%；全省 1108 个低瓦斯生产矿井中，1057 个矿井安装了瓦斯监测监控系统，安装率为 95.4%；全省有 9 个县（市、区）334 个矿井实现了区域联网。同时，全省瓦斯抽放、瓦斯抽采和利用工作均取得了新进展。全省已有 86 个矿井安装了瓦斯抽放系统，瓦斯抽放量达 0.5 亿立方米；中外合作的煤层气开发风险勘探项目，正在全省老厂矿区、恩洪矿区实施，为商业开发煤层气奠定了基础。昭通市威信县花家坝煤矿、曲靖市富源县合乐乌煤矿的瓦斯发电机组已投入运行，我省煤矿瓦斯利用工作已经起步。

煤矿安全生产隐患排查治理专项行动

2007 年，各州（市）人民政府高度重视煤矿安全隐患排查专项行动工作，专门召开煤矿安全生产隐患排查专项行动会议，对辖区内重点行业和领域隐患排查专项工作作出安排部署，各级政府、煤矿安全监管部门及煤矿企业逐级成立了隐患排查治理领导小组，加强对煤矿安全隐患排查治理专项行动的领导。各煤矿企业对排查出的事故隐患严格实行定措施、定人员、定时间进行整改，并加大对整改的投入。各级煤矿安全监管部门对排查出来的安全隐患实行跟踪监督、动态监管、定期检查、掌握实情，督促落实防范措施。隐患排查治理专项行动取得了明显成效，煤矿安全事故与上年相比，有了较大幅度的下降。

煤矿工会工作

2007 年，全省有 20 万煤矿从业人员，农民工有 15.6 万人。其中，17 个主要产煤县（市、区）有煤矿从业人员 13 万人，农民工占 82.5%。全省 17 个主要产煤县（市、区）煤矿工会工作组建完毕，共组建基层工会组织 1081 个，涉及煤炭职工 12.08 万人，共发展农民工 11.81 万人加入工会组织。成立云南省煤矿群众安全监督检查委员会，印发《云南省煤矿群众安全监督检查工作实施办法》，在全省聘任 1800 多名煤矿安全监督员，为群安工作的顺利开展提供了组织保证。9 月，全国煤炭工业先进集体、劳动模范和先进工作者表彰大会在北京隆重召开，经过层层推荐、审核、公示，全省 6 个先进集体、10 名劳动模范和 1 名先进工作者受到表彰。

存在问题

全省煤炭工业基本上走的是一条粗放型的发展道

路，一些长期积累的深层次矛盾还没有从根本上得到解决。一是资源赋存条件、开采条件差，勘探资金不足，勘探开发任务艰巨。在建的130多个煤矿中，有30%的企业没有详实的地质勘查资料，全省煤炭勘探开发任务十分艰巨。二是产业集中度低，产品深加工程度较低，结构性矛盾突出。全省煤矿小、散、弱的局面仍未得到彻底改变，企业组织结构不尽合理，目前尚未形成一批对煤炭供需平衡和市场稳定具有调节能力的大、中型煤炭企业集团。三是煤矿装备水平差，开采技术落后，安全欠账大，事故隐患多，安全生产形势依然严峻。四是全省煤炭产能不足，供需矛盾突出。2007年，全省共供应电煤2820万吨，占全省原煤产量的36.4%，但全省电煤供应仍然紧张。五是人才短缺问题依然严重。全省煤炭从业人员中采矿、机电、地质、测量、通风等各类专业技术人员大约占从业人数的8.29%，成为制约煤炭安全生产与发展的瓶颈。六是煤矿职工待遇低等。

（马全林）

供销合作

综　述

2007年，云南省供销社系统紧紧围绕省委、省政府的工作部署，以科学发展观为指导，坚持为农服务方向，不断推进农村现代流通服务体系建设和促进农民增收致富，各项工作取得新突破，主要发展指标再创历史新高。全系统完成经营总额193.8亿元，比上年增长29.8%；实现利润7726万元，增长96.3%；上缴国家税费8874万元，增长64.6%；帮助农民收购推销各种农产品66.2亿元。综合业绩列全国供销社系统第九位，荣获全国供销系统综合业绩考核优胜单位特等奖。

农村合作经济组织

2007年，全省供销合作社不断改造购销店，广泛吸纳供销合作社转岗职工、个体能人大户、村委会等力量加入，重点开展以农资、日用品、农产品购销为主，逐步拓展到其它方面服务，重构了供销合作社为农服务的网络基础。全年发展“两社一会”5731个，累计发展1.29万个，发展数据创下全国第一。其中：专业合作社1254个，综合服务社1.14万个，行业协会311个。入社农户15.2万户，服务农民725万户，收购推销农产品66.2亿元，助农增收33.6亿元。

农业产业化

2007年，全省供销社以新建的专业合作社、行业协会为依托，在蔬菜、水果、咖啡、蚕桑、茶叶、种植业、养殖业及加工销售等方面形成了自己的经营优势和规模。鹤庆县供销社先后带动全县农户栽桑6.78万亩，全年实现养蚕4.28万张，蚕农收入4206.6万元，全年户均收入6785元；迪庆香格里拉、昭通威信、大理云龙等地大力扶持发展蚕桑产业，形成了产业规模化。建水东坝供销社以订单农业产销协会为依托，带动会员5000多户，种植各种蔬菜2000多公顷，销往东部沿海及东南亚等国家，增加农民收入1500多万元；楚雄禄丰县供销社带动6个乡镇3000多农户种植萝卜3.4万亩，成为全省最大的萝卜生产经营基地，年收购罗卜3500多吨，销售额达1020万元。玉溪百信百万头生猪屠宰加工企业带动了玉溪和周边5万养殖户养猪业的发展，实现冻猪分割肉顺利进入香港，实现创汇800多万美元；省土产公司以加工和销售工业植物油为龙头，桐油、橡胶、蓖麻等种植面积6万多公顷；省副食公司年经营白糖10万吨，销售收入达1.5亿元。为主动适应现代农业发展的要求，依托龙头企业、专业合作社、综合服务社、批发市场及供销社经营网络，广泛联合生产、加工、销售等企业、组织和个人，在自愿的基础上新办农产品行业协会96个，累计311个，服务农户725万户，2007年帮助农民实现收入33.6亿元。省食用菌协会充分发挥协会职能作用，推进全省食用菌产业的发展，引导销售总产值达17.4亿元，食用菌产业已被省政府确定为优势农产品重点扶持项目。专业合作社和农产品行业协会的发展，提高了农民进入市场的组织化程度，使一些优势农业项目形成了特色和规模，推进了农业产业化经营。

农村现代流通网络建设

2007年，全省各级供销合作社以农产品市场和生产、生活资料市场为重点，着力畅通农产品进城，工业品下乡的双向流通渠道，积极推进以连锁配送为主要形式的网络改造和建设。建成农副产品交易市场247个。其中，县级21个，乡村级226个。年交易额为150.63亿元。组建龙头企业145家、配送中心147个，发展村级综合服务社1.14万个、农村超市4563个，综合服务社覆盖全省80%以上的建制村。再生资源回收市场18个，回收网点205个。基本形成以连锁企业为龙头，乡镇店为骨干，村级店为基础的农村流通服务网络。

农业生产资料供应

2007年，受煤、电、气、运等资源紧张因素的影响，化肥出厂价格逐步升高。供销合作社充分发挥农资流通主渠道作用，积极筹措资金，千方百计加大储备，平抑市场价格。冬季淡储214万吨，在春耕用肥高峰时期，全省化肥零售价格稳定，保护了农民的利益。全年供应各类化肥649.8万标准吨，占全省市场的80%。其中，赊销7万多吨，赊销金额7077万元。供应农药2.65万吨、农膜6001吨，比上年分别增长33.2%和8.6%。大力加强农资连锁网络建设，实行连锁经营，提供配方施肥、病虫害防治等系列化服务，满足了农业生产需要。完成省级尿素储备任务，确保了省委、省政府支农惠农政策的有效落实。

教育培训

年内，全省供销社系统坚持以人为本，大力实施人才兴农、人才兴社战略，依托在全省各地建立的职业技能鉴定点，扩大培训范围，加大培训力度，把农民、农产品经纪人、乡村干部纳入培训范畴，培训农民、农产品经纪人、乡村干部10.7万人次。其中，流通经纪人持证人数7192人，为提高农民市场营销水平和乡村干部服务“三农”工作能力，促进农民增产增收发挥了重要作用，受到省人事厅的表彰。

农资和农产品物流服务

2007年，以省农资、储运公司全省7个铁路转运站和省级各公司仓储设备为依托，打破传统的仓储、中转分立经营模式，开展集铁路中转、公路运输、仓储、分包和信息收集运用、中介、采供于一体的系列化现代物流服务，加快农资商品和农副产品的双向流通。全年完成货物吞吐量106万吨。省果蔬集团加强与厂家、商家之间的合作和信息交流，春节前后及时调运冬早蔬菜、水果甘蔗、西瓜、香蕉等鲜活农产品6.5万吨；省储运公司利用化肥淡储期降低运价，送化肥下乡10.5万吨。

特色农业龙头企业培育

2007年，龙头企业紧紧围绕特色优势农业项目，着力实现“龙头+专业合作经济组织（基地）+农户”的对接，推进农业产业化经营，发展特色农产品基地79个，交易额2.5亿元。在龙头企业的培育发展过程中涌现出一批市场前景好、带动辐射能力强、农民欢迎、政府重视的好典型。如泸西县蜂产品协会采取“企业+协会+农户”的模式开展业务收购蜂蜜365吨，实现销售223吨，助农增收310万元；玉溪凤凰生态食品有限公司收购生猪55万头，实现销售收入4.8亿元，带动6万农户发展生猪产业，帮助农民增收2000余万元；大理州台宁麦芽有限公司（巍山县），引进先进的啤大麦深加工生产线，年生产能力3万吨，产值7000万元，带动全县农民发展啤大麦种植面积2667公顷；香格里拉县蚕丝茧有限责任公司，带动农民种桑养蚕，从浙江桐乡调进“农桑”系列桑苗157万株，发展桑园1200亩，全县桑园面积达到1.3万亩，实现产值450万元，产量160吨，带动农户1070户，养殖农户户均收入3364元。利用丝棉开发的“神川”牌蚕丝被和“迪锦”牌真丝领带深加工产品畅销国内外市场。

对外合作

2007年，应泰国信用合作社联合社邀请，省供销社组团考察泰国合作经济发展情况，并邀请泰国信用合作社联合社到国内访问，联合打造农产品特色品牌。

（江　峰）

支柱产业

烟草

综述

2007年，云南省烟草系统以科学发展观统揽全局，牢固树立和认真践行行业共同价值观，认真贯彻落实国家局宏观调控的各项措施，烟叶生产保持协调发展，卷烟销售取得新的成效，专卖管理水平不断提高，内部管理监督深入推进，思想政治工作进一步加强，全系统效益水平再创新高，经济运行继续保持良好发展态势。据快报统计，全系统实现税利130.2亿元。其中，实现税金45亿元，实现利润85.2亿元，分别比上年增长27.6%、6.6%和42.5%。“两烟”进出口工作取得较好成绩，全年实现进出口总值1.7亿美元，创汇1.6亿美元，创汇同比增长12.5%。

烟叶生产

2007年，省烟草公司针对烟叶生产能否“稳得住”的突出矛盾，始终把“稳定规模、控制总量，提高质量、改善结构”放在烟叶工作首要位置，牢牢把握烟叶工作主动权，采取有力措施，较好地完成了各项工作任务。继续把合同制作为落实计划和指导烟叶生产的主线，认真落实合同，逐级分解计划，加大面积落实、种子安排、烟苗发放、大田移栽、物资供应和合同交售等关键环节的过程控制，稳定产前投入政策，加强科技指导，提高服务水平，克服各种自然灾害和其他农产品价格上扬带来的不利影响，有效地稳定了规模，为工业企业提供了稳定的烟叶原料供应。全年全省烟叶收购总量达1533.5万担。其中，收购烤烟1505万担，同比增加1.7%；收购晾晒烟28.5万担，同比增加45%。烟叶收购总值达到90.9亿元，实现烟叶税20亿元。各烟叶产区继续把提高烟叶质量作为烟叶工作的中心环节，大力推广和扎实落实烟叶先进生产实用技术，优化品种结构，逐步建立合理的轮作制度，持续改良土壤，加强烟叶生产基础设施建设，改善烟叶生产环境，突出抓好优质烟示范项目，大力推进烟叶标准化生产，强调成熟采收和科学烘烤，不断创新烟叶生产组织方式和收购方式。烟叶内在化学成分协调性进一步改善，风格特色更加突出，等级间的质量差距逐步缩小，质量水平有较大提高，得到了工业用户的肯定。继续大力推进烟叶生产基础设施建设，顺利完成2006年度基本烟田水利设施建设项目，及时组织开展2007年度烟水工程建设。自2005年全面开展基本烟田建设以来，全省已累计投入资金39.2亿元，用于烟水工程配套。同时，2006～2007年累计投入资金6.7亿元，改建了11.3万座烟叶调制设施。按照国家局推进传统烟叶生产向现代烟草农业转变的要求，省局党组带领大家积极转变思路，学习借鉴先进经验，以高度的责任感和紧迫感，抓好现代烟草农业试点工作。通过加强领导，强化组织机构保障，并结合云南省实际，制定推进现代烟草农业建设的实施意见，明确目标任务，紧紧围绕“一基四化”稳步开展试点，在育苗、烘烤等专业服务体系建设上进行了积极探索，收到了较好的效果。

卷烟销售

2007年，全省卷烟销售继续保持良好的发展势头，销量持续增加，结构继续提升，效益稳步增长。全年共销售卷烟145.9万箱，同比增长7.8%，实现利润26.1亿元，同比增长33%，较好完成了卷烟销售目标任务。积极开展网建“全面提升”工作。按照“优化流程、突出服务、提高效率”的要求，在认真总结和推广昆明、玉溪、曲靖、大理等试点单位经验的基础上，从精细化、科学化管理入手，努力提高网络服务客户、控制市场、培育品牌、把握需求的能力，网络运行水平进一步提升。全省卷烟物流配送体系框架初步建立，配送中心建设更趋规范。按照“优质、高效、安全、低成本”的要求，开展了物流成本分析和物流提速工作，基础工作得到加强，物流水平进一步提高。按订单组织货源工作进展顺利。各单位积极开展需求预测工作，密切把握市场动态，认真研究市场的经济水平、消费习惯和消费结构，货源安排日趋合理，市场需求得到较好满足。试点单位昆明市公司运行良好，取得了初步经验。继续加强工商协同营销，及时向工业企业提供真实的市场信息，建立了与工业企业相互沟通、交流意见的有效机制。注重扩大货源供应渠道，努力与工业企业共同培育适销对路的品牌，逐步向国家局提出的大品牌、大市场方向推进。卷烟经营行为不断规范，经营意识不断提高，市场进一步净化。

“两烟”打假打私

2007年，全省各级专卖管理部门在政府的领导下，与公安、法院、检察院、工商等相关部门紧密配合，充分发挥联合打假打私长效机制的作用，打击力度明显加大，办案水平显著提高，协作机制更加完善，“两烟”打假打私工作取得显著成效。以“打源头、端窝点、破网络、抓主犯、清市场、守边境”为重点，加强调研，不断创新工作思路，改进工作方法，保持严厉的高压态势，持续开展了一系列专项行动，严厉打击境内涉烟非法网络和边境涉烟走私贩假犯罪活动。全省共破获制售假烟网络14个，共出动打假打私人员25.7万人次，查办假冒卷烟案件5948起，各类走私涉烟案件359起，查获假冒卷烟2.8万件，走私烟2470件，各种制假设备96台（套），刑拘1108逮捕351人，判刑306人，极大地震慑了违法犯罪分子，有效遏制了制售假烟、走私卷烟违法犯罪活动，促进了市场秩序的规范有序，维护了国家利益和消费者利益。全系统高度重视专卖执法队伍建设，认真贯彻国家局关于加强专卖管理组织机构建设的指导意见，积极探索加强队伍建设的有效途径和方法，采取多种形式加强对一线办案人员的教育培训，认真组织和开展烟草专卖管理岗位业务技能竞赛，夯实专业技能基础，队伍素质有较大提高。

内部管理监督

2007年，省烟草系统进一步加大内部监管力度，提高监管水平，重点加强了对“两烟”生产经营、重大项目、物资采购、资金等方面的管理监督，生产经营秩序进一步规范，干部职工自律意识进一步增强。以基层一线和重点环节的内部专卖管理监督为重点，先后组织4批检查组，深入到8个涉烟企业和16个州市公司进行内部专卖管理监督重点抽查，总结好的经验和做法，发现薄弱环节，加强对整改情况的检查，督促相关单位建立和完善制度，有效防止了重查轻改、屡整屡犯等情况的发生。继续加强复烤企业专卖内管和派员驻厂制度，加大了对复烤加工企业的检查力度。通过健全机构、充实人员、完善制度、加强培训，内部专卖管理监督的基础进一步得到加强。认真推进行政执法责任制，规范行政复议，“五五”普法工作有序进行。继续开展同级审计监督检查工作。完成了2006年度、2007年上半年同级审计检查和专项资金自查，均未发现有重大违法违纪行为。以财务预算管理为基础，加强了成本控制管理和会计基础工作。提高财务风险防范意识，运用信息化手段，加强资金在结算和使用环节的监管。严格财务收支审批程序，健全内部牵制制度，规范企业开立账户行为。加强了国有资产管理，组织开展了清产核资，并按时完成全省楼堂馆所建设项目清理和固定资产投资专项检查。

（杨　漾）

旅　　游

综　述

2007年是云南旅游"二次创业"发展的重要一年，按照国家旅游局和省委、省政府的有关部署和要求，全省旅游行业以科学发展观为指导，紧紧围绕全省旅游"二次创业"，突出重点、齐心协力、狠抓落实，圆满完成了年初省政府确定的工作目标和任务。全年全省累计接待海外旅游者221.9万人次，旅游外汇收入8.6亿美元，分别比上年增长22.6%和30.6%，接待海外游客人数和旅游创汇在全国分别排第8位和第9位；接待国内旅游者8986.2万人次，国内旅游收入494.7亿元，分别增长16.4 %和10.7%；旅游业总收入达559.2亿元，增长12.6 %。全省旅游业增加值占全省GDP的比重达6.8%，旅游业税收占全省地方财政收入的比重达10.3%，旅游业直接和间接就业人员占全省劳动就业总人数的比重达到7.2%，以旅游业为龙头的第三产业的增加值比重占全省国内生产总值的38.5%。旅游业在促进服务业发展、调整优化经济结构、统筹城乡发展、拉动社会就业和增加群众收入等方面发挥的作用进一步显现。

旅游开发建设

2007年，云南争取了1500万元国家旅游发展基金、5000万元省旅游发展资金、涉及41个旅游建设项目6400万元的贴息资金和900万元国家红色旅游发展资金。全省旅游重大（重点）项目、旅游小镇、旅游接待服务设施的实际完成投资金额达80.7亿元，与上年相比增加21%。其中，全省旅游重大（重点）项目已完成投资39.6亿元，旅游小镇完成投资23.6亿元，大型旅游接待服务设施17.5亿元。旅游公路建设投资达34.8亿元。全省旅游投资呈现出良好的发展态势，投资流向主要集中在旅游景区、旅游休闲度假和旅游购物设施等方面。

重大重点项目建设

2007年，全省狠抓旅游景区及相关配套服务设施建设，全省72个重大重点项目含178个子项目中，普达措国家公园一期、云南民族村改造提升、鸡足山金顶和公路、大理地热国一、二期工程、崇圣寺三塔、玉龙雪山白水河二期工程、泸沽湖里格民族文化村等大项目等29个子项目已完成建设并投入营运，占子项目总数的16.3%；轿子雪山、阳宗海柏联SPA温泉二期、石林古城（小镇）、苍山大索道、勐仑植物园改扩建等78个子项目正在积极推进建设，占总数的43.8%。其中，保山市龙陵县邦腊掌温泉SPA项目预计2008年6月建成并投入营运，楚雄州中国禄丰世界恐龙谷项目2008年4月楚雄州州庆时一期建成并投入营运；安宁温泉国际会议中心、版纳避寒山庄、腾冲火山运动休闲公园、元谋东方人类祭祖坛等62个子项目已进入项目实施前期准备阶段，占34.8%，重大重点项目建设进展总体顺利。

旅游小镇建设全面加快

2007年，为加快全省旅游小镇的建设，通过与建设等相关部门，规范旅游小镇规划和建设标准，加强对小镇规划和开发建设的指导，积极协调有关资金，改善小镇的旅游公益性服务设施，加大对旅游小镇新产品的宣传促销力度，有效地促进全省旅游小镇的开发建设。至年末，全省60个旅游小镇已有26个完成小镇的有关规划编制，40多家企业进入开发建设，已经开工并正在建设的有35个。自旅游小镇启动建设以来，累计完成投资62.2亿元。其中，政府各级财政投入10.1亿元，含企业在内的社会投入资金约52.1亿元。旅游小镇开发建设基本呈现财政投资逐年减少、企业投资快速增加、贷款建设平稳有序的发展态势。小镇基础设施、旅游配套设施、投资和居住环境得到明显改善，旅游小镇建设带动作用日益明显。

旅游市场开拓

2007年，全省认真组织实施《云南省旅游行业宣传促销管理暂行办法》和《云南省海外旅游促销奖励试行办法》；积极借助奥运会圣火传递开展宣传，推出《云南省奥运旅游服务计划》，大力推广"迎奥运、兴旅游"与和谐城乡游主题及相关的旅游产品；实施"周边市场拓展战略"，赴主要客源国家和地区参加国际、国内旅游展和开展联合促销活动，邀请大批国内外旅游专业媒体到云南采访报道。同时，积极探索宣传促销方式和创新促销机制，加强与航空部门、新闻媒体、经贸部门的促销合作，大力发挥新闻媒体和现代化信息手段的作用，建立旅游对外宣传促销网络，培育和建设云南旅游形象宣传推广系统，加强旅游宣传促销与文化的结合，不断巩固和扩大全省的旅游客源市场，确保旅游宣传促销活动的效果；参与了国内旅游交易会、厦洽会、珠洽会、北交会、广东国际旅游大促销等展会，成功参与筹办和参加2007中国国际旅游交易会，举办2007中国昆明国际文化旅游节、2007中国（昆明）旅游商品交易会，加大"七彩云南、旅游天堂"整体旅游形象宣传的力度，确保了入滇国内外游客的持续快速增长。

海外旅游市场

2007年，东北亚和东南亚客源市场不断发展，欧美客源市场迅速扩大，港澳台客源市场更加巩固，旅滇游客数超过2万人次的重点客源国从过去的6个增加到目前的14个，旅滇游客数超过1万人次的新兴客源国从过去的1个增加到5个，云南旅游的知名度和吸引力进一步增强。全年全省接待的221.9万人次海外旅游者中，港澳台游客达77.16万人次，同比增长10.5%；外国游客达144.74万人次，增长30.2%。其中，接待亚洲游客93.89万人次，增长26.13%；接待欧洲游客30.9万人次，增长47.59%；接待美洲游客11.92万人次。增长23.15%；接待大洋洲游客4.21万人次，增长4.68%；接待非洲游客0.63万人次，增长44.13%。昆明、迪庆、丽江、大理接待海外旅游者分别达71.34、48.98、39.86和26.44万人次，同比增长0.84%、59.0%、29.1%和26.4%；保山、德宏、西双版纳和红河接待海外旅游者均超6万人次。

国内旅游市场

2007年，全省接待国内游客8986.15万人次，增长16.4%。其中，过夜游客5401.31万人次，增长13.8%；一日游游客3584.83万人次，增长20.6%。昆明年接待国内游客达2440.11万人次；曲靖、玉溪、红河、大理超过500万人次；保山、丽江、楚雄、文山、版纳、德宏、迪庆超过300万人次。同时，口岸入境一日游发展良好。全省口岸入境一日游接待236.46万人次游客，增长10.8%。

国际区域旅游合作

2007年，全省加快中国—东盟自由贸易区、澜沧江—湄公河次区域等国际旅游经济合作和黄金旅游线路的开发合作；成功举办在丽江召开的第20次GMS旅游工作组会议；加强与孟加拉国相关部门、缅甸4个旅游区行政管理部门及印度相关部门的联系；开展《缅北跨国旅游线路规划》、《金四角跨国旅游线路规划》和《老挝北部九省产业经济发展及合作规划》中旅游规划的调研及编撰，与老北、越北、泰北和缅北的旅游合作得到推进。

国内和省内区域旅游合作

2007年，国内区域旅游合作进一步推动，继续加强与香港、澳门、西南六省区市的旅游合作，加快"滇川藏香格里拉生态旅游区"建设，启动滇黔桂渝四省区市旅游合作，配合做好"滇沪对口帮扶"工作，与上海旅委签订《2007年至2008年旅游合作备忘录》，加大与江西、浙江、江苏、广东等省区的合作力度。昭通市联合昆明、曲靖、楚雄等州市启动滇黔川"金沙江流域（下游）旅游经济圈"的合作。省内区域旅游合作不断深入，滇西北怒江、迪庆、大理、丽江、保山、德宏等州市召开"滇西北4+2旅游合作论坛"，滇东南"喀斯特景观山水旅游协作区"合作进一步加强，旅游一体化进程逐步加快。

旅游行业管理

2007年，通过创新旅游行业管理，制定并认真组织实施《云南省导游人员管理规定》和《云南省导游服务规则》，建立导游人员管理制度，加大对《云南省旅游条例》和1、2、4、5号公告实施情况的检查监督力度，联合省政府法制办加强对重点州市的旅游行政执法检查。开展"零负团费"整治工作，推动州市开展旅行社诚信指导价格体系建设工作。加大优秀旅游城市和旅游经济强县的创建力度。加强对旅游交通车辆的管理，在导游队伍中推行交通协管员制度。指导全省星级饭店认真开展绿色饭店创建工作。在省政府纠风办指导下，在全省开展以"抓行风、树形象、讲诚信、促发展"为主题的旅游行风建设活动，促进了全省旅游服务质量进一步提高，涌现出一批优秀的旅游集体和先进个人，树立了"高效、廉洁、求真、务实"的政府部门形象。2007年，全省旅游全行业共举办培训班262期，培训各种层次、各类人员3.8万人次，旅游从业人员素质进一步得到提升。全省共受理旅游投诉345件，与上年同比下降39.7%；理赔金额近8.6万元，全省旅游万人投诉率下降到0.04，逐步树立起全省旅游行业诚信优质服务的形象。

（申　玮）

云南省接待海外旅游者及外汇收入在全国位次表

年份	海外旅游者（万人次）	排位	旅游外汇收入（万美元）	排位
1995年	59.69	7	16503	8
1996年	74.25	6	22111	8
1997年	81.41	7	26391	7
1998年	76.09	7	26103	8
1999年	104.00	6	35033	7
2000年	100.11	8	33900	7
2001年	113.13	8	36700	9
2002年	130.35	8	41900	9
2003年	100.01	7	34000	9
2004年	110.10	9	42245	9
2005年	150.28	8	52801	9
2006年	181.00	8	65844	9
2007年	221.90	8	85958	9

资料来源：根据历年《云南旅游统计》整理

电　　力

综　述

2007年末，云南统调电网通过3回500千伏线路、2回220千伏线路与南方主网相联，通过3回220千伏线路、3回110千伏线路向越南送电，220千伏电网覆盖了云南省所有州（市），全省“一张网”的格局正式形成。

全年，云南电网公司全年完成售电量694.73亿千瓦时，同比增长22.80%。其中省内售电量完成530.97亿千瓦时，增长17.77%；西电东送电量138.22亿千瓦时，增长28.85%；对越送电电量25.55亿千瓦时，增长235.82%。完成固定资产投资77.502亿元，其中电网建设投资64.17亿元，小型基建投资3.62亿元，技改投资9.71亿元。截至2007年底，公司拥有500千伏变电站10座，变电容量1200万千伏安，线路3181千米；220千伏变电站62座，变电容量1626万千伏安，线路9439千米；110千伏变电站196座，变电容量1030万千伏安，线路10372千米。

2007年末，云南电网公司职工人数4.37万人。其中管理职系3115人，专业技术管理职系7032人，技能职系1.27人，辅助职系4768人；高级职称1082人，中级职称2685人，初级职称6918人；高级技师23人，技师655人，高级工4705人，中级工3554人，初级工2007人；公司级专家7人，公司级专业技术带头人27人。

电网规划和优化工作

2007年，公司启动了云南电网中长期发展规划，完成了电网中长期发展规划阶段成果的咨询，启动了金沙江中游输电规划研究，为科学合理制定云南电网长期发展目标和“十二五”电网规划打下了基础。对云南电网“十一五”发展规划进行了优化修编，形成了“十一五”期间全省电网建设372亿元的投资总规模，公司投资333亿元、建成投产110千伏及以上项目286项的规划成果，制定了五年间110~500千伏逐年建设规模和投产进度。将电网规划纳入了地方经济发展规划，完成了全省电网和除保山外全部州（市）的电网规划审查工作。开展了城网、配网规划。完成了“十一五”后三年电力电量平衡与分析、电煤供应能力分析、关停小火电专题、“云电送粤”南通道输电能力、迪庆水电外送能力等专题研究，增强了规划工作的前瞻性和指导性，电网规划与用户需求、电网安全、电网延伸的联系更加紧密。制定了新建水电厂并网管理办法，加强电网并网管理，批复了70项电源的并网申请，加大了与电源开发商的沟通协调力度，保障了2007年新增电源项目顺利并网投产。

项目前期工作

2007年，公司根据电网优化成果，全面启动了“十一五”电网建设项目可研工作，完成输变电工程可研48项，大用户工程21项，电源接入48项，220千伏及以上输变电项目中间评审17项。截至2007年底，“十一五”计划投产的286个项目中已完成可研220项，完成了全部任务的75%，项目储备情况良好。积极应对投资体制由审批制改成核准制后的新形势，建立了项目核准责任制和协调机制。半年，公司共取得110千伏及以上项目核准批复126项，其中8个500千伏项目得到国家发改委核准。其中取得500千伏项目国家核准批复8项。对于500千伏德宏、文山、景洪电站送出工程等重点项目，采取所址、塔基、进厂道路、施工便道等施工准备工程单项核准的方式，为及时开展工程施工创造了条件。逐步实现了从未核准下开工转变到合规合法开工建设，2007年电网建设没有因为外部问题受到影响。

电网建设

2007年，云南电网公司在工期紧、任务重、建设资源短缺、建设环境复杂，设备供货、项目核准、土地征占、林木砍伐等困难情况下，全面完成了电网建设任务。完成电网基建投资64.17亿元，小型基建投资3.62亿元，实现42个项目开工，投产50项工程，新增变电容量620万千伏安，线路2491千米。云南电网主网结构进一步强化。公司电网发展与市场需求、电源开发、西电东送、全省经济建设和国家能源战略更好地匹配。

投产工程

2007年，公司完成了500千伏“三变十三线”工程收尾和一批骨干输变电工程的投产，启动了500千伏“四变十七线”工程建设。500千伏曲罗二回顺利投运，保障了云电送粤330万千瓦电力目标的实现。开辟了220千伏对越送电第二通道，形成了3回220千伏、3回110千伏线路向越南送电的格局，最大送电能力达到67万千瓦。220千伏迪丽输变电工程建成投产，公司220千伏及以上骨干电网覆盖了全省所有州（市）。220千伏大山、朝山Ⅱ回、者虹Ⅱ回、昭大Ⅱ回等线路工程顺利投产，较好地解决了滇西、滇东北电网“卡脖子”问题，500千伏和平输变电工程在短短的9个多月内竣工投产，创造了公司建设速度新纪录。

农网建设

2007年，公司共完成县城电网改造、完善西部农网、无电地区电力建设和无电人口通电工程投资8.0亿元，提前超额完成4.5万户无电人口通电的目标，共完成4.9万户。进一步提高了农村电网的供电可靠性和电能质量，促进了县域经济的发展，取得了良好的社会效益。

电网建设管理

2007年，公司确立了分层次、有重点、各负其责的建设管理思路，确保工程安全、质量、进度和效益的同步实现。扩大工程物资定期协议式采购规模，全年完成30项集中统一招标。加大建设市场开放力度，引入省外力量参与云南电网建设。严格把好工程质量关，完成各阶段质量监督工作120项，纠正存在的主要问题和隐患300余项，保障了工程建设质量。强化了以典型工程主要技术经济指标为依据的造价管理工作，全年审查概算、预算、结算634项，涉及金额94.48亿元，审减投资金额0.86亿元。初步建立了设计审查、设备验收、投产验收等环节的作业清单，保证工作的程序性和规范性。创新物资采购管理，开展了工程物资定期协议式采购，提高了设备采购效率。加快标准化设计和新技术的推广应用，完成了国内首个达到施工图深度的110千伏变电站标准设计。500千伏大理输变电工程荣获国家优质工程银奖。

电网建设环境

2007年，公司紧紧依靠各级政府推动电网发展步伐，配合省政府开通全省电网规划建设“绿色通道”，成立了云南省电网规划建设协调领导小组，在全省所有州（市）政府成立了电网规划建设领导小组，与除保山外的所有15个州（市）政府签订了电网体制改革和规划建设战略合作框架协议，政企协作共同加快电网发展步伐。公司还先后与云冶、云铜、昆钢、省煤化工、云天化、机场、昆铁、云锡等八家大企业（集团）进行了工作会谈，提前将电网规划与用电需求进行衔接，得到了用电大户的积极响应。

电网运行

2007年，云南电力需求旺盛，但由于电煤严重短缺，导致缺电量38亿千瓦时，最大电力缺口186万千瓦。面对电网快速发展和严峻的电网安全稳定形势给电网运行带来的巨大压力，云南电网公司充分发挥了南方电网大平台资源优化配置的作用，采用多种方式做好电力电量平衡，加强电网运行管理，保障了电 网安全稳定运行、电力供应有序有效。

截至2007年末，云南省发电总装机容量2264万千瓦，同比增长22.75%、其中，水电装机1234万千瓦，占54.5%；火电装机1030万千瓦，占45.5%。公司统调装机1700万千瓦，占全省总装机的75.09%，同比增长25.62%；其中，水电装机726.5万千瓦，火电装机973.5万千瓦，水火比例为43:57。

发供电量

2007年，云南全省完成发电量905亿千瓦时，同比增长20%，其中，火电474亿千瓦时，增长19%；水电431亿千瓦时，增长21%。公司完成售电量694.73亿千瓦时，增长22.80%。其中，省内531.07亿千瓦时，增长18.64%；西电东送138.1亿千瓦时，增长28.74%；对越南送电25.56亿千瓦时，增长235.87%。省调及以上统调系统最高日发电量为2.33亿千瓦时，13次刷新历史记录；省调直调系统发电最高负荷为1107.3万千瓦，10次创历史新高；省内最高日供电量为1.59亿千瓦时，三次创历史新高。

运行指标

2007年，云南电网频率合格率100.000%，由于考核指标0.004个百分点；综合电压合格率99.05%，优于考核指标0.05个百分点；城市供电可靠率（RS1）99.879%，优于考核指标0.019个百分点，农村供电可靠率（RS1）99.587%，优于考核指标0.187个百分点；

220千伏及以上系统继电保护正确动作率99.85%，优于考核指标0.25个百分点；500千伏交流输电线路可用系数99.51%，优于考核指标0.01个百分点；城市居民端电压合格率98.82%，优于考核指标0.02个百分点。

电网调度管理

2007年，公司继续坚持“三公”调度原则，精心调度，厂网同心，团结治网。全省最后三个地调（迪庆、怒江、文山）先后正式执调，云南省内第二级调度体系全部建成。调度管理信息系统、潮流计算软件、继电保护计算软件和继电保护图档管理系统等在全省16个地调进行推广和应用。积极开展节能发电调度，充分发挥云南电网水火电联合经济运行决策系统的技术支持作用，开展水电与火电之间以及不同水电之间的优化调度，出台汛期火电机组轮流停机备用和调峰管理规定。大力推进机网协调工作，截至2007年末，云南电网所有火电机组、单机容量50MW及以上的水电机组、部分单机容量30MW左右水电机组共计83台机组（容量1181万千瓦）完成了一次调频试验工作并投入。针对云南西部地区电网动态稳定问题突出的特点，对20MW及以上、50MW以下的水电机组也开展了PSS试验及投入工作，较好地缓解了云南电网滇西地区的动态稳定问题。500kV并网的电厂一同开展了500kV断路器及保护设备的特别维护工作，厂网之间进一步增强了沟通和理解，形成了厂网共保安全的和谐局面。

安全生产

2007年，云南电网公司坚持“安全第一，预防为主，综合治理”的方针，认真贯彻南方电网公司“1号令”，坚持围绕电网安全，以设备健康为中心，以工作质量为目标，以标准化为基础，以落实安全生产责任制为保证，着力抓基础、抓规范、抓流程、抓监督、成体系，克服电网结构薄弱、电力供应紧张、缺煤少水、自然灾害较多等困难，各项工作有序推进，保持了公司安全生产形势的平稳和电网的安全稳定运行，进一步夯实了安全生产基础，提高了安全生产规范化管理水平。

2007年，公司未发生重大及以上电网和设备事故；未发生恶性误操作事故；发生一般人身伤亡事故1起，一般电网事故3起，一般设备事故20起，事故总数24起，同比减少3起。220千伏及以上电压等级变电事故率0.018次/百台·年，同比下降0.052次/百台·年；110千伏及以上输电线路跳闸率1.55次/百千米·年，同比下降0.216次/百千米·年；其中500千伏线路跳闸率0.315次/百千米·年，同比下降0.088次/百千米·年。

安全生产管理

2007年，公司进一步完善了安全生产制度体系，形成了四个体系、五道防线逐级负责、分级负责和各负其责的安全生产责任网络和工作体系，切实履行安全生产责任。制定了“十一五”安全生产工作规划。修订补充了91本作业指导书，规范现场作业。印发《标准变电站建设规范手册》，在500千伏红河变开展了建设试点。开展了应急演练120余次，进一步提高应急能力，成功应对了“6·3”普洱地震。颁布了执行“两票”的“八条禁令”，强化“两票三制”的刚性执行。开展了工作负责人、工作票签发人、工作许可人调考，对施工单位工作负责人、工作票签发人1296人次进行了培训取证。对7个供电局76名生产管理人员和班组长开展了帮扶活动，整体提高一线生产管理人员的综合素质。

安全生产技术

年内，公司认真开展安全生产技术指标创优活动，南方电网公司确定的12项指标全部优于年度目标。继续强化设备综合整治，全年公司共安排大修资金3.63亿元、技术资金7.71亿元用于设备整治，其中安排反措资金1.39亿元，完成反措项目219项。设备“五化”水平进一步提高，10千伏及以上开关无油化率为98%，同比提高1个百分点；110千伏及以上保护微机化率为98.5%，同比提高0.8个百分点；110千伏及以上变电站综合自动化率为90%，同比提高7.4个百分点。技术监督信息系统全面上线运行，一次设备预试完成率为98.1%，保护定检率为98.7%。

市场营销

2007年，云南电网累计缺电量38亿千瓦时，平均缺电率7.1%，最大电力缺口186万千瓦。面对复杂多变的市场环境，云南电网公司积极主动地采取了多种措施保障了电力供应的有序有效，基本满足了云南省内、省外、国外三个市场对电力的需求。

全年，公司积极根据来水和进煤情况动态调整调度方案，优化火电机组开机方式，增加高峰电力送出。做深做细需求侧管理，严格落实错峰和计划用电方案，加大淘汰类、限制类企业的停产、限产力度，努力做到“五保四压”。同时，积极向南方电网公司汇报，充分发挥南网大平台优势，优化送电曲线，调减西电东送计划电量16.8亿千瓦时，协调购贵州电量6.1亿千瓦时，极大地支持了云南省内的电力供应。最大限度满足了省内电力供应，实现了省内全年无拉闸限电。2007年公司完成购电量700.5亿千瓦时，同比增长22.3%；完成售电量662.8亿千瓦时，增长22.9%。其中省内售电量完成499亿千瓦时，增长17.3%；西电东送最大电力达到了315万千瓦，全年完成送电量138.2亿千瓦时，增长28.9%；送越南电量25.6亿千瓦时，增长289%。

客户服务

2007年，公司探索建立“以市场为导向、以客户为中心”的营销机制，提升市场开发和预测、市场协调和运作的能力。扎实开展“优质服务年”活动，发布了十项优质服务社会承诺。全面升级客户服务支持系统，有效提高了营销工作效率和质量，营销信息化水平迈上了新台阶；改造营业网点，改善服务环境，城市、农村供电营业窗口规范化服务达标率分别为

100%、90%；创新服务手段，拓宽电费缴费方式，电费回收率达100%；加强客户用电检查和服务，明确供用电双方安全用电责任；纠建并举，完善优质服务常态监督机制。通过努力，全面兑现了十项服务承诺，客户满意率达97.43%。

云电外送

2007年，云南文山至越南河江220千伏联网工程顺利投产，开辟了220千伏对越送电第二通道，形成了3回220千伏、3回110千伏线路向越南送电的格局，最大送电能力可达67万千瓦。全年对越送电25.55亿千瓦时，创汇1.15亿美元。积极推进中老联网工程，启动了115千伏中老联网工程前期工作。

次区域电力合作

年内，公司与越南、缅甸、泰国、老挝等国家电力部门进行了广泛深入的沟通联系，次区域电力合作取得了积极成果。投资开发越南小中河水电项目得到南方电网公司批准，主体工程开始施工，预计2010年发电。与缅甸电力一部完成了萨尔温江上游和南卡河、南垒河联合踏勘，签订了开发谅解备忘录。加强与次区域国家的交流，成立了大湄公河次区域电力技术交流培训中心。接待越南、老挝和缅甸等次区域国家领导人的7次来访，越南国家主席阮明哲、老挝常务副总理兼老中合作委员会主席宋沙瓦·凌沙瓦等先后到公司访问，公司在次区域国家的影响力逐步扩大。进一步加强与东京电力和湄公学院的合作，联合举办了多期培训班。

机制创新

2007年，公司开展昆明供电局等6个单位机构优化和岗位设置工作。研究边远地区人力资源配置和支撑模式，积极解决6家新供电局的人员紧缺问题。大力创新薪酬制度改革，在昆明供电局开展了差异化薪酬分配试点。制定了“迪庆地区津贴”发放政策。开展了第二批高级专业技术岗位竞聘工作，选拔了公司级、基层单位级技术专家26名。

人才培养

公司高度重视人才培育工作，针对“五类人才”的特点，积极推进“1116”高技能人才培养计划，大力开展职工教育培训，强化现场培训，提高一线人员的综合素质，共举办公司层面的培训班340个。狠抓处级干部培训，133名处级干部参加了南方电网公司、国资委的培训和出国考察培训，43名科级干部参加了公司青年干部培训班培训。公司系统共培训5.22万次，全员培训率为92.5%，有效促进了全员素质的提升。

（王达达）

生物资源开发创新

综　述

2007年，全省各地各有关部门按照省委、省政府“扎扎实实打基础，突出重点抓特色”的思路和“巩固提高烟、糖、茶、胶等传统产业，大力发展畜牧、果蔬、马铃薯、花卉、食用菌、咖啡、中药材、特色经济林等优势产业”的要求，在税收、人才、项目、资金等方面不断加大扶持力度，着力推进基础设施、良种、试验示范、绿色通道、信息、市场开拓等“六大工程”，加快建设人才、科技、资金、中介组织、政策、法律等“六大体系”，生物产业呈现出增长速度快、发展势头好的良好局面，为促进绿色经济强省建设作出了重大贡献。其主要成效可以概括为“四个提升”、“六个亮点”。

“四个提升”：一是在全省经济发展中的重要地位进一步提升。在2003～2007年5年间，主要生物产业总产值由1478亿元增加到2793亿元，增长87.8%，年均递增13.4%；增加值由911亿元增加到1682亿元，增长84.6%，年均递增13%。二是在全省工业体系中的基础地位进一步提升。随着生物产业的快速发展，烟、糖、茶、胶、畜、林等传统优势农产品加工业逐步发展壮大；天然药物、蔬菜、马铃薯、水果加工和生物化工快速发展。2007年，全省规模以上生物资源产品加工企业达970家，占全省轻工业规模以上企业总数的80%；除烟草以外的种植、养殖加工产值达到714亿元，与2002年相比，年均增长25%。生物产业正在由初加工、低附加值产品生产逐步向精深加工、高附加值产品生产发展，生物资源产业成为全省轻工业的重要组成部份。三是在全省特色经济中的支撑地位进一步提升。云南逐步走上特色经济发展道路的过程，实际上也就是依托生物资源优势，对生物产业进行研究开发的过程。到目前为止，全省培育出的7件“中国驰名商标”、9件“地理标志证明商标”，全部出自生物产业；此外，生物产业还培育出261件“云南省著名商标”，占全省著名商标的50%。近年来，继“云烟”之后，“云花”、“云茶”、“云药”、“云果”、“云菌”、“云菜”等生物资源产品日益发展壮大，生物资源产业在特色经济发展中的支撑地位不断提升。四是在全省生态建设中的关键地位进一步提升。生物产业以可再生资源为主要原料，能源消耗低，污染排放少，经济效益好，是创造绿色GDP的重要产业。“十五”期间，全省每年新增经济林面积240多万亩。其中，以茶叶、核桃、板栗为主的特色经济林面积达到1500多万亩。生物产业快速发展，对保护环境，涵养水土。修复生态，发挥了不可替代的作用。

“六个亮点”：一是生物产业整体发展迅猛。经过多年的发展，全省已基本形成以烟草、绿色食品、现代医药、特色林业、生物质能源及生物化工、畜牧、天然橡胶和丝麻、花卉园艺等八大产业为主的生物产业格局，生物产业已成为云南省发展最快的支柱产业。2007 年，全省八大生物产业中，除烟草以外的其它 7 大生物产业增加值之和达 1063 亿元，与 2002 年相比，年均增长 15.1%。二是原料基地建设成效明显。全省在积极推进产业结构调整中，正确处理好生物资源保护与开发的关系，合理适度地开发利用野生优势资源，加快了生物产业基地建设。到 2007 年底，全省烟叶、茶叶、花卉、咖啡、核桃、膏桐 6 个产业的种植面积位居全国第一；全省种植规模上“千万亩”的有核桃一个品种，面积达 1100 万亩；上“百万亩”的品种达 10 个。其中，蔬菜、马铃薯、烟叶、橡胶面积超过 500 万亩。总产量上“千万吨”的有甘蔗和蔬菜两个品种，上“百万吨”的有马铃薯、水果和肉类 3 个品种。蔬菜已经成为全国重要的南菜北调基地、供港澳基地和南方夏秋补淡基地。三是龙头企业品牌不断涌现。2007 年，全省生物产业规模以上企业已发展到 970 家。其中，销售额上亿元的企业 74 家，销售额 10 亿元以上的企业 9 家。品牌打造上，全省涌现出云南红酒、斗南花卉、晨农蔬菜、云南白药、排毒养颜胶囊、昭通天麻等一批知名品牌；“文山三七”、“呈贡宝珠梨”、“普洱茶”和“宣威火腿”相继获准地理标志证明商标注册。四是生物产品出口势头强劲。生物产品多年来都是全省对外贸易中的大宗出口商品之一。2007 年，全省生物产品出口实现较快增长，出口创汇达到 7.65 亿美元，与 2002 年相比，年均增长 19.2%。其中，烟草出口创汇 24615 万美元；绿色食品出口创汇 35726 万美元；现代医药出口创汇 3394 万美元；特色林业出口创汇 3659 万美元；生物质能及生物化工出口创汇 3456 万美元；畜牧水产出口创汇 3571 万美元；橡胶及丝麻出口创汇 202 万美元；花卉园艺出口创汇 1889 万美元。五是农民增收贡献作用突出。生物产业具有覆盖面广，带动作用强的特点，而且大多是与农民增收致富息息相关的富民产业。烟农、花农、菜农、蔗农、果农、茶农、药农、咖农的收入不断提高。2007 年，全省农民人均纯收入达到 2600 元，约 90% 来自于生物产业；农民人均从花卉、茶叶、咖啡、天然橡胶、马铃薯、中草药等优势特色农林产品中实现收入 690 多元。六是科技创新能力日益增强。全省 140 个科研机构中有 76 个从事生物资源研发工作、研究人员 3700 多人，9 名院士中就有 4 名从事生物产业研究工作。在生物科技创新领域，已建成国家重点实验室 1 个，在建国家工程技术中心 1 个；建设和认定省部级重点实验室 14 个，占省级重点实验室总数的 70%，在全国有较大影响的植物病理重点实验室、工业微生物发酵工程重点实验室等已成为生物产业研发基地。现代生物企业占全省高新技术企业的 1/4 以上，初步形成了生物技术企业群，自主创新能力进一步增强。

生物产业管理

2007 年 4 月 26 日，省政府在文山召开了全省生物资源开发工作座谈会。孔垂柱副省长做了题为《突出重点、狠抓落实、努力推动生物产业发展再上新台阶》的重要讲话，系统回顾总结了“十五”以来全省生物资源开发创新工作取得的成绩和经验，深入分析了生物产业发展面临的形势，明确提出了“十一五”期间生物产业发展的总体思路、目标、工作重点和推进措施。按照会议要求，省政府生物资源开发创新办公室会同省政府研究室开展《云南省人民政府关于加快推进生物产业发展的意见》的起草工作。《意见》初稿完成后先后两次书面征求相关部门和各州、市创新办的意见，并多次听取了有关部门和单位的修改建议。在取得广泛共识的基础上，又进行了 10 余次修改，形成《意见（代拟稿）》报省政府审定。

根据全省生物资源开发工作座谈会确定的重点产业、重点项目，以及《云南省省级财政扶持生物资源开发创新专项资金管理办法》，2007 年省生物资源开发创新专项资金扶持项目重点支持绿色食品、天然药物、生物化工等产业，重点支持科技成果转化、产品品牌及公共品牌培育、行业协会公益性服务、信息系统及统计体系建设、市场开拓等环节。其中，绿色食品项目有 49 个，扶持资金 1075 万元，占项目总资金的 71.67%；天然药物项目 12 个，扶持资金 130 万元，占项目总资金的 8.67%；生物化工项目 7 个，扶持资金 110 万元，占项目总资金的 7.33%；信息系统及统计体系建设类项目 5 个，扶持资金 155 万元，占项目总资金的 10.33%；其它类项目 1 个，扶持资金 30 万元，占项目总资金的 2.00%。通过以上项目的扶持，有力的推进了全省生物产业的发展。

招商引资与开拓市场

年内，“2007 年云南优质生态农产品推介展”在上海展览中心成功举办。展会继续秉承“绿色云南·生态产品”的主题，以优质生态农产品展洽、招商项目推介为主要内容，采取“政府引导，市场运作”的办展方式，组织挑选了 115 家最具代表性的云南企业参展。展品包括花卉、茶叶、果蔬、保健品、食用菌、畜产品、咖啡及粮油制品等 8 个大类近千个品种。参展企业接待各类专业洽谈客商超过 7000 千人次，现场签约及达成意向性协议金额 4.9 亿元。超过 12 万人次到现场参观，展品供不应求，现场零售额达到 300.44 万元。展会期间还举行了云南省优质生态农产品项目推介会。由于前期招商工作基础较好，有 200 多户专业客商到会，推介会共推介招商引资项目 48 个，共计金额 3.35 亿美元；达成签约项目 46 个，签约金额 20.87 亿元人民币。整个推介展实现签约成交金额 25.8 亿元，比 2006 年增加 18.4%。连续 3 年在上海举办的云南优质生态农产品推介展，已经得到上海消费者和专业客商的认同，受到云南参展企业欢迎。“云南优质生态农产品推介展”正成为上海同类展会中的一个知名品牌。

2007年，已连续7年组织企业参加一年一度的香港美食博览会。博览会共组织了野生菌、茶叶、三七制品、蜂蜜、火腿等68种、108个系列的绿色食品、特色食品参展。在为期5天的展会上，与来自欧美、东南亚以及港台等地的170多名客商进行了商贸洽谈，达成合作及意向性合作项目16个，签订购销合同及意向性购销协议金额达1.1亿港元。云南绿特食品企业现场零售额达110余万港元。在整个展示活动中，云南绿特食品尤其是野生菌、火腿、普洱茶等传统产品受到香港市民及各国经销商的欢迎。参展企业均表示要继续开拓香港市场，并借助香港强大的转口贸易优势推动产品走向国际市场。

技术攻关

2007年，按照省政府的要求和农业厅党组的部署，《普洱茶关键技术研究》项目在2006年前期工作基础上，整合省内外科研力量，通过产学研紧密结合和联合攻关的形式，组织开展普洱茶品质特征指标、普洱茶保健功能与作用机理、普洱茶安全性评价等三个方面的系统研究。年内完成了项目子课题设计、子课题的评审以及普洱茶样品的采样等系列工作，并与北京大学中医药现代研究中心、中国农业大学、中国茶叶科学研究所、中科院昆明植物所、湖南农业大学、西南大学、云南农业大学普洱茶学院等7家国内相关学科权威研究机构签署了合作协议和课题任务书。各子课题组正加紧开展研究工作。

2007年，省政府生物资源开发创新办公室协同省质监局和省茶办等相关单位，开展普洱茶国家标准的制定工作。组织专家组成“标准编写组”，研究确定普洱茶综合标准编写方案，目前普洱茶国家标准已进入编制和报审阶段。普洱茶国家标准一经颁布和实施，将有利于振兴云南茶产业，推动地方经济发展，实现企业增效、茶农增收，推进社会主义新农村建设进程。

生物产业建设研究

年内，省政府生物资源开发创新办公室承担了省政府决策咨询研究课题—“进一步推进生物资源开发创新支柱产业建设”的研究任务。研究内容主要包括以下9个方面：1. 云南省生物资源开发创新支柱产业发展态势研究；2. 推进云南省生物资源开发创新支柱产业建设与加快农业产业结构调整及新农村建设研究；3. 推进云南省生物资源开发创新支柱产业建设与云南生物资源可持续利用研究；4. 科技、市场、信息等配套服务支持体系建设与推进云南省生物资源开发创新支柱产业建设研究；5. 产业公共服务平台建设与推进云南省生物资源开发创新支柱产业建设研究；6. 外向型优势产业培育与推进云南省生物资源开发创新支柱产业建设研究；7. 生物资源产品专业市场及名优品牌建设与推进云南省生物资源开发创新支柱产业建设研究；8. 体制、机制、金融保障体系建设及招商引资与推进云南省生物资源开发创新支柱产业建设研究；9. 优质专用原料基地建设与提升加工水平在生物资源开发创新支柱产业发展中的作用和地位研究。省政府生物资源开发创新办公室积极组织研究力量，深入各州市、有关部门和企业进行了调研，广泛搜集国内外生物产业发展的资料，力图在科学发展观的指导下，准确把握国际国内生物产业发展的态势，准确把握云南生物产业的成就经验和存在问题，提出推进云南生物产业的新思路、新措施，促进生物产业又好又快发展，加快实现我省由生物资源大省向绿色经济强省跨越的步伐。

（夏　兵　黄清祥）

城 市 经 济

昆 明 市

综 述

2007年，昆明市经济社会发展呈现速度平稳较快、结构继续优化、效益明显提高、消耗稳步下降、民生加快改善五大趋势，现代新昆明建设迈出坚实步伐。在全国、全省经济增长加快和现代新昆明建设带动下，登高经济连续第五年实现两位数增长，迎来了改革开放以来第二轮持续较快发展时期。

全市实现地区生产总值1393.6亿元，增长12.5%，高于年度预期目标2.5个百分点，增速创近10年新高；地方财政一般预算收入133.1亿元，增长28.3%；单位生产总值能耗下降目标可完成；全社会固定资产投资818亿元，增长25%；社会消费品零售总额569.4亿元，增长17.6%；城镇居民人均可支配收入12083元，农民人均纯收入4003元，扣除物价上涨因素，增长6.1%和7.1%；城镇登记失业率2.58%；人口自然增长率6.02‰；受猪肉、食用油等主要副食品价格上涨的影响，居民消费人均价格总水平上涨5.8%，高于目标2.8个百分点。

农业农村经济

2007年，昆明市深化农村各项改革，认真落实各项支农、惠农政策，以人为本，坚持“多予少取放活”的方针，加快现代农业发展，积极推进社会主义新农村建设，稳定和发展粮食生产，加快产业结构调整和产业化经营发展步伐，加大农村劳动力转移培训就业工作力度，拓宽农民增收渠道，全市农业农村继续保持良好发展势头。全年实现农业增加值93.9亿元，增长5.6%。粮食总产量达到113.6万吨；烤烟收购总量183.2万担，中上等烟占90.8%；鲜切花产量36.2亿枝，增长12.6%；蔬菜产量184.5万吨，增长5.9%；畜牧业产值达57.2亿元，增长9.4%。实施农业产业化发展项目25个，扶持龙头企业147户。农民人均纯收入4003元；新增转移农村富余劳动力9.2万人，新增转移收入超过5亿元。乡镇企业实现增加值241.9亿元，增长14%。

新农村建设

2007年，昆明市新农村建设明显加快，效果逐步显现。农村基础设施方面，东川坝塘水库主体工程完工试蓄水，呈贡白龙潭水库加固扩建、富民兴贡水库开工建设，嵩明大型灌区续建进展顺利。新增和改善灌溉面积35万亩。治理水土流失面积250平方千米。完成行政村通公路路基改造534千米、路面硬化151.3千米。新建沼气池10381口、节柴改灶20112眼。解决23万农村人口饮水困难和饮水安全。农村公共服务设施方面，完成20所农村中小学标准化建设。建成16个乡镇卫生院、722个标准卫生室、8个计生服务站。新建、改扩建15个乡镇文化站、150个村文化活动室。启动新一轮广播电视“村村通”工程，完成300个村（站）光缆联网工程，解决农村2.8万户、10万人收听收看广播电视难的问题。完成“数字乡村”工程。扶贫工作方面，投入资金8000万元，实施400个自然村整村推进。农村劳动力转移11.9万人，转移输出9.1万人。发放小额贷款6758万元，完成8个以工代赈项目，实施1737人易地搬迁。2万绝对贫困人口温饱问题得到解决，8万低收入贫困人口温饱水平得到巩固提高。

工业经济

2007年，昆明市推进工业强市战略，加大投入，加强园区建设，加快重大项目建设和工业自主创新步伐，全市工业经济保持较快增长。实现工业增加值524亿元，增长16.4%。年业务收入500万元以上工业企业实现利税278.3亿元，增长15.8%，而烟草、冶金、机电、医药、化工、电力等行业占年主营业务收入500万元以上工业企业增加值的83.5%。增长18.6%；工业经济效益综合指数294.7%，提高21.5个百分点。电力装备产业基地启动建设，昆明国家生物产业基地获得批准，光电子和信息产业基地加快推进，签订武钢与昆钢、中铝与云铜战略重组构架以及中缅油气管道及炼化基地项目合作协议。商贸流通基础设施进一步改善，旅游“二次创业”顺利推进，服务业发展态势良好。第三产业实现增加值658.5亿元，增长11.1%。

固定资产与房地产投资

2007年，全市固定资产投资完成818亿元，增长25%，完成年度预期目标。在城镇固定资产投资中，第一、二、三产业分别完成投资8.6、193.6和562.7亿元，分别增长19.4%、26.9%和22%。掌鸠河引水供水工程实现供水，清水海引水一期工程开工建设。完成广福路改扩建、昆永复线、昆大线黄土坡至眠山工程。完成第一批4个片区25条支次路交通微循环改造，第二批6个片区30条支次路交通微循环改造大部分路段完工，完成学府路与一二一大街配对单行改造。启动实施缓解主城交通拥堵一年行动计划，西二环、海埂路和西坝路改扩建、滇池路节点改造等项目开工建设。实施公交优先发展战略。设立专项资金发展城市公共交通，建成广福路公交专用道，推行公交IC卡换乘减付收费方式，实行60岁以上老年人免费乘坐公交车。公交营运线路增加到176条，车辆达到2859台，公交出行分担率达到26%，比上年提高4个百分点。呈贡新城建设进展顺利，一期路网基本完成路基工程，二期路网开工四条道路。市级行政中心主体工程完工，周边配套设施全面推进。5所高校开工建设，云南师范大学呈贡校区部分投入使用。云白药、春城财富中心等重点产业项目建设加快。新机场建设用地通过国土资源部预审，完成试验段征地工作，启动外围部分配套基础设施建设。完成盘龙江中段水环境治理、乌东河、船房河截污综合治理，启动实施滇池北岸水环境综合治理，开工建设草海片区截污管网和第三、七污水处理厂等子项目。

“创园”工作取得明显成效。拆违拆临65万平方米，建绿透绿46万平方米。城市建成区绿地率33.8%，绿化覆盖率38.3%，人均公共绿地面积8.45平方米。新建金棱河、席子营等，完成广福路、昆沙路、昆石公路入城段等道路绿化，建成荷叶山、呼马山等9片生态公园。

完成房地产开发投资221.99亿元，增长21.1%，占全社会固定资产投资的比重为27.1%。全市施工面积1780.62万平方米，增长16.9%，其中商品住宅1494.6万平方米，增长17.3%。

旅游服务业

全年全市第三产业实现增加值658.5亿元，增长11.1%，占GDP比重达到47.3%。城市和农村消费品零售额分别增长17.7%和17%。建成294个农家店，调整改造农资经济网点879个，服务业的拉动作用增强。

旅游业发展势头良好，全年接待国内外游客2508.3万人次，旅游业总收入168.9%亿元，增长8%。昆明被评为全国“十大休闲城市”之一，石林申报世界自然遗产获得成功，列入首批国家5A级景区。旅游度假区大渔片区开发建设工作快速推进。

对外贸易

2007年，全市实现进出口贸易总额66.8亿美元，增长42.1%，占全省的76.1%。其中，进口34.4亿美元，增长45.1%；出口32.4亿美元，增长39%。对东盟国家的双边贸易总额14.23亿美元，增长30.9%，对欧盟国家的双边贸易总额6.48亿美元，增长18.5%。28个重点招商引资项目进展顺利，美国卡特比勒公司、泰国TCC集团等一批国内外知名企业来昆投资。华侨城项目落户昆明，天堂岛等重大项目积极推进。实施对外投资项目13项，签订对外工程承包合同3项。

全年新批外商投资企业89户，实际利用外资3.0亿美元，增长43.5%。实际引进市外到位资金301.8亿元，增长29.6%。

环境保护和节能降耗

滇池污染治理取得新进展。滇池北岸水环境综合治理工程建设加快，草海西岸截污管B段、庄房村泵站、官宝路污水干管A段建设启动，开工第三污水处理厂改扩建、第七污水处理厂建设。分散式再生水设施达到120座，日处理能力3.5万立方米。完成五甲塘片区生态湿地一期建设300亩，在滇池西岸生态带种植苗木2171亩，滇池流域完成营造林12400亩，整治水土流失20平方千米。关停砖瓦厂、采石场113家。完成盘龙江中段整治和宝象河水系防洪整治工程，乌龙河、船房河截污综合治理基本完工。

对污染物排放超标企业强制实施清洁生产审核，96户企业通过验收。对高耗能、高污染企业实行差别电价政策。实施重点节能技术改造102项，全市资源综合利用认定企业发展到180多户。对18家企业环境违法违规行为挂牌督办，并完成整改。

规范资源开发秩序，完成154宗探矿权和1607宗采矿权清理。建成营造林13.9万亩，完成松华坝水源保护林带5500亩基地建设任务。市区空气总体良好，优质级天数达标率100%。环保投资指数3.07%。掌鸠河工程实现供水，昆明人结束了喝滇池水的历史。开工建设清水海引水一期工程。

社会保障和社会福利

2007年，全市开发有效就业岗位12.8万个，实现城镇新增就业6.8万人，安置下岗失业人员就业2.7万人，城镇零就业家庭就业率达100%。全市城镇职工基本养老、失业、医疗、工伤、生育保险参保人数分别达到81.4万人、69万人、86.7万人、39万人、37.4万人。在五华、呈贡、富民开展被征地人员基本养老保险试点工作，8986人参加保险。启动实施城镇居民基本医疗保险试点，参保人数达到20.6万人。新建廉租房1768套，制定出台《昆明市城镇最低收入家庭廉租房保障办法》，开工建设经济适用房84万平方米。建立农村居民最低生活保障制度，10.4万农村特困居民享受了最低生活保障。新型农村合作医疗参合率达到94.45%。

年末各类社会福利机构96个，拥有床位5940张，其中：农村敬老院87个，床位2500张。

名牌产品

2007年，昆明市有18家企业的24个产品获得云南省名牌产品称号，昆明船舶设备集团公司的仓储自动化物流系统、云天化国际化工股份有限公司的重过磷酸钙、云南铜业有限公司的高纯阴极铜等3个产品获得中国名牌产品称号。9月7日，昆明市名牌推进委员会对获得2006年“云南名牌”称号的51家的61个产品进行表彰，每个产品给予3万元奖励，鼓励和扶持企业争创名牌。至2007年底，昆明市共有中国名牌产品8个，国家免检产品19个，云南省名牌产品102个，分别占全省同类名牌的47%、38%、50%。

存在问题

昆明市经济社会发展不平衡，速度较慢，竞争力不强，在全国综合实力百强城市中，昆明由2004年的28位下滑到2006年的53位，7个县区尚未实现财政自给；工业化落后于城市化，未形成强有力的产业支撑，新的工业支柱产业成长缓慢，有影响力的名优品牌不多；民营经济发展不快，占经济总量的比重不高，对经济的拉动作用不明显；城乡管理滞后，批后管理薄弱，执法不严；市政基础设施建设不够配套，地下管网混乱不清，污水收集系统不完善，雨污合流突出；主城交通拥堵，道路密度低、丁字路口多、路网不完善，动静交通设施负荷过重；滇池污染治理任务艰巨，城市周边仍有550个挖沙采石取土点，环卫基础设施严重缺乏，仅有2个县建有垃圾填埋场，6个县未建污水处理厂；城郊结合部脏乱差现象突出，“城中村”违规加层问题还没有得到根本遏制，安全问题和社会治安存在较大隐患，解决民生问题、消除不和谐因素工作繁重。

（赵丕德）

昭　通　市

综　述

昭通市位于云南省东北部，金沙江下游，地处滇、川、黔三省结合部，历史上曾是“锁钥南滇，咽喉西蜀”之地，总面积2.3万平方千米，全市呈西南高、东北低的倾斜面，为典型高原山地构造地形。气候属南亚热带、中亚热带、北亚热带、暖温带、中温带和北温带共存的高原季风立体气候。年平均气温11.3～21.1℃，年平均降雨量为600～1230毫米。

2007年辖昭阳区、鲁甸、巧家、盐津、大关、永善、绥江、镇雄、彝良、威信、水富县1区10县143个乡镇。

2007年年末总人口为545.97万人，其中：非农业人口45.12万人，占8.3%；女性人口259.28万人，占47.5%，性别比为111（女性为100）。

2007年，昭通市生产总值（GDP）达225.34亿元，按可比价格计算，比上年增长11.2%。其中第一产业增加值52.56亿元，增长4.5%；第二产业增加值98.98亿元，增长14.6%；第三产业增加值73.8亿元，增长11.5%。按常住人口计算，人均GDP为4346元，同比增长9.3%。产业结构继续调整，第一产业得到加强，第二产业保持较快增长，第三产业发展加快，全市三次产业比例由上年的25.6:41.9:32.5调整为23.3:43.9:32.8。

全年居民消费价格总指数为106.7%。分类别看，食品类价格上涨19.4%，其中：肉禽价格上涨40.1%，是推动价格总水平上涨的主要因素。农业生产资料价格指数为106.4%，商品零售价格指数为107.8%，部分产品价格回落。

年末全市从业人员277.98万人。全年开发就业岗位2.3万个，累计新增就业人员达2.23万人，城镇登记失业率为4.8%。“百万劳务输出工程”目标如期实现，累计转移农村富余劳动力达101.38万人。

经济和社会发展中存在的主要问题：发展不充分，不平衡，转变经济增长方式的任务依然艰巨；产业结构仍不合理，现代服务业发展相对滞后；农业基础薄弱、节能减排形势严峻和煤电油运资比较困难等突出矛盾还没有得到根本解决；科技自主创新能力有待增强；就业压力加大，涉及人民群众切身利益的物价上涨问题比较突出，低收入居民生活仍较困难。

农村经济

2007年，全市实现农林牧渔服务业总产值80.9亿元，按可比价计算，比上年增长5.5%。农业内部结构得到进一步调整，特色农业效应进一步凸显，全市农、林、牧、渔、服务业总产值比例为47.4:4.4:45:0.3:2.9，农业总产值的比重比上年下降3.8个百分点，畜牧业提高4.4个百分点。实施苹果低改4.11万亩，建立优质蚕桑基地19.5万亩。以冬洋芋、反季蔬菜为主的冬季农业开发达71.7万亩，完成13万亩无公害蔬菜种植。

全年粮食产量达到140.6万吨，比上年增长4.3%；油料产量1.73万吨，与上年持平；水果产量18.35万吨，增长19.6%；蔬菜产量92.36万吨，增长9.0%。

全年出栏肉猪247.31万头，比上年增长7.6%；年末牛存栏50.2万头，增长1.1%；羊存栏58.7万只，下降2.4%。肉类总产量26.56万吨，增长6.7%；禽蛋产量1.51万吨，增长5.4%。水产品产量6242吨，增长30.7%。

全年治理水土流失面积661.65千公顷，新增农田有效灌溉面积3.43千公顷，新增节水灌溉面积2.19千公顷，年内解决饮水安全达标人数263.63万人。年末农业机械总动力7.85亿瓦特，增长7.1%。

工业和建筑业

全年全社会完成现价工业总产值153.46亿元，按可比价格计算（下同），比上年增长21.06%。实现工业增加值75.31亿元，增长16.3%。其中，规模以上工业企业增加值达56.34亿元，增长16.2%。规模以上工业中：轻工业总产值46.51亿元，增长11.77%；重工业总产值71.58亿元，增长21.81%。工业产品中，原煤、发电量、水泥、卷烟、碳化钙产量分别比上年增长16.5%、39.5%、39.1%、5.5%和14.3%。

全市规模以上工业产销协调、衔接较好，产品销售率达98.1%，实现主营业务收入114.82亿元，比上年增长22.6%；实现利润总额16.02亿元，比上年增长9.4%；实现利税41.2亿元，增长16.9%。亏损企业同比减少13户，亏损面下降12.1个百分点。

年末资质以上建筑企业达到78户，比上年增加8户；全年实现建筑业总产值12.63亿元，增长22.98%；房屋施工面积达130.9万平方米。

固定资产投资

全年完成全社会固定资产投资155.21亿元，比上年增长25.69%。在各类投资中，城镇投资131.9亿元，增长23.55%；农村非农户投资完成9.22亿元，增长37.9%；房地产开发投资达到8.73亿元，增长28.3%；农村私人建房投资5.3亿元，增长65.5%。全年累计完成基础产业、基础设施投资98.58亿元，比上年增长81.43%，占全社会固定资产投资的比重为63.5%，工业投资完成59.23亿元，增长16.7%。地方项目完成投资100.24亿元，增长62.28%，占全社会固定资产投资的比重为64.58%，比上年提高14.58个百分点。

投资结构进一步优化，非公投资稳步增长。2007年一、二、三产业投资结构为2.29:49.53:48.18，非公经济投资完成62.93亿元，比上年增长55.1%，占全社会固定资产投资的比重为40.54%，比上年提高7.69个百分点。

交通邮电和旅游

全年货运量1692万吨，比上年增长31.88%；货物周转量23.53亿吨千米，增长15.29%。客运量3472万人，比上年增长0.4%；旅客周转量17.97亿人千米，增长20.99%。全市民用车辆拥有量达21.16万辆，比上年增长31.58%。

全年全市邮电业务总量8.15亿元，比上年增长24.21%。全市固定电话达26.78万部，增加2.72万部；年末移动电话达到95.64万部，新增34.87万部；互联网用户达8.12万户。报刊发行13.1万份（期发数）。

全年累计接待海内外旅游者235.23万人次，增长14.2%，其中海外旅游者258人次，国内旅游者235.2万人次。旅游业综合收入6.42亿元，比上年增长18.5%，其中外汇收入8.71万美元。

国内贸易和对外经济

全年实现社会消费品零售总额59.23亿元，比上年增长16.7%。城乡消费基本同步增长，农村市场转旺。县以上城镇实现零售额39.72亿元，增长22.8%，市场份额为67.1%；县以下农村实现零售额19.5亿元，增长5.96%，市场份额为32.9%。个体私营经济实现社会消费品零售额41.61亿元，增长13.75%，市场份额达到70.3%。批零贸易业持续快速发展，实现零售额47.57亿元，增长16.4%，餐饮市场增幅居各行业首位，实现零售额4.66亿元，增长26.7%。

2007年，全市签约及实施国内经济合作项目31个，启动28个；新签约及实施项目协议总投资33.61亿元，实际到位资金33.6亿元；实际利用外商直接投资达627万美元，招商引资成效明显。国际贸易进出口总额为947万美元，同比增长58.9%，其中：出口额达723万美元，增长31.5%。

财政和金融业

全年财政总收入完成39.31亿元，比上年增长26.1%。地方一般预算收入完成12.89亿元，比上年增长25.1%，一般预算支出完成63.06亿元，增长29.7%。税收收入快速增长。税务部门组织各项收入36.05亿元，比上年增长21%。国税部门税收收入26.84亿元，增长25.45%；地税部门税收收入9.21亿元，增长20.26%。

年末全市金融机构人民币存款余额达238.35亿元，比年初增长17.6%。其中：城乡居民储蓄存款余额达118.49亿元，增长11.4%；金融机构人民币贷款余额达138.43亿元，增长14.2%。金融机构累计现金收入达593.55亿元，比上年增长28.1%；累计现金支出达614.79亿元，增长32.7%，全年货币净投放21.24亿元。金融监管工作进一步加强，金融机构风险化解取得初步成效。

教育卫生

全市年末有普通高等学校在校学生0.41万人；普通中等专业学校在校学生0.7万人，比上年增长7.69%；普通中学在校学生32.42万人，比上年增长11.18%；小学在校学生78.77万人，下降0.49%。中小学布局逐步优化，农村办学条件进一步改善。小学学龄儿童入学率达98.24%；小学在校生巩固率98.25%；小学毕业生升学率达87.97%。全年扫除文盲1.15万人。

年末全市共有医疗卫生机构381个，其中医院30个，实有病床6919张；专业卫生技术人员5959人，其中执业医师、执业助理医师2882万人。

社会保障

2007年，全市在岗职工年平均工资达到19875元，比上年增长22.38%。城镇居民人均可支配收入为9090元，增长11.9%；人均生活消费支出6967元，增长11.7%。农民人均纯收入1704元，增长17.0%；农民人均生活消费支出1608元，增长16.8%。城乡居民居住条件继续改善。城镇竣工住宅面积78.04万平方米，农村竣工住宅面积130.84万平方米；城镇人均住房使用面积25.95平方米，农村人均住房居住面积20.7平方米；城镇居民家庭恩格尔系数为40.5%，农村居民家庭恩格尔系数为56.4%。

年末全市参加失业保险职工人数为9.6万人，参加基本养老保险职工人数为6.75万人；有13.42万人参加了基本医疗保险，国有企业下岗职工的基本生活得到保障，企业离退休人员按时足额领到基本养老金。381万人参加新型农村合作医疗，减免费用1.51亿元。7.9万城镇低收入人口和36.5万农村贫困群众纳入城乡低保。

（邹　蓉）

曲　靖　市

综　述

2007年，曲靖市各级党委、政府高举邓小平理论和“三个代表”重要思想伟大旗帜，全面落实科学发展观，坚持把加快发展作为第一要务，注重转变经济发展方式，注重经济结构调整，注重节能减排工作，注重社会和谐稳定，促进经济社会基本实现又好又快发展。

国民经济稳定较快发展，综合实力进一步增强，经济总量又跃上新台阶。2007年全市实现生产总值突破600亿元大关，达到650.4亿元，按可比价格计算比上年增长13%，按常住人口计算，人均GDP达到1.14万元。其中：第一产业（农业）实现增加值118.6亿元，增长6.5%，拉动GDP增长1.1个百分点，对经济增长的贡献率为8%；第二产业实现增加值354.6亿元，增长14.7%，工业实现增加值323.3亿元，增长16.3%，工业拉动GDP增长8个百分点，对经济增长贡献率为61%；第三产业实现增加值177.1亿元，增长14.1%，拉动GDP增长4个百分点，对经济增长贡献率为31%。

经济结构继续得到调整。切实转变经济发展方式，努力打造新型工业强市战略，加大经济结构调整力度，三次产业进一步得到优化，三次产业由2002年23:46:31调整为2007年的18:55:27，第一产业在国民经济中所占比重下降5个百分点；第二产业在国民经济中所占比重上升9个百分点，其中工业占GDP的比重由2002年的42%上升为50%，第三产业在国民经济中所占比重下降4个百分点。特别是经过多年努力，工业结构进一步得到调整，支柱产业更加突出，电力、煤焦和冶金总体规模超过烟草工业，过分依赖于烟草的经济结构单一状况明显改善，有四个行业产值超100亿元。2007年电力生产和供应行业完成产值143.8亿元，煤炭行业完成产值123.5亿元，有色冶金完成产值129.5亿元，烟草工业完成产值112.4亿元。

农　业

2007年，全市认真贯彻落实中央1号文件，继续紧紧抓住建设社会主义新农村的时机，以农业增效、农民增收，加快农村经济结构调整步伐，努力提高农业综合生产能力，积极推进“千村扶贫、百村整体推进”的脱贫步伐，扎实推进“866”工程和林果产业发展，不断深化林权体制改革，加强农村基础设施建设，特别是抓住农产品价格普遍上涨时机，充分调动农民的积极性，努力克服各种困难，农村和农业生产稳步发展。全市农、林、牧、渔业总产值达204.6亿元，比上年净增41.1亿元。其中农业产值99.3亿元，净增14亿元。主要农产品产量：粮食219.7万吨，增长6.4%；小麦6.5万吨，增长4.7%；薯类66万吨，增长12.5%；油料9.5万吨，减少3.3%；烤烟产量17.6万吨，减少1.6%；蔬菜产量157.8万吨，增长7%；水果产量12万吨，增长26.5%。

推动集体林权制度改革，按照“生态建设产业化、产业发展生态化”的要求，整合林业生产要素，释放林业发展潜力。全市林业产值5.6亿元，净增0.9亿元。完成人工造林面积100万亩，森林覆盖率达35.8%。

畜牧业和渔业稳定发展。畜牧业产值93.7亿元，净增25.4亿元；渔业产值3.2亿元，净增0.4亿元。全市肉类总产量达85.5万吨，比上年增长16.2%；水产品产量达5.7万吨，比上年增长44.2%。年末大牲畜存栏111.9万头，增长0.3%；生猪存栏479万头，增长1.1%；出栏猪736.3万头，增长16.7%；出栏牛30.3万头，增长18.4%；出栏羊91.3万头，增长22.2%。

工　业

2007年，全市工业生产继续抓住全国供电形势的好转，特别是抓住国际、国内部分资源产品市场需求旺盛和资源产品价格持续攀升的时机，加快支柱产业的发展，其中烟草行业稳定较快增长，有色金属行业持续较快发展，电力行业平稳较快发展，带动整个工业较快增长，工业总产值突破700亿元大关，总产值达到787.1亿元，比上年增长17.5%。其中500万元以上工业企业完成产值636.9亿元，增长18.5%。

在500万元以上工业企业中，重工业完成产值503.1亿元，增长18.5%；轻工业完成产值133.7亿元，增长18.7%。国有工业完成产值322.4亿元，增长20.1%；股份制工业完成产值248.5亿元，增长26%；外商及港澳台工业完成产值33亿元，减少6.2%；集体工业企业完成产值14.1亿元，减10.1%。

五大支柱产业实力明显增强，支撑工业较快发展。五大工业总产值达649.3亿元，按可比价计算比上年增长15.8%，其中能源工业完成产值267.2亿元，比上年增长10.1%；矿冶工业完成产值179.4亿元，增长21.8%；烟草制品业完成产值112.4亿元，增长18.7%；化工产业完成产值67.9亿元，增长18.6%；汽车和机械完成产值22.4亿元，增长19.2%。整体工业效益好于往年。500万元以上独立核算325户企业，实现主营业务收入621.1亿元，比上年增长26.7%；实现利税总额146.9亿元，增长23.4%，其中实现利润总额53.8亿元，增长18.2%。主要工业产品产量：原煤3466.2万吨，减少5.6%；焦炭767.1万吨，减少1.3%；生铁176.3万吨，增长10.4%；水泥449.2万吨，减少2.4%；发电量298.2亿千瓦时，增长4.7%；黄磷8.5万吨，增长25%；汽车45179辆，增长25.5%；卷烟481.2亿支，增长2.9%；十种有色金属59.6万吨，增长43.5%。

固定资产投资

2007年，全市固定资产投资工作认真落实国家有关宏观调控政策，采取有保有压，加大农村建设的投入力度，重点项目的建设，确保固定资产投资平稳较快发展。全市全年完成固定资产投资353.8亿元，比上年增长24.6%。地方投资增长慢于中央省属投资。地方投资完成234.6亿元，比上年增长13.4%；中央省属投资完成10.5亿元，增长67.9%。电力和交通投资增长慢于制造业投资。工业完成固定资产投资212.7亿元，比上年增长46.3%，其中制造业完成投资94.7亿元，增长99.7%；电力煤气及水的生产供应完成投资89.3亿元，增长18.8%；交通运输仓储邮政业完成投资41.7亿元，减10.2%。房地产开发投资完成36亿元，增长14.5%；商品房销售面积达22.2万平方米，增长16.8%。

贸易和市场物价

2007年，全市积极调整投资和消费关系，重点扩大消费需求，加大商品流通和市场体系建设，不断推进"万村千乡市场工程"的建设步伐，改善消费环境和条件，培育消费热点，消费市场稳中趋旺。全年完成社会消费品零售总额123.1亿元，比上年增长17.1%，比上年加快2.2个百分点。全市完成城市消费零售75.8亿元，增长18.2%；农村消费完成零售47.4亿元，增长15.3%。全市个私经济完成消费品零售额83亿元，增长19%，占全市零售的67.4%。批发零售贸易完成95.9亿元，增长17.3%；住宿和餐饮业完成零售18.9亿元，增长19.9%。

全年外贸进出口总额完成1.7亿美元，比上年增长14.4%。其中出口1.4亿美元，增50.3%；进口0.3亿美元，减46.8%。实际利用外资2021万美元，引进市外国内到位资金达89.1亿元，比上年增长24.3%。

2007年，居民消费价格指数上升较快，而食品类价格快速上涨是推动CPI上涨的主要动力，涨幅创近年来新高，居民消费价格上涨6.2%。

交通邮电和旅游

2007年，全市交通运输邮电仓储业实现增加值31亿元，比上年增长20.6%。年末公路里程达2.64万千米，比上年增加210千米。拥有各种机动车49.23万辆，比上年增长17.9%，其中：汽车16万辆，增长13.4%；载客小型汽车6.5万辆，增长32.5%；摩托车达33.2万辆，增长20.2%。

2007年，全市完成电信业务总量10.9亿元，比上年增长6.1%。年末全市拥有固定电话户数40万户，增长6.7%。拥有移动电话用户达144.8万户，比上年增长35.6%。

2007年，全市接待国内游客537.5万人次，比上年增长11%；接待海外游客1.2万人次，减19%。旅游业总收入达23.4亿元，增长17%。

财政金融和保险

2007年，全市辖区内财政总收入达145.7亿元，比上年增长24.7%，其中地方一般预算收入完成46.5亿元，增长27.3%。财政支出完成90.2亿元，增长30.5%。

2007年末，全市金融机构本外币各项存款余额达568.7亿元，同比增长20.2%。其中储蓄存款274.8亿元，增长10.1%；企业存款204亿元，增长37.9%。金融机构本外币各项贷款余额380亿元，同比增长12.4%。其中工商贷款为51.9亿元，减6.6%；农业贷款59.2亿元，增长32.4%。

2007年，全市金融机构现金收入达1385.9亿元，增长20%；支出1435.3亿元，增长18.8%。

全年全市承保金额达1516.1亿元，比上年增长87.2%；保费收入达11.4亿元，增长9.6%；赔款3.1亿元，增长20.4%；给付1.5亿元，增长46.0%。

2007年，全市证券机构累计完成交易达315.1亿元，比上年增长4.04倍；开户数达2.8万户，增长61%；基金开户数达9.4万户，累计销售金额达42.8亿元。

社会事业

2007年，全市继续抓好农业科技进步、工业技术创新、民营科技创新、实现科技管理四大科技集成体系建设，把烟草、矿冶、磷化工、生物资源等领域的新技术开发放在优选位置，支持重点行业技术创新。通过各专业评审委员会评审、奖励委员会审定，全年共有24项科技成果获得奖励，在获奖成果中，技术水平达到国内领先1项、国内先进的11项、省内领先的11项、省内先进的1项。全市专业技术人员数达11万人，其中事业单位7.6万人，企业单位1.28万人。

2007年，全市财政教育支出达23.6亿元，比上年增长29.3%，占总支出的26.2%，所占比重与上年相比提升2.6个百分点。全市有高等学校3所，在校学生1.33万人；中等专业学校7所，在校学生1.6万人；职业中学15所，在校学生4.1万人；普通中学250所，在校学生43.2万人，其中：高中在校学生11.9万人，初中在校学生31.3万人；特殊教育学校4所，在校学生3877人；小学1789所，在校学生67.1万人；幼儿园484所，在园幼儿14万人。学龄儿童入学率为99.7%，高中阶段毛入学率为66.1%。

2007年，全市有各种艺术表演团体7个；文化馆10个；公共图书馆11个，总藏书量103.3万册。广播电台1座，电视台1座，全市广播人口覆盖率达95.69%，电视人口覆盖率达95.12%。

2007年，全市医疗卫生财政支出达6.6亿元，比上年增长32.9%。全市有卫生机构205个，其中医院59所，拥有乡镇卫生院112所，共有病床1.18万张，每千人拥有医院床位数2张；卫生人员数1.18万人，其中卫生技术人员0.99万人。

2007年，全市举办综合运动会28次，举办单项比赛155次，举办全民健身活动650次。

城市建设

2007年，全市进一步加快珠江源大城市发展步伐，城市建设整体水平不断提高。以市政道路、污水和垃圾处理、园林绿化为重点，加快城镇基础设施建设，加大实施绿化、美化、亮化、净化工程、提升城市品位，改善人居环境，城市面貌发生较大变化。全年全市城市建设共投资17.8亿元，其中中心城区为10.5亿元。城镇化率达30.9%，城市建成区绿化覆盖面积达2083公顷，建成区绿化覆盖率达16.97%，城市人均公园绿地达7平方米。城市公共汽车551辆，出租汽车3208辆。

环境保护

2007年，全市高度重视环境治理、生态保护和资源节约。继续推进天然林保护、退耕还林、水土流失综合治理等生态建设，加强自然保护区、生态功能区、饮用水源地的管理。高度重视节能减排工作，开展节约资源、能源、合理开发和有效利用各种自然资源，实施资源节约型社会建设。加快环境检测预警和执法监督体系建设，严格执行环境影响评价制度。2007年，全市有自然保护区20个，自然保护区面积4165平方千米。工业废水排放达标率95%，工业固体废物综合利用率40%，二氧化硫排放达标率91%，工业烟尘排放达标率90%。工业污染治理本年完成投资数达1.6亿元。

社会保障

2007年，全市年末户籍总人口达603.04万人，其中，非农业人口达75.3万人，性别比例为110.5:100，少数民族人口数达42.4万人，占总人口的7%。全市常住人口达572.9万人，人口自然增长率7.5‰。

全年农民人均纯收入2666元，实际比上年增长8%。城镇居民人均可支配收入1.08万元，实际增长7.1%。

年末，全市居民储蓄存款达274.8亿元，同比增长10.1%。

2007年，全市单位从业人员29.3万人，从业人员劳动报酬59.1亿元，在岗职工年平均工资为2.09万元，其中，企业为2.08万元，事业为2.09万元，机关为2.08万元。城镇登记失业率为2.4%。

2007年末，全市企业在岗职工参加养老保险人数达14.1万人，全市企业参加失业保险人数为20.5万人。全市城镇基本医疗保险和大病统筹职工人数为34.1万人。全市有6.36万人享受城市低保，共发放低保金7473万元，基本上实现了“应保尽保”的目标。

全年全市各级各类完成投入扶贫资金6.72亿元，比上年增加4.28亿元，解决5万农村绝对贫困人口的温饱和10万农村低收入人口的脱贫问题。

存在问题

经济社会发展中存在的主要问题和困难：经济发展不充分、不平衡，人均数依然较低；长期存在的农业基础薄弱、节能减排形势严峻和煤电油运资依然偏紧等突出矛盾还存在；涉及人民群众切身利益的物价上涨问题比较突出，成为各级领导和人民群众非常关心和担忧问题；转变发展方式任务较重，自立创新能力软弱；基础设施和社会事业发展相对落后；经济外向度偏低，部分企业经济效益较差；就业、就学、就医等“三难”与群众的要求还存在差距；安全生产形势严峻，难点、热点问题不少。

（沈璐娟）

玉 溪 市

高劲松，籍贯云南泸西，在职研究生，中共党员，现任玉溪市市委副书记、市长

综 述

2007年，玉溪市各级党委、政府始终坚持以邓小平理论和“三个代表”重要思想为指导，牢固树立科学发展，深入贯彻落实党的十六、十七大会议精神，坚定不移地实施以改革开放和科技进步为动力的生态立市、烟草兴市、工业强市、农业稳市战略，坚持“三优一特”经济发展思路，聚精会神搞建设，一心一意谋发展，促进了全市经济社会又好又快发展。全年全市完成现价生产总值（GDP）495.5亿元，按可比价计算比上年增长13.2%，是近10年来增速最快的一年。其中，第一产业完成增加值52.9亿元，增长5.5%；第二产业完成增加值302.0亿元，增长17%；第三产业完成增加值140.6亿元，增长8.6%。人均生产总值为2.2万元，即人均达到2930美元。全市实现财政总收入193.8亿元，其中地方财政收入完成44亿元，分别增长19.6%和23.2%；地方财政支出达68.3亿元，增长25.3%。

农村经济

2007年，全市紧紧围绕建设社会主义新农村，积极帮助农民增收致富，不断深化农村各项制度改革，切实加强基层组织建设，以建设150万亩高标准基本烟田为重点，不断加大“三农”投入力度，强化农村硬件设施建设，逐步改善农村生产生活条件，积极引导广大农民在调整产业结构，依靠科技发展生产，大力发展优质高效农业，重视发展劳务经济等方面下功夫，促进了农村经济的稳步发展。全市农林牧渔业实现现价总产值82.9亿元，增长6.3%。种植业稳定发展，粮食、蔬菜、甘蔗、水果、茶叶、药材等大宗农产品保持增长势头，其中，烤烟产量达9862万千克，实际收购烟叶9608万千克，上等烟比重达到65.5%，实现收购金额12.15亿元，比上年增加2.2亿元。畜牧业保持发展势头，完成现价产值31.2亿元，增长7.6%；肉蛋奶总产量达25846万千克，增长9.4%，其中肉类产量21201万千克、禽蛋产量4596万千克、牛奶产量35万千克、水产品产量1.28万吨，分别比上年增6.1%、27.2%、45%和1.3%。农业产业化进程取得进展，申报并获批14户省级农业龙头企业，认定和扶持市级重点农业龙头企业35家；24个农产品分别获得绿色食品、无公害食品或有机食品认证。

工业经济

年内，为做强烟草产业，做大矿电产业，玉溪举全市之力，在坚持抓大不放小的前提下，集中力量突出抓烟草及其配套产业，铁、铜、磷、镍四矿冶金产业，电力能源产业，以及生物制药等产业的发展壮大。通过内延挖发展潜力，外延抓新项目建设，不断优化产业产品结构，随着卷烟产量的增加和产品的调整优化，以及矿电产业的加快发展，工业经济出现了快速增长势头。2007年，全市工业总产值达到714.6亿元，增长25%，其中，中央省属企业完成337.3亿元、市县区属企业完成377.3亿元，分别增长29.0%和21.6%。实现工业增加值287.2亿元，其中规模以上工业完成260.7亿元，按可比价格计算，分别增长17.7%和19.5%，对GDP增长的贡献率高达75.1%；在规模以上工业中，中央省属工业完成增加值199.8亿元、市县区属完成增加值60.9亿元，分别增18.9%和23.9%。经济效益提高。全市规模以上工业实现利税总额207.0亿元，增长21.9%，其中实现利润56.9亿元，增长30.7%；在利税总额中，中央省属企业实现183.1亿元、增长23.3%，市县区属企业实现23.9亿元、增长12.7%。

建筑业稳步发展，完成增加值14.9亿元，房屋建筑施工面积达319万平方米，分别增长9.5%和4.7%。

现代服务业

2007年，玉溪市紧扣建设生态玉溪的发展目标，市委政府针对服务流通业发展不充分、层次不高、辐射带动力不强等突出问题，从抓第三产业的发展规划入手，以全省抓旅游业发展的二次企业为契机，不断加大对现代服务业的投入力度，进一步加快中心城区、八个县城、以及重点集镇的建设步伐，很抓景区景点硬件设施配套完善，加强城乡市场规划建设管理，高度重视通讯、咨询、文化等产业发展，着力营造投资软环境，为第三产业加速发展营造了良好的发展环境。2007年，全市第三产业完成增加值140.6亿元，占GDP的28.3%；非公经济增加值达128亿元，增长23.9%。消费市场保持活跃，全年实现社会消费品零售总额78.2亿元，增长14.1%，其中，市区级31.4亿元、县城23.2亿元、县级以下23.8亿元，分别增15.8%、14.1%和11.8%。对外贸易平稳增长，完成外贸进出口总额1.68亿美元，增长76.9%，其中出口1.57亿美元、进口1112万美元，分别增长79.1%和50.5%；引进市外国内资金48.1亿元、实际使用外资1831万美元，分别增34%和19.1%；交通运输、仓储及邮政业实现增加值14.8亿元，增长10%，全市公路通车总里程16347.7千米，完成公路货运量2525万吨、增长9.8%，电话普及率每百人达到55.4部。全年接待国内游客708.2万人、实现旅游总收入22.5亿元，分别增长10.6%和8.5%。金融保险证券业稳步发展，年末全市金融机构存款余额497.3亿元，贷款余额260.5亿元，分别增长8.5%和21.7%；保险业保费收入达10.87亿元，增长9.3%；证券市值18.05亿元，是上年的6倍。

县区特色经济

2007年，全市把扶持县区特色经济发展作为缩小城乡差别、促进经济社会协调发展的重大举措，进一步强化对县区工作的指导，实行市级财政向县区倾斜政策，建立财政转移支付与地方发展挂钩的激励机制，充分调动县区政府积极性，增强县区经济发展活力，为县域经济快速发展注入强大动力。全年，市级补助县区转移支付资金达21.1亿元，占县区本级收入的102.1%，县区特色产业发展到34个，实现产值650亿元，8县1区经济增速均保持在两位数以上。县区地方财政收入再上新台阶，实现29.1%的增速，比上年的16.2%提高12.9个百分点。在全部县区保持过亿元的基础上，红塔区地方财政收入突破5亿元，达到5.3亿元，增长24.9%；新平突破2亿元，达到2.7亿元，增长43.1%，实现了新的历史性跨越。

固定资产投资

2007年，全市全社会固定资产投资完成150.9亿元，增长24.1%，其中，城镇投资103.3亿元，增长25%。一、二、三产业投资快速增长，第一产业完成投资4.6亿元，增长32.1%；第二产业完成投资65.2亿元，下降0.5%；第三产业完成投资81.1亿元，增长54.3%。生态市建设带动作用逐步显现，房地产投资保持强劲发展势头，全年完成投资21.3亿元，其中商品住宅投资18.5亿元，分别增长63.8%和63.7%；竣工房屋面积77.2万平方米，销售建筑面积91.3万平方米，分别增长78.6%和72.5%。重点项目建设进展顺利，玉兴钢铁100万吨钢铁工程、移动公司玉溪移动工程、星云湖—抚仙湖出流改道等一批重点工程先后建成投产或交付使用；杞麓湖调蓄水隧道工程、玉蒙铁路—玉溪段、红塔工业园区建设、云南电网500KV墨江—玉溪送变电工程等重点工程建设顺利推进。

生态市建设和节能减排

2007年，围绕将玉溪建设成为生态良好、最适宜人类居住的目标，进一步加大中心城区生态建设力度，出水口生态公园水系完善配套工程、玉湖扩湖二期工程建成使用，防洪水系综合整治搬迁安置一期、垃圾综合处理厂、污水处理厂二期、医疗废物处理等工程正在抓紧建设，省级文明城市创建工作和“七彩云南”保护计划全面启动，“创卫”、“创模”工作稳步推进；“三湖”生态城市群建设加快，“三湖一海”水污染综合防治工作不断加强。生态建设力度加大，实施382万亩重点生态公益林和325万亩天然林资源管护，治理水土流失面积100多平方千米。高度重视环境保护，建立健全目标考核责任制，节能减排工作扎实有效推进。全市实现单位GDP能耗下降4.32%，二氧化硫（SO2）排放总量控制在1.7万吨，化学需氧量（COD）排放总量控制在1万吨的目标以内，三项指标均按要求或超额完成了任务；节水、节地和资源综合利用工作取得积极进展，对全市列入第一批执行差别电价名单的85户企业严格实行差别电价，淘汰落后炼铁产能22.1万吨、水泥产能51万吨、黄磷产能1.6万吨、电石产能1万吨，全年节能36.8万吨标准煤。

社会事业

2007年，全市争取科技经费4525万元，实施国家和省各类科技计划项目31项、市级科技项目57项，申请专利120件，批准授权专利77件。教育事业稳步发展，全市20.1万名小学生全部实现免费上学，98%的初中生享受“三免一补”优惠政策；排除中小学危房项目46项，拆除危房面积3.1万平方米；在全国率先实施“农村教师安居工程”，推行中等职校学生上学补助政策；全市拥有各类学校765所，在校学生36.14万人，全年初中以上学校毕业学生达4.55万人，其中，普通高中以上学校毕业生1.65万人，职校与普高招生比在全省首次开创了1∶1的先例。文、广、体事业得到发展。文化基础设施建设加强，聂耳图书馆、纪念馆主体工程完工，聂耳文化广场设施逐步完善，开展了一系列以弘扬聂耳时代精神为主题的文化活动，推进文化与企业联姻项目50项；完成258个“村村通、户户看”项目建设，转换有线数字电视7万户；实施农村农民健身工程30个，圆满完成全国第七届残运会玉溪分会场承办赛事，在全国第六届城运会上获得银牌2枚。公共卫生体系不断完善，建成11个乡镇卫生院和104个村卫生室，启动了乡村医生中专学历免费教育工程，建立了覆盖全体农村人口医疗保障制度，新型农村合作医疗参合率达到93.1%；县级医疗机构建设扶持力度加大，重大传染病防治、妇幼保健、计划生育等工作得到加强，全市人口自然增长率5.3‰。

关注民生

2007年，全市坚持以民为本，坚持执政为民，是贯彻落实科学发展观的出发点和落脚点。全市全年新增就业人员2.1万人，安排下岗失业人员实现再就业8千余人，帮助“4050”人员等特殊困难群体实现再就业1600人，确保2293户“零就业家庭”实现至少有1人就业任务的完成，城镇登记失业率2.6%；切实做好农村劳动力培训转移工作，培训2.5万人，转移2万人；社会保障体系不断完善，实现“三保”按时足额发放，农村居民全面实行了最低生活保障制度。投入“三免一补”资金9075万元，使20.1万名小学生和1.1万名初中生实现了免费上学，对5.6万名寄宿半寄宿制小学生和2万初中贫困生，政府每年每人分别提供250元和350元的生活补助，基本解决了义务教育阶段上学难问题。巩固新型农村合作医疗成果，投入8153万元资金，帮助广大农民解决看病难问题，使全市参合人数达到163.1万人。筹措460万元资金，为1.03万户农民解决了看电视难问题。

居民生活

2007年，全市在岗职工年平均工资为2.28万元，增长6.5%；城镇居民人均可支配收入1.12万元，农民人均纯收入4008元，红塔区城市居民人均可支配收入1.2万元，分别增长17.5%、13.4%和16%；城乡居民储蓄存款余额211.4亿元，人均9337.5元；城镇居民家庭每百户拥有汽车9.7辆，城市居民每百户拥有19.8辆，分别比2006年增加1.3辆和0.8辆。

（邓默燃）

普　洱　市

综　述

2007年，是普洱发展历史上极不平凡的一年。一年来，普洱市各级党委、政府认真贯彻落实科学发展观，牢牢把握又好又快发展主题，以更名为契机，系统谋划，科学决策，坚持改革创新，战胜“6·3”地震等自然灾害，全市经济社会发展速度加快、发展质量提升、发展活力增强。全年完成生产总值（GDP）151.33亿元，按可比价格计算，比上年增长14.5%。增幅同比提高2.1个百分点。按常住人口计算，人均生产总值达5878元，比上年增加1025元，增长14.3%。产业结构进一步调整，第一产业完成增加值51.52亿元，比上年增长8.7%，占生产总值的比重为34.0%，拉动经济增长2.8个百分点；第二产业完成增加值44.74亿元，增长21.9%，占生产总值的比重为29.6%，拉动经济增长6.3个百分点，其中：工业增加值29.20亿元，增长23.4%；建筑业增加值15.55亿元，增长19.2%；第三产业完成增加值55.07亿元，增长13.8%，占生产总值的比重为36.4%，拉动经济增长5.4个百分点。

农业和农村经济

2007年，全市实现农业总产值74.69亿元，按可比价计算，比上年增长11.5%，增幅同比提高3.6个百分点。一是粮食和主要经济作物实现增产增收。茶叶、甘蔗、烤烟、蚕桑等主要经济作物面积扩大，粮食面积比上年调减1.4%，农业科技水平继续提高，全年粮食总产量达83.46万吨，比上年增加0.31万吨，增产0.4%。二是林业生产取得突出成绩。集体林权制度改革全面推进，资源林政管理大为加强，林业重点工程继续有效实施。全年完成造林面积2.09万公顷，迹地更新面积9421公顷，零星（四旁）植树409万株，实施天然林保护工程2400公顷，年末实有封山育林面积达2.93万公顷，森林覆盖率为64.9%。木材产量197.17万立方米，比上年增长19.7%；松脂产量9.22万吨，下降4.3%。护林防火取得好成绩，森林资源得到有效保护。三是畜牧业、渔业生产全面发展。受生猪高致病性蓝耳病的影响，存栏有所下降，但出栏增加，肉产量增加。全年肉类总产量达11.06万吨，比上年增长7.7%。水产品产量为2.30万吨，增长3.5%。四是农业基础设施建设力度加大，农业生产条件进一步改善。年末，全市拥有农业机械总动力11.49亿瓦特，比上年增长13.0%；大中型拖拉机4608台，小型拖拉机1.4万台。全年农机化投入1.21亿元，比上年增长43.0%。全年农村用电量1.63亿千瓦小时，比上年增长28.3%；化肥施用（折纯）量5.29万吨，增长14.8%。全年投入农田水利建设资金5.07亿元，增长103%；新增有效灌溉面积0.27万公顷，有效灌溉面积累计达11.01万公顷；新增节水灌溉面积0.193万公顷，节水灌溉面积累计达2.427万公顷，累计治理水土流失面积20.955万公顷；解决农村人口饮水困难11.62万人。建成水库（塘坝）632座，其中：中型水库10座，小型水库265座，塘坝357座，水库总库容4.79亿立方米；建成引水工程4.85万件。水利工程年供水量12.86亿立方米，其中：向农业供水9.51亿立方米，向工业供水6216万立方米，向城镇供水2851万立方米。

工业生产和建筑业

2007年，全市随着工业发展倍增计划的有效实施，工业化进程不断加快。努力缓解煤电油运的瓶颈制约，狠抓节能减排工作，进一步优化资源配置，加大产业培植，做大做强优势产业，加快工业园区建设，努力开拓产品市场，全年工业生产完成工业总产值74.82亿元，按可比价格计算，比上年增长22.8%。从规模以上工业看，轻工业高速增长，重工业快速增长，轻工业完成产值18.71亿元，增长43.4%；重工业完成产值38.59亿元，增长18.1%。分经济类型看，国有企业完成产值8.60亿元，增长25.0%；集体工业完成产值0.38亿元，下降20.3%；股份合作制企业完成产值0.27亿元，下降58.1%；股份制企业完成产值39.65亿元，增长22.5%；外商及港澳台投资企业完成产值6.45亿元，增长121.5%；其他企业完成产值1.95亿元，下降4.6%。

全年全市规模以上工业企业经济效益综合指数达164.25%，同比提高31.74个百分点；实现产值57.30亿元，增长25.6%；工业产品销售率为94.5%，比上年提高3.4个百分点；产品销售收入52.72亿元，增长

20.9%；实现利税总额10.42亿元，增长56.3%，其中实现利润5.51亿元，增长79.2%。全员劳动生产率为8.59万元/人，增加2.32万元。2007年，全市建筑业完成增加值15.55亿元，比上年增长19.2%。全年房屋建筑施工面积593.6万平方米，增长62.2%，其中住宅施工面积424.2万平方米，增长89.4%；房屋建筑竣工面积368.3万平方米，增长66.1%，其中住宅竣工面积285.2万平方米，增长110.9%。

固定资产投资

2007年，全市完成固定资产投资总额106.09亿元，比上年增长29.7%。其中：城镇投资75.16亿元，增长17.5%；房地产开发投资10.66亿元，增长136.3%；其他投资20.27亿元，增长123.8%。全年施工项目780个，比上年增加100个。其中新开工项目554个，增加94个；资金落实情况相对较好，累计拨贷款资金65.23亿元，比上年增长33.0%。

全年重点工程项目完成投资58.31亿元，比上年增长16.2%，占全社会固定资产投资的55%。公路建设完成投资4.43亿元，磨思高速公路建设进展顺利，思澜公路二期工程、澜沧至惠民公路加快建设，景谷至永平公路建成通车。电站建设完成投资51.23亿元，糯扎渡电站提前一年实现大江截流，居甫渡、戈兰滩电站下闸蓄水，龙马河、土卡河电站投产。水库建设完成投资0.81亿元，景东南洋河水库等4座水库竣工验收，江城营盘山等7座水库主体工程基本完工，部分水库除险加固工程完工。工业园区等一批重点工程项目进展顺利。以“中国茶城”建设为重点的城市建设步伐加快，城市面貌有了很大改观，城市功能得到很大提升，投资环境有了很大改善。交通、能源、通讯、水利、环保和社会公共设施有较大改善。

市场销售和物价

2007年，全市社会消费品零售总额达到43.19亿元，比上年增长16.1%。分城乡看，城镇消费品零售额32.17亿元，增长16.8%；农村消费品零售额11.02亿元，增长14.2%。分经济类型看，国有经济实现零售额1.66亿元，下降6.3%；集体及股份合作经济实现零售额2.60亿元，下降4.0%；个体私营经济实现零售额38.22亿元，增长19.1%；其他经济实现零售额0.72亿元，增长10.8%。分行业看，批发零售贸易业零售额34.51亿元，增长16.1%；餐饮业零售额7.86亿元，增长15.9%；其他行业零售额0.81亿元，增长16.7%。住房、汽车、通讯、旅游等随着消费结构加快升级继续升温。

全年市场物价总水平上扬。全市居民消费价格总水平上涨6.5%，涨幅比上年高6.2个百分点。其中：食品类价格上涨12.3%，烟酒及用品类价格上涨8.6%，衣着类价格下降1.9%，家庭设备用品及维修服务类价格上涨1.0%，医疗保健和个人用品类价格上涨3.3%，交通和通讯类价格上涨1.6%，娱乐教育文化用品及服务类价格上涨1.0%，居住类价格上涨8.3%。全年商品零售价格上涨8.6%，农业生产资料价格上涨3.8%。

财税和金融业

2007年，全市完成财政一般预算总收入18.89亿元，比上年增收4.91亿元，增长35.1%。其中：地方一般预算收入11.10亿元，增收3.31亿元，增长42.4%，为年初市人代会确定预算数的122.8%；上划中央增值税、消费税、所得税和上划省级30%耕地占用税收入7.79亿元，增收1.61亿元，增长26.1%。地方收入中增值税增长16.2%，营业税增长53.6%，企业所得税50.1%，个人所得税增长76.9%。非税收入增长48.1%。全年财政一般预算总支出55.78亿元，比上年增支18.34亿元，增长49.0%，其中：一般公共服务支出增长30.2%，农业支出增长12.7%，科学技术普及支出增长29.2%，教育支出增长12.4%，医疗卫生支出增长38.6%，环境保护支出增长2.1倍，社会保障和就业支出增长1.5倍。在收入增加的同时，大力调整支出结构，确保各项重点支出，压缩一般性项目支出，保证社会保障、工资发放、农业、科技、教育、环保等重点支出的需要。

年末，全市金融机构人民币各项存款余额达198.42亿元，比上年增长22.5%。其中居民储蓄存款101.09亿元，增长12.6%；企业存款42.26亿元，增长35.5%。人民币各项贷款余额为142.12亿元，增长28.7%。金融机构现金收入517.28亿元，增长24.0%；现金支出525.44亿元，增长23.2%；货币净投放8.16亿元，下降9.9%。信贷投放力度继续加大，较好支持了地方经济发展的资金需要。

全年完成保费收入3.47亿元，比上年增长17.9%；支付赔款1.67亿元，增长51.2%。

交通运输

2007年，全市交通运输业稳步发展。年末，拥有民用汽车6.4万辆，全年旅客运输量达1664万人，比上年增长11.4%，旅客周转量达19.40亿人千米，增长10.2%。货物运输量达1869万吨，增长9.1%；货物周转量达19.69亿吨千米，比增长11.9%；年末公路通车里程为1.89万千米。

邮电通讯业

2007年，全市实现邮电业务总量8.59亿元，比上年增长19.1%。年末全市固定电话用户达32.32万户，固定电话普及率达12.5部/百人，比上年增加1.5部，其中：城市电话用户10.78万户，乡村电话用户15.09万户，公用电话3.17万部，无线市话用户3.29万户；移动电话用户85万户，移动电话普及率达33部/百人，比上年增加14部。

旅游业

2007年，全市搞好旅游业发展规划，加大旅游宣传力度，全力打造旅游景点和培育旅游线路，举办了第八届中国普洱茶叶节。随着交通条件的改善和城市建设步伐加快，全市旅游环境有了很大改观，茶文化旅游、民族风情游、自然旅游效应显现，旅游业持续升温。全年到我市观光旅游的国内游客225.3万人次，比上年增长5.1%，其中：过夜游客109.89万人次，增长6.3%；一日游旅客115.41万人次，增长3.4%。国内旅游收入9.93亿元，增长9.9%。全年接待海外游客1.97万人次，口岸入境一日游9.15万人次，旅游外汇收入884万美元。全年旅游业总收入10.64亿元，增长8.8%。

非公有制经济

年末，全市经注册的个体工商户达3.78万户，从业人员9.77万人，注册资金累计为10.94亿元，分别比上年增长4.5%、11.7%和26.5%。私营企业发展到1987户，从业人员6.49万人，注册资金累计为42.03亿元，分别比上年增长20.1%、13.4%和33.0%。个体私营经济缴纳税金6.55亿元，比上年增长51.9%。非公有制经济实现增加值54.48亿元，占GDP的比重由上年的35.6%上升到36.0%，提高0.4个百分点。

对外贸易

2007年，受进出口总额因政策调整影响，全市完成进出口总额5445万美元，比上年下降8.2%；其中：出口2711万美元，下降12.1%；进口2734万美元，下降3.9%。进出口总额中，边境贸易进出口3341万美元，下降9.9%；其中：出口814万美元，下降8.7%；进口2527万美元，下降10.2%。一般贸易进出口完成2090万美元，下降5.0%，其中：出口1893万美元，下降13.4%；进口197万美元，增长9.4倍。

经济技术合作

2007年，以优势资源为依托，积极创新招商引资工作机制，改善投资环境，强化招商措施，落实责任目标，招商引资再次取得丰硕成果。全年实施各类经济合作项目122项，其中新增48项，合同（协议）总投资543.38亿元，比上年增长8.7%；实际到位市外资金49.85亿元，增长17.0%；到位省外资金36.02亿元，增长17.7%。全年新注册登记外商投资企业8户，合同利用外资2648万美元，实际到位外资2204万美元，增长9.9%。

社会事业

2007年，全市共组织实施科技项目29项，投入经费280万元，专利申请68项，获准专利授权38项，获得省级科学技术奖3项。年末，全市有独立科研与技术开发机构6个，从业人员240人，其中专业技术人员174人，开展课题研究46项，发表科技论文43篇，轻费投入1941万元。经济增长中科技进步作用明显，科技进步对经济增长的贡献率达44.8%，同比提高1.2个百分点。

2007年，教育事业稳步健康发展。扎实推进“两基”教育，民办教育初见成效，职业教育稳步发展，扫盲工作向纵深发展，农村中小学全面实现义务教育。普通中学招生40169人，全市小学毕业生升学率97.8%，比上年提高3.9个百分点；适龄儿童入学率99.56%；成人技术培训毕业27.4万人，接受扫盲班培训1.51万人。全市10个县（区）全面实现“普六”，有8个县（区）实现了“普九”，青壮年文盲率由上年的3.1下降到2.8%。

年内，全市进一步深化文化体制改革，加强文化基础设施建设，狠抓民族文化精品建设，积极开展群众文化活动，文艺演出更加活跃，举办了各种文化艺术活动。全市有艺术表演团6个，文化馆11个，公共图书馆10个，文物管理所5个，博物馆2个，乡镇文化站103个；电影公司11个。电视覆盖率为94.95%，广播覆盖率为93.46%。

年末，全市有卫生机构166个，床位4426张，专业卫生技术人员4989人，其中：执业医师1925人，执业助理医师643人，注册护士1455人，药剂人员249人，检验人员219人。全年共有169.23万农民参加新型农村合作医疗，参合率达83.58%，筹集资金8461.7万元，累计有246.91万人次享受到医疗补偿，支出资金7055.16万元，占筹资总额的83.38%。预防和控制艾滋病工作，宣传力度加大，投入增加，群众知晓率明显提高。

全年，全市共举办综合运动会38次，举办单项运动会134次，开展全民健身活动139次，参与全民健身活动27万人。妇女、少年儿童、中老年健身运动活跃，群众性体育活动丰富多彩，全民健身计划纲要得到贯彻实施。

人口与计划生育

2007年，全市人口出生率为12.95‰，死亡率为6.98‰，自然增长率为5.97‰。年末常住总人口257.63万人。其中：少数民族人口153.29万人。城镇人口72.14万人，城镇化率为28.0%，比上年提高3个百分点。

计划生育工作整体水平继续提高。全市以抓农业人口独生子女“奖优免补”为重点，进一步加大对基层工作的分类指导，强化管理和服务，狠抓各项措施落实，充分调动广大群众参与计划生育村民自治的积极性，加快建立和完善计划生育村民自治工作机制，加强流动人口计划生育管理；切实做好推广使用安全套防治艾滋病工程。全市已婚育龄妇女44.75万人，采取各种避孕措施38.56万人，综合节育率为86.17%，其中施行“三术”36.09万例，长效避孕率80.64%，当年施行“三术”2.36万例；计划生育率98.13%。农业人口办证人数不断增加，全市7.84万户农业人口一孩家庭中，有3.57万户领取了《独生子女父母光荣证》，占农业人口一孩户的45.52%。兑现一次性奖励1477户。对已办证的独生子女初中升高中100人、高中毕业报考省内院校23人兑现加分政策。对5162名年满60周岁的农业人口独生子女父母或无子女夫妇发放了养老生活补助。

生态和环境保护

2007年，全市环境保护投入不断增加，环境监测与监察力度加大，全民环保意识大大加强，狠抓节能减排工作，进行了首次污染源普查工作。全市环境保护系统人员192人，各级环境监测站5个，环境监测人员31人。自然保护区18个，其中国家级自然保护区2个，省级自然保护区5个，自然保护区面积16万多公顷。节能减排工作扎实推进，全年环境污染治理投入资金1.071亿元，全市单位GDP能耗为1.365吨标准煤/万元，比上年下降4.21%，完成目标任务（下降3%）的140.33%，比目标任务下降了1.21个百分点。全年完成限期治理项目4个，项目总投资0.048亿元；烟尘控制区1个。工业废水排放达标率为92.05%，比上年提高0.07个百分点；工业固体废物结合利用率为18.37%，比上年提高2.8个百分点。

劳动就业和社会保障

年末，全市全部在岗职工人数11.27万人。全年城镇新增就业人数7441人，其中下岗失业人员再就业4218人。城镇登记失业率为3.88%，低于计划控制目标0.72个百分点。

年末全市养老保险参保人数达9.01万人，其中参保职工6.71万人。参加工伤保险人数达8.26万人，参加生育保险人数达7.2万人，医疗保险参保人数达15.49万人，失业保险参保人数达7.28万人。全年共有2.63万户、4.27万名城镇居民享受最低生活保障，累计发放低保金5435万元，比上年增长30.4%。企业离退休人员基本养老金和国企下岗职工基本生活费按时足额发放，清理拖欠工程款和农民工工资力度加大。

人民生活

2007年，全市城乡居民收入水平继续提高，生活明显改善。在岗职工年平均工资1.99万元，比上年增长25.5%；城镇居民年人均可支配收入9250元，增长12.8%；农民人均纯收入2155元，比上年增加402元，实际增长14.9%。

（王江龙　王宏斌　李　丹）

保　山　市

综　述

2007年，全市经济发展速度加快，经济效益逐步提高，财政金融运行稳健，人民生活稳步提高。全市实现生产总值162亿元，比上年增长13.9%，同比提高0.5个百分点。其中，第一、二、三产业增加值分别为52亿元、46亿元和64亿元，分别增长6.8%、20.1%和15.6%。产业结构进一步优化，三次产业结构比例由上年的36∶24.5∶39.5调整为32.8∶28∶39.2。

农业和农村经济

2007年，全市实现农业总产值83.7亿元，增长8.4%。粮经比例由上年66.1∶33.9调整为65∶35，良种覆盖率达92%。粮食总产98.7万吨，比上年增长0.9%。烤烟收购80万担，产值4.35亿元，增长6.3%；香料烟收购18.74万担，产值9614万元，增长19.4%；甘蔗入榨量达235万吨，增长11.4%；茶叶产量1.9万吨，增长14.2%；蔬菜产量36.6万吨，增长8%。畜牧业稳定发展，肉类总产20.8万吨，产值22亿元，分别增长10.1%和13.1%。林业进一步发展，天然林资源保护得到加强，人工造林不断提高，全年共完成造林17.2万亩，森林覆盖率达到42.04%。农业生产条件得到新的改善。2007年末，全市拥有农业机械总动力9.46亿瓦特，比上年末增加11.7%；大、中、小型拖拉机2.42万台，比上年末增加1925台；农用载重汽车辆2427辆，增加569辆；排灌动力机械3612台，增加1037台。农田水利建设得到加强。全年新增有效灌溉面积1.96千公顷，累计达到103.48千公顷；年末拥有各种水库257座，新增加库容1070万立方米，累计库容达4.1亿立方米。乡镇企业平稳发展，个体私营经济增势强劲。全年乡镇企业营业总收入为96.1亿元，比上年增长19.9%；总产值89亿元，增长19.9%；利税总额11.4亿元，增长16.3%。

工业和建筑业

2007年，全市实现工业总产值85.52亿元，增长30.8%；工业增加值34.52亿元，增长21.6%。重点行业支撑作用明显，有色金属、黑色金属、食品加工、饮料制造、非金属矿物业、烟草、电力等7个行业完成产值52亿元，占全市工业总产值的65%。主导产品产量均有增长，食糖增46.9%，发电量增65%，水泥增29.1%，金属硅增55.3%。重点建设项目推进成效明显，腾冲铁帽山75万吨、明光50万吨铁选厂、昆钢嘉华120万吨水泥生产线、永昌铅锌10万吨硅铁一期工程、保山茧丝绸有限公司织绸生产线等重点项目相继竣工投产。重点产业项目有新突破，煤化集团投资100亿元以上发展乙炔化工、生物化工、有机化工（有机硅生产），云天化发展氯碱化工；立得公司投资16亿元生产20万吨金属硅及1000吨多晶硅，项目进入选址、规划阶段。矿产资源管理得到加强，节能减排工作进展较好，完成了主要污染物减排年度任务。

全年全市建筑业企业年末从业人员3.1万人，比上年下降9%；实现建筑业总产值18亿元，增长13%；完成房屋施工面积135万平方米，下降10%。

固定资产投资

2007年，全市完成固定资产投资103.4亿元，增长30.3%，连续第五年实现30%以上增长。“百项”重大建设项目稳步推进，腾密路境外段、九龙明珠购物广场、保山茧丝绸有限公司织绸生产线等8个重点建设项目建成投入使用；红岩水库、德尔制药厂、金厂河金属矿选厂、奥新体育城、昆钢100万吨铁球团厂、槟榔江松山河口电站、龙陵10万吨硅铁二期、烟水配套工程等重大建设项目顺利推进。

商业和旅游业

2007年，全市社会消费品零售总额完成48.48亿元，增长17.6%。其中，城镇消费品零售额38.04亿元，增长17.7%；农村消费品零售额15.84亿元，增长17.3%。

年内，全市认真落实省政府滇西边境旅游现场会精神，相继召开腾冲、龙陵、隆阳旅游产业现场办公会，全面开展中国优秀旅游城市创建活动，旅游产业发展势头良好。全市完成旅游发展规划、概念性规划、总规、修编性详规9个。保山“健康旅游”品牌知名度不断扩大，旅游业逐渐由单一的观光型旅游向休闲、度假、康体旅游转变。全年接待海内外旅游者461万人次，实现旅游总收入18亿元，分别增长9.2%和20%。

交通运输和邮电通讯业

2007年，全市交通建设取得突破性进展。腾密公路境外段、腾板公路、施孟公路施甸至链子桥段建成通车；保龙高速公路、腾密公路境内段、昌宁县城至永平四季利河公路、腾冲驼峰机场建设进展顺利；保腾高速公路开工建设，县乡油路改造工程、保山客运物流中心、农村客运站等项目有序推进。至2007年末，全市公路总里程1.15万千米，比上年增加4.4千米。在公路总里程中，市管公路1.02万千米，省管公路1296千米。全市汽车（含低速汽车）拥有量4.83万辆。其中载货载客汽车4.42万辆，比上年增加6636辆，增长17.7%。全年货运量1435万吨，比上年增长6.4%；货物周转量21.23亿吨千米，比上年增加1.3%；客运量1023万人次，增长7.9%；旅客周转量9.86亿人千米，增长5.1%。

全年完成邮电通讯业务总量5.68亿元，比上年增长13.8%。年末电话用户达23.53万户，比上年增加5541户。其中市话达（不含小灵通）9.73万户，农话9.9万户；移动电话（含小灵通）达到78.52万部，比上年增长33.3%。电话普及率达40部/百人，比上年增加了9部/百人。

招商引资

年内，组团到泰国、马来西亚考察招商，积极参与云南—缅甸贸易投资洽谈会等区域性会展活动，与四川绵阳缔结为友好城市。有针对性地开展领导上门招商、诚信招商、资源招商、产业招商、园区基地招商、品牌招商，云南煤化工集团、云天化集团、世纪金源、立得等实力比较强的企业相继进入，分别与省内外企业广泛深入开展洽谈和考察，经济联合与合作实现重大突破。全年实施国内合作项目144个，实际引进市外到位资金30亿元，增长60%；全年实际利用外资1268万美元，比上年增长3.2倍。经济合作成效显著，对外开放进一步扩大。完成外贸进出口总额1.4亿美元，增长28%。

财政金融保险

2007年，全市财政总收入19.19亿元，增长25.1%。其中一般预算收入10.58亿元，增长26.7%，一般预算支出完成36.42亿元，为全年预算的120.7%，增长29.1%。金融机构各项存款余额177.7亿元，比年初增长23%；各项贷款余额132.8亿元，比年初增长12.3%。全年保费收入3.3亿元，比上年增长40%。其中：财险保费收入1.3亿元，比上年增长53%；人身险保费收入2亿元，比上年增长30%；支付各类赔款0.65亿元，与上年持平。

科技教育环境保护

2007年，全市组织实施国家和省级科技项目13项，安排经费553万元。获省级以上科研成果奖2项。评审奖励市科学技术突出贡献奖1名，表彰技术发明和科技进步奖50项，认定首批市级企业创新中心10个，科技对国民经济增长的贡献率达42%。年末全市拥有独立核算科研机构5个，从业人员210人；有各类专业技术人员3.45万人。其中：高级技术职务任职资格1274人，中级1.12万人，初级2.03万人。有科普专兼职工作人员240人，组织实施省级科普项目14项，安排经费45万元；有农民专业技术研究会486个，会员达1.37万人；有市级学会20个，会员6930人；有县级学会67个。全年农函大办学64个乡镇，开办了31个专业166个教学班，招收学员5866人。

2007年，全市高等院校招生3103人，在校学生8712人。中等专业技术学校招生1879人，在校学生4357人。职业高中招生4246人，比上年增长57.73%，在校学生9052人；普通高中招生1.17万人，比上年下降4%，在校学生3.48万人；高考录取率56.6%。普及九年义务教育得到进一步巩固。普通初中招生3.98万人，在校学生11.19万人，初中毕业生升学率45.6%。小学招生3.73万人，在校学生23.96万人，小学适龄儿童入学率达94.06%，小学毕业生升学率99.02%。各类学校办学条件继续得到改善。

2007年，全市环境污染治理投入资金达1.9亿元；工业废水排放达标率为80%，比上年增加2.3个百分点；工业固体废物综合利用率为62%，比上年减少

0.18个百分点。

人民生活

2007年，全市人民生活水平进一步提高。城乡居民储蓄存款达102.5亿元，比年初增长12%。城镇居民人均可支配收入达1.1万元，农民人均纯收入达2365元，分别增长8.5%和10%。全市有4.96万名城镇职工和1.78万名离退休人员参加了基本养老保险，分别比上年增长7.4%和3%；有7.63万名职工和2.77万名离退休人员参加了基本医疗保险，分别比上年增长7.1%和12.1%。年内实现就业人员1.18万人，比上年增长27.6%。年末城镇建成区面积47.3平方千米，城镇人均居住面积35平方米，城市绿化面积3.77平方千米，城镇人均绿化面积11.6平方米，农村人均居住面积26.3平方米。社会福利事业继续发展。年末全市收养性社会福利院床位562张，国家办收养性床位130张。全年民政事业支出1.57亿元，享受救济人数为31万人次。其中：有3.41万人享受城镇居民最低生活保障，4735人享受五保生活保障。

（王文蓉）

丽　江　市

王君正，汉族，籍贯山东临沂，中共党员，现任中共丽江市市委副书记、市长

综　述

2007年，丽江市全面贯彻落实科学发展观，认真执行国家宏观调控政策和省的各项部署，以构建社会主义和谐社会统揽工作全局，紧扣经济社会又好又快发展的时代主题，深入实施“文化立市、旅游强市、水能富市、和谐兴市、人才推动和全面开放”六大战略和“三个着力”、“五个带动”经济发展思路，加大改革开放步伐，进一步优化经济结构，切实转变经济发展方式，加快国际旅游胜地、生态产业发展基地、清洁能源基地建设，经济发展迈上新台阶，环境保护和生态建设取得新成效，社会事业取得新发展，综合实力显著增强，民生切实改善。全市实现生产总值（GDP）84.82亿元，增长13.9%，加快1个百分点。其中，第一产业增加值18.45亿元，增长6.5%；第二产业增加值28.03亿元，增长20.3%；第三产业增加值38.34亿元，增长13.2%。按常住人口计算全市人均GDP达到6984元，增加1174元，增长13.6%。财政总收入11.68亿元，增长37.7%；地方一般预算收入7.28亿元，增长43.3%，增速为1998年以来最高。全社会固定资产投资达到88.65亿元，增长25.2%。实现社会消费品零售总额22.49亿元，增长22.6%，同比加快6.6个百分点。农民人均纯收入1922元，增加312元，增长19.4%，扣除价格因素的影响，实际增长12.6%，农民收入增量、增幅均创历史最高水平。城镇居民人均可支配收入1.19万元，扣除价格因素后实际增长8%。万元GDP能耗下降3.7%。人口自然增长率4.5‰。

新农村建设

2007年，全市农业结构继续优化，农业综合生产能力进一步提高，农业农村经济稳步发展。完成农业总产值30.44亿元，增长9.6%。粮食总产量达41.02万吨，增长0.1%；油料产量7827吨，增长8.5%；甘蔗产量11.62万吨，增长13.5%；烤烟产量1.3万吨，增长1.4%；蔬菜产量16.24万吨，增长26.8%。肉类总产量8.45万吨，增长4.0%。“数字乡村”工程建设通过省级验收，覆盖全市3969个自然村的农村信息网络体系初步建设。新增高稳产农田10000亩、基本农田5000亩，解决4万人的饮水安全问题。新建沼气池4000户，节柴改灶6000户。投入各类扶贫资金20717.85万元，完成211个村的整体推进项目和1300名贫困人口的异地搬迁工作，减少贫困人口5万人。完成农村劳动力转移培训2.06万人，新增转移农村劳动力2.74万人，实现转移收入3.36亿元，增长31.7%。农民人均工资性收入达346元，增长34%。发展农村专业合作经济组织170个，吸纳会员1.27万人，创建37个地方农产品品牌。培育扶持发展农业产业化龙头企业72家。集体林权制度改革稳步推进。22个新农村建设试点工作取得初步成效。

工业经济

2007年，全市完成工业总产值45.32亿元，增长26.3%。其中，规模以上工业总产值29.8亿元，增长29.6%。完成工业增加值16.15亿元，增长20.4%。其中，规模以上工业实现增加值10.92亿元，增长25.1%；实现利税3.9亿元，增长26.6%。企业亏损面下降11.47个百分点。规模以上工业中，电力、煤炭、建材、农副产品加工和食品五大重点行业分别增长24.6%、18.7%、46.3%、28.6%和37%，五大重点行业增加值占规模以上工业的比重达76.1%，提高0.4个百分点。主要工业产品产量中原煤产量508.89万吨，增长11.3%；发电量8.31亿千瓦时，增长12.5%；成品糖1.19吨，增长1.16倍；水泥155.03万吨，增长39.8%。建筑业完成总产值

12.04亿元，增长22.3%，对全市经济增长的贡献率达到19.8%，拉动GDP增长2.8个百分点。各类生产安全事故死亡80人，下降12.1%；亿元GDP生产安全事故死亡1.03人，下降23.1%。

固定资产投资

2007年，全市完成全社会固定资产投资88.65亿元，增长25.2%，其中，城镇投资847370万元，增长22.9%。实施城镇投资项目（不含房地产项目）680个，增长58.5%，投资72.54亿元，增长27.9%；农村投资3.91亿元，增长108.4%，占全社会投资的比重为4.4%，上升1.8个百分点。全社会固定资产投资中，第一产业投资完成3.63亿元，同比增长127.4%，占全社会投资比重为4.1%，上升1.8个百分点；第二产业投资完成39.74亿元，增长26.8%，占全社会投资比重为44.8%，上升0.5个百分点；第三产业投资45.27亿元，增长19.6%，占全社会投资比重为51.1%。投资主体中，国有投资37.08万元，增长23.9%，占全社会固定资产投资总额的比重为41.8%，下降0.5个百分点；非国有投资51.56亿元，增长26.2%，所占比重达58.2%。投资行业中，工业投资38.97亿元，增长26.1%；交通运输业投资4.34亿元，电力生产和供应业投资26.81亿元，增长9.5%；房地产业投资12.2亿元，下降0.3%。水利管理业投资1.55亿元，增长51%；环境管理业投资7050万元，增长27%；教育和文化体育娱乐业分别增长59.6%和153.5%。实施总投资在5000万元以上项目72个，完成投资52.28亿元，占全社会固定资产投资的59%。

非公经济和第三产业

2007年，全市非公有经济实现增加值40.35亿元，增长21.5%，对现价GDP增长的贡献率为49%，占GDP比重为47.6%，提高0.3个百分点。完成非国有投资51.56亿元，增长26.2%。非公有经济纳税7.76亿元，占税收总额的72.1%，增长39.3%，提高6.6个百分点。新增私营企业249户，增长17.9%，新发展个体工商户1044户，增长4.3%。

全市完成第三产业增加值38.34亿元，增长13.2%，对经济增长的贡献率为43.9%，拉动全市GDP增长6.1个百分点。实现城镇消费品零售额17.23亿元，增长26.7%；农村（县以下）消费品零售额5.27亿元，增长11%。其中，批发和零售业零售额16.39亿元，增长20.3%；住宿和餐饮业零售额5.68亿元，增长31.5%；文化娱乐信息传输等其他行业增长13.3%；非营利性服务业增长16.3%。全市机动车保有量7.45万辆（不含拖拉机），增长31.3%。完成公路货运量853万吨，公路货物周转量12.12亿吨千米，增长1.8%；民航货邮运输量1.05万吨，增长26.1%；完成公路客运量710万人次，增长13.6%；公路旅客周转量8.16亿人千米，增长15.4%；民航客运量190.62万人次，增长23.8%。完成邮电业务总量1.3亿万元，增长15.7%；电话普及率达到49.59部/百人，每百人净增1.87部。

全市金融机构人民币各项存款余额为138.05亿元，增长18.7%；各项贷款余额为105.87亿元，增长11.7%；金融机构现金收入289.35亿元，增长18.1%；金融机构现金支出289.69亿元，增长20.1%，全年累计货币回笼7.24亿元。商业性保险机构全年保费收入2.28亿元，增长13.5%。

全市进出口总值达1715万美元，增长18%，其中，出口1712万美元，增长19.1%。外商投资项目到位资金1872万美元，增长5.2%。实施国内合作项目179项，到位资金45.1亿元，增长15%，其中，省外到位资金32.25亿元，增长33%。

全市共接待海内外游客530.93万人次，增长15.4%，其中，海外游客40.07万人次，增长29.8%；国内游客490.86万人次，增长14.4%。实现旅游业总收入58.24亿元，增长25.8%，其中，旅游外汇收入1.19亿美元，增长34.9%；国内旅游收入49.32亿元，增长26.6%。旅游产业对经济社会发展的关联拉动作用明显提高，旅游支柱产业在拉动内需、刺激消费、吸引投资、扩大就业、增加税收、繁荣经济等方面发挥着越来越重要的作用。

社会事业

2007年，全市免除16.98万学生学杂费1414万元，支付6.62万名寄宿贫困生生活补助资金1832万元，落实免费教科书专项资金1265万元，安排公用经费补助专项资金1860万元。小学入学率为98.75%，提高3.33个百分点；小学毛入学率109.33%，提高3.54个百分点。初中毛入学率为102.02%，与上年持平；职业高中招生1275人，在校学生达到2656人，分别增长23.3%和16.8%；普通高中招生7374人，在校学生达到21345人，增长4.6%；社会办学、特殊教育、学前教育和高等教育得到较大发展。

全市财政预算安排科技出支2733万元，增长59.5%。有7项科技成果获省级以上科技进步奖。

全市广播综合人口覆盖率达到80%，提高13.09个百分点。电视综合人口覆盖率达到88%，提高0.35个百分点。民族文化保护工作得到加强，群众性文化活动广泛开展，文化产业呈现出良好发展势头，共举办综合运动会125次，举办全民健身活动85次，运动员在各项目比赛中获金牌7枚，银牌1枚，铜牌5枚。

新型农村合作医疗制度顺利推进，实际参加农村合作医疗农民81.92万人，参合率83.2%。全市医疗卫生机构100个，卫生技术人员3338人，增长16%。城镇医疗改革稳步推进，城市社区卫生发展试点工作取得了经验。艾滋病等传染病和地方病的防治工作以及食品、药品卫生监督管理力度进一步加大，全年未发生重大公共卫生突发事件。

全市常住总人口121.6万人，比上年增长0.2%。

全市全社会从业人员66.74万人，增加0.67万人，其中，城镇就业人员10.08万人，增加0.51万人，增长

5.3%；农村从业人员56.66万人；城镇下岗失业人员再就业1715人，困难就业人员就业再就业336人，"4050"人员再就业145人。就业再就业培训5586人。年末城镇登记失业率为3.2%，低于控制目标1.3个百分点。累计对外劳务输出6.83万人，新增2.18万人。农村社会养老保险制度积极推进，参保人数达3.12万人，增加831人。全市城镇居民最低生活保障资金支出4132万元，增长20.8%；农村社会救济支出3149万元，增长3倍。年末城镇居民最低生活保障人数3.99万人，增加1068人；农村居民最低生活保障人数6.8万人。建立各种城镇社区服务设施48个，各类社会福利单位31个，收养各类人员650人。

生态保护与建设

2007年，全市城镇人口30.4万人，城镇化率达到25%，提高1.2个百分点。全市城市建成区面积达到33.2平方千米，增长9.7%；城市道路长度115千米，增长4.5%；污水集中处理能力2.5万立方米/日，增长25%；自来水普及率达到88%，提高1.38个百分点。

积极创建国家级园林城市，加快城市绿化体系建设，城市人均公共绿地面积10.1平方米，增长6.7%；建成区绿化覆盖率达到19.9%，提高1.2个百分点。完成造林面积43万亩，其中，天保工程造林26.3万亩。完成封山育林面积23.6万亩。

严格执行环境影响评价和"三同时"制度，认真落实污染物排放总量控制和排污许可证制度，加强城乡环境综合整治工作，狠抓重点流域、重点区域、重点企业的污染防治，工业废水排放达标率达到97%，提高0.2个百分点；工业固体废物综合利用率为85%，提高7.2个百分点；城市污水集中处理率61.6%，提高1.6个百分点；生活垃圾无害化处理率95%；COD排放总量下降10.7%；二氧化硫排放总量下降9.1%。节能降耗取得新进展，规模以上工业企业单位增加值能耗同比下降7.41%，全社会GDP能耗下降3.7%。实施化工、建材、煤炭等重点行业和年耗能5000吨标煤以上的重点企业 节能技术改造，抓好了节能管理，强化了节能目标责任制的实施和考核。

（顾永康）

临　沧　市

何剑文，白族，籍贯云南鹤庆，在职研究生学历，中共党员，现任临沧市市委副书记、市长

综　述

2007年，市委、市政府坚持以科学发展观统领经济社会发展全局，突出又好又快发展这一主题，带领全市各族人民团结拼搏、扎实工作，克服了不利因素的影响，全市经济社会呈现出发展速度加快，三次产业协调发展，经济运行质量明显提高，民生问题明显改善，社会更加和谐，实现了边疆稳定，民族团结，社会进步和人民生活水平不断提高的良好局面。全年完成生产总值（GDP）135.8亿元，比上年增长12.9%；全年完成财政收入13.3亿元，增长29.2%。

农业和农村经济

2007年，全市各级各有关部门认真贯彻落实各项支农惠农政策，千方百计促进农民增收，确保农户的经济利益。在社会主义新农村建设的有力推动下，农业生产经营条件进一步改善，优质农产品生产、产业结构调整、畜牧业产业发展、冬季农业开发、农业产业化经营和农村基础建设等各项工作取得了新的突破，农业和农村经济呈现良好的发展态势。完成农业总产值76.6亿元，按可比价格计算，比上年增长8.8%。

年末全市拥有农业机械总动力8.12亿瓦特，比上年增长19.2%；大中型农用拖拉机达1.63万台，比上年增加3735台；小型农用拖拉机1.44万台，增加1114台；农用排灌机械动力639万瓦特，增长4.9%；累计有效灌溉面积达8.3万公倾，减少1010公倾；累计治理水土流失面积达23.43万公倾，农业生产条件的进一步改善，有效地推动了农业经济的稳步发展。

全年完成乡镇企业营业总收入63.49亿元，比上年增长16.6%；实现增加值17.53亿元，增长23.3%。

社会主义新农村建设成效显著。第一批实施的100个"三村"建设示范点各项工作得到了巩固和发展，第二批新农村建设的100个重点村完成投资8.7亿元，"十四个一"建设指标得到扎实推进。200个村的村容村貌得到重点整治，6400户农村居民地震安全工程有序推进。农村公共事业投入不断加大，教育、文化、卫生等设施得到改善。

工业和建筑业

2007年，全市各级各部门以工业兴市为目标，认真贯彻实施工业倍增计划，工业技改力度进一步加大，工业经济结构调整和工业园区建设稳步推进，工业生产持续增长，经济效益大幅度提高。完成工业增加值32.3亿元，比上年增长24.7%。

2007年，拥有资质以上建筑企业113个，实现总产值24.79亿元，比上年下降6.7%；其中国有及国有控股企业实现产值2.54亿元，下降17.3%；房屋建筑施工面积达149.7万平方米，下降15.4%；房屋竣工面积75.3万平方米，下降29.6%。

固定资产投资

2007年，全市深入贯彻落实各项宏观调控政策和措施，积极调整投资结构，努力提高投资质量，投资保持平稳增长。完成全社会固定资产投资69.05亿元，比上年增长17.3%。其中：房地产开发投资6.64亿元，下降18.9%，农村私人建房投资5.26亿元，增长55.3%。

交通运输和邮电业

2007年，全市交通运输业稳步发展。交通运输、仓储及邮电业实现增加值3.64亿元，增长12.6%。公路建设成效明显，客货运输发展平稳。年末全市通公路里程1.37万千米，拥有民用汽车2.93万辆，完成货运量1927万吨，增长11.1%；货物周转量11.99亿千米，增长10.6%；客运量612万人，增长6.8%；旅客周转量7.32亿人千米，增长5.4%。全年航空客运量完成14.56万人次，增长22.7%；客座率达到77.15%，提高0.15个百分点。

全年完成邮电业务收入5.2亿元，比上年增长40.9%；固定电话发展到23.44万部（含小灵通），增长3.8%；移动电话用户达58.13万户，年末增长70.7%；固定电话普及率9.9部/百人，移动电话普及率24.5部/百人；互联网入户数达4.74万户，增长83.7%。

国内贸易

2007年，全市完成社会消费品零售总额37.4亿元，比上年增长16.3%，其中：城市市场增长16.1%，农村市场增长16.5%；批发零售贸易业增长12.9%，住宿餐饮业增长34.4%，其他行业增长11.6%。

贸易旅游业

2007年，全市对外贸易恢复性增长。完成进出口总额4.36亿元，（含边民互市）比上年增长21.1%，其中：进口总额达1.68亿元，比上年下降8.5%；出口总额达2.68亿元，增长51.9%。

在“招商引资”工程的强有力推动下，对内对外开放又有新发展。全年合同利用外资2134万美元，比上年增长1.7倍；实际利用外资1385.95万美元，比上年增长1.8倍。共签订和实施国内合作项目190个，项目投资协议资金达189.28亿元；实际到位资金25.57亿元，比上年增长31.3%。

全年接待国内外旅游人数249.21万人次，比上年增长30.8%，其中：接待海外旅游人数26.41万人次，比上年增8%；实现旅游业总收入7.43亿元，增长7.2%；创外汇收入2641万美元，增长17.5%。

金融保险业

年末金融机构人民币各项存款余额达114.89亿元，比年初增长22.9%，其中：城乡居民储蓄存款62.77亿元，增长11%。年末银行各项贷款余额为98.36亿元，比年初增长6.6%，其中：短期贷款增长22.2%，中长期贷款下降5.6%；货币净投放量14.33亿元，增长6.6%；年末货币流通量为45.6亿元，增长18.1%。

全年完成各种保险收入2.13亿元，比上年增长31.5%；赔偿支出1.37亿元，增长67.5%。

社会保障和劳动就业

2007年，全市社会保障事业整体推进，各项改革措施不断完善。城镇低保工作进一步健全和规范，提高了城镇居民最低生活保障标准，全面启动了农村最低生活保障制度。全市享受城镇居民最低生活保障户数2.27万户，人数达到4.5万人，发放保障资金5175万元，共有农村最低生活保障对象19万人，发放农村居民最低生活保障金6179万元。农村五保供养政策全面落实，全年发放五保供养补助金561.5万元，确保了9781人五保户的基本生活费。

全年开发就业岗位1.44万个，新增就业1.1万人，年末城镇登记失业率为3.74%。全市转移农村富余劳动力4.5万人，增加农民收入3.8亿元。

扶贫工作以基本解决绝对贫困人口温饱问题和促进低收入人口增收为目标，加大扶贫力度，全年有6.1万人脱贫。

城市建设和生态建设

年末全市城镇人口64.4万人，城镇化水平达到27.2%，比上年提高0.8个百分点。“园林城市”建设稳步推进，城镇规划体系、城镇基础设施和服务功能逐步健全和完善，城镇对经济的带动和辐射作用明显增强。

生态建设力度不断加大。继续实施天然林保护、退耕还林还草、水土流失治理等重点生态工程，全年完成造林面积13.91万公顷，比上年增长2.96倍；退耕还林553公顷。

人民生活

2007年，全市单位在岗职工年均工资为1.83万元，比上年增长12.6%；据抽样调查：农民人均纯收入2001元，扣除物价上涨因素后比上年实际增长15.9%，是近年来增幅最高的一年；城镇居民人均可支配收入达9243元，扣除物价上涨因素后比上年实际增长8.4%。

人口与计划生育

2007年，全市人口出生率为13‰，比上年低0.2个千分点；死亡率为7.2‰，比上年高1.01个千分点；自然增长率为5.8‰，比上年低1.21个千分点。年末常住人口为236.8万人，比上年增加0.02万人。计划生育率为96.73%，综合节育率为87.74%。

民族自治州经济

楚雄彝族自治州

杨红卫，彝族，籍贯云南弥勒，本科，中共党员，现任中共楚雄彝族自治州州委副书记、州长

综 述

楚雄彝族自治州地处云南省中部。总面积 2.93 万平方千米，山地面积占总面积的 90% 以上。东邻省会昆明市，南连普洱和玉溪两市，西接大理白族自治州，北与四川省攀枝花市和凉山彝族自治州接壤，西北与丽江市隔金沙江相望。州境东西最大横距 175 千米，南北最大纵距 247.5 千米。

楚雄州有丰富的自然资源和人文景观。境内最高点为大姚县百草岭主峰帽台山，海拔 3657 米；最低点在双柏县南端的三江口，海拔 556 米。属亚热带季风气候，具有立体气候特点。2007 年平均降雨量 883 毫米，年平均气温 16.1℃，年日照 2247 小时。现有自然保护区 19 个，面积 287.7 万亩，其中国家级保护区面积 48.6 万亩。森林覆盖率为 60.7%，有 6000 多种植物，中草药材 1300 多种，野生动物近百种，鸟类 380 余种。国家级保护植物有云南红豆杉等 27 种，国家级野生动物有长臂猿等 48 种。矿产资源以铜、铁、煤、盐等著称。现已探明铁矿储量 2.7 亿吨、煤 10 亿吨、盐 11 亿吨。水资源总量 84.85 亿立方米，各河流水能理论蕴藏量为 340 万千瓦（包括金沙江干流 228.3 万千瓦）。楚雄盆地具有蕴藏石油天然气的良好地质条件，已初步探明石油储量为 24.75 亿吨，天然气储量为 8920 亿立方米，开发前景可观。举世闻名的距今 800 万年前的禄丰腊玛古猿化石和 170 万年的元谋人化石以及 1.8 亿年前的禄丰恐龙化石在这里出土，故被誉为“古生物之乡”和“人类发祥地”。

全州辖 9 县 1 市，103 个乡（镇），1048 个村委会（含社区）。2007 年末总人口 260.22 万人，比上年增加 1.74 万人。其中农业人口 222.24 万人，非农业人口 37.98 万人。居住有彝、苗、白、回、哈尼、傈僳等 25 个少数民族。总人口中，少数民族人口有 86.30 万人，占总人口的 33.2%。其中彝族人口 70.01 万人，占总人口的 26.9%，占少数民族人口的 81.1%。2007 年全州人口出生率 10.5‰，死亡率 6.0‰，自然增长率为 4.5‰。

2007 年，全州生产总值（GDP）253.57 亿元，按可比价计算，比上年增长 12.3%。一、二、三次产业分别完成增加值 63.47 亿元、103.23 亿元和 86.87 亿元，分别增长 5.8%、16.4% 和 12.5%。一、二、三产业的比重由上年的 26∶39.7∶34.3 变为 25∶40.7∶34.3。

农业和农村经济

2007 年，全州继续把解决“三农”问题作为各项工作的重中之重，认真落实各项支农惠农政策措施，积极发展现代农业，主要农林牧渔业产品产量持续增加，发展速度加快，农村经济快速发展。全州实现农业总产值 101.02 亿元，按可比价计算，比上年增长 6.4%。粮食作物与经济作物种植比为 66.3∶33.7，分别下降和上升 0.3 个百分点。全年粮食种植面积 313.2 万亩，增长 0.4%；产量达到 97.9 万吨，增长 1.6%。经济作物播种面积 159.4 万亩，增长 2.1%，其中烤烟种植面积 52.6 万亩，产量 7.54 万吨，降低 0.1%；油料种植面积 24.4 万亩，产量 3.63 万吨，增长 2.6%；蔬菜种植面积 67.6 万亩，产量 112.32 万吨，增长 8.5%。畜牧业产值占农业总产值的比重达 37.2%，提高 4.5 个百分点，有力促进农村经济发展。

工业经济

2007 年，全州新型工业化水平有新提高，坚持集中精力抓项目、整合资源扶龙头，加强与大企业、大集团的合作，工业经济快速发展，结构得到优化，效益明显提高。全州完成工业总产值 261.85 亿元，增长 19.7%。其中规模以上工业企业实现产值 185.86 亿元，增长 23.1%；规模以下工业企业实现产值 75.99 亿元，增长 11.8%。规模以上工业企业实现增加值 68.57 亿元，增长 19.8%；实现利税 51.64 亿元，增长 25.8%。其中：

实现利润19.95亿元，增长38.2%；实现税金31.69亿元，增长19.1%。全州建筑业实现增加值16.23亿元，增长13.7%。

重点产业

年内，州委、州人民政府继续加大对烟草产业、天然药业、冶金化工业、绿色食品业、文化旅游业等五大重点产业的培植力度，积极采取措施，加强与大企业、大集团的合作，切实加快五大重点产业的发展。五大重点产业共实现增加值136.98亿元，增长15.8%，占GDP的比重达54.0%，提高1.6个百分点。其中：全州烟草产业实现增加值48.88亿元，增长5.1%，占GDP的比重达19.3%；天然药业实现增加值1.83亿元，增长10.7%，占GDP的比重为0.72%；冶金化工业实现增加值29.36亿元，增长23.5%，占GDP的比重达11.6%；绿色食品业实现增加值41.26亿元，增长19.1%，占GDP的比重为16.3%。全年共接待海外游客2727人次，增长128.0%，旅游外汇收入438.48万元，增长160.2%；接待国内旅客374.92万人次，增长11.7%；收入12.29亿元，增长14.8%。实现旅游总收入12.34亿元，增长15.0%；文化旅游业实现增加值15.64亿元，增长12.3%，占GDP的比重为6.2%。

固定资产投资

2007年，州财政投入5000多万元，加大项目前期工作力度，全州共上报项目3255项，争取支持的项目2392项，支持资金28亿元，比上年增加3.1亿元。大批固定资产投资项目相继开工建设，有力加强和改善发展基础。在抓好续建项目的同时，全州固定资产投资新开工项目达1219项，增长46.5%。在国家为抑制投资过热，加强宏观调控，争取项目和融资更加困难的情况下，全州完成固定资产投资117.43亿元，增长25.3%，其中城镇50万元以上投资项目完成投资101.31亿元，增长21.7%；农村投资16.12亿元，增长53.2%。

县域经济

年内，州委、州政府加强对县域经济发展工作的领导，在系统调研的基础上，帮助各县市完善发展思路，找准发展重点，共确定146个支持县域经济发展的重点项目，明确了具体的扶持政策和激励措施，总扶持资金计划达13.2亿元。各县市认真贯彻落实州委、州人民政府的各项部署，因地制宜，充分发挥比较优势，积极采取措施，着力推动县域经济发展，成效明显。全州财政总收入超过亿元的县市达5个，比上年增加2个；有9个县市地方一般预算收入实现10%以上的增长，最高增幅达42.9%。

国内外贸易

2007年，全州社会消费品零售总额74.24亿元，增长16.9%。分经济类型看，非公有制经济实现65.36亿元，占88.0%，增长18.7%，其中个私经济实现58.28亿元，增长18.3%。由于国家调整进出口政策，严格控制资源型、原料型产品出口，鼓励高技术产品进口，外贸进出口总额仅完成4643万美元，下降11.5%。其中：出口额4186万美元，下降14.1%；进口额457万美元，增长22.5%。全年共实施招商引资项目172项，实际到位资金34亿元，增长49%。

交通邮电

2007年，州内公路通车里程达1.62万千米，其中高速公路156千米，一级公路13千米，二级公路203.6千米。年末全州拥有民用机动车23.16万辆，增长31.0%。全年完成客运量1864万人次，增长41.9%；货运量1510万吨，增长9.1%。

全年完成邮电业务总量6.59亿元，增长16.2%。年末固定电话和移动电话分别为34.3万户和67.5万户，分别增加0.2万户和14.7万户；电话普及率达39.2部/百人，比上年增加5.6部/百人；互联网用户达15.50万户，新增3.21万户，增长26.1%。

财政金融

2007年，全州完成财政总收入54.22亿元，比上年增收10.84亿元，同口径比增长25.0%，其中地方一般预算收入17.95亿元，增长25.4%。地方一般预算支出57.10亿元，增长31.4%。

金融机构年末人民币存款余额242.37亿元，比年初增长10.1%，其中城乡居民储蓄存款123.77亿元，增长1.9%。金融机构年末人民币贷款余额136.36亿元，比年初增长11.9%。年末存差105.87亿元。金融机构净投放现金9.79亿元，下降33.7%。

州内保险企业全年保费收入4.52亿元，增长4.1%。其中：寿险业务保险保费收入2.77亿元，下降11.9%；赔款支出0.21亿元，增长33.6%。财产险业务保险保费收入1.75亿元，增长45.6%；赔款支出0.76亿元，增长18.4%。

社会事业

2007年，全州全面落实"两免一补"政策，全部免除30.3万名农村户口学生的学杂费，对其中29.4万名贫困学生提供了免费教科书，筹措3690万元资金提高寄宿学生生活补助标准。完成校舍维修改造19.3万平方米。初中学龄人口入学率96.0%，高中阶段毛入学率达到54.0%，全面落实对中等职业学校学生给予1500元/年的补助政策。加强科技创新和科技成果的转化推广力度，科技对国民经济增长的贡献率达45.8%，提高1.7个百分点；全年列入州级以上科技计划项目49项，其中国家级4项，省级30项，州级15项；全年获省部级科学技术进步奖4项，州级科学技术进步奖40项；全年组织科技培训51万人次；受理专利申请107件，批准专利74件。公共文化服务体系建设进一步加强，"两馆一站"建设快速推进；艺术精品创作取得成效，大型彝族风情歌舞《太阳女》荣获第八届中国艺术节文华剧目奖和三个单项奖，彝剧《疯娘》荣获首届全国少数民族戏剧汇演金奖，全省青年歌手大奖赛彝州代表队荣获团体总分第一名。覆盖城乡居民的医疗卫生服务体系基本建立，卫生保障能力明显提高，群众看病难、看病贵问题得到明显缓解。新型农村合作医疗制度全面推进，全州参合农民达 194.19 万人，参合率 88.7%；解决了 474 个村卫生所和 18 个乡镇卫生院的业务用房；城镇居民基本医疗保险试点工作和社区卫生服务体系建设扎实开展；重大传染病得到有效控制。农业人口独生子女家庭“奖优免补”政策得到较好落实，新办农村人口独生子女父母光荣证 3005 户；计划生育服务工作加强，人口出生缺陷干预试点工作取得初步成效，人口自然增长率为 4.50‰，人口数量得到有效控制，素质不断提高。广泛开展全民健身活动，群众性体育活动广泛深入开展；成功举办全州第十一届运动会；全年体育健儿参加省级及以上体育竞技比赛获得奖牌 112 枚，其中金牌 42 枚、银牌 41 枚、铜牌 29 枚。继续实施积极的就业政策，开发公益性岗位 650 个并及时安排贫困群体就业，城镇新增就业人员 1.6 万人，1172 名“零就业家庭”成员实现再就业，发放再就业补助资金 3833 万元，城镇登记失业率控制在 3.1% 以内。

人民生活

全年，全州农村居民人均纯收入 2737 元，比上年增长 14.8%，扣除物价上涨因素，实际增长 9.2%；城镇居民人均可支配收入 1.17 万元，增长 10.3%。年末全州城镇居民人均住房使用面积 26.67 平方米，农村人均住房使用面积 33.46 平方米。

全州参加基本养老保险 10.40 万人，增加 4880 人；参加失业保险 11.78 万人，增加 2668 人，领取失业保险金 4304 人；参加基本医疗保险 20.03 万人，增加 9126 人；参加工伤保险 5.33 万人，增加 1.11 万人；参加生育保险 4.44 万人，增加 5251 人；参加农村社会养老保险 28.18 万人，增加 429 人；参加新型农村合作医疗 194.20 万人。

领取最低生活保障金的城镇人口有 5.77 万人，农村人口有 10.51 万人；优抚革命伤残军人 1151 人、在乡复员军人 5419 人；全州有养老院 93 个，收养 1426 人，有福利院 4 个，收养 83 人。

全州共投入各类扶贫开发资金 4.6 亿元，实施扶贫整村推进项目 555 个，转移贫困地区富余劳动力 3.2 万人，减少贫困人口 15.9 万人。

环境保护与建设

2007 年末，全州有耕地面积 233.25 万亩；中小型水库 1040 座，总库容 10.4 亿立方米；全年完成造林作业面积 40.66 万亩，天保工程管护面积 2244 万亩。在县市政府驻地中，空气质量除牟定县、武定县和禄丰县为二级标准外，其余均达到一级标准；工业废水排放达标率 85.61%；废水治理设施处理能力 94.24 万吨/日；废气治理设施处理能力 820.72 万标立方米/小时，城镇生活污水集中处理率 35.83%，城镇生活垃圾无害化处理率 28.47%。“七彩云南保护行动”全面实施。

存在问题

全州经济社会发展中存在的主要困难问题：一是投资拉动型发展方式还没有得到根本转变。二是如何正确把握国家政策，深化州情认识，保持投资持续增长，是急需研究解决的重大问题。三是物价持续高位运行，价格调控和监管难度加大。四是农业农村发展仍然面临着不少困难，农业产业化进程缓慢。五是制约工业经济发展的“瓶颈”仍然突出，工业原燃材料等价格高位运行，运力紧张，土地审批和信贷收紧，节能减排任务艰巨。

（杨志伟）

红河哈尼族彝族自治州

综　述

2007 年是红河州经济社会发展进程中不平凡的一年，中共红河州委、州政府始终坚持以邓小平理论和“三个代表”重要思想为指导，认真贯彻落实科学发展观，围绕全面建设红河小康社会的目标，紧紧依靠全州各族人民，解放思想，把握机遇，务实创新，开拓进取，克服了严重的自然灾害、严峻的宏观经济形势和繁重的改革发展任务等困难，全面完成了九届政府确定的各项目标，使全州经济实力得到较大提升，人民生活水平得到提高，各项事业取得新发展。全州经济继续保持了快速增长的良好势头，全年实现生产总值 429.75 亿元，比上年增长 11.9%。其中：第一产业 78.85 亿元、增长 6.8%；第二产业 234.76 亿元、增长 12.1%；第三产业 116.13 亿元、增长 14.9%。人均生产总值已达 9859 元、增长 18.4%。

农业和农村经济

2007 年，全州认真贯彻落实中央、省、州农村工作会议要求，扎实推进社会主义新农村建设，始终把“农村发展、农业增产、农民增收”放在农村工作首位来抓，巩固提升粮食、果、畜牧、蔬菜等传统产业，推进优势产业，坚持以市场为导向，扶持龙头产业，形成种植面积 10 万亩以上的农业优势产业 12 个，特色林产业

11个，农业龙头企业已发展到130多家，农业综合生产能力明显增强。农村综合改革稳步推进，各项支农、惠农政策得到落实。集体林权制度改革完成林政确权52.4万宗共1743万亩，基本完成了农村土地承包经营权证补换工作，兑现各种支农补贴7778万元。"万村建设千村推进"十项工程有效实施，1061个自然村整村推进年度目标已经实现。全年实现农林牧渔业总产值119.05亿元，比上年增长10.7%；农村经济总收入215亿元，增长10.3%。2007年全州完成乡镇企业营业总收入339.37亿元，比上年增长18.09%；完成乡镇企业总产值303.95亿元，增长23.26%；完成乡镇企业增加值63.27亿元，增长35.07%。

2007年，全州粮食产量达131.11万吨，比上年增长1.5%。烤烟增产0.21万吨，全年烟农收入达9.84亿元，实现烤烟税收4.7亿元；蔬菜、水果、茶叶、药材等种植面积扩大，核桃、膏桐、橡胶、草果、紫胶、八角等特色产业建设成为新亮点。2007年实现农业产值61.24亿元，比上年增长11.7%。蔬菜增长13.0%，甘蔗增长12.5%，烤烟增长2.7%，油料下降8.0%。

2007年，实现畜牧业产值43.27亿元，比上年增长6.8%；渔业产值3.50亿元，增长3.8%。肉类总产量达31.52万吨，比上年增长15.3%，其中：猪肉增长14.4%，牛肉增长11.4%，羊肉增长13.1%。水产品产量达4.05万吨，增长10.9%。

2007年，全州森林覆盖率达40.60%。全年完成营造林面积56.21万亩，其中：人工造林50.93万亩。年末实有封山育林面积达343.02万亩，重点公益林建设补偿面积达到727.87万亩。退耕还林、天然林保护、护林防火工作有效推进，林业产业建设取得了新进展，实现林业总产值8.73亿元，比上年增长24.3%。

2007年，全州财政用于农林水事务支出达7.78亿元。年末全州有效灌溉面积为16.91万公顷，建成山区"五小水利"工程2万件，新增有效灌溉面积4万亩，建设高产稳产农田12.3万亩；农业机械总动力达20.59亿瓦特，增长8.0%；农业化肥施用量（折纯）16.97万吨，增长3.7%；农村用电量达5.31亿千瓦小时，增长7.1%。

工　业

2007年，全州实现全部工业总产值600.29亿元，比上年增长13.2%，其中，规模以上工业企业完成产值498.03亿元，比上年增长15.2%。规模以上工业企业实现增加值176.61亿元，增长11.7%。全州规模以上工业企业实现工业总产值中，国有经济增长12.4%，集体经济下降7.1%，股份制经济增长23.0%，股份合作制经济增长0.5%，三资及外商经济增长0.1%，其他经济下降5.5%。工业产业结构不断调整与优化，工业企业规模和效益得到提升。主要工业产品产量中，翻倍增长的有钢材和锌，分别增长了655.6%和248.5%，两位数以上增长速度的有原发电量、原煤、硫酸、成品糖、合成氨、葡萄酒，分别增长57.7%、33.8%、23.6%、22.9%、17.3%、12.5%。保持稳定增长的有卷烟、化肥，分别增长5.8%、0.6%。受国家宏观政策调控和市场变化因素的影响，焦炭、锰矿、啤酒、水泥、铅、锡、黄磷皆有不同程度的下降，分别下降20.0%、14.5%、9.7%、7.8%、7.3%、5.2%、1.0%。规模以上工业企业实现主营业务收入504.41亿元，比上年增长25.9%；实现利税总额116.03亿元，增长24.4%；实现利润总额42.12亿元，增长31.8%。

全年全州推进工业重点项目建设，建成了红钢棒材生产线等一批项目，开工建设了润鑫、涌鑫铝生产、10万吨铅、泸西95万吨机焦和3个日产2000吨熟料水泥、锦东公司30万吨铵醇等项目，红钢3号炉、解化15万吨二甲醚项目进展顺利。"红河"牌卷烟产量突破160万箱，销售收入达137.5亿元，实现利税110亿元；云锡集团销售收入突破120亿元，成为全省又一户销售收入超百亿元企业。节能减排初见成效，关闭和淘汰水泥、黄磷、钢铁、铁合金、焦炭等落后产能近百万吨，关停落后发电机组10万千瓦。2007年单位生产总值能耗下降3.819%，削减二氧化硫排放量25500吨、化学需氧量600吨。

全年完成社会建筑业总产值46.76亿元，比上年增长10.4%；房屋建筑施工面积532万平方米，房屋竣工面积277万平方米。

固定资产投资

2007年，完成全部固定资产投资达261.54亿元，比上年增长24.8%，其中，国有单位投资208.14亿元，增长41.9%；集体经济投资10.20亿元，增长187.9%；其他经济投资1.98亿元，下降94.8%；城乡个体私营投资41.22亿元，增长94.8%。分投资类型看，房地产投资19.26亿元，增长44.4%。

全年施工建设项目达2319个，建设项目投资总规模达865亿元，比去年增长38.6%。投资结构进一步优化，工业和能源投资近100亿元，投资项目对经济增长的持续性能力增强。重大项目建设进展顺利，基本建成蒙自至新街、新街至河口高速公路，个屯公路、红河大道的建成形成了蒙自、个旧半小时经济圈，玉蒙铁路累计完成投资20亿元；开工建设龙母沟、纸厂河、宝华等小（一）型水库和跃进水库除险加固工程，建成了小龙潭、巡检司电厂和云鹏、土卡河水电站，南沙水电站实现一台机组发电，新增发电装机110万千瓦；州级五项文化工程主体基本建成。前期工作有效推进，石林至锁龙寺、锁龙寺至蒙自高速公路前期工作已经完成，蒙河铁路预可得到国家批准，红河机场军方和省、州已形成统一性意见，选址报告和预可编制完成。

交通邮电

2007年末，全州通车公路里程达18769千米，比上年增长0.9%。全年公路运输完成货运量4555万吨，货物周转量42.70亿吨千米；完成公路旅客运输量5111万人，旅客周转量22.21亿人千米。

2007年，全州完成邮政业务总量1亿元，电信业务总量3.86亿元。年末全州固定电话用户达57.76万户（含小灵通），比上年下降5.5%，固定电话普及率为13.2部/百人；移动电话用户达118.83万户，增长14.0%，移动电话普及率达27.17部/百人；国际互联网络用户达15.39万户，比上年增长89.3%。

贸　易

2007年，全州社会消费品零售总额完成86.21亿元，比上年增长16.7%。分城乡看，城镇市场比上年增长16.2%，农村市场比上年增长18.1%。分经济类型看，国有及国有控股经济、集体及股份合作经济、个体私营经济、其他经济成份均呈现稳步增长的趋势，分别增长15.6%、20.2%、16.9%和15.8%。分行业看，批发零售贸易业增长16.4%，住宿和餐饮业增长25.3%，其他行业增长1.6%。

2007年，全州外贸进出口总额完成12.14亿美元，比上年增长72.1%。其中，出口完成9.48亿美元，增长90.2%；进口完成2.66亿美元，增长28.7%。外经贸企业进出口总值完成10.06亿美元，增长88.0%；边贸企业进出口总值完成1.91亿美元，增长21.8%。

旅　游

2007年，全州共接待国内外旅游者759.60万人次，比上年增长36.2%。其中：海外旅游者6.90万人次，比上年增长42.4%；国内旅游者752.70万人次，增长36.1%。旅游总收入为35.66亿元，增长33.2%。其中：实现国内旅游收入30.18亿元，增长33.6%；实现旅游外汇收入6853万美元，增长31.3%。

财政金融保险

2007年，完成财政总收入112.79亿元，比上年增长25.4%。其中，地方财政一般预算收入完成37.71亿元，增长27.9%。全州地方财政一般预算支出81.98亿元，比上年增长29.0%。

2007年末，全州金融机构各项存款余额为454.19亿元，比上年末增长12.3%，其中，城乡居民储蓄存款262.95亿元，比上年末增长8.8%。金融机构各项贷款余额为292.94亿元，增长11.0%。全年货币累计净投放51.45亿元，增长2.7%。

2007年，全州保险公司保费收入达7.76亿元，比上年下降5.7%，其中：财产保险保费收入4.21亿元，寿险保费收入3.55亿元。全州共支付各类赔款2.62亿元，增长28.3%，其中：财产保险赔款支出2.21亿元，寿险赔款支出4105万元。

人民生活

2007年，全州在岗职工工资总额为48.50亿元，比上年增长31.6%；在岗职工人均年工资为1.93万元，增长12.3%。全州农民人均纯收入为2528元，增长14.4%。2007年个旧市城镇居民可支配收入为1.02万元，增长18.9%；人均消费性支出8011元，增长16.1%。个旧市居民消费价格指数为107.04%，比上年上升7.04个百分点。

2007年，全州有12.77万名职工参加基本养老保险，5.92万名职工参加生育保险，33.81万人参加医疗保险，收缴医疗保险金额4.68亿元，支付3.93亿元。全年新增城镇就业3.02万人，其中：下岗失业人员再就业1.69万人，特殊困难群体就业0.39万人，消除城镇零就业家庭1796户，城镇登记失业率为3.6%；城镇居民基本医疗保险试点工作初见成效，参保居民已达24万人；全州10.2万城镇低保对象实现了应保尽保，为28万农村低保对象发放低保金1.01亿元，帮助16.2万农村弱势群众加入了新农合，全年新增敬老院7所，1.52万名五保对象得到有效供养。累计投入救灾救济资金1652万元，救助灾民21万人次。

全年全州共投入各类扶贫资金7.1亿元，实施整村推进重点村1061个，安居工程504户，贫困地区劳务输出、易地开发、信贷扶贫、产业扶贫、社会帮扶等工作取得新进展。全年有5万绝对贫困人口解决温饱，5万不稳定人口的温饱得到巩固，10万农村人口饮水困难和饮水安全问题得到解决。

科技教育

2007年获得国家科技计划项目立项6项，省级科技计划项目立项31项。全州专利申请96件，专利授权72件。2007年底有高新技术企业15户，新增高新技术企业3户。2007年全州荣获云南省科技进步奖11项，其中：一等奖1项、二等奖2项、三等奖8项。全州组织评审奖励科技进步奖45项，其中：一等奖1项、二等奖5项、三等奖39项。

2007年，全州“两基”攻坚任务得到巩固提高，农村义务教育经费保障机制等各项政策得到落实。58.2万名中小学生学杂费得到免除，57.7万名中小学生享受免费教科书，27.8万名贫困家庭寄宿制学生得到生活补助。2007年小学毛入学率达99.79%，初中毛入学率达99.89%。幼儿教育“1150”工程顺利实施，全州幼儿入园（班）率达54.33%，比上年提高8.97个百分点。“1650”工程完成投资9.99亿元，普通高中在校学生达4.57万人，全州高中阶段毛入学率达50.02%，比上年提高4.02个百分点，实现了“1650”工程提出的高中阶段毛入学率达50%的发展目标。2007年全州共有各级各类学校2308所，其中普通中学201所，普通小学1767所，幼儿园292所。

文化卫生

2007年，全州新建和改造了一批县级图书馆、文化馆和乡镇文化站，继续实施农村电影放映“2131”工程、“千里边疆文化长廊”工程，又有一批艺术精品在全国、全省获奖，成功举办了建州五十周年庆典活动。群众性文化活动丰富多彩，文化产业在改革中发展，对外文化交流日趋活跃。文化遗产申报、保护工作有效开展。全州共有艺术表演团体9个，文化（群艺）馆（站）148个，博物馆3个，公共图书馆（站）15个、共藏书142万册；广播电台1座，电视台1座，电视发射机台11座，卫星发射接收站172382座，广播人口覆盖率达96.03%，电视人口覆盖率为95.04%。

2007年，全州共有医院62个，乡镇卫生院138个，疾病预防控制中心14个，共有床位数1.26万张。以解决群众“看病难、看病贵”为重点，完成了农村“千所卫生所”建设，对部分乡镇卫生院实施改扩建并推行乡村一体化管理，新型农村合作医疗参合人数已达277.7万人，参合率为81.9%。城镇社区卫生服务机构已发展到50多个，初步形成了医疗、预防、保健、康复、健康教育和计划生育“六位一体”的社区卫生服务格局。进一步巩固和推进城乡环境卫生大整治工作，实施“万村卫生公厕”。巩固完善医疗卫生体制改革，强化了艾滋病防治和卫生执法监督。

环境保护

2007年，“七彩云南·生态红河”保护行动全面启动，完成了《异龙湖综合治理规划》的评审，开工建设恢复珠江水系海河工程。全州共建各类自然保护区16个（国家级3个、省级3个、州级3个、县市级7个），保护面积共达27.66万公顷，占国土面积的8.4%。2007年工业废水排放达标率97.39%，工业固体废物综合利用率27.06%，工业固体废物贮存率56.16%，工业固体废物处置率17.85%，二氧化硫排放达标率60.64%，烟尘排放达标率78.75%，粉尘排放达标率97.44%。

存在问题

一是区域发展不平衡，城乡、南北发展差距依然很大，城镇化水平较低，“三农”问题仍然突出，贫困面较大，贫困程度较深；二是经济总量不够大，发展质量不够高，产业支撑能力不够强，市场竞争力和自主创新能力较弱；三是制约发展的一些体制性、机制性、结构性障碍仍未从根本上消除；四是经济发展中不稳定、不协调的因素增多，煤电油运等“瓶颈”制约日益突出，节能减排和控价形势严峻，资源、能源、生态环境对经济增长的约束加大；五是社会事业发展相对滞后，社会保障能力还比较弱，就业再就业压力仍在加大，涉及群众切身利益的问题还比较多，社会不稳定、不和谐的因素依然存在。

（李　雁）

文山壮族苗族自治州

黄文武，壮族，籍贯云南富宁，中共党员，现任文山壮族苗族自治州州长

综　述

2007年，全州完成生产总值208.28亿元，增长14.5%，三次产业结构比重为27:35:38。财政总收入22.38亿元，增长46.2%，其中，地方财政一般预算收入12.6亿元，增长41.0%；地方一般预算支出52.53亿元，增长33.8%。农民人均纯收入1704元，增长14.6%。城镇居民人均可支配收入1.06万元，增长14.5%。全社会固定资产投资141.07亿元，增长28.6%。金融机构人民币各项存款余额207.82亿元，增长22.7%；各项贷款余额168.43亿元，增长24.4%，净增贷款33亿元。社会消费品零售总额75.51亿元，增长19.2%。人口自然增长率为7.3‰，城镇登记失业率为3.26%，单位地区生产总值能耗下降3.5%。

农村经济

全年全州投入支农资金6.97亿元，增长23.4%，促进了农业增效、农民增收。实现粮食总产量11.36亿千克，增长2.1%。农业总产值82.5亿元，增长6.6%。种植三七8万亩，辣椒66万亩，油料52.4万亩，商品蔬菜28万亩，发展经济林果4万亩、总面积达到36万亩，收购烟叶76万担。全年生猪出栏258万头，增长5.6%；大牲畜出栏29万头，增长9.2%；实现畜牧业产值31亿元，增长7%。

工业经济

2007年，全州坚持“工业强州”战略，发展工业经济的信心更加坚定，措施更加有力，促进了工业经济快速发展。冶金、三七制药、电力、乙炔化工、建材、烟叶生产、农副产品加工等重点产业发展势头良好，重点工业项目建设顺利推进。华联锌铟公司年产10万吨电锌60吨铟冶炼一期、斗南锰业公司年产10万吨锰系铁合金、兴建水泥公司日产2000吨水泥熟料生产线等项目已产生良好经济效益。马鹿塘电站二期、煤业公司年产150万吨煤扩建、特安呐制药公司三七综合加工生产线、紫金钨业公司年产5000吨仲钨酸铵等在建项目进展顺利。文山年产80万吨氧化铝及其配套项目、砚山年产10万吨电解锌等重点项目前期工作稳步推进。

马关都龙矿区和麻栗坡钨矿整合取得重大进展，其他各县矿产资源整合稳步推进，全州资源开发利用逐步走上规范化、规模化、集约化发展轨道。三七产业园区、马塘工业园区和平远、丘北两个农副产品加工基地建设取得新进展，园区基础设施和配套政策进一步完善，园区聚集效应初步显现。电力建设步伐加快，全州新增电力装机容量11.5万千瓦，总装机达到80万千瓦，广南、马关、麻栗坡三县电力整合积极推进。全年完成工业总产值154.82亿元，增长26.6%，工业增加值55.46亿元，增长23.1%。工业增加值占地区生产总值的比重达到26.8%，比上年提高2.4个百分点，工业经济已成为推动全州经济快速发展的重要力量。

基础设施

年内，全州“大通道”建设步伐加快，衡昆高速公路平锁段、罗富段相继建成通车；新建和改造通乡油路150千米、乡到村公路1630千米、村与村之间公路428千米、边境公路186千米，其中改造乡到村公路里程是上年的10倍，进一步缓解了农村群众“出行难”的问题；通过积极争取，普炭公路建设标准已由二级改一级，并移交省公路开发投资公司负责建设，前期工作有序推进。新南昆铁路线路走向取道文山州得到了国家铁道部和省委、省政府的确认，正在开展预可研工作。完成富宁港一期工程前期工作，转入实施准备阶段。暮底河水库、八宝水库完成单位工程验收，新开工建设清华洞水库二期、红舍克水库除险加固等4件水利工程，德厚、达号等大中型水库前期工作稳步推进，大型灌区和水库干支渠建设取得新成效。完成“五小水利工程”、“烟水工程”2.1万件，新增、改善灌溉面积近20万亩。开工建设“云电送粤”南通道500千伏输变电工程，建成“云电送越”220千伏砚山、马关变电站，电网等级和供电质量进一步提高。通讯基础设施建设步伐加快，新建基站364座，新增移动通讯用户47万户，全州行政村通讯网络覆盖率达到92%以上。

改革开放

2007年，全州认真实施“开放活州”战略，改革开放迈出新步伐。国企改革深入推进，农村税费改革、乡镇机构改革、教育综合改革成果得到巩固提高，种子管理体制改革顺利完成，农技推广体系改革积极推进，集体林权制度改革全面铺开，资源性产品价格改革取得实质性进展。投融资体制改革迈出新步伐，新组建了水利水电投资公司和公路投资公司。与云冶、云锡、云铜、云南煤化工、福建紫金、云南农垦等省内外大企业集团战略合作健康发展，合作项目进展顺利。依托区位和资源优势，大力拓展对外贸易及经济技术合作与交流。全年完成国内经济合作项目227项，新签约项目138项，实际到位资金47.5亿元。境外投资签约项目7个，协议投资7033万美元，增长66%。完成外贸进出口总额9359万美元，增长3倍，其中，进口5681万美元，增长7.1倍；出口3678万美元，增长1.3倍。完成社会消费品零售总额75.51亿元，增长19.2%，其中批发零售贸易业增长18.5%，住宿餐饮业增长24.0%，其他增长9.5%。完成边境贸易进出口总额29.15亿元，增长48.5%。其中，进口13.15亿元，增长44.9%；出口16亿元，增长51.6%。

扶贫攻坚

2007年，全州扶贫开发力度继续加大，各项民心工程有序开展，全年共投入各类扶贫资金5.6亿元，完成577个小康村、温饱村建设任务，产业扶持、劳务输出、易地开发、对口帮扶、挂钩扶贫工作深入推进，新解决10万贫困人口的温饱和11万人、3.1万头大牲畜的饮水困难问题。

城镇建设

2007年，全州认真实施“城镇富州”战略，城镇化步伐加快，各县县城总体规划修编工作稳步推进，完成了普者黑、天保、八宝、坝美、兴街5个重点中心集镇和旅游小镇规划。以建州50周年庆祝活动和承办第十三届省运动会为契机，掀起城市开发建设新高潮，启动文山全民健身中心、卧龙大道、三水厂及输水管网配套等一批市政基础设施建设，其他县城和重点乡（镇）市政基础设施建设取得新成绩，普者黑、八宝两个省级旅游小镇建设积极推进，天保、坝美新列入全省旅游小镇建设规划，全州城镇面积增加到117平方千米，新增城镇人口4万余人，城镇化率达到24.5%。

环境保护

全年完成人工造林18万亩，封山育林12万亩，建设沼气池2.6万口，改灶8392户，生态环境建设进一步加强。大力推进节能降耗，有5户企业实施循环经济试点、13户企业实施清洁生产，淘汰落后铁合金电炉和水泥立窑21台，单位生产总值能耗完成省下达控制指标。认真落实污染治理各项措施，世行贷款文山城市环境项目通过世行评估，文山县城污水处理厂建成试运行，木利锑业、文山化工、华联锌铟等公司的一批污染减排工程建成投入使用，建设项目环境影响评价和“三同时”制度得到较好落实，关闭了文山县城周围8家砖厂和一批污染严重的小企业，二氧化硫和化学需氧量两项主要污染物排放量控制在预期目标内。

社会发展

2007年，全州投入社会事业发展资金26.4亿元，比上年增加6.13亿元，促进了社会事业健康协调发展。完成广南县“普九”攻坚任务，全州“两基”教育目标顺利实现，国家“两免一补”和中等职业学校助学金政策得到较好落实，全州小学适龄儿童入学率达95.7%，初中阶段毛入学率达99.4%；改造中小学危房4.9万平方米，全面实施中小学现代远程教育建设工程，农村学校办学条件不断改善；继续扩大高中阶段招生规模，高中阶段毛入学率达32.9%，普通高中与职业高中在校生比例从1:0.41提高到1:0.51；州属6所中等职业学校搬迁建设、文山师专“升本”工作有序推进；教师队伍建设得到加强，教育教学质量有新的提高。全年共有37项科技成果获省、州科技进步奖，专利申请110件，科技对经济社会发展的支撑作用日益明显。农村文化设施建设取得新成效，城乡文化活动繁荣发展，州庆文艺表演编排加紧进行，民族民间文化研究取得新进展，文化、新闻出版市场健康发展。全面实施新型农村合作医疗，全州参合农民261.8万人，参合率达85.3%，农村群众“看病难”问题得到有效缓解；7个县级卫生机构、24个乡镇卫生院和446个村卫生室项目建设进展顺利；各类传染病防控措施得到有效落实，妇幼卫生管理得到加强。圆满完成了广播电视转星调整和安全播出任务，2937座“村村通”和13个无线覆盖工程项目建设加紧推进，全州广播、电视综合覆盖率分别达88.9%和89.5%。第十三届省运会主场馆建设进展顺利，全民健身运动蓬勃开展，竞技体育综合实力明显增强，我州运动员参加全国民运会、全国残运会取得好成绩。计划生育“奖优免补”政策得到较好落实，有5852户农业人口家庭领取独生子女父母光荣证。

社会保障

2007年，全州社会保障面不断扩大，保障体系逐步健全，各项保险新增参保人员3.7万人次，有18万农村绝对贫困人口获得最低生活保障。就业工作取得新成绩，全年共开发就业岗位8158个，城镇新增就业7712人，有692户“零就业”家庭实现至少1人就业，城镇登记失业率为3.26%。建成廉租住房1.8万平方米，有效缓解了城镇低收入家庭住房困难。

存在问题

一是经济总量小、人均水平低，与全国全省的平均水平差距还很大，全州总体上仍然是贫困落后地区，财困民穷仍然是基本州情；二是水、电、路基础设施建设滞后，对经济社会发展的制约仍然突出；三是农业产业化水平较低，农民持续增收难度大；四是工业经济还处在起步阶段，经济增长的质量和效益还不高，节能减排压力大，加快经济结构调整和转变发展方式的任务还很繁重；五是煤、电、油、运紧张的矛盾进一步突出，原材料及部分生活必需品价格上涨过快，对国民经济运行和群众生产生活的影响加大；六是城乡之间、县与县之间发展不平衡，就业、就医、就学、住房、出行难的问题仍然较为突出，安全生产形势依然严峻，因征地拆迁、旧城改造、移民搬迁、历史遗留问题、山林地界纠纷引发的群体性上访事件日益增多，促进协调发展、和谐发展的任务艰巨。

（胡廷汉）

西双版纳傣族自治州

综　述

2007年是“十一五”计划的第二年，西双版纳州委州政府坚持以邓小平理论和“三个代表”重要思想为指导，深入贯彻落实科学发展观，紧紧围绕西双版纳与全省全国同步实现全面小康社会的宏伟目标，努力推动我州经济社会跨越式发展，突出又好又快这个主题，坚持以经济建设为中心，坚持“扎扎实实打基础、突出重点抓生态、调整结构创特色、依靠科技增效益、改革开放促发展、统筹兼顾谋协调、齐心协力建和谐”及“科教兴州、开放活州、生物富州、旅游强州、依法治州”的基本思路，推动经济社会发展切实转入以人为本、全面协调可持续发展的轨道，不断开创全州经济社会发展新局面。

2007年，全州生产总值达107.54亿元，比上年增长12.6%，连续4年增长10%以上。其中第一产业增加值34.41亿元，增长6.4%；第二产业增加值32.16亿元，增长22.8%；第三产业增加值40.97亿元，增长11.2%。全州人均生产总值突破1万元，比上年增长11.8%。财政总收入10亿元，增长36%；地方财政收入6.36亿元；增长25.8%；财政总收入与生产总值的比重为9.4%。地方财政支出21.7亿元，增长26.3%。经济结构进一步优化，三次产业的比重为32:29.5:38.1。农林牧渔业总产值54.46亿元，增长11.25%。粮食生产保持稳定，总产量达32.66万吨。干胶产量21.81万吨，增长6.4%，其中，民营橡胶干胶产量突破10万吨。工业总产值跨上40亿元台阶，达到40.26亿元，增长53.6%。其中，规模以上工业总值34.73亿元，增长55.6%；增加值19.84亿元，增长37.6%，增速位居全省第一。精制茶产量突破2万吨，产值17.77亿元。3个工业园区发展取得新突破，开工建设基础设施项目7个，已入园企业34户，投融资完成3.7亿元，利用外资75万美元。工业结构明显改善，糖、矿、电实现增加值突破10亿元。旅游二次创业成效显著，接待国内外游客503万人次，增长39.8%，旅游总收入34亿元，增长24.5%，也提前3年实现了“十一五”规划目标。金融运行平稳，金融机构各项存款余额137.2亿元，增长9.3%；贷款余额77.8亿元，增长40.8%，新增贷款22.53亿元，增速位居全省第一。

城镇居民人均可支配收入9708元，比上年增长15.2%，农民人均纯收入2727元，比上年增长13.1%。

农业和农村经济

2007年，全州始终坚持把解决“三农”问题作为工作的重中之重。认真贯彻落实农机购置补贴、粮食直补等一系列支农惠农政策，兑现各项补贴1.29亿元，受益农户17.45万户。投入1200万元，实施了100个新农村示范村建设。加快农村基础设施建设，投资1578.6万元，解决了100个自然村2.72万人的饮水困难和饮水安全问题。投资7038万元，对550千米行政村公路进行改造建设，70个行政村公路实现了晴雨通车。投资1043万元，实施165个项目，改善人口较少民族聚居的6个村委会的基础设施和生产生活条件。加快发展农村清洁能源，新建农村沼气池3249口，节柴改灶2039户。投入各类扶贫资金1.1亿元，解决了1.4万贫困人口的温饱问题，完成94个村的整村推进，易地搬迁扶贫1727人，发放扶贫小额信贷资金2100万元，完成1.47万亩的产业扶贫。完成4600户农村民居地震安全工程建设。加快发展农村劳务经济，培训农村劳动力6068人，新增转移农村劳动力5525人。培训农民割胶工1.23万人，培训茶农1.22万人。

工业经济

2007年，州委州政府坚持走新型工业化道路，把培育壮大支柱产业与加快推进新型工业化进程结合起来。加快景洪工业园区、勐海特色工业园区和磨憨出口贸易加工园区建设，全州工业实现总产值（现价）40亿元，比上年增长53.6%，其中：规模以上工业总产值34.7亿元，增长55.6%。增长最快的是精制茶业，全州精制茶业总产值17.8亿元，占规模以上工业的51.2%，增长2.3倍。实现工业增加值20.81亿元，工业在国民经济中的比重由上年的14.5%提高到19.4%。主要工业产品产量完成原煤1.2万吨，下降1.4%；糖11.8万吨，下降11.5%；精制茶2.3万吨，增长41.2%；发电量84243万度，增长26.8%；水泥27.13万吨，下降24.8%；铁矿石原矿量468.9万吨，增长10.4%；自来水生产量1987万吨，增长7.3%；铁合金1.5万吨，增长35.5%。

旅游业

2007年，全州旅游业持续高速增长，旅游综合总收入各月增长最低在26%以上。全年共接待各类游客503万人次，比上年增长39.8%，其中接待海外游客6.8万人次，增长1.4倍，口岸入境一日游17.35万人次，增长70.4%，接待国内游客478.8万人次，增长38%。实现旅游综合总收入34亿元，增长24.5%，其中：国内旅游收入31.9亿元，增长21.7%，旅游外汇收入2624万美元，增长95.9%。

基础设施建设

全年全州完成固定资产投资65亿元，比上年增长3%。其中：房地产开发投资完成7.2亿元，下降5.8%。固定资产投资中，农村投资是一大亮点，农村经济发展，农民收入大幅增加，富裕起来的农民热衷于投资建房、进行生产性投资。全年农村非农户和农村私人投资6.6亿元，比上年净增2.7亿元，增长71%。2005年，启动了社会主义新农村建设试点工作，至2007年，已开展新农村建设试点工作两批，在200个自然村开展试点工作，州级财政共投入资金2000万元，带动农民投资9300多万元，共实施基础建设项目186项，培训新型农民6.5万人次。

改革开放

全年全州顺利完成了14户国有、集体企业的改革。继续深化财政管理体制改革，全面推行“乡财县管乡用”和财政国库集中支付改革，启动清理化解乡村债务工作。深化人事制度改革，认真实施《公务员法》，完成了全州公务员登记、职务级别确定和州级机关公务员津贴补贴规范工作。积极稳妥地进行西双版纳旅游度假区、磨憨经济开发区、景洪工业园区管理体制改革。继续推进农村综合改革，完成了6个乡（镇）集体林权制度改革和农村第二轮土地承包经营权证补换发试点工作。加大对外开放力度，磨憨经济开发区建设成效明显，打洛口岸经国务院批准成为国家一类口岸，景洪至老挝琅勃拉邦澜沧江·湄公河出境旅游得到国家旅游局批准并正式开通。成功举办首届澜沧江·湄公河次区域农产品暨第十届西双版纳边境贸易旅游交易会，定期举办中老边民集市活动。加强对外贸易和对外经济技术合作，新增境外替代种植面积33万亩，完成对外经济贸易总额3.83亿美元，增长19.1%。积极招商引资，深圳航空公司西双版纳分公司挂牌成立；实施招商引资项目49项，实际到位资金18.2亿元；实际利用外资1030万美元，比上年增长300%。

非公经济

全年，全州认真贯彻落实加快非公有制经济发展的各项政策措施，非公有制经济不断发展壮大。个体私营经济18.9亿元，增长15.9%，净增25975万元，占增加总量的62%。

交通运输和邮电业

2007年，全州拥有民用汽车3.64万辆，比上年增长25%。其中：载货汽车1.55万辆，增长22%；载客汽车1.93万辆，增长31%；民用机动船104艘，增长4%。公路通车里程6071千米，其中：高等级公路（二级及以上）183.4千米，民航17486架次，比上年增长12%，接送旅客180.8万次，增长13.4%。

全年完成业务总量6.4亿元，比上年增长22.3%；年末固定电话数30.34万户（含小灵通）、下降3.3%；移动电话45.6万台，增长15.5%。

社会事业

全年获州科技进步奖34项。其中：一等奖3项、二等奖9项、三等奖22项。全州基本普及九年义务教育，基本扫除青壮年文盲，“两基”工作取得了历史性成就。全州各类在校学生15.13万人，（小学至大专未含学前教育）毛入学率下降0.5%。共投入教育经费57203万元，国家财政性教育经费占国内生产总值的比例达到4.77%，预算内教育经费占财政支出的比例达到23.66%。教育经费的大幅度增加，使广大中小学的办学条件得到明显改善，学校面貌焕然一新。

全州文化事业机构47个，从业人员356人，乡镇文化站31个，乡镇文化从业人员100人。全州电视人口覆盖率达96%，广播人口综合覆盖率达90%，均比上年有所提高。有线电视数字化转换全面完成。

全州共有医疗卫生机构132个（包括农垦系统），有病床4200张，有卫生技术人员4380人；全州220个行政村，设有村卫生室247个，覆盖率达112.2%，实现了村村有卫生室目标。

环境保护

2007年，全州建立保护森林资源目标责任制。编制和绘制了《西双版纳州2006—2010年森林资源保护管理目标责任书》、《全州森林资源责任分解图》。全州各级政府、相关部门及村委会都已签订了森林资源保护目标责任书，并实行领导班子分片挂钩联系制，分辖区、片区落实到人。1700万亩的天然林得到有效管护，实现了森林面积、蓄积量的双增长。全州森林覆盖率由过去的63.68%提高到了现在的78.33%。森林资源得到休养生息，生物多样性得到进一步的恢复发展，野生动物种群数量大大增加。2007年实施退耕还林总面积19.2万亩（退耕地还林10.3万亩，荒山荒地造林8.9万亩）。

社会保障事业

2007年，全州城镇居民、企业单位参保职工33114人，增长6.7%，参保的离退休人员7196人，增长2.8%。参加医疗保险的人数14.43万人，比上年增长4.3%，其中参保职工10.25万人，增长5.1%；参保退休人员4.19万人，增长2.3%，参保率达到90%以上，建立了最低生活保障制度。在农村进行了农村养老保障和农民最低生活保障的试点工作，4万农村困难群众纳入保障范围，对近3240名残疾人实施救助。2007年，对1247名残疾人实施救助，实现新增就业5486人，下岗失业人员再就业1222人。

人民生活

2007年，全州农民人均纯收入2727元，比上年增长13%；城镇居民年人均可支配收入9708元，增长15%。全州全部在岗职工人均工资1.72万元，增长9.55%。

存在问题

一是经济自主增长能力不强，发展不充分、发展不平衡、发展质量和效益还不高，加快经济结构调整和发展方式转变的任务还很繁重。二是农业基础薄弱，城乡居民持续增收难度加大，城乡差距、山坝区差距和区域差距较大，促进协调发展的任务艰巨。三是体制机制还需要继续完善，区位、资源等优势尚未充分发挥。四是劳动就业、社会保障、教育卫生等方面的民生问题还需要下更大的力气加以解决，一些关系群众切身利益的问题仍然突出，扶贫攻坚和山区开发任务艰巨。五是生态环境保护任务仍然艰巨，发展的资源环境压力较大，实现可持续发展仍需继续努力。

（颜建华）

大理白族自治州

综　述

大理白族自治州位于云南省西部。2007年，全州辖大理市、永平县、云龙县、弥渡县、祥云县、宾川县、鹤庆县、剑川县、洱源县、巍山彝族回族自治县、南涧彝族自治县、漾濞彝族自治县等12县市，110个乡镇，其中乡44个、镇66个。年末，全州总人口达345.69万人，其中非农业人口44.75万人，少数民族人口173.29万人，占总人口的50.1%，白族人口116.18万人，彝族人口43.57万人，回族人口7.18万人。人口自然增长率控制在4.2‰以内。

2007年，全州完成生产总值322亿元，比上年增长13.2%，三次产业结构从27.9:35.6:36.5调整为26:37:37。财政总收入49.4亿元，比上年增长25.5%。其中：地方一般预算收入22.8亿元，增长21.5%，地方一般财政支出60.9亿元，增长21.3%。完成固定资产投资128亿元，增长23.2%。社会消费品零售总额84.1亿元，比2006年增长17%。实现外贸进出口9035万美元，增长93.8%。金融机构年末各项存贷款余额达324.2亿元和217.7亿元，分别增长11.7%和19.7%。城镇居民人均可支配收入1.16万元，增收1440元，年均递增7.9%。农民人均纯收入2677元，增收246元。

2007年，全州农林牧渔业总产值完成136.8亿元，比上年增长12.3%；粮食总产量130.9万吨，增长2.3%。全州完成现价工业总产值272.1亿元，实现工业增加值98.9亿元，规模以上工业企业累计实现销售收入175.4亿元、利税总额41.7亿元。

2007年，全州旅游业接待国内游客867.6万人次，海外游客26.9万人次，分别增长13.3%和28.3%；实现旅游社会总收入66.2亿元，旅游创汇7366万美元，分别增长15.8%和29.1%。至年底，全州公路通车里程1.63万千米。其中：高速公路222千米，一级公路31千米。全州公路运输客运量7671万人，旅客周转量67.5亿人千米。货运量5381万吨，货物周转量55.72亿吨千米。2007年，全州固定电话用户52.6万户，比上年减少3.5%；移动电话用户107.3万户，增长41.5%；电话普及率为16.3部/百人，互联网用户7.01万户，增长44%，其中宽带网用户6.36万户，增长30.6%。

社会发展

2007年，全州城镇职工参加基本养老保险12.4万人，净增0.28万人；城镇职工参加基本医疗保险20.1万人、失业保险9.01万人、工伤保险5.17万人、生育保险5.03万人；企业退休人员社会化管理服务工作进一步完善。12县市均建立了农村社会保险制度，农村养老保险参保人数达3.44万人，新增0.06万人。社保资金安全完整，城镇低保实现应保尽保和分类施保，在全省率先建立了农村最低生活保障制度，全州纳入低保5.85万户、17.5万人，城乡社会救助体系初步建立。

2007年，全州有各类学校1390所，专任教师2.82万人，其中：大学1所，中专4所，普通高中37所，初中178所，小学1152所，职业中学17所，特殊教育学校1所。招收各类学生达12.54万人，毕业生11.49万人，在校生50.71万人，学龄儿童入学率96.8%，普通初中升学率62.7%，高考上线率86.9%，连续三年名列全省前茅。大理州继续全面落实农村义务教育“两免一补”政策，到年底，全州累计免除40.8万名农村学生杂费，为40.3万名贫困学生提供免费教科书，为12.3万名家庭贫困寄宿制学生发放生活补助费。中小学现代远程教育覆盖全州。大理学院全日制在校学生1.3万人，留学生522人，成人教育学生1.1万人，初步建成特色鲜明、辐射南亚东南亚的综合性大学。

2007年，全州有医疗卫生院所893个，床位925张。公共图书馆13个，群众艺术馆文化馆13个。全州完成广播电视村村通2240座，广播、电视综合覆盖率分别达91.6%和96.7%，有线电视数字化转换试点进展顺利。

2007年，全州单位在岗职工人数18.8万人，在岗职工年平均工资19524元。全州城镇新增就业1.9万人，城镇登记失业率为3.14%。农民人均纯收入2677元，城镇居民人均可支配收入11616元，分别增长10.1%和14.2%。

新农村建设

2007年，大理州继续推进全州小康示范村建设。全州列入2007年实施的13个小康示范村共涉及162个村民小组、1.04万户农户共4.22万人，规划总投资1.85亿元。年内，共计组织到位资金1.25亿元，其中：州级补助1300万元，占计划的100%；县市补助1010万元，占计划的77.7%；部门整合资金3651.86万元，占计划的78.5%；群众自筹资金5318.29万元，占计划的64.2%；信贷资金1119.4万元，占计划的44.3%；其他资金113.26万元，占计划的28.6%。实际完成投资1.04亿元。主要完成项目为：新建、改造及硬化村庄各类道路约5.6万米，新建安居房30户，住宅5户，住宅改造109户，改厕、改畜厩240间，新增太阳能212套，完成青瓦白墙工程约20.6万平方米，新建卫生公厕2座、户厕186个、垃圾池12个、路灯15盏，种植绿化树苗6162株，改造、新建村委会4个，卫生室1个，建成排灌沟6910米。同时，分别发展壮大了无公害冬早蔬菜、山地辣椒、烤烟、红花、核桃、甜柿、蚕桑、奶牛、茶叶初加工等一批农业经济产业。劳动力培训输出170人。

2007年，大理州选派1125名新农村建设工作指导员驻村工作，掀起了社会主义新农村建设的新高潮。按照抓两头促中间要求，第二批千村扶贫开发百村整体推进工程和小康示范村建设全面实施，共整合投入各类资金3.55亿元，“866”建设项目基本完成。全面深化集体林权制度改革，大力发展现代农业，着力抓好泡核桃、蚕桑、茶叶、柑桔等特色农业产业化基地建设。农业综合生产能力不断提高，粮烟生产获得丰收，农民收入稳步提高。2007年，全州粮食总产量达130.9万吨。农业产业化经营成效显著，建成400万亩核桃基地和60.5万亩啤饲大麦基地，初步形成25万亩蚕桑、22.7万亩大蒜、44.5万亩蔬菜、9.4万亩梅果、14.9万亩生态茶等特色农业产业化基地。战胜了高致病性禽流感和猪蓝耳病等重大动物疫病，畜牧业稳步发展。肉类总产36.5万吨、奶类总产26.6万吨。农村基层组织建设进一步加强，完成586个村级组织活动场所和村委会办公用房建设。农村民居地震安全工程启动实施，万村千乡市场工程建成农家店1260个。

招商引资

2007年，大理州通过不断优化招商环境，创新招商思路和对重点项目的推进和落实，以亲商、近商、安商、扶商的真诚服务，以发展活力打造投资吸引力，主动“走出去、请进来”，在“第十五届中国昆明进出口商品交易会”和“第五届东盟华商会”期间，与外商签订经济技术合作项目5个，在“第四届泛珠三角区域经贸合作洽谈会”期间，与外商签订国内经济技术合作项目3个。在深圳与香港客商共同举行“大理好风光、世界共分享——大理·香港经济技术合作洽谈会”，签订2个合作项目投资意向，投资总额达7亿元人民币。11月21~25日，州委、州人民政府在香港举办“大理好风光、世界共分享——2007中国·云南大理（香港）经贸旅游推介周”，与香港客商签订合作项目7个，协议引进资金100多亿元人民币，是全州招商引资史上签约资金最多的一次。年内还分别组团到广东、福建、上海、北京、江苏、浙江、湖北、江西、广西、大连等省市区开展小分队招商，突出重点，强化服务，加强管理。同时通过请进来，引进新加坡三德集团投资3.69亿元建设鹤庆县年产100万吨水泥生产线，投资3.8亿元建设弥渡县年产100万吨水泥生产线；丹麦嘉仕伯集团投资2288万美元对大理啤酒厂扩产20万吨生产线；香港瑞安发展（控股）有限公司投资开发大理市海东新区北片区建设项目、世纪金源集团投资开发大理市海东新区下和北山片区建设项目、宏基亚洲集团有限公司投资6.8亿元建设大理洱海月国际饭店项目、海洋能源股份有限公司投资3亿元实施洱源县矿产资源综合开发项目、永佳投资有限公司投资2亿元实施永平县阿古寨铜矿综合开发项目、中国国际联合速递有限公司投资2亿元建设祥云县物流中心项目、新时代集团控股有限公司投资3亿元实施新建湖南、贵州电解锌生产线项目等。到年底，全州共签订经济技术合作项目58个，引进州外实际到位资金31.9740亿元，比上年增长34.47%，为全州经济发展注入了生机和活力。

特色经济

2007年，全州进一步加快区域特色经济发展，巩固和发展“两烟”、旅游、建筑建材、矿冶、水电、机械制造和优势农畜产品生产及深加工等支柱产业，收购烟叶144.5万担，烟农收入8.8亿元；生产卷烟40万箱，实现“两烟”税收20.9亿元，占全州财政总收入的42.3%。实施旅游二次创业，提质增效成效明显，接待国内外旅游者894万人次、实现旅游社会总收入66.2亿元，规模以上建材工业实现产值20.4亿元，水泥年生产能力达800万吨，产量突破400万吨；实现建筑业总产值35亿元。优势农畜产品生产及深加工产业实现产值30.9亿元。实施资源整合与布局调整，矿冶业发展进一步加快，实现产值52.1亿元。积极发展地方小水电，新增装机27.3万千瓦，总装机达72.9万千瓦，实现产值18.2亿元。积极发展载货汽车及配套产业，机械制造业实现产值33.9亿元。

关注民生

2007年，大理州认真做好城市居民最低生活保障工作，全州共有4.44万户6.37万人纳入保障范围，比上年增加622人，发放低保金5809万元。此外，为确保不因物价上涨等因素影响城市最低生活保障居民的基本生活，由民政部门3次对城市最低生活保障居民加发临时补贴共计1043万元。其中，按照《云南省民政厅转发民政部关于妥善安排近期城镇低保家庭生活文件的紧急通知》，于6至12月对文件规定的三无人员、重度残疾人、危重病人、60岁以上老人、单亲家庭中的未成年人以及义务教育阶段在校学生等，每人每月加发15元临时补助；9月，根据《云南省民政厅、云南省财政厅关于妥善安排城市居民最低生活保障家庭生活有关问题的通知》，对原已发放15元临时生活补助费的6类人员，每人每月再提高5元，其余城市最低生活保障居民每人每月增加发放15元；10至12月，根据上级要求，对全州6.37万名城市最低生活保障居民每人每月加发10元临时补助，同时还对城市最低生活保障居民每户发放20元的一次性燃料补助。使城市最低生活保障居民直接感受到党和政府的关怀。

2007年，大理州继续高度关注民生，加强养老、医疗、失业、工伤、生育保险和农村养老保险等社会保险体系建设，全州参加各类社会保险人数累计达51.7万人。城市最低生活保障制度进一步规范，6.4万名困难居民实现应保尽保。全面建立了农村最低生活保障制度，17.5万人受益。切实维护老年人合法权益，为15万多名60岁以上老年人办理了优待证。

2007年，大理州各级党委政府关注民生，认真贯彻落实《国务院关于解决城市中低收入家庭住房困难若干意见》。2007年，重点完成祥云3000平方米、弥渡2000平方米、南涧3000平方米、巍山2000平方米，共计1万平方米廉租房建设项目。年底，144套廉租房已进入验收阶段，并开展了廉租房入住户申报和调查审核工作。云龙县投资850万元，完成建筑面积9000平方米的68套经济适用住房建设，并已全部按规定条件销售。

扶贫开发

2007年是实施《大理州扶贫开发千村推进五年行动规划》的第二年，大理州各级扶贫部门紧扣州委州政府制定的《大理州扶贫开发千村推进2007年度实施方案》的任务目标，抓好百村整体推进为平台，认真做好产业扶贫、劳动力培训转移、社会帮扶、信贷扶贫、外资扶贫等工作。年内实施的100个村、4.7万户、约19.7万人的“866”建设项目均已经全面完成，第二批扶贫开发百村整体推进工作取得新的突破。一是整合资金有新的突破。2007年度全州共整合、筹集到位各类扶贫资金4.46亿元，100个村村均446万元，户均9490元，人均达2264元。二是劳动力培训转移有新的突破。年内共争取到9个省级劳动力培训转移示范基地，并正式挂牌，下达劳动力培训转移项目资金420万元。完成2.1万人的引导性培训计划。三是产业化扶贫有新的突破。在整村推进的框架下开展产业扶贫，坚持走发展特色产业的道路。选准和突出特色，纵向研究准确的市场定位，横向研究新产品的人群定位、季节定位、用途定位、区域定位。正确处理政府、企业和农民的对接关系，及时推荐了一批国家级、省级扶贫龙头企业。同时，论证上报并争取到产业扶贫资金740万元。四是信贷扶贫有新的突破。到年末，全州累计发放小额信贷扶贫资金45714.65万元，其中，当年放贷8203万元。贴息贷款扶持项目立项批复34个，实际放贷20个，贷款金额1.14亿元。五是易地开发扶贫有新突破。坚持就近、就地，小规模集中或适当进行插花安置的原则，与千村推进相结合，围绕搬迁农户实现“搬得出、稳得住、能致富”的目标实施易地开发扶贫项目，完成转移安置任务534户、2200人，投资1100万元。六是外资扶贫有新的突破。引进香港乐施会资金127万元。七是社会帮扶有新的突破。全年共有111个州级机关企事业单位挂钩帮扶当年实施整村推进的100个行政村，各单位均成立了挂钩帮扶领导组，做到人员到位，责任到人，把挂钩帮扶纳入部门经常性工作，并做了大量的实事和好事。不少单位尤其是国有和个体私营企业，积极响应州委、州政府的号召，以扶贫济困作为回报社会的主要途径，献爱心，出实招，动真情，真扶贫，产生了积极的社会影响。

生态环境建设

2007年，大理州牢固树立“洱海清、大理兴”的理念，大力实施洱海保护治理“六大工程”，巩固扩大“三退三还”成果，洱海水质继续得到改善，全年水质总体保持在Ⅲ类。洱海保护治理工作得到了国务院和中共云南省委、省人民政府的肯定，被国家环保总局总结为“洱海保护治理模式”向全国推广。切实加大苍山保护力度，苍山“世界地质公园”和“世界自然遗产”申报工作加快推进。着力抓好退耕还林、天然林保护、小流域综合治理和城乡绿化工程，生态环境持续改善。

滇西中心城市建设

2007年，《大理风景名胜区总体规划（修编）》获国务院批准，《大理滇西中心城市规划》修编进展顺利，海东片区和凤仪城区分区规划、下关南北市区控制性详细规划基本完成。洱海保护和污染治理、城市交通、文化旅游观光、工业园区、高效生态农业、现代物流及生态园林绿化等工程建设顺利实施。苍山申报为国家地质公园，“苍山自然与南诏文化遗存”申报为国家自然文化双遗产。新型工业、现代服务业、旅游及房地产等城市支撑产业发展加快，滇西中心城市框架初步形成。

（赵秀元）

德宏傣族景颇族自治州

孟必光，傣族，籍贯云南梁河，研究生，中共党员，现任云南省德宏傣族景颇族自治州州委副书记、州长

综　述

德宏傣族景颇族自治州地处祖国西南边陲，云南西部，是云南省8个少数民族自治州之一。其东和东北与保山地区的龙陵、腾冲两县相邻，南、西和西北与缅甸联邦接壤，全州除梁河县外均有国境线，国境线长达503.8千米。全州东西最大横距122千米，南北最大纵距170千米，总面积1.15万平方米。德宏州首府驻潞西市芒市镇，陆距省会昆明649千米，空距427千米。

德宏州为南亚热带季风气候，其气候特点是：冬无严寒，夏无酷暑；雨量充沛，干湿分明；年温差小，日温差大；日照充足，霜日少；年降雨量1400～1700毫米，5～10月份降雨量占全年总降雨量的86%～92%；年平均气温18.4～20℃；最高气温38.8℃，最低气温－2.1℃；无霜期年平均280天左右；年日照2281～2453小时；年积温6400～7300℃；年陆地蒸发量在1400～1900毫米之间，干旱指数在0.4～1.2之间。

德宏州辖2市3县，即潞西、瑞丽市，梁河、盈江、陇川县。辖50个乡镇，365个村（居）委会，3761个村民小组。

2007年末，德宏州总人口117.72万人，其中城镇人口35.93万人，城镇化率30.5%；少数民族人口58.58万人，占总人口的49.76%。人口自然增长率控制在7.70‰以内。

2007年，全州实现生产总产值84亿元，比上年增长13.2%，增幅创1998年以来的最高纪录。其中，第一产业实现增加值25.9亿元，增长8.0%，拉动生产总值增长2.6个百分点；第二产业实现增加值23.8亿元，增长23.3%，拉动生产总值增长5.6个百分点；第三产业实现增加值34.3亿元，增长11.5%，拉动生产总值增长5.0个百分点。一、二、三产业对经济增长贡献率分别为19.7%，42.4%，37.9%。从三次产业的增长贡献率来看，第二产业在全州国民经济中的骨干支撑作用越来越突出，三次产业结构更加优化，发展更加协调。

全州城乡市场稳中趋旺，累计实现社会消费品零售总额30.78亿元，增长21.2%。全州居民消费价格比上年上涨6.7%，商品零售价格比上年上涨5.5%，农业生产资料价格比上年上涨6.5%。

农业和农村经济

2007年，全州实现农林牧渔业总产值37.47亿元，增长9.0%，农业农村经济全面发展。农业呈现出以下特点：一是粮食生产稳定，传统产业继续巩固提升，效益持续提高，甘蔗、茶叶成为农民增收的亮点。全州粮食种植面积145.5万亩，总产42.6万吨；完成甘蔗种植面积96.7万亩，产量478.2万吨，农业产值15亿元，蔗农人均甘蔗收入达1240元；全州完成茶园新植面积7.6万亩，农业产值1.4亿元，增长83.8%，全州涉茶人口30余万人，人均茶农收入470元。二是冬农开发成效显著，继续成为农民增收的亮点。完成冬农开发总面积72.6万亩，实现农业产值3.9亿元，开发区农民人均开发收入631元。三是农业产业化步伐加快。生物资源创新产业稳步推进，农业产业化龙头企业不断发展壮大，农民经济合作组织进一步扩大。四是集体林权制度改革有序推进。到目前为止，已完成了潞西市11个乡镇、84个村委会、895个村民小组的集体林勘界确权工作，其余4个县市按照州政府审批的林改方案，积极有序地推进；完成造林面积11.7万亩，实现林业工业总产值（现价）6.5亿元。五是畜牧业稳步发展。面对突如其来的猪蓝耳病疫情况，各级采取了强有力的防治措施，大牲畜、生猪、能繁母猪、家禽生产恢复性发展、奶水牛业发展形势喜人、畜产品产量大幅增加；水产养殖快速发展，水产品产值1.6亿元。六是培训、转移农村富余劳动力，农民工资性收入得到增加，农民增收渠道扩大。全年培训农村富余劳动力1.7万人，转移农村富余劳动力4.2万人。七是农田水利基础设施建设取得新进展。各类水利工程投资3.1亿元，完成6638件，完工6633件；土地开发整理及灾毁耕地复垦投入资金近4亿元，开发整理及复垦耕地22.9万亩。八是新农村建设试点有序推进，全州组织实施了50个自然村的新农村建设，重点整治了村容村貌；完成了全州“数字乡村”工程建设基础工作，农村信息化迈出新步伐。

年末，全州拥有农业机械总动力8.36亿瓦特，比上年增长6.0%；农用大中型拖拉机1890台，增长19.2%；农用小型拖拉机37091台，增长4%。农用排灌机械动力341.1万瓦特，下降13.5%。全年机耕耙面积9.25万公顷，机耙面积4.56万公顷，机收面积2.75万公顷。全年新增有效灌溉面积690公顷，节水灌溉面积1150公顷；当年治理水土流失面积35.4平方千米，比上年增长3.1%。全年农村用电3834万千瓦小时，比上年增长5.4%。

全年完成植树造林面积7814公顷，实现林业工业总产值（现价）6.5亿元。退耕还林荒山造林3667公顷，森林覆盖率62.79%。年末全州城市公共绿化面积达到1174万平方米，人均公园绿地面积5.64平方米。

工业和建筑业

2007年，全州完成工业总产值51.4亿元，比上年增长30.1%。工业实现增加值18.7亿元，占全州GDP的22.2%，拉动全州GDP增长4.8个百分点。工业生产呈现新气象：一是轻重工业均实现较快增长。轻工业产值增长37.0%，增速加快24.9个百分点；重工业产值增长24.4%，增速加快5.5个百分点；重工业产值超过轻工业产值7.2亿元，占全部工业产值的56.9%。二是重点行业拉动作用突出，规模效益得到体现。制糖业、电力行业、水泥制造业、有色金属冶炼业分别完成产值16.7、9.0、3.3、7.4亿元，分别拉动全部工业增长13.9、6.4、1.8、3.2个百分点。三是非公经济稳步发展，扩大了就业门路。全州个体工商户3万户，从业人员5万人；私营企业1679户，从业人员2.7万人。四是省下达的规模以上工业企业完成工业增加值、主营业务收入、利税总额、利润总额等四项经济指标均超额完成。分别完成省政府下达任务的110.4%、129.3%、132.2%、140.9%。五是工业园区建设有序推进。潞西市工业园区已通过专家评审，与4户企业签订意向性协议准备进驻园区。瑞丽市工业园区基础设施建设加快，到目前为止已累计完成投资4.1亿元；入园企业到位良好，已有186户入驻。盈江、陇川工业园区的可行性研究报告和总体规划已上报。六是企业家信心指数和企业景气指数上升，企业生产经营继续保持良好的发展态势。

年末，建筑企业从业人员1.58万人；全州建筑业完成建筑业增加值5.2亿元，增长14.3%；房屋建筑施工面积103.2万平方米；房屋建筑竣工面积67.0万平方米。

固定资产投资

2007年，全州完成全社会固定资产投资59.6亿元，比上年增长44.3%。主要特点：一是重点投资项目进度加快，城镇投资保持快速增长。电力产业与供应业投资仍然是全州固定资产投资的重要组成部分，占城镇固定资产投资总额的51%；在城镇投资项目中，计划投资总额超过亿元的项目有36个。二是新开工项目多，规模大。全年建设项目730个，比上年增加322个，增长78.9%；当年新开工项目527个，同比增加272个，增长1.1倍。三是房地产开发投资持续增长。全州房地产开发投资完成7.7亿元，增长65.4%。房屋施工面积87.4万平方米，增长36.0%；商品房销售面积52.7万平方米，增长1.2倍。四是农村投资快速增长。农村投资（含农村私人）完成3.2亿元，增长63.1%。五是交通建设快速发展，完成投资2.1亿元，比上年增长98.9%。

交通运输和邮电通讯业

2007年，全年交通运输和邮政业完成增加值2.8亿元，增长18.4%。全年完成货物运输量2058万吨，增长15.0%，完成旅客运输量1426万人，增长49.5%；完成货物周转量15.44亿吨千米，增长15.0%，完成旅客周转量11.41亿人千米，比上年增长31.4%。

全年邮电业务总收入5.59亿元，增长7.9%。其中：邮政业务收入0.33亿元，增长3.4%；电信业务收入5.26亿元，增长8.7%。年末用户交换机总容量39.1万门，拥有固定电话16.71万户，增长5.2%。其中：城市固定电话用户7.47万户，下降7.1%；乡村固定电话用户9.25万户，增长17.8%。移动电话用户达到52.87万户，增长36.9%。年末互联网用户达到3.01万户，增长23.5%。

商业和旅游

全年完成社会消费品零售总额达30.8亿元，增长21.2%。其中：市级消费品零售额13.91亿元，增长

26.0%；县级消费品零售总额7.29亿元，增长19.2%；县以下消费品零售额9.6亿元，增长16.2%。分行业看：批发零售贸易业零售额24.1亿元，增长22.3%；住宿和餐馆业零售额4.4亿元，增长25.3%；其他行业零售额2.3亿元，增长4.2%。

全年完成对外贸易进出口总额5.59亿美元，增长31.2%。其中：进口总额1.24亿美元，增长36.7%；出口总额4.35亿美元，增长29.7%，扭转了进口下降的局面。引进外资取得进展，全年直接引进外资项目5个，实际到位资金0.5亿美元。

通过加强旅游景区景点建设和区域旅游合作，不断改善旅游服务，旅游发展水平进一步提升。成功举办了“中国·德宏首届葫芦丝文化节”和第七届中缅边交会，扩大了交流，促进了合作。2007年全州接待海外旅游者6.24万人次，比上年增长13.2%；接待国内旅游者328.19万人次，增长11.6%；实现旅游业总收入30.85亿元，增长10.7%。

财政金融

2007年，全州工业、贸易业、固定资产投资快速增长，为财政增收奠定了良好基础。全年财政总收入完成13.0亿元，增长42.6%；地方财政一般预算收入为7.9亿元，增长47.2%。其中：增值税1.19亿元，增长27.9%；营业税2.11亿元，年增长32.4%；企业所得税0.15亿元，增长27.9%。全年财政一般预算支出28亿元，增长26.7%。其中：社会保障和就业支出4.29亿元，增长28.3%；农林水气等事业费4.18亿元，增长29.7%；教育事业费4.45亿元，增长10.7%；卫生事业费2.04亿元，增长38.5%；一般公共服务支出4.61亿元，增长16.6%。科学事业费0.15亿元，增长49.3%。

2007年末，存款余额141.4亿元，比年初增长11.0%，其中：企业存款27亿元，比年初增长18.8%；城乡居民储蓄存款余额89.56亿元，增长5.0%。全年贷款余额94.36亿元，增长28.9%。其中：短期贷款34亿元，增长27.1%；中长期贷款60.4亿元，增长29.9%。

全年保费收入2.7亿元，增长11.9%。其中：财产保险费收入1.0亿元，增长19.7%；人寿险保费收入1.7亿元，比上年增长7.7%。

社会发展

2007年，教育事业稳步发展，“两基”巩固提高。全年幼儿园招生2.05万人，在校生2.55万人；小学在校生11.09万人，小学升学率97.6%，学龄儿童入学率97.8%；普通中学在校生6.03万人；职业高中在校生5639人；德宏师专在校生3955人，全年扫除青壮年文盲490人。

2007年，实施国家、省、州级科技项目67项，其中：国家级4项，省级项目29项，州级项目34项，科技投入资金0.12亿元。获省州科技奖35项，其中：一等奖2项，二等奖7项，三等奖26项，目前有的项目已经在经济发展中发挥作用。

2007年，有卫生机构93个；病床3701张。其中：医院2559张，卫生院955张。卫生技术人员3196人，其中：执业医师1149人，助理医师237人，注册护士1162人。全年诊疗187.2万人次，其中：急诊24.8万人次，门诊159.5万人次。入院8.8万人次，出院8.7万人次。公共卫生体系建设进一步加强，村卫生室覆盖面进一步扩大，共有95270人参加基本医疗保险，80万人参加新型农村合作医疗，参合率达93.4%。

环境保护

全年完成环境污染治理项目28个，完成投资0.2亿元。工业废水排放达标率94.4%，工业固体废物综合利用率74.1%。全州建有自然保护区3个，其中：省级2个，州级1个，保护区面积达到46.93万亩。建立城市供水水源保护区5个。出境河流水质达到Ⅲ类标准，符合国家要求。潞西、瑞丽两市城市空气质量在Ⅰ—Ⅱ级之间，符合国家要求。城市生活垃圾产生量10.65万吨。年末，全州环保系统人员146人，监测站2个。

防艾禁毒

2007年是三年禁防人民战争的验收年。全州各族群众对毒品和艾滋病危害的认识明显提高，拒毒防艾意识进一步增强。建立健全了党委政府统一领导、各部门齐抓共管、全社会广泛参与的禁毒防艾工作机制。创造了“南永模式”、“卡南模式”等十大禁毒防艾工作模式，为全省乃至全国的禁毒防艾人民战争提供了有益的借鉴。禁毒工作取得“六个减少、一个上升”的明显成效。“六个减少”即境外毒源明显减少、毒品渗透明显减少、新滋生吸毒人员明显减少、现有吸毒人员明显减少、社会面上的漏管失控吸毒人员减少、吸毒人群感染艾滋病的比例逐年减少。“一个上升”即吸毒人员戒断巩固率明显上升。艾滋病快速传播蔓延的势头得到有效遏制。

人民生活和社会保障

2007年，城乡居民生活水平继续提高，生活消费水平明显改善。年末，全州城镇居民人均可支配收入1.05万元，增长14.5%；农村居民人均纯收入2046元，增长17.1%，消费水平日益提高。城镇居民人均消费支出8092元，增长17.3%。农村居民人均消费支出1778元，增长19.7%，城镇居民人均房屋使用面积32.9平方米，增长5.8%；农村居民人均住房面积22.7平方米，增长3.0%。年末，城镇居民百户拥有轿车4.3辆，摩托车101.9辆，农村居民每百户拥有摩托车43.1辆。城乡居民人均储蓄存款7647元，比上年增长3.8%。

年末，全州参加养老保险职工3.93万人；失业保险4.42万人；医疗保险9.53万人；全州享受城镇居民最低生活保障的居民有1.46万户，3.49万人。全州共发放城镇居民最低生活保障费3688万元，增长32.8%。城镇登记失业率控制在3.8%以内。农村富余劳动力转移工作成效明显，共转移4.2万人。

（黄艳芳）

怒江傈僳族自治州

侯新华，傈僳族，籍贯云南泸水，工商管理硕士，中共党员，现任怒江傈僳族自治州州长

综　述

怒江傈僳族自治州地处青藏高原南延山脉纵谷地带、云南省西北部，是世界自然遗产“三江并流”核心腹地。东连迪庆藏族自治州、大理白族自治州、丽江市，南接保山市，北靠西藏自治区察隅县，西与缅甸接壤，国境线长449.47千米。南北最大纵距320.4千米，东西最大横距153千米，总面积14703平方千米。境内除兰坪县的通甸、金顶有少量较为平坦的山间槽地和江河冲积滩地外，多为高山陡坡，可耕地面积少，垦殖系数不足4%。耕地沿山坡垂直分布，76.6%的耕地坡度均在25度以上，可耕地中高山地占28.9%，山区半山区地占63.5%，河谷地占7.6%。境内最高海拔5128米，最低海拔738米，年平均降雨量为1290毫米。州府所在地泸水县六库镇距昆明614千米。全州辖泸水县、福贡县、贡山独龙族怒族自治县和兰坪白族普米族自治县，有29个乡（镇），260个村委会，总人口49.86万人。其中非农业人口7.34万人，少数民族人口45.06万人，少数民族人口占总人口数的92.7%，少数民族人口比例居全国30个民族自治州之首。

2007年，全州实现生产总值49.13亿元，比上年增长12.2%。其中：第一产业5.31亿元，增长2.1%；第二产业29亿元，增长12.2%；第三产业14.82亿元，增长16.3%。

农业和农村经济

2007年，全州扎实推进新农村建设，农村经济持续发展。投入支农专项资金1.4亿元，开展321个村的新农村建设，其中，完成177个村整村推进。完成农田建设8.78万亩。实施水利工程1867件，兴建小水池499个，丰坪水库下闸蓄水。新增和改善有效灌溉面积7万亩。解决了5万人饮水安全和6.79万头牲畜饮水困难。新增农村沼气池2830口、改灶1939户。农业结构调整和“四个百万”工程不断推进。完成冬农开发32.84万亩，完成农作物播种123.74万亩，粮食总产量达16.66万吨，增长0.2%。畜禽良种繁育体系建设、动物疫病防治进一步加强，畜牧业产值2.42亿元，增长10%。林产业建设步伐加快，完成26.49万亩林果种植，百万株庭院经济林建设任务全面完成。新增5.68万亩草果。农业产业化经营不断推进，龙头企业增加到18家，实施订单农业10.6万亩，直接带动3400户农民增收。实现农业总产值7.57亿元，增长2.7%。完成“兴边富民”工程三年行动计划，共筹集资金5亿多元，建设160个项目，边境地区基础设施进一步改善。完成首轮县域经济发展试点工作。稳步推进“兴边富民行动重点县”和扶持人口较少民族发展项目建设。投入产业扶贫资金2101.85万元，大力发展种养业。转移农村劳动力1.53万人，实现劳务经济收入9180万元。“数字乡村”工程顺利通过省级验收。完成第二次农业普查工作。认真实施农村最低生活保障制度，发放农村最低生活保障金3240万元，使9万贫困农民受益。

工　业

2007年，全州扎实抓好工业重点项目建设，新型工业化取得新进展。兰坪工业园区入园企业6户，金鼎锌业公司已建成15万吨电锌和6万吨硫酸生产线，二期10万吨电锌项目前期工作稳步推进；泸水工业园区被列为全省重点扶持的特色园区，入园企业4户，10万吨工业硅一期工程基础设施建设扎实推进；百万吨水泥建设项目前期工作进展顺利。工业园区已成为全州工业经济发展的重要平台和载体。加强了“两江”流域地勘工作，加大矿产资源开发秩序整顿力度，严格探矿权和采矿权管理，促进优势资源向优势企业集中。积极推进怒江、澜沧江干流水电开发，六库电站各项前期工作稳步推进。中小水电建设加快，新增装机20万千瓦，累计装机41.5万千瓦。完成年供电量11.37亿千瓦·时，售电量10.4亿千瓦·时；实现销售收入3.2亿元，增长73%。全州全部工业总产值完成44.36亿元，增长1.5%。规模以上工业企业增加值完成18.7亿元，增长9%；主营业务完成40亿元，增长12%；实现利税总额20亿元，增长7%；实现利润17.6亿元，增长10%。非公经济进一步发展，增加值完成10.38亿元，增长10%；占全州国内生产总值的31%，上缴税金5.21亿元，增长20%；从业人员2.14万人。

全年建筑业增加值4.3亿元，增长106.5%。

固定资产投资

2007年，全社会固定资产投资完成24.06亿元，增长23.9%。全年共组织实施建设项目138个。认真执行国家宏观调控政策，抓住国家继续实施西部大开发和加强宏观调控措施中有保有压、区别对待政策的机遇，加强项目前期工作，积极组织符合国家和省扶持政策的项目上报，加强汇报衔接，特别是在交通、能源、市镇建设等基础设施的项目争取上取得了新突破，实现了投资的较快增长。在国家加强宏观调控，争取项目资金难度加大的情况下，全年向国家和省发改委争取到项目建设投资补助资金1.97亿元，有力地促进了全州固定资产投资增长。

交通运输和通讯业

2007年，金六二级公路全线动工，二期、三期工程建设步伐加快；维兰三级油路通过验收；六丙二级公路一期、跃片边防公路改造、贡德公路一期、独龙江通乡油路一期、小沙坝汽车大桥、中排澜沧江汽车吊桥等工程开工建设；建成农村公路500千米。六丙公路二期、六东、福维、兰剑、兰丽公路和怒江机场等重点项目前期工作稳步推进。建成5个乡镇客运站，共投入45辆农村客运班车，开通了15个农村客运班线。全年旅客运输量达223万人，旅客周转量达3.6亿人千米，货物运输达量95万吨，货物周转量1.1亿吨千米。

2007年，全州邮政业完成业务总量859.44万元，比上年增长6.8%。移动电话用户（含联通）达17.26万户。

商贸和旅游业

2007年社会消费品零售总额9.14亿元，同比增长12.7%。其中：国有及国有控股完成1.94亿元，下降3.7%；集体及股份合作完成5434万元，增长8.4%；个体私营经济及其他完成6.65亿元，增长19.9%。努力扩大消费，第三产业健康发展。加强城乡农贸市场建设，新建“万村千乡”市场工程农家店100个，发展农村“两社一会”122个。

完成怒江沿线7个旅游景点配套设施项目、6个旅游示范村和65户农家乐建设。积极推进丙中洛、片马、罗古箐、大羊场等景区开发规划工作。组织参加昆明国际旅游交易会、全国旅游招商引资会和云南旅游形象大使选拔活动，成功举办“阔时”旅游文化节和滇西北“4+2”旅游合作论坛，初步构建起旅游区域合作机制。接待国内外旅游者98万人次，实现旅游业总收入4.9亿元。组织“百名记者进怒江”大型新闻采访活动，全方位、多视角地宣传怒江，提高了怒江的知名度。金融、保险、中介、信息网络服务等行业有新发展。

招商引资

年内，全州以实施大企业、大集团战略为主导，创优发展环境，拓宽投资领域，积极招商引资，加快开放步伐。外商投资领域从原来的水电开发、矿产开采和冶炼，向建筑安装、商品零售、农业、林业以及教育卫生等行业扩展。继宏达集团、鼎业集团、华电集团等进驻怒江后，又引进华能集团、云南铜业集团公司等企业，并与华润集团、川威集团、国电集团等企业达成战略合作协议。积极参加第十五届昆交会等各类交易会、博览会、项目推介会。不断创新招商引资办法，提高引资水平和质量，抓好已签约项目的跟踪落实，招商引资取得好成绩。全州招商引资实际到位资金18.88亿元，增长36%。全州对外贸易进出口总额完成1064万美元。

财政金融

2007年，全州财政总收入9.58亿元，同比增长29.8%。其中：地方一般预算收入4.78亿元，增长41.9%；上划中央“两税”3.71亿元，增长13.8%；上划所得税1.1亿元，增长44.4%。地方一般预算支出完成17.42亿元，增长23.7%；基金收入2245万元，增长1%；基金支出3040万元，下降36.2%。

全年全州金融机构各项存款余额50.6亿元，同比增长8.3%；各项贷款余额31.66亿元，增长28.1%。保险收入2842.5万元。增长28.2%；全年累计支付赔款1131.8万元，综合赔付率60%。人寿保险收入1596.83万元，增长11.7%；赔款支付549.76万元，增长14%。

社会事业

2007年，全州争取了21个省级科技和科普计划项目，下达州级科技计划项目27项，取得8项科研成果。引进、推广示范各种新技术、新品种16项，开展农村实用技术培训16万人次。修定颁发《怒江傈僳族自治州科学技术奖励办法》，表彰了一批科技进步成果。举办了第十四届怒江州青少年科技创新大赛活动，参赛作品185件，向省级推荐的优秀作品，荣获二等奖5项、三等奖24项。举办测土配方施肥技术培训34场次，培训人员1730人次。完成良种推广面积84.94万亩，完成农业科技培训3088场23.99万人次。

教育事业取得好成绩。贡山县“两基”工作通过省人民政府验收，泸水县、兰坪县“两基”工作进一步巩固，全州“普九”地区人口覆盖率达81%，青壮年文盲率下降到5%以下，被国务院“两基”攻坚办公室授予“西部地区‘两基’攻坚先进地区”荣誉称号。各级各类教育协调发展，教育质量不断提高。全州小学适龄儿童入学率94.9%，初中毛入学率92.1%，高中阶段毛入学率30.8%。初中毕业生升学率69.3%，高考专科以上上线率达58.7%。完成福贡县农村寄宿制学校、泸水县一中搬迁一期工程建设。启动州民族中专教学楼、州特殊教育学校综合楼等建设。全州各级各类学校共排除危房1.75万平方米，新建中小学校舍5.47万平方米。积极推进农村现代远程教育，加强教学设施配备，办学条件有了较大改善。全面落实“两免一补”政策，免除义务教育阶段7.03万名学生的学杂费，免费为6.1万名学生提供教科书，给予2.22万名贫困中小学生生活补助。扩大职业教育规模，职业教育取得新成效。

积极推进文化事业和文化产业发展，建成4个乡镇文化站，完成第二批国家级非物质文化遗产和“中国民间歌舞之乡”的申报工作。完成文化资源普查。组织文化下乡演出78场次和农村电影放映3657场。编辑出版第一部州级综合年鉴。广播电视节目无线覆盖工程、“村村通”工程顺利实施，广播电视综合覆盖率分别为87.6%和92%。

加强医疗卫生工作。完成128个村卫生室建设，实现了村村有卫生室；启动州妇幼保健院医技综合楼和培训中心建设；改扩建5个乡镇卫生院。积极开展新型农村合作医疗，全州有38.09万人参加新型农村合作医疗，参合率达93.02%，补偿参合农民就诊费835.7万元。疾病预防控制、妇幼保健、艾滋病防治工作有效开展。农村卫生服务能力得到加强，群众“看病贵、看病难”问题进一步缓解。全民健身运动、竞技体育和老年体育工作取得新成绩。

认真实施农村人口独生子女家庭“奖优免补”政策，全州累计有3538户农业人口办理了独生子女父母光荣证。加强流动人口计划生育管理，管理和服务水平进一步提高。

环境保护

2007年，全州投入天保工程资金2073.9万元，落实森林管理面积1263.8万亩。完成公益林建设4.6万亩。投入资金4645.9万元，退耕还林2.1万亩。治理水土流失30.28平方千米，生态修复50平方千米，封禁保护125.69平方千米，全面启动“保护七彩云南·构建和谐怒江”行动方案。强化环境执法，严格执行环境影响评价制度，以“环保专项行动”为重点，加强环境污染治理。实施阳光行动，畅通公众参与渠道。开展绿色传播行动，加强环境保护宣传教育。制定节能降耗措施，确保完成减排任务。年内，环保专项行动期间，全州先后出动人员315人次，检查企业159家，其中限期治理46家，依法取缔、关闭17家。专项整治行动中，检查企业21个，已执行建设项目环境影响评价的企业21个；检查工业园区内的企业15家，已执行建设项目“三同时”验收的企业15个，工业园区内达标排放的企业15个。对34个建设项目的环境影响评价报告书和12个建设项目环境影响评价报告提出了行政审批意见，对7个建设项目进行了现场验收。全州境内饮用水源地生态环境良好，都达到国家规定用水标准，水质达标100%。开展了全州第一次污染源普查工作。对14家工矿企业进行监督性监测。对11家中小水电站进行了本低值监测。完成地表水监测原始数据580个、饮用水监测原始数据380个、城镇空气质量监测原始数据60个、城镇噪声监测原始数据1600个。

人民生活

2007年，全州城镇新增就业4050人，下岗失业人员再就业535人，城镇登记失业率3.1%。接收安置退役士兵116人，安置就业率100%。农村劳动力转移就业1.53万人，劳务收入9180万元。参加城镇基本养老保险1.25万人，参加工伤保险8190人，参加生育保险6249人，参加失业保险1.6万人，参加医疗保险3.51万人。共与586户企业用人单位、17599名劳动者签订了劳动合同，合同签订率达98%。发放城镇居民最低生活保障金1353万元，使10491人受益。实施农村医疗救助2968人次、城市医疗大病救助1464人次；供养农村五保户对象2617人；建成鲁掌社会综合福利院。全州城镇居民储蓄存款21.3亿元，增长4.1%；城镇居民人均可支配收入5900元，增长7.2%。农民人均纯收入1232元，增长12.4%。解决了1.8万贫困人口的温饱问题。

（关建涛）

迪庆藏族自治州

陈建国，藏族，籍贯云南德钦，本科，中共党员，现任迪庆藏族自治州州长

综　述

2007年，迪庆州委、州人民政府全面落实科学发展观，紧紧围绕构建和谐社会、建设社会主义新农村及“生态立州、文化兴州、产业强州”实现经济社会跨越发展，建设全国最好藏区之一的战略目标，努力克服各种困难，加快经济结构调整，全州呈现出经济发展、民族团结、宗教有序、社会和谐、民生改善的良好局面。全州国民经济总量突破40亿元大关，增幅达19.5%，呈现出又好又快发展的良好态势。据统计年快报测算，全州地区生产总值（GDP）完成44.03亿元，按可比价格计算，比上年增长19.5%。其中，第一产业实现增加值6.9亿元，增长4.1%，对GDP增量的贡献率为3.4%，对全州经济增长的拉动力为0.6个百分点；第二产业实现增加值16.5亿元，增长21.4%，对GDP增量的贡献率为40.6%，对全州经济增长的拉动力为7.9个百分点。其中工业实现增加值10.53亿元，增长17.6%，对GDP增量的贡献率为21.7%，对全州经济增长的拉动力为4.2个百分点；建筑业实现增加值5.96亿元，增长28.2%，对GDP增量的贡献率为18.9%，对全州经济增长的拉动力为3.7个百分点；第三产业完成增加值20.63亿元，增长23.4%，对GDP增量的贡献率为56%，对全州经济增长的拉动力为11个百分点。一、二、三产业增加值占生产总值的比例，由上年的16.3∶36.88∶46.82调整为15.68∶37.46∶46.86，结构布局更趋

合理和优化。按总人口计算的人均生产总值达到1.18亿元，比上年增长25.21%。

全州非公有制经济创造的增加值为20.62亿元，比上年增长22.06%，占生产总值的比重达46.82%。

农村经济

2007年，社会主义新农村建设稳步推进，各项支农惠农政策得到认真落实，良种、能繁母猪、农机、农资等各种补贴如实兑现，农业产业结构进一步优化，农业和农村经济平稳发展。全州实现农林牧渔业总产值9.01亿元，按可比价计算，比上年增长6.07%。其中，农业产值4.16亿元，增长5.88%；林业产值1.08亿元，增长16.66%；牧业产值2.79亿元，增长1.52%；渔业产值725万元，下降5.7%；农林牧渔服务业产值9024万元，增长9.05%。全州肉类总产量1.92万吨，增长7.12%。大牲畜年末存栏数29.53万头，增长0.55%。生猪年末存栏数39.18万头，增长1.69%。全州乡镇企业营业总收入35.94万元，增长18.03%；乡镇企业总产值25.27亿元，增长30.12%。

投入小型水利建设资金4131万元，农田有效灌溉面积17620公顷，增长3.28%。年末全州拥有农业机械总动力23784万瓦特，大中型拖拉机达2624台，比上年增加1072台。

工业经济

2007年，全州工业总产值完成19.15亿元，按可比价格计算，比上年增长31.98%。其中年产品销售收入500万元以上工业企业（以下简称规模以上工业）完成产值14.52亿元，增长66.86%；年产品销售收入500万元以下工业企业（简称规模以下工业）完成产值4.63亿元，下降20.31%。

在规模以上工业总产值中，轻工业产值4.04亿元，增长20.89%；重工业产值10.48亿元，增长95.94%。按经济类型分，国有经济工业产值完成9682万元，增长42.87%；集体经济工业总产值完成2.41亿元，增长14.8%；股份有限公司完成产值4.74亿元，增长1.93倍；私营企业工业产值完成7375万元，下降30.55%。

全州规模以上工业企业15户，实现产品销售产值14.33亿元，比上年增长74.78%，其中亏损企业4户，亏损额1355万元，比上年增长9.72%；企业盈亏相抵后实现利润1.86亿元，增长26.34%。

全州发电量完成11.1亿千瓦小时，比上年增长27.48%；水泥18万吨，增长8.79倍；铁合金2.89万吨，增长80.39%；饮料酒8953千升，增长13.17%；锌选矿含锌量1.31万吨，增长0.32%；铁矿石42.27万吨，增1.52倍；铅选矿含铅量5376吨，下降46.13%；铜选矿含铜量6825吨，增长39.2%。

固定资产投资

2007年，全州全社会固定资产投资总额完成56.8亿元，增长35.29%。按经济类型分，国有经济控股投资38.2亿元，增长29.2%；其他经济类型投资18.64亿元，增长49.76%。

年内，重点建设项目进展顺利。综合体育场完成投资1.04亿元，香格里拉普达措国家公园建设完成投资7100万元，普朗铜矿完成投资2.26亿元，吉沙河电站完成投资2.53亿元，尼汝河电站完成投资1.76亿元，220KV迪庆输变电工程完成投资1.51亿元，滑雪场一期工程完成投资1.15亿元，文博中心完成投资1亿元，香乡公路完成投资4500万元，松赞林寺景区建设完成投资7500万元，岗曲河电站完成投资5829万元，浪都河电站完成投资1.39亿元，羊拉铜矿完成投资2.2亿元，德盐公路完成投资7000万元，施坝河电站完成投资3500万元，维西凯龙矿业有限公司完成投资8806万元，白维公路完成投资4600万元，巴迪傈马河电站完成投资1.12亿元，栗地坪水库完成投资4500万元，康普大桥河电站完成投资5200万元。

交通运输和邮电业

全州年末公路通车里程3893千米，其中等级公路2837千米，占公路里程的72.87%。年末全州拥有民用车辆2.79万辆，全州旅客运输量达445万人，比上年增长3.97%；旅客周转量11.45亿人千米，增长36.72%，其中，民航旅客运输量35万人，增长16.67%；民航旅客周转量1.66亿人千米，增长13.73%。全州货物运输量286万吨，增长2.51%；货物周转量16.3亿吨千米，增长0.6%。

全州邮电业务总量完成1.62亿元，增长28.67%。其中，电信业务总量4252万元，增长34.73%；邮政业务总量934万元，增长11.59%；固定电话用户达42360户，下降1.42%；移动电话用户总数达15.04万户，增长22.17%；电话普及率达到每百人51.5部，每百人比上年提高6.9部。

国内贸易

2007年，全州实现社会消费品零售总额12.02亿元，增长20.87%。其中，县级零售额7.63亿元，增长21.64%；县以下零售额4.4亿元，增长19.54%。按经济类型分，国有及国有控股经济零售额2.39亿元，增长18.34%；集体及股份合作经济零售额1.08亿元，增长21.25%；个私经济零售额5.53亿元，增长22.44%；其他经济零售额3.02亿元，增长19.93%。按行业分，批发零售贸易业零售额6.75亿元，增长34.45%；住宿和餐饮业零售额1.89亿元，增长38.4%；其他行业零售额3.38亿元，下降4.99%。

全年居民消费价格指数（CPI）达105.5%，价格总水平比上年上涨5.5%，涨幅同比提高3.3个百分点。食品价格特别是肉禽及其制品的快速上涨是居民消费价格涨幅提高的主要原因；商品零售价格总水平比上年上涨3.3个百分点；农业生产资料价格总水平上涨3.3个百分点。

财政金融

2007年，全年地方财政一般预算收入完成2.36亿元，比上年增长29.8%；地方财政一般预算支出18.68亿元，增长34.62%。

年末金融机构本外币各项存款余额47.73亿元，比年初增长14.22%。其中，城乡居民储蓄存款18.88亿元，增长26.12%。年末金融机构本外币各项贷款余额46.8亿元，增长18.6%。全年全州金融机构现金收入87.73亿元，现金支出94.8亿元，比上年多投放1.93亿元，增长37.49%。金融机构人民币存贷款比例为104.99%。

全年各种保险金额141.52亿元，增长27.47%；保费收入2985万元，增长26.81%。

社会事业

2007年，全州共投入科技项目资金611万元，安排州级科技发展计划项目19项，争取到省级科技项目12项、国家级科技项目1项；年内共举办农村实用技术短期培训班256期，受训人员达3.85万人次。

全州拥有幼儿园7所，在园幼儿2742人；小学895所，其中一师一校教学点583个，小学在校学生3.47万人，小学适龄儿童入学率96.26%，小学辍学率0.66%。中学23所，其中完全中学6所，初高中在校学生2.09万人，初中辍学率2.03%。职业中学2所，在校学生784人。中等专业学校1所，在校学生1568人。教师进修学校3所。

年末，全州拥有卫生机构93个，卫生机构床位数691张，其中医院床位数358张；专业卫生技术人员1274人，其中医生682人。全州有27万人参加了新型农村合作医疗，参合率达90.41%。

全州共有文化、文物事业机构共51个，其中艺术表演团体4个，艺术表演场馆3个，文化馆4个，公共图书馆3个，乡镇文化站29个，文物保护管理机构3个，博物馆2个，电影管理机构3个。全州广播人口覆盖率76.83%，电视人口覆盖率86.45%。《迪庆报》出版发行325期348万份。

旅游业

2007年，全州接待国内外游客381.72万人次，比上年增长15.38%。其中海外游客40.98万人次，增长33.04%；国内游客340.74万人次，增长13.56%。旅游业总收入32.37亿元，增长21.72%，其中，国内旅游收入16.98亿元，增长11.33%。

人民生活和社会保障

2007年末，全州总人口为37.45万人。全年出生人口4011人，人口出生率11.03‰，死亡人口2266人，人口死亡率6.23‰，人口自然增长率4.80‰。

年末全州单位从业人员2.36万人，比上年增长0.18%，其中在岗职工2.13万人，增长0.99%。单位从业人员劳动报酬5.86亿元，增长23.9%，其中在岗职工工资5.69亿元，增长23.87%；在岗职工年平均工资2.73万元，增长12.25%。农民人均纯收入2287元，增长15.6%。城镇居民人均可支配收入1.22万元，增长13.08%；城乡居民人均储蓄存款5060元，增长25.22%。

年末全州参加基本养老保险职工人数8403人，增长12.88%；参加失业保险人数1.47万人，增长6.13%；参加基本医疗保险人数2.72万人，增长6.37%。年内实行城镇最低生活保障人数达7422人，增长19.42%；支付保障金1006万元，增长45.59%。出台《迪庆州农村低保和农村60岁以上高龄贫困老人生活补助办法》，两项合计人数达6.1万人，发放资金达2196万元。

存在问题

2007年，经济社会发展中开发发展与生态环保之间的关系须进一步协调，基础设施依然薄弱，抗御自然灾害能力不强；经济发展方式需更进一步改善，结构有待进一步优化，节能减排压力加大；居民消费价格指数持续结构性上涨，稳定物价压力加大；社会保障、就业工作任务艰巨。

（李燕兰）

区（市、县）经济

五 华 区

综 述

2007年，五华区实现地区生产总值391.62亿元，同比增长14%。一、二、三产业分别实现增加值1.19亿元、232.49亿元和157.94亿元；三次产业比重为0.3∶59.37∶40.33。实现财政总收入32.77亿元，同比增长24.39%，其中实现地方财政收入11.94亿元，增长23.03%，首次突破10亿元大关。实现社会消费品零售总额184.15亿元，增长15.09%。实现工业总产值594.44亿元，增长16.50%；实现工业增加值210.18亿元，增长17%。实现农林牧渔业总产值2.03亿元，增长1.30%。完成粮食作物种植面积3.96万亩，粮食总产量1.27万吨；种植烤烟1.05万亩，收购2.98万担。城镇居民人均可支配收入实现1.13万元，增长9.73%，城镇登记失业率控制在3%以内；农村居民人均纯收入实现5266元，增长8.04%。

招商引资

2007年，全区按照“确保一个目标、把握两个关键环节、突出三个重点、实现四个转变”总体要求，挖掘辖区资源，成功引进中城建云南分公司、大唐（云南）水电联合开发有限责任公司等区域性总部项目。利用各种会展交流平台，对重大项目的引进，在昆交会、珠洽会上实现4个内资项目和1个外资项目的顺利签约，项目投资总额分别达12.20亿元人民币和4850万美元。全年引进内资项目134个，实际引进国内市外资金13.49亿元，同比增长45.52%；实际到位外资3345.40万美元，分别为市政府下达责任目标的149.89%和393.58%。

非公经济

2007年，全区非公企业实现增加值占全区GDP比重达49.10%；累计完成工业总产值441.94亿元，同比增长19.05%，占全区工业总产值的69.30%；实现社会消费品零售总额169.17亿元，同比增长20.81%，占全区社会消费品零售总额的91.87%。

产业结构调整

2007年，五华区进一步明确片区定位，提高品质推进中央商务区核心区建设。按照“特色鲜明、各有侧重”的原则，以顺城街片区国际化、文明片区民俗化、威远片区精品化为导向，引导各片区差异化发展。加快片区开发步伐，重大项目纷纷启动，中央商务区建设硬件不断改善，顺城片区一期建设项目新月花园回迁工作已完成，二期商业裙楼部分预计2008年内完工；文明片区昆明老街一期建设进展顺利，招商工作于2007年12月全面启动；威远片区世纪广场主塔楼部分已开工建设。同时加大对重点集团企业的引进和培育力度，金鹰购物广场、昆明假日百货、百大新天地等重点项目顺利推进；文化产业稳步发展，昆明老街、顺城影视交流基地等一批文化产业项目有序推进，提升产业品质。

以改善发展环境、支持服务好重点企业和项目、提升发展质量为重点，加强与红云集团、云南铜业股份有限公司等辖区重点企业的沟通、联系，支持红云集团易地技改、云铜新增电解产能技改等重点项目的推进。强化能耗大户节能降耗工作的监管，引导企业开展清洁生产工作，协助企业做好资源综合利用认定和循环经济项目申报工作，提高工业经济发展质量。

推进中央智能区建设，发挥五华科技园的区位优势，依托区大专院校、科研院所以及高新技术企业，围绕科技创新体系建设，加强昆明北理工科技孵化器的建设，开展创建国家级高新技术创业服务中心工作，拓展技术创新和创业服务的内涵。启动五华区中小科技企业创业园建设工程，加快科技园的建设和发展，开展园区“二次创业”，推进区“科技强区”战略实施，园区实现技工贸总收入39.53亿元，工业总产值5.28亿元。成功引入四川佰腾集团与云南大学合作建成佰腾数码广场，推进IT产品市场建设。

城市建设管理

年内，全区完成“创园”目标任务，国家园林城市考核涉及区的7个大项54个小项指标全部达标，建成区公共绿地面积达1329.32公顷，绿地率达39.4%，绿化覆盖率达41.25%，人均公共绿地达15.15平方米。“创园”中，拆除违法临时建筑23万平方米；完成长虫山、西白沙河、荷叶山、郊野4个生态公园和3个风景林建设；对虹山等老旧小区以及龙泉路等36条城区道路进行绿化改造；完成昆永复线拓宽改造工程，打通西北路网交通瓶颈；实施交通微循环改造一期、二期改造工程，涉及13条主、次干道和小街小巷；完成22条街巷134盏路灯的安装；新建公厕14座、垃圾中转站7座。开展"创园"进社区活动，全区已创建市（区）级园林单位和园林小区192家。以"治乱治脏"为突破口，大力开展"七小"行业卫生专项整治，完成31个农贸市场的"创卫"达标工作。财经大学等3个社区被授予"昆明市十佳环境卫生社区"称号。推进"创模"工作，辖区内所审批项目的环境影响评价执行率为100%，"三同时"执行合格率为100%；工业固体废物综合利用率达64.27%，工业废水排放达标率达98.73%；建成区烟尘控制区覆盖率达100%，噪声达标覆盖率达76.14%，区域环境噪声平均值小于55.7分贝；创建市级"绿色学校"、"绿色社区"和"宁静小区"12个。对全区67个"城中村"开展以"十八小"整治和"六清六建"为重点的综合整治。构建五华"大城管"工作格局，整合城市管理资源，加强街道和社区城管力量，启动"门前大三包"试点，不断创新城市管理方式。

建设新农村

全年全区投入8225万元支持农村发展，同比增长15%。制定出台《五华区村组兴办集体公益事业筹资筹劳试行办法》，社会主义新农村建设试点村（组）的工作扎实推进。农业产业结构逐步调整，种植结构不断优化，粮菜兼用型粮食作物种植面积不断扩大，粮食和经济作物种植比例达1:0.68。养殖业不断壮大，特色产业逐渐形成，龙头企业带动作用逐渐显现。扶持昆明三宝经贸有限公司等10家区级农业龙头企业，探索"公司+基地+农户"的农业产业化发展模式。协助镇山天佑种猪场等3个养猪大户申报省级生猪良种繁育体系建设项目，并获得中央专项资金支持。组织参加昆明国际农业博览会，实现13个项目的顺利签约。"万村千乡"市场工程建设有序推进，乡镇、村居商贸流通网络进一步健全。农村基础设施得到加强，启动青龙水库除险加固工程，完成11项水库坝塘除险加固和人畜饮水工程。完成14所涉农中小学校舍排危维修工程。"数字乡村"工程全面完成。沙朗乡荣获"昆明市乡村旅游示范点"称号。集体林权制度改革全面实施。整治乡村卫生环境，沙朗乡大村、陡坡村荣获"云南省卫生村"称号。加大农村初级卫生保健工作力度，农村初保工作达到合格县（区）标准。重视农村科技推广应用，"沙朗乡、厂口乡果树优良品种试验示范工程"等示范项目有效推进。封山育林、滇池面山造林绿化有序推进，森林防火取得显著成效。

社会事业

2007年，全区"普九"和"两基"成果不断巩固，"名师"、"名校"工程深入实施。坚持城乡教育一体化战略，构建五华教育"城乡同行、结对发展"工作机制；改扩建黑林铺小学，全部免除农村义务教育阶段学生和城市贫困家庭学生的杂费和书本费，符合条件的学生受益面达100%。成立五华区职业教育中心，深化职业教育改革。完善教育督导评估体系，促进教育规范管理。加强文化站（室）建设，新建和改扩建7个文化站（室）。着力打造"公园文化"，"扫黄"、"打非"，文化市场秩序进一步规范。突发公共卫生事件的报告和处置不断加强，报告率、及时率和处置合格率达100%。"全民健身与奥运同行"等群众性体育活动广泛开展。竞技体育实现新突破，在世界特奥会、全国残运会和市三运会上，区参赛运动员均取得优异成绩。以帮助"零就业家庭"为重点的就业再就业援助活动扎实开展，开发有效就业岗位2.85万个，新增城镇就业1.38万人，免费培训3527名失业人员和1.62万名外来务工人员。被征地人员基本养老保险试点工作有效推进，参保人员2036人，社会保障覆盖面不断扩大，全年发放低保金2449万元（含农村最低生活保障金55万元）。被征地人员基本养老保险试点工作有效推进，社会保障覆盖面不断扩大。启动和谐社区建设，将93个社区整合为78个，完成26个村改居社区升级改造；在财政压力持续加大的情况下，大幅提高（村）居委会工作人员待遇和办公经费标准；在全省率先制定和谐社区创建考评体系，25%的社区已达到和谐社区指导标准。实施五华区城市报警与监控系统建设，推进农村和社区警务战略，打防控一体化建设逐步完善，禁毒和"防艾"工作不断深入。以"法律九进"活动为切入点，启动实施"五五"普法和"四五"依法治区规划。全面落实向辖区群众承诺的"八件实事"。

（李晓燕）

盘　　龙　　区

综　述

2007年，盘龙区紧紧抓住现代新昆明建设的机遇，以科学发展观为指导，努力提高政府行政能力，加快推进经济社会发展步伐，促进全区经济和社会又好又快发展，取得显著成绩。全区地区生产总值完成159.88亿元，同比增长12.2%；固定资产投资完成83.6亿元，增长25.6%。财政总收入完成20.48亿元，增长12.91%，完成预算的114.1%。其中，地方财政一般预算收入完成7.89亿元，增长22.2%，完成预算的111.1%。工业总产值完成96.95亿元，增长24.7%，其中规模以上工业增加值完成32.95亿元，增长28.6%。

全年全区社会消费品零售总额完成112.59亿元，增长19.5%。全区共接待海外旅游者16万人次，完成旅游外汇收入4560万美元；接待国内旅游者547万人次，完成国内旅游收入34亿元。全区旅游业总收入达到37亿元。

2007年，全区城镇居民人均可支配收入达1.41万元，增长7.3%；农村居民人均纯收入达5249元，增长8.2%。

重点产业

2007年，盘龙区持续推进专业市场和特色街区培育工作。成功举办“2007年云南·昆明数码节”，建成金格百货汇都店、颐高数码、财富中心等并投入使用。中汇商业中心等项目建设进展顺利。盘龙区信息产业及商贸服务业加快发展，初步形成以金格百货、汇都国际等骨干企业为龙头的白塔路中高档商圈及以奥斯迪购物广场、北辰财富中心、麦德龙、颐高数码、云南茶叶市场等带动形成的北市区新商圈。深入推进旅游二次创业，云南映象文化产业基地和双龙野鸭湖小镇等建设稳步推进，全区旅游业较快发展，实现旅游总收入37亿元；房地产开发业发展顺利，东白沙河、昙华片区等成为房地产开发投资的热点。

工业经济快速发展，规模以上工业增加值占全区经济比重达21.94%，云南地矿资源股份、昆明醋酸纤维、沈机集团昆机股份、力神重工、云内动力等大企业对全区经济增长贡献较大。

在推进绿色经济示范基地建设工作中，启动1个科技示范园和18个新品种引进推广试验示范项目。

新农村建设

2007年，全区进一步落实各项支农惠农政策，不断增加支农投入。推广“一池三改”工程，建成沼气池486口，推广节柴灶1000眼。加大基础设施建设投入力度，开工建设人饮、农田水利基本建设等20项水利工程，解决3500余人的饮水困难；完成“7204”公路落索坡至黑龙潭、双龙至松华坝通村油路等3条乡村公路的修缮及建设工程。探索新农村建设新途径和新模式，完成麦冲村、乌龙村、小河村、落索坡村、蒜村5个试点村建设规划编制和报批。试点村实现通硬化道路、通电、通人畜饮水、通广播电视、通电话电信等。群众的教育、医疗及文化生活得到有效改善，农民收入增加明显。2007年全区农民人均纯收入5249.15元，同比增长8.19%。在抓好本区2006年3个市级试点村和2个区级试点村建设的基础上，2007年又启动2个市级试点村和4个区级试点村新农村建设，新增的6个村新农村建设工作进展顺利。

2007年，继续优化农业产业结构。农林牧渔业总产值达2.37亿元，其中农业总产值1.31亿元，畜牧业总产值7460万元。全区粮食播种18575亩；蔬菜种植28647亩；花卉种植335亩；烤烟种植6900亩。

重大项目建设

2007年，多方筹措资金，推进重大项目建设，完成48个项目的投资审批及备案工作，总投资规模达63.23亿元。其中，区级政府投资项目完成审批27项，投资额达3.23亿元；房地产开发项目8项，投资额达58.49亿元；工业项目2项，投资额达7321万元；其他项目11项（备案）。年内，区级政府投资项目完工11项，其余项目建设进展顺利。全力推进重点项目建设，全面启动昆十中求实校区、“7204”道路工程建设。区医院新建项目进入项目建议书编制等前期工作。支持社区国债资金建设，完成10项国债建设项目。国债资金投入320万元，区、街配套资金投入1442万元。

优化城市环境

年内，全区全力推进“四创”工作，环境较大改善。新增绿地面积达228.37万平方米，建成区绿地率达33.8%，绿化覆盖率38.6%，人均公共绿地面积12平方米。加大环境保护工作力度，环境保护投资占地区生产总值的比重达2.9%，烟尘控制区覆盖率为100%，噪声达标区覆盖率为90.9%，建成区城市生活垃圾无害化处理率达100%。继续实施交通畅通工程，先后完成人民巷、尚义街等架空入地以及北京路、东风路、东栗巷、凤凰村等道路和次支路改造。启动松华坝苗木基地建设工作，完成呼马山、东风广场绿地等生态公园和小游园建设。重点整治二环路内27个“城中村”环境，拆除违章建筑。加大环卫基础设施投入，购置环卫专用车辆30辆，完成2座垃圾中转站和20座公厕的建设。推进区粪便综合处理厂筹建工作；建设29条道路路灯设施，亮灯率达到98%。开展一系列大规模的市容市貌整治工作，清理和取缔占道经营摊点1.5万余起，查处道路污染214起，全区亮化美化等市容市貌综合整治工作不断加强，城市面貌焕然一新，环境质量不断改善。

改革经济管理形式

2007年，全区继续深化改革改制工作。对双龙乡、松华乡实行“乡财区管乡用”，规范乡级财政收支行为，确保乡级财政基本支出需要。贯彻落实省、市非公经济发展政策，优化区域发展环境，创新投融资方式，完善投融资平台建设。进一步加强“银政合作”，充实区国有资产经营投资公司、区融资担保有限公司注册资本金，提高区融资担保公司担保规模和能力，加大对非公经济支持力度，为中小企业的发展提供融资担保。坚持建立现代化企业制度改革方向，深入推进企业改制工作，樱花集团、盘建总公司、盘龙宾馆等改革工作全面完成。樱花酒店出让泰国TCC集团事务全部完成。

招商引资

2007年，全区引进区外资金5.23亿元人民币，同比增长161.6%；引进市外资金13.44亿元人民币，增长43.9%；实际利用外资905.4万美元，增长45.6%；继续强化项目对招商引资的载体作用，不断筛选、储备一批强势项目。抓住“昆交会”召开契机，以“绿色盘龙”和“精品盘龙”为招商特色，在“昆交会”上向参会投资商重点推介本区发展项目和区域优势。在2007年“昆交会”期间，盘龙区共组织4个签约项目，涉及投资总额共计46.4亿元人民币，协议签约总金额创本区历年最高。所签项目分别是：“老李山村”城中村改造试点项目、老昆明玉器城项目、电动车系列产品合作项目和双龙乡乡村旅游示范点建设项目。

非公有制经济

年内，盘龙区为非公有制经济创造良好发展环境，努力形成政府引导、社会支持，促进非公有制经济实现突破性发展。配合做好非公企业人才培养工作，传递信息为企业家成长、开拓眼界、人才培养创造条件，向全区350家非公企业、乡镇企业做宣传动员，开展盘龙区优秀专业人才的申报及评选，组织非公企业人员参加“2007年国家中小企业银河培训工程”，参加人员全部获得职业经理人培训结业证书，组织百余名企业家及企业高级管理人员参加数码节中“IT昆明对话”活动，认识和了解全国信息化最新理念、发展动态和趋势。

2007年，向市商务局推荐2户企业申报云南省品牌发展专项资金，向市非公办推荐2户企业申报2007年非公经济项目。帮助非公企业培育名牌产品，增强企业竞争力。引导企业争创国家、省、市名牌产品、著名商标。推荐昆明珍茗食品有限责任公司、昆明耀龙塑胶有限公司争创2007年云南省著名商标。对获得云南省名牌产品称号的云南仙都制衣有限公司，区政府按政策规定对该企业给予10万元奖励。

社会事业

2007年，坚持教育优先发展，加大教育投入，昆十一中国债综合楼建设项目顺利竣工，昆十中求实校区开工建设，推进盘龙职业高级中学、源清小学等迁建。均衡发展城乡教育，建成“盘龙教育信息网”，加快教育信息化建设。落实学生资助政策，加大农村教育投入，对两个乡农村学生实行“两免一补”和义务教育阶段城市贫困学生、农村户口学生进行减免资助，保障经济困难家庭和进城务工人员子女平等接受义务教育。高中教育阶段毛入学率达89.9%。

成功举办盘龙区2007年科技活动周及知识产权周等大型科普宣传教育活动，兴建各类科普宣传长廊320米，科普活动中心1个，青少年袖珍科技馆2个，深入推进盘龙区科技创业孵化中心筹建工作。

设立1家惠民医院和20张惠民病床。建成6个社区卫生服务中心（站）和5个村卫生室。扎实开展传染病防治和农村初保工作。不断加强人口计划生育工作，稳定低生育水平，全年人口自然增长率为3‰。

启动昆明少年儿童图书馆建设。实施“全国文化信息资源共建共享”工程、农村电影数字化放映“2131”工程。成功举办第27届盘龙江文化艺术节。完成中央研究院历史语言研究所旧址（含冯友兰旧居）的加固维修。开设全省首家未成年人“绿色上网专区”。

广泛深入开展全民健身活动，不断加强城乡体育设施建设，新增社区健身路径6条、农村标准篮球场3块。

就业再就业工作稳步推进，城镇登记失业率为2.4%。多渠道开发提供有效就业岗位2.53万个，城镇新增就业人员1.47万人，其中安置持《再就业优惠证》下岗失业人员实现就业再就业5056人。凡“零就业家庭”均实现一人稳定就业。全区农村富余劳动力转移就业3001人。社会保障覆盖范围不断扩大，参加职工养老保险的企业和城镇职工自谋职业人数达10.62万人。推进农村养老保险统筹，农村养老保险参保人员达2.56万人，参保基金1181万元。城镇职工基本医疗保险参保单位达2162家，参保人员15.08万人，医保费用实际征收率达99.7%。城镇居民基本医疗保险工作顺利启动，参保人数达3.2万人。

存在问题

2007年，盘龙区经济社会发展面临不少困难和挑战。一是产业对经济的支撑力不强，招商引资缺乏具有影响力和带动力的产业项目。二是财政投资建设项目较多，城市基础设施、新农村建设、构建和谐社会以及水源保护等任务繁重，需求与供给矛盾突出，财政支出负担较重。三是物价上涨压力较大，粮食价格上涨拉动消费品物价指数上升，给一部分城市低收入家庭生活带来一定困难。

（于良骓）

官　渡　区

综　述

2007年，全区实现生产总值303.81亿元，同比增长12.6%。其中第一产业增加值9.55万元，增长0.2%；第二产业增加值111.86万元，增长10.2%；第三产业增加值182.40万元，增长15%。农村经济总收入310.56亿元，比上年降低5.6%。粮食总产量2.19万吨，增长4.7%。工业总产值（现价）完成

258.68 亿元，增长 16.6%。年末公路通车总里程 476 千米，年底固定电话用户数 3.8 万部，移动电话用户 65 万户，电话普及率 29 部/百人。互联网用户 3.8 万户，比上年增长 52.8%。财政总收入 34.29 亿元，增长 36.1%；财政总支出 14.58 亿元，增长 15.4%。

2007 年农民人均纯收入 5965 元，扣除物价因素，实际增长 6.4%；在职职工年平均工资 2.25 万元，比上年增加 2658 元。城镇居民可支配收入 11583 元，比上年实际增长 11.7%。人均消费性支出 9099 元，实际增长 19.5%。居民储蓄存款 124.14 亿元，比上年增长 4.4%。城镇居民人均住房面积 27.5 平方米，农村人口平均住房面积 76.1 平方米。城镇登记失业率控制率 2.89%。

城市建设

2007 年，编制了《2007～2020 年官渡区空间发展战略规划》和 17 个分区控制性详细规划。建成区由区划调整时的 52 平方千米增加到 67 平方千米。城镇化率达 95.8%。完成了民航路、广福路、官南路延长线、珥季路改扩建和关上中心区一期排水管网改造等基础设施建设。完成 83 条道路路灯建设和春城路、国贸路等重点地段灯光亮化工程。官渡古镇二期恢复建设进入收尾阶段。

城市管理

2007 年，全区健全“两级政府、三级管理、四级网络、重心下移、属地管理、层层监督”的城市管理体制，建立“数字城管”开通 24 小时“城管热线”，分层次、分区域、分重点推行网格化管理和分片管理。实施城市管理委托执法，初步建立起责、权、利统一的管理机制。

城乡统筹

2007 年，全区农村基础设施年均投入 1 亿元。全区水、电、路、电视实现“村村通”。农村公路总里程达 483.51 千米。建成覆盖 4 个乡镇、46 个村委会、187 个自然村的“数字乡村”网页平台。完成农村土地承包经营权证补发、换发。15 个市区级社会主义新农村建设试点稳步推进。城镇居民人均可支配收入由 2004 年的 8050 元上升到 2007 年的 1.16 万元，年均增长 12.9%；农民人均纯收入由 2004 年的 4595 元上升到 2007 年的 5965 元，年均增长 9.1%。

城乡综合整治

2007 年，围绕“四创”工作，开展城乡环境综合整治。完成主城 118.9 万平方米拆迁任务。关闭“关街”，改造和平村农贸市场。实施 23 条支次道路交通微循环改造。在全市首倡城乡清洁活动，实施建绿透绿工程，完成南部片区“五路两河”绿化景观建设，全区绿地面积增至 2408.4 公顷，人均公共绿地面积达 10.1 平方米。

生态环境保护

2007 年，开展“七彩云南”保护行动、滇池北岸水环境综合治理工作。完成宝象河、枧槽河、大清河、金汁河、海明河等河道的综合整治，马料河入湖口湿地建设全面完工。新建城乡垃圾收集房 278 个。建成 400 亩农村面源污染控制示范区，完成 44.61 平方千米烟尘控制区、噪声达标区的复测和重建。规模以上工业万元增加值能耗下降 5.96%。关闭滇池流域面山采石场砖瓦厂 22 家。完成人工造林 7150 亩，新建凤凰山科普公园和昆明第一个生态湿地公园——五甲塘生态湿地公园。

社会保障

至 2007 年底，全区交付使用廉租房 848 套，低保实现应保尽保。在全市率先启动城镇居民基本医疗保险制度。新型农村合作医疗实现全覆盖。共兑现“新农合”补助金 1957 万元，受益群众 1.84 万人。建立和实施了“零就业家庭”再就业援助工程，收集有效就业岗位 5.52 万个，城镇新增就业人员 4.1 万人，城镇登记实业率控制在 3% 以内。培训转移农村富余劳动力 1.89 万人。

公共服务

2007 年，全区义务教育阶段入学率达 100%。农村初中小学 2.89 万名学生享受“两免一补”政策；城市初中小学 4666 名困难学生实行了免费教科书；1425 名高中贫困生得到助学支持；免除山区学生到区职中就读的全部学杂。补助 1351 万元完善基层医疗卫生服务网络，为方便群众，新建、改建 65 个村卫生所、44 个社区卫生服务机构和 10 个流动人口卫生机构。为参加“新农合”的 16.7 万人免费体检并建立健康档案。解决了 3500 人饮水困难。

招商引资

2007 年，全区共引进国内区外投资项目 349 个，实际到位资金 106.7 亿元，其中，一产业项目 10 个，到位资金 0.96 亿元，二产业项目 155 个，到位资金 24.2 亿元，三产业项目 184 个，到位资金 81.5 亿元。引进外资 3745 万美元。

科技进步

2007 年，组织实施 41 项区级科技计划项目，其中，工业项目 14 项，农业项目 8 项，社会发展和软科学研究 19 项。共拨付区级科技项目扶持资金 706.9 万元，带动企业投入 15975.77 万元。2007 年，评定区级科学技术奖 11 项。对获得国家科技进步二等奖的昆明中铁大型机械集团有限公司等单位给予奖励金额共计 87 万元。通过一系列扶持奖励措施，促进了科学技术进步。2007 年，昆明奥通铁路机械有限责任公司和云南邦格动物保健品有限公司通过市科技局高新技术企业审查；昆明华曦牧业集团有限公司获得“云南省企业技术中心”认证，其产品获得中国畅销产品奖、中国优质农产品奖、云南名牌产品等荣誉，3个养殖场通过了出口基地备案，成为“蛋鸡养殖的全国农业标准化示范基地”；昆明中铁大型养路机械集团有限公司被认证为国家级高新技术企业、省级企业技术中心，创建为占地500亩的“国家大型铁路养护设备昆明产业基地”，被列入云南省2007年“双百”重点工程。

非公经济

2007年，官渡区非公经济占全区经济总量的40%以上。按照区委、区政府的要求，区内非公经济产业结构已向一、二、三产业全面发展，行业结构逐步向生产型、开发型、外向型转变。经营领域日趋宽泛，涉足农业、工业、建筑、交通、运输、商贸旅游服务、文化教育等行业。部分私人企业形成科工贸一体化、产供销一条龙的产业体系格局。

2007年，全区共有个体工商户3.85万户，私营企业4165家，从业人员17.46万人。出现了一批跨地区、跨所有制，上规模、上当次，营业收入超亿元的集团公司和骨干企业。

（蒋水建）

西　山　区

综　述

2007年，西山区以经济建设为中心，扎实推进社会主义新农村建设，激活商贸服务业活力，加快城乡基础设施建设，推进招商引资工作，全区呈现出国民经济稳步增长，工业经济平稳运行，农业综合生产能力不断提高，人民生活水平不断提高，财税保持较快增收的良好态势。全年实现生产总值163.09亿元，其中第一产业完成增加值2.59亿元，第二产业完成50.04亿元，第三产业完成110.46亿元，分别比上年增长1.2%、7.4%和13.8%。一、二、三产业增加值比重为1.59∶30.68∶67.73。非公经济完成增加值88.9亿元，比上年增长13.4%，占全区生产总值的54.57%。全区总体财政收入完成26.46亿元，比上年增长26.31%。其中地方财政总收入完成24亿元，比上年增长30.11%，完成地方财政支出7.87亿元。人民生活继续改善，农民人均纯收入5938.21元，扣除物价上涨因素后比上年增长6.03%；城镇居民可支配收入达1.11万元，增长12.67%。全社会固定资产投资80.06亿元，增长22.13%。社会消费品零售总额完成85.44亿元，增长16.2%。

农业生产和农村工作

全年全区完成粮食播种面积4541公顷，总产2.41万吨，引进新品种79个，其中粮食28个，果蔬29个，中药材22个，全区农作物良种覆盖率达98%。农业结构调整成效明显，全年种植以蔬菜为主的经济作物2937.2公顷，实现产值8759.58万元；完成优质鲜销豆种植609.7公顷，每公顷产值1.51万元。实施绿色蔬菜、水果提质增效、花椒种植、药用植物种植等4个万亩农业重点科技项目。其中绿色蔬菜实现产值6023.42万元，药用植物种植实现238万余元。

全年肉猪出栏12.1万头，肉羊出栏11.2万只，肉牛出栏1600头，肉禽出栏80万只，肉类总产1.2万吨，畜牧业产值1.25亿元（现行价）。完成烤烟种植500公顷，收购烟叶2600吨。全区农村经济总收入达292亿元，实现农业增加值2.45亿元，总产值4.07亿元，比上年增长1.65%。

工业乡镇企业

2007年，全区实施工业强区战略，形成具有区域竞争优势的磷化工、生物制药、光机电、建材、农产品加工和装备制造等六大主导产业。全年工业固定资产投资11.23亿元。完成工业总产值127.8亿元，其中轻工业26.9亿元，重工业100.9亿元；规模以上工业完成总产值107.1亿元，实现增加值21.5亿元，比上年增长6.4%；工业企业完成增加值40.28亿元。全年共有乡镇企业2.44万个，从业人员16.75万人。乡镇企业完成增加值61.87亿元，完成工业总产值70.5亿元，实交税金8.55亿元，完成营业收入410.03亿元。

城乡基础设施建设

2007年，全区投资786万元，完成31条“有路无灯”道路路灯建设。完成《昆明主城螺蛳湾分区控制性详细规划》修编工作。实施了玉带河公园建设、翠峰公园风景林建设、海口镇观海路建设、西苑浦路改扩建工程、西二环道路改扩建等一系列工程。全区35个行政村道路实现村村通油路，农村公路通车里程达655.63千米，已通车自然村214个。

全民总动员，加强环境及滇池保护工作，全年出动河道保洁员3.81万人次，清运河道漂浮物及沿岸垃圾1724.48吨，与河道周边商户、小区签订“河道门前三包责任书”404份。在8月开展的“西山区万人河道整治活动”中，对新河中沟、福海杨家河、王家堆入湖口进行大规模环境卫生综合整治，清理河道142.37千米，打捞水葫芦、漂浮物、杂草358吨，清挖淤泥、建筑垃圾309吨。

全年共有27个单位被评为“园林单位”，38个小区被评为“园林小区”。全区累计有“园林单位”73个。

招商引资

年内，全区不断完善政策措施，加大招商引资力度，加快项目建设速度，外向型经济继续发展，出口市场不断巩固和发展，招商投资工作取得新成果。全年引进项目97个，协议总投资额111亿元；结转项目14个，协议部投资74亿元，项目到位资金42亿元。中国昆明进出口商品交易会签约项目7个，协议总投资83.6亿元。引进省外项目53个，市外项目18个，实际到位资金31.85亿元。完成外贸出口总额1.446亿美元。

商　贸

2007年，全区编制完成螺蛳湾片区控制性详细规划，以金马碧鸡广场、螺蛳湾、大商汇为代表的商圈经济初具规模。全年实现第三产业增加值110.41亿元。实现社会消费品零售总额完成85.43亿元，比上年增长16.2%。其中公有制经济实现5.5亿元，占总数的6.5%；非公有制经济实现79.93亿元，占总数的93.6%。全年接待游客352.65万人次，实现营业收入1.2亿元，实现税收534.69万元。

全年新登记个体工商户6828户，从业人员1.12万人，注册资金1.5亿元，分别比上年同期增长10%、5%、6%；新登记各类企业1013户，雇工人数5065人，注册资本（金）5.7亿元，分别比上年增长15%、26%、7%；登记企业集体4个。积极组织推进34个农贸市场“创卫”达标整治工作。

财税金融

2007年，全区组织国税税收入8.22亿元，比上年增长24.28%；组织地税税收入11.28亿元。全年审批减免税384户，减免税款5242.56万元。年末金融机构各项存款余额为152.07亿元，比上年增长8.76%。其中企业存款42.85亿元，增长11.79%；储蓄存款80.94亿元，增长6.32%。各项贷款余额84.4亿元，增长32%。

全区总体财政收入完成26.46亿元，比上年增长26.31%。区级财政总收入完成24亿元，增长30.11%。其中上划中央“四税”收入8.51亿元，增长27.54%。地方财政一般预算收入8.63亿元，增长30.52%；完成地方财政支出7.87亿元。

社会各项事业

2007年，全区有普通中学在校学生2.57万人，普通小学在校学生5.96万人，分别比上年增长6.18%和5.7%。

年内，投入区级科技研究与开发经费988万元，占区级财政预算支出的1.4%，实施科技项目58个。其中科技计划项目37个，区级财政科技资金投入316万元，引导各项目承担单位投入资金1186.42万元。项目实施后，当年增加产值2931.39万元，其中增加税收188.06万元。全年组织申报国家、省、市科技项目和创新基金28项，争取市级科技资金275万元。其中1项列入国家科技部计划项目，争取到国家级科技资金50万元。按照工业强区战略，重点扶持新兴产业，全年实施重点工业科技项目9个，项目以创新、节能、环保为主。

全区卫生事业全面发展，公共卫生应急能力、服务能力和服务水平得到全面提升，重大疾病预防机制进一步完善，全年投资240万元，新建社区卫生服务中心（站）6个，健全完善区疾控中心、镇（处）防保办、村卫生室三级疾病预防控制网络；新型农村合作医疗覆盖率达100%，参加合作医疗的群众达12.64万人。

社会保障

2007年，全区提供有效就业岗位1.62万个，城镇新增就业人员1.01万人。安置各类下岗失业人员1.24万人。转移输出农村富余劳动人员647人。其中省外输出648人。累计参加基本医疗保险单位1714个，参保人员12.16万人。其中在职7.44万人，占总数的61.2%。年度各类新参加基本医疗保险人员3579人，应收、实收各项医疗保险基金1.68万元，累计各项医疗保险基金支出5978万元。

按时足额发放全区2.6万名参统企业离退休人员养老金2.1亿元，社会发放率100%。优先为农民工办理工伤保险，全年参保农民工人数达1.22万人。建立起农村特困农民最低生活保障制度，年内540户941人农村特困群众被纳入保障范围。全年共有5745户、9505人得到最低生活保障，支付最低生活保障金1708万元。免费为区域247名白内障患者实施手术，安置残疾人就业128人。

困难和问题

2007年，全区经济社会发展的主要困难和问题：一是经济结构不尽合理，支柱产业还需优化提升，财政收支矛盾突出，财政融资压力较大，后续财源建设、实施可持续发展任重道远；二是城乡发展不平衡，农业加快发展和农民持续增收难度加大；三是生态建设、环境保护、滇池污染治理、节能减排任务艰巨；四是城乡规划、基础设施相对滞后，城中村重建和改造势在必行；五是事关群众切身利益的就业、就学、住房、医疗、交通环境、维护社会稳定、构建和谐西山任务繁重。

（罗桂莲）

东川区

综　述

2007年是东川再就业特区建设的第四年，也是东川再就业特区建设承前启后之年。东川区委、区政府坚持以科学的发展观为指导，团结带领全区各族人民，“紧扣发展主题，构建和谐东川”，全力推进“工业强区”战略，着力打好特区建设、扶贫攻坚、生态保护三大战役，地区生产总值、地方财政收入、工业总产值、固定资产投资、农民人均纯收入、城镇居民可支配收入等主要经济指标有了较快增长，经济社会发展实现了超常规、跨越式、可持续发展。

全年完成地区生产总值32亿元，同比增长19.7%。其中：第一产业完成2.9亿元，第二产业完成23.3亿元，第三产业完成5.8亿元，三次产业结构比达到9.1:72.8:18.1；人均地区财政生产总值约1510美元。全区财政总收入完成9.7亿元，增长65.6%，其中：地方财政完成3.8亿元，同比增长65.1%；固定资产投资完成18亿元，增长38%；社会消费品零售总额完成4.3亿元，增长15%。2007年，东川地区生产总值在全省129个县（市、区）中排名31位，地方财政收入排名16位。综合经济实力跃上全省中上水平，综合实力明显增强。

新农村建设

2007年，区委、区政府始终把“三农”工作放在全区经济社会发展的重要位置来抓，着力推进社会主义新农村建设，积极探索统筹城乡发展、以工促农、城乡一体化发展新路子。依托资源、突出特色、适度规模地推进农业结构调整，积极落实支农惠农政策，全面实施以整村推进为重点的扶贫开发工作，继续加强农村劳动力培训转移，劳务收入显著增加；完成土地经营权证换（补）发和数字乡村工作，集体林权制度改革全面展开。农业和农村经济呈现增长趋势，农村生产生活条件不断改善。

全年，农林牧渔业总产值完成4.8亿元，增长10%，其中：畜牧业产值完成2.3亿元，增长9.5%，占农林牧渔业总产值的47.9%。劳务输出工作加大，全区共培训农村富余劳动力205期1.43万人，转移输出1.16万人，全年新增转移收入7800余万元。加大扶贫投入力度，共投入扶贫项目资金3055.71万元，小额信贷资金1000万元，解决了4640人绝对贫困人口的温饱问题，巩固提高了1.18万人低收入人口温饱水平。完成新碧嘎—妥托公路、梅子引水工程、新乐引水灌溉工程三个以工代赈项目。完成铜都镇、舍块乡易地搬迁扶贫项目，搬迁规模为122户493人。启动2006年基本口粮田建设项目，项目包括坡改梯、地力培肥、农田水利等工程。加强社会主义新农村建设试点工作，新增16个试点村，共投入各类建设资金670余万元，完成道路硬化19.91千米，架设人饮管道8.5千米，实施一池三改242套等。社会主义新农村建设试点初见成效，并得到稳步推进。

工业经济

2007年，全区以特区建设为龙头，强力推进“工业强区”战略，加大对重点骨干企业的服务和支持力度，着力培养壮大支柱产业，工业园区集聚能力不断提升，矿冶、机械、化工、制药等优势产业进一步发展。调整和优化工业产业结构，继续做大做强有色金属产业。

2007年，有色金属产业完成工业总产值104亿元，占全区工业总产值的90.7%。金沙矿业、云铜凯通、金水冶炼、云铜杆业四大龙头企业完成工业总产值68亿元，占全区工业总产值的59%，充分发挥了龙头企业对地方经济的支撑和带动作用。全年，完成工业投资8亿元；规模以上工业增加值达21亿元，增长23.4%；完成工业总产值115亿元，增加29亿元；规模以上工业企业完成工业总产值107亿元，增加23亿元。2007年，全区万元工业增加值能耗2.02吨标准煤，低于“十一五”节能目标责任要求；引进项目30个，其中已开工项目23个。合同利用外资197万美元，实际到位资金88.2万美元。

旅游业

2007年，深入挖掘东川旅游资源，加大旅游业开发力度。完成《“奇彩家园”招商引资项目书》，积极推进拖布卡树桔红军渡“革命纪念馆”和“福保·腊利古铜旅游小镇”建设，进一步完善轿子山基础设施建设，加快牯牛山观光旅游规划和开发工作，圆满完成2007年东川泥石流汽车越野赛，成功举办“迎奥运、奇美东川潇洒之旅”摩托车集结赛。全年，到东川观光旅客及过境住宿旅客达40.8万人次，收入7537万元。

固定资产投资

2007年，全区固定资产投资完成19.5亿元，增长50%。其中：以工业企业新建、技改为主的各类企业完成投资8.7亿元，房地产项目完成投资4.2亿元，交通、水利、电力完成投资4.4亿元，其他完成投资2.2亿元。

2007年，全区完成古铜路、金江路、翠屏街及主城区9条次干道、沿河路改造工程，新建入城辅道、凯通路人行天桥，启动凯通路北延线道路建设、碧云街南段新建、桂轩路改造工程；东川祥和家园首期廉租房工程竣工，329户无房户乔迁新居，祥和家园二期廉租房工程基本完工；完成金水人家、幸福家园、恒达商住楼一期等房地产项目，推进东川大酒店、东方福源、玉美新城、金地商业大厦、金源康城，蓝色经典·鑫源等房地产项目。

工业园区基础设施日趋完善。继续做好特区相关规划，完成《东川再就业特区产业园总体规划》、《东川再就业特色产业园可行性研究报告》编制工作，启动《碧谷工业园区控制性详细规划》；加大资金筹措力度，完善四方地主干道人行道小块铺设工程，启动四方地工业园区污水处理厂、工业弃渣场、净化水处理厂、雨污管分离工程、南片区次干道工程。

随着龙东格公路东格段于2007年8月7日建成试通车，龙东格公路经十年建设，现已全线完工；启动建制村公路路面硬化、路基改造工程，工程含路面硬化33千米（3条），路基改造86千米（8条），通达工程71千米（6条）；加快通乡油路、通达工程建设，完成因民至舍块通乡油路，完成因民镇青龙山公路、因民镇小水井公路、因民镇路灯公路三个通达工程。2007年2月，正式启动沿金沙江公路建设，已投资约1500万元，完成30千米的建设任务。积极与四川会东县衔接，启动金沙江跨江大桥前期准备工作。

不断完善农田水利基础设施。完成水利建设项目36件，安装人畜引水管道185千米，新增灌溉面积30平方千米；完成坝塘水库蓄水工程和3383米倒虹吸钢管工程；完成野牛水库移民工程，启动野牛一、二级电站和野牛水厂建设；启动轿子山水库前期工作，完成勘测设计任务；完成团结渠尾部延伸工程，现已向绿茂片区供水。

环境保护和节能减排工作

2007年，全区加强地面水、饮用水源地、大气环境监测工作，严格执行排污许可证制度，171家企业纳入排污许可证管理。严格执行环境影响评价制度和“三同时”制度，严把建设项目环境保护审批关，查处违法排污案件28件。启动东川污水处理厂及配套管网工程。整治和规范矿产资源开发秩序，落实和完善矿产资源有偿使用制度。抓好《土地利用总体规划》修编工作，为东川再就业特区建设做好用地服务。加强集体林权制度改革，提高林业的整体经营水平。完成4.96万亩的林业生产任务，抓好龙东格公路沿线绿色通道建设和坝塘水库库区植树造林工作。完成东川核桃产业发展规划，启动核桃1万亩栽种工作。

年内，对金沙、凯通、金水、众智等重点企业和重点能耗企业进行监测；对澄星公司、宇斯药业等11户企业进行清洁生产审核；关停东厦水泥有限公司4万吨/年立窑水泥生产线，拆除滇北建材有限公司4万吨/年立窑水泥生产线1条；加大环保设施投入，众智、滇北、澄星、凯通、金水等企业实现达标排放；启动金沙公司下属因民、汤丹、滥泥坪3个矿山公司，以及因民片区12家民营企业尾矿库建设，将彻底解决传统老选矿厂尾矿直排问题；积极支持企业对落后生产工艺及生产设备进行技术改造，启动滇北建材日产2000吨旋窑水泥生产线技改项目、凯通公司10.5万吨/年阳极铜技改项目、金水公司10.5吨/年粗铜技改项目、澄星公司1、2号炉淘汰后技术改造项目。

人民生活

2007年，全区社会消费品零售总额完成4.3亿元，增长15%。城乡居民收入快速增长，农民人均纯收入1814元，增长18.7%；城镇居民人均可支配收入1.04万元，首次突破万元，增长15%。

全年，全区共促进就业6315人，其中156户208人“零就业家庭”和583人“4050”大龄失业人员实现就业和再就业，城镇登记失业率为19%，比上年下降5个百分点。社会保险覆盖面进一步扩大，参加养老保险的单位有244户1.4万人，参加工伤和生育保险的单位有216户9661人，参加失业保险的单位有246户1.24万人，参加职工基本医疗保险的单位有406户4.12万人。

完善社会救助体系，全区城乡低保对象1.79万人、失地农民纳入最低生活保障735户1448人、农村低保对象1万户2.2万人，做到应保尽保。切实帮助777名城市特困居民解决就医难问题，为2305户4288名农村特困户代缴“新型农村合作医疗”个人基金，对100名农村特困大病患者进行二次医疗救助。

2007年，全区居民消费品价格总指数比上年上涨7.8%，其中油脂、肉禽及其制品分别上涨40.6%、40.3%。

社会事业

2007年，全区进一步深化教育综合改革，坚持教育创新，推进素质教育，巩固和提高“普九”成果。绝对贫困学生帮扶力度，完善中小学贫困生救助机制，完成对万名义务教育阶段农村寄宿制贫困学生的救助工作。完成东川三小综合楼建设，启动东川一中、阿旺中学、乌龙中心学校、红土地中小学四所农村中小学标准化建设项目。2007年，东川高考上线人数525人，上线率61.4%。

2007年，全区正式启动人民医院和第二人民医院合并后新建一所综合性大医院工作，完成56个村卫生室建设项目和9509人的健康体检工作。加快新型农村合作医疗工作，全年参加新型农村合作医疗人数达21.66万人，比上年增加2.69万人。加强计划生育工作，规范“奖优免补”工作，确保农村独生子女保健费落实到位。

困难和问题

一是环保问题不容忽视，生态环境脆弱，泥石流等自然灾害仍然严重，需进一步加大环境保护力度。二是产业结构不合理，发展不平衡。农业和农村经济发展较慢，产业化程度低，贫困问题突出；工业经济结构单一，产业延伸不足；第三产业质量不高，活力不足；城乡之间、乡镇之间总体发展不平衡。三是需要进一步加大招商引资工作，建立招商引资长效机制。四是投融资体制不健全，需加大“银企”合作力度，切实解决建设项目融资难问题。五是基础设施不完善，工业基础设施、农田水利设施滞后，城市建设、交通网络建设需进一步加强。六是劳动就业、社会保障、社会治安、安全生产等形势不容乐观，各种社会问题和矛盾仍然较多，维护社会和谐稳定任重道远。

（杜选明）

安宁市

综　述

2007年是深入贯彻落实科学发展观，积极推进社会主义和谐社会建设的重要一年。在党的十七大精神的鼓舞下，安宁市全市人民团结一致，同心协力，努力克服经济发展过程中存在的各种困难和问题，实现了国民经济的快速增长和各项社会事业的全面进步。市三届人大五次会议审议通过的主要经济社会发展宏观预期目标全部超额完成。全市实现生产总值（GDP）96.1亿元，同比增长13.9%，完成计划的103%。其中，一、二、三产业增加值分别为6.3亿元、59.8亿元、30.1亿元，同比分别增长5.8%、19%、5.7%。三次产业比例为6.5:62:31.5。

新农村建设

2007年，安宁市建立以工哺农、以城带乡、以工促农的互动机制，抓好“百村示范建设”，开展机关事业单位挂钩联系和“百村百企”共建活动。全市农村村容村貌得到了有效整治，农村基层组织建设得到加强，社会主义新农村建设取得新成效。农村经济快速发展。全市粮食总产量4.91万吨，同比减少6.2%；建成浅水藕生产基地2.03万亩，红梨基地2万亩，无公害蔬菜1万亩。葡萄、西瓜、油菜生产初具规模。安宁市获得了由中国果品流通协会认证颁发的“中国红梨之乡”荣誉称号。年内，全市共建成养殖小区4个，专业示范村15个，生猪、家禽分别出栏24.9万头、816.7万只，同比分别增长13.3%和38.5%。年内争取到金江公司、惠嘉公司等农业龙头企业和生猪繁育项目扶持资金495万元。截至年底，全市农业企业投资突破4亿元，年产值1.36亿元，上缴税收819万元，辐射带动农户2.3万户，吸纳农村剩余劳动力1086人。惠嘉、利之源、恒进等龙头企业带动畜牧业、蔬菜生产及加工业强势发展。全年全市完成35个自然村道路硬化工程；“数字乡村”工程建设全面完成，通过昆明市级验收；完成43个“万村千乡市场工程”连锁农家店的建设并投入使用；完成大小水利工程648件。培训转移农村剩余劳动力4617人。全年全市农业总产值达到9.42亿元，增长22.4%，完成计划的113.3%；农民人均纯收入4669元，增长15.1%，完成计划的109.6%。

工业经济

2007年，实现工业总产值295亿元，同比增长32.1%；工业增加值56亿元，增长21.2%，完成计划的107.3%。其中：78家规模以上工业企业完成现价总产值285亿元，增长31.5%，占全市工业总产值的96.6%。经济效益大幅度提高，全市规模以上工业经济效益综合指数为234.6%，比上年提高38.5个百分点；规模以上工业企业实现利税29.68亿元，同比增长21.6%。非公经济和乡镇企业快速发展。全市非公经济上缴税金3.39亿元，增长28%。发展循环经济，启动《安宁市工业循环经济实施方案》的编制工作。强化节能减排，淘汰落后炼铁生产能力3万吨，水泥生产能力8万吨；实施清洁生产，开展企业清洁生产审核28家；全面清理整顿“五小”企业，依法关停企业26家；单位地区生产总值能耗下降5.8%，规模以上工业企业万元增加值能耗下降7.4%，超额完成了昆明市下达的指标任务。

招商引资

2007年，全市协议引进内资项目8个，协议引进资金136亿元，实际到位内资23.18亿元、外资2000万美元。招商引资促进了片区开发，太平片区基础设施建设快速推进，“中国奥林匹克体育小镇”的特色发展之路前景广阔；大屯新区开发不断加速，开发启动率达到85%；启动旧城区改造；温泉旅游精品小镇建设有序推进，完成摩崖石刻修复工程，启动世纪天乐公司温泉国际会议中心等项目。全年全社会累计完成固定资产投资31亿元，完成计划的103%。其中：房地产投资6.7亿元，同比增长63.4%。

财政收入

2007年，全市财政总收入完成21.59亿元，同比增长37.8%。其中，一般预算收入完成8.54亿元，增长23.1%，完成计划的101.8%。财政总支出13.7亿元，增长28.8%，一般预算支出11.6亿元，完成预算的99.2%。金融机构存款余额达101亿元，比年初增长12.2%。截至2007年末，全市金融机构共代理销售基金16亿元，销售国债4970万元。全市商品销售总额81亿元，增长13.5%；社会消费品零售总额16.6亿元，增长16.8%，完成计划的104.3%。

社会事业

2007年，全市开展全国文明城市、国家卫生城市、环保模范城市以及科普示范市创建工作，促进了各项社会事业的发展。一是教育继续优先发展。安宁中学、安宁一中先后晋升为省一级二等、三等中学，全市3所高中均步入省一级中学行列。昆钢一小改扩建工程已近尾声，2008年3月竣工投入使用。制定实施了《安宁市普及高中阶段教育的意见》，明确提出力争到2010年基本实现农村居民子女高（职）中不毕业不返乡的目标。通过教育资源调整和制度落实，教育管理体制逐步完善，教育教学质量稳步提高。职教基地建设工作全面展开，当年，与云南综合技工学校、昆明冶金技工高等专科学校签订正式协议。二是科技、文化事业取得新成绩。组织申报云南省级、昆明市级科技项目15项，其中有13项获得省、昆明市的资金支持，金融达到700余万元。开展农村实用技术培训627期，培训人数4.6万余人次，占全市农村劳动力总数的70%。通过了国家科技部对全国县（市）区科技进步考核，被评为全国科技进步考核先进市。文化、体育、旅游事业不断发展。完成1个镇文化站、21个村文化室的新建或改扩建。群众文化活动丰富多彩，节庆日文艺演出活跃。组织开展多项体育比赛，参赛人数近1.5万人次。全年共接待各类旅客161万人次，同比增长22.76%，旅游综合收入1.4亿元，同比增长11.48%。三是城市公共服务设施得到进一步完善。启动城区综合市场改造，新建了一批环卫、绿化和停车场等市政设施，免费开放了城市公厕。开通公交线路22条，公交车线路基本覆盖了安宁城区道路和八街、县街、连然、温泉、太平5镇、33个行政村、127个自然村。公交车站台、站点建设工作正在加紧施工。四是公共医疗卫生事业取得新成效。人民医院传染科、市疾病预防控制中心实验室、县街卫生院、青龙卫生院等项目相继建成，设备配置进一步完善。12个村级卫生所竣工投入使用。做好人口和计划生育工作，人口自然增长率为5.71‰，控制在6‰的计划指标以内。五是社会保障体系不断完善，社会保障覆盖面不断扩大。截至12月底，参加城镇职工基本养老保险人数达3万人，失业保险364户4.92万人，城镇基本医疗保险5.15万人，工伤保险514户2.91万人，生育保险425户1.94万人。全年发放离退休人员养老金9444万元，发放失业救济金515万元。全市有6859户13600人纳入城市居民最低生活保障，全年累计发放低保资金1743万元。实施农村最低生活保障制度，全市有1435户3202人纳入农村最低生活保障，全年累计发放保障金194万元。就业工作迈出新步伐。城镇新增就业岗位4906个，下岗失业人员再就业1569人，197户零就业家庭人员实现了就业，城镇登记失业率2.9%，控制在工3.5%的计划指标以内。

存在问题

2007年，全市经济社会发展进程中的突出矛盾和问题主要是：农业产业化水平低，发展后劲不足，农民增收困难，城乡差距还在拉大；经济增长方式粗放，资源、环境对经济发展的约束日益突出；物价上涨因素对经济效益形成了严重的制约；经济结构调整进展缓慢，第三产业依然滞后，服务业有效需求不足；工业对城镇化发展和农村的发展带动作用不强；交通、水利等基础设施有待进一步改善，安全生产压力仍然较大。

（张丽华）

宣威市

综　述

宣威市位于云南省东北部。总面积6069.88平方千米，市区距曲靖市政府驻地102千米，距昆明204千米。辖区有26个乡（镇、街道）331个村委会25个居委会。2007年末，全市有总人口142.62万人，其中非农业人口14.14万人，少数民族9.42万人。人口自然增长率为3.82‰。

全年市域生产总值完成94.93亿元，比上年增13.5%，其中一产业实现19.6亿元，比上年增长6%；二产业实现44亿元，增长16%；三产业实现28.4亿元，增长15%。三次产业比重调整为21.6∶47.9∶30.5；地方一般预算收入达到6.3亿元，增18.9%；农民人均纯收入2545元，比上年增17.3%；城镇居民可支配收入10450元，比上年增15.5%；社会消费品零售总额31亿元，比上年增19.6%。

农　业

2007年，全市实现农业现价总产值37.54亿元，比上年增长21.23%。建设优质烟基地26.25万亩、优质马铃薯基地97.88万亩、优质玉米基地80.78万亩、无公害蔬菜基地20万亩，实现产值分别达4.44亿元、6.03亿元、3.56亿元、2.1亿元。花卉、中药材、水产等特色产业产值1.94亿元。粮食产量5.46亿千克，比上年增长11.39%。畜牧业总产值26.2亿元，增长35.4%。肥猪出栏200.19万头，增长14.39%；肉类总产24.3万吨，增长15.71%。

2007年，全市粮食种植面积15.96万公顷，粮食总产5.46亿千克，增11.4%。其中：种植小春作物2.81万公顷，增0.15万公顷，产量4950万千克，比上年增500万千克，增10.2%。综合产值2.23亿元，增14.2%；种植大春粮作物10.80万公顷，产粮4.4亿千克，增11%；综合产值11亿元，增13.8%；种植晚秋作物2.27万公顷，秋马铃薯1.3万公顷，秋荞1.13万公顷，综合产值1.31亿元，比上年增750万元，增5%；其他作物种植5.69万公顷。

2007年，全市完成人工造林1.88万公顷，封山育林3000公顷，落实森林管护26.67万公顷；义务植树395万株，森林覆盖率达45.7%；防治森林病虫害4966.67公顷，查处林业案件376件；完成沼气池建设8200口，山区节能改灶1万户；创林业产值8600万元。

工　业

2007年，全市工业总产值完成93.13亿元，同比增19.09%；工业增加值完成40.01亿元，增15.5%；工业增加值占全市生产总值94.93亿元的42.2%，高于去年同期0.9个百分点，工业对经济增长的贡献率达到60%。

2007年，省级宣威市经济技术开发区完成工业总产值35.84亿元，同比增23.9%；实现工业增加值14.7亿元，增40.5%。

2007年，全市原煤产量完成1110万吨，增1.8%；发电量98亿度，增2.3%；化肥折纯产量36.24万吨，增3.7%；黄磷产量4万吨，增144%；锌产品产量5.25万吨，增29%；淀粉产量2万吨，增57%；水泥产量94万吨，增23.5%；组织电煤供应720万吨，基本保证了电煤需求。

商贸流通

2007年，全市社会消费品零售总额完成31.39亿元，比上年增长19.6%。市场物价稳定。烟草、商贸、供销及粮食流通企业共完成销售总额21.48亿元，增长15.17%。全年全市有各类市场80个，年内共完成交易额13.2亿元。

2007年，全市共完成进出口总额3971万美元，比上年增37.64%。其中出口2971万美元，增75.8%；进口1000万美元，降16.32%。

建筑业

2007年，组织全市3家设计单位、2家监理公司、28家建筑施工企业进行资质年检，27家建筑施工企业经检审、补检合格，组织582名项目经理、28名统计信息员、125名专职质检员、147名专职安全员年检，全部合格；新申报批准建筑企业1家，到目前为止全市共有建筑企业28家，其中二级9家、三级19家，企业注册资金3.5亿元，企业净资产3.65亿元。组织建造师考试并通过56人，培训初级安全员240人，技术工种人员210人。

2007年，全市完成招标项目52个，其中公开招标39个，邀请招标13个，公开招标率按项目计算为75%。完成拦标价1.4亿元、中标价1.36亿元，节约资金约400万元，节约投资率3.54%。并对2008年政府性投资工程实行前置审计4个，拦标价4797.66万元，前置审计价4557.73万元，中标价4535.14万元，前置审计价与拦标价相比，减少239.93万元，节约率5.00%，中标价与拦标价相比，节约262.52万元，节约率5.47%。年内，完成建筑工程项目报建54个，投资5.43亿元，建筑面积58.46万平方米；核发建筑工程施工许可证20个，投资1.33亿元，建筑面积15.40万平方米；收取建设工程项目安全生产风险抵押金32.43万元，公司安全生产风险抵押金83.2万元，工程定额测定费9.04万元。

个私经济

2007年，全市共有个体工商户1.24万户，比上年增1.6%；非公企业1188户，增12.5%；非公经济组织1.43万户，注册资金23.2亿元；从业人员5.22万人，增14%。非公经济预计可完成增加值32.8亿元，增15%；上交税金预计3.15亿元，增36%；非公经济增加值占全市生产总值的39.5%，上升2.8个百分点。

2007年，全市个体私营经济协会下设基层分会12个，有个体会员1.31万家，从业人员3.92万人，注册资金3.09亿元；私营企业会员867家，从业人员9080人，注册资本达20.06亿元。

交通运输

2007年，全市共有公路1908条，通车里程7361.3千米，平均每平方千米有公路1.21千米。其中：国道1条106.6千米，省道5条155.5千米，县道18条515.2千米，乡道328条2409.6千米，村道1534条4112.4千米，专用道22条62千米。按技术等级分有：一级公路36.16千米，二级公路61.53千米，三级公路79.86千米，四级公路2906千米，等外公路4277.75千米。至2007年底，全市通油（砼、弹石）路的乡（镇、街道）25个，通油（砼、弹石）路率达96.15%，通油（砼）路率达73.08%，有7个乡镇未通油（砼）路；通油（砼、弹石）路的行政村有83个，通油（砼、弹石）路率达23.31%；建成乡镇等级客运站4个，乡镇通班车率100%。

2007年，全市有在建公路工程项目9个，其中通畅工程3个47千米，通达工程4个63.1千米，桥梁工程2个。通畅工程：年内，起于宝山镇二中、止于普立乡，全长18千米，概算投资1120万元（国债补助资金720万元）的宝普公路，完成了路基工程，进行油路路面铺筑，预计2008年上半年建成；全长15千米，概算投资1218万元（国债补助资金440万元）的密（德）五（一桥）公路完成了路基工程，预计2008年上半年建成；8月10日，全长14千米，概算投资1098万元（国债补助资金560万元）的三尖地至龙潭通乡油路改造工程开工建设，至年底，建设完成路基、路缘、路面垫层、水稳层，进行油面层铺筑，预计2008年上半年建成。通达工程：全长19千米、概算投资220.6万元（国债补助资金140万元）的乐丰乡邓家村至高家丫口砂石路改造工程于3月8日开工，12月29日建成完工；全长22.5千米、概算投资236万元（国债补助资金225万元）的务德镇务德至新华砂石路改造工程，6月26日启动建设，12月底建成完工；全长11.6千米、国家补助116万元的杨柳乡可渡至围仗砂石路改造工程，10月24日开工建设，预计2008年上半年建成；全长10千米、国家补助90万元的东山镇安迪至火石盆砂石路改造工程，10月中旬开工建设，预计2008年上半年建成。桥梁工程：双河乡4跨20米的新都友谊桥于2007年1月开工，10月底完工；务德镇7跨20米的双龙大桥于2007年3月开工建设，至年底，完成下部构造施工，进行桥板制作和铺装，预计2008年上半年完工通车。

邮电通讯

全年邮政业务收入完成1359.70万元，同比降6.23%，降90.30万元；成本费用1060万元，全员劳动生产率达7.81万元。集邮业务、代办业务、物流业务，分别比上年增长120.53%、82.42%、218.75%。函件业务、包件业务、报刊业务、特快业务、储蓄业务、汇兑业务、其他业务、出售品业务，分别下降11.25%、2.05%、10.74%、28.37%、5.1%、11.43%、17%、31.86%。

2007年，全市电信业务收入完成3947.68万元，完成计划的94.02%，并签订“酒店联盟”26家、“数码E房”酒店和网吧全球眼各2家，与15家单位签订宽带协议。发展固定电话4111户、致富通7161户、车载台37部；宽带4050户、“小灵通”1280部，发展来电显示16476户；发展彩铃2340户、黄页广告20户、号码百事通8户、代发短信1500条、企信通2户。

财政税务

年内，宣威市完成财政总收入14.09亿元，比上年增长17.8%。其中：中央级收入完成6.56亿元，增长14.51%，省级收入完成9318万元，增长35.67%；曲靖市级收入完成1364万元，增长6.56%；市乡两级地方财政收入6.46亿元，增长19.28%。地方财政收入中，一般预算收入完成6.32亿元，增长19.25%；基金预算收入完成1483万元，增长20.47%。

年内，宣威市完成财政支出14.91亿元，比上年增长23.31%。其中：地方一般预算支出14.58亿元，增长22.71%；基金预算支出3317万元，增长57.05%。

全年全市组织各项国税收入8.19亿元，比上年增长14.1%。其中：增值税累计入库70012.54万元，消费税累计入库2.21万元，企业所得税累计入库7457.71万元；储蓄存款利息所得个人所得税累计入库1176.97万元；车辆购置税累计入库3249.43万元；国税部门其他罚没收入累计入库3.07万元；行政性收费（发票、税登记证工本费）累计入库22.17万元。

全年地税组织地方税收入4.81亿元，比上年增长22.64%，完成年度计划的99.65%，其中：中央收入4061万元，增长21.19%；省级收入3897万元，增长24.15%；曲靖市级收入入库768万元；宣威市本级收入3.94亿元，增长22.74%。全年共计征收各项规费1.84亿元，其中：社会保险费1.63亿元，增长7%。

金融保险

年末，全市共有银行类金融机构89个。银行类金融机构各项存款余额75.4亿元，比上年增长14.8%。其中：储蓄存款余额46亿元，比上年增长11.9%。各项贷款余额49.2亿元，比上年下降5.11%。全年累计现金收入212.5亿元，累计现金支出222.1亿元，净投放现金9.6亿元，经营盈利1.6亿元。全年金融运行平稳，存款快速增长、贷款有所收缩，现金投放量偏大。

年末，全市银行类金融机构各项存款余额75.4亿元，比上年末增长14.8%。其中：企业存款余额19.2亿元，增长32.6%；储蓄存款余额46亿元，增长11.9%；农业存款余额5.3亿元，增长34.17%。全市银行类金融机构各项贷款余额49.2亿元，下降5.11%。其中：短期贷款余额27.4亿元，下降19.3%；中长期贷款余额21.3亿元，增长21.4%。

2007年，全市10家财产保险公司完成保费收入1.03亿元，各项赔款支出5157万元。4家人寿保险公司完成保费收入6223万元，给付（赔款）支出3466万元。

城镇建设

2007年底，宣威市建成区面积22.5平方千米，比上年增加2.01平方千米；城市道路总长140.9千米，增道路2.9千米；建成区绿化覆盖面积183.2公顷，净增11.2公顷；公共绿地面积88.26公顷，增加5.26公顷；城市年售水总量400万吨，净增20万吨；村镇建成区面积36.18平方千米，新增0.68平方千米；城区人口20.94万人，城镇化水平达30.5%，净增2个百分点。

2007年末，全市集镇政府所在地规划区面积57平方千米，乡镇政府所在地集镇建成区面积24.68平方千米，建成区人口22.56万人，全市村庄现状用地145.04平方千米。全市集镇基础设施投入1535.41万元；共完成集镇街道硬化长6277米，面积64563平方米；农村道路硬化8.77万米，面积19.18万平方米；建成停车场4个，面积7301平方米；安装路灯8盏，维修路灯88盏；绿化面积4.03万平方米；植树7053棵；建成公厕1座，投资25万余元；修建集镇公共建筑8400平方米，村庄公共建筑7710平方米；投资20万余元建牲畜交易市场1个，面积4000平方米。

人民生活

2007年，全市城镇居民户均实际收入3.37万元，比上年增13.11%。年人均可支配收入1.05万元，增15.46%。扣除价格上涨因素，实际增长8.74%，其中：职工年平均收入2.07万元，增14.97%；个体经营者人均净收入1.51万元，增30.68%；离退休人员的养老金人均1.51万元，增19.93%。居民家庭的财产性收入人均210.65元，比上年增32.56%。

2007年，全市城镇居民消费性支出人均7553.38元，比上年增长6.78%，扣除物价上涨因素，居民消费性支出实际增长0.57%。

2007年，全市农村经济总收入48.78亿元，农民人均总收入 3953.03 元。全市农民家庭人均生产粮食 451.4 千克，人均增 11.36%。农民人均纯收入 2540.80 元（其中实物性纯收入 568.89，现金纯收入 1971.91 元），增 17.09%。年内，农民工资性纯收入人均 764.90 元，增 10.37%；农民家庭经营性纯收入人均 1614.69 元，增 21.44%，其中：第一产业收入增 26.79%，第二产业增 5.89%，第三产业减少 27.88%；财产性纯收入人均 51.40 元，增 88.11%。2007 年农民人均纯收入扣除物价上涨因素后，实际为 2367.69 元，增 9.11%；农民人均可支配收入 2511.09 元，增长 19.46%。

2007 年，农村居民生活消费支出人均 2270.79 元，比上年增加 369.51 元。在食品消费方面人均支出 1090.70 元，比上年增加 137.23 元。农村居民恩格尔系数为 47.63%，比上年下降 2.52 个百分点。

（耿文江）

个 旧 市

综 述

2007 年，个旧市紧紧围绕经济跨越式发展和社会保持稳定两大基本任务，抓住机遇，实现经济结构性增长，综合实力显著增强，经济运行质量继续提高。全市实现生产总值 85.64 亿元，比上年增长 16.1%。其中：第一产业 4.82 亿元，增长 5.6%；第二产业 61.07 亿元，增长 17.6%；第三产业 19.75 亿元，增长 14.2%。

农 业

市委、市政府始终坚持以农民增收为目的，高度重视农业产业培植，大力调整产业结构，使农业和农村经济稳步发展。全年农业总产值 8.25 亿元，比上年增长 7.1%。粮食作物保持适度增长，蔬菜、烤烟、时鲜水果、花卉等经济作物都有较快发展。粮经比由上年的 48.7∶51.3 调整为 46.8∶53.2。主要农产品产量：粮食 5.19 万吨，增长 2.8%；烤烟 2809 吨，下降 1.4%；甘蔗 6.66 万吨，增长 14.2%；水果 4.52 万吨，增长 31.6%；蔬菜 12.45 万吨，增长 20.1%。肉类 2.52 万吨，增长 14.9%；牛奶 1.36 万吨，增长 7.8%；禽蛋 1663 吨，增长 54.7%。年末生猪存栏 15.92 万头，下降 11.2%；羊存栏 1.78 万只，增长 0.9%；大牲畜 4.03 万头，下降 3.0%。

全年完成营林造林面积 3.1 万亩，义务植树 85 万株，森林覆盖率达 39.2%。林业产品产量：木材 1250 立方米；竹材 37107 百棵，增长 5.6%；核桃 463.2 吨，板栗 8.3 吨，分别增长 2.8 倍、33.9%。

淡水养殖 2.85 万亩，产量 4450 吨，增长 1.9%。

乡镇企业 1.01 万个，从业人员 4.80 万人，比上年增长 8.5%。

年末乡村从业人员 11.13 万人，其中：从事第一产业占 73.1%，从事二、三产业占 26.9%。

工 业

2007 年，全市进一步强化“工业强市，全面提速”理念，创新体制和机制，工业经济实现速度与效益双提高。辖区内工业总产值 260.98 亿元，增长 10.1%。其中国有工业总产值 115.87 亿元，增长 12.1%；集体工业总产值 6.63 亿元，下降 5.7%；股份制企业总产值 98.62 亿元，增长 13.8%；其他经济 39.86 亿元，下降 0.3%。

主要工业产品产量：有色矿产金属总量 7.27 万吨，下降 1.3%；十种有色金属 44.57 万吨，下降 4.0%。其中：锡 8.16 万吨，增长 0.3%；铅 27.81 万吨，下降 8.2%；锌 2.88 万吨，增长 28.3%；铝 5.49 万吨，下降 0.5%。水泥 35.63 万吨，下降 18.2%；硫酸 36.24 万吨，增长 10.0%；中成药 290 吨，增长 34.3%；发电量 3.84 亿千瓦小时，下降 0.9%；锡化工 1.2 万吨，增长 51.2%；钴酸锂 566 吨，增长 1.4 倍。

辖区内实现工业增加值 57.82 亿元，增长 17.5%。工业增加值占全市生产总值比重达 67.6%，比上年提高 1.7 个百分点。国有及年销售收入 500 万元以上非国有独立核算企业实现增加值 45.74 亿元，增长 6.1%。实现利税 22.86 亿元，增长 50.4%。云锡公司销售收入突破 120 亿元，增长 31.78%。经济效益综合指数为 204.6%，比上年提高 25.2 个百分点，全市工业化水平进一步提高。

固定资产投资

全年全市共完成固定资产投资 25.63 亿元，增长 21.7%。其中：城镇投资 19.25 亿元，增长 9.3%；农村投资 2.72 亿元，增长 1.8 倍；房地产开发投资 3.66 亿元，增长 47.1%。

交通运输通讯

2007 年，全市公路通车里程达到 1405.98 千米。个屯一级公路暨锡都隧道竣工通车，蒙新公路和玉蒙铁路个旧断工程进展顺利。全年完成公路建设投资 6402.68 万元，建制村道路路面硬化率达 76%，通乡道路硬化率达 100%。加快农村客运建设和“路、站、运、管养、安全一体化”发展步伐，老厂镇客运站开通首批通村客运班线。

年末全市固定电话用户 10.1 万户，固定电话普及率 22.1 部/百人；移动电话用户 25.0 万户；小灵通用户

1.32 万户；国际互联网用户 3.08 万户。

商业物价

全市社会消费品零售总额 17.4 亿元，增长 16.2%。其中：城市市场零售额 14.63 亿元，增长 13.4%；农村零售额 2.75 亿元，增长 33.9%。市场物价总水平呈上涨态势。全市商品零售价格总水平比上年上涨 5.7%，居民消费价格总指数上涨 7.0%，工业品出厂价格指数上涨 30.1%。

外向型经济旅游业

2007 年，市委、市政府相继出台《个旧市招商引资奖励考核办法》、《个旧市（国内）招商引资代理制实施办法》、《个旧市招商引资优惠办法》等规范性政策，全年新签约 11 个项目，协议引进资金 15.95 亿元，实际到位资金 8.28 亿元。成功举办个旧首届国际滑翔赛经贸洽谈会，协议引资 10.24 亿元。对外贸易再创佳绩，全年进出口贸易额 6.26 亿美元，比上年增长 83.3%。

全年接待旅游人数 59.83 万人次，实现旅游收入 2.74 亿元，分别比上年增长 39.2% 和 29.0%。

财税金融

全年全市财政总收入完成 16.58 亿元，增长 54.1%。其中地方一般预算收入 5.89 亿元，增长 36.8%；地方财政支出 9.84 亿元，增长 29.6%。

年末全市金融机构各项存款余额 101.8 亿元，比年初增长 8.1%；各项贷款余额 51.13 亿元，增长 2.8%；年末现金净投放 25.96 亿元。

城镇建设

2007 年，坚持以基础设施建设推进城市化进程，城市功能不断完善。完成鸡街片区总体规划的调整、个旧市城市道路交通专业规划、宝华公园改造规划、三家寨片区、建设东村片区修建性详细规划。投资 500 余万元，完成金湖西路绿化、环湖游览道提升工程、城区 10 条街道路灯、灯箱改造。实施老阳山水厂改造、城区供水管网改造工程，累计安装供水管道 5994 米。启动图书馆、博物馆、阳山大道综合整治工程，开工建设人民路南段道路拓宽改造工程。努力推动城市绿化工作，市区共有各类城市绿地 489.08 公顷，公共绿地面积 178.68 公顷，城市绿化覆盖率 44.5%，人均绿地面积达 10.01 平方米。

社会发展

2007 年，全市高考高分段人数名列全州前茅，高考上线率 58.15%。中考高分段人数名列全州第二，高中升学率 65.69%。辖区内共有中小学 229 所，在校学生 5.2 万人。小学学龄儿童入学率 99.95%，初中毛入学率 100.99%。突出加强技术创新一条主线，抓住运用先进适用技术改造提升传统工业、农业和引进消化吸收高新技术打造新型产业两个重点方向，集中力量重点培植有色金属精深加工及稀贵金属开发、新材料、现代生物及医药三大产业，全年共组织申报国家、省、州级项目 13 项；安排市级科技计划项目 12 项；组织申报科技进步奖项目 33 项。本年新增两个有色冶金省级高新技术企业，全市共有 10 户省级高新技术企业。

人民生活

全年全市有在岗职工 6.02 万人，在岗职工年人均工资 2.1 万元，比上年增长 21.7%。据城乡住户抽样调查，城镇居民人均可支配收入 10206 元，增长 18.9%；农民人均纯收入 4096 元，增长 17.1%。城乡居民年末储蓄存款余额为 66.61 亿元，比年初增长 6.8%。

存在问题

全市经济总量仍较小，结构不尽合理，粗放型经济增长方式没有根本转变，节能减排工作任重道远；骨干企业支撑和拉动能力需进一步增强；城乡结构矛盾突出，农民增收的产业基础还不稳固；统筹社会事业发展任务繁重，社会保障任务压力较大；各种社会矛盾凸显，维护社会稳定任务艰巨；发展环境需进一步优化，少数部门服务意识不强、效率不高的问题还比较突出。

（张鹏程）

文　山　县

综　述

2007 年，文山县全年地区生产总值首次突破 60 亿元，比上年增长 17% 以上；实现财政总收入 6 亿元，地方财政一般预算收入完成 3.57 亿元，净增 6500 万元，增长 22.4%。全社会固定资产投资突破 30 亿元，增长 46% 以上；工业总产值突破 50 亿元，增长 26% 以上；农民人均纯收入突破 2000 元，增长 16% 以上；城镇居民人均可支配收入完成 1.11 万元，增长 12% 以上；年末金融机构各项存、贷款余额分别达 79.69 亿元和 77.68 亿元，同比增长 19.4% 和 28.5%。每万元地区生产总值能耗降低在 3.55% 以上；人口自然增长率、城镇登记失业率分别控制在 9‰和 3.5% 以内，主要经济指标增幅继续高于全国、全省、全州平均水平。“平安文山”创建、全省农村公路养护管理体制改革试点工作顺利通过省州验收，教育工作顺利通过省政府督导评估，文山城区语言文字工作达到国家二类城市标准，56家单位286名个人受到州级以上党委政府和有关部门的表彰奖励。各项目标任务圆满或超额完成。

“三农”工作

2007年，全县把解决好农业、农村、农民问题作为全县工作的重中之重，大力推进社会主义新农村建设。在稳定粮食生产的同时，大力发展经济作物，着力培育烤烟、甘蔗、三七、辣椒、畜牧等优势产业，采取建基地、扶龙头、拓市场、抓服务等措施，加强优质农业科技示范样板和商品畜禽基地建设，扶持克林、绿洲、盘龙山和知味园公司等农业龙头企业发展壮大，初步实现龙头带基地、基地连农户、农民增效益的良性循环，农业产业结构得到优化。通过农业优势产业的发展，以及农机购置、良种和能繁母猪补贴等中央各项支农惠农政策的落实，农业生产效率和农民生产积极性得到提高，全年预计实现农业总产值11.4亿元，仅烤烟、甘蔗两项产业就为农民创收1亿多元。以村容整治为突破口，采取政府主导、部门整合、企业赞助、群众投工投劳等方式，重点抓好安居、通路、水利、能源工程等新农村、小康村和温饱村基础设施建设，金昆、安邦、恒丰、光大等民营企业赞助资金100多万元，全县多渠道筹集资金5200万元，建成开化镇塘子寨、古木镇沙沟、秉烈乡务路新寨等51个项目点，产业发展初显成效，群众生产生活条件明显改善，村容村貌焕然一新。加快林业产业发展，做好老君山管护，生态环境进一步改善。实现100%的土地经营权证补发，巩固农村土地承包经营改革成果。开展农村民居地震安全工程建设普查，关注群众居住安全。拓宽农村劳动力外出转移就业途径，组织输出农村劳动力1.2万人。启动实施“数字乡村”和农信通工程，农业信息服务体系初步形成，农村信息化程度不断提高。通过各项措施的落实，新解决1.23万人的温饱问题，初步实现农业稳定发展、农民持续增收、农村全面进步的目标，“三农”基础地位进一步加强。

新型工业

2007年，全县实施工业强县战略，落实节能减排和发展循环经济的各项措施，以打造“云南铝都”和“中国七都”为目标，以马塘工业园区和三七药物产业园区为载体，以氧化铝及配套项目和三七加工研发为重点，培育以氧化铝为龙头的矿业加工和以三七为主要原料的药业加工体系，涌现出特安呐、文冶等一批产值过亿、利税超千万的骨干企业，工业经济迅猛增长。制定出台扶持重点企业、加快发展县域工业经济等政策措施，从县级财力中安排500万元资金，用于工业发展规划和工业基础设施建设，园区规划和管理运行机制不断完善，服务环境进一步优化。以云南冶金集团为代表的一批大企业进驻马塘工业园区，成为全县乃至全州工业发展史上的重要里程碑。年产80万吨氧化铝项目环评、土地预审等手续通过审批，厂区基础设施建设进展顺利，前期工作完成投资1亿多元；年产20万吨烧碱、25万吨PVC和4万千瓦秸杆炭化生物质能发电等项目稳步推进，以铝工业为主导的相关产业聚群正逐步形成。三七药物产业园区初加工中心启动建设，保健食品加工生产线建成投产，三七国际交易中心市场活跃，原料供应、生产加工、产品销售及科研一体化网络体系正逐步完善，全县工业经济规范化布局、聚群化发展格局初步形成。实施预拌商品混凝土管理，推广和应用免烧砖等新型墙材；关闭不符合环保要求的生产企业，取缔城区周边粘土砖生产；落实城区企业“退城入园”措施，通用机械、云荷纸业公司和烟叶复烤厂迁建工作取得阶段性进展；建立以政府为主导、企业为主体、全社会共同推进的工作格局，开展节能减排全民行动，引导企业开展技术创新，淘汰落后生产工艺。

城市经济

2007年，文山县抓住中越两国实施“两廊一圈”以及构建文砚平城市群、打造滇东南重要区域经济中心的发展机遇，加强城市建设，逐步完善城市功能，城市经济日益繁荣。第三轮文山城市总体规划和城南、城北两个片区控制性规划进一步完善，一批彰显文山特色的详细性规划相继完成并组织实施。以50年州庆及十三届省运会为契机，加大项目融资力度，加快项目建设进度，加强工程质量监督，累计实施重点项目69个，概算总投资55.4亿元，实际完成投资25.3亿元，其中州庆项目已完成概算投资的63%，城市面貌焕然一新。城区三个环岛全部拆除，西华路、龙井路和城区入城口及部分环城路段等一批市政道路相继修缮，卧龙一桥、城南大桥竣工通车，城区交通压力得到缓解。三水厂一期、城南客运站和城区中小学校、医院建设等工程相继竣工，城市配套服务功能日益完善，城市公共服务水平明显提升，文山体育场主体工程基本完工，体育场酒店及周边道路等配套工程建设正抓紧实施，届时完全具备50年州庆在主体育场顺利举办和相应的接待能力，充分展示文山对外开放新形象。文山民族村、大景商业城、河滨农贸市场和开化、潇湘、恒丰商贸城等项目建设强势推进，丽水龙庭、银都佳园等房地产开发红红火火，商业开发不断激活。建立城市管理长效机制，发挥社区管理服务功能，将城镇绿化养护和街道保洁推向市场，持续深入开展市容市貌综合整治和盘龙河综合治理，实施七花广场、文笔塔、西华公园改造提质工程，城市绿化、美化、亮化水平明显提高。城市功能的不断完善，城市内涵的不断提升，综合功能和保障能力的不断加强，聚集产业和吸纳人口的平台作用日趋凸显，促进商贸服务、旅游、金融、文化、物流、信息等城市产业发展，预计全社会消费品零售总额达24亿元，三次产业结构由上年的15:42:43调整为13:44:43，第二、三产业的比重逐步加大，城市经济成为国民经济的主导力量。同时，加大德厚、追栗街等集镇建设力度，城镇化率达45.1%，中心城市的辐射带动功能进一步增强。

基础设施建设

年内，全县基础设施建设进一步改善：一是水利方面，暮底河水库蓄水达到预定高程并向城区供水，从根本上解决了困扰文山城居民多年的饮用水需求和质量问题，防洪标准由2年一遇提高到20年一遇；小河尾水库建成运行，缓解马塘工业园区及周边群众生产生活用水紧张状况；德厚大型水库建设已与西部建元控股公司达成投资意向，选址、地勘等前期工作稳步推进；解放大沟、万亩大沟岁修项目以及农村“五小水利”工程、“烟水工程”年内建设任务圆满完成，新增和改善农田灌溉面积1.8万亩，全县水利化程度提高到18.7%。二是交通方面，文山至蒙自、平远街至天保、文山至都龙3条高等级公路项目申报正稳步推进；茶安至平坝、黄龙坝至秉烈、西华公园至沙沟沥青路面主体工程完工；实施162千米通达工程，完成乡村公路建设300千米。全年共投入交通建设资金7640万元，为2006年的3.45倍，县域每百平方千米公路拥有率达到81千米，路网结构、道路等级、通行能力和运输效益明显提高。三是电力方面，南方电网公司220千伏变电站、文山电力公司110千伏变电站和那么果河梯级电站相继建成并发挥效益；暮底河水库坝后电站并网试运行；农网改造深入开展，投资300万元实施了29个村的电网改造工程，初步实现了城乡同网同价目标。此外，移动、联通、网通、电信等通讯设施建设及广播电视村村通工程稳步推进，网络覆盖率不断提高。

改革开放

深入开展和谐社区创建工作，制定出台《关于进一步推进和谐社区建设工作的实施意见》等配套政策措施，成立开化镇城市社区管理工作委员会，在永通、振华两个试点社区高标准打造“社区一站式服务中心”，开展各种形式的便民利民服务，投入资金120万元启动了6个社区办公用房新建和改造，逐步改善社区办公条件和人员待遇，探索解决失地农民生计问题的有效途径，社区在加强城市管理、提升城市服务水平中的基础性作用日益显现；供销系统集体企业改制稳步推进。完善招商引资政策，简化行政审批程序，努力营造良好的体制环境、法制环境、政策环境、服务环境和人文环境，引进了以云冶、云锡公司为代表的一批有实力的大企业落户文山县，战略合作伙伴不断增加，资源开发整合力度加大，经济发展外向度提高，发展空间进一步拓宽。全年引进投资额在1000万元以上的项目达20个，其中上亿元的有7个，实际到位资金10.5亿元，比上年增长了28%。非公经济发展迅猛，新增个体工商户2776户，私营企业108家，注册资金1.8亿元，预计非公经济占GDP的比重达49%以上，为全县发展增添了新的活力。

社会事业

2007年，全县针对群众反映的热点问题，县委、县政府在上年年初向全县人民庄严承诺办十件实事，涵盖了新农村建设、农网改造、新农合、乡村公路建设和城区中小学校、医院、水厂、体育场新建，以及市政路桥改扩建、平安文山创建等内容。目前十件实事已基本完成。

2007年，加强县医院二院、县妇幼保健院和村卫生室等基础设施建设，强化医药市场监管，保障群众用药安全；新型农村合作医疗制度深入实施，参合率达90%以上，增加职工医疗保险个人账户金额，职工基本医疗待遇进一步改善，群众“看病难”问题逐步缓解；禁毒防艾三年人民战争取得初步成效。落实“科教兴县”战略和科技富民强县专项行动计划，加大科技创新和推广力度，人民群众依靠科技发展经济的意识逐渐增强，科技进步对经济增长贡献率达37.6%。严格执行“两免一补”政策，积极筹资构建贫困学生救助体系，切实关注弱势群体和农民工子女就学问题，共免除学杂费580万元，6.1万人次中小学生享受国家免费教科书，2万名中小学生得到608万元的生活费补助，“上学难”问题有效缓解；推进寄宿制学校建设和危房改造，投资5000万元建设的县一中二期工程、城北小学、红旗小学等项目竣工投入使用，办学条件明显改善；建立“控辍保学”长效机制，巩固“两基”成果，教育教学质量进一步提高，高考中考上线率取得历史性突破。建立和完善社会保障体系，加大对零就业家庭等困难群众的就业援助，建设100套廉租房，启动实施农村最低生活保障制度，1万农村贫困人口的最低生活得到保障；进一步扩大社会保险覆盖面，完善城乡特困群众住房、灾害应急等救助体系。积极筹集资金，解决了全县2600多名离退休人员人均每月160元的津贴，以及离休人员的住房补贴。全面贯彻计划生育基本国策，推行“奖优免补”，切实开展出生人口缺陷干预和新生儿性别比综合治理，加强流动人口计划生育服务管理，人口自然增长率得到有效控制，人口结构进一步优化。大力发展文化事业，加强公共文化设施建设，壮族纸马舞亮相于中国首届乡村文化艺术节，并申报国家级非物质文化遗产通过省级评审，《小鸡啄米》、《唢呐闹灯》等文艺节目参加第八届全国民运会比赛获得银奖，一批文化精品得到省内外好评。加强宣传思想工作，扎实推进社会主义核心价值体系建设，深入开展以“八荣八耻”为主要内容的社会主义荣辱观学习实践活动，着力实施“乡风文明工程”，推进“文明城市”创建，社会公德、职业道德、家庭美德和未成年人思想道德教育扎实有效，全县共有173家单位被授予州级以上文明单位荣誉称号。唱响“全民健身与奥运同行”主旋律，广泛开展全民健身运动，成功协办了全国山地自行车冠军赛事，为迎接2008年奥运会和十三届省运会胜利召开营造了浓厚氛围。残联、团委换届顺利完成，老龄、工会、妇女、统战等工作得到加强，群团组织的桥梁和纽带作用有效发挥。

（李学慧）

潞西市

综述

2007年，潞西市以党的十七大为指导，全面贯彻落实科学发展观，坚持以人为本，充分发挥特色资源优势，不断整合资源，致力城乡协调发展，深化改革，扩大开放，发展壮大县域经济，加快与发达地区的对接速度，全市经济从强基础阶段步入了较快发展时期。全市完成生产总值27.8亿元，比上年增长21.9%，经济总量连续五年保持全州第一。其中：第一产业增加值1.06亿元，增长14.5%；第二产业增加值1.96亿元，增长34.4%；第三产业增加值1.98亿元，增长20.3%。三次产业结构调整为31∶28∶41。财政总收入3.0亿元。金融机构存款余额50.2亿元、金融机构余额39.3亿元、居民储蓄存款余额24.7亿元。全社会固定资产投资14.5亿元，增长36%；全社会消费品总额11.4亿元，增长25.3%；城镇居民人均可支配收入1.07万元，增长15.3%；农村居民人均纯收入2296元，增长18.8%；城镇登记失业率为3.9%；人口自然增长率为7.9‰。

新农村建设

2007年，全市农业产业结构调整取得明显成效，特色经济发展格局初步形成。农林牧渔业总产值12.4亿元，增长11.2%；粮食总产14.6万吨，甘蔗总产102万吨，茶叶产量0.6万吨；肉蛋奶产量1.7万吨。马铃薯、甜脆玉米、晾晒烟成为冬农开发的三大亮点，实现冬农项目开发区人均收入695元。橡胶、咖啡、柠檬、澳洲坚果、木薯种植面积不断增加。森林覆盖率达61.2%。城网改造基本完成，西部农网改造工程完成80%。完成整村推进工程40个，脱贫1万人，易地搬迁400人、移民搬迁450人；新建农村沼气池1501户，节柴改灶346眼，解决了农村2.3万人及1200头大牲畜的饮水困难和饮水安全问题；实施了24个新农村试点、示范村建设工程；建设中小学校舍8416平方米，改造中小学危房6207平方米；新建村卫生室30个；完成6个文化站（室）建设；培训转移农村富余劳动力7330人。

农田水利基础设施建设

年内，完成瑞丽江段右岸部分河堤险段治理、芒别水库除险加固和勐板河水库等重点项目建设。改善灌溉面积35.6万亩，新增灌溉面积2.4万亩，防洪除涝面积0.6万亩，治理水土流失面积58.6平方千米，改造中低产田7.1万亩，水利化程度为45.1%。

工业经济

2007年，全市工业总产值17.6亿元，连续两年超过农林牧渔业总产值。秦瑞电力、220千伏输变电、亦可电站、勐板河一、二级电站、永利发厢用底板及胶合板厂、越盛硅厂、奥环水泥厂第一条生产线、CTC红碎茶等一批项目相继建成投产，基本形成了以制糖、制茶、建材、矿冶、水电为主的工业体系。芒市造纸厂、法帕水泥厂、清华铁合金厂等5家落后生产工艺企业的关闭，加快了节能减排降耗的步伐。

招商引资

2007年，全市签约招商引资项目20个，签约资金56.8亿元。对外合作交流进一步扩大，咖啡、茶叶、胶合板等自营产品出口不断增加，境外替代种植取得新进展。

固定资产投资

年内，全社会固定资产投资14.5亿元，比上年增加36.0%。一批事关全局的重大工程和项目相继建成，交通、能源、水利等基础条件明显改善，进一步完善了州府芒市的城市功能。2007年进入“中国特色魅力城市二百强”之列。

交通运输和通讯业

全年完成货运量735万吨，增长12%，货运周转量4.0亿吨千米，增长12.8%；完成客运量371万人次，增长66.4%；客运周转量3.0亿人千米，增长19.5%。60%的行政村公路通达，99%的自然村通公路，通乡公路实现了弹石化的目标。新建了芒海、遮放和江东农村客运站。年末公路通车里程1742.3千米。

完成邮政业务总量1398万元，增长2.2%。其中：邮政业务收入1358.0万元。

商贸和旅游业

2007年，非公经济蓬勃发展，成为县域经济发展的主力军，年末私营企业有468户，上缴税金2.03亿元。全市外贸进出口总额6.5亿元，比上年增长34.1%。其中出口总额6.3亿元，增长41.9%。市场物价上涨较快，居民消费价格指数为106%，上涨4.4%；商品零售价格指数为104.9%，上涨4.3%。

年内启动了勐垅沙、勐巴娜西公园、弘映山庄和峡门风情傣寨旅游项目建设，绿色家园、树包塔、德宏民族文化体育康乐谷、润美风情村和法帕康体小镇进入项目建设前期工作。成功举办第五届勐巴娜西风情节，配合州办好“中国·德宏首届葫芦丝文化节”。全年接待中外旅游者97.9万人，增长18.4%。实现旅游总收入6.5亿元，增长18.4%，实现外汇收入315万美元，增长15.3%。

社会事业

2007年，全面落实“以县为主”的教育管理体制，义务教育经费保障水平得到提高，“两免一补”范围进一步扩大。职业技术教育和成人教育培训加快发展，已形成多层次、多门类、多形式的办学格局。

科技创新体系不断完善，科技贡献率为49%。文化事业健康发展，农村文化阵地建设得到加强，广场文化、群众文化不断繁荣。大力实施广播电视“村村通”工程，广播覆盖率达95%，电视覆盖率86%。

新型农村合作医疗稳步推进，参合率达92.5%。乡镇卫生院建设进一步加强，农村居民看病难、看病贵的问题得到进一步缓解。完成市医院住院部主体工程和市疾控中心、10个乡镇卫生院业务用房建设，新建村卫生室49个，改扩建6个。

社会保障体系进一步完善，养老、失业、医疗、工伤和生育保险覆盖面不断扩大，农村养老保险试点全面铺开。以市场为导向的就业机制基本形成。培训转移农村富余劳动力7330人；城镇实现新增就业岗位706个，新增就业706人；3202人参加了农村社会养老保险。

坚持不懈地抓好扶贫开发工作。全市实施整村推进40个村，扶持资金515万元，当年基本解决贫困人口7325人。

（王在敏）

香格里拉县

综　述

香格里拉县位于云南省西北部、青藏高原东南缘横断山脉腹地，迪庆藏族自治州东部。东与四川省稻城县相连，东南与云南省丽江市、维西县、德钦县隔江相望，西北与四川省德荣县、乡城县为邻。全县国土总面积1.16万平方千米，山地面积占全境的93.5%，是云南省面积最大的县。县城驻地建塘镇海拔3300米，为迪庆州府所在地，距省会昆明706千米。县境地形西北高、东南低，最高点巴拉格宗海拔5545米，最低点洛吉吉函海拔1503米，海拔高差4042米。年平均气温6.7℃，年降水量776.9毫米。

县境内有大小河流244条，主要一级支流13条，总长545千米，多年平均产水量48.69亿立方米，水能资源理论蕴藏量达209.84万千瓦（不含金沙江）。有77.38万公顷森林，森林覆盖率达66.63%，用材林蓄积量6931.9万立方米，森林覆盖率和林木蓄积量均居全省之首。素有“动植物王国”和“天然高山生物园”美誉。

香格里拉居于“三江并流”有色金属成矿带腹心区，有金属、非金属矿种25个，120个矿床、矿点。探明大型矿床1个，中型矿床5个，小型矿床15个。

香格里拉地处举世闻名的“三江并流”风景区腹地，有高原明珠碧塔海、属都湖、黑颈鹤的乐园纳帕海，神女千湖三碧海等近300个清幽、宁静、神秘的高山湖泊点缀其间；中国最大的冷泉华奇观白水台以及夏给温泉、天生桥彩泉构成一幅幅名泉流溪图；5～9月，雪山草原，莽莽林海，200多种山花竞相开放，到处都是花的海洋，绿的世界，山美水美，胜景叠出。

2007年，实现县域生产总值27.97亿元，可比增长23.5%。其中：第一产业实现增加值2.9亿元，增长5.4%；第二产业实现增加值13.13亿元，增长28.6%；第三产业实现增加值11.93亿元，增长23.1%。实现县级生产总值15.57亿元，增长22.8%。其中：第一产业实现增加值2.8亿元，增长5.4%；第二产业实现增加值5.77亿元，增长33.8%；第三产业实现增加值6.99亿元，增长22.3%。县域的一、二、三产业增加值占全县生产总值的比重由上年的12.0∶45.0∶43.0调整为10.4∶47.0∶42.6；县级一、二、三产业增加值占全县生总产值的比重由上年的20.3∶35.1∶44.6调整为18.0∶37.1∶44.9。人均生产总值达到1.78万元，比上年增加3935元，增长28.35%。

2007年，全县完成地方财政收入1.02亿元，比上年增长32.9%；财政总收入达1.71亿元，增长35.9%；地方财政支出4.99亿元，增长35.0%。

农村经济

2007年，全县认真落实中央扶农、惠农政策，积极推进社会主义新农村建设，以农业增效、农民增收、农村发展为目标，加大对农业生产投入的同时，积极调整农业生产结构，农村经济保持了稳步发展。现价农林牧渔业总产值3.99亿元，按可比价计算，比上年增长8.1%。其中：农业总产值1.74亿元，增长7.8%；林业产值3009万元，下降41.3%；牧业产值1.24亿元，增长0.9%；渔业产值56万元，增长4.2%；农林牧渔服务业产值6950万元，增长9.3%。

全年农作物总播种面积27.79万亩，比上年增长1.8%。粮食总产量5.7万吨，增长0.5%，农民人均有粮505千克。油料产量1493吨，增长15.8%。烟叶产量32吨，减少61.7%。药材产量854吨，增长18.1%。蔬菜类产量1.56万吨，增长13.1%。蚕茧产量179吨，增长30.7%。

全年造林面积948公顷，比上年增长58.0%；零星植树25.4万株，增长1.21倍；苗木产量518.43万株，下降49.3%；年末实有封山育林面积4.19万公顷，增长3.3%。

畜牧业生产稳定发展，2007年肉类产量1.08万吨，增长10.8。

旅游产业

2007年，全县精品景区建设力度进一步加大，普达措国家公园、香格里拉滑雪场等的景区设施进一步完善；独克宗古城保护、修复、提升的各项工作顺利推进，成为展示香格里拉丰富多彩的民族文化的重要载体；松赞林寺、巴拉格宗、大千世界、虎跳峡等旅游建设项目较快推进；全年完成旅游建设项目投资3亿元。香格里拉县的旅游业正逐步由单一的观光旅游向观光、探险、商务、会展、体育赛事、文化交流、生态休闲等复合型旅游转变。全年接待国内外游客286.29万人次，比上年增长23.9%，其中国内游客255.56万人次，增长24.5%。旅游总收入25.28亿元，增长19.7%，其中国内旅游收入12.74亿元，增长18.3%。

乡镇企业

2007年，全县乡镇企业总收入8.89亿元，比上年增长15.1%；乡镇企业总产值9.83亿元，增长21.4%。

工业经济

2007年，完成水电项目投资4.9亿元。普郎铜矿项目依法推进；神川矿业、雪鸡坪铜矿、虎跳峡钨矿等一批企业通过技术改造，生产能力和产品质量有了较大提高，全年完成矿业项目投资6.3亿元。全年完成县域工业总产值13.77亿元，增长26.0%。规模以上工业企业有12个，完成总产值11.01亿元，增加值7.18亿元。县级工业总产值完成6.34万元，增长21.0%；规模以上工业总产值完成3.84亿元，增长26.3%。

基础设施

2007年，香格里拉县以“建州50大庆”为契机，以“两路两城一湖”为重点，加快城市基础设施建设。全面完成了香巴拉大道、康珠大道两个城市主干道建设项目和阳塘路、仁安路等城市次干道建设项目二期工程，城市交通网络初具规模；坛城广场二期和湿地公园建设项目、文博中心、香巴拉小镇职工住宅小区、纳赤德南等市政招商项目顺利推进，龙潭河治理、古城保护、城市绿化、城市亮化等项目相继竣工，城市功能不断完善，城市品位不断提高，人居环境不断改善。在加快中心城市建设步伐的同时，不断加大小城镇建设力度，格咱乡党政机关驻地成功搬迁，三坝乡小集镇建设工作全面启动。以农村为重点，按照国家投资导向，全力推进了教育、卫生、文化、扶贫等社会事业的基础设施建设项目，切实解决农村通水、通电、通路等问题，逐步改善了贫困地区及贫困群众的生产生活条件。全年完成县域固定资产投资37亿元，较上年增长45.7%，完成县级固定资产投资27亿元，较上年增长33.8%。

交通邮电

2007年，全县公路里程有1100千米，其中：县道285千米，乡道815千米。晴雨通车里程806千米，桥梁有33座。全年公路运输客运量242万人，旅客周转量7.76亿人千米，货运量277万吨，货物周转量15.83亿万吨千米。

全年邮政业务量668万元，比上年增长11.9%，邮政储蓄期末余额10225万元，增长7.6%；电信业务总量1850万元，比上年下降41.4%；固定电话用户2.7万户，下降3.2%，其中：普通电话用户1.61万户，增长8.2%；互联网宽带接入用户3482户，增长66.1%。

国内贸易

2007年，全县实现县域社会消费品零售总额8.32亿元，增长17.7%。实现县级社会消费品零售总额4.61亿元，增长16.4%。商品零售价格总水平比上年同期上涨1.0个百分点，居民消费价格总水平上涨1.9个百分点，农业生产资料价格总水平上涨5.9个百分点。

社会事业

2007年，全县拥有幼儿园4所，在园幼儿数1161人；小学131所，教学点数183个，在校学生数1.38万人；中学校数7所，在校学生数7629人；农村成人文化技术培训机构11个，结业生数8500人。小学学龄儿童入学率98.37%，小学辍学率1.80%，小学巩固率98.68%，小学升学率78.99%；初中毛入学率97.26%，初中升学率49.66%，普通初中巩固率96.85%，普通初中辍学率2.85%，普通高中辍学率4.38%。

年内，加强科技队伍建设，完善科技服务网络，加大科技投入，科技事业取得新的进展。举办科普宣传15次，科普示范户429户。组织科技下乡次数30次，科技下乡活动工作人员总计40人次，受益乡（镇）11个，受益农户2.19万户；举办科普讲座5次，听讲人数800人次；举办实用技术培训60次，参加人数8560人次；放映科普影视节目2部，观看人数600人次；发放宣传资料16种，发放份数10000份。

加强群众文化、文物保护等工作，文化事业有了新的进展。艺术表演团体从业人员有30人，演出场次190场，观众人数4000人次；群众艺术馆、文化馆从业人员8人，举办展览个数2个，组织文艺活动次数10次；文化站有11个，从业人员12人，举办展览个数2个，组织文艺活动次数67次，举办培训班班次89次，培训人数490人次，藏书22001册。

2007年末，全县拥有14个卫生机构数，病床数113张，卫生技术人员数285人，增长2.9%。

人民生活

2007年，全县农民人均纯收入2037元，增长15.4%。县域全部单位在岗职工1.31万人，其中县级在岗职工8113人；县域在岗职工工资总额达3.58亿元，比上年增长19.1%。其中：县级在岗职工工资总额2.36亿元，增长18.7%；县域在岗职工年平均工资为2.76万元，增长15.4%；其中县级在岗职工年平均工资为2.93万元，增长17.5%。城镇居民人均可支配收入1.33万元，增长11.8%。城镇登记失业率为3.7%。

（李俊成）

思茅区

综述

2007年，普洱市思茅区坚持以邓小平理论和“三个代表”重要思想为指导，牢固树立和落实科学发展观，克服了各种自然灾害和不利因素的影响，国民经济呈现出增长较快、结构优化、效益提升、民生改善的良好态势，实现了年初确定的国民经济和社会发展的预期目标。全区生产总值为33.27亿元，按可比价格计算，比上年增长19.5%。其中第一产业增加值4.36亿元，第二产业增加值12.79亿元，第三产业增加值16.12亿元，分别增长15.7%、26.6%和15.6%。人均GDP为1.3万元，增长18.7%。三次产业结构由上年的14.65∶34.83∶50.52调整为13.11∶38.43∶48.46，第二产业比上年提高2.9个百分点。工业增加值占生产总值的比重达到23.01%，提高3.01个百分点，对经济增长的贡献达到38.3%。全区居民消费价格上涨8.5%，其中食品类上涨19.6%。商品零售价格上涨8.6%，农业生产资料价格上涨3.8%。

农业

2007年，思茅区以“实现农业增效，促进农民增收，加快建设社会主义新农村”为目标，强化支农惠农政策，狠抓各项工作落实，农业农村各项工作进展顺利，农业生产形势良好。全年粮食获得丰收，实现了粮食产量稳定在5000万千克的预期目标。全年粮食种植面积24.01万亩，比上年下降1.48%；全年粮食产量5.06万吨，下降0.35%。夏收粮食播种面积6.12万亩，增长0.27%；粮食产量5570吨，增长1.14%。秋收粮食播种面积17.89万亩，下降2.07%；粮食产量4.5万吨，减少0.53%。茶叶采摘面积8.39万亩，产量8178吨，增长40.32%；蔬菜种植面积3.17万亩，产量3.2万吨，增产3.0%；咖啡种植面积5.08万亩，产量4784吨，增产18.15%；橡胶产量942吨，增产35.73%；水果1.2万吨，减少2.77%；烤烟1138吨，减少5.25%。

全年全区肉类总产量1.18万吨，比上年增长9.51%。全年水产品产量9763吨，增长20.83%。

全年造林面积2.67万亩，全社会木材生产量17.42万立方米，松脂产量4749吨。

工业

2007年，全区全部工业总产值21.16亿元，比上年增长28.8%。全年全部工业增加值7.66亿元，增长39.0%。其中，规模以上工业增加值达到6.71亿元，增长41.7%。矿产业和茶叶加工业增加值3.16亿元，增长133.1%，对规模以上工业增长的贡献率为65.0%，拉动规模以上工业增长26.9个百分点。

主要工业产品产量：茶叶增长28.5%，发电量增长15.7%，茶叶机械增长61.5%，水泥增长13.1%，配混合饲料增长49.9%，锌选矿产品含锌量增长117.7倍，铜选矿产品含铜量下降5.9%，松香下降28.8%，啤酒下降27.3%，人造板下降3.1%。

全年规模以上工业企业实现利税3.48亿元，比上年增长41.9%；实现利润2.14亿元，增长40.0%。在利润中，国有及国有控股企业799万元，增长9.8%；国有企业726万元，增长16.2%；股份制企业6648万元，增长6.8%；外商及港澳台投资企业14080万元，增长66.3%。

全区建筑业实现增加值5.13亿元，比上年增长11.9%。具有资质等级的总承包和专业承包建筑业企业实现利润4096万元，增长53.4%。施工项目招标投标推行面继续扩大，全年招标投标推行面达到61.4%。

固定资产投资

2007年全社会固定资产投资32.03亿元，比上年增长29.8%。在固定资产投资总额中：第一产业投资2149万元，投资额比上年有较多下降；第二产业投资15.63亿元，增长24.5%，其中工业投资14.43亿元，增长15.2%；第三产业投资16.19亿元，增长44.9%。

重点项目和基础设施建设继续加强。糯扎渡电站完成投资13.46亿元，增长13.5%；思澜公路二期改造工程完成投资9072万元，增长90.0%；磨思高速公路思茅区段完成投资7311万元，普洱文化中心完成投资483万元，普洱工业园完成投资1.23亿元，城市基础设施完成投资3393万元。

全年房地产开发投资8.3亿元，比上年增长129.2%。商品房竣工面积29万平方米，增长190.0%；商品房销售建筑面积53万平方米，增长178.9%，其中商品住宅44万平方米，增长193.3%；商品房销售额12.5亿元，增长260.0%。

交通运输邮电业

2007年，全区交通运输能力稳步提高，各种运输方式完成货物周转量10.48亿吨千米，增长9.9%；完成旅客周转量8.9亿人千米，增长11.5%。机场旅客吞吐量9.6万人，增长68.4%。

全年邮电业务总量2.73亿元，比上年增长19.1%。其中，邮政业务总量1886万元，增长16.2%；电信业务总量2.54亿元，增长19.4%。

国内贸易

2007年，全区社会消费品零售总额达到13.79亿元，比上年增长16.3%。其中：城市零售额12.83亿元，增长16.5%；农村零售额9615万元，增长13.7%。分行业看，批发零售业零售额11.08亿元，增长

18.1%；住宿餐饮业零售额2.44亿元，增长10.3%；其他行业零售额2616万元，增长2.7%。

2007年，全区有亿元以上的商品交易市场2个，成交额3.21亿元，比上年增长19.9%；限额以上超市达到3个，增长50%，超市商业销售额1.22亿元，增长46.2%。

对外贸易和非公有制经济

2007年，全区完成进出口总额1419万美元，比上年增长26.0%。其中：进口总额134万美元，下降10.1%；出口总额1285万美元，增长31.5%。

年末全区个体工商户6481户，比上年增长5.3%；从业人员2.91万人，注册资金2.18亿元，增长14.6%。私营企业433户，注册资金3.86亿元，从业人员1.19万人，分别增长3.6%、2.8%和14.2%。非公经济实现增加值13.23亿元，占全区生产总值的比重达39.8%。

财政和金融

2007年，全区财政一般预算总收入4.01亿元，比上年增长36.2%。其中，地方一般预算收入2.39亿元，增长28.3%。

年末全区金融机构人民币存款余额74.54亿元，增长20.3%。其中：企业存款余额23.67亿元，增长35.9%；城乡居民储蓄存款余额31.48亿元，增长6.4%。金融机构贷款余额64.81亿元，增长45.5%，其中短期贷款余额为22.61亿元，增长42.5%；中长期贷款余额40.25亿元，增长45.5%。

2007年，全区保费收入1.33亿元，比上年增长1.1%。其中，产险保费收入6532万元，寿险保费收入6774万元。全年赔款和给付支出合计6532万元，其中，产险赔款2928万元，寿险给付454万元。

社会就业

年末，全区从业人员16.44万人，政府组织开发就业岗位2261个，全年新增就业人员6661人。年末城镇登记失业率为3.8%，与上年持平。

社会事业

2007年，全区社会事业进一步发展：一是教育事业持续发展。普通高校在校生5145人，普通高中、初中、小学在校生分别达到6643人、1.09万人和2.38万人。拥有幼儿园20所，在园幼儿7814人。初中适龄人口毛入学率为100.4%，小学适龄儿童毛入学率为111.1%。二是科技活动取得新进展。全年科研经费支出1780万元，增长45.3%，占生产总值的0.53%，比上年提高0.06个百分点。拥有县及县以上独立自然科研单位6个，从业人员240人，比上年增加63人，增长35.6%。三是文化事业日益繁荣。年末全区共有专业艺术表演团体1个，文化馆2个，公共图书馆1个。有广播电台2座，广播综合人口覆盖率100%；电视台2座，有线电视用户4.5万户，电视综合人口覆盖率98.4%。四是卫生事业进一步加强。年末共有各类医疗卫生机构23个，年末拥有医院、卫生院13个，妇幼保健院（所、站）2个，疾病预防控制中心2个，卫生监督检验所3个。卫生技术人员1349人，其中执业医师和执业助理医师659人。医院和卫生院床位数1107张。五是体育事业继续发展。年末共有体育运动中心2个，晨晚炼健身活动点8个。居民健身活动活跃，健身意识不断加强，健身活动在全区城镇、乡镇广泛开展，全年健身活动人数超过6万人次。

旅游业

2007年，全区共接待海内外游客85.5万人次，比上年增长5.0%；旅游总收入2.8亿元，增长12.0%。其中，接待境外游客4.28万人次，增长3.97倍，完成旅游外汇收入154万美元，增长40.0%；接待国内游客81.23万人次，增长0.84%，完成国内旅游收入2.68亿元，增长10.7%。

人民生活

2007年，全区农民人均纯收入2588元，比上年增长18.7%；城镇居民人均可支配收入达1.05万元，增长14.6%。年末城乡居民人均住房使用面积分别达到23.4平方米和25.2平方米，比上年末分别增加1.6平方米和3.6平方米。

年末全区参加城镇基本养老保险人数为3.09万人，比上年末增加1841人。其中参保职工2.32万人，参保离退休人员0.77万人。全年共发放城镇居民最低生活保障金1019万元，享受最低生活保障6185人。农村低保制度初步建立，享受低保人数4000人，发放农村低保金145万元。参加农村新型农村合作医疗的人数为4353人。农村困难群众大病医疗救助人数4888人，救助资金51.2万元。城市困难群众大病医疗救助人数108人次，救助资金19.70万元。参加失业保险的职工人数为1.94万人，增加1602人。

年末共有各类收养性社会福利单位8个，提供床位202张，收养人数120人。广泛开展献爱心救助活动，全年接收现金及物资共计323万元，受益16.1万人次。

环境保护

2007年，全区自然生态保护工作扎实推进。区内已建有国家级自然保护区1个，自然保护区总面积266平方千米，占全区国土面积的6.8%。环坝山地林权置换工作进展顺利，生态林保护继续加强。城市绿化积极推进，人均绿地面积达到8.1平方米。

安全生产

全年共发生各类伤亡事故74起，死亡33人。其中，道路交通事故55起，死亡21人；工矿商贸事故9起，死亡12人；火灾事故10起，无死亡。全区亿元GDP生产安全事故死亡0.99人，减少0.16人，下降16.2%。

（奎中凌）

开发区建设

昆明国家经济技术开发区

综 述

2007年，昆明国家经济技术开发区经济发展方式进一步转变，运行质量显著提高，主要经济指标持续高速增长。全区实现二、三产业增加值48.33亿元，比上年增长20.5%；二、三产业结构由上年的73.3∶26.7调整为68.34∶31.66；实现营业总收入234亿元，同比增长51.62%。财税收入继续保持较快增长，财政总收入突破10亿元，达122526万元，增长53.36%，其中，地方财政一般预算收入完成2.84亿元，增长15.64%，占财政总收入比重由2006年的30.74%提高到35.53%。

全年全区实现工业增加值29.6亿元，比上年增长16.04%；实现工业总产值85.1亿元，同比增长17.67%，其中非烟工业产值和利润占工业产值和利润的比重比上年同期提高9.7个百分点和19.46个百分点。

全年工业产值超亿元企业15家，完成产值65.7亿元，增长20.74%，占全部工业产值的77.2%。其中，产值过3亿元的企业8家，比上年增加2家，产值合计占全区的63.3%。规模以上统计直报工业企业实现主营业务收入85.36亿元，比上年增长26.16%；实现利税10.74亿元，增长31.46%；从业人员年平均工资由上年的25667元/人提高到33478元/人。高新技术工业企业实现产值24.18亿元，比上年同期增长25.94%，占全区工业产值的28.41%；实现增加值8.87亿元，增长21.17%，占全区工业增加值的30%。第三产业实现增加值15.3亿元，同比增长42.97%，第三产业占全区生产总值的比重比上年上升4.96个百分点。其中，批发和零售贸易业实现增加值11.08亿元，同比增长62.04%；运输仓储邮政、住宿餐饮、社会服务、软件开发等服务业实现增加值3.99亿元，增长28.3%；房地产业实现增加值0.22亿元，增长71.5%。

全年实现外贸进出口总额1.81亿美元，同比增长14.57%，其中市属外贸进出口8450万美元，增长48.58%。进出口总额中，出口完成1.35亿美元，增长44.2%。其中机电产品出口3591万美元，增长21.3%；高新技术产品出口3647万美元，增长42.6%。全区工业品外销率（销往省外及国外）达74.3%。全年完成固定资产投资23.59亿元，增长34.32%。

招商引资

2007年，昆明国家经济技术开发区招商引资工作在处理数量与质量的关系上，更加注重引进税源型、科技型、创新型和龙头型的项目，努力做到“六个并举”，即外资与内资并举，二产与三产并举，税源型与高科技项目并举，产业链招商与老企业增资扩股并举，功能性项目引进与效益性评估并举，用地类项目与非用地类项目并举。引进了一批质量较好的项目，使招商引资工作从单纯追求数量向更加注重质量转变。全年批准引进企业及项目272个，实际利用外资5075万美元，同比增长61.7%；实际到位市外内资37.64亿元，增长18%。昆明科技创新园和新兴产业孵化区两个孵化器引进投资18.89亿元，其中市外资金14.82亿元。

园区建设

2007年，昆明国家经济技术开发区加大园区建设力度，园区建设工作全面推进，新上项目开始显现发展势头。年内新开工建设项目23个，已建成投产项目7个，新增工业产值1.56亿元。昆明信息产业基地建设全面展开，项目开工建设23家，其中建成投产7家，配套的水、电、气、路等基础设施全面开工，临时性配套设施总体到位，永久性配套设施启动建设；昆明出口加工区基本完成征地拆迁，投入征地拆迁资金达4.5亿元，为满足国务院封关验收的先行建设项目全部建成，相应水、电、气、路等永久性配套设施建设也已全面展开；此外，光电子产业基地二期项目建设正式启动，云内动力项目建设正在推进、机床工业基地、闽商工业基地等项目的前期工作取得进展。尤其在省市党委、政府作出在经开区建设深圳产业基地的重大决策后，经开区按照超常规方式推进基地建设的前期工作，在较短时间内完成总体规划、概念性规划，并展开卓有成效的招商引资工作，成为2007年园区建设的新亮点。多个子园区项目的同步推进，彻底改变了经开区整体形象，为后续发展奠定了坚实基础。

投资环境

2007年，因受国家土地政策调整，昆明经济技术开发区在新增项目经济贡献率不高的情况下，依靠原有企业的挖潜，仍然实现了经济的高速增长，其中最重要的原因是加大了对企业技术创新、管理创新的扶持，使众多企业迈上了内涵式增长的可持续发展之路。年内相继出台了《关于鼓励企业技术创新的实施意见》的5个配套办法，加大对重点产业、重点项目的扶持，全年扶持企业的财政投入高达3849万元、政策性减免各种税收6亿元，有力地支撑了企业的内涵式发展。同时，出台《关于企业节能减排的实施意见》、制定循环经济规划等，促使企业加速迈向依靠自主创新、依靠技术进步、管理进步实现自身的壮大发展。2007年，区内有1家企业被认定为国家级科技孵化器，2家企业被认定为云南省创新型试点企业，2家企业被认定为省级企业技术中心，5家企业被认定为市级企业技术中心；2家企业的产品分获国家级和省级名牌产品称号；全力促进区内民营企业圣火药业在美国纳斯达克上市、绿大地在深交所主板上市，迈出了面向证券市场融资、做大做强企业的重要步伐。经过一系列的政策调整，经开区二、三产业的比重更加趋于合理、高新技术产业取得长足进步，高新技术产业增加值占工业增加值的比重达到40%以上，产业结构进一步优化，迈上了科学发展的轨道。

管理与服务

2007年，昆明国家经济技术开发区围绕营造优良投资环境，提升服务品质的目标，借贯彻实施《昆明经济技术开发区条例》的有利时机，加大管理创新和服务创新力度，使管委会的整体服务水平有了新的提高。一是以加强机关作风建设和干部队伍建设为突破口，努力推进和谐机关建设和服务性政府建设。二是健全完善工作目标责任体系、奖惩激励机制，使全年工作有了明确的目标要求和动力来源。三是加强机关信息化建设，优化和改进了内部管理信息平台，实现工作流程的再造。四是努力形成“一站式办公、并联式审批、契约制服务”的公共服务特色，尤其是“契约制”服务和“宾馆式”服务试点工作的开展，为服务企业、发挥政府在市场经济条件下的作用开辟了新的渠道。五是持续推进ISO9001国际质量标准体系的建立，顺利通过权威机构的外部审核，为经开区服务品质的提升提供了动力。

2007年，继上年开展的机关作风整顿、行政效能提高之后，开发区对改善服务投资者和企业的方式方法进行了新的探索和实践：一是针对项目建设过程所需行政审批繁杂问题，推出以“帮办、代办”各种手续为主要内容的“宾馆式”服务。二是“契约制”服务，即通过在政府与企业之间建立以政府服务承诺为主要内容的“契约”，约束政府努力实现“便捷、高效、亲和、规范”的服务理念。年内，管委会与12家重点企业签订了契约制服务协议，各部门同步制定职责范围内的“宾馆式”服务方案并付诸实施，为创造经开区的投资环境优势增添新的亮点。

清洁生产

2007年，昆明经济技术开发区启动34家企业开展清洁生产审核，当年有8家企业通过审核验收。截至2007年底，共有41家企业正式开展清洁生产审核，其中13户企业通过验收，实施无低费方案250个，中/高费方案36个，投入资金2730.73万元，年产生经济效益8097万元。共节约能耗765.34吨标煤，节电428.54万度，节水7.23万立方米，减少废物排放174.48吨，减少废水排放18.4万吨。

社会事业

2007年，昆明国家经济技术开发区在经济发展取得长足进步的同时，社会事业实现健康协调发展，“四创”工作按计划顺利推进，完成市委、市政府下达的工作目标；教育、卫生、文化等公共事业进步显著，劳动关系和谐企业、和谐工业园区创建列为省级示范区，“和谐经开”的工作稳步推进。全年财政教育投入100余万元，对直属学校教学设施进行了升级改造；针对教育资源不足，积极协调，保证了全区常住户口适龄儿童100%入学和小升初100%。同时进一步加强疾病预防控制中心建设，健全覆盖全区的疫情监测报告网络；认真落实计划免疫工作，日常接种各种疫苗5300余人次；持续加大医疗卫生投入，改善医疗条件；成立社区卫生服务中心，方便群众就医。

投融资平台建设

2007年，昆明国家经济技术开发区管理委员会加大投融资平台建设，管委会投资公司已逐渐成为新的投融资主体，公司坚持政府引导、市场运作、服务园区的经营方针，多渠道引进开发建设资金，有力促进了经开区基础设施建设。年内，由投资公司与云南国资公司、云南路桥房地产公司合作组建昆明经济技术开发区国资产业开发有限公司，注册资金1亿元人民币，其中云南国资公司占51%股份，投资公司占38%股份，路桥公司占11%股份。2007年，合作公司投资2.3亿元用于昆明出口加工区基础设施建设。同时，合作公司正与多家公司开展合作，协议引进开发建设资金约35亿元人民币，致力于经开区更为广泛的基础设施建设。重点项目包括：经开区人才综合楼项目、通讯管道铺设项目、数字电视管理中心项目、机床工业园开发项目等。

2007年9月，管委会设立了昆明国家经济技术开发区利用外国政府贷款项目管理办公室，负责开展申请国际金融组织贷款1000万欧元用于园区道路、管网、通讯、照明、污水处理与再生利用工程建设。

规划及土地工作

2007年，昆明国家经济技术开发区遵循规划先行的原则，组织开展区内部分片区的规划编制和审批工作，年内组织完成《昆明经济技术开发区羊甫片区（昆明出口加工区）控制性详细规划（调整）》的编制和审批工作；完成《深圳工业产业基地概念规划》的编制工作，2007年10月组织专家评审通过，并于11月上报市规委审批；完成《昆明信息产业基地控制性详细规划（调整)》的编制工作,并获得审批;完成《昆明经济技术开发区牛街庄鸣泉片区控制性详细规划(调整)》的编制工作,并获昆明市规划局审批。其中深圳产业基地概念规划已通过专家评审并上报市规委审批,黄土坡片区控详规已通过专家评审并正在就专家评审意见进行修改后上报市规委审批。

截至2007年底,经开区昆明信息产业基地、昆明出口加工区、云内动力工业项目已完成全部征地工作。其中,昆明信息产业基地征用土地8137.25亩;昆明出口加工区征用土地3585.55亩;云内动力工业项目征用土地1100亩。

9月3日,中共中央政治局常委、全国政协主席贾庆林在云南省委书记白恩培、省长秦光荣陪同下,视察位于昆明经济技术开发区的北方红外光电子有限公司。

9月20日,昆明市人大常委会主任李培山率市人大常委会执法检查组,对贯彻《昆明经济技术开发区条例》情况进行了执法检查。

10月25日,经过紧张的前期准备。信息产业基地1#、2#、8-4#道路供水管道工程开工建设,标志着信息产业基地永久供水系统工程正式启动。

11月12~13日,由深圳市人民政府、昆明市人民政府主办,昆明经济技术开发区承办的昆明深圳产业基地宣传推介活动在深圳华侨城洲际大酒店举行。

11月28日上午,天安中国投资有限公司执行董事、总经理马申一行五人组成的考察团到我区考察昆明深圳工业园。

12月12日,深圳市人民政府副秘书长徐安良率深圳经贸代表团到经开区参观考察。

12月18日,德国独资企业——昆明金壳电子防盗产品有限公司签约进入昆明出口加工区,成为第一家入驻昆明出口加工区围网内的企业。

12月21日,绿大地生物科技股份有限公司在深圳深交所成功上市。

(经开区办公室)

昆明滇池国家旅游度假区

综　述

2007年,昆明滇池国家旅游度假区管委会带领全区干部职工,携手各驻区单位、企业,团结一心、迎难而上、开拓创新、奋力拼搏,以打造现代都市“第三空间”为发展目标,以创造、提升民族风情旅游和高原训练、康体休闲两大品牌为发展动力,不断完善基础设施建设,加强招商引资工作,提高区域绿化、美化、亮化水平,将一个杂草丛生、交通不便的城市郊区农场,建设成为中国西部人居环境最好的区域之一,品牌营造独树一帜,经济社会效益在全国12个国家级度假区中名列前茅。至2007年底,度假区总共实现增加值69.7亿元,旅游、服务业收入111.3亿元,地方财政总收入22.5亿元,税收收入5.5亿元,固定资产投资及基础设施投入117.6亿元。接待海内外游客4749万人次(其中海外游客89.8万人次)。

主要经济指标

2007年,度假区主要经济指标完成情况如下:第三产业增加值20.19亿元,同比增长82.1%。旅游接待人次660.8万人次,增长6.4%,约占全市旅游接待人次的26%;全区旅游及服务业总收入45.49亿元,增长136.3%。地方财政收入1.55亿元,增长45.2%。固定资产及基础设施投资总额16.62亿元,增长19.9%。

全年招商引资引进开发项目7个,项目开发建设协议总投资16.86亿元。招商引资实际到位资金16.03亿元,增长18.3%。

经济发展

全年度假区实现增加值20.2亿元,比上年增长82.1%;完成财政总收入2.1亿元,增长30.4%,其中,完成地方财政收入1.55亿元,增长45.2%;实现旅游、服务业收入45.5亿元,增长1.4倍;固定资产及基础设施投入16.6亿元,增长19.9%;招商引资实际到位资金(内资)16亿元,增长18.3%。

2007年,度假区加大基础设施投入力度,加快实施品牌战略,全力推进重大项目的开发建设,投资环境进一步改善,旅游“二次创业”顺利推进,旅游、商贸、服务业发展态势良好,全区经济保持较快增长,经济实力显著增强。据度假区统计局年快报,全区当年实现增加值(GDP当年价)20.19亿元,其中:社会服务业实现增加值5745.98万元,增长46.08%;房地产业实现增加值5.56亿元,增长12.31%,拉动经济增长5.5个百分点;贸易业实现增加值9.86亿元,增长418%,拉动经济增长71.72个百分点;全区经济总量保持82.1%的较高增长速度,经济运行质量不断提高,综合经济实力明显增强。

基础设施建设

2007年,度假区共完善基础设施面积56.79万平方米,对区内主要道路、管网、单位指示牌等公共设施进行了改扩建工程,并在全区实施了环境绿化、美化和灯光亮化工程。全年共完成固定资产投资总额16.61亿元,同比增长19.9%。全区城市面貌明显改善,生态环境保护进一步加强,经济发展活力明显提升。

项目建设

2007年，度假区的项目开发建设继续呈现良好发展态势，云南海埂会议中心及云南大会堂项目落户度假区，老昆明旅游商城、云南民族茶文化大观园、金沙江中游水电开发公司总部基地等一批精品项目的引进和建成，进一步优化了度假区产业投资结构，促进了度假区总部经济的发展壮大，为度假区树立了良好的品牌形象，大大提升了度假区的知名度和美誉度，使海埂片区的旅游及产业功能更加完善、旅游产品结构更加合理，旅游产业更具规模化和现代化。同时，物流中心、旅游度假小镇以及影视传媒基地等投资项目的推进和落实，将使度假区的开发建设呈现出多层次、多样化的发展格局，开创了度假区对内、对外开放的新局面，也拉开了加快呈贡大渔片区开发建设的新序幕，并将对度假区的总体开发建设水平和经济社会发展产生积极而重大的影响。

企业经营

2007年，度假区企业经营效益总体良好，全区旅游服务业总量得到明显提高。全年共接待游客660.8万人次，其中接待海外游客达12.2万人次，旅游接待人次占到全市旅游接待人次的26%，旅游服务业收入比上年增长136.3%，为全市旅游产业的发展做出了应有的贡献。特别是云南民族村作为度假区着力打造的云南民族文化旅游品牌项目，通过进一步提升改造，丰富企业文化内涵，积极拓展旅游市场和服务接待项目，取得了较好的经营业绩。此外，滇池高尔夫球场、怡景园度假酒店、红塔体育中心、海埂体育训练基地、滇池春天温泉会馆等区内旅游服务企业在2007年都取得了较为满意的经营成绩。为度假区打造旅游精品，实施品牌效应奠定了坚实的基础。在经济效益得到明显改善的同时，随着度假区社区建设工作的不断开展和完善，度假区实验学校正式建成招生，度假区更加注重改善民生、保护生态环境、加强社区服务建设、强化社会治安综合治理、健全社会保障体系。全面加大节能减排工作力度，积极构建和谐社会，创建平安度假区。

招商引资

2007年，随着度假区的发展和国家从严从紧的土地政策不断出台，加之海埂片区开发用地已很稀少，大渔片区已征土地尚待完善有关移交手续，项目用地的供需矛盾十分突出，给度假区招商引资工作带来很大的困难。经过全区上下努力，全年共引进内资项目7个，实际到位内资共计16亿元，超额完成去年内资引进的目标任务。

打造民族风情旅游品牌

2007年，为实现云南民族村由观光型向体验、休闲、度假型转变，积极筹措资金，12个新建村寨和引资建设的“老昆明”项目建成完工，圆满完成了云南民族村26个民族村寨的建设。为增强云南民族村的吸引力和竞争力，在驻区单位大力支持下，策划组织实施了“璀璨滇池、激情村寨”文化夜市系列活动，通过这一活动，改变了云南民族村夜间活动少且活动形式单一的状况，创下夜间门票收入及游客人数历史新高，全年云南民族村实现接待收入达6500万元，增长23.8%，再创继’99世博会后云南民族村的效益新高。同时，积极推进云南民族村战略重组的实施，与云岭天籁公司商定重组合作意向，完成了清产核资、财务审计、资产评估及战略重组方案编制工作，并严格按照国家、省、市有关法律法规和政策报批，力促云南民族村健康可持续发展，做大做强体验民族风情旅游这一品牌。

高原体训健身品牌

年内，充分利用“高原体训、康体健身”这一品牌，围绕备战奥运的主题，提出“训练在昆明，热身在天津，决赛在北京”的思路，加大品牌宣传力度，组织和动员区内相关单位对体育运动设施进行必要的更新和提升，完善服务设施、提高服务水平，开辟专门的运动场馆和训练路线，为前来备战2008年北京奥运会而强化训练的队伍提供最好的训练环境。同时邀请新闻媒体对运动队、知名运动员进行跟踪宣传报道。据统计，2007年前来度假区进行高原体训的国内及日本、韩国、新加坡、加拿大、马来西亚等世界各地的运动员达6.63万人次，其中：海外运动员达1.65万人次。此外，通过高原艺术团赴国外交流演出、举办建区15周年旅游休闲度假高峰论坛和音乐庆典晚会等一系列活动，度假区的知名度和影响力得到不断提升。

人居和投资环境

2007年，区内的开工面积53.5万平方米，竣工面积21.9万平方米。管委会与驻区单位共同投入1500多万元，组织实施完成了滇池路等道路的夜间灯光亮化建设工程。云南民族乐器组雕塑、良好的绿化植被与流光溢彩的灯光相映衬，区内道路形成了一条条充满云南民族文化特色的和谐景观大道，充分展示了度假区地缘文化特色和富有民族文化内涵的旅游度假胜地品牌，受到了省、市有关领导和广大市民、游客的一致好评。完成了综合服务中心立体停车场建设和管委会前广场、坡道改造工程及七公里环岛至海埂公园绿化整治等工程。不断加强管理，狠抓安全生产工作，实现了年初制定的安全生产“零死亡”的目标。加大环保工作的力度，确保区内污染治理设施的正常运转。坚决制止违章乱搭建，加强环境卫生综合治理，使度假区成为名副其实的中国西部人居环境最好的区域之一。

呈贡新城大渔片区开发建设

2007年，按照市委、市政府的要求，完成了启动区1962亩土地的组件报批工作，征地工作已经结束，并办理了土地移交手续。积极与呈贡县国土资源局对接重点项目用地指标，完成省政府招商引资项目——梁王上林苑1816亩土地的勘测定界及组织报件工作。按照呈贡新区总体规划要求，投入200多万元编制大渔片区控制性详细规划方案，目前该方案已经专家论证并基本成形。

年内，认真做好大渔片区启动区的招商引资工作，在“昆交会”上分别与泰国正华国际投资有限公司、中国置地云南巨鹏实业有限公司、云南金孔雀交运集团签订了项目投资协议，待供地手续完成后即可实施。按照市委、市政府关于新区实行城乡一体化管理的要求，积极做好有关项目和土地的移交工作，目前，已经与呈贡新城管委会联合行文上报市政府，待审计完成后，按照“成熟一项、移交一项”的原则办理交接。

区域功能与社区服务

2007年，通过积极筹备，度假区第一所公办学校——昆明市滇池度假区实验学校于9月8日落成并正式开学。学校硬件设施一流，师资力量雄厚，并充分利用区内各种设施资源，实行小班制、开放式办学，初步缓解了区内群众子女上学难的问题。不断完善医疗配套服务设施，积极推进同仁医院项目，力争2008年底开业。同时积极支持省中医院滇池医院的改扩建工作，做好社区医疗服务中心的筹建，着力解决好区内群众看病难的问题。

建立完善社区服务机构，不断提高服务水平。完成了怡景社区工作站的筹建工作，已逐步建起了为民服务站、社区居民活动室、党员活动室、老年活动室、阅览室、电教室等“五室一站”；按照要求，配置了“六个一”的社区设备并开展了一系列的社区活动，基本达到国家示范社区的标准，被省、市民政部门列为社区工作的示范窗口。

继续深入开展社会治安综合治理和爱国卫生运动、校园周边专项整治工作，严厉打击各种违法犯罪活动。加强区容、区貌的整治管理力度，坚决取缔了非法营运车辆、加强景观大堤的综合整治。加大社会治安综合治理力度，2007年，度假区公安分局共立刑事案件150起，侦破各类刑事案件54起，打处犯罪嫌疑人47名，有力地确保了区内社会治安稳定。切实加强消防安全工作，投入1300多万元，完成了消防中队的顺利搬迁和先进设备的购置，为度假区及周边地区人民生命财产安全提供了有力的保障。

（郝万平）

2007年度假区主要经济指标

指标	单位	2007年	2006年	与去年同比%
第三产业增加值	万元	201958.1	110894.1	82.1%
财政总收入	万元	21027.5	16130.7	30.4%
地方财政收入	万元	15464.4	10649.5	45.2%
1. 一般预算收入	万元	15464.4	10649.5	45.2%
2. 基金收入	万元	0.0	0.0	
招商引资额实际到位资金	万元	160296.0	135481.0	18.3%
固定资产及基础设施投入	万元	166169.0	138536.0	19.9%
旅游、服务业收入	万元	454943.6	192556.2	1.4倍
其中：旅游收入	万元	34784.2	31511.7	10.4%
接待人次	万人次	660.8	621.3	6.4%
其中：海外游客	万人次	12.2	10.9	11.9%
国内游客	万人次	648.6	610.4	6.3%
客房平均入住率	%	46.9	43.7	7.3%
建筑业收入	万元	5 247.5	349.1	14倍

注：增加值及增长幅度均为现行价

康体娱乐设施

名称	单位	数量	备注
综合训练馆	个	5	其中含：篮球、排球、羽毛球、乒乓球、手球等综合设施
保龄球馆	道	107	
游泳馆	个	11	其中：国际标准游泳馆4个
跳水馆	个	1	
壁球馆	个	6	
冰球馆	个	1	
羽毛球场	块	34	
网球场	块	54	
篮球场	块	13	
排球场	块	12	其中：沙滩排球场4块
足球场	块	29	其中：标准带看台田径足球场1块，标准田径足球场1块，标准足球场25块
18洞高尔夫球场	块	1	
模拟高尔夫球场	块	1	
歌舞厅	个	18	
健身房	个	11	
KTV包房	间	38	
SPA温泉会馆	个	1	
桑拿室	间	10	

会议住宿餐饮接待能力

项目	单位	接待情况
四星级酒店	个	3
三星级酒店	个	3
二星级酒店	个	1
客房	间	2251
标准床位	张	4391
餐厅	间	38
餐饮接待	人	7300
会议室	间	135
会议接待	人	10665

说明：1. 2007年数据为快报数。2. 表中所有经济指标均按现行价计算，增长幅度按现行价计算。

云南省委常委、昆明市市委书记仇和，昆明市市委副书记、市长张祖林等领导出席度假区驻区企业负责人参加的2008新春茶话会

"当代旅游休闲度假"高峰论坛在度假区举行

昆明滇池国家旅游度假区暨云南民族村建村十五周年音乐庆典晚会

昆明滇池度假区实验学校落成开学

工业园区建设

综　述

2007，随着工业强省战略的实施以及新型工业化的深入推进，全省工业园区建设呈现出基础设施建设加快，企业入园速度提升、项目规模扩大等特点，工业园区在增加就业机会、带动边远地区经济加快发展等方面发挥了重要作用。

2007年全省40个重点工业园区（含特色产业园区，下同）完成工业总产值1513.16亿元、比上年增长29.58%；工业增加值368.98亿元、增长21.85%；销售收入1501.68亿元、增长28.68%；税收93.96亿元、增长31.10%；利润108.46亿元、增长13.95%；实际就业29万人，增长11.53%（玉溪红塔集团未计算入内）。40个园区中工业增加值增幅超过30%的有22个园区，超过40%的有18个园区，超过50%的有11个园区，其中超过100%的有杨林、昭阳和勐海3个园区。工业增加值超过10亿元的园区由2006年的7个增加到2007年的10个。

税　收

2007年，全省40个重点工业园区共上缴税收93.96亿元，比上年同期增长31.1%。杨林、昭阳、红河、研和、勐海和寻甸等8个工业园区税收增幅超过100%，其中，景洪、通海和磨憨3个工业园区税收增幅超过200%。曲靖煤化工、南海子、西城、禄丰、红河、兰坪、玉溪红塔、研和和宣威等13个工业园区税收超过2亿元，昆明高新区、昆明经开区、安宁工业园和东川工业园税收超过5亿元。

园区就业

2007年，园区共吸纳就业人数达29万人，比上年同期增长11.5%，其中杨林、昭阳、曲靖南海子、景洪、邓川、瑞丽、永胜、宣威、勐海和寻甸10个工业园区就业人数增幅超过30%。就业人数超过5000人的园区有21个，超过1万人的有7个园区。

基础设施投资

2007年，各园区进一步加大基础设施建设力度，全年新完成基础设施投资达50.58亿元，比去年增长46.3%。其中，新完成基础设施投资在1亿元以上的有昆明高新区、昆明经开区、安宁、曲靖煤化工、红河、普洱、瑞丽、临沧、红塔、研和、景谷、宣威、水富13个工业园区，5千万元至1亿元的有呈贡、曲靖西城、景洪、保山和潞西5个工业园区。

招商引资

2007年，全省40个工业园区累计入园企业数已达4989户。年内新入园企业789户，新入园企业完成投资额113.67亿元，新入园企业数增加540户，新入园企业完成投资额增加53亿元，昆明高新区、昆明经开工、杨林、曲靖西城、红河、普洱、保山、瑞丽、东川、宣威和勐海11个工业园区新入园企业均在10户以上，呈贡、曲靖南海子、文山马塘、景洪、邓川、潞西、通海、景谷和寻甸9个工业园区新入园企业均在5户以上。

园区建设

2007年，各工业园区围绕工作重点主要做了以下工作：一是搭建投融资平台。各园纷纷正建立融资担保公司以扩大融资渠道，向社会各界筹集建设资金，加快园区建设。二是抓规模建设、环境影响评价工作，优化产业布局。各工业园区在完成总体规划的基础上，将重心移向开展园区控制性详规、环境影响评价编制等工作，努力促进园区科学发展；三是推进节能减排和发展工业循环经济。各园区以“减量化、再利用、资源化”为原则，以低消耗、低排放、高效率为中心，大力推进节能节水节地节材工作，全面推行清洁生产，为建设一个总体布局合理、生产设施完善、资源优化配置和利用率高的循环经济生态园区做了很多工作。四是强化招商引资工作。各工业园区努力改善招商环境，明确了专门机构和专人从事招商引资工作，建立了招商引资工作机制，推行重点项目领导联系制、跟踪责任制，一条龙服务，一个窗口审批。制定并落实在土地使用、税收收费、资金补助、人才引进等方面的优惠政策措施。继续抓好项目库的建立，夯实项目前期工作。努力拓宽招商引资宣传渠道，充分利用现代信息网络快捷、方便、覆盖范围广的特点，建立各工业园区宣传网站和参与建立云南省工业园区招商引资信息网，实现网上招商，同时制作多媒体宣传片、印制宣传册等，向社会广泛宣传园区。同时创新招商引资手段，积极参加多种形式的招商引资交流活动，如利用昆交会、珠洽会等国内大型会展的机会，扩大园区知名度，吸引企业入园。

（程　鹏　张　凤）

区域经济合作

国内联合协作

综 述

2007年，全省签订实施3562项经济、社会合作项目，来自浙江、四川、广东、福建、广西、湖南、上海等30个省区市，涉及国民经济业一、二、三产业，深入农林、电力、矿冶、食品、化工、批发、零售、住宿、房地产等各个行业的省外企业及投资者给云南省带来了533.3亿元的建设资金。从东、中、西的地域分布看，东部地区仍然是云南省引进国内资金的重要力量，占省外在滇投资的50%。

滇粤滇闽合作

广东省在滇实施各类经济社会合作项目219项，到位资金46.6亿元，占全省省外到位资金总额的8.7%。福建在滇投资近年来一直保持强劲势头，2004年以后始终位列全省省外在滇投资到位资金前三强。福建省在滇实施各类经济社会合作项目190项，到位资金39.5亿元，占全省省外到位资金总额的7.4%。

滇浙滇沪合作

浙江省在滇实施各类经济社会合作项目396项，到位资金74.9亿元，占全省省外到位资金总额的14%。项目主要涉及电力、矿冶、化工、零售、批发等行业。上海市在滇实施各类经济社会合作项目134项，到位资金13.8亿元，占全省省外到位资金总额的2.6%。

西南六省区市合作

随着六省区市经济协调会机制的日益完善，西南五省区市已逐步成为我省与西部地区合作的重点，其合作成效甚至仅次于泛珠区域。四川省在滇投资继续保持强劲增长势头，共实施合作项目354项，投入到位资金48.2亿元，占全省当年省外到位资金总额的9.1%。此外，广西、重庆在滇投资也一直保持稳步上升趋势。

与中部地区合作

与以湖南、江西为重点的中部地区的合作逐步深入：湖南、江西、湖北三省在云南投入到位资金21.2亿元，占全省当年省外到位资金总额的3.97%。项目主要涉及电力、矿冶、零售、批发等行业。东西合作项目的实施，不仅加强了云南省与东、中、西部相关省区市经济合作与联系，还帮助贫困地区农户改变生存观念，改善了基本生活和生产条件，有力地推动了云南扶贫攻坚的进程，促进了云南经济社会协调发展。

（省西部开发办综合处）

澜沧江—湄公河次区域经济合作

白恩培拜见越南国家主席阮明哲

2007年5月15日，云南省委书记白恩培在昆明拜见前来中国进行国事访问的越南国家主席阮明哲及夫人一行。白恩培希望进一步加强与越南在各领域的合作，扩大合作成果。

白恩培会见缅甸登盛中将

2007年6月8日，云南省委书记白恩培在昆明会见缅甸联邦国家和平与发展委员会第一秘书长登盛中将一行。白恩培希望双方不断增进滇缅的胞波之情，增强双方在多个领域的交流和合作，实现互利共赢目标。

白恩培拜见老挝总理波松·布帕万

2007年8月27日，省委书记白恩培在昆明震庄宾馆拜见老挝总理波松·布帕万一行。白恩培说，我们将一如既往，继续积极推动云南与老挝在经济社会各领域的全面合作。会见结束时，波松·布帕万、白恩培出席了昆钢老挝万荣铁矿《勘探合同》签字仪式。老挝计划与投资委员会、昆明钢铁控股有限公司及老挝第一太平洋矿业有限公司负责人在《勘探合同》上签字。

白恩培秦光荣拜见老挝总理波松·布帕万

2007年10月29日，省委书记白恩培、省长秦光荣在昆明拜见老挝人民民主共和国总理波松·布帕万一行。白恩培说，云南省将在继续深入贯彻执行中央外交方针并在巩固发展与周边国家传统睦邻友好关系的基础上，积极采取更加有力的措施，进一步加强与周边国家在经贸、文化、旅游等各领域的合作与交流。通过波松总理的访问，必将进一步推进双方的合作向纵深发展。

白恩培会见越南高级党政干部考察团

2007年12月29日，省委书记白恩培在昆明震庄宾馆会见了以越共中央书记处书记、国会副主席丛氏放为团长的越南高级党政干部考察团一行。

白恩培说，云南与越南山水相连，我们是好邻居、好朋友、好同志、好伙伴。相信随着中越两党、两国关系的顺利发展，云南与越南在各领域的合作将会进一步加强。

秦光荣率云南省代表团访问缅甸泰国老挝越南柬埔寨五国

2007年3月26日~4月9日，云南省省长秦光荣率领云南省代表团对大湄公河次区域的缅甸、泰国、老挝、越南、柬埔寨五国进行友好访问。此次出访主题为“友好、合作、发展之旅”，主要目的是“服务大外交，推进‘走出去’，树立新形象。”此次出访活动，是落实中央“与邻为善，以邻为伴”、“睦邻、安邻、富邻”的周边外交方针政策，推动中国—东盟自由贸易区建设和大湄公河次区域合作的一项重大举措；是发挥云南区位优势，扩大云南对外开放的一项重要内容；是加强与周边国家的合作与交流，增信释疑，树立云南新形象的一项重大措施。

在为期15天的访问中，云南省代表团行程1万多千米，在5个国家中先后开展50多场涉及政务、经贸等方面的活动，举办了深受5国人民欢迎、对促进互利双赢有巨大推动作用的贸易投资洽谈会。云南在周边国家开工7个重大项目。代表团分别拜会和会见了5国11位国家领导人、40多位部省长和5个知名商会及大企业负责人，参加6个重要合作项目的开工奠基仪式，分别举办了5次有影响的合作项目洽谈会及签约仪式，参会人数达3300人次，签约42项、总金额达20亿美元；组织了云南省50多家代表性企业参加越南国际贸易博览会，成交约500万美元。

中国（云南）—缅甸贸易投资洽谈会在仰光举行

2007年3月29日，由云南省人民政府和缅甸联邦商务部主办的“中国（云南）—缅甸贸易投资洽谈会”，在缅甸仰光举行。

云南省省长秦光荣，缅甸商务部部长丁乃登、缅甸工商联合会主席吴温敏等出席洽谈会。秦光荣指出，滇缅双方在很多方面的合作都很有前景：一是合作开发优势资源，发挥双方优势，在加强保护、规范管理的基础上，有序开发利用土地、林业、矿产和水能资源；二是合作建设基础设施，特别是加快公路、铁路、水运港口码头、口岸以及通讯基础设施建设，这是双方进一步发展经贸关系的重要条件；三是合作培育重点产业，如旅游业、机械制造业、食品加工业和化肥生产等，都是对双方具有重要意义的产业；四是合作发展进出口贸易，要创造条件推进边境贸易向一般贸易转变，积极发展国境贸易、转口贸易、促进双方贸易不断增长；五是合作培育适用人才，重点培育营销人才、管理人才和技术人才；六是合作构建卫生防疫体系和推进替代种植，共同防治各种传染病和重大疫病，保障人民身体健康。他强调，双方合作应遵循互利共赢的原则，我方来缅企业要严守法律，服从管理，尊重习俗，以人为善，多做好事。省政府鼓励有实力、讲诚心的企业到缅甸合作发展，也希望得到缅甸联邦和地方各级政府的关心支持和帮助，使他们能够更好地开展合作。同时，欢迎缅甸各界朋友到云南投资置业、洽谈贸易、休闲度假、旅游观光。

丁乃登说，通过此次访问和洽谈会的成功举办，将进一步推动双方经贸合作不断拓展，为大湄公河次区域、中国—东盟等合作机制的建立实施探索和积累有益的经验，云南企业将会在推进合作特别是双边贸易发展方面更上一层楼。洽谈会还举行了贸易、水电、林业、矿业、替代种植、综合6个类别的分组会谈，举办了缅甸贸易投资政策介绍会，双方企业达成了一批合作意向，签订了一批合作项目。

云南泰国在曼谷签署9个合作项目协议

2007年4月2日，在泰国首都曼谷举办的中国（云南）—泰国贸易投资洽谈会上，滇泰签署了9个重大项目及投资协议，总金额达3.26亿美元。这9大项目是：一、由中国有色金属工业第十四冶金建设公司承建的滇泰300万吨钢铁一期承包合同；二、由昆明二建司承包建设的泰国乌汶府中心医院门诊楼工程；三、云南机械进出口公司为泰国公司建造7000吨化学品船舶合同；四、由云南马龙一家科技公司向泰国出口10万吨专用肥的出口贸易合同；五、云南铜业向泰国出口80吨白银贸易合同；六、西双版纳石化公司向泰国进口柴油的贸易合同；七、由昆明二建司在清迈承建的“月光之都”高档别墅区建设合同；八、昆钢向泰国出口4万吨钢材出口合同；九、由陆良彩色沙林引进的2500万美元合同项目。

中国（云南）—老挝贸易投资洽谈会在万象举行

2007年4月3日，中国（云南）—老挝贸易投资洽谈会在老挝首都万象举行。云南省代表团团长、省长秦光荣出席洽谈会并就全面推进滇老经贸合作提出五点建议：一是加强通道建设合作。双方共同加快推进泛亚铁路中线、昆曼公路老挝段及澜沧江—湄公河航运等交通基础设施建设，实现云南与老挝交通网的顺利对接，逐步建立边界畅通的交通运输网络，为推进双边的通路、通商、通电、通关奠定坚实的基础。二是加强资源开发合作。双方在平等互利、友好协商的基础上，进一步建立完善相关资源开发合作机制，鼓励和支持云南企业参与老挝矿产、水电、林业资源开发，发展资源产品加工，扩大合作领域，提升合作水平。三是加强产业建设合作。探索以投资合作、技术扶持、土地租赁、园区发展等方式，推进双边在农作物方面的替代种植合作，加快替代产业发展。同时，在建材、加工工业、机械制造、轻工业、旅游等产业方面加强合作，加快老挝产业发展。四是推进贸易快速发展。继续加强双边贸易投资便利化合作，积极推进双边重点口岸建设，提升贸易层次、简化出入境手续，提高通关效率，力争到2010年使双方的贸易额再次上一个新台阶。五是加强社会事业合作。在扩大经贸合作的同时，积极开展教育、文化、科技、卫生等方面的合作，推进人才培训和人力资源开发，共同加强边境地区的疫病防治，积极开展民间文化艺术等方面的交流，开展好老挝北部九省与云南产业经济发展规划的编制等。

中国驻老挝大使潘广学，云南省代表团副团长、副省长刘平，大使馆商务参赞陈汉皋，老方各有关部门的负责人、企业界代表出席了洽谈会。

云南与老挝在万象签署一批经贸合作协议

2007年4月3日，在老挝首都万象举行的云南—老挝投资贸易洽谈会上，云南省政府代表团与老挝签署12项经贸合作协议，总金额达16亿美元。签约的云南农垦—老挝北部4省规模化250万亩橡胶种植开发项目，成为云南省与老挝今后双边合作的重点方向。

据云南省商务厅有关负责人介绍，玉溪市为老挝巴色省体育场馆建设的合作项目、云南建工集团东南亚运动会体育场馆工程承包合同、云南省国土资源研究室中国政府援老挝北部9省规划、与老挝北部进行的种植加工与农业合作项目、云南与老挝乌多姆赛省的农业合作项目、云南有色地质局华潘省铁锰矿勘查协议、云南省地矿局锡矿勘探协议、云南铜业在老挝北部的矿产资源勘探合作、云南省地矿局与老方成立地质专家委员会协议，滇老南通煤矿的勘探项目、云铜集团在琅勃拉帮建设五星级酒店的项目、省贸促会与老挝国家工商会开展全面合作以及云南省电力投资公司南丰水电站等重大项目在老挝万象签下16亿美元大单。除传统矿业、建筑产业的投资合作外，作为滇老洽谈的重要成果，合同金额高达1.2亿美元的橡胶种植开发项目尤其引人注目。

根据协议，在2006年至2015年期间，云南农垦集团将投资在老挝的多个省建立天然橡胶种植示范基地50万亩，带动当地种植200万亩。作为长期经济作物，天然橡胶经济寿命超过20年，项目区胶园全部投产后，每产干胶可达21.5万吨，年产值将达21.5亿元人民币。同时，项目合作至少可为老挝提供12.5万个劳动就业机会。

云南与越南签订十大经贸合作项目

2007年4月4日，滇越经贸合作的十大重点项目在河内举办的中国（云南）—越南贸易投资洽谈会上正式签订。云南省省长秦光荣、中国驻越南大使胡乾文，越南贸易部、外交部有关领导等出席合作项目签字仪式。

这十大合作的重点项目是：合同额为2亿美元，由省机械进出口股份公司与越南造船工业总公司合作，承建的越南海霞造船厂工程：由昆钢与越钢合作，合同额为7000万美元和50万吨矿石和焦炭及10万吨钢坯的贸易合同；云铜集团与越南矿产总公司合作、投资金额达5000万美元的建设越南宣光水泥厂合同；合同额为1000万美元，由文山壮族苗族自治州国际经济技术合作公司承建越南中央第二制药厂的项目；由中国水电顾问集团昆明勘测设计研究院为越南同奈省4个水电工程进行工程咨询的合同；云南省贸促会与越南国家工商会进行全面合作的协议；由大理力帆骏马车辆有限公司与越南合作；合同额达2000万美元的载货汽车合作经营合同；由云南冶金集团与越方合作，合作金额为1300万美元的铝合金转口贸易及出口合同；由省地矿局与越方合作，合同金额为1000万美元的联合开发铅锌矿的合作项目。

云南代表团访问越南广宁

2007年4月5日，省长秦光荣率云南省代表团访问越南广宁省。代表团表示，云南与广宁有着友好合作的基础、良好的合作机制和促进共同发展的共识，围绕“昆河经济走廊”建设，云南将进一步加强与广宁等越北四省市在各个领域的合作，把双方合作提高到一个新层次。

中国（云南）—柬埔寨贸易投资洽谈会在金边市举行

2007年4月6日，中国（云南）—柬埔寨贸易投资洽谈会在金边市举行。云南省代表团团长、省长秦光荣在出席洽谈会时，就双方相互开放，加强互利合作，共同促进滇柬经贸合作提出4点建议。一、明确合作方向。以《中柬关于双边合作框架的联合声明（2000年）》为指导，推进云南与柬埔寨在农业、交通、水电、投资和贸易、林业旅游、矿产，以及社会事业等领域的互利合作，不断推进中柬友好合作关系向前发展。二、深化合作项目及内涵。一是能源矿业开发的合作。云南愿意发挥在水电、矿产等资源开发方面的经验和技术优势，与柬方合作开发水电、矿产资源。二是基础设施建设的合作。双方共同做好已有的建设项目，并继续在基础设施、旅游设施、现代农林示范园建设等方面推进合作。三是旅游开发合作。充分利用已开通的昆明—暹粒航线，加强双方的旅游合作，互推旅游线路，实现游客互送，为两地及第三国游客开辟新的旅游路径。三、加强企业间的合作。云南愿意按照市场运作、互利共赢的原则，鼓励有实力、有信誉的云南企业到柬埔寨投资兴业。同时，也欢迎柬埔寨企业到云南来投资发展。双方政府共同努力，为企业创造合作的环境，搭建交流的平台。四、建立高效协调的合作机制。建议成立滇柬政府间的合作机制，构建促进双方长期互利合作的框架，并确定组织形式和工作方式，共同推进滇柬经济贸易合作迈出新的步伐。

中国驻柬大使张金凤、云南省副省长刘平等出席了洽谈会。

云南与柬埔寨签订合作项目

2007年4月7日在金边举行的中国（云南）—柬埔寨贸易投资洽谈会上，云南与柬埔寨签订了4个合作项目。

柬王国副首相索安，云南省省长秦光荣，中国驻柬埔寨大使张金凤，柬王国国务兼商业部长占浦拉西，云南省副省长刘平出席签字仪式。

这4个项目是：云南国际公司、云南东南亚置业投资有限公司与柬方合作的占地2000亩、位于金边市中心区的五星级酒店休闲中心——万谷湖“东方新城”开发项目；云南国际公司与美国、广东联手开发的柬埔寨最大港口——西哈努克港生态旅游和土地综合开发项目；柬埔寨戈公省占诺铬铁宝石矿项目208平方千米的勘探协议；柬埔寨菩萨省昆桑锑铬宝石项目182平方千米的勘探合作项目。

秦光荣会见老挝副总理宋沙瓦·凌沙瓦

2007年5月2日，省长秦光荣在昆明震庄宾馆会见了老挝常务副总理宋沙瓦·凌沙瓦一行。双方就经贸领域的合作交换了意见。

秦光荣会见泰国商务部部长格盖·吉拉培

2007年5月，省长秦光荣在昆明会见了泰国商务部部长格盖·吉拉培。秦光荣赞同泰国商务部提出的加强昆曼公路物流合作的构想，希望今后双方在昆曼大通道物流基础设施建设、通关便利化、服务体系建立等方面展开深入研究，形成更多共识。云南愿尽最大努力，积极参与昆曼大通道建设，务实推进滇泰经贸合作，为推动双方共同发展贡献力量。

秦光荣会见缅甸内政部部长貌乌

2007年5月29日，省长秦光荣在昆明会见了缅甸内政部部长貌乌一行。秦光荣表示：云南在境外的替代种植面积已超过70万亩。双方富有成效的禁毒合作得到了缅甸联邦政府的大力支持。云南省愿意和缅甸联邦政府携手合作打击毒品犯罪，进一步促进双方在禁毒及其他领域的合作与交流。

秦光荣会见越南外交部副部长武勇

2007年6月6日，省委副书记、省长秦光荣在昆明会见了出席中国昆明进出口商品交易会的越南外交部副部长武勇率领的代表团一行。秦光荣说，云南与越南尤其是越南北部省区交往密切，合作领域更加广泛，合作机制日趋完善，合作成效日益显现。表示将采取“通路、通商、通电、通关”等措施，推动云南与越南特别是越南北部各省的合作。

秦光荣会见缅甸登盛中将

2007年6月7日，省长秦光荣在昆明会见了缅甸联邦国家和平与发展委员会第一秘书长登盛中将一行。秦光荣表示，云南把扩大对外开放作为加快发展的重要举措来抓，并把对东南亚的开放合作作为重点，着力推进与周边国家的通路、通商、通电、通关，采取切实措施，深化与周边国家合作。云南鼓励支持大企业、大集团到缅甸投资合作，加强与缅甸联邦政府的合作交流。

秦光荣会见柬埔寨驻昆总领事占维拉

2007年8月2日，省长秦光荣在昆明会见柬埔寨驻昆总领事占维拉一行。秦光荣向占维拉就任柬埔寨驻昆总领事表示祝贺。他表示，云南各级各部门将支持和配合总领事在云南工作，相信总领事在任期内一定能够取得好的成绩。希望占维拉先生努力工作，为增进云南与柬埔寨的友情，扩大双方的合作作出贡献。

秦光荣会见缅甸外交部副部长吴貌敏

2007年8月8日，省长秦光荣在昆明会见了率团前来我省访问的缅甸外交部副部长吴貌敏。双方就进一步推进滇缅经贸、交通、金融等领域的合作进行了友好磋商。秦光荣对开展一些实质性的合作提出了建议。

李纪恒会见越共中央政治局委员张晋创

2007年9月8日，省委副书记李纪恒在昆明会见越共中央政治局委员、中央书记处常务书记张晋创率领的越共中央代表团一行。李纪恒在介绍了云南经济社会发展情况和滇越近期合作情况，并指出在两国领导人确定的“长期稳定、面向未来、睦邻友好、全面合作“十六字方针”和“好邻居、好朋友、好同志、好伙伴”目标的指引下，云南省十分重视发展同越南的友好合作关系，相信此次访问能为双方合作注入新的活力。

王学仁会见越南驻昆总领事阮文同

2007年11月26日，省政协主席王学仁在昆明会见即将离任的越南驻昆明总领事阮文同。王学仁代表省政协对阮文同在任期间积极推动云南与越南的友好交往与合作表示感谢。并希望阮总领事回国后继续发挥优势，为双方的友好交往和企业的合作发挥积极作用。

刘平会见越南原国家副主席阮氏萍

2007年11月27日，副省长刘平在昆明会见了越南社会主义共和国和平与发展基金会主席、原国家副主席阮氏萍率领的越南和平与发展基金会代表团一行。近年来，双方互访频繁，友好合作关系不断稳步发展，经贸合作态势良好，刘平希望通过代表团的访问，推动云南与越南之间全面的、友好的、多方面的合作关系，促进双方经济社会又好又快发展。

由云南建工集团承建的老挝万象东南亚运动会场馆项目开工建设

2007年4月3日由云南建工集团承建的老挝万象2009年第25届东南亚运动会场馆项目正式开工建设。

老挝在争取到2009年第25届东南亚运动会举办权后，急需建一个现代化的、能容纳多项赛事的国家体育馆。云南建工集团获得这一项目的承建权后，在国家开发银行的大力支持下，全面开展了项目的筹建。该项目占地1300多亩，主场馆建成后将成为能容纳两万观众的现代化体育馆。其中，还包括能容纳18个重大比赛的场馆。项目将于2008年底建成移交。

云南面向东盟的信息平台——浩宏物流货运中心启动

2007年4月19日，云南浩宏物流集团公司投资的“浩宏物流货运信息中心”启动仪式在昆明举行。国家商务部、云南省政府有关部门的代表出席了仪式。信息中心投资1200万人民币，总面积近3000平方米，属云南首家物流货运信息中心。信息中心的建设是云南在物流新领域内的一次大手笔，它将联合国内、国外先进的信息系统，实现各方信息资源的互补和共享，真正构建了一个开放型的、跨区域、跨平台的综合信息商务平台。浩宏物流信息中心将实现与全国各省市及东盟各国的物流信息系统对接，全力打造一个立足云南、辐射全国、面向东盟的公路货运信息交易大平台。随着中国—东盟自由贸易区建设和澜沧江—湄公河次区域经济合作的加快，云南省将成为中国—东盟的“物流中心”。浩宏集团在3年将信息平台推广应用到云南16个州市、128个县和全国主要中心城市；在5年内覆盖东南亚、南亚物流市场。

泰国在中国中西部建立的首个大型泰国商品批发市场落户昆明

2007年5月16日，在泰国商业部与昆明市国资委、市商务局的共同主持下，云南纺织（集团）股份有限公司与泰国企业代表在昆明签订了泰国商品昆明分销中心项目合作协议。这意味着泰国企业在中国中西部建立的第一个大型泰国商品批发市场正式落户云南昆明。

泰国商品昆明分销中心将落户于云纺商业区内，总建筑面积9.1万平方米，将于2008年5月全面竣工。按照规划，泰国商品将分3年时间导入。第一期：2007年至2008年，主要引入泰国珠宝、工艺品、服装，经营面积在4000至6000平方米左右；第二期：2008年至2009年，引入泰国农副产品、水果、家具等轻工产品，经营面积约1万至1.5万平方米；第三期：2009年以前，把泰国餐饮、休闲保健业引进来，经营面积可达8000至1万平方米。

中国（云南）—越南企业论坛在昆举行

2007年5月16日，中国（云南）—越南企业论坛在昆明举行。越南国家主席阮明哲，云南省委副书记、省长秦光荣等出席论坛，并分别发表演讲。在昆期间，阮明哲主席参观了中国南方电网公司，并为中国南方电网公司题字。

云南与缅甸企业签下5个合作协议

2007年6月5日，缅甸70多位企业代表与100多家滇企业进行合作洽谈。洽谈结束后，双方企业共签下5个合作协议。其中有云南华联锌铟股份有限公司与缅甸大金塔国际有限公司签署《关于矿业合作的意向书》；云南新科特经贸公司与缅甸箭头矿产品开采公司签署《关于缅甸木姐市贵凯县魔江坡猛乃坡铅锌矿开发合作协议书》；中国瑞丽共创矿业有限公司和缅甸傲久佳矿业公司签署《关于合作开采磨角等矿山资源合同书》；云南省供销科工贸有限公司与缅甸明达贝有限公司签署《关于合作开发缅甸克伦邦地区锡钨矿协议书》以及《关于合作在缅甸掸邦和克伦邦地区开展替代种植的协议书》。

云南缅甸经贸合作论坛第一次会议在昆明举行

2007年6月4日，由中国云南省工商联（商会）、缅甸联邦工商会共同主办，中国云南省工商联（商会）、云南省人民政府发展研究中心承办的滇缅经济贸易合作论坛第一次会议在昆明举行。

这次会议的主题是“扩大滇缅经贸合作的重点及对策”。来自缅方和我省的政府官员、工商界人士、企业代表共计200多人出席会议，并将本着相互尊重、平等协商、互利共赢、服务企业的原则，就滇缅经济贸易合作的成果及前景、加强滇缅经济贸易合作的重点（重点领域、企业、项目）、推进滇缅经济贸易合作的主要障碍及政策建议等议题进行探讨。期间举办了滇缅投资项目推介会及企业对口洽谈会、滇缅经贸合作成果展览展示会、项目签字仪式等活动。在同期举行的滇缅双方企业交流洽谈会上，五个有关矿业开发的合作项目成功签署。

云南省人民政府副秘书长、论坛第一次会议执行主席车志敏代表副省长刘平在滇缅经济贸易合作论坛第一次会议开幕式上致词。并就进一步加强滇缅经贸合作提出了建议。

《滇缅经贸合作论坛宣言》在昆签署

2007年6月5日，在滇缅经贸合作论坛上，云南省政协副主席、云南省商会会长苏正国与缅甸联邦工商会副会长温昂共同签署了《滇缅经贸合作论坛宣言》，旨在扩大双方经贸合作。双方达成五点共识。其内容包括定期举办论坛、为企业提供优质服务、建立投资和贸易的协调机制、促进经贸合作向纵深发展和力促解决合作中的重大事项等。

第五届东盟华商投资西南项目推介会暨亚太华商论坛在昆举行

2007 年 6 月 4 日，由国务院侨务办公室和云南省人民政府主办的“第五届东盟华商投资西南项目推介会暨亚太华商论坛”在昆明举办。云南省副省长刘平致词。

本届推介会围绕“关注中国西部，共谋合作发展”这个主题，为中国企业与海外华商、全球重要华商组织之间建立更直接的交流渠道，促进互利共赢。来自 18 个国家和地区 27 个社团的 270 多名海外知名华商前来参会，其中包括：新加坡、马亚西亚、印尼、菲律宾、缅甸、老挝、柬埔寨、日本、美国等国的中华总商会等著名侨团，以及香港中华厂商联合会、香港潮州商会等。会议期间的主要活动有：亚太华商论坛、项目推介会和签约仪式等。我省有 158 个招商项目作为本届大会的项目洽谈重点。

瑞丽口岸首次出口缅甸“东方红”四轮驱动型拖拉机

2007 年 6 月，云南机械设备进出口有限公司向瑞丽海关申报出口 30 台“东方红”四轮驱动型拖拉机，该批拖拉机价值 68.06 万美元，海关监管科在经过认真查验后予放行。据了解该种拖拉机系河南洛阳“中国一拖”集团生产，为缅甸瓦城一知名农业企业批量订购，如此高价值、高性能的拖拉机在瑞丽口岸还是首次出口。

“中国云南省与越南北方各省建设‘两廊一圈’经济合作论坛”在昆明举行

2007 年 6 月 6 日，由云南省政府、越南外交部举办的“中国云南省与越南北方各省建设‘两廊一圈’经济合作论坛”在昆明举行。越南官方以及企业界的 150 余人和云南省有关部门及工商界代表 300 余人参与了论坛，刘平副省长、越南外交部副部长武勇出席论坛。论坛由省商务厅、省贸促会和越南驻昆总领事馆共同承办。副省长刘平在论坛上讲话。

来自越南北部的高平、莱州、广宁、老街、河江、凉山和海防等 7 省市的有关政府人员，向来自云南省企业界人士推介其合作投资项目，主要涉及 5 大领域。

云南与越南老街省签署合作纪要

2007 年 7 月 25 日，云南省省长秦光荣与越南老街省人委会主席阮友万在昆明就加强在各领域的合作签署了《会谈纪要》。

秦光荣对进一步加强双方的合作提出了七点建议：一是充分发挥滇越五省经济合作协商会议和滇越边境五省联合工作组合作机制作用，加强经贸合作，促进共同发展。目前，要进一步加强双方各部门间的联系、沟通和协作，加强边境各省间的交流与合作，为促进区域共同发展创造更加有利的条件。二是加快基础设施建设步伐，加强交通运输合作。重点建设从昆明到河口的高速公路和准轨铁路。希望越方加快老街到河内的高速公路、准轨铁路建设，使这两条主动脉能够不断延伸并最终成为中国—东盟自由贸易区中的大陆桥。三是积极向各自中央政府建议：把红河—老街经济合作区纳入中越“两廊一圈”首期合作项目，促进双方在基础设施建设、资源开发、产业结构调整、改善投资环境和招商引资、技术研究及推广、贸易投资便利化等领域进行广泛深入的合作。四是进一步加强旅游合作，加强互为旅游目的地宣传促销并互送游客，共同采取游客通关便利化措施，促进跨境旅游发展。五是进一步加强双方在教育培训等领域的交流与合作。同时，继续加强卫生部门、口岸检疫部门的合作，经常互通疫情和采取措施以防控疫病跨境蔓延。六是加强在勘界立碑及边境管理中的合作与配合，尽早完成勘界立碑工作，共建和平、友好、合作、发展的边境。七是加强对双方企业合作的指导，积极为双方企业加大合作力度创造有利条件，希望老街省积极促进云南有实力的企业到越南投资合作，使一些重大合作项目得到更快推进。

阮友万高度评价了云南与越南老街省在经贸、旅游、文化、卫生、教育及重大项目建设中取得的成就，并对秦光荣提出的七点建议表示赞同。

国产直升飞机首次出口老挝

2007 年 7 月，哈尔滨飞机工业集团公司为老挝生产的两架 Z9A 直升飞机在云南西双版纳国际机场完成交付手续后顺利出境。该批直升飞机由中国航空技术进出口公司在昆明机场海关报关，机场海关派员现场监管，按相关规定办理了通关手续。

越南莱州—中国云南经济合作论坛在昆举行

2007 年 8 月 17 日，越南莱州—中国云南经济合作论坛在昆明举行。

云南省政府代表在论坛上就加强两省友好合作提出几点建议：一、要充分利用好“云南—越北四省联合工作机制”，将两省的合作纳入到工作机制中，推动两省的交流与合作不断走上规范化、制度化的轨道。二、要为双方企业开展合作创造良好的条件和环境。云南省欢迎莱州省企业到云南来投资创业，也鼓励云南省企业在莱州开拓发展。三、要努力扩大双边贸易量。希望双方发挥自身优势，努力开拓对方市场，充分利用好金水河口岸和马鹿塘口岸，不断提升双方的贸易水平。

云南、莱州两省企业有关人士在合作论坛上就加强两省在经贸、交通、农业、旅游、文化、教育等领域的交流与合作发言。

云南省商会与泰国有关方面在昆明签署合作备忘录

2007 年 8 月 6 日，云南省商会与泰国促进中小企业贸易总办事处合作备忘录签字仪式在昆明举行。双方商定进一步加强交流与合作，促进中小企业间经贸往来，共同开发国际市场。省工商联（商会）会长杨焱平、泰国中小企业促进办公室司长吉去蓬·泰查畅分别代表云南省商会和泰王国促进中小企业贸易总办事处签字。签字仪式上，昆明市礼品商会与泰国清迈府东宝手工艺品和草纸中心也签署了合作备忘录。

促进亚洲次区域贸易研讨会在昆举行

2007年8月，由联合国亚太经社会主办、云南省政府研究室承办的“促进亚洲次区域贸易研讨会”在昆明举行。

来自印度、老挝、缅甸、孟加拉国、尼泊尔、韩国、俄罗斯、泰国、联合国亚太经社会以及国家有关部委和省内的贸易、科技、农业专家出席了研讨会。在为期3天的会议期间，与会者将集中讨论如何利用贸易便利化、农业和创新促进亚洲次区域贸易的增长。会议期间，与会专家还到昆明晨农企业集团和云南山灞科技公司进行了考察。

中越实施互联网系统边贸结算业务

2007年9月，中国工商银行与越南工商银行合作实现经北京互联网系统进行边境贸易结算业务。这是最现代化和最便捷的边贸结算工具在越南的首次应用，为从事边境贸易的企业和商人节省大量的时间和金钱。在此之前，企业要花4~5个小时，甚至整天的时间办理一笔贸易结算，现在可以通过系统即时办理。

中泰贸易洽谈会在昆明举行

2007年11月15日，中泰贸易洽谈会在昆明举行。来自中泰两国的40余位企业家及政府代表就两国的物流产业方面的问题进行了广泛交流和对口洽谈。洽谈会由泰国商业部和云南省贸促会共同主办。中泰企业就两国物流产业发展的潜力、发展前景以及企业间如何进行资源互补、合作共赢等系列问题进行了分析和探讨，并在对口洽谈中达成了多项合作意向。

中国—东盟商贸港在呈贡新区开工建设

2007年11月23日，昆明“中国—东盟商贸港”项目开工建设。该项目位于昆明呈贡新区洛羊国际物流中心片区，占地2000多亩，规划总建筑面积约343万平方米，计划总投资86.8亿元人民币，由主体市场国际展贸区、仓储物流区、商务中心区和配套生活服务区等4个功能区组成。

云南省有关领导和老挝驻昆明总领事普玛翁、马来西亚驻昆明总领事阿约夫、缅甸驻昆明总领事吴苗丁、柬埔寨驻昆明总领事馆领事司纳伦、越南驻昆明总领事馆商务领事阮维利，以及浙江省工商局、浙江省经济协作办公室的相关负责人参加了开工典礼。

2007年中越边境经济贸易交易会在越南老街举办

2007年11月30日至12月5日中越边境经济贸易交易会在越南老街口岸举办。展会设置展位约500个（$9m^2$标准展位），参展商品有农林水产品；汽车、机械设备、化工、化肥、生产原料；电器、电子、通讯电信产品；陶瓷器、建筑材料、木制产品、室内外装修产品；衣帽鞋类产品、体育用品；化妆品、药品、医疗器械、办公用品；手工艺品、纪念品；饮料、加工食品、传统饮食和其他消费品等，集贸易、投资、旅游、文化、科技交流为一体，是中越双方在越南老街举办的历届边境经济贸易交易会中规模最大、商品种类最齐全的一次综合性贸易盛会。展会还邀请中越及东盟国家的进口商、批发零售商、市场采购商、跨国公司等参展参会。中越边境经济贸易交易会自2001年开办以来，已轮流在中国河口和越南老街成功举办了六届，为中国和越南及东南亚各国之间贸易与投资、交流与合作搭建了广阔的平台。

大湄公河次区域经济合作展览馆在昆开馆

2007年11月28日，大湄公河次区域经济合作展览馆开馆仪式在云南海埂会议中心举行。展馆保留了2005年大湄公河次区域经济合作成果展的精华，并增加合作的最新进展情况，编辑制作了图片及智能沙盘，常年免费对公众开放。展览分为多元文化、友好往来、丰硕成果、美好前景以及云南省参与GMS合作情况五个部分。设立大湄公河次区域经济合作展览馆，对于扩大对外宣传、提高中国的影响力和参与度具有积极作用。

国务院批准打洛口岸为国家一类口岸

2007年11月，经国务院批复同意云南西双版纳州打洛口岸对外开放为国家一类口岸，口岸性质为国际公路客货运输口岸。自此，云南20个口岸中，国家一类口岸上升为13个（允许第三国人员出入境8个），国家二类（省级）口岸7个。

云南孟定清水河口岸正式对外开放

2007年11月7日，海关总署、外交部、公安部、质检总局、云南省政府组成的验收组对孟定清水河口岸对外开放前的准备工作进行了检查验收，一致同意孟定清水河口岸通过验收，正式对外开放。

缅甸新增开放3对口岸

在2007年12月召开的中缅边境经济贸易交易会上，缅方商务代表团提出为了进一步方便人员往来，扩大双边贸易，促进中缅边境经济发展，同意在原开放口岸的基础上新增开放甘败地—猴桥、拉咱—盈江、孟定清水河—清水河等3对口岸。

第七届中缅边交会在瑞丽举行

2007年12月14日，为期5天的2007年“中缅边交会”在瑞丽市落下帷幕。此次边交会共签约40个项目，完成现货成交总额7843.88万元。

此届中缅边交会由省商务厅、德宏州政府及缅甸联邦商务部边贸司联合主办。边交会集贸易、旅游、文体于一体，首次将举办地点设在姐告国际会展中心，展位扩大到500个，展区总面积2万平方米，进一步提升了中缅边交会的内涵和档次。来自中国、缅甸、孟加拉、马来西亚、泰国、美国、新加坡等国家和地区的500多家企业在此进行了洽谈经贸合作。作为中国唯一实施“境内关外”政策的特区，涉及木材、矿产、水产等17类共2000多项商品在此集中交易。完成进口现货成交额1559.01万元，出口6284.87万元。在签约项目中，进出口贸易项目30个，协议总投资19051.94万美元；国内招商引资项目8个，协议总金额41.62亿元；外商投资项目1个，协议金额1350万美元。

首届磨憨口岸边民集市交易会举行

2007年12月，首届磨憨口岸边民集市交易活动举办，现货交易和经济技术合作成交额达8000多万元。由磨憨国家级口岸管委会、磨憨经济贸易开发区举办的首届磨憨边民集市与磨憨口岸开通15周年庆祝活动一同举行。边民集市搭设展位200个，架起了中老边境地区物资、经贸交流的平台，来自老挝、泰国和我国浙江等省及省内昆明、玉溪、普洱、红河、西双版纳等州市的厂商参展，展销家具、原木、服装、食品、药材、工艺品等2000多种商品。磨憨经济贸易开发区管委会与景泰绿色有限公司等内外资企业，签订“橡胶物流配套设施建设”等3个经贸合作投资项目。

云南国贸和边贸额创历史新高

2007年，云南与东盟贸易总额达到30.3亿美元，与上年相比净增8.6亿美元，占全年外贸总额的34.5%，再创历史新高。

2007年，滇越间实现贸易额9.7亿美元，增长90.9%，越南首次超过缅甸成为云南在东盟国家中最大的贸易伙伴国，缅甸、新加坡、印尼和泰国与云南的贸易额都超过了上亿美元。云南对东盟出口21.7亿美元，增长32.9%，其中，机电产品出口额最大，创汇3.6亿美元，同比增长46.9%；化肥出口2.6亿美元，增长71.5%。

民营企业成为了云南对东盟贸易的领军。全年民营企业实现贸易额16.5亿美元，超过国有企业3.1亿美元，同比增长49.2%。

2007年云南省与东盟各国贸易总值表

金额单位：万美元

国家（地区）	进出口	比重%	出口	进口	贸易差额	比上年增长（%）		
						进出口	出口	进口
全省总计	877975	100.0	473612	404363	69249	40.9	39.6	42.4
东盟合计	297880	33.9	217510	80370	137140	37.0	32.5	50.9
越南	97167	11.1	77773	19394	58379	91.5	107.6	46.0
缅甸	87357	9.9	64068	23289	40779	26.2	22.9	36.2
新加坡	35884	4.1	32730	3154	29576	-22.9	-24.4	-2.8
印度尼西亚	33823	3.9	12551	21272	-8721	45.1	22.4	63.0
泰国	22021	2.5	15680	6341	9339	68.5	43.6	194.9
老挝	8339	0.9	3591	4748	-1157	20.3	3.5	37.1
马来西亚	7425	0.8	5581	1844	3737	79.6	65.3	143.3
菲律宾	4870	0.6	4543	327	4216	55.1	55.3	52.1
柬埔寨	990	0.1	990	0	990	182.1	182.1	—
文莱	4	0.0	4	0	4	300.0	300.0	—

备注：1. 泰国进口增幅较大是由于龙眼干、兰花、甘蔗、未列名化工产品、非工业钻石、铜硫、沉积铜（泥铜）、未锻轧的非合金锡出口增长。

2. 老挝出口较上月有所回升是由于烤烟、卷烟、电力、橡胶轮胎、钢铁制品、其它未分类商品出口增长。

3. 马来西亚进口增幅较大是由于棕榈液油、未锻轧非合金锡，未列名阀门进口增长。

4. 柬埔寨出口增幅较大是由于卷烟、钢铁制品、机电产品出口增长。

2007年，云南省边境小额贸易进出口值达10.1亿美元，比上年增长30.5%，创出历史新高。2007年云南省共有15个口岸边贸金额在1000万美元以上。其中：瑞丽是最大的边贸出口口岸，全年边贸出口总额3

亿美元，同比增长17%，占边贸出口总额的52.6%；河口是最大的边贸进口口岸，全年边贸进口金额1.5亿美元，同比增长30.7%，占边贸进口金额的34%。与云南省毗邻的缅老越三国中，缅甸是云南省最大边贸伙伴，2007年双方边贸金额达7亿美元，同比增长24.9%；与越南边贸发展最快，同比增速为50.4%，边贸金额2.5亿美元；与老挝边贸金额0.5亿美元，同比增长21.1%。

中国在缅甸投资建设水电站

2007年1月，中国在缅甸投资的水电BOT项目——缅甸瑞丽江一级水电站开发运营合资协议在缅甸内比都签署。此次签署开发的水电项目为中缅边境缅甸境内的瑞丽江一级电站项目，该项目以BOT（建设—经营—移交）方式运作，项目法人为中国云南联合电力开发有限公司与缅甸电力一部水电实施司组建的合资公司瑞丽江一级电站有限公司。云南联合电力开发有限公司占合资公司80%股份，为控股方，全面负责瑞丽江水电站项目的开发、运营和管理工作。电站投产后将由合资公司运营40年，再移交给缅甸联邦政府。

瑞丽江一级电站位于紧临中缅边界的瑞丽江干流上，属缅甸北部掸邦境内，距中国边境城市瑞丽仅90千米。电站装机容量6×100兆瓦，年发电量为40.33亿千瓦时。电站建成后将通过230千伏及220千伏输电线路向缅甸及中国送电。代表中方的云南联合电力开发有限公司由云南华能澜沧江水电有限公司、云南电网公司和云南机械设备进出口有限公司共同组建。瑞丽江一级电站是该公司投资的第一个境外水电项目。

云南越南签订越南同奈水电工程项目

2007年4月5日，中国水电昆明勘测设计研究院与越南一公司签订同奈四级水电工程项目。此次签约项目是该院积极开拓国际市场的重要成果。

云南在柬埔寨投资水电建设项目启动

2007年4月7日，云南国际经济技术合作公司、云南东南亚经济技术投资公司与柬王国工业矿产部、财政部、国家电力公司在金边签署建设柬埔寨斯登沃带12万千瓦水电站、金边—马德望省输电线路工程协议，这两个由云南公司负责承建的工程随之启动。项目总投资为3.68亿美元，将在3年内建成送电。

文山成为“云电送越”桥头堡

2007年4月28日，文山220千伏对越南送电工程正式按期投运。这是继从云南红河220千伏对越送电之后的又一条220千伏对越送电大通道。文山通过发挥“云电送越”的桥头堡作用，既发展了壮乡苗岭的经济，又为越南经济的发展作出了贡献。“十一五”期间，文山电网将新建500千伏变电站1座，变电容量750兆伏安，220千伏变电站5座。预计到2010年，文山全州需发电量65.8亿千瓦时、最大负荷为102万千瓦，与此同时全州将加快水电资源开发，装机容量将达151.43万千瓦。

中国水电建设集团与云南联合电力开发有限公司承建缅甸最大水电站

2007年6月，云南联合电力开发有限公司与中国水电建设集团水电十四局达成协议，共同开发承建缅甸最大的水电站瑞丽江一级水电站工程。瑞丽江一级水电站位于缅甸北部掸邦境内紧邻中缅边界的瑞丽江干流上。工程包括首部枢纽、引水系统和厂区枢纽，混凝土重力坝高47米，库容2411×104立方米，装机6台总容量60万千瓦，是目前缅甸已建和在建的最大水电站。这个项目以BOT的方式运作，项目法人为中国云南联合电力开发有限公司与缅甸电力一部水电实施司组建的合资公司——瑞丽江一级电站有限公司。云南联合电力开发有限公司占合资公司80%的股份，并全面负责瑞丽江一级水电站项目的开发、运营和管理工作。电站投产后将由瑞丽江一级电站有限公司运营40年，之后移交给缅甸联邦政府。这个合同包括以下项目：首部大坝土建及金属结构安装工程、引水系统土建及钢管安装工程、厂区土建及金属结构安装工程、机电设备及金属结构安装工程。按照发电工期要求，首台机组将于2008年8月31日具备发电条件，整个工程将于2009年6月30日全部竣工。根据协议，瑞丽江一级水电站的土建、金属结构以及机电安装工程将由中国水电建设集团水电十四局承建，工程合同额为8.5亿元。

葛洲坝水利水电工程集团公司与缅甸签署水电合作供货合同

2007年9月7日，葛洲坝水利水电工程集团公司与缅甸第一电力部水电实施司签署了一项水电合作供货合同，据该合同，中方将为缅甸勃固省瑞金镇正在实施的水力发电站建设项目提供价值2000多万欧元的金属结构和机电设备。正在建设的瑞金水电站设计装机容量为7.5万千瓦，该电站建成后，年发电量将达2.62亿千瓦小时。

南方电网与世界银行合作共促大湄公河次区域能源合作

2007年9月17日，中国南方电网公司与世界银行在京正式签署合作备忘录。根据这一文件，双方将采取多项合作措施，共同促进大湄公河次区域能源合作。作为中国政府授权的大湄公河次区域电力合作的中方执行单位，中国南方电网除进行电力项目投资外，还将与世界银行一道，向区域中各国的电力部门提供相关技术支持和人力资源培训。同时，世界银行将向中国南方电网优先提供新的融资工具，以促进跨境基础设施投资，加强区域电力贸易，更好地开拓大湄公河次区域电力市场。

备忘录的签署标志着中国南方电网公司与世界银行的合作进入了一个新的阶段，将对推动南方电网进一步发挥大湄公河次区域电力合作中方执行单位的作用，促进我国与大湄公河次区域国家的互利双赢产生积极而深远的影响。

南方电网公司是我国政府授权的大湄公河次区域电力合作的中方执行单位。按照国家授权，几年来已相继与越南、老挝、缅甸、泰国等国家的电力部门展开区域电力项目合作。

云南柬埔寨合作项目——柬埔寨电网工程初步设计通过评审

2007年12月3日，云南省"走出去"的重大经济技术合作项目——柬埔寨电网（含斯登代水电站送出）工程初步设计文件，通过由云南省发展和改革委员会主持有关专家进行的评审。

柬埔寨王国金边—菩萨—马德望230KV电网输变电线路及斯登沃代12万KW水电站送出工程项目，是落实国家及云南省委、省政府实施"走出去"战略，同柬埔寨王国政府的经济技术合作项目，是云南省"走出去"较大的BOT项目之一，项目正式签订的合同总金额合计3.69亿美元。其中，金边—马德望230KV电网输变电线路是柬埔寨能源发展战略和国家电网建设的一个重要组成部分，项目包括金边—菩萨—马德望总长302千米，230KV双回路共塔输电线路和马德望、菩萨、磅清扬3个变电工程以及金边西变电站扩建2个230KV间隔工程，项目总投资1.13亿美元，建设期两年，特许经营期25年。斯登沃代12万千瓦水电站位于柬埔寨西部的菩萨省境内，总装机12万千瓦，由2万千瓦和10万千瓦的两级电站组成，两级电站多年平均可发电量4.7872亿千瓦时，项目总投资2.553亿美元。项目建设期3年，特许经营期30年。

该项目建设受到中央和云南的高度重视，于2006年10月注册成立了云南东南亚经济技术投资实业有限公司作为实施该项目的主体公司。东投公司由两家股东构成：中国云南国际经济技术合作公司（占75%的股份）、云南藤云西创投资实业有限公司（占25%的股份），注册资本金2.4亿元人民币。同时，经我驻柬使馆经商处及云南省商务厅的同意批准，在柬埔寨王国成立了柬埔寨电网有限公司，作为本项目在柬埔寨王国的项目公司。

该项目合作协议于2007年2月16日在金边签署后，建设单位积极做好前期准备工作。在此基础上，广西电力工业勘察设计研究院正式出版了项目可研报告和形成了本次初步设计文件。按工程项目投资建设基本程序，12月1日至3日，由云南省发展和改革委员会主持和有关专家、广西电力工业勘察设计研究院参加的评审组对设计单位出版的初步设计文件进行了评审。同意广西电力工业勘察设计研究院提出的"柬埔寨电网（含斯登沃代水电站送出）工程初步设计文件"。

湄公河流域国家完成签署跨边界交通协议

2007年3月20日，湄公河流域各国完成《跨边界运输协议》的签署。中国、柬埔寨、老挝、缅甸、泰国和越南等大湄公河次区域六国签署《跨边界运输协议》的20个附件和协议中的最后4个。这一协议统一了大湄公河次区域各国的跨边界规章制度和程序。

这项协议旨在通过消除或减少湄公河次区域各国边界上的非物理性壁垒，促进货物和人员跨边界运输的便利化。主要通过采取一站式海关检查、针对参与跨边界贸易的人员提供签证援助以及各种有助于减少车辆过境检查的设施等措施来实现上述目标。

四国澜沧江—湄公河商船通航协调联合委员会第六次会议在仰光召开

2007年4月9～10日中、老、缅、泰澜沧江—湄公河商船通航协调联合委员会第六次会议在缅甸仰光召开。会议主要就上湄公河航道改善及航道航标维护管理、港口收费和检查收费、成品油试运输、国际航运管理等事宜进行磋商，进一步推进澜沧江—湄公河次区域交通合作的开展。

腾密公路缅甸段通车

2007年4月26日中缅两国交通部门在两国交界处甘拜地举行隆仪式，庆祝中国滕冲至缅甸密支那的公路缅甸段正式通车。通车的路段全长96千米，该路是缅甸目前路况最好，路程最长的高等级公路。

腾密公路缅甸段起点为云南腾冲与缅甸接壤的中缅南四号界桩，终点是缅甸北部重镇密支那，公路全部由中国援建，工程总投资12.3亿元人民币，境外段投资8亿元，总长176千米。腾密公路境外段2004年10月开工。腾密公路缅甸段通车后，驾车从双边交界甘拜地到密支那只需要3个小时。腾密公路是上世纪30年代中美两国为抗击日本侵略者而修建的"史迪威公路"北线的一部分。

中泰出资建设跨湄公河大桥

2007年6月19日至21日，在菲律宾举行第十四届大湄公河次区域（GMS）部长级会议上，中、老、泰三国签署协议，由中、泰两国政府出资修建一座跨湄公河的大桥。这座大桥连通泰国清孔和老挝会晒，预计于2011年完工。

这座大桥不仅连通泰国清孔和老挝会晒，还将连通昆（明）曼（谷）公路国际大通道，使中国西南部省份与曼谷可以通过公路直接相通。这座大桥是贯穿湄公河地区南北公路体系的最后一个连接。

昆曼公路贸易物流政策研讨会在昆明举行

2007年8月，泰国交通部在昆明举行"昆曼公路贸易物流政策研讨会"。会议由泰国驻昆领事馆、云南省道路运输协会等单位具体承办。主要就昆曼公路贸易物流便利化政策制定的思路、货运管理及有关法律问题和昆曼铁路未来建设的设想进行探讨。

澜沧江—湄公河云南境内航道适航吨位提高

2007年11月，澜沧江—湄公河云南境内景洪港至中缅边境243号界碑71千米河段的通航能力大幅提高，适航船舶吨位已由原来的100吨提高至300吨。

云南景洪港至中缅243号界碑河段目前是澜沧江—湄公河国际航运中国境内最为繁忙的河段。投资9300多万元的景洪港至中缅243号界碑河段由六级航道提升为五级航道的整治工程目前已完成，使这一河段的通航能力基本实现与中缅243号界碑至老挝会晒331千米河段的对接，澜沧江—湄公河国际航运安全进一步得到保障。

国家有关部门已批准投资1.4亿元在澜沧江景洪港至中缅243号界碑河段沿岸的景洪市勐罕镇建设多功能码头，这个码头建成后将是澜沧江—湄公河中国境内第一个以集装箱运输为主的码头。同时，投资4000万元的澜沧江关累码头二期扩建工程也正在积极筹建中。

秦光荣率团赴越南出席中越五省市经济合作协商会

2007年11月19日至23日，应越南海防市人民委员会主席的邀请，省长秦光荣率领云南省代表团赴海防市，出席了中国云南与越南河内—老街—海防—广宁第三次经济合作协商会，并访问考察了越南海防、岘港、顺化、胡志明等有关省市。

中国云南与越南河内—老街—海防—广宁经济合作协商会，是云南省与越南河内、老街、海防、广宁等省市之间建立的一个重要合作机制，也是昆河经济走廊建设的重要机制。该机制通过轮流在中越五省市之间举办会议的形式，共同协商这一区域重要合作事项，促进互利合作，实现共同繁荣。此次会议的主题是“促进中越五省市可持续发展，实现区域共同繁荣”。

秦光荣在会上发表了题为“全面深化互利合作，共创昆河走廊未来”的主旨演讲。越共中央政治局委员、副总理张永重出席会议，并专门会见了秦光荣。会议就加快推进昆明—河内经济走廊建设、进一步明确中越五省市合作的主题和重点等进行了协商，形成了共识，达成了一致。越南交通部负责人在会上明确表示，将在2008年开工建设老街经河内至海防247千米的高速公路，预计在2011年建成。此外，越南铁路总公司已成立工作组与中方研究将河内—老街及河内—凉山两条铁路线路由目前米轨改造成准轨铁路。

会议结束时五省市共同签署了《会议纪要》。

中国云南—老挝北部合作工作组第三次会议在老挝召开

2007年12月3日至6日，应老挝老中合作委员会邀请，副省长刘平率云南省代表团出席了在老挝乌多姆赛省举行的中国云南—老挝北部合作工作组第三次会议。

刘平率代表团与老挝工贸部副部长、老挝老中合作委员会副主席兼云南—老挝北部合作工作组老挝工作组组长凯玛尼·奔舍那女士，老挝人民革命党中央委员、老挝乌多姆赛省省长布帕布达纳旺等进行了工作会谈。双方共同回顾和总结了第二次工作组会议以来云南—老北合作工作进展情况和取得的主要成效，协商确定了下一步推进合作的主要领域和工作重点，并签署了会议纪要。

会议确定，双方将在云南—老北合作工作组机制下，按照互惠互利、务实高效的原则，重点推进基础设施建设、邮电通讯、水电开发、矿业开发、农林业、贸易投资、边境口岸管理、旅游、教科文卫等领域的合作，并积极探讨和开展其他领域的合作。同时，会议还确定于2009年第四季度在云南举行中国云南—老挝北部合作工作组第四次会议。访老期间，代表团实地考察了云南企业在老挝乌多姆赛省开展罂粟替代种植情况，召开了云南在老投资企业座谈会。

云南—泰国（北部）合作工作组第三次会议在昆明举行

2007年12月26日，云南—泰国（北部）合作工作组第三次会议在昆明举行。双方就共同关心的滇泰合作问题进行深入探讨并签署《会议纪要》。云南—泰国（北部）合作工作组已成为云南与泰国之间的一个正式的官方协商机制，也是泰国外交部唯一一个与外国地方政府之间建立的合作机构。

中国（昆明）东盟石文化石材博览会在昆举办

2007年7月10～16日，以“传承赏石文化，创造美好生活”为主题的首届中国（昆明）东盟石文化石材博览会隆重开幕。主办方邀请的嘉宾、赏石专家参加了开幕式。本次石博会为期一周。

本届石博会由中国观赏石协会、中国石材工业协会、云南省文产办、昆明市人民政府、云南省园艺博览局主办。共展出黄蜡石、大理石、铁胆石、水石、矿物晶体、化石、其他综合类石种等7个品种800余方精品观赏石，其中有云南特产的黄龙玉雕件200多件。由于首届东盟石博会招商工作和参展规模远远超出了预计，主办方表示，将于2008年7月10日至16日举办“第二届东盟石文化博览会”。

云南—暹粒友好农业科技示范园建设项目启动

2007年4月9日，云南—暹粒友好农业科技示范园建设项目正式启动，标志着云南与柬埔寨暹粒省的友好合作进入新阶段。云南省省长秦光荣、副省长刘平，暹粒省副省长翁恩等出席合作签字仪式并参加项目揭牌活动。

该项目首期工程占地面积达7公顷，将由云南提供农业科技及示范技术指导，共同开展在杂交水稻、杂交玉米、蔬菜、花卉等新品种方面的科技示范，利用云南农业科技技术加快暹粒省的农业发展。揭牌活动结束后，秦光荣一行还实地考察了科技示范园的建设现场，鼓励在场的滇柬双方农科人员要抓住机遇，努力搞好农业科技园的建设。

陇川县章凤口岸首批境外罂粟替代种植返销国内产品入境

2007年4月19日，陇川县对外贸易企业——景罕糖业有限公司首次到章凤海关申报境外罂粟替代种植项下返销国内产品——甘蔗3600吨。该企业用12天的时间将境外37000吨甘蔗申报进口完毕（所余8000吨甘蔗作为用于发展次年境外罂粟替代种植的种苗。标志着陇川县境外罂粟替代种植进入了实质性的操作阶段，也将对该县今后对外经济技术合作工作起到巨大的促进作用。

中国和老挝共建“农业科技示范园”

2007年5月，中国和老挝签署了共同建设“农业科技示范园”合作协议书。中老双方经过协商同意，在老挝乌都姆赛省开展水稻、玉米、马铃薯、大豆、蔬菜及其他特色经济作物种植的试验示范；开展适宜老挝北部农作物优良品种的选育；开展“替代种植”技术的研究；开展双方农业科技与学术交流，进行农业技术推广等项目，推动老挝北部三省农业经济发展。

为了保证“农业科技示范园”顺利实施，中老双方在协议中明确了各自的职责。双方一致同意这个项目由云南省西双版纳傣族自治州农业局种子管理站进行技术指导，西双版纳益农农业发展有限公司负责实施。

云南和缅甸共建农业综合示范园

2007年5月，云南省农业厅和缅甸签署协议，双方将共同建设农业综合示范园。这个农业综合示范园预计总投资560万元，建设期为3年，建成后整体移交给缅甸方。示范园的主要项目包括：投资200万元，建设一幢900平方米的技术培训楼及园区管理中心；投资143万元进行良种猪苗繁殖及商品猪饲养；投资162万元，进行虾、蟹、热带鱼种鱼苗繁殖及成品饲养等；投资30万元，建设热带水果柠檬种植示范基地；项目预备经费25万多元。这个项目由云南省农业厅外资办管理，云南省鸿宇集团有限公司等4家公司负责具体实施。

面向东盟农业科技成果展示会举办

2007年10月，面向东盟农业科技成果展示会在云南省农业科学院举办，这是推进云南与东盟特别是大湄公河次区域各国农业发展合作的重要举措。

展示会以现场、展板和实物的形式，向来自马来西亚、越南、缅甸、泰国、柬埔寨、老挝等东盟国家的外交官、专家展示了我省农业科技创新的最新成果。展示会由省科技厅、省外国专家局、省农科院和盘龙区政府共同举办。

首届澜湄次区域农产品交易会举行

2007年10月，为期5天的首届澜沧江·湄公河次区域农产品暨第十届西双版纳边境贸易旅游交易会昨日落幕，期现货交易、招商引资总成交额达20余亿元，创下历届“边贸旅交会”的新纪录。

本届交易会以“绿色农业、国际交流、创新发展”为主题，吸引了泰国、老挝、缅甸、越南、柬埔寨和马来西亚等国家的40多家厂商和国内300余家厂商参展。昆明、玉溪、楚雄、保山、普洱、红河等州市组织了阵容强大的新农业科技成果、绿色食品展团参展。展区设置规范、包装新颖、主题鲜明，会展档次水平提高。期间，还举行了国内外农业企业的对口座谈、生态农业专题考察等活动，为中国—东盟优质农产品成功搭建了交流合作平台。签订的15项经贸技术合作投资项目中较大的有：年产120万吨氧化球团的景洪氧化球团厂建设、投资5000万元的罗非鱼种苗繁育基地、投资9600万元的磨憨经济区橡胶制品建设项目等。

中越签署科技合作协议

2007年1月16日，中国科学院昆明分院和越南科学技术院就有关天然产物的科技合作协议续签仪式在昆明举行。这是双方继1999年首次签订科技合作协议后第一次续签，有效期为五年。天然产物与天然药物研究在国际上已经成为热点领域，其科研和应用价值很大。越南和云南省紧紧相连，都有着相当丰富的生物资源优势，近年来，双方在此领域进行了较好的研究合作，并已取得重要的进展。此次续签科技合作协议为两国间，特别是云南与越南之间的进一步合作奠定了基础。双方拟在更加广泛的科学领域开展合作，强化双边研发机制，并逐步在双方所属机构和科学家之间建立动态有效的国际合作关系。

此次签订的中越两国科研机构科技合作协议是2007年1月16～18日在昆明举行的“中越天然产物和药物化学双边会议”的一项主要内容。协议提出，双方可以在科学领域开展国际合作，增进双方友谊和理解，促进科学发展并使双方受益，并将在生物多样性、热带植物、生物活性物质等领域进行项目合作并进行科研人员交流。

中缅替代种植行动方案在缅甸签署

2007年11月20日，在缅甸新都内比都举行《中华人民共和国政府和缅甸联邦政府关于在<中华人民共和国政府和缅甸联邦政府关于禁止非法贩运和滥用麻醉药品和精神药物合作协议>框架内开展替代种植的行动方案》签字仪式。

中国驻缅甸管木大使在签字仪式上说，中国政府愿意在现有基础上进一步加强与缅甸政府在罂粟替代种植和发展领域的合作，以期逐年改善弃种烟农的生活状况，彻底解决危害两国的罂粟种植问题。

缅甸少数民族地区发展部副部长丁威上校表示感谢中国政府对缅甸禁毒工作及边境地区发展所给予的一贯帮助。他表示相信，通过两国的合作，一定能够成功达到彻底消除罂粟种植的计划目标。根据行动方案，中缅两国将在平等互利、相互尊重、责任共担的原则下，主要通过支持有实力的企业以项目合作的方式加强在缅甸北部地区开展罂粟替代种植与发展方面的合作。

云南建设面向东南亚的国际邮件互换平台

2007年5月为推进中国与老挝、泰国的邮政合作，中国邮政集团总公司批复同意在中老边境国家级口岸——云南省西双版纳傣族自治州勐腊县磨憨镇设立国际邮件互换局，标志云南开始着手建设面向东南亚国家的国际邮件互换平台和国际物流进出口平台。以前昆明至万象的信件，均需走北京绕道马六甲海峡的线路。建立起此项业务合作后，将使云南成为中国邮政邮件寄递、信息交流、邮政物流通往东南亚、连接南亚次大陆的直通通道，大大缩短中国与东南亚国家和地区的邮件传递时限。在磨憨设立国际邮件互换局之后，将使得云南到老挝、泰国的邮路缩减5000千米。如果一封普通信件走陆路需要两个月的时间，直接互换实现后，这个时间将缩短至2天。在中国—东盟自由贸易区建设和澜沧江—湄公河次区域合作的国际大环境下，云南邮政积极主动推进中老、中泰邮政合作，打通双边邮政直通通道，将大大方便两国人民用邮，并为双边贸易和文化往来交流提供更便利的服务。

《大湄公河次区域信息高速公路缅甸段项目一期供货协议》在缅甸签署

2007年6月11日，《大湄公河次区域信息高速公路缅甸段项目一期供货协议》在内比都签署，上海贝尔阿尔卡特股份有限公司代表以及缅甸邮电通讯公司代表分别代表双方在协议上签字。

按照规划，GMS信息高速公路缅甸段项目将在缅甸境内建设一条北起中缅边界的木姐，南至缅泰边境大其力，经由曼德勒和仰光，贯穿全缅两千多千米的现代化光传输网络，从而满足GMS信息高速公路的基础通讯要求，实现GMS信息高速公路的互联互通。该协议的签署，标志着协议双方在该项目上的合作将正式全面展开。

云南青年代表团考察越南环保

2007年7月5日至7日，应越南老街省胡志明共青团的邀请，以共青团云南省委副书记陆平为团长的云南青年代表团一行37人，对越南老街省进行了友好访问。

在越南老街省沙巴县，两国青年举行了关于环境保护和社会弊病防治工作的研讨会，云南青年代表介绍了环境治理、保护母亲河、青少年权益保护等方面的经验方法。老街省青年代表也介绍了他们在环保和防治社会弊病等方面的方法。云南青年代表团还访问了越南磷矿公司磷矿选矿厂、老街省社保中心和老街汉语培训中心。

（齐　欢　李　平　郭　宽）

昆曼公路物流政策研讨会在昆明召开

2007年8月24日，由泰国交通部主办，云南省道路运输协会、大湄公河次区域物流研究中心联合承办的昆曼公路物流政策研究会在昆明天恒酒店召开。会议就昆曼公路贸易物流便利化政策制定的中泰各自考虑、货运管理面临的挑战和存在的问题、信息化建设、物流企业经营中存在的问题、加强合作研究等方面展开研讨。来自泰国交通部、泰国驻昆明总领事馆等36位代表、来自云南省交通厅、云南省外事办公室等16个厅局政府的代表、来自云南省东方地理研究院、云南省科学发展研究院等10个研究机构的代表、来自云南省道路运输协会、云南国际文化交流中心等16社会团体和行业协会组织的代表、来自中铁快运股份公司昆明公司、西双版纳任达航运有限公司等32个物流企业的代表、来自湄公河杂志社、新华社云南分社、云南日报社等12个新闻媒体的记者等152人参加了本次会议。

（吴建烈）

非公有制经济

综　述

2007年，全省各级党委、政府认真贯彻落实2006年全省中小企业暨非公经济发展大会精神，以科学发展观为指导，积极顺应国家严管土地和信贷，实施节能减排、加快淘汰落后产能等宏观调控政策，努力化解煤、电、油、运等要素供给紧张的制约，有力地推动了全省非公经济继续保持稳步增长的良好发展势头。

2007年，全省非公经济承接上年的良好发展态势，除非公经济户数指标外，其余主要指标均保持了两位数增长（见下表）。

指标名称	2007年	2006年	同比增长%
非公经济户数（万户）	93.9	86.6	8.4
其中：私营企业（万户）	8.7	7.9	10.5
注册资金（亿元）	2502	2124.9	17.7
非公经济增加值（亿元）	1764	1461	20.7
其中：第一产业	193.6	163.7	18.3
第二产业	807	631.7	27.8
#非公工业增加值	603	486	24.1
第三产业	763.4	665.5	14.7
上缴税金（亿元）	200.1	147.6	35.6
民间投资（亿元）	1407	1174.4	19.8
社会消费品零售额（亿元）	1150.5	983.9	18.1
外贸进出口总额（亿美元）	32.2	23	40.6
个私从业人员（万人）	315	274.8	14.6

全年全省非公经济运行情况来看，主要呈现以下特点：

一、非公经济总量继续扩大。2007年，全省私营企业户数达8.7万户，比上年增长10.5%。注册资金500～1000万元企业有4760户，增加1052户；1000万元～1亿元企业有4194户，增加1292户；亿元以上企业107户，增加61户。规模以上非公工业企业实现增加值603亿元，增长24.1%，提高近3个百分点。全年非公经济预计完成增加值1764亿元，增长20.7%，占全省GDP的37.4%。

二、民间投资平稳增长。2007年，全省企业家信心指数和企业景气指数都在130.0以上的高位运行，推动全省完成民间投资1407亿元，比上年同期增长19.8%，占全省固定资产投资的50.3%。

三、消费需求稳中渐旺。2007年，在宏观经济景气持续上涨、居民收入增长较快等因素的带动下，全省非公经济完成消费品零售额1150.5亿元，比上年增长18.1%，占全省社会消费品零售额的82.5%。

四、进出口贸易快速增长。2007年，随着“走出去”步伐加快，全省非公经济实现进出口额32.2亿美元，比上年增长40.3%，占全省进出口总额的36.6%。其中：进口完成9.8亿美元，增长36.1%；出口完成22.4亿美元，增长42.7%。

五、社会贡献进一步加大。2007年，全省非公经济上缴税金完成200.1亿元，突破200亿元大关，增长35.6%；个私经济从业人员达到315万人，增长14.6%，新增就业40万人。

政策出台

2007年，全省制定出台了促进发展工作指导意见。围绕贯彻落实全省加快中小企业暨非公经济发展大会精神，以及所出台的《中共云南省委　云南省人民政府关于贯彻〈国务院关于鼓励支持和引导个体私营等非公有制经济发展的若干意见〉的实施意见》、《云南省中小企业和非公有制经济“十一五”发展规划纲要》、《云南省人民政府关于加快劳动密集型产业发展的意见》等一系列政策性文件，切实推动全省非公经济的又好又快发展，于年初分别制定了《2007年促进全省中小企业暨非公经济发展工作指导意见》和《2007年推动全省劳动密集型产业发展工作指导意见》，下发16个州市参照执行。

“中小企业成长计划”实施

2007年，从优选一批具有成长潜力的中小企业作为金融、财政、中介服务机构重点扶持和服务对象，优先配置各类生产要素入手，研究提出了“云南省中小企业成长计划实施方案”和“云南省成长型中小企业评价认定暂行办法”，在完成征求省级相关部门意见的基础上，将抓紧进一步修改完善后商省统计局、人行中心支行等部门联合发文实施。

网上招聘

年内，按照国家发改委、教育部关于联合举办2007年全国中小企业网上百日招聘高校毕业生活动的通知要求，指导中小企业云南信息网配合国家中小企业信息网开展了历时3个多月的全国中小企业网上百日招聘高校毕业生活动。截至6月底，全省共有167户中小非公企业参加了网上招聘活动，提供就业岗位1300余个，总量比去年增加1倍，并在西部各省名列第一。

银河培训工程

2007年，全省圆满完成了国家中小企业“银河培训工程”的培训计划，共组织来自全省16个州市的中小非公企业经营管理人员近950人参加了培训。同时，抓好滇沪合作中小企业培训工作，分别在玉溪、红河联合举办了有447名中小非公企业管理人员参加的企业经营管理知识培训。

维权工作

2007年，根据国务院减负办《2007年减负工作的指导意见》和全国减负工作会议的有关工作部署，积极把企业治乱减负与维护权益工作相结合，切实推动“治乱”向“规制”、“减负”向“维权”方向转变。同时，继续做好非公经济维权投诉受理工作，全年受理投诉案件58件，办结50件。

中小企业社会化服务体系建设

2007年，在组建完成“云南省中小企业服务中心”的基础上，积极抓好“云南中小企业发展协会”的筹备组建和相关协调工作，完成筹备工作方案及章程（草案）等相关文件的规定，以及协会成立发起单位的动员组织和落实工作，并计划于2008年4月召开发起成立大会。积极推动中小企业信息服务平台建设，在已完成昆明、曲靖、楚雄中小企业信息网建设的基础上，重点推动了文山、丽江、玉溪、昭通、临沧等地中小企业信息网的建设工作。

中小企业参与对外合作与交流

2007年7月、9月，组织完成“首届全国中小企业创新与发展成果展览会”和“第四届中国国际中小企业博览会暨中日中小企业博览会”的参会参展工作，有效展示了全省中小非公企业创新发展的成果和搭建了参与国内外合作与交流的发展平台。

中小企业创造就业岗位

年内，根据国家发改委关于组织申报2007年小企业创业基地和中小企业公共服务平台建设项目的通知要求，着力从云南经济社会协调发展的实际出发，以推动实施“中小企业成长工程”为重点，编制了2007～2010年《云南省中小企业公共服务平台建设工作方案》，并筛选出28个中小企业公共服务平台建设项目向国家推荐上报。促成了一批成长性好的中小非公企业项目争取国家中小企业发展专项资金扶持以及金融机构的贷款支持。同时，组织完成了各州市推荐上报非公企业重点项目的审核和筛选工作，提出对61个非公经济发展重点项目安排2650万元资金扶持意见，报省非公经济领导小组审批。

专项督促检查工作

2007年，为掌握各地贯彻落实全省中小企业暨非公经济发展大会精神和相关政策的情况，由省非公办牵头、省非公经济领导小组相关成员单位参加，组成4个督查组，于11月中下旬对昆明、曲靖等8个重点州市及4个省级部门开展了专项督查工作。

（张云江）

大中型企业

云南铜业（集团）有限公司

综　述

2007年，云铜集团公司及所属各企业坚持以邓小平理论和“三个代表”重要思想为指导，深入贯彻党的十六届六中全会、中央经济工作会议和省第八次党代会精神，全面落实科学发展观，奋力拼搏，乘势而上，生产经营和改革发展取得了历史性重大突破。全年完成有色金属产品产量55万吨，同比增长22.2%，全面超额完成奋斗目标。其中：①生产精炼铜45万吨，完成计划104.3%，增长19.7%；②矿山完成铜产品15万吨，完成计划100%，增长16.1%；③黄金12.15吨，完成计划101.2%，同比增长21.2%；④白银545.5吨，完成计划88.0%，同比下降0.45%；⑤硫酸93.24万吨，完成计划94.6%，同比增长17.4%；⑥电锌6.5万吨，完成计划108.5%，同比增长28.5%；⑦铜杆9.7万吨，完成计划107.8%，同比增长33.1%。⑧铁精矿78.29万吨，铝1.15万吨，铅1.5万吨，精铋685吨，钴938吨，钼685吨，硒74吨，金属锂5吨，选矿药剂3254吨，精锡550吨，高钛渣3069吨，电子浆料7.6吨，铂、钯、铑、钌、铱等稀贵金属约1吨，次硝酸铋170吨，磷酸氢钙7.5万吨。⑨有色昆明勘察院提前两个月完成年度计划目标，全年合同额超过2.5亿元，收费额超过1.5亿元。

2007年，①实现销售收入392.33亿元，同比增长20%，列省属企业第一位；②实现利税30.06亿元，下降28.7%，其中利润6.28亿元，税金23.78亿元；③实现进出口贸易总额18.88亿美元，增长40.1%，连续7年保持全省第一；④总资产达到455亿元，增长64.1%，净资产175亿元，保值增值率119.8%。

结构优化

2007年，云铜股份A股非公开定向增发4.58亿股，募集资金43.5亿元，其中现金20亿元。通过定向增发，“四矿一厂”进入云铜股份，云铜股份的资源控制力、赢利能力和发展后劲大大增强。同时进一步优化上市公司产业布局，也保证了赤峰电解等7个项目的建设资金。

主业新格局初步形成。云铜集团制定了“十一五”冶炼产业发展规划，以云铜股份为冶炼核心基地，以靠近原料基地和成建制输出管理团队、核心技术为原则，在省外或国外建设新的铜冶炼基地，既实现产能和产量快速增长，又控制周围区域铜资源。赤峰云铜10万吨/年电解铜项目按计划在2007年7月11日正式投产；滇中冶炼厂10万吨/年粗铜技改项目基本完成；赞比亚项目进展顺利，设计工作完成了90%以上，基本完成所有主体设备采购，物资运输完成了4 899万美元，实体工程累计完成投资4175万美元；广东清远一期10万吨电解铜项目已正式启动。

年内，云铜锌业确定2012年“63211”发展目标，主动调整发展思路，抓资源整合促发展，精矿自给能力达8000吨金属，销售收入达到20亿元，实现了历史性突破，同比增长17.6%，实现利润1亿元。

云铜东川工业园新进驻项目5户，投资规模近1亿元，入驻园区有15家企业正式投入生产，园区销售总值29亿元，同比增长50%。玉溪矿业铁球团生产线9月份投产，已生产、销售12万吨氧化球团产品。云晨期货公司完成交易总额1076.3亿元，主营业务收入1175.33万元，创历史最高纪录。福大保险经纪公司保费收入突破1200万元，经纪费收入415万元。永年锂业公司销售锂型材约7吨，销售收入500万元。胜威化工公司生产磷酸氢钙7.5万吨，销售收入1.1亿元，实现利润1600万元。印尼汉荣冶炼有限公司生产精锡600吨。云铜科技投资企业生产二氧化硒82吨、硒粉7吨。

资源战略

2007年，公司通过老区找矿、新区勘察，老区新增332以上铜资源量11.5万吨，333以上铜资源量20.5万吨，新区新增333+334铜资源量159万吨。

整合资源力度加大。年内先后与怒江州、文山州、红河州、云龙县、弥渡县、兰坪县签订了战略合作协议，为大规模资源整合铺平了道路。

重点资源项目建设快速推进。迪庆矿业羊拉铜矿一期年产2万吨铜金属项目竣工投产。玉溪矿业大红山矿二选厂一期项目竣工投产，日处理矿石量达15000吨。凉山矿业2007年在凉山州和迪庆州申办了4个探矿权，与430地质队、贵勘院合作展开了探矿工作。会东淌塘鑫联公司日处理1500吨矿石技改项目12月10日投产，已经生产精矿含铜800多吨。在兼并万通、富民两个民营矿山后，迅速实施技改扩能，年底两个矿山合计日处理矿石能力达到3000吨，一次性投产成功。景谷矿冶理顺了宋家坡矿段探矿权，签署了150平方千米的5个探矿权转让协议，拥有探矿权面积达到了158.26平方千米。马关公司日处理矿石600吨的选矿厂顺利投产。

矿山持续接替工程建设取得重大进展。金沙公司继续加大对老区生产建设的投入，2007年投入1亿元，探获矿石量165.44万吨，金属量1.58万吨。楚雄矿冶六苴矿区已保有开拓矿量236万吨，采准矿量156万吨，备采矿量72万吨，存窿矿量12万吨。星焰公司先后申请办理了六个探矿权，总面积达120平方千米，2007年完成钻探工程量8260米，投入探矿资金778万元，获得铜金属储量约16万吨。

2007年云铜勘查公司完成勘查工作量6000多万元，完成《禄劝县钛铁矿地质勘查》等9个勘探项目，成功申办探矿权10个，备案待批7个，正在申办30余个。同时，全面推进老挝6个矿权247平方千米的探矿工作。

营销外贸

2007年销售公司销售高纯阴极铜45万吨、铜线杆10.94万吨、硫酸71.7万吨、白银420吨、黄金13吨。销售量和销售额双创历史新高，实现主产品产销率100%。通过实施资金时点归集管理，加快了回款速度，提高了资金周转率。进出口总额达18亿美元，出口数量和品种都有较大增加。

云铜境外企业实施“走出去”战略成效显著。云铜（澳大利亚）投资开发有限公司11月在澳大利亚成功发行1600万澳元股票，融入资金700多万澳元，取得了澳大利亚11个探矿权。充分利用云南国际公司对外经济技术合作平台，以较低廉的投入，一举获得七个海外办事处为主的东南亚对外商务网络和东南亚、非洲国家的发展项目，取得了国家发改委核准、国外国会批准的3.68亿美元的投资项目，使云南省对外投资翻了一番。

科技创新

2007年，云铜技术中心顺利通过国家发改委、科技部等5部委的评审，成为第14批国家认定企业技术中心。云铜股份公司“富氧顶吹铜熔池熔炼技术”项目荣获国家科技进步二等奖。云铜科技股份公司组织工程技术人员对艾萨技术进行消化吸收和再创新，成功开发DC炉熔炼工艺，用于铜冶炼系统改造和锡渣冶炼提取粗锡在印尼汉荣公司试生产成功。昆勘院实施的驰宏锌锗20万吨铅锌技改项目获国家工程建设质量银奖。

年内，云铜集团召开了第二次科技创新大会，对云铜集团科技创新管理体制、机制进行完善，建立云南铜业产学研战略联盟，启动重点科技项目年度计划，签订重点科技项目任务书，对2005年~2007年的37项科技创新成果给予345万元的表彰。通过积极申报争取，“高速铁路专用铜合金导线材料产业化开发”等8个项目成功列为政府支持项目，共获得各级政府资助科研经费3025.55万元。共有3个科技成果获省部级和市级奖励，其中省部级二等奖1项、三等奖1项，市级一等奖1项、三等奖2项。

年内，组织开展工程、政工和技师、高级技师评审工作，工程系列获正高级工程师有2人，高级工程师37人，23人通过政工系列中级、16人通过了初级职务任职资格评审；3人获高级技师、80人获技师任职资格。另外有2人获“省突”荣誉。

节能减排

2007年，公司工业增加值能耗677千克标煤/万元，同比下降25千克标煤/万元，降幅3.6%。铜冶炼综合能耗253.3千克标煤/吨，下降54.1千克标煤/吨，降幅17.6%；粗铜综合能耗140.6千克标煤/吨，下降11.8千克标煤/吨，降幅7.7%；总硫利用率达到97.7%。锌冶炼综合能耗1263.38千克标煤/吨，下降253.15千克标煤/吨，降幅16.7%。铜矿山采选原矿综合能耗4.6千克标煤/吨，下降1.14千克标煤/吨，降幅19.9%。冶炼厂工业废水排放强度为0.376万吨/亿元、工业废渣产出强度为0.28万吨/亿元、工业增加值用水量为4.13吨/万元，仅为全国工业平均值的十分之一。2007年，云铜集团获得了中国有色金属工业协会、中国机冶建材工会全国委员会“创建节约型企业先进单位”荣誉。

企业改革

2007年，云铜集团层面产权制度改革取得历史性突破。以增资扩股方式引入中铝公司作为战略合作者。通过战略合作，中铝公司注入75亿元资金，投资20亿元在云南建立铜深加工基地。

云南冶炼厂关闭破产顺利完成，标志着云铜集团经济结构调整工作取得全面成功。近10年时间，云铜集团利用国家实施政策性关闭破产政策，成功关破10户企业，重组的新公司轻装上阵，快速发展，解决了两万多职工再就业问题，云铜集团获得了“全国企业兼并破产和再就业工作先进集体”荣誉。

2007年，有色昆明勘察院、云南国际公司先后并入或划转云铜集团。昆勘院的并入使集团公司拥有了一个集研究、设计、勘察、勘探、施工为一体的设计研究单位，增强集团公司的地质勘探实力。国际公司划转后，确立了全新的对外经济合作发展思路，加快了“走出去”战略的实施和做大做强云南铜业的步伐。12月21日，云铜集团与云南华联锌铟公司、云南立信公司签订合作框架协议，增资扩股重组云铜锌业，夯实了铅锌产业发展的根基。

安全环保

年内，公司按照“安全第一、预防为主、综合治理”的安全环保工作方针和“安全发展，打造平安云铜”的安全发展理念，严格考核奖惩。同时切实加强对外营、外联单位和外包工程的安全检查、指导、监督管理和考核工作，进一步提升了全司的安全生产水平。全年安全环保投入2.2亿元，进一步提升了公司本质化安全水平，确保了公司快速发展的长治久安。安全环保工作连续4年实现了“六为零”，千人负伤率为0.43‰，同比下降47.9%；主要污染物综合排放达标率为100%；实现无伤亡长周期安全生产2001天，无重伤2495天。

和谐建设

2007年，全公司工资总额增加1亿元，人均近万元，同比增长20%左右；住房公积金缴费比例从8%提高到12%，13户建立了企业年金，实现了职工收入与生产经营同步增长。同时，云铜集团及所属企业广泛开展了回报职工、回报社会的扶贫济困活动，济困、助医、助学561人，使用“云铜甘露基金”136.42万元；为21名困难劳模争取了5.4万元的补助，“送温暖”101.2万元。云铜集团荣获“全国模范劳动关系和谐企业”称号。

（李继彬　王世德）

云南冶金集团总公司

综　述

2007年，云南冶金集团总公司坚持以邓小平理论和“三个代表”重要思想为指导，树立和落实科学发展观，不断深化集团改革，切实加强企业管理和技术创新，努力构建和谐企业，生产经营再创新高，继续保持又好又快的发展势头。全年生产有色金属70.39万吨，同比增长6.18%。其中电解铝40.09万吨、电锌19.63万吨、电铅10.67万吨，同比分别增长6%、4.26%和10.6%。其他产品中，生产铁合金11.57万吨，同比增长140.07%；生产锰粉1.19万吨，高锰酸钾3453吨，锗金属13吨，白银105.7吨，黄金84千克，硫酸33.3万吨。全年实现销售（营业）收入166.37亿元，同比增长16.67%；完成工业增加值50.54亿元，增长42.53%；完成进出口总额5.73亿美元，减少13.67%。全年实现利税总额37.38亿元，其中利润26亿元，分别增长34.75%和33.34%。

生产经营管理

2007年，云南驰宏锌锗股份有限公司精心安排、科学组织生产，曲靖生产区铅冶炼和电锌冶炼总回收率均高于全国平均水平，“四九五”锌品级率保持100%，取得了产量指标创新高、经济效益上台阶的好业绩。云南铝业股份有限公司对控股子公司统一原料采购和共享产品销售网络，加强内部管理调度，电解铝、阳极炭块产量突破设计能力，铸轧和圆铝杆生产线实现达产达标，加工产量大幅增长，产量和效益再创新高。云南澜沧铅矿有限公司针对采选系统复产晚等困难，及时采取措施，仍取得较好的经济效益。云南永昌铅锌股份有限公司加大矿山出矿量，及时采购和储备原料，在降本增效上取得新的进展。云南文山斗南锰业股份有限公司、云南建水锰矿有限公司以及云南永昌铅锌股份有限公司等铁合金生产企业抓住下半年产品价格上涨的难得机遇，实现了增产增效。云南冶金集团进出口有限公司根据市场行情，不断调整贸易结构，缓解了进出口总额下滑的势头，保持了效益增长。昆明冶研新材料股份有限公司扩大适销对路产品产销量，取得了较好的效益。云南证券证券交易股份有限公司抓住有利行情，投资收益创新高，房地产项目进展顺利。

节能减排工作

2007年，集团总公司制定了“十一五”节能减排目标，与6家生产企业签订了目标责任书，建立了考核体系和奖惩办法，总公司和各企业成立了相应工作机构，对责任目标和工作措施进行分解落实，有力地促进了节能减排工作的开展。此外，在实施节能环保技改项目上，云南铝业股份有限公司“铝电解综合节能项目”被列入国家发改委2007年技术改造奖励项目实施计划；云南驰宏锌锗股份有限公司加强循环经济建设，300吨/年精铋项目建成投产，30吨/年锗项目、800吨/年镉项目获得投资备案；云南澜沧铅矿有限公司投入4230万元实施环保治理改造工程；云南文山斗南锰业股份有限公司第一条5万吨/年冷压复合球团生产线投产；云南永昌铅锌股份有限公司建成10吨/时沸腾循环流化床锅炉、云南建水锰矿有限公司建成15吨/时流化床锅炉，在提高生产效率的同时，减少能源消耗；昆明冶研新材料股份有限公司通过了清洁生产审核。经过努力，2007年，集团万元产值电耗下降3.67%，考核的14项消耗指标稳定下降率达64.29%。由于工作突出，云南铝业股份有限公司获得中华宝钢环境优秀奖，云南驰宏锌锗股份有限公司获全国矿产资源合理开发利用先进矿山企业称号，在全国有色金属工业创建节约型企业活动中，集团涌现2家先进单位、4个先进班组、2个先进个人。

安全生产

年内，集团各企业以落实安全生产责任制为主线，深入开展“隐患排查治理专项行动”、“安全生产活动月”、“百日安全无事故”等活动，强化对重大事故隐患、重大危险源的整改和监控，有效地预防和遏制了重特大事故的发生。强化安全教育培训，企业负责人和安全管理人员持证率达95%以上，特种作业人员持证率达97%以上，职工三级安全教育培训率达98%以上。建立完善应急救援网络，全年共进行应急演练14次。全年在安全生产上投入7000多万元，企业的安全生产条件得到了改善。经过努力，集团2007年安全指标大幅低于省安监局下达的控制指标，集团总公司被评为全国“安康杯”优秀组织单位，云南铝业股份有限公司、云南永昌铅锌股份有限公司获“优胜企业”称号。

标准化管理

2007年，云南铝业股份有限公司以“三级中心管理模式”为基础，积极提升管理绩效，获得“全国实施卓越绩效模式先进企业”称号。云南驰宏锌锗股份有限公司质量、环境、职业健康安全“三标一体”管理体系初步通过中国质量认证中心审核，并向国家技术监督局申报国家标准化良好行为企业。云南澜沧铅矿有限公司也开展了“三标一体”贯标工作，基本完成质量、环境、职业健康安全3个程序文件的编制工作。云南文山斗南锰业股份有限公司通过环境管理体系（ISO14001：2004）认证，“斗南”商标被认定为云南省铁合金行业首枚著名商标。昆明冶研新材料股份有限公司锌合金生产通过ISO9001质量体系认证。

产业项目建设

2007年，在铝产业上，云南铝业股份有限公司4万吨/年铝合金棒项目已建成投产，8万吨/年中高强度宽幅铝合金板带和4万吨/年耐热高强度电工圆铝杆项目具备开工条件；云南文山铝业有限公司80万吨/年氧化铝项目厂区“三通一平”工作已完成；云南润鑫铝业有限公司10万吨/年电解铝配套完善项目已完成主体设备招标，电解等主要车间进入上部结构施工，样槽制作已通过验收。在铅锌产业上，云南驰宏锌锗股份有限公司“深部资源综合开发利用、环保节能技改”项目顺利通过安全、环护、职业卫生、消防等专项验收，并获2007年度国家优质工程银质奖。云南澜沧铅矿有限公司2万吨/年电锌项目于9月贯通工艺主流程并产出合格0#锌片。昭通铅锌矿2000吨/日选厂、四川宁南三鑫公司1000吨/日选厂项目建设进展顺利；呼伦贝尔驰宏矿业公司铅锌冶炼项目前期工作积极推进。在锰产业上，云南文山斗南锰业股份有限公司10万吨/年铁合金节能技改工程2.5万千伏安电炉于11月投料试生产，产能由2万吨/年扩大到了12万吨/年，整体技术装备水平大幅提升。云南建水锰矿有限公司10万吨/年锰系合金节能减排技改工程可研报告通过专家评审，3万吨/年高锰酸钾清洁生产、20万吨/年冶金锰选矿资源综合利用技改工程前期准备工作进展顺利。在钛产业上，云南新立有色金属有限公司武定8万吨/年高钛渣主体工程DC炉基础于7月动工，部分国外设备已运抵现场，国内主体设备采购基本完成，办公区、生活区和部分辅助设施已建成使用。禄丰钛产业基地于11月底奠基，6万吨/年钛白粉、1万吨/年海绵钛项目主要合同已签订，钛白粉项目环评已获省环保局批复，海绵钛项目环评大纲已通过专家论证。3个矿山项目可研报告已通过评审，25万吨/年精选厂已立项备案，并获得环评批文。在硅产业上，云南永昌铅锌股份有限公司10万吨/年硅铁一期工程4台电炉全部建成投产，产品产量、质量及各项技术指标均达到设计水平，部分指标超过国内同行业先进水平；二期工程设计、土建施工、设备订货、非标制作等工作进展顺利。昆明冶研新材料股份有限公司3000吨/年多晶硅项目已获备案。

资源整合开发

2007年，云南文山铝业有限公司已获25个铝土矿探矿权，并对其中3个矿区进行了地质勘探，对7个矿区进行了详查，共探获资源储量1.1亿吨，实现云南铝土矿勘查找矿的历史性突破。10月份，组建鹤庆溢鑫铝业有限公司，积极推进鹤庆铝土矿风险探矿和整合开发工作。云南驰宏锌锗股份有限公司会泽生产区通过地质找矿，新增铅锌金属量26万吨；积极推进会泽县铅锌资源整合，申请了总面积为71.1平方千米的2个勘探项目；昭通铅锌矿整合了彝良洛泽河河东7个矿权，并基本掌握矿区400米标高以上的矿体赋存情况和开采技术条件；6月份，组建红河驰宏矿业有限公司，优选申报3个面积约54平方千米的空白找探矿区域。云南澜沧铅矿有限公司全面清理盘查外围矿权，重新确定资源整合和开发思路并逐步实施，老厂矿山资源增储项目已探明2个矿体。云南永昌铅锌股份有限公司共获得探矿权13个，采矿权8个，探明铅锌金属储量27.44万吨，铁矿石储量408.7万吨，整合并探明硅石资源1081万吨。云南新立有色金属有限公司在武定取得1个采矿权和4个探矿权，基本完成对10家矿山生产企业的整合，并对昆明、文山、大理、禄丰等地钛铁资源进行了调查。

2007年6月，组建呼伦贝尔驰宏矿业有限公司，取得约140平方千米的3个探矿权，并优选确定了地质找矿重点远景区。10月，组建四川鼎鑫矿业开发有限公司，与昆明地质勘查院合作开发会理铅锌矿。11月，组建大兴安岭云冶矿业公司，与大兴安岭地区合作整合开发当地铅锌等资源。这几个区域，找探矿前景都比较看好。

2007年，重组澳大利亚YMG贸易公司，组建驰宏国际矿业公司，积极构建集团国际化资源战略的新平台。11月，集团与加拿大爱维利亚公司签署合作协议，通过入股加拿大爱维利亚公司10%的股份，每年可获得澳大利亚麦哲伦矿50%的铅精矿。集团还参与了越南林同60万吨/年氧化铝厂EPC项目总承包联合投标工作。

技术创新

2007年，全公司一批重大科技项目获表彰奖励。自主研发的“锌精矿加压浸出、长周期电解关键技术研究及产业化”获国家科技进步二等奖，有7项科技成果获云南省科学技术奖（其中一等奖1项、二等奖1项、三等奖5项）；有7项科技成果获中国有色金属工业科学技术奖（其中一等奖1项、二等奖2项、三等奖4项）。其中“湿法炼锌－深度净化－长周期电积工业试验”获省科技进步一等奖；“铸轧坯料生产0.0045mm及0.005mm超薄铝箔技术开发”获中国有色金属工业科学技术一等奖，这一批奖项进一步增强了集团主导产业的技术领先优势。此外，全年共申报专利18项，获授权专利27项，1项发明专利获“第十届中国专利奖”优秀奖。

重大在研项目进展顺利。“四针状氧化锌晶须产业化开发研究”、“同纯锌生产技术开发”等项目已具备验收条件。“光纤用$GeCl_4$产品开发”正在开展厂家应用试验。“大型直流电弧炉冶炼钛渣的关键技术和产业化研究”和“钛产业相关技术”研究取得较好进展，为钛产业建设提供了有力的技术支撑。“低成本太阳能用多晶硅生产新技术开发”获得纯度达5N以上的SiO_2，进入全流程试验研究。“锰酸钾制备新工艺研究”使锰酸钾转化率达到95%，进入全流程半工业实验；低品位、高含磷锰矿选矿富集试验和降磷技术攻关，可提高6—12个品位，精矿产率52%。“澜沧铅矿复杂铅锌矿选冶联合新工艺研究”小型试验获得选矿铅锌回收率大于85%，锌浸出率达到97%的结果。“富锗硫化锌精矿加压酸浸锗提取新工艺的研究开发”初步试验表明锗浸出率88—90%，锌浸出率98%以上，并能有效回收银等有价金属。“驰宏公司尾矿综合利用研究”已完成技改方案及施工图纸，进入试生产调试。2007年，共有2项省科技创新强省计划、1项国内合作计划、1项国际合作计划、1项省科技条件平台建设项目、1项昆明市科技局工业重大项目获准立项，申报了2项省重点新产品开发计划。

技术创新体系建设继续推进。总公司技术中心和昆明冶金研究院实现合并重组，顺利通过国家级技术中心考核。“冶金工程中心”建设项目通过省科技厅论证，已与昆明国家高新技术开发区达成出让建设用地协议，开展了相关设备选型、订货工作。积极开展技术成果转让及横向科技服务，技术中心全年签订合同37项，合同额1100多万元；昆明有色冶金设计研究院全年签订合同额超过1.6亿元。

集团和企业改革

2007年，在改革改制上，按照省委、省政府和省国资委有关精神，集团总公司召开进一步深化国企改革工作会议，开展了集团层面改制前期准备工作。为加快发展锰产业，积极推进云南文山斗南锰业股份有限公司与云南建水锰矿有限公司整合，合并重组工作已完成。积极稳妥推进云南冶金汽修厂破产工作，召开了职代会和省市相关部门协调评审会，职工安置预案已审查通过，破产工作的行政清算程序基本结束。

在资本运作上，云南驰宏锌锗股份有限公司和云南铝业股份有限公司两个上市公司2007年均实施了“高分红、高配送”分配方案，其中云南驰宏锌锗股份有限公司股票曾创下了沪、深股市有史以来每股收益率最高、股票价格最高、分红送股最高三个第一；云南驰宏锌锗股份有限公司被誉为“中国第一绩优股”，并荣获“2006年中国上市公司百佳市值管理奖”第五位；云南铝业股份有限公司荣获2006年“成长上市公司百强”第46位，集团和两个上市公司在资本市场以及行业内的影响力与日俱增，市场融资渠道进一步拓宽，融资能力明显增强。其中，云南铝业股份有限公司全年用银行承兑汇票累计筹资11亿元，短期融资券筹资6亿元，共节约筹资成本1740万元，同时为建设铝加工项目，开展了增发股票准备工作，方案已经中国证监会审查通过。为加快钛产业建设，引入战略投资者对云南新立有色金属有限公司进行了增资扩股，资产评估结果已获省国资委备案批复，并与澳大利亚神特公司签订了增资协议。为适应发展需要，云南冶金集团进出口有限公司完成了增资工作，注册资本由1050万元增加到7000万元。

在内部改革上，各单位不断深化人事、劳动、分配三项制度改革，进一步建立完善激励约束机制，提高了职工的积极性和主动性，有力地推动了各项管理工作和效率的提升。昆明冶金高等专科学校围绕全国高职高专示范建设，加大了软硬投入，安宁新校区建设项目进入立项报批阶段。云南冶金汽车技工学校通过实施教职工专业技能和综合素质提升计划，在发展上迈出了新步伐，云南冶金医院在加强职业病防治和拓展社区卫生服务方面进行了探索尝试。

和谐企业建设

2007年，公司坚持以人为本，全心全意依靠职工办企业，关注职工的成才成长，着力提高职工技能和素质，全年共培训管理人员3752人次，专业技术人员3276人次；职业资格取证培训2609人，培养高技能人才1582人，集团技术工人中高技能人才已接近30%。专业技术人才队伍建设进一步加强，全年新增教授级职称15人、副高级职称57人、高级技师9人、享受省政府特殊津贴专家3人，共引进人才28人，接收大中专生560人（其中硕士26人）。认真处理好改革、发展、稳定关系，积极为职工做好事、办实事、解难事，不断改善职工生产生活条件，特别是在解决集团广大职工住房难、子女就业难的问题上迈出了新的步伐，云南铝业股份有限公司、云南建水锰矿有限公司职工住宅小区已交付使用，昆明马街片区经济适用住房一期已开工建设；企业年金范围进一步扩大，多层次的职工养老保险体系逐步建立；不断健全完善职代会、厂务公开等民主管理制度，着力畅通民主渠道，保持了职工队伍的团结稳定。积极支持工会、共青团工作，班组建设、技术技能比赛、建功立业“号、手”等活动深入开展，有力地推进了集团和各单位的改革发展。此外，总公司和各单位开展了医疗互助、帮扶困难、救助灾区、奉献社会等公益活动，展现了集团职工的良好精神风貌。2007年，云南冶金集团总公司荣获全国五一劳动奖状，被命名为全国模范劳动关系和谐企业和云南省模范职工之家；云南驰宏锌锗股份有限公司荣获云南省五一劳动奖状，昆明冶金高等专科学校被命名为“云南省文明单位”，云南铝业股份有限公司、昆明冶金研究院被命名为昆明市劳动关系和谐企业，云南永昌铅锌股份有限公司被命名为保山市劳动关系和谐企业。

（黎小浪）

云南商业集团有限公司

综　述

2007年，是云南商业集团按照省政府要求全面退出国有体制并转入组建云南省流通行业协会的关键性一年。也是困难多、遗留问题多、头绪多以及企业改革收尾任务重、成立协会对外协调任务重的一年。集团公司按照省政府确定的集团改革方向，集中全力抓住主要矛盾，从理顺关系入手，在企业改革、资产移交、维护稳定以及协会组建等方面做了大量的工作。基本完成了省委、省政府及省国资委下达的各项工作任务，获得了企业改革和协会组建工作的双丰收。

2007年，集团下属企业改革、改制进入最后的攻关阶段。按照省委、省政府有关国有企业改革的文件精神和工作安排，集团公司集中力量，规范工作程序，坚持以人为本、构建和谐社会的工作思路，积极稳妥地逐户推进了下属企业的改革工作。

省商业机械厂资产整体转让

2007年，面对省商业机械厂的改革工作，集团公司积极协调有关部门，通过省国资委、省产权交易所以及云南国内招标有限公司等有关部门和单位的共同努力，按照3月份省国资委正式批复的改制方案，促使省商业机械厂的资产整体转让工作走完了法定程序，依法确定昆明亿湾投资有限公司为中标人，并按照国有资产处置的相关程序和规定进入资产的过户，即将全面完成企业的改制工作。

省汽车工业总公司依法破产

年内，省汽车工业总公司的依法破产是一项程序复杂、工作量大、环节多的工作。集团公司以人为本做了大量的职工思想工作和破产准备工作，在5月底前向昆明市中级人民法院提交了申请破产的相关文件资料，通过法院系统内部的复核审查，经过多方的联系和协调，官渡区人民法院于2007年12月24日正式受理云南省汽车工业总公司破产案，使持续多年的省汽车工业总公司破产工作取得了决定性的进展，下一步将进入破产清算阶段。

省饮食农机两公司改制

2007年，在集团公司的帮助和支持下，省饮食服务总公司基本摆脱困境，走上了稳定发展的道路。该公司采取多种方式、多种途径，落实清偿历史债务工作，为省饮食服务总公司的经营管理创造有利条件。根据企业和协会的实际情况，省饮食服务总公司将继续由流通协会代管，作为云南省商务培训工作的场所。省农业机械总公司由于资产盘面较大，实现国有资产的退出，需要采取多种形式进行改制，经多方研究，云南省农业机械总公司的改革方案已经拟定，改革的方向已经基本确定，待报省国资委审批后便可实施。

至2007年，经过多年国有企业改革改制工作，集团全面退出国有体制，为集团整体转入云南省流通行业协会创造了有利条件。

国有资产的划转移交

2007年，按照省委、省政府有关云商集团改革的指示精神，集团所属部分企业要划转移交到有关部门和企业去管理。集团公司加大国有资产划转移交的工作力度，集团领导多次出面与有关企业和部门反复协商研究，在划转企业及相关部门的配合和支持下，多方协调、全力推进国有资产的划转移交工作，对国有资产的增值保值及进一步整合和重组做出了应有的贡献。

州市农机公司移交属地

年内，根据省政府2005年11月30日专题会议决定，省国资委、省财政厅决定授权集团公司具体负责州市农机公司下划的对接协调，并签署下划协议。为全面推动州市农机公司下划，集团公司在省农机公司的配合支持下，全省16个州市进行下划工作的对接协调，已与9个州市签订了移交协议。

云商日盛期货公司股权划转

2007年，按照省政府的要求，云商日盛期货公司股权划转由省国有资产经营公司管理。集团公司经过与云商日盛期货公司及省国资公司等有关企业和政府部门多次协商，8月顺利地完成了云商日盛期货公司股权划转移交到省国资公司的工作任务，并落实了省政府确定的“资产带人”的政策，由国资公司接收安置了集团的3名员工。

云海贸易集团公司整体划转

2007年，珠海云海贸易集团公司及其下属的“云海大酒店”，按照省政府的要求进行整体划转。为了确保移交工作顺利进行，集团公司先后与省政府办公厅、省国资委、省财政厅、省政府驻深圳办事处以及珠海云海贸易集团公司等单位进行协商，研究工作方案，认真做好划转企业职工的思想工作，确保移交经营两不误。通过多方努力，12月19日与省政府办公厅、省政府驻深圳办事处圆满完成了云海贸易公司整体划转移交工作。

金马碧鸡公司的股权转让

云南金马碧鸡旅游商城股份有限公司是省政府在1999年原省贸易厅整体改制时批准成立并由云商集团控股的股份制公司。由于受诸多因素的影响，集团投入在该公司的5000万元股份多年来未曾产生丝毫的经济效益。随着股份公司债转股方案的实施，集团公司由原来的控股公司变成了参股公司，向红塔集团借款投入的2500万元股份本息也无法归还，使集团公司因此变成了债务被告人。金马碧鸡公司成了集团改制的一个沉重包袱。为此，集团公司把金马碧鸡公司的改革重组作为集团企业改革的一项重要工作，经集团领导的多方研究、协调，并报请省国资委批准，2007年11月，与云南省城市建设投资有限公司签订集团在金碧公司的股权转让协议，相关工作在继续落实过程中，预计将在2008年上半年内陆续完成。

省流通行业协会筹备

2007年，根据省委、省政府关于国有企业改革的有关文件精神和工作安排，云南商业集团有限公司全面退出国有体制的工作已接近尾声。1月，省编委下发《关于组建云南省流通行业协会的批复》，标志着云南集团开始进入组建云南省流通行业协会的新阶段。协会由云南商业集团有限公司整体转制组建，其性质和任务是：按照省政府赋予的对全省流通行业进行管理和行业协调的职能，坚持以“大市场、大流通”为主题，围绕国家经济发展的方针政策和省委、省政府发展云南经济的有关部署，大力推进云南流通行业的改革、发展，为政府和社会、行业提供信息、咨询服务，搞好行业自律，维护行业公平竞争，促进行业稳步协调发展，为政府联系企业发挥桥梁、纽带和助手作用，同时，承担原云南商业集团下属企业的改革、改制工作。

2007年，集团公司制定云南省流通行业协会工作的指导思想、工作重点、工作职责；拟定云南省流通行业协会的职能、任务、内设机构和工作目标；完成协会的法人登记、税务登记和开设银行账户等基础性工作。对组建工作中存在的一些具体问题专题向省政府及有关部门进行请示汇报。集团积极做好协会组建的思想动员工作和组织准备工作。年内，面对猪肉供应紧张，价格不断上涨的市场形势，汇同昆明市农业局、统计局、商务局、食品公司等部门，在昆明地区、玉溪地区、宜良县等地对生猪的生产、流通、消费市场等环节进行了细致的调研分析，形成了具有一定参考价值的调研报告。在市场调研的基础上，集团积极组建协会下属的专业协会，为流通行业协会全面开展工作做准备。2007年确定组建肉食协会、酒类协会两个专业协会，其中，肉食协会年内已完成了章程的拟定，该协会有望在2008年一季度成立。对集团属下现有的省烹饪协会、省拍卖协会、云南民族传统食品开发促进会、省商业企业管理协会等专业协会，集团公司加强了管理和指导，进一步强化了各专业协会规范、服务、协调的职能作用，为正在组建的云南省流通行业协会开展工作奠定了良好的基础。

存在问题

2007年，云南商业集团下属企业改革收尾、集团成立行业协会对外协调，任务仍然十分繁重。尤其是改转企业的遗留问题及职工稳定的工作；集团公司整体转为行业协会后超编人员的分流安置工作，仍然需要认真解决。

（周永碧）

云南省农垦总局

综　述

2007年，是云南农垦管理体制改革取得历史性突破的一年。农垦广大干部职工坚持落实科学发展观，紧紧围绕企业增效、职工增收和农垦示范带动作用增强的目标，团结奋斗、扎实工作，努力克服自然灾害造成的损失，经济继续快速发展、经济运行质量和效益进一步提高，职工收入继续增长，社会进一步和谐。

全年生产经营干胶14万吨，同比减少0.8%；茶叶10991吨，同比增长10.7%；食糖67079吨，增长13.5%；各种水果9.4万吨，增长1.2%；各类胶鞋1416万双，增长0.6%；发电量3.57亿度，增长11.3%。其他产品产量均保持稳定或略有增长。

2007年，垦区完成工农业总产值46.11亿元，同比增长11.7%；完成销售收入47.8亿元，增长30.7%；完成生产总值27亿元，增长21.8%，其中：第一产业20.7亿元，增长21.3%；第二产业2.8亿元，增长8.9%；第三产业3.5亿元，增长38.5%。实现利润4.17亿元，增长33.1%；年职均收入1.4万元，增长5.8%；非公经济纯收入5.1亿元，增长31.4%；非公经济从业人员年人均纯收入7085元。

广泛调研

2007年1月7日~14日，由省委农村工作领导小组办公室牵头，省有关厅局人员参加组成的3个调研组，分别到黑龙江、广东、广西、新疆、海南5个垦区，为云南农垦改革发展的“二次创业”进行专题调研。调研内容主要针对现行农垦管理体制及深化农垦管理体制改革的主要做法和经验，遇到的困难和问题，下一步的考虑和打算，以及整合农垦资源、加快农垦产业发展、加快农垦对外开放、地方党委政府扶持农垦发展等主要做法和经验。5月27日~6月1日，省委副书记李纪恒、省政府副省长孔垂柱分别带队，省委办公厅、省政府办公厅、省委农办、省发改委、省财政厅、省国土资源厅、省国资委、省地税局和农垦集团的领导参加组成的两个调研组，又分别前往辽宁、黑龙江及海南、广西省区，就云南农垦改革与发展问题进行了专题考察学习，为农垦改革发展，实施“二次创业”奠定基础。

农垦改革

2007年8月22日省委办公厅、省政府办公厅发出《关于成立云南省深化改革加快农垦发展领导小组的通知》省委、省政府决定成立云南省深化改革加快农垦发展领导小组，省委副书记李纪恒担任组长，副省长孔垂柱和省长助理米东生担任副组长，省级有关部门负责人为成员。领导小组下设办公室，米东生兼任办公室主任。

是日，省委、省政府下发《中共云南省委云南省人民政府关于深化改革加快农垦发展的若干意见》。《若干意见》明确了云南农垦实行省政府授权、系统垂直管理、企业自主经营的管理体制，授予省农垦总局相当于州（市）级政府的部分管理权限。为加强党对农垦各项工作的领导，成立中共云南省农垦工作委员会，作为省委的派出机构；省纪律检查委员会向省农垦总局派驻纪律检查工作委员会。《若干意见》要求，通过5~10年的努力，使农垦总局成为权责明确、精干高效、职能到位、运转协调并具有农垦特点的管理机构；把农垦集团公司打造成以农产品加工业为重点，主业突出、副业精干、一二三产业全面发展，特色和优势鲜明的国有重点骨干企业，充分发挥农垦在发展现代农业和社会主义新农村建设中的带动示范作用。力争在“十一五”末销售收入、利税总额、职工收入等3项指标比“十五”末翻一番以上，努力实现到2010年销售收入突破70亿元、2015年达到120亿元以上的发展目标。标志着云南农垦进入了一个全面推进“二次创业”的新的历史时期。

部署深化发展工作

2007年8月25日，云南省深化改革加快农垦发展领导小组召开第一次（扩大）会议，省有关厅局及有关州市的领导参加会议。会议的主要任务是认真贯彻《若干意见》精神，统一思想认识，明确目标任务，研究部署全面深化农垦改革、加快农垦发展的各项工作，推进云南农垦“二次创业”。省深化改革加快农垦发展领导小组组长、省委副书记李纪恒在会上作了重要讲话。8月30日，云南农垦在昆明召开深化改革加快发展工作会议，省深化改革加快农垦发展领导小组副组长、副省长孔垂柱到会作重要讲话。会议的主要任务是深入学习贯彻《若干意见》、省深化改革加快农垦发展领导小组第一次（扩大）会议精神，部署全面深化改革、加快农垦发展的各项工作，确保各项目标、任务和工作落到实处。围绕《若干意见》和两次会议的安排部署，农垦上下展开了全面贯彻落实工作。

天然橡胶产业

2007年，全局天然橡胶整合取得进展。一是橡胶产业公司2007年4月26日与普洱市景谷县政府签订《天然橡胶产业合作开发协议》，示范和带动景谷县境内发展10多万亩天然橡胶；提出了德宏片区橡胶资源整合工作意见，成立了筹备组；调整民营胶收购加工政策，当年收购加工民营橡胶4.35万吨，比上年增加1.75万吨，增长67.4%。二是加强对制胶厂改扩建项目建设的管理。勐捧3.8万吨、景洪3.5万吨和江城1.6万吨制胶厂建设进展顺利。开展勐满、东风、橄榄坝、金平等胶厂建设的前期准备工作。三是加强市场信息研究，认真抓好产品销售和物资采购工作，开展主产品精深加工项目调研。橡胶产业公司2007年3月启动了橡胶产品数据系统建设项目，运用现代信息技术做好产品运输、仓储、发送，以及物资采购、配送等工作。经国家质检总局审定，2007年东风分公司生产的“东风牌”5号胶，景洪、勐满分公司生产的“云象牌”5号胶及勐捧分公司生产的“金凤牌”5号胶，荣获国家免检产品资格，获得由国家质量监督检验检疫总局颁发的“产品质量免检证书”和“产品质量国家免检”荣誉牌。

境外发展天然橡胶

2007年4月3日，在老挝万象举办的“中国（云南）—老挝贸易投资洽谈会”上，农垦集团公司主要领导与老挝农林部签署《中国云南农垦集团和老挝农林部关于在老挝北部四省农业开发（天然橡胶种植）合作谅解备忘录》。双方就天然橡胶种植开发等事宜达成原则性共识。截至2007年底，云橡投资有限公司已在老挝开垦种植橡胶1.34万亩。橡胶产业股份公司对与缅甸第二特区勐波县合作开发种植10万亩天然橡胶问题进行了研究，并安排由孟连农场着手开发种植。东风农场与缅甸第四特区签订2万亩开发种植橡胶协议。橄榄坝农场、分公司在缅甸第四特区已种植橡胶1.4万亩。

茶叶产业

2007年3月，集团公司下发《关于茶叶产业提质增效的意见》，与各茶叶生产经营企业签订了年度生产经营目标责任书。各茶叶企业以市场为导向，以质量和效益为中心，全面开展“提质增效”活动，实现了农垦茶叶产业发展新突破，质量效益大幅度提高，产值、职工收入等创历史最好水平。全年农垦茶叶产业工农业总产值4.48亿元，同比增长132%。各茶叶农场通过进一步加强管理，调整产品结构，增加了精制茶产量，全年生产精制茶5203吨，同比增长56.5%。茶叶企业职工年平均收入1.11万元，增收5200元，增长88%。

建设现代农业

2007年，按照建设现代农业的要求，农垦认真落实"科技兴垦"战略，拟定了《云南农垦科技创新工作实施方案》，组织开展以防治橡胶树六点始叶螨等为主的热作病虫害科研工作，依托省热作学会组织编撰《云南省主要热带作物病虫害诊断与综合防治原色图谱》，组织启动了垦区"气象平台建设"项目，建成了东风、勐满、江城分公司及省热作所等4个测试点。在组织对景洪农场农垦现代农业示范区进行了考核验收后，当年东风、陇川、勐撒、堂上农场被农业部批准为现代农业示范区。对大渡岗茶场、陇川农场等单位承担农业标准化示范项目进行了检查和考核验收。在大渡岗茶场进行了茶园节水滴灌试验，效果明显。

基础设施建设

2007年，按照建设社会主义新农场和构建和谐农垦的要求，集团公司预算安排近1亿元专项资金，重点实施场区道路和收胶站建设、生产队队部及职工饮水工程建设。通过3年来集团公司"三个一千万"工程带动和橡胶产业公司在年度预算中的基本建设资金安排，农垦基础设施建设有了较大的改善。仅西双版纳垦区就完成小城镇和基础设施建设项目859个，实际建盖职工住宅28万平方米。场容场貌和职工群众的住房条件得到改善，职工精神面貌焕然一新，有效推进了职工生活方式和思想观念的转变。

战略合作

2007年7月25日，云南农垦集团有限公司与文山州政府在文山举行战略合作框架协议签字仪式。协议明确在发展天然橡胶、茶叶、热区水果及咖啡、物流、旅游、生物制药和深加工等产业上，在市场和小集镇、小水电资源开发上，集团公司与州政府开展密切合作。

存在主要问题

一是橡胶生产有所下滑。2007年生产生胶总产与上年相比减少4114.84吨，出现较大负数。二是农业基础设施还很薄弱，农业生产水平较低，一些贫困农场经济发展的速度还很缓慢，示范带动作用难以有效发挥。三是在综合经营、多元发展和突破工业、做强做大服务业等方面还未取得有效突破。四是投融资渠道不通畅，长期投入不足，严重制约了农垦经济社会发展。五是一些领导干部的思想、作风、观念和能力还不适应"二次创业"的需要。六是职工持续增收难度加大。随着改革的深入，农垦历史遗留问题和深层次矛盾进一步凸显，维护稳定、促进和谐的任务仍很艰巨。

（陈　葵）

云南物流产业集团有限公司

综　述

2007年是云南物流产业集团进一步实施改革发展规划、推进经营战略转型的关键一年，也是集团各项工作取得丰硕成果的一年。集团的物流业务和常态贸易业务双双实现了持续快速增长，物流业务收入占营业总收入的比重继续上升，经济效益有所提高，经营质量明显提升。食糖、废旧物资、钢材和有色金属经营增幅较大。2007年集团共实现营业收入15.2亿元，同比增长95%；物流总额167亿元，增长38%；上缴税金3171万元，增长28.4%；实现利润总额1651万元，圆满完成了省国资委下达的考核目标任务。2007年，集团再次进入中国服务业企业500强，并被评为全国物流、仓储、运输、配送服务业50强第11位，全国最具竞争力50强物流企业第31位。

经营战略转型

2007年，集团突破传统"一买一卖式"的贸易业务发展模式，采取有效措施向传统业务新型化、新型业务规模化、经营结构合理化、发展目标精细化的方向发展，初步形成了"物流+贸易+资本运作"的主营业务板块，提高了经营业务运行的稳定性、持久性和安全性。金属公司充分发挥"云钢物流中心"品牌效应，贸易业务得到恢复，动产质押监管业务快速发展；机电公司细化管理抓市场，盘活存量求增量，整合资源寻发展，品牌拓展和经营业绩又创新高；云燃公司努力开拓煤焦市场，巩固家电物流，积极发展运输物流，拓展新兴物流业务取得成效；新源公司有效恢复主营业务，开拓延伸业务领域，加强业务合作，实施低成本扩张又有新的突破；化建公司调整结构保规模，盘活存量增收益，积极开发仓储物流增值服务取得好效果；新储公司及时调整结构，整合现有物流资源，启动物流加贸易战略，以食糖为品牌的核心业务成效显著；万达公司充分挖掘物流设施潜力，发挥自身优势，促进经营业务稳步发展；危险品公司充分利用优势，稳健发展出口贸易，积极寻求新项目、新业务的开发与合作，拓展经营领域和发展空间；开发公司进一步提高资产经营收益，积极开拓和探索新项目的开发与合作；生资公司转变经营观念，调整经营策略，积极拓宽销售渠道，努力扩大经营规模。

资本运作

2007年，集团资产总额在抵消内部往来后达15.2亿元，比2007年初增加23.58%，比2005年底增加31.37%，相当于每个月增加近2000万元；净资产3.62亿元，比2005年底增加1.36亿元，增长60.79%。通过建立统一融资平台，集团在银行的意向融资授信额度达5.1亿元，综合授信额度达3.17亿元，内部调剂资金总量达到1.92亿元。至2007年底，通过艰苦努力，彻底完成“减债脱困工程”，使集团多年遗留下来的5.6亿元历史不良债务全部得到解决，集团的资产负债率将由2005年底的80.53%降至62%，资产结构、资产质量和财务状况从根本上得到改观，从而获得了银行的积极支持，新增融资2.2亿元，为集团的下步发展奠定了坚实基础。

专业物流平台和经营网点建设

2007年，集团公司围绕社会经济发展和集团做大做强的需要，在进一步完善、提高已构建的9大专业物流平台和5大网络信息平台的功能、作用的基础上，云钢物流中心曲靖分中心、机电公司江淮轿车专营店、云南新源废旧物资交易市场又相继建成开业，云燃公司威红选煤厂建成投产，开发公司东川三氧化钼项目基本完成，新储公司积极向全国范围延伸白糖营销网络，已在西安、石家庄成功构建配送网络。与此同时，昆明东盟家电物流中心、金属公司安宁和平国际物流中心、万达公司三道专用线改造等一批新的物流项目也正在加紧筹划和筹建之中。10月，根据省政府主要领导指示，集团牵头组织了有省级有关部门领导参加的考察团对昆曼大通道如何建设物流中心进行专题考察调研，并在此基础上开始着手“磨憨口岸国际物流中心”项目的前期调研和准备。至年底，集团专业物流平台已达13个，拥有省内外经营网点88个，经营场所面积89万平方米（其中仓库20万平方米、货场57万平方米、店面及其他12万平方米）。这些项目和工作的实施，不仅进一步积累和丰富了实际运作和管理经验，也使集团在物流规模、营销网络、服务质量、信息服务、融资担保、经营管理人才、物流基础设施等方面的实力和竞争优势得到了提升，对我省物流产业的发展形成了相当的影响力、控制力和带动力。

物流资源整合

2007年，集团深入贯彻落实省政府《关于国有内外贸流通企业深化改革有关事宜的专题会议纪要》精神，采取市场和行政两种手段，大力推进物流资源整合。在帮助已划入两户企业理顺关系、深化改革、制定规划、步入良性发展轨道的基础上，通过努力，云南危险品物流有限公司于2月4日正式注册运营，8月，省政府又决定把昆明凉亭地区3户国有企业整体划转到集团，其中云南省建材供销总公司已于2007年12月24日正式签署划转移交协议，同时省政府对集团关于昆明王家营地区部分国有物流资源实施整合和对全省危险品实施统一经营管理的两个请示也作出了明确批复。新源公司在2007年初完成对大姚县物资公司的整体收购后，正积极策划和推进对红河州、怒江州等州（市、县）物资公司进行整体收购兼并。按照“上控资源，下控网络，中联物流”的思路，积极探索运用市场手段，通过优势互补，整合上下游客户资源，打通供应链主要环节，降低物流和运营成本。集团还充分发挥港滇物流开发投资有限公司的平台作用，实现资源互补和信息共享，共同开发云南物流市场并拓展海外市场，积极探索云南鲜切花出口美国的物流通道。

改革和管理创新

年内，集团公司围绕创新体制、机制的目标，继续深化内部各项改革。商储公司成功实施公司制改造，组建“云南新储物流有限公司”，完善了法人治理结构；万达公司按照公司法建立了规范的股东会、董事会和监事会，解决了公司成立多年来法人治理结构一直不健全的问题；金属公司深化改革总体方案已经省国资委批复同意，正在抓紧实施。同时，根据集团发展的需要，着手实施内部资源整合，完成了屋业开发和物业管理两个公司整合重组，组建成立了云南物流产业集团投资开发有限公司，并将集团所持生资公司的国有股权无偿划转给金属公司。运输公司依法破产清算工作经过5年多的艰苦努力，于2007年6月经昆明中院依法裁定破产终结。2007年初，集团对本部机构设置进行了优化和调整，制定了中层管理人员选拔、竞聘、考核、评价、任用、激励、管理制度体系，对集团范围内17个中层管理岗位进行公开竞聘，对集团本部一般员工进行了全面考核和重新竞争上岗。

围绕管理创新和提高集团管控能力的目标，集团通过调整组织结构，推行标准化管理，改进绩效考核办法和完善各项规章制度，进一步强化了内部管理，建立了法律顾问制度，共完善和新制定基本管理制度30个，并将2005—2007年形成的管理制度、工作文件汇编成册。按照省国资委的要求，集团专门成立了管理创新和科技创新工作领导小组，制定了《云南物流产业集团管理创新和科技创新工作实施方案》。

人才建设

2007年，按照“发展物流，服务社会，创造价值”的经营理念，以观念再造、队伍再造，提升员工队伍整体素质为突破口，从制度建设，搭建平台，营造氛围、提供机会等方面入手，采取有力措施，着力解决思想认识、精神状态、工作作风和能力水平等不适应改革发展要求的问题，以此推动集团改革发展和战略转型。全年共派出赴港及到国外学习考察、洽谈合作业务28人次；参加省内外专业学习、短期培训及学习考察2844人次。通过不同形式，组织集团中层以上管理人员及本部工作人员开展以会代训、专题讲座和学习经验交流活动11次。集团还与云南财经大学共建了研究生教育创新联合培养基地。

（周少方）

云南世博集团

综　述

2007年，按照集团公司党委会、董事会的工作部署和要求，经营班子紧紧围绕年度经营目标，一心一意谋发展、聚精会神抓经济，提出工作新思路和新举措，有效应对了结构调整带来的挑战，经济效益显著提高、品牌优势进一步显现、市场竞争力不断增强，为世博又好又快发展进一步夯实了基础。2007年，集团公司获中企联和中企协授予的“全国最具影响力企业”称号、被国家推进企业软件正版化工作部级联席会议评为“全国使用正版软件先进单位”（全省仅两家企业获此殊荣）；昆明世博园股份公司被国家人事部和国家旅游局授予“全国旅游系统先进集体”称号；世博兴云房地产公司开发的世博生态社区被国家建设部和中国房协评为“广厦奖”（全省仅有两个项目入围）；昆明国际会展中心被评为年度“中国最佳会展中心”。

经济效益

2007年，集团公司坚持以经济建设为中心，认真落实科学发展观，按照又好又快发展的总要求，团结和带领干部员工锐意进取，克服前进中的困难，较好地完成了各项经营目标和任务。据快报数据显示，全年集团公司完成经营收入6.04亿元，同比增长24%；实现利润总额9208万元，增长54%；上缴税金6852万元，同比增长96%。

所属企业突出重点促发展、措施有力抓经济，为集团公司经济效益创历史最好水平作出了积极贡献。昆明世博园股份公司运行规范，股价平稳上升，2007年最后一个交易日，公司每股报收于11.6元，公司总市值近24亿元，国有资产大幅增值。由昆明世博园股份公司控股的世博兴云房地产公司生态城二期项目推出625套（幢）住宅并成功销售，创造了显著的经济效益；昆明国际会展中心班子团结人心齐，把握重点抓促销，经济效益和社会效益显著，市场化、企业化运作取得突破性进展；由集团公司重组控股的云南旅游产业集团，体制变革促进机制转换，结构调整推进产业发展，该集团历史性地实现盈利，一举摘掉了多年来亏损和巨额亏损的帽子，企业步入了良性发展的轨道，同时也向上级部门交出了一份满意的答卷；世博出租汽车公司实现利润跃上千万元台阶，成为集团公司利润大户之一，掀开了企业持续发展新的一页；世博投资公司队伍素质高、能力强，克服困难拓展经营渠道，经济效益显著；世博园酒店干部员工群策群力创效益、齐心协力谋发展，扭亏为盈，实现了历史性突破，也兑现了企业干部员工决心甩掉亏损帽子的庄重承诺。

经营管理

2007年，集团公司继续坚持完善各项经济管理制度，推出工作新举措，取得了明显的实效。坚持推行全面预算管理制度，细化目标责任，严格审批管理，有效进行调节与监控，发现问题及时研究处理，保证了经济工作稳健规范运行；切实增强了为企业服务的意识，对所属企业开展经常性的调研，适时召开总经理现场办公会，对所属企业存在的困难和问题及时研究解决，促进了企业经营管理工作的健康发展；把握重点，统筹兼顾，将年度经济工作任务进行分解，提出20项工作落实措施，推行责任制、督办制、催办制，绝大部分工作均已得到落实并收到实效；成立集团公司资源共享和业务协调工作小组，研究提出了内部资源共享和业务协调工作方案，集团公司及所属企业形象一体化、资源一体化、营销一体化工作有力地向前推进，资源共享、优势互补、共赢发展的运行机制逐步建立，综合市场效应开始显现。

主业发展

2007年，积极推动发展战略落地实施。集团公司在战略转型过程中，突出主业发展、核心业务能力和管理创新能力的培养。编制了《企业发展战略知识问答》，让企业干部职工理解企业发展愿景，增强使命感，齐心协力推动发展战略的实施；结合企业发展实际进行布置，研究制订战略实施途径和实施步骤、保障措施等，明确集团公司将在主题城区（景区+景观地产开发）、文化旅游、会议展览三个方面精心打造产品，把发展定位落到实处；组织实施了旅游、生态房地产、园林园艺主营业务重组，集中资源扶持重点业务。同时开展了昆明国际会展中心进一步深化改革实现可持续发展研究工作，以期尽快理顺资产，减轻负担，促使会展中心做强做大。

改革调整工作

2007年，在集团公司发展战略的指引下，集团公司加强了经济布局调整和资源整合优化工作，集中优势资源扶持核心企业和重点企业的发展，努力打造新的“一个核心，三个重点”即以世博园股份公司为核心，以昆明国际会展中心、云旅产业集团、世博投资为重点的经济体系。集团公司和世博投资公司分别将所持有世博园艺公司98%、2%的股权转让给昆明世博园股份公司，扶持昆明世博园股份公司强化世博园艺产业的市场拓展和品牌建设工作；集团公司将持有世博展览有限公司51%的股权全部转让给昆明国际会展中心有限公司，扶持昆明国际会展中心提高队伍素质和做强主营业务；集团公司支付2000万元收购了世博出租汽车公司在昆明国际会展中心8.51%的股权，扶持世博出租汽车公司提升资产质量；集团公司在完成云南旅游产业集团一期现金出资1亿元的基础上，二期又追加现金出资1500万元，并将集团持有的世博出租汽车公司40%的股权投资于云南旅游产业集团，将世博广告公司在世博出租车公司9%的股权转让给云南旅游产业集团，扶持云南旅游产业集团做实资产、做大规模、做优品牌；集团公司决定拿出8000万元收购世博投资公司所持昆明国际会展中心34.04%的股份，优化世博投资公司资本和投资结构，扶持其发展壮大，打造集团公司新的投融资平台和新的经济增长点；经省国资委协调，集团公司投资1亿元人民币（占总股本的5.56%）参与组建了富滇银行，这是集团公司拓宽经营领域、向金融业发展的一次有益探索和尝试。

管理创新与科技创新

2007年，“两创”是集团公司转变经济增长方式、提高经济运行质量效益的有效手段和坚强动力，也是集团公司建立一支优质高效、规范专业、反应灵活、创新求变的精细化管理团队，不断增强核心竞争力和可持续发展能力的必由之路。按照省国资委有关文件要求，集团公司扎实开展了“两创”工作。成立集团公司“两创”工作领导小组，明确职责任务，指定专门的部门和人员负责落实各项工作措施。所属企业高度重视，组建了相应的工作机构，为“两创”工作的顺利实施提供了组织保证；在对企业过去发展经验梳理总结和现状分析研判的基础上，集团公司聘请中介机构参与帮助指导“两创”工作，历时3个月，完成了《世博集团“两创”实施方案》的编制工作，经专家组评审后已上报省国资委备案。方案明确提出了工作目标、重点内容、方法步骤和时间要求；广泛动员，认真组织，精心安排，集团公司“两创”工作进入实施阶段，集团公司财务部引入财务软件系统，创新管理手段，做到了财务管理和监控全覆盖；世博兴云房地产公司以生态、智能、环保为理念开展产品研发推广工作，其技术标准获得了省建设厅认同并在全省推行；世博出租汽车公司主导研发了车辆信息化管理系统，改善了管理方式，极大地降低了管理成本，提高了工作效率；昆明国际会展中心创新管理体制，企业生机与活力不断显现。

重点工作

2007年，集团公司经营班子认真谋划、精心实施，妥善解决了一些事关改革发展稳定大局的重点和难点问题，促进了企业持续、稳步发展。主动配合昆明市旅游局完成了世博新区规划编制工作，并通过专家评审，昆明市、盘龙区有关部门已予认可。世博新区规划面积27平方千米，控制面积约60平方千米，具体规划为世博风情游憩区、国际商务休闲区、乡野森林旅游区三片。规划区将依托现有世博园、金殿风景名胜区、野生动物园、阳光高尔夫、白沙河等资源，充分利用世博品牌，整合提升资源价值，实现世博新区差异化、复合性和互补性发展，成为国际旅游胜地；经过一系列努力，世博新区已被省政府列为云南省三个旅游改革发展综合试验区试点之一；经过精心策划，积极争取，集团公司与陈凯歌演艺公司联合打造的“东方影城”项目，得到了省委、省政府主要领导的高度重视和有关部门的支持；积极帮助世博园股份公司排查化解矛盾，清理历史遗留问题，理顺了劳动用工关系，为297名员工购买了有关社会保险。同时，指导督促世博园强化宣传促销、提质增效，减缓了门票收入下滑的趋势。鼓励支持企业进行内部整肃，转变风气、凝聚人心工作初见成效；按照文化体制改革的要求，探索与专业团队合作的新途径，搭建一个演艺公司的组织结构、形成一种合作共赢的利益机制、打造一台高水平演艺节目的思路，向社会推出了具有一定档次和水准的旅游文化演艺节目《走进伊甸园——一个美丽的地方》，并加大市场促销力度，品牌的社会影响力逐步提高；在省政府的关心和有关部门的支持下，经过多方努力，争取到了会展中心新馆项目贷款2006年、2007年及2005年部分缺口贴息资金共3400万元，极大地缓解了集团公司资金压力，提升了企业经营业绩；结合行业特点和企业实际，认真组织《劳动合同法》培训学习，开展劳动用工清理工作，规范企业劳动用工行为，为顺利贯彻《劳动合同法》，营造有序和谐的用工环境作了充分准备；安全生产常抓不懈，充分发挥驻区专业机构的职能作用，整合有关力量，经常性地组织开展安全生产检查活动，严格安全生产责任制，排查消除安全事故隐患，全年无安全事故发生，在昆明市有关部门组织的检查评比中，世博地区社会治安综合治理、城市消防、森林防火、安全生产等工作均达到优良级；圆满高效地完成了各项接待和政府交办任务。2007年，完成了2235位宾客参观视察昆明世博园的接待任务，其中，接待党和国家领导人1位、省部军级贵宾150位、外国国家元首和政府首脑3位、外国部级贵宾9位、省市部门宾客540多位。昆明世博园股份公司完成残运会火炬传递仪式、“七彩云南保护行动”启动仪式、“云南百万老年人健步走向北京奥运会”启动仪式等10多场次大型活动。昆明国际会展中心圆满完成了省第八次党代会、省市“两会”、第九届中国国际旅游交易会、第十五届中国昆明进出口商品交易会、中国医药交易会等大量的展会任务，进一步树立了云南改革开放的良好形势。

（周玉康）

交通银行昆明分行

综　述

2007年，交通银行昆明分行以科学发展观为统领，为构建和谐交行为主线，加强班子和队伍建设，加快发展步伐，推进战略转型，夯实管理基础，加强风险防范，提高经营效益，提升服务质量，各项业务指标创历史新高，社会形象明显改善，在建设一流银行征程中，迈出了坚实的步伐。至年末，交通银行昆明分行本外币资产总额263亿元，比年初增加44亿元，增幅19.84%；人民币各项存款余额238亿元，比年初增加42亿元，增幅21.51%，其中储蓄存款余额逼近80亿元，比年初增加12亿元，增幅18%；人民币各项贷款余额153亿元，比年初增加29亿元，增长23.43%；实现拨备后利润5.8亿元，比上年增2.6亿元，增幅87.5%；各项主体指标和战略性指标均全面超额完成总行计划，经营绩效考核在全国交行系统内排名居第五名，一举夺得年度经营管理优胜大奖。

业务发展

2007年末，人民币各项存款增量在当地同业中排名第四位，增速21.51%，比云南省银行业平均增高7.44个百分点；储蓄存款余额增量同业排名第3位，增速18%，比银行平均增速高15.32个百分点；各项贷款余额增量同业排名第6，增速23.43%，高于平均增速7.92个百分点。按总行考核统计口径，各项存款市场占比为6.1%，比年初增长0.33个百分点，各项贷款市场占比为5.26%，比年初增长0.31个百分点。

年内，业务结构持续优化，资产质量明显提高。资产负债结构进一步优化，全辖盈利资产占比较年初提高2个百分点，非盈利资产较年初减少2个百分点，资产平均毛收益率由年初的3.94%上升为4.69%。业务结构进一步优化，当地重点特色行业贷款占比较年初占比提高2.67个百分点。资产质量明显提高，不良贷款余额和占比大幅下降，本外币不良贷款余额比年初减少1.2亿元，不良贷款占比为比年初下降1.41个百分点，资产质量进一步提高。

经营管理整体较好，效益指标表现突出。实现拨备后利润58084万元，完成总行下达年度计划的184%，较上年增长87.5%，完成计划184%，人均拨备后利润超过50万元，主要效益指标好于上年，投入产出效率大幅提高。

战略转型

2007年，全行大力推进战略转型：一是零售条线迈开大步。储蓄存款完成总行计划的333%，广义储蓄存款新增55.23亿元，完成总行计划的325%，人民币理财产品销售完成总行计划的11倍，个金条线中间业务收入完成总行计划的313%，新增沃德客户指标完成总行计划的195%，新增交银理财客户指标完成总行计划的193%，新增贷记卡指标完成总行计划的163%，新增达标代发工资客户指标完成总行计划的260%。产品销售、广义储蓄、中间业务、交银理财客户等4项指标完成率名列系统内第一，贷记卡完成率名列全行第三。二是公司条线表现不俗。中间业务收入完成分行计划的110.4%，企业年金账管理规模完成总行计划10.8倍，在全国交行系统内排名第一；年金托管规模完成计划10.46倍，系统内排名第四。三是国际业务全线推进。国际结算完成总行年度计划的192%，国际条线中间业务收入完成年度计划的223%，结售汇累计增幅132%，对公外汇理财销售完成计划667%。四是网银业务快速发展。新增对公网银客户完成年度计划的200%，新增个人网银用户完成计划的705%，网银交易量完成年度计划的155%。五是中间业务实现飞跃。中间业务收入同比增8657万元，完成年度计划的266.62%。

内控管理

2007年，全行加强管理促进企业发展：一是以精细化管理为着力点，努力提高财务管理效能。以内部资金转移定价体系改革为突破口，建立基于产品线价值管理的新型预算财务管理模式；完善经济资本理念和工具，建立了以经济资本覆盖风险，调整收益，以风险调整后效益指标为核心的经营绩效考核评价体系；以分支行分权管理模式和产品投入产出关系为基础，建立效率优先的财务资源分配体系。一系列先进理念和工具的引入，较好地平衡了风险、成本和收益关系，初步走上了精细化管理、集约化经营的模式。二是狠抓制度落实，严密防范操作风险。加强省辖行紧密型一体化管理，对省辖行派驻了财务、会计、信贷主管，并将省辖行相关人员交流到分行；对25个市内营业机构全部实行会计主管委派，构建垂直化会计管理架构；建立会计风险分析例会和会计主管例会制度，提高了会计主管风险管理控制水平。三是以风险管理为硬约束，构建全面风险管理体系。制定和完善全面风险管理的中期规划和各项配套实施细则、方案，建立了专职的风险经理队伍，以及涵盖决策、执行、监督、惩处全过程的流程化监控体系，突出了风险提示、风险过渡、监察名单管理、责任认定及奖惩等工作重点，使风险管理逐步向精细化阶段转型。

（杜劲松）

中国太平洋财产保险股份有限公司云南分公司

综　述

2007年太保产险云南分公司坚持以邓小平理论和“三个代表”重要思想为指导，深入贯彻科学发展观，全面落实太保集团、总公司的各项部署，在党的十七大精神的鼓舞下，积极推进业务发展进程，各项工作取得了新的成绩。

太保产险云南分公司按照“合规经营，强化管理，提升公司品牌，全面推进持续发展”的指导思想，全年保持了业务快速增长、服务质量不断提高、经营与管理协调发展的良好态势。公司全年承保各类财产价值1784亿元，实现保险费收入5.06亿元，保险费收入较上年末净增1.19亿元，完成年度预算的131.36%，同比增长30.88%；累计支付保险赔款2.06亿元，较上年增加7607万元；结案10.06万件，综合结案率88.50%，其中交强险结案率75.85%，车险结案率86.66%，结案周期为35.35天，综合赔付率40.76%，与上年同期比上升6.86个百分点，车险满期赔付率达69%；应收保费控制在上级公司规定的范围内，各项准备金的提取充足，各项经营指标全面完成了年初预算目标。

业务发展

2007年，全国、全省经济、保险工作会议，集团、总公司工作会议后，云南分公司认真学习领会会议精神，准确把握“政府引导，政策推动，大力发展保险”等政府一系列推动保险业发展的机遇，认真分析研究公司业务发展思路、完善相关的业务、财务管理，制定了符合云南分公司发展业务的政策和具体举措，强调在业务发展上务必保证风险可控。

2007年是云南公司班子领导深入基层分类指导最突出的一年。从年初开始，公司领导即率各职能部门深入中心支公司、支公司和各业务部门，了解工作进展，对存在的问题分析成因，提出改进意见；检查指导，帮助各级机构提高对发展机遇的认识，增强对业务发展的信息；与地方政府密切联系，主动汇报公司发展的情况，听取政府经济社会发展的思路，争取各级政府对太保业务发展的指导和支持；加强与各地代表客户的走访联系，倾听客户对公司服务工作的意见和建议，以改进工作质量。

年内，按季度召开业务分析会，适时调整业务政策。业务快速发展，对提高公司的整体竞争力、调动员工的积极性取得很好的效果，但业务的质量出现不同程度下降，为此分公司相关部门运用精算数据分析、综合成本分析，及时提供分析报告，召开全省业务分析会，有针对性地对存在的问题提出改进意见，并及时出台引导业务健康发展的政策，季度业务分析会成为太保产险有亮点的工作制度。

2007年，政府在推动保险业发展上采取“政策引导，政府推动”措施，面对机遇，云南分公司深入进行对云南保险市场发展的分析和研判，积极开拓，争取业务的快速发展。认真分析保险市场发展的趋势及同业的竞争手段，认真分析公司内部的管理能力及员工队伍在市场竞争中能力，抓住时机宣传自己，争取招标业务再次实现突破。经过努力，在云南省级国家机关公务用车招标中，该司获得了承保的一席之地；实现了非车险业务同比增长7.75%，车险业务同比增长40.91%。

2007年，巩固续保业务，着力提高续保率。续保业务在公司业务构成中占据较大比例，是业务规模的一项重要保证。分公司各级各部门、业务员对续保业务高度重视，积极加强与客户单位的联系，开展各种形式的客户回访活动，既增进情感的交流，又促进业务的稳定，确保了整体续保率的良好，一批老客户不仅继续在太保公司投保，而且份额在逐渐增加。

服务客户

2007年，分公司认真贯彻落实和督促检查客户服务的一系列规定和措施，把客户服务工作和业务拓展放在同等位置，公司召开多种形式的会议研究客户服务工作，对比市场客服总体水平，把提高太保客户服务品质和服务技术作为关系业务发展的好坏和快慢的关键措施，作为关系公司持久发展和健康发展的重中之重。

年内，公司及时处理客户直接投诉和监管部门转来的投诉。业务快速发展过程中投诉难免，太保云南分公司认真对待每一件投诉案，对直接投诉和转来的投诉均及时办理、认真答复，没有发生一件因答复或处理不当而造成不良影响的事件。加强对一线理赔人员的专业培训，特别针对查勘定损人员，公司先后3期举办了初级和中级实务操作培训班，参加人员47人，大大提高了理赔质量和理赔速度。年内，分公司及各级机构制订了处置保险事故的应急预案，并有效实施。2007年6月3日，云南普洱市发生6.4级地震，太保当天即作出快速反应，立即启动“重大案件应急预案”，成立工作小组，第一时间赶到现场实施积极的抗震救灾和保险理赔工作；7月19日，太保承保建工团意险的江南水利水电公司苏家河口项目部19日凌晨5~6时左右，因山体滑坡，泥石流掩埋工棚3间，灾害涉及人员74名，其中40人逃生、34人被掩埋。被埋人员中抢救生还5人、死亡27人、失踪2人。灾情发生后，太保云南分公司总经理室高度重视，立即成立救灾工作组，总经理马光华任组长，副总经理王军任副组长，客户服务中心、业务管理中心、办公室、企划宣传部抽调人员赶赴现场，及时与当地政府及救灾指挥部取得了联系，对由太保承保的各项目进行了及时的现场查勘，在极短的时间向受灾单位支付了赔款。太保及时出险、及时理赔的工作，受到了当地政府和受灾单位的好评，在当地也赢得了良好的口碑。

2007年，该公司加大在服务硬件上的投入，改善了云南分公司客户服务中心办公和营业场所，使之更加符合服务客户的需要；向全省客户服务部门增配24辆标识醒目装备一流的查勘用车。积极推进客户服务各项达标工作，赶超一流服务团队，在分公司上下客户服务人员的共同努力下，全年结案率达88.50%，其中，普洱中心支公司客户服务部荣获太平洋保险总公司2007年“十佳服务团队”的荣誉。

队伍建设

2007年云南分公司积极推进和加强了各地州中心支公司班子建设和配备，同时对支公司班子成员进行不定期思想交流，对工作做得好及时肯定总结经验，对存在问题对症查找症结，及时提出改进工作的意见，使各地领导班子的整体实力、工作能力、领导艺术和解决问题的能力得到较大提高。

年内云南分公司党委及各基层党组按照上级党委的安排部署，采取切实可行的措施，进一步加强和改进了学习方式，努力提高学习贯彻“三个代表”重要思想和科学发展观的成效。党委重点组织学习了胡锦涛总书记在中央纪委第七次全体会议上的重要讲话，《中共中央关于加强党的执政能力建设的决定》，《国务院关于保险业改革发展的若干意见》，温家宝总理的《全面深化金融改革，促进金融业持续健康安全发展》等文章以及有关法律、法规。通过学习，提高了领导干部的政治理论素质，在真学、真懂上下功夫；提高了领导干部的实际工作能力，在真用、真干上下功夫；加强了各级领导班子自身建设，在增强创造力、凝聚力和战斗力上下功夫；敦促领导干部在加快发展，调整结构，提高效益上下功夫。

拓展业务

2007年，云南分公司加强和加大与各中介机构的合作，中介业务发展较快。各级领导高度重视中介业务的拓展，把它作为公司业务发展必不可少的一部分。分公司与云南各银行的省级分行加强联系，签订了省级保险合作协议，全面实施了省对省的合作，各中心支公司也根据省对省合作的协议，与当地的银行达成了合作意向；许多保险代理机构经过长期合作对比，基于太保优质的客户服务及合理的代理政策，逐渐将代理业务的合作重点转向太保，特别是昆明大量的汽车4S店基本与太保达成良好合作关系；代理业务由分散逐步转向了集中。

（冷少萍）

中国太平洋人寿保险股份有限公司云南分公司

姚向东，回族，籍贯云南昆明，研究生，中共党员，现任中国太平洋人寿保险股份有限公司云南分公司党委书记、总经理

综　述

2007年，云南分公司抓住机遇，坚持以科学的发展观统领工作全局，以队伍建设为核心，以业务发展为重点，乘势而上，顺势而谋，加强基础管理和专业化建设，以变革创新促进发展，业务结构调整成效显著，核心业务实现较快增长，寿险专业化经营水平得到不断提升，成功实现业务规模与业务结构调整“双增长”，超额完成了全年计划目标。2007年累计实现保费8.1亿元，同比增长32.65%。

业务发展

2007年，围绕年初工作会目标，一是营销渠道新保业务发展创历史新高，营销人力队伍得到健康发展；二是直销渠道意外险业务取得显著增长，渠道维护的专业性大大提高，在三江流域的水电建工险有了进一步突破；三是银行保险渠道从恢复性发展走向跨越式发展，在公司规模业务增长和标保增长方面功不可没；四是续期条线超额完成了续收计划任务，任务达成率在系统内排名前列。

年内，在总、分公司的指导与帮助下，红塔董事会已正式与公司签署《红塔烟草（集团）有限责任公司企业年金基金账户管理合同》，对公司的声誉、品牌形象都具有深远的积极影响。

队伍建设

2007年，分公司各条线一手抓队伍建设和基础管理，一手抓业务发展，两相促进，业务发展在年末出现了连创新高的可喜势头。一是加强队伍建设，增强团队可持续发展能力，围绕各销售渠道的团队建设目标，各条线通过择优招聘，强化培训，提升技能，加强了内、外勤队伍建设和素质提升。二是加强团队基础管理，提升专业化经营水平。如完善例会制度、加强各渠道专业培训、完善各业务条线的制度保障等。三是完善组织架构，强化条线化管理力度。为进一步增强省公司的业务指导支持能力，强化条线化管理力度，省公司充实了干部力量，调整了管理架构，加强各条线的组织架构专业化建设，促进了条线化管理能力的加强。四是创新工作举措，建立区拓队伍，以昆明为试点，逐步推广到曲靖、大理本部，探索了云南区拓模式，走出了中心城市发展个险的新路子。五是在科学评价各机构经营成果的基础上，分公司在年初调整、充实了一大批领导干部，突出了重点机构重点扶持的“差异化管理战略”，以干部力量的合理调配和充实加强作为业务发展的必要保证。6月、9月，分公司举行了两次全省干部培训班，针对性强、重点突出，使参训学员既系统地学习了各方面的知识，又充分地展示和锻炼了自己，为进一步提高公司干部的综合素质奠定了基础。

推进机构建设

2007年，按照总公司基础建设投入要求，按照规范管理、统一标准、兵分多路、保证质量的工作原则，已完成昆明客户服务大厅、玉溪中支、江川、腾冲装修改造工作，楚雄、红河装修改造工程开始启动，并将全面完成玉溪全辖、曲靖全辖以及其他条件成熟机构的装修改造工程，对改善硬件配置，支持机构发展起到了积极的促进作用。

经中国保监会、总公司批准，公司于2006年下半年，在德宏、文山、昭通筹建地市级营销服务部。经过半年时间的紧张筹建，德宏营销服务部、文山营销服务部、昭通营销服务部分别在2007年初顺利开业，开业后的3个机构主要开展个险业务和意外险业务。下半年，瑞丽营销服务部、西双版纳中心支公司、临沧中心支公司经总公司审核获准筹建，德宏、昭通、文山营销服务部获准升格为中心中公司，禄丰、江川等十强营销服务部获准升格为支公司。

保险服务

2007年，太平洋寿险云南分公司秉承“诚信天下，稳健一生、追求卓越”的企业核心价值观，在全体员工和销售人员中倡导诚信服务的理念，追求卓越的服务品质。2007年是太平洋寿险的“理赔服务年”，以“高效服务，优质保障”为主题的理赔服务年活动从理赔时效提速、倾听客户意见、提供增值服务等方面全方位提升服务品质。其中，理赔提速是这次“理赔服务年”的重点项目，公司在上年作出服务时效承诺的基础上，对已实行简易理赔流程的运行情况进行跟踪及差异化授权，优化了报案流程、建立理赔时效管理系统，还通过规范理赔服务标准，为客户提供“健康处方”、开通理赔短信服务等增值服务，使客户享受到更加便捷、优质的服务。当年，中国联合商报社、购物导报社、品牌杂志社、人民日报社市场报、中国国际品牌学会、全国高科技产业品牌推进委员会等单位联合主办协办“第四届（2007）中国影响力品牌”网民、公众调查大型公益活动中，太保寿险当选为“中国保险行业最具影响力品牌”，金文洪董事长被评为“中国品牌建设十大杰出企业家”称号。由和讯网发起，中国证券市场研究设计中心等机构联合主办的大型网络评选活动“2007年度第五届中国财经风云榜”中，太保寿险荣获“中国保险业最受信赖寿险公司”称号。

参与和谐社会构建

2007年6月3日云南普洱县发生6.4级地震。灾情发生后，分公司立即启动了重大事项应急预案，成立分公司、普洱中心支公司重大事项应急小组，赶往普洱了解地震情况，慰问灾区员工，组织抗震救灾，加强24小时报案值班制度，做好客户服务工作。6月4日下午，工作组核实有1位客户投保了太平洋寿险公司的家庭成员意外伤害保险（吉祥卡），头部受伤，工作组人员立即赶往医院进行了看望，并向伤者家属预付了300元的理赔款，成为首家向宁洱地震灾区进行寿险赔付的保险公司。同时，按照领导小组的统一部署，工作组还组织人员在宁洱县茶源广场设立了太平洋寿险理赔报案临时办事处，并收集整理了“地震自救常识”读普，并附上公司理赔报案及服务电话，分发给客户，让其了解地震自救的相关知识。还及时编制了“普洱市6·3地震客户情况调查表”，通过业务员对客户受伤情况进行调查了解，为及时理赔服务提供保障。继6月4日中国太平洋人寿保险股份有限公司向普洱地震受伤客户送出首笔赔款后，6月8日上午10点，太平洋寿险普洱中心支公司在普洱市举行了现场赔付会，向在宁洱地震中，因山体滑坡致使在普洱把边江劳动的工人袁怀国家属送出了6万元的保险赔款。同时，公司还承保了建筑工人、矿山等高危行业从业人员的意外伤害保险，独家承保了“泛亚通道东方快巴”旅游线路的游客人身意外伤害保险，在第七届全国残疾人运动会期间，公司独家向服务残疾人运动会的6000名志愿者赠送了总保险金额7200万元的意外伤害保险。通过这些保险项目的承保，为人民生命的安全保障提供了坚实的保障。

强化合规建设

年内，按照总公司关于风险合规工作的统一部署，分公司成立了风险合规部，通过竞聘方式，在全省范围内调配充实了两名合规人员。7～8月，云南保监局和总公司内控检查组分别到云南进行为期一个月的进驻检查，除3个地市未涉及外，总公司内控检查组对全省各机构进行了认真的风险点检查，对公司合规工作的态度和业务管理中的风险控制情况给予了充分的肯定，同时也对存在的内控缺陷提出了整改要求。在检查结束后，分公司立即组织了专人对检查未涉及的机构进行了认真补查，并成立了由一把手任组长的合规整改工作小组，针对存在的内控缺陷制定了详实的整改方案，明确了每个缺陷点的整改责任人和整改期限，并通过合规整改追踪报表、抽查等手段，督促各个机构认真整改，确保整改效果。

（彭　怡）

经 济 研 究

重要学术活动

云南省哲学社会科学界2007年新春茶话会

时间：2007年2月9日

地点：昆明

举办单位：云南省社会科学界联合会

参加人员：省委常委、宣传部部长张田欣，省人大常委会副主任、省社科联主席王义明，全省社科界100余名中青年、老年专家学者参加了会议。

主要内容：省委宣传部副部长胡正鹏主持会议，省委常委、宣传部部长张田欣在会上讲话，强调当前社科工作的重点：一是要始终不渝地抓好理论武装工作，把用马克思主义中国化最新成果武装党员干部、教育人民群众作为当务之急的一项重要工作来抓。二是要围绕建设富裕民主文明开放和谐云南的奋斗目标，突出我省经济社会又好又快发展这个主题，抓好重大选题的调研工作。三是要认真落实和实施《云南省哲学社会科学“十一五”研究和发展规划》，不断推进云南哲学社会科学的繁荣和发展；四是要把准确理解和把握社会主义核心价值体系的深刻内涵，努力推进和谐文化建设，作为当前和今后一个时期的重要任务抓紧抓实。

省社科联党组书记、常务副主席袁显亮发表新春致词，汇报了社科联的工作，并表示新的一年将按照全省宣传工作会议的部署和要求，按照省委李纪恒、张田欣等领导的重要讲话精神，切实做好团结、协调、组织、服务工作，完成好省委、省政府赋予社科联的职责和任务，努力推进全省哲学社会科学的繁荣和发展。与会专家学者代表踊跃发言，为繁荣和发展哲学社会科学建言献策。

云南省社会科学专家“楚雄行”活动

时间：2007年5月28日至6月20日

地点：楚雄州

举办单位：中共云南省委宣传部、中共楚雄州委、楚雄州人民政府、云南省社会科学界联合会共同主办。

参加人员：省委常委、宣传部部长张田欣，省人大常委会副主任、省社科联主席王义明，省委宣传部副部长胡正鹏，省委常委、中共楚雄州委书记曹建方，楚雄州州长杨红卫，中共楚雄州委常委、州委宣传部部长杨正权，省社科联党组书记、常务副主席袁显亮等有关领导及云南省36名哲学社会科学、自然科学和实际部门的知名专家，楚雄州相关人士共200多人参加了活动。

主要内容：5月28日，召开“楚雄州情介绍会暨专家见面会”，省委常委、宣传部部长张田欣，省委常委、中共楚雄州委书记曹建方，省人大常委会副主任、省社科联主席王义明分别在会上作重要讲话，对“社科专家基层行”活动给予了高度评价，并提出了明确的要求。

5月29日至6月3日，专家们分3个调研组，深入第一线，对楚雄州10个县市开展了大型综合调研考察活动。专家们在为期一周的考察、调研中，在听取了各州情、县市情介绍的基础上，深入楚雄州的部分机关单位、乡镇农村、企业工厂、学校社区，围绕彝州经济社会发展的实际问题、前瞻性问题和发展中的重点、难点、热点问题进行了广泛的调研。

6月19日至20日，在楚雄隆重召开“彝州发展高端论坛专家咨询会”。咨询会由中共楚雄州委常委、州委宣传部部长杨正权主持，省委常委、中共楚雄州委书记曹建方同志作重要讲话，省人大常委会副主任、省社科联主席王义明作总结讲话。36位专家学者和楚雄州相关人士，就总结彝州经验、研究彝州发展、宣传彝州成就等三大主题进行深入调研论证，共同探讨坚持正确的科学发展观，繁荣发展彝州社会科学事业，为促进彝州经济社会又好又快的发展出谋划策，这些意见和建议由省社科联汇编成《社科专家话楚雄》文集出版，供楚雄州有关部门和各级领导参考。会上，昆明高新技术产业开发区管委会主任、省社科联副主席张兴华与楚雄经济开发区签署了合作协议并作了专题发言。

云南省社会科学专家“盈江行”活动

时间：2007年4月11日~18日

地点：德宏州盈江县

举办单位：云南省社会科学界联合会、中共德宏州委宣传部、中共盈江县委、县人民政府共同主办，省社科联、德宏州社科联、盈江县委宣传部承办。

参加人员：省社科联党组书记、常务副主席袁显亮，副主席雷翁团，中共德宏州委常委、副州长、宣传部部长田大余，盈江县委、县政府领导及云南省16位知名社科专家参加了活动。

主要内容：16位社科专家围绕16个调研专题深入基层第一线进行了为期7天的调研考察活动之后，于4月17日召开专家咨询会，就盈江县农牧业发展、水利水电建设、口岸建设、禁毒防艾、境外替代种植、交通建设、矿电结合等方面的工作提出了40多条中肯的建议，为当地的经济社会发展办了实事。活动期间，段刚研究员、张瑞才研究员还分别就"当前的国际国内经济形势"、"'三力'建设问题"为盈江县300多名党政领导干部作了两场专题报告，收到很好的社会效果。这次调研活动的研究成果除了出版《社科专家话盈江》专集外，还形成"盈江县对外开放和口岸建设研究、盈江小水电百强县建设研究、盈江开展境外替代种植研究"三个专题报告。

云南省首届社会科学学术年会

时间：2007年10月9日~30日

地点：昆明

举办单位：省社科联主办，云南大学、云南民族大学、云南财经大学、云南省委党校承办。

参加人员：省委常委、省委宣传部部长张田欣，省人大常委会副主任、省社科联主席王义明，省社科部门、云南大学、云南民族大学、云南财经大学、省委党校的领导及相关人员参加了学术年会。

主要内容：年会主题为："深入贯彻落实科学发展观，建设富裕民主文明开放和谐云南"。

10月29日，省社科联举行"庆祝云南省社会科学界联合会恢复20周年暨云南省首届社会科学学术年会召开"主场大会。省委书记白恩培作出重要批示，省长秦光荣致信祝贺。省委常委、宣传部部长张田欣作题为《认真学习贯彻十七大精神，充分发挥云南哲学社会科学界思想库作用》的重要讲话，省人大常委会副主任、省社科联主席王义明作题为《认真学习贯彻十七大精神，为社科工作者搭建良好的学术交流平台》的重要讲话，省社科联党组书记、常务副主席袁显亮对云南省社科联恢复20周年来的工作进行了回顾。

10月30日下午，召开专家咨询会，全省12位资深专家围绕省委省政府提出的建设富裕民主文明开放和谐云南的奋斗目标，与省委省政府及相关职能部门的领导进行了咨询座谈，架起了专家和党委、政府领导、职能部门领导面对面交流的平台和桥梁，为党委政府决策科学化、民主化提供了有力的支持。

年会期间，云南大学、云南民族大学、云南财经大学、省委党校分别举行了题为"科学发展观与构建和谐社会"、"科学发展观与民族团结，边疆稳定"、"科学发展观与建设社会主义新农村"、"科学发展观与党的执政能力建设"4个专场，收到了较好的学术和社会效果。

云南省粮食经济学会第四届五次粮食经济学术交流会

时间：2007年7月25~26日

地点：昆明

举办单位：云南省粮食经济学会

参加人员：全省部分州、市、县粮食局、粮食企业，省粮食局机关处室领导等49人参加了学术交流会。

主要内容：李国华副会长代表学会作《创造条件，构建平台，组织活动》的讲话，会议收到学术论文15篇。交流会坚持以马列主义、毛泽东思想、邓小平理论和"三个代表"重要思想为指导，认真贯彻落实科学发展观，与时俱进，紧扣粮食中心工作、企业改革发展、服务"三农"、建设社会主义新农村等内容，从理论和工作实践不同的层面进行了深入的探讨，分析了新问题，总结了新经验，达到了会议预期的目的。

云南省保险理论与实践发展研讨交流会

时间：2007年11月20日

地点：昆明

举办单位：会议由云南省保险行业协会和云南省保险学会联合主办。

参加人员：来自中国财产保险、人寿保险、太平洋保险、平安保险等各大保险公司的领导、代表、专家学者和部分获奖论文作者50多人出席了会议。

主要内容：有6位获奖论文作者在会上进行了交流发言，会议就市场调研、保险发展及业务发展进行了探讨，分析了云南保险业发展存在的问题及面临的发展机遇，提出了进一步发展保险业的对策建议，并对资金运用、营销制度、政策指引、法制建设、税赋法规等重要内容进行了探讨。研讨会学术气氛较浓，理论观点新颖，有一定的创新力度和一定的实践指引作用。

云南省再生经济产业开发研究会成立

时间：2007年11月22日

地点：昆明

举办单位：云南省再生经济产业开发研究会

参加人员：省社科联、省民政厅的领导，省发改委、省经委、省科技厅、省建设厅、省水利水电厅、省林业厅、省委党校、省质量技术监督局、省科协、省社科院、省林业产业协会、昆明市城管局等12家支持单位代表，云南电视台、云南日报等新闻媒体，研究会的会员代表出席会议。

主要内容：中共云南省委常委、常务副省长罗正富，国务院发展研究中心循环经济课题组副组长郑顺潮博士分别为研究会的成立发来贺信。省人大常委会副主任、省社科联主席王义明出席成立大会并作了讲话，对研究会成立后开展工作提出了明确的要求。大会通过了研究会的《章程》，选举产生了研究会第一届理事会。新当选的理事会表示，研究会成立后将按照研究会章程积极开展工作，促进再生资源开发，促进我省循环经济发展，为全省经济社会发展和生态文明建设做出贡献。

云南省国际贸易学会理事会暨专题报告会

时间：2007年11月30日

地点：昆明

举办单位：云南省国际贸易学会

参加人员：省国际贸易学会的理事

主要内容：学会邀请北京大学经济学院院长曹和平教授和云南省商务厅副厅长王建伟分别以《中国经济增长（2007—2008）与西南区域省份对外开放竞争情势分析》、《云南外贸发展分析》为题作专题报告。曹和平教授在报告中对中国经济增长的世界效应面临的竞争和挑战尤其是云南经济发展的形势和机遇做了全面深刻的分析。王建伟副厅长详尽地分析了云南外向型经济发展的现状、存在的困难和问题，并提出了下一步的工作思路和应对措施。

云南省地质经济学会2007年学术年会

时间：2007年12月16～17日

地点：西双版纳州景洪市

举办单位：云南省地质经济学会主办，中国建材地质勘查中心云南总队承办。

参加人员：来自地矿、有色、煤田、冶金、化工、建材、核工业等地勘行业领导、代表和特邀嘉宾约200人出席了会议。

主要内容：会议以邓小平理论和“三个代表”重要思想为指导，认真学习贯彻党的十七大精神，全面落实《国务院关于加强地质工作的决定》，用科学发展观指导统领地勘行业改革发展，促进地勘经济持续健康和谐发展。会议由学会秘书长张先福主持。杨金明总队长代表中国建材地质勘查中心云南总队致了热情洋溢的欢迎词并就该总队“十一五”发展规划和2008年的举措向代表们作了汇报。刘加强副秘书长传达了中国地矿经济学会在新疆召开的2007年学术年会精神。云南煤田地质局副局长、学会副理事长司胜利同志代表第六届理事会作了题为《充分发挥学会桥梁纽带作用，用科学发展观着力推进地勘经济改革发展，为构建和谐地矿努力做好服务工作》的工作报告及2008年学会工作、学术活动安排意见的说明。云南省地矿局副局长、学会理事长李建华发表了关于资源经济学理论的学术讲话，云南省有色地质局副局长孔利华同志介绍了近年来有色地勘经济发展的宏伟构想。省社科联学会部主任卜金荣就云南社科联工作做了概括性介绍并对省地质经济学会近年来的管理工作及学术活动的开展给予了肯定和高度赞扬。张先福秘书长作会议总结。会议共收到学术论文32篇，评出优秀论文18篇，大会交流15篇。

云南省第十一次（2006年度）哲学社会科学优秀成果评奖

时间：2007年8月10日至12月28日

地点：昆明

主要内容：云南省哲学社会科学优秀成果奖是以云南省人民政府名义颁发的奖项，是全省哲学社会科学界最高规模的奖项。云南省第十一次（2006）年度哲学社会科学优秀成果评奖自8月15日起至9月25日止，共收到申报参评成果共计463项（其中专著192项，论文271项）。经过学科组的评审和省评委会的终评，最终评选出《东南亚国家经济贸易法律研究丛书》等获奖成果119项，其中：特等奖1项，荣誉奖3项，一等奖9项（专著4项，论文5项），二等奖21项（专著11项，论文10项），三等奖85项（专著36项，论文49项）。

课 题 研 究

云南省经济研究所

综　述

2007年，云南省社会科学院经济研究所，认真学习党的十七大精神，以邓小平理论、江泽民“三个代表”重要思想为指导，全面贯彻落实科学发展观，围绕云南省委、省政府工作重点，结合西部大开发战略目标，坚持理论和实践相结合的研究方法，在院各兄弟单位的大力支持下，全体职工团结奋进，取得了良好的成绩，共完成各类科研成果100余项，特别是在争取国家社科基金等重大项目等方面有了新的突破，获国家社科基金项目3项。

完成课题

《云南经济发展报告2006～2007年》、《社会主义新农村建设环境问题研究》、《云南新型农村合作医疗制度研究》、《农产品贸易的调查和研究》、《城中村居民生计问题实证研究》、《云南参与‘两廊一圈’建设研究》，《老君山社区彝族自发移民边缘化状况调研》、《禄劝县云龙水库周边社区良性生计行动项目》、《云南省产业集中与工业增长的实证研究》、《禄劝县云龙水库周边社区生态环保权益案例调研报告》、《外来农民组织运行模式及其影响研究》等项集体科研成果。

重要成果

年内，完成重要的成果：《越南关于社会建设的理论与实践》、《云南省区域协调发展的重大体制机制研究》、《构建中国农村梯度缴费普遍保障型养老保险新模式研究》、《‘两廊一圈’建设对滇越经贸合作的影响及对策》、《2006年云南省金融业运行形势分析》、《开远市农业市场化建设规划研究》、《开远市农村生产力布局研究》、《开远市农业非产业化发展研究》、《2005年云南省金融运行形势分析》、《云南重大疫情（人、畜）及其防治报告》、《共管的理念及模式探讨》、《整合与提升云南农村科技推广服务体系》、《建设社会主义新农村的现实基础》、《云南建设社会主义新农村的经验探索》、《云南建设社会主义新农村的梯度模式研究》、《西部县市发展蚕桑产业调查报告——以开远为例》、《社会主义新农村建设重点推进村实施方案探索——以开远为例》、《农村信用联社开办社会主义新农村建设农民住房贷款探索——以开远为例》、《开远市羊街乡燕子村申报国家科技部新农村建设科技示范村的实施方案》、《水库周边村落建设新农村过程中的生态保护与良性生计发展研究》、《云南外向型农业优势产业研究》、《云南省农村地区饮水安全问题探讨》、《禄劝县云龙水库周边社区良性生计行动项目综合报告》、《西部民族地区自发移民搬迁动因及主体地位边缘化现状分析》、《制约西部民族地区自发移民迁入地聚居区社会主义新农村建设的因素分析》、《西部民族地区自发移民迁入地聚居区建设社会主义新农村研究综述》、《武钢集团昆明钢铁股份有限公司本部环保搬迁建设项目社会影响分析》、《禄劝县云龙水库周边社区生态环保权益案例调研报告》、《曲靖市现代农业现状分析报告》、《开远市科研与社会服务基地工作动态》、《基地工作思路、工作计划、管理办法及总结报告》、《开远市人民政府工作报告》、《大力推动科技创新　促进云南跨越发展》、《开远建设滇池南物流中心的条件研究》、《平抑房价需从规划入手》、《2006年云南房地产发展报告》、《东川阿旺乡彝族拖落村白泥井社彝族服饰文化调查与思考》、《宁蒗彝族自治县战河乡万头肉牛基地建设项目建议书》、《兰坪老君山彝族移民社会经济发展情况调研报告》、《玉龙老君山彝族移民社会经济发展情况调研报告》、《禄劝云龙水库社区良性生计行为选择》、《云南省红河州开远市苗族自发移民迁入地聚居区社会经济发展现状分析》、《2006年云南省五大支柱产业发展报告》、《中国外汇储备规模的实证研究》、《云南省产业集中与工业增长的实证分析》、《演化与制度——论演化经济学与经济学的演化》、《西部民族地区迁入地集聚区建设社会主义新农村研究》、《云南省区域协调发展的重大体制机制研究》、《国内外区域协调发展的体制机制研究综述》、《云南省区域协调发展的重大体制机制研究》、《农村妇女政治权利的实现与政治支持环境》、《中国著名神话的社会性别分析》、《云南经济体制改革报告》、《2005年云南省高校毕业生就业形势分析报告》、《2006—2007云南社会形势分析与预测》、《云南性别平等的村民自治探讨》、《构建中国农村梯度缴费普遍保障型养老保险新模式》、《云南城乡社会救助体系研究》等近100篇，其中，有20多篇论文被收入中国人民大学出版社、中国商务出版社、云南人民出版社、云南大学出版社等出版的专著中。

发表论文

2007年，发表的主要论文：《打好扶贫攻坚战，齐心协力建和谐》（《云南社会科学》2007年第2期）；《云南省特殊贫困原因分析及对策研究》（《学术探索》，2007年第2期）；《云南省产业集中与工业增长的实证分析》（《云南经济论坛》2007年10月）；《我国城乡二元结构视角下的农村环境问题》（《云南社科动态》2007年第1期）；《昆明城中村居民生计问题实证研究》（《云南社科动态》2007年第2期）。

出版著作

《云南经济发展报告2006—2007年》（云南大学出版社）；《‘昆明—河内—海防’经济走廊建设研究》（中国商务出版社2006年12月出版）；《中越建设‘两廊一圈’与云南的参与》（中国商务出版社2007年10月出版）。

交流活动

2007年，经济所组织了一次全国性会议——《社会主义新农村建设环境问题研讨会》。科研人员参与的学术交流为：《走向公平与可持续发展——中越经济改革比较论坛第四届年会暨亚洲转轨国家经济政策对话》、《湄公河流域的变革反思国际研讨会》、《中越经济发展论坛第四届年会》、《中国—东盟合作高层对话会》、《中国农村饮水安全会议》、《中越经济改革论坛第四届年会》、《中越第四次经济改革论坛》、《农村妇女参政论坛》等会议，并作主题发言。

在研项目

2007年新上项目与在研国家社科基金项目有：《东部地区对口帮扶欠发达西部地区的效益评价》、《西部民族地区金融问题研究》、《西部民族地区迁入地集聚区建设社会主义新农村研究》、《越南社会主义的理论与实践》、《西南边疆民族地区建设社会主义新农村面临的特殊性问题及对策研究》。

（罗荣淮）

云南省人民政府研究室（发展研究中心）

完成课题项目

2007年月、季度、半年全省经济形势分析

州市经济运行分析

全省2007年上半年社会事业发展分析

云南省发展循环经济研究

统筹推进云南工业化和后工业化研究

加快“五带四走廊”建设完善云南经济布局研究

推进云南重点产业建设研究

新世纪云南经济社会发展新思考

云南省实施矿电结合相关政策研究

云南电力参与南方电力市场相关问题研究

云南省加快县域经济发展的实践与“十一五”措施

研究

中国西南陆上通道建设研究

“十一五”云南铁路建设融资方案研究

实施中南半岛粮仓计划——确保国家粮食安全新思路研究

建立云南省级物资储备体系研究

云南省土地资源可持续利用研究

云南省物流产业发展思路研究

云南加快特色产业发展研究

云南食品生产安全监管工作研究

云南核桃综合开发精深加工高效利用研究

中国太平奥林匹克体育小镇规划思路研究

推进云南政府行政管理体制改革研究

深化云南农村综合改革研究

文山州通道经济发展战略研究

中缅合作修建密支那——雷多公路可行性研究

云南珠宝产业发展思路研究

30个工业园区与两大基地建设研究

金沙江向家坝水电站云南库区农业移民安置方案研究

云南（昆明）深圳产业基地建设思路研究

云南红河橡胶产业园区规划思路研究

环昆经济圈发展战略研究

昆明城市性质与职能定位研究

我省当前和今后应扶持的重点产业项目规划研究

中国昆明国际农产品交易博览中心策划研究

把德宏建成我国沿边开放综合配套改革试验区研究

楚雄州加快经济社会发展暨优化生产力布局研究

玉溪市社会主义新农村建设规划（2006~2010年）

玉溪市县域特色经济发展规划（2006~2010年）

楚雄经济开发区二次创业思路研究

“老昆明”玉器城策划研究

嵩明佛文化博览园策划研究

中国篮球高等职业学院策划研究

云南嵩明绿色重化工业城市发展思路研究

中国石林撒尼乐园项目建设初步可行性研究

中国石林长湖国家公园建设方案研究

玉溪阳宗翡翠珠宝玉石加工基地项目规划研究

云南中缅边境艾滋病流行经济社会因素及对策研究

获奖情况

《云南省发展循环经济研究》获2007年度云南省科技进步奖三等奖

《提升云南优势产业竞争力研究》获2007年度哲学社会科学优秀成果（专著类）二等奖

《五大支柱产业现状与发展研究》获2007年国务院第一次全国经济普查三等奖

《云南——生物能源王国》获2007年度中国发展研究奖三等奖

（省政府研究室科研处）

研　究　文　选

实现云南科学和谐发展研究

科学发展观，第一要义是发展，核心是以人为本，基本要求是全国协调可持续，根本方法是统筹兼顾。解决云南一切问题的关键就在于坚持以科学发展观为统领，走科学发展、和谐发展的道路。本研究在认真分析云南发展面临的新形势新挑战的基础上，提出了实现云南科学和谐发展的途径、模式及对策措施，旨在推动云南经济社会的又好又快发展。

一、云南发展面临新形势新挑战

（一）资源制约的矛盾加剧使云南资源优势凸显，但实现资源高效集约利用面临新的挑战

随着经济全球化和一体化的深入发展，世界经济保持较快增长的同时，世界范围的资源约束和环境压力与日俱增，经济增长的成本持续上升。作为近年来发展速度最快的发展中国家之一，我国所面临的资源和环境压力不仅高于世界平均水平，也高于与我国发展水平相近的发展中国家，一些重要自然资源更多依赖进口。云南是西部的一个资源大省，素有“动物王国”、“植物王国”和“有色金属王国”的美誉，但处于重化工业发展的时期，载能工业多、节能减排压力巨大，工业发展水平与节能降耗的矛盾日益显现。2006年云南省单位GDP能耗比上年下降了1.52%，增大了后四年的压力，今后的任务更加艰巨，形势十分严峻。

（二）对外开放不断扩大使云南区位优势凸显，但市场开拓面临新的挑战

随着全球大开放、大发展新格局的形成，生产要素在世界范围内快速流动，对市场的争夺更加激烈。云南地处东南亚、南亚和中国市场的结合部，发挥云南陆上通道优势，可以把这三个大市场结合在一起，形成一个拥有32亿人口的巨大市场。这种激烈的国际市场竞争虽然有利于促进云南经济结构的优化和产业升级，但也使我省开拓国际市场的难度加大，加之云南与周边国家通道目前还通而不畅，如何更好地利用国际国内两种资源，开拓国际国内两个市场，都面临严峻的挑战。

（三）科技进步日新月异使云南可以利用后发优势实现新的跨越式发展，但实现自主创新面临新的挑战

新一轮科技革命正在席卷全球，给世界生产力和经济社会发展带来极大的推动，云南科技发展水平较全国滞后，可以利用后发优势，高起点地促进部分产业向知识密集型和技术密集型方向发展。但是，云南作为一个西部的边疆、民族、山区省，除烟草外加快科技成果产业化的基础条件比较差，企业通过对外投资获得技术以及国外先进技术和研发能力向云南转移的可能性也比较小，云南的技术创新和技术进步之路并不平坦。

（四）产业转移和企业战略重组浪潮给云南产业结构调整升级带来新的契机，但如何较好地承接和实现产业转移面临新的挑战

目前，世界范围的新一轮产业结构调整浪潮迭起，生产要素跨国配置的速度加快，产业调整领域和规模不断拓展，一方面促进发展中国家产业升级和改造，另一方面也不可避免地将污染严重、相对落后的产业、技术和工艺转移到发展中国家，给发展中国家的产业结构优化造成困难。云南作为一个产业转移的较好承接地，可以充分利用国内国际两个市场、两种资源，促进经济社会发展，但如何科学合理地承接和探索在境外产业转移是一个重大课题。

（五）环境问题倍受关注使云南生态环境优势凸显，但正确处理好生态环境与经济发展的关系面临新的挑战

随着环境污染、生态失衡、资源枯竭、人口爆炸等“全球性问题”日渐严重，世界各国比以往任何时候都更加重视保护生态环境，可持续发展成为世界的共识。云南拥有良好生态环境，实施了“七彩云南”保护行动计划，举起生态环境保护的大旗，但部分地区生态环境十分脆弱，建设资源节约型和环境友好型社会还有很大的差距，生态环境保护的任务十分艰巨，实现人口、资源、环境可持续发展的难度仍然相当大。

同时，由于云南地处众多国际国内河流的上游，环境问题也容易引起国际社会的广泛关注，形成强大的社会舆论压力。

（六）国家发展思路发生重大转变为云南发展创造了良好的宏观环境，但解决经济社会发展中的深层次矛盾和问题面临新的挑战

贯彻落实科学发展观、加快构建和谐社会和小康社会，标示着中国发展战略和思路发生了重大转变，将中国导入了一个崭新的发展阶段。国家将更加注重可持续发展，更加注重支持落后地区和农村的发展，更加注重社会发展，更加注重社会公平，更加注重制度建设，这为云南发展创造了良好的宏观环境，带来了更多发展机遇，但也使云南经济社会发展中的一些深层次矛盾和问题更加突出：社会事业历史欠帐较多，地区间发展很不平衡，贫困问题还比较突出，社会管理存在不少薄弱环节，解决好经济社会发展中的深层次矛盾和问题任重道远。

（七）国家坚定不移地推进改革开放有利于云南不断增强发展的动力和活力，但破解体制机制障碍面临新的挑战。

当前，全国改革进入了一个新的阶段，其复杂性和艰巨性明显加大，由局部扩散到社会的各个层面，由专业改革变为系统改革，并开始触及到一些部门和集团的利益。受诸多因素影响，云南改革里程总体上比全国“慢半拍”，尤其需要处理好加快改革进程与发展、稳定的关系。近几年，云南开放力度明显加大，对东南亚、南亚区域的国际合作正向更高层次、更具整体性的方向发展，在我国周边国际区域合作中发挥着越来越重要的作用，但是云南对外经济交流的开放度还不高，开放型经济发展还不够充分，这与云南得天独厚的区位优势不相匹配。

（八）各省区市加快发展形成了大干快上的良好氛围，但云南如何聚集生产力要素，创新思路，实现又好又快发展面临新的挑战

近年来，各省区市都着力于提高经济增长的质量和效益，以市场为导向，大力调整产业结构，注重发挥自身优势，走有特色的发展路子，如广西积极推进北部湾合作，四川和成都主打城乡统筹牌，贵州主打特色生态牌，形成了大干快上的态势。这一方面有利于云南加快发展，迎头赶上，另一方面也对云南创新思路，实现又好又快发展提出了新的挑战。经过多年发展，云南综合实力明显增强，但总的看还是发展相对滞后。如何聚集生产力要素，创新思路，实现全面协调可持续发展，是云南始终需要关注的重大课题。

二、实现云南科学和谐发展的模式设计

综览国内外一些主要区域发展的总体历程，由于其发展主客观条件不同，发展基础与优势不同，进一步发展所面对的机遇与挑战不同，故在一定阶段内选择的发展模式亦各不相同，但无论何种区域发展模式，其确定依据都不外乎资源优势、区位优势、市场优势或由资源、区位、市场三者相互排列组合成的复合优势。在倡导科学和谐发展的新形势下，面对日趋激烈的区域竞争环境，云南的发展模式设计上，既要注重速度性的超越型发展模式，又要大胆创新，更加注重以质量性为主要特征的综合创新发展模式。因此，借鉴外地经验，从实际出发，云南实现科学和谐发展可以考虑设计以下几种发展模式。

（一）特色经济发展模式

在经济全球化和区域经济一体化的大背景下，实现云南科学和谐发展，就是要创新发展模式，坚持走特色经济发展之路，不断释放云南内部发展潜力，为实现跨越式发展找准切入点。云南特色经济发展模式就是要立足特色资源，壮大特色产业，构建特色区域，打造特色城镇，努力形成特色产业、特色区域、特色城镇的特色经济体系。

1. 特色产业。

依据比较优势理论和优势产业选择模型，从资源型、服务型、开放型、生态型特色产业出发，重点做大做强烟草产业、生物资源开发创新产业、矿产业、能源产业、文化产业、信息产业、建筑产业、旅游产业、物流产业、装备制造业、林产业，培育发展精细磷化工产业、光电子产业、天然药物产业、金属矿产品深加工业、茶产业、林纸

产业、石化产业、环保产业等新兴特色产业，尽快把资源优势转化为经济优势和市场竞争优势。

2. 特色区域。

发挥各地比较优势，贯彻因地制宜、分类指导、重点突破、突出特色的要求，即应坚持培育和壮大特色产业带，抓住产业的近似性基础，主动凝结产业群体，努力扩大区域产业规模，把更多的项目安排到具有相对优势的区域，推进产业集群、培育壮大优势产业，构建各具特色、协调发展的区域发展格局，使云南经济发展在总体上更具特色，更具竞争力和影响力。

3. 特色城镇。

走特色城镇化道路，促进全省大中小城市和小城镇协调发展。突出城镇发展个性，创造与众不同的特色，塑造鲜明发展形象，打造一批具有特色产业、特色文化、特色开放及民族文化旅游城镇，培育特色经济增长极（点），大 幅度提高城镇人口比重。

（二）沿边开放带动模式

对外开放可以在更大范围内为优化配置和利用生产要素提供可能，作为发展战略的外部动力，国内国外的各种条件都应该纳入到推动我省发展的因素中来，坚持以开放促开发，形成经济合作与发展的新优势。

1. 明确沿边开放的重点区域

以东南亚和南亚国家为重点，推进中国—东盟自由贸易区建设，积极参与澜沧江—湄公河次区域以及中印缅孟地区经济合作，打造大平台，拓展云南的外向发展空间。

2. 创新区域合作开放开发模式

加快研究并落实对东南亚、南亚和大湄河次区域等各国和地区的经贸、文化、科技交流与合作的各项措施，探索建立科学合理的利益分配机制，采用“飞地经济”的模式，吸引经济合作区在我省沿边地带设立企业，筹划各类投资项目，实现互利共赢。

3. 搞好“四通”建设

以加快推进与周边国家“通路”、“通电”、“通商”、“通关”为着力点，不断提高周边国家与云南合作的紧密性和相互依赖性。

4. 加快“走出去”步伐

以投资境外资源合作开发为重点，建立健全为“走出去”服务的体制机制和政策支持体系，推动我省企业积极利用两种资源、开拓两个市场。

5. 积极争取成为国家沿边开放综合配套改革试验区

探索沿边开放发展新模式，争取国家把云南沿边地区列为综合配套改革开放试验区，比较上海浦东、天津滨海等综合配套改革区，赋予相关税费优惠政策、给予金融对外试验权等。

（三）绿色生态经济发展模式

转变经济发展方式，必须坚持科学发展观，以人为本，走绿色化、生态化、特色化、现代化、可持续化的发展道路。云南具有良好的生态环境优势，面对国内市场、区域市场和国际市场的激烈竞争，实施绿色生态经济模式，是具有云南特色的科学和谐发展之路，也是欠发达地区发挥后发优势，实现追赶型、跨越式发展客观明智的正确选择。云南实施绿色经济发展模式，其实质就是依托生态环境基础条件，通过生态产业化、产业生态化互动，走出一条服务型、环保型、节约型、科技型的发展路子，使环境优势得到充分发挥，资源优势得到充分利用，双重效益的绿色生态型经济得到充分发展，实现经济实力的迅速提高。云南绿色生态经济发展模式应以“七彩云南保护行动计划”为重点，推进“碧水、蓝天、绿地、食品安全”工程，大力培育绿色生态产业，发展绿色生态文化，构建绿色生态家园，打造云南绿色经济强省。

1. 打造绿色生态产业

农业方面：按照现代农业的要求，加快形成区域化布局、专业化生产、产业化经营、标准化管理的现代农业发展格局。重点发展无公害农产品、绿色食品和有机食品。建立完善质量标准、检验检测、认证标识和市场准入四项制度，加强生产环节监管，强化生产基地建设，树立“无公害”、绿色食品品牌，做大做强绿色蔬菜、花卉和绿色食品等传统优势品牌。工业方面：大力发展具有生态、经济双重效益的产业；科学发展带动性强、有资源优势的产业；发展壮大对生态环境影响小的产业和环保产业。同时，通过建设一批循环型企业、生态工业园区，科学规划全省产业链，通过连接和闭合产业链，形成企业之间、园区之间、区域之间共生互动的生态产业体系，逐步建立起以循环经济为核心的经济体系。服务业方面：要大力发展绿色旅游业及现代服务业体系等，努力提高服务业比重和水平。

2. 发展绿色生态文化

加强对社会公众的生态文化教育，培育生态文明观念。加强对民族文化和传统特色文化的挖掘整理，推进民族文化大省建设。

3. 构建绿色生态家园

加大城乡生态环境治理和环境保护力度，按照绿色经济、绿色人口生态环境、绿色社区、绿色文化的要求，科学规划建设绿色生态城镇，使人民群众在良好生态环境中生产生活。

4. 确保生态环境安全

实施最严格的生态保护政策，以饮水安全和重点流域治理为重点，控制点源污染和面源污染，推进高原湖泊环境保护。实施减排计划，推进大气污染防治，全面提高大气环境质量。

（四）统筹协调发展模式

实施统筹协调发展模式，就是要增强发展的协调性，更加注重教育、社会就业、社会保障和基本医疗卫生服务等社会事业发展，努力改善人民生活；更加注重“三农”，加快社会主义新农村建设；更加区域协调发展，进一步缩小区域发展差距。云南实现统筹协调发展的基本内涵，就是在继续深化改革、发展经济的同时，大力发展社会事业，注重解决经济社会发展中的不平衡问题，建立健全公平享有社会事业福利的制度保障，坚持以工促农、以城带乡，促进城乡和区域协调发展，实现我省经济社会、城乡、区域“三个协调”发展。

1. 统筹城乡协调发展

把稳步推进城镇化与加快推进社会主义新农村建设结合起来，建立工业反哺农业、城市支持农村的政策体系和体制机制，形成城乡良性互动的发展格局。

2. 统筹经济社会协调发展

以解决人民群众最关心、最直接、最现实的利益为重点，深化收入分配制度改革，增加城乡居民收入，加大教育、就业、社会保障和医疗卫生等社会事业的投入，让人民群众共享改革发展的成果。

3. 统筹区域协调发展

抓住西部大开发等战略机遇，主动承接东部地区和境外的产业转移，加强与国内其他地区其他省份协调互动，发挥比较优势，深化分工合作，着力构建促进加快云南发展的战略支点，缩小云南与其他发达区域差距。加快推进省域内区域经济协调发展，加快城镇化进程，完善“环昆经济圈”共同繁荣发展的机制和路径，努力使滇中城市群的发展走在西部地区的前列，成为带动云南区域发展的增长极。

特色经济发展模式、沿边开放带动模式、绿色生态经济发展模式和统筹协调发展模式，贯彻了科学发展观的要求。这四种发展模式，是互相联系、相辅相成的关系，既考虑到“外生型”、“嵌入式”的外力驱动，又注重加强内生型自主成长发展能力的培养，结合实施这四种发展新模式会给云南区域发展带来极大的张力和动力，是推进我省发展的全面性、协调性、可持续性和快速发展的重要战略举措。

三、实现云南科学和谐发展的主要途径

生产力要素的分散是云南发展的巨大障碍，是云南发展滞后的主要原因。生产力要素分散主要表现在人口居住的分散，作为省府所在地的昆明市常住人口270万人左右，加上流动人口也还不到全省人口总量的1/10。其次表现在产业分散、城市分散、资金分散，产业相对集中在滇中和滇东地区，形不成一些重要的产业基地；全省129个县市区中有110多个县城区人口在10万人以下，有的县城区人口仅有1万~2万人；人口、产业、城市的分散带来了资金使用的分散。所以，云南发展滞后的主要原因是生产力要素的分散。

创建特色经济发展、沿边开放带动、生态建设和统筹协调的新模式，实现云南科学和谐发展，一条重要的途径就是“聚集”，就是要积极适应各种生产要素大整合、大调整的要求，协调各种经济和社会关系，充分挖掘潜能，发挥优势，依靠科技，聚集先进生产力，聚集高新技术，聚集人口，留下环境，恢复生态，提高发展的质量和效益，加快社会建设，探索和走出一条有云南特色的发展路子。

在考虑了全省的资源和区位条件、经济社会发展条件、科技和人力资源条件，以及交通、能源、产业等基础设施条件并研究提出了以资源和产业特色为基础，以基本的地理行政区划为骨架，以现有城市格局为支撑，以基本的交通网络为纽带，形成辐射带动功能明显的经济圈、经济带和走廊，即“环昆经济圈”和“五带四走廊”的发展途径。

1. 环昆经济圈

昆明是省会城市，是云南唯一的特大型城市，其经济总量占全省的40%左右，必然形成全省经济发展的内核。但目前这个内核实际所占的、牵引带动的面及影响力还不够大，迫切需要打造一个以昆明为核心，多个城市的聚集点和经济圈。“环昆”经济圈的范围是昆明、曲靖、玉溪、楚雄。目标是集中生产力要素，使居住人口逐步达到2000多万人，形成全省最重要的次区域增长区，通往东南亚、南亚和国内及省内其他州市的重要连接枢纽。重点是首先在经济圈内加快布局和建设一条三州市步经昆明城区纬向能连接起来的环昆交通网络，可考虑为楚雄市—元谋县城—禄劝县城—东川区新村镇—曲靖市麒麟区—陆良县城—玉溪市红塔区—楚雄市，并依托现已形成的公路，加快改造，建成高等级公路网。其次是打破行政区划的界限，集中优势资源和特色产业，依托较好的工业基础和条件，重点布局和发展烟草及配套产业，重化工业，以现代生物制药、绿色食品为主的绿色产业、工业、农业、古生物、红色等特色旅游业，做到资源共享、优势互补，形成区域整体竞争优势，建成世界著名烟草基地、全国重要能源基地、云南重化工基地和现代农业发展示范基地等，成为全省工业经济发展最快的地区之一。三是重点推进曲靖、玉溪、楚雄三个州市府所在地城市建设，尽快发展成为大城市。

2. 五带四走廊

根据新世纪前20年把云南逐步建成“东连黔桂通沿海，北经川渝进中原，南下越老达泰新，西接缅甸连印巴”的立体交通网络的目标，重点布局和建设五条经济带、四条经济走廊。

五带。依靠已有的“五入滇四出境”的铁路、公路优势，发展路经济、路文化，尽快集中优势生产力，形成5条经济带，形成生产力聚集的态势，全面加强云南与国内各省区的经济联系，并在“9+2”合作进程中发挥更重要的作用。

成都—昆明经济带。以加工和旅游为主的经济带。沿成昆铁路和昆楚高速公路、规划建设中的“二纵”“永仁—昆明”公路，重点布局和发展以制药为主的生物创新产业，果蔬及食品加工产业，以人类发源地、古生物和红色旅游等为重点的特色旅游业，进一步发挥路经济的作用，建成加工和旅游经济带。

重庆—昆明经济带。以能源及生物资源开发为主的经济带。沿内昆铁路和嵩待高速公路及改造建设中的待新、新麻、麻绥高等级公路，重点布局和发展以水电、煤电开发为主的能源产业，食品加工业，花卉、药材产业，以马铃薯为主的食品加工业，以及红色旅游业等，并利用水富港和绥江港，积极参与长江经济带的建设，建成以能源及生物资源开发为主的经济带。

贵阳—昆明经济带。以工业为主的工业经济带。依托贵昆电气化铁路和320、326国道，重点布局和发展以工业为主的工业经济带。昆曲段围绕昆曲高速公路及铁路，着重发展煤炭、火电、煤化工、磷化工、食品加工、汽车制造等重化工业，曲宣段，围绕曲宣高等级公路及铁路，着重发展煤化工、磷化工、食品加工等工业，建成工业经济带。

南宁—昆明经济带，以物流和人流为主的经济带。沿南昆铁路和昆明—师宗—罗平—兴义高等级公路，重点布局和发展以煤电气为主的能源工业，以硫酸为主的化学工业，以蚕丝为主的纺织工业，以食品为主的加工业，以石林、宜良、罗平和陆良等地质地貌景观为主的旅游业等，建成物流和人流发达的重要经济带。

拉萨—昆明经济带。建成全省重要的旅游经济通道和生态经济带。沿昆大高速公路、广大铁路和正在建设的大丽铁路、将来建设的丽香、香藏铁路，重点布局和发展以自然景观和民族风情为主的旅游业，物资资源开发创新产业、绿色食品加工业等，建成全省重要的旅游经济通道和生态经济带。

四走廊。加快国际化大通道建设步伐，建设四条经济走廊，形成中南半岛 24 小时经济圈，更好地发挥云南连接东亚、东南亚、南亚的三大平台作用，使云南和中国西南部更快、更紧密地融入国际市场。

昆明—河口—海防（胡志明市）经济走廊。这是一条对越开放的重要经济走廊，依托“昆北”经济合作区建设，昆明—河口—河内—海防（胡志明市）等级公路和铁路，以及“三纵”中的第一纵昆明—蒙自—河口段高等级公路建设，发展与越南和面向东南亚国家的经贸合作。重点布局现代农业、烟草及配套产业、建材业、有色金属加工业、林纸业、磷化工业、食品加工业、旅游业等，并在蒙自—河口—老街一带建设跨境经济合作区，形成一条重要的经济带，带动沿线玉溪、红河、文山的加快发展。今后逐步延伸至柬埔寨的金边，并与曼谷相连。

昆明—曼谷—新加坡经济走廊。这是最重要的一条面向东南亚合作和澜沧江—湄公河次区域合作的经济走廊。根据国家 2003 年 ~ 2020 年“中长期铁路网规划”，将新建中老国际铁路通道昆明—景洪—磨憨段，使这一经济走廊的优势更加明显。围绕发展同东南亚各国的经贸合作，依托沿路和主要城市的工业园区，重点布局和发展烟草及配套产业，高新技术产业，生物资源开发创新产业，绿色食品加工业，林纸产业等。并依托大湄公河的航运条件，沿主要城市思茅市、景洪市加快发展商贸、物流、旅游为主的服务业，并在普洱—丰沙里、景洪—大其力一带建设跨境经济合作区。广泛利用国外的资源和市场，建成云南对东南亚开放最重要的增长经济带，带动沿路玉溪、普洱、版纳等州市的加快发展。

昆明—仰光（曼德勒）经济走廊。是滇西对外开放的一条重要国际大通道。依据“昆明—瑞丽—曼德勒（仰光）”高等级公路和根据国家 2003 年—2020 年“中长期铁路网规划”，将新建中缅国际铁路通道大理—瑞丽段等，沿途将直接或间接带动楚雄、大理、保山、德宏和丽江、怒江、临沧等州市的对外开放和加快发展。依托沿路和主要城市的工业园区，重点布局和发展特色旅游业，珠宝玉石加工业，烟草产业，建材业，生物资源开发创新产业，食品加工业，林纸产业等，并在瑞丽—木姐、南坎一带建设跨境经济合作区。形成带动云南西部开发的重要经济带和增长极。

昆明—南亚（达卡—加尔各答）经济走廊。是昆仰经济走廊的延伸，是云南经缅甸连接孟加拉、印度等南亚国家的一条重要经济走廊。重点布局和发展旅游业、生物资源开发创新产业、服务业等，更好地利用好孟加拉、印度等南亚国家的广阔市场，实现资源和优势互补，为加快实施国家南向互利合作战略提供重要的支撑。

通过“环昆经济圈”和“五带四走廊”的建设和布局，可以把云南分散的生产力，首先是人，还有产业、城市、资金和其他各种生产力要素聚集到“五带四走廊”周围，聚集到“环昆经济圈”里面来，对云南加快工业化、城市化、市场化、国际化进程，加快建设小康社会，构建和谐社会，将产生巨大的促进作用。

四、实现云南科学和谐发展的对策措施

（一）切实加快社会主义新农村建设，大力推进农业产业化进程

一是以加快推进现代农业重点，着力发展新经济。把农业农村全面纳入整个现代建设进程，加快推动传统农业向现代农业转变，大力推广资源节约型农业，严格控制农业资源污染，积极推进农业标准化生产，有效利用农业废弃物，实现农村循环经济发展。二是以增加农民收入为核心，积极创造新生活。充分挖掘农业内部增收潜力，注重发挥二三产业和劳务输出对农业就业增收的主渠道作用，努力拓宽增收渠道，使全省农民收入有较大幅度的提高。三是以加强农业基础设施建设为重点，改善发展新环境。进一步加大投入，加快以“润滇工程”为重点的水源工程、病险水库加固、山区“五小水利”等水利工程建设和农田水利建设。实施以通乡油路为主的“通畅工程”和行政村通公路的“通达工程”建设。四是以提高素质为根本，大力培训新农民。加强对农民的培训，提高农民的综合素质和转岗就业能力。培养适应社会主义新农村建设的新型农民。五是以深化农村综合改革为动力，加快建立新制度。全面开展农村综合改革，深入推进乡镇机构、农村义务教育和县乡财政管理体制三项改革，协调推进农村其他各项改革。

（二）发挥优势，着力发展特色产业

立足于自身优势，在于稳步与发展“两烟”，加快发展水电，控制发展火电，大力发展林浆纸、生物医药等生物产业，积极稳妥发展矿产业的同时，一是发挥资源优势发展生物产业，做大做强现有的 18 种生物资源产业，加快形成生产资源开发产业群体。二是发挥环境优势发展旅游产业，开发一批具有世界影响的旅游项目，积极发展中高端旅游产品，全力推动观光型旅游向度假休闲型旅游转变，引进战略合作伙伴，推动旅游业的快速发展。三是发挥区位优势发展现代服务业，建设

面向全国特别是“泛珠三角”以及东南亚、南亚的开放的、国际化的现代物流体系，加快信息服务业产业化步伐，努力拓展金融服务领域和金融产品，积极推动文化产业，以及会计、评估、咨询、法律等中介服务业。大力发展社区服务业、商贸服务业，促进第三产业对经济增长做出更大的贡献。

（三）切实转变经济发展方式，走新型工业化道路

一是加快结构优化，积极探索建立在可持续发展基础上的产业结构，支持高增长产业的健康发展，加快矿产业结构调整，加快基础性行业及加工制造业的发展，加快轻工业的发展步伐。二是运用先进适用技术和高新技术改造传统产业，大力引进高新技术、先进适用技术特别是信息技术改造传统产业，建立引进创新与自主研究开发相结合的运行机制，提高企业技术创新能力。三是引进战略伙伴，以大项目、好项目推动新型工业化进程，鼓励和引导民间资本以独资、合作、联营、参股、特许经营等方式投资工业项目。四是优化配置资源，实行工业聚集式发展，充分发挥各类园区聚集产业和资源的优势。五是大力发展循环经济，改变传统的发展模式，大力加强对可替代资源、可循环利用资源的开发，加快从资源型经济转变为生态型经济。

（四）加快基础设施建设，夯实发展基础

一是加快建设优势互补的综合交通运输体系。要按照五条经济带、四条经济走廊、环昆经济圈的打造，以航空为先导、加快铁路建设、保持公路快速发展、发挥水运的补充作用，构建多种运输方式密切衔接、协调发展的综合运输体系。二是加快推进溪洛渡、向家坝、小湾等一批重大项目建设进度。做好“三江”水电开发、油气管道运输网络和炼化基地等项目的前期工作，向国家争取新开工水电项目的核准工作，争取开工建设连接云南与东南亚国家的油气管道运输网络和炼化基地项目，将云南建设成为国家重要的水电和油气能源基地。三是加快以“润滇工程”、“五小水利”、病险水库除险加固和干渠防渗为重点的水利建设，开发利用和保护好水资源，切实改善发展基础和环境。认真研究和推进“滇中调水”工程。

（五）大力推进城镇化进程，促进区域协调发展

一是加快省会昆明、区域中心城市、州市政府所在地、县城、中心集镇和边境口岸城镇建设等六个层次的城镇建设，制定人口流动导向政策，促使分散在山区的广大人民群众向城镇集中，到城镇发展，走出一条具有云南特色的城镇化的路子。二是理清城市发展思路，大手笔、高标准搞好城市规划，促进产业聚集和完善城市功能。三是建立合理的区域开发格局，鼓励经济比较发达的“滇中城市经济圈”加快产业结构优化升级，实现率先发展；支持经济欠发达地区、资源欠开发的少数民族地区、边远山区、边疆民族地区开发优势资源，发展特色经济。四是建立和完善区域协调发展机制，充分发挥市场机制在资源配置中的基础性作用和政府规划及政策的引导和调控作用。

（六）实施外向带动战略，提升区域开放度和国际化水平

一是要把对外开放同对内开放结合起来。依托云南资源优势和产业竞争力，充分发挥现已建成的一批工业园区在承接国内外产业转移、促进省内外产业对接的积极作用，巩固和深化同“泛珠三角”、“长三角”和西南六省区市等地区合作。二是深入实施南向互利合作战略，稳步推进以东南亚、南亚国家为重点的多层次、宽领域的国际区域合作，积极参与大湄公河次区域经济合作和孟中印缅地区经济论坛，推动云南—泰北、云南—老北、云南—越北等双边合作机制的机制化、制度化建设。三是完善为“走出去”服务的体制机制和政策支撑体系、信息服务体系，鼓励支持云南有条件的企业、个人、资金、技术等生产要素走向世界，尤其是率先到周边国家开展投资贸易、资源合作、承包工程、技术合作、劳务输出等；支持有实力的企业到国外上市进行资本运作，积极吸纳国际资本，四是构建云南对外开放“一二三四”的格局，树立起云南对外开放的新格局，从而使云南的桥梁和纽带地位进一步凸现出来，在对外开放中作用更大、融入更深、获益更多。

（七）坚持生态立省，使云南成为我国乃至世界上生态最优、发展环境最好、吸引力最强的地区之一

一是坚持走生态建设产业化，产业发展生态化的路子，大力发展有利于资源节约、环境保护和可持续发展的绿色、环保经济，努力做到在发展中尽可能减少对自然资源的依赖、减轻对环境的损害。二是实施好“七彩云南保护行动”，使彩云之南的天更蓝、水更清、山更绿，人与自然更加和谐。三是加强对建设项目的环境影响评价，控制不合理的资源开发活动，严禁新上浪费资源、污染环境的建设项目，从源头上防止环境污染和生态破坏。四是突出抓好污染治理工作，严格控制污染物排放总量，增加环境保护投入，开发和推广环保技术，加快建立生态补偿机制，加大环境执法力度，严厉查处环境违法行为和案件。五是着力解决危害人民群众健康的突出环境问题，集中力量开发专项整治，让人民群众喝上干净水、呼吸上清洁的空气、吃上放心的食物，有一个良好的生产生活环境。

（八）加大改革力度，增强科学和谐发展的动力和活力

一是深化投融资体制改革，创新投融资平台，探索新融资方式。积极完善投资核准和备案制度，规范政府投资行为，缩小政府直接投资范围，拓宽社会投资空间；研究和确定云南省适度的财政性投资规模，保持政府对投资领域的调控力度，并灵活运用贴息、税收等多种手段，调整投资领域的产业结构和地区结构；抓好资本市场运作，进一步做大做强现有几个专业投资公司，着力研究解决资金筹集渠道还不宽、办法还不多的问题。二是增强市场主体的活力。推进国有企业股份制改革，完善公司法人治理结构，建立健全现代产权制度；建立出资人制度、国有经济经营预算制度，完善国有资产管理体制；引进国内外战略投资者，推进企业集团战略合作，把最好的企业拿出来与国内外先进的和有优势

的企业集团开展合作；鼓励和支持非公有制经济参与国有企业改革，进入公共事业基础设施以及法律法规未禁止的其他行业和领域。三是加快现代市场体系建设。深化商品流通体制改革，加快土地、技术和劳动力等要素市场建设。

（九）着力解决群众最关心、最直接、最现实的利益问题

一是优先发展教育，确保教育投入增长高于地方财政收入增长，全面实施素质教育，推进基础教育工程，深化教育体制改革，全面落实“两免一补”政策，努力促进教育公平。二是加快文化事业和文化产业发展，实施好艺术精品工程、民族文化工程、千里边疆文化长廊工程、百县千乡宣传文化工程，以及“两馆一站”建设工程、数字电视推广工程和乡村放手电视网络建设，打造一批文化精品，建设一批文化基地，发展一批龙头企业，逐步形成多层次、广覆盖的文化服务网络和比较完备的公共文化服务体系。三是围绕完善服务体系、提高服务质量、降低服务价格三方面的要求，着力解决群众看病贵、看病难的问题。四是把关心困难群众生产生活的各项措施落到实处。建立市场导向的就业机制，健全就业服务体系，积极探索新的就业形式，开发就业岗位，优化就业结构；做好重点行业和困难群体的就业再就业工作。加快建立与经济发展水平相适应的社会保障体系，认真解决好困难企业职工、城市低收入人群、农村特困人口和进城务工人员的就医、子女入学、社会保障等问题，扩大城镇社会保障覆盖面。同时，要切实做好失地农民和水电工程移民安置工作，构建确保移民受益的利益分配格局，完善移民产业扶持政策和补偿标准，不断创新移民安置方式。

（十）加强政府自身建设，切实提高政府的公信力和执行力

一是深化行政管理体制改革，探索并推进行政管理体制改革工作。具体可实行差异化的政府职能定位的探索，分别对省级政府，昆明、曲靖、玉溪、红河、大理等经济发展相对较快的地区，德宏、版纳、丽江、保山等市场发育程度处于中等水平的地区，以及怒江、临沧、普洱、文山、昭通、迪庆等市场发育程度低、自我发展能力弱的地区的政府职能进行不同的定位。二是处理好政府与市场、社会的关系。积极推进政企分开，避免政府部门通过各种渠道和方式干扰企业的生产经营活动；推进政资分开，促进政府社会经济管理职能与国有资产所有者分开；推进政事分开，逐步解决各级行政机关对所属事业单位行政管理职能授权不规范的问题；推进政府与市场中介组织分开，坚持市场的问题让市场解决。三是进一步转变作风、提高效率。要加强思想作风、工作作风、领导作风和干部生活作风建设，不断提高行政能力和管理水平。要提高办事效率，改进政府管理的方式和方法，进一步提高政府依法决策、科学决策、民主决策的水平，提高行政效能和工作效率。

（云南省人民政府研究室：杨杰、李庆珍、马国胜、左荣生、张亚辉、张文华）

云南重化工业科学发展研究

从2006年开始，云南省的重化工业总量超过轻工业，以能源、有色、化工、钢铁等为代表的重化工业增长势头强劲，是云南省工业增长的主要动力。重化工业发展势头良好，但也面临着不少问题，2006年和2007年上半年全省都没能完成国家下达的节能减排指标，主要原因是重化工业节能减排的难度大，重化工业的快速发展和环境保护的矛盾非常突出。

一、发展重化工业是推进我省经济又好又快发展的内在需求

从世界工业的发展历史看，当工业化处于初、中期阶段时，重化工业呈现加快发展的特点。目前，我省工业化处于初期向中期过渡阶段，加快重化工业发展，对我省实现经济又好又快发展具有重要意义。一是发展重化工业，是充分发挥我省资源优势和区位优势的现实选择。云南拥有丰富的能源、矿产等资源，资源总量居全国第6位，人均资源量是全国平均水平的2倍，人均拥有资源丰度值为全国平均值的2.4倍。地处中国、东南亚、南亚三大市场的结合部，对内连接国内市场，对外连接东南亚、南亚市场，区位优势明显。云南无可比拟的区位优势及资源加工和生产技术优势决定了可以充分利用这些国家丰富的自然资源和原材料发展重化工业，也可以向这些国家出口其经济建设必需的重化工产品。发展重化工业能充分利用这些资源，把资源优势转化为经济优势。二是发展重化工业，是工业化向前推进的客观规律。许多发达国家或地区的发展经验表明，当一个国家或地区处在工业化初、中期阶段时，重化工业必将得到充分的发展。2006年，全省规模以上重工业完成增加值641.9亿元，比上年增长27.1%，快于全国平均水平9.2个百分点，占轻重工业的比重为51.7%，规模以上重工业占轻重工业的比重近30年来首次超过轻工业。在工业化完成以前的若干年中，我省重化工业将继续保持快速发展的势头。三是发展重化工业，是推进我省产业结构优化的必然趋势。2006年，全省规模以上非烟工业完成增加值757.2亿元，对规模以上工业增长的贡献率为77%，拉动全省规模以上工业增长15.1个百分点，其中重化工业占非烟工业增加值的84.8%。由此可见，重化工业发展较快，是拉动全省工业较快增长的主要力量。虽然近年来我省重化工业受煤电油运紧张等不利因素的影响，但发展速度还是达到了两位数，随着我省电力供应逐步富余，重化工业必将成为我省推动经济增长的主要动力，有力地支撑其他产业快速发展，优化全省产业结构。四是发展重化工业，是我省承接东部产业转移的重大举措。近年来，随着东部地区土地、劳动力等成本优势的逐渐丧失，产业结构进入调整与升级阶段，大量资源型、劳动密集型产业将向中西部地区转移。东部对西部地区的投资以资源开发型产业为主，其中大部分都是重化工行业。如2006年云南引进电力项目382

个，利用省外资金达184.8亿元，占全省引进省外资金总量的49.3%。在今后一段时期内，重化工业还将继续成为我省承接发达地区产业转移的重点。

二、我省重化工业必须走科学发展的新路

我省重化工业虽然发展迅速，但也面临以下几个因素的制约：一是资源保障程度有限。我省是资源大省，但资源保障程度有限。我省的重化工业基本上都是资源型的，多年来对矿产资源的粗放消耗，加之近年来重化工业的快速发展，资源消耗量快速增加，供给量急剧下降，导致产业发展后续资源严重不足。全省铅、锌、锡、铜等有色金属储量均只有原来的50%左右，磷矿资源以目前的年消耗量计算，滇池地区磷矿资源仅可以维持10年。目前，昆钢原料的50%、云铜原料的60%、云铝原料的100%都依赖进口。二是存在大量落后的生产能力。按照国家产业政策，我省应淘汰或限制生产的落后生产能力占有相当高的比例，而且主要集中在重化工行业。2006年，全省水泥总产能6209万吨，应淘汰和限制产能占55%；黄磷总产能95万吨，应淘汰和限制产能占33.6%；生铁产能2060万吨，应淘汰产能占37.4%；铁合金产能182万吨，应淘汰和限制产能占63.3%；粗铜产能65万吨，应淘汰和限制产能占65%；焦炭产能1900万吨，应淘汰产能占82.4%。三是精深加工发展缓慢。我省的重化工业大多是"三高一低"的企业，技术落后，生产的大多是初级产品，加工业及下游产业落后。丰富的资源大部分作为原料或初级产品输送到外省深加工，不能产生较高的附加值，没有把资源优势转化为经济优势。目前，我省年出口额上千万美元的30多个商品中，黄磷、有色金属等资源性初加工产品比重达70%以上，有色金属行业精深加工不足30%。而高新技术、机电等深加工产品出口比重不到20%，远低于全国50%以上、部分沿海省区市80%以上的水平。四是生态环境保护形势严峻。据统计，2006年全省工业废气排放量6646.1亿标立方米，废水排放量3.4亿吨，工业固体废物排放量99.6万吨，分别比上年增长了22.1%、4.1%和40.9%。九大高原湖泊水质达到I类标准的仅有抚仙湖和泸沽湖，有4个湖泊水质受到重度污染，占44%，有6个湖泊（水域）达不到水环境功能要求。全省有8个城市出现酸雨，基本集中在重化工业发展较快的滇中和滇南，楚雄、个旧的酸雨影响强于其他地区。今年，省委、省政府提出全省单位GDP能源降低3.8%，实现节能量275万吨标准煤，二氧化硫排放总量削减2.6%，化学需氧量（COD）削减1.3%的目标。但是今年上半年，全省单位GDP电耗同比增长9.3%，全省规模以上工业单位工业增加值能耗仅下降1.07%，二氧化硫和化学需氧量排放量不降反升，较2006年同期分别增加了2.4%和1.07%，节能减排压力大，形势不容乐观。在新的形势和要求下，重化工业这种粗放型发展难以为继，与科学发展观、走新型工业化道路的要求不相适应，必须转变发展方式，走一条科学发展的新路。

三、明确我省重化工业走科学发展道路的思路、原则和战略重点

根据我省重化工业发展的现状和面临的问题，重化工业实现科学发展的思路是：认真贯彻落实科学发展观，充分发挥资源和区位两大优势，加快走出去和承接发达地区产业转移两个步伐，加大科技和制度创新力度，调整结构，积极延伸产业链，切实转变发展方式，走出一条符合云南实际的重化工业科学发展之路。主要坚持科技创新的原则、延伸产业链的原则、对外合作优势互补的原则、生态文明的原则。

其战略重点是要抓好以下产业的发展：

能源产业：一是合理利用煤资源。二是合理确定水火电比例。三是积极发展新能源。四是建议成立云南省能源集团公司。

有色金属产业：一是大力发展有色金属深加工。二是加强共伴生元素的利用。三是大力发展循环经济。四是探索建设资本市场的有效方式。

化工产业：一是推进"以肥为主"向"以化为主"转化。二是开拓精细化工新领域。三是规划发展石油和天然气化工。

钢铁产业：一是积极参与国内外联合重组和省内的自我重组。二是积极拓宽铁矿资源供应渠道。三是积极发展特种钢材。四是合理发展铁合金。

装备制造业：一是大力振兴装备制造业。二是培育一批龙头企业，提高工业配套率。

建材产业：一是积极推行新型干法水泥。二是大力发展新型墙体材料。三是积极发展金属装饰材料。

四、促进云南重化工业科学发展的对策措施

（一）加快延伸产业链，大力发展精深加工

一是依托大企业延伸产业链。重点要依托云铜、云锡、云天化、云冶、昆网等大企业发展铜、锡、铝、铅锌、锰、钛、钢铁、磷、硅等矿产的深加工。二是积极发展产业集群。由政府和大企业共同引导，依托重化工大型企业，鼓励发展一批配套中小企业。要通过招商引资或者建设特色工业园的方式吸引一批"专、精、特、新"的下游配套企业，尽量在省内消化大型重化工企业生产的初级产品。三是积极推进电矿结合。要加快制定《云南省电力用户向发电企业直接购电试点指导意见》，制订差别电价政策促进高载能产业加快发展，积极促成高载能企业与电力企业的矿电结合试点，鼓励发电企业与高载能企业开展形式多样的互利合作。

（二）合理开发利用资源，提高资源保障程度

一是推进资源开发整合步伐。按照国家产业政策、产业发展规划、矿产资源开发规划、矿产资源开采总量控制以及产业结构调整的要求，遵循统一规划、分布实施，以大并小，以优并劣，突出重点、分类指导，政府引导、市场运作、统筹兼顾、公开公正的原则，积极稳妥推进矿产资源开发整合工作，重点整合煤、磷、铜、铅、锌、钨、锡、钛，以及其他对全省经济社会发展具有较大影响的矿种。通过资源整合，矿业权数量比整合前减少20%以上，整合区域内矿产资源利用率提高10%以上。二是保证省委、省政府对资源的调控。为了保证我省重化工业的可持续发展，要防止资源相对集中

的大企业被中央企业收购或被划为中央直管后，导致我省丧失对一些重要资源的调控，造成企业开发资源后遗留各种问题由我省处理的局势。建议对一些有技术、有实力的民营企业要给予支持，保证其对资源的合理占有和利用。三是加强矿产资源的勘探力度。要鼓励现有矿山自我发展，吸引外来资金进行风险勘探和联合开发，延长矿山开发寿命。积极拓宽境外资源合作勘查，力争形成多个有色金属、贵金属、石油、钾盐境外资源合作开发基地。在利用好我省现有勘探资金的同时，要拓宽勘探融资渠道，积极向国家发改委、国土资源部等部委推荐好的项目，争取加大对我省资源勘查资金的投入。四是抓好矿山生态环境保护工作。按照国家和省政府的有关规定，切实履行职能，积极探索矿山生态环境的补偿机制，实行严格的矿山环境保护制度。从矿产资源勘查开发、综合利用和地质环境、矿山环境保护管理等方面作出系统科学规划，坚持资源开发与矿山环境保护并举，在保护中开发，在开发中保护，搞好在开发过程中的矿山环境保护，减少对生态环境的负面影响。

（三）建立以企业为主体的创新体系，利用高新技术和先进适用技术改造提升重化工业

一是建立完善以企业为主体、产学研有机结合的技术创新体系。要以重化工企业为重点，建立工程中心或技术中心。从实际需要出发，统筹规划，分步实施，建立健全覆盖重点特色产业的重点实验室和技术研发推广机构。支持科研院所加强与企业的交流合作，或在改制中整体进入企业。二是加大重化工业技术改造。运用高新技术和先进适用技术对能源、原材料工业、化工、装备制造等重化工行业进行改造。

（四）大力发展循环经济，推进重化工业节能减排

一是努力控制高耗能行业耗能过快增长。遏制高耗能高污染行业过快增长，对不符合产业政策和行业准入条件的高耗能、高污染行业的在建、新建、拟建项目，要坚决停建、停批。对固定资产投资项目的立项、设计和建设，实行严格的节能评估审查，建立项目节能审批问责制。二是大力发展重化工业循环经济。制定重化工企业节能、节约用水、废弃物回收处理等管理方法，对有关企业按照主要工业产品能源限额等办法进行管理和考核，引导企业进行生态化改造，实施清洁生产，提高资源综合利用率，创建循环型企业、“零排放”企业，促进重化工企业之间或重化工企业与其他工业企业之间形成低消耗、高产出、少排污、可循环的合作发展机制。三是强化环境执法监管，实现管理减排。建立健全以排污申报登记为基础，排污总量控制为主线，排污许可证管理为核心，污染源自动在线监测监控手段，环保日常监管与社会监督相结合的污染源长效管理机制，强化对污染源监管，实现稳定达标排放，重点是加大对152家国控、省控重点污染源（含污水处理厂。据统计，此152家污染源污染排放量占全省80%以上）的治理和监管力度，严格环境执法，限期安装自动在线监测装置，并与环保部门联网，确保其长期稳定达标排放。四是抓好重点企业节能。重点推进国家“千家企业节能行动”和我省“百家企业节能行动”，明确25户企业、11户集团公司和百户企业的节能目标，省节能办将与这些责任单位签订年度节能目标责任书，各州市要与年综合能耗5000吨标准煤以上的其余重点企业签订目标责任书，今年力争实现节能130万吨标准煤。五是引导重化工企业参与国际碳交易。重化工企业要尽快了解有关碳交易细则，与世界银行碳融资局和一些大型的碳交易中介取得联系，争取工业国到重化工企业购买温室气体减排额。同时，建议成立碳交易对外联络处，负责一切与碳交易有关的对外联络事宜。

（五）加快发展总部经济，设置引进战略伙伴的合理控制点

一是积极探索发展总部经济。要把握发展的时机，以昆明为中心，大力营造适合总部经济发展的良好环境，吸引符合云南、昆明产业发展导向的企业总部向昆明集聚，重点吸引跨国公司和国内大企业集团来昆明设立大区域性总部和研发、营销等职能型总部，大力吸引行业中处于领先地位的省内外民营企业来昆明设立总部，促进全省的产业结构升级和城市经济转型。建议制定出台关于鼓励国内外企业在云南设立地区总部的若干意见，鼓励外来企业在云南设立地区总部。二是设定科学的持股比例。企业在积极地引进战略伙伴的同时，结合自身的情况科学设立持股比例，否则云南企业发展将会受到束缚。对于资源稀缺及关系到云南省国民经济发展命脉的重化工企业，在引进国内外战略合作伙伴时，必须要设立科学的持股比例，推进省属重化工企业产权多元化，提高市场竞争力。三是对外来企业设置合理控制点。云南在引进战略伙伴时，一直考虑到给对方更为优惠的政策，如廉价的土地和税收优惠等，但是很多的外来企业入驻云南后，入驻前承诺的资金投入和战略目标基本未完成，云南应防止总部设在外省的企业对云南的三个不利：首先是外来企业利用云南方给予的优惠条件，投入少部分资金，生产出产品销售后，将获利资金再投入，外来企业这种用云南省的资源买云南省企业的做法，给云南方在资源上造成了巨大的损失。其次是企业空壳化。再次是产业空壳化。

（六）鼓励重化工企业“走出去”，积极开展境外合作

一是鼓励重化工企业与周边国家加强资源勘探合作，以技术换资源。依托我省在技术、装备、管理、人才等方面的优势，鼓励我省重化工企业通过技术合作、工程承包劳务合作、国外投资等多种形式，参与周边国家矿产资源的勘探和开发，并以承包、技术参股、投资、并购等多种方式，将矿石运回云南进行冶炼加工或就地合作办冶炼厂。二是加大对重化工企业到境外投资建厂的支持力度。建立健全外向型企业贷款的担保体系和项目评估体系，引导金融机构加大对“走出去”企业的贷款支持力度，支持一批重化工企业到境外投资建厂，建议政府提供一部分启动资金组建境外投资公司，加大对利用境外资源企业的支持力度。三是积极开拓东南亚、南亚重化工产品市场。健全东南亚、南亚等国的重化工产品营销网络，广泛在各国推行代理商，创新营

销手段，逐步拓展东南亚、南亚重化工产品市场。实施品牌战略，以我省高浓度磷化肥、尿素等重化工优势品牌为突破口，到东南亚、南亚树立我省重化工品牌形象，通过展销会、新产品推介会、低价促销、广告等多样方式增强我省重化工产品在东南亚、南亚的品牌影响力。四是加快建设面向东南亚、南亚的出口加工基地。依托2005年6月国务院批准设立的云南昆明出口加工区，及沿边地区布局的省级工业园区、沿边经济贸易合作区，加快昆（明）河（口）经济带出口加工区、以大理为中心的滇西出口加工区、以国家级口岸为节点的边境出口加工区三大加工贸易区建设；努力建成磷复肥、冶金、“云电外送”、医药、光机电、林浆纸及包装印刷、石油及天然气炼化加工等7大产业基地，打造面向东南亚、南亚的出口加工基地的新亮点。

（七）加强煤电运协调力度，解决好重化工发展“瓶颈”制约

一是协调好煤炭供应。除适当增加煤产量外，要坚持优质优用的原则，促进煤资源向产业链长、附加值高的项目倾斜，目前要重点支持能源转化型为主的煤化工项目。二是科学调度好电力供应。实行丰枯差别电价，促进耗电量大的重化工项目集中在丰水季节运行，在枯水季节电力紧缺时，要按照“效率优先，兼顾公平”的思路，尽量科学地调度好重点重化工业项目的用电，同时要对耗电量大的非重点重化工业项目适当进行限制，实行有保有压，算账限电。三是转变铁路运输。继续坚决贯彻执行“五保五压”原则，提高运输效率，严格限制煤炭、焦炭、磷矿石、生铁、金属矿、非金属矿六类大宗资源性物资的外运，争取把外运原料型矿产品数量压缩到300万吨以下。引导好重化工行业实现三个转变，第一个转变是“变多为少”，将外运的资源型产品在省内加工为成品，减少运出运量；第二是“变低为高”，将外运的初级产品通过延伸产业链加工成高附加值产品；第三是“变出为进”，省内加工企业扩大对省外乃至国外资源的采购量，平衡进出省车辆数量。

（八）淘汰落后生产能力，促进资源合理配置

按照国家的有关要求，要坚决淘汰钢铁、铁合金、电力、铅锌、煤炭、焦炭、黄磷、建材、电石、化肥等行业的落后生产能力。针对目前淘汰工作遇到的一些困难和问题，按属地管理和“谁投资、谁负责、谁承担风险，谁审批、谁清理、谁落实淘汰”的原则，省级主管部门和县级以上人民政府要制定明确目标任务和进度计划，实施淘汰落后生产能力监督检查。要做到淘汰任务定地区、定企业、定装置，明确淘汰工作时间表、责任主体、淘汰标准，确保淘汰目标任务按计划完成。对列入淘汰关闭的企业到期未关闭的，金融部门停止贷款，有关部门依法吊销生产许可证和排污许可证并予以公布，停止供水、供电，不予安排铁路运输计划。建立完善淘汰落后生产能力的退出机制，各级财政对合法经营企业淘汰落后产能给予必要的补助，有效防止一些新的小生产企业的出现。

（九）推进重化工与服务业相互渗透，加快发展生产性服务业

一是大力发展软化重化工的技术和服务。要充分利用优势，鼓励和引导掌握先进技术和管理方式的企业积极开展对外合作与交流，大力引进和发展软化重化工的技术和服务，加快发展技术咨询、服务贸易，鼓励发展服务外包，在重化工业中要推广应用信息技术，提供自动化、管理网络化、决策智能化服务。二是大力发展重化工生产性服务业。坚持市场化、产业化、社会化方向，大力发展主要面向重化工生产的服务业，降低社会交易成本，提高资源配置效率，加快构建立足本地、服务全国、融入世界的生产性服务业体系。重点加快发展现代物流、工程装备配套服务、信息服务、科技研发与技术服务、工业咨询服务等生产性配套服务业。加大对已经运作的各类中介服务业发展中心的帮扶力度，发展具有区域和行业特色的中介机构。三是认真做好重化工产品服务。加强企业内部管理，确保出厂产品的质量，企业各部门要相互理解、相互配合，上一道工序对下一道工序负责，正确处理好整体利益和局部利益的关系，确保质量管理细化到每一个工序、每一个环节。同时，要体现重化工业与广大客户共同发展的经营理念，更大限度地满足广大客户的需要，开展多项方便快捷的售后服务活动。

（十）强化以人为本理念，营造良好重化工发展环境

一是完善重化工企业员工的劳动保障。要完善劳动保障政策体系建设，完善企业员工公积金政策体系，优化和调整政策结构，升级配套政策服务体系，全力构建广覆盖、弹性制、多层次的社会保障政策体系；加大资金投入，积极研究并调整完善就业促进政策措施，广泛引入社会资源，鼓励多元化就业服务模式，满足多层次特别是下岗工人的就业愿望。二是改善劳动环境。要制定相关的政策，明确规定工作环境的标准，如噪音、辐射等方面做出限制，保证员工的工作环境。要支持企业加大对工作环境的资金投入，改变恶劣的工作环境，使工人在较好的环境中从事工作。鼓励企业设立奖励和补偿基金，对工作在恶劣环境下的员工每年给予一定的资金奖励，同时对在工作中造成身体残缺的员工给予终生资金补助。三是加强安全生产。加强重化工业政策的引导，逐步淘汰技术落后、浪费资源和环境污染严重的工艺技术、装备及不具备安全生产条件的企业。健全完善安全生产法制，结合国家出台的《安全生产法》确立的各项法律制度，制定《云南省关于重化工行业安全生产管理办法》，加大安全生产法律法规的学习宣传和贯彻力度，普及安全生产法律知识，增强企业员工安全生产法制观念。

（云南省政府研究室工业处）

进一步深化云南农村综合改革的建议

截至2006年，云南省共有1256个镇乡，其中，586

个镇、520个乡、150个民族乡，乡镇行政区域面积38.1万平方千米，乡村总人口3600万人，平均每个乡镇辖6800户，人口2.86万人。为积极稳妥地推进农村综合改革，促进云南新农村建设，省政府研究室联合国务院发展研究中心和省级相关单位组成课题组，通过广泛的调查研究，结合云南实际和当前农村的新情况、新问题、新趋势，提出了云南农村综合改革的总体构想、主要任务及对策措施等。

一、云南农村综合改革取得一定成效，但深化改革还面临许多困难和问题

在农村税费改革不断深化的基础上，按照中央的部署，云南及时推动以农村上层建筑变革为核心的农村综合配套改革，，并取得了明显成效，为促进社会主义新农村建设作出了贡献。

一是乡镇机构改革稳步推进。截至2006年底，全省共撤并减少乡镇257个，减幅为16.4%，超过预定目标1.4个百分点。一些乡镇的“七站八所”逐步转变为“四中心两站所”或“五中心两站所”，全省共精简乡镇行政机构1300多个，事业机构6000多个。按照省编办统一核定的人员编制，乡镇行政事业单位编制在2004年底实有人数的基础上精简了10%。调整、撤并、减少村民委员会150多个、村民小组1600多个，精简村组干部1.3万人。

二是农村义务教育管理体制改革全面展开。改革以来，全省共撤并学校和教学点7700余所，清退代课教师和临时聘用人员近3万人，以政府投入为主的农村义务教育投入机制逐步建立完善。进一步深化了教师人事制度改革，严格执行教师资格准入制度，实施“农村学校教师特设岗位计划”；积极探索“校财局管”经费管理模式和校长、教师聘用制等，有力地促进了农村义务教育的健康发展。

三是县乡财政管理体制改革效果明显。县乡财政预算管理方式改革步伐加快，省财政加大了对县乡一般性转移支付的补助力度，进一步提高了农村基层运转保障水平，为实现确保农村基层政权组织正常运转、确保农村义务教育正常投入、确保农民负担不反弹的目标，提供了坚实的财力保障。

但是，随着改革的不断深入，一些深层次的问题和改革中出现的新情况日益凸显，为进一步深化改革带来了困难。

一是思想认识不到位，工作落实难，这次农村综合改革尤其机构改革是对农村管理体制的一场重大变革，涉及大批人员的去留和利益调整，很多基层干部“不愿改”、“不敢改”。因而，“等、靠、要”思想还普遍存在，主动改革、积极探索、大胆创新的意识和观念不强。这使得农村综合改革在一定程度上存在“雷声大雨点小”的现象，具体工作难以深入推进，难以落到实处。

二是乡镇职能定位不准确，机构改革深入推进难。目前，乡镇政府仍存在三大问题，一是机构臃肿，财政供养负担重；二是行政职能包揽过多，事业机构行政化倾向严重；三是乡镇行政体制改革刚刚起步，目标尚不清晰。由于乡镇机构改革仍处在等待、探索的阶段，推进速度较为缓慢，制约了其他改革的深化。

三是义务教育体制不顺，经费保障机制建立难。虽然国家在农村义务教育方面承担了更多的责任，但农村义务教育经费投入的保障制度并未完全建立起来，特别是寄宿制学生的生活补助费仍由州、县两级政府多渠道筹措解决。在各级政府间的事权尚未完全划分清楚的同时，县级政府一方面因农业税的取消而大幅度减少了收入，另一方面却仍然承担着统筹农村义务教育经费的重任。这使得建立农村义务教育经费保障机制的工作难度非常大，从而直接影响和制约了农村教育体制改革的深入推进。

四是县乡财政保障能力弱，财政管理改革路径选择难。我省绝大部分县乡以农业为主，财政保障能力十分弱小。乡村债务缺乏化解的渠道，部分地方甚至旧债未了新债又生。国家虽然明确要增加对产粮大县和财政困难县的转移支付，不断增强基层财政保障能力。但是，我省县乡普遍存在财政困难问题，要确保不断增强基层政府履行职责和提供公共服务的能力，省级财政面临的压力将十分巨大。因而，在改革中，对于如何体现财权与事权的匹配、如何完善转移支付制度、如何推进“省直管县”和“乡财县管”财政管理体制等等问题的处理，都面临着两难的选择。

五是县乡经济社会发展基础差，改革环境不理想。我省县乡产业基础差，经济不发达，社会劳动者主要从事农业生产，农村社会保障体系极不健全，教育、医疗卫生、文化等基础设施落后。“人往哪里去、钱往哪里来”的问题难以解决，严重制约着各项改革的顺利推进。

二、明确思路、抓住重点，加快推进云南农村综合改革步伐

深化云南农村综合改革的总体思路：以邓小平理论和“三个代表”重要思想为指导，按照《国务院关于做好农村综合改革工作有关问题的通知》精神，以促进建立适应社会主义市场经济的农村行政管理体制和公共财政制度为主线，坚持以人为本、科学发展、四级联动、统筹推进，进一步落实各项惠农政策，巩固农村税费改革成果，加快推进以乡镇机构、农村义务教育和县乡财政管理体制三项改革为主要内容的农村综合改革，建立更加有效的农村基层管理新体制，经济社会发展新机制和农村社会化服务新体系，保障社会主义新农村建设顺利推进。

根据以上思路，深化云南农村改革，重点是推进以下三项为主要内容的综合改革。

（一）加快推进乡镇行政管理体制改革

一是明确乡镇职能定位，改革乡镇政府的行政方式。要突出职能转变在乡镇机构改革中的核心作用。乡镇党政机构要把工作重心转到制定发展规划、搞好基础建设、改善投资环境、提供公共管理和服务上来。同时，要加强乡镇工作制度化建设，即建立完善的行政制度体系，从制度上保证乡镇行政的合法性与严肃性；完善乡镇干部的管理制度，适当延长乡镇干部的任期，保持稳定，减少短期行为；加强对乡镇主要领导干部权力的监督，及时发现和纠正其失职或过错行为。

二是精简机构和人员，加大乡镇领导和村级两委交叉任职力度。在2005年底全省超额完成乡镇总数减少15%目标任务的基础上，在2010年前，争取再撤并15～20%的乡镇，使全省乡镇总数控制在1000个以内，进一步整合乡镇行政事业单位，实行编制总量控制，做到编制不突破、基层机构和人员不增加。结合换届，建议加大乡镇党政领导班子成员交叉任职力度。积极探索村级两委交叉任职的办法，促进村级组织合理设置岗位，进一步精简人员，减少财政开支。

（二）继续深化农村义务教育体制改革

一是完善农村义务教育经费保障机制。要调整各级财政的教育支出结构，确保义务教育投入的优先地位，严格执行农村中小学教师工资由中央、省市和县共同负担的相关政策。省级和州市财政要认真落实中央关于新增教育经费主要用于农村的要求，确保农村义务教育投入不断增长，并加大对贫困地区的转移支付，增强欠发达地区义务教育经费的保障能力，逐步将全省政府义务教育经费投入占义务教育总经费的比重提高到90%以上。

二是加大教育资源统筹力度，提高农村义务教育的办学质量和效益。按照“高中阶段学校向县城集中，初中向中心镇集中，中心小学向乡镇所在地集中”的原则，进一步调整完善中小学布局。研究制定更加有效的措施，制定相应的优惠鼓励政策，促进教育资源向农村和基层流动的长效机制和城乡师资力量的均衡配置。深化农村教师人事制度、工资制度改革，实行多样、灵活、开放的办学模式和培训方式，切实培养能真正服务于农村的各类技术实用型人才。

（三）进一步改革县乡镇财政管理体制

尽快全面推开“乡财县管乡用”改革，由县财政局对乡镇财政所实行垂直管理，做到乡镇财政资金的使用权、管理权与核算权相分离，从而建立起一个乡镇财政运行的新机制。根据各地经济发展和财力状况，实施分类财政管理体制改革，财力较好的乡镇，可探索事权、财权合理、统一下放，给予其较大的空间，使条件好的乡镇加快发展；对财政不能自给的乡镇，其社会公共服务职能和正常运转经费，由县财政全额保障。

（四）积极推进其他方面的改革

在重点推进以上三项改革的同时，还需同时深化城镇规划建设管理体制改革、粮食流通体制改革、征地制度改革、农村金融体制改革、集体林权制度改革、农垦体制改革、国有农场税费改革、基层民主管理制度改革和农村社会保障制度改革等。

三、深化云南农村综合改革的对策建议

（一）切实加强组织领导和统筹协调

各级党委和政府要把农村综合改革作为解决农村深层次矛盾、推进社会主义新农村建设的基础性、根本性、长远性工作来抓。省农村综合改革领导小组及其办公室要进一步充实力量，明确职责，加强对全省农村综合改革工作的指导和综合协调，各地也要建立健全农村综合改革领导及其办事机构。由组织人事部门牵头，研究制定相应的奖惩措施，把农村综合改革作为考核评价主要领导干部的重要内容。新闻媒体要为深化改革营造良好的舆论氛围，形成改革的共识与合力。同时，要形成督办制度，建立信息反馈机制，确保各项改革政策得到全面贯彻落实。

（二）全面推进改革试点工作

建议由省委农村工作领导小组办公室和省农村综合改革领导小组办公室牵头，研究制定我省农村综合改革试点实施方案；由组织人事、财政、教育等部门牵头制定相关配套政策，认真贯彻落实全体农村综合改革工作会议精神，积极推进试点工作。农村税费改革工作较为扎实、基础条件比较好的昆明、玉溪、曲靖、红河、楚雄、大理等州市试点面要广，尽快总结经验，全面推开；条件暂不具备的地方，也要积极试点，逐步扩大试点范围，以便在更大范围、更深层次探索路子、积累经验，为下一步全省全面推开农村综合改革奠定基础。

（三）积极探索化解乡村债务的有效途径和办法

一是要采取果断措施，坚决遏制乡村新的举债行为，防止债务不断增加，各地在社会主义新农村建设和当前全省部署开展农村基础设施建设中，决不能再盲目举债，形成新一轮乡村负债。省市一级在安排部署工作时，应充分考虑乡镇财力承受能力，尽量不要求县乡的资金配套。

二是要全面清理乡村债务，锁定基数，区分性质，归类按计划分步骤化解。在对已形成债务进行逐项核实的基础上，采取停息减债、清欠还债、拍卖抵债、增收还债等多种办法进行化解。对特困乡镇、少数民族地区和边境地区贫困乡镇的债务，债权人为县以上各级财政和职能部门的，一律予以减免，其他债务由省、市、县分别负担解决。

三是要千方百计增强乡村自身偿债能力，主要是理顺财政体制，加大对乡村财政的转移支付力度，增强对农村的投入，增加基层可用财力，发展壮大乡村经济实力，多渠道增加乡村经济收入，盘活存量固定资产，筹资偿还债务。

（四）努力建立完善村级组织运转保障机制

一是要建立财政扶持村级组织运转的补助办法，各级政府都要建立财政专项补助制度，保障村级组织正常运转的必要开支。省级重点对村集体经济年收入低于1万元的薄弱村进行补助，州市和县（市、区）一级结合实际制定具体办法和措施，合理确定补助乡镇范围和标准，加大对村级组织运转经费补助力度。

二是要努力推进村级组织规范化建设。制定全省村级组织工作规则，规范村级组织的议事决策程序、运行规则和村级事务的民主管理、民主监督制度，促进村级组织运行规范化、村民自治法制化和民主监督程序化，健全和完善村党组织领导的充满活力的村民自治机制。

三是要完善“一事一议”制度。规范村级生产性公益事业投入机制，完善农村兴办集体生产性公益事业筹资筹劳“一事一议”制度，充分发挥农民群众投入主体的作用，确保农民负担不反弹。

（五）着力解决好重大民生问题

一是要切实加强对涉农收费的监督管理，坚决防止农民负担反弹，各地要进一步落实减轻农民负担责任制，结合农村综合改革方案的制定，在全省范围内开展一轮涉农收费清查摸底工作，彻底纠正目前仍然存在的各种不合理收费和变相收费行为。

二是要加强农村社会保障体系建设。进一步完善农村“五保户”供养制度；完善新型农村合作医疗试点的具体运作程序，2007年内覆盖全省，力争参合率达90%左右；加快推进农村低保制度的建立，建立和完善农村基本养老保险制度，尤其是被征地农民养老保险制度，逐步使农村养老保险覆盖全省。

三是要坚持不懈地落实好惠农支农的各项政策措施。在推进农村综合改革过程中，要对中央和我省出台的一系列支农惠农的政策措施进行统筹，尤其对于保障农民土地承包权，深化集体林权制度改革，特别是涉及农民民生问题时，抓政策落实的工作不能有丝毫放松。

（云南省政府研究室课题组执笔：王德堂　杨桂敏）

食品价格上涨对云南城市低保对象生活的影响及对策建议

2007年以来，全国居民消费价格涨幅居高不下，特别是粮食、猪肉等食品价格上涨，导致居民消费价格连续4个月创新高8月CPI同比上涨6.5%，影响了城市居民家庭的基本生活，尤其是对城市低保家庭的影响较大。

一、食品价格快速上涨已对云南低保对象生活造成严重影响

2007年1～7月，云南省食品价格逐月上涨，1月涨幅为6.0%，到7月涨幅达13.4%，其中猪肉价格涨幅最大，7月份涨幅超过50%，为多年来所罕见。

食品价格快速上涨使城市低收入家庭生活质量下降。粮、油、菜等是居民每天的“刚性”支出，价格上涨直接影响到老百姓的日常生活，尤其对低收入家庭（包括病残困难户、零就业家庭、退休较早的低收入人员以及城市低保对象）的生活影响更直接、更强烈，使他们的支出增加，生活质量下降。

一是城市低收入家庭的食品支出大幅增加。据云南省调查总队的调查测算，2007年上半年云南省城镇10%的低收入家庭因物价上涨人均多支出生活费用48.4元，其中5%的贫困家庭人均多支出39.9元，分别占其增加收入的25.2%和39.6%。低收入家庭和贫困家庭多支出部分主要用于应对食品价格上涨，多支出的金额中用于食品支出分别达到60.4%和62.6%，家庭收入被物价上涨所抵消。

二是城市低收入家庭的生活质量下降。为满足基本生活需要，低收入家庭不得不缩量消费，减少消费品种，把日常开支限制在米、面、油、蔬菜、猪肉等最基本生活必须品上，生活质量明显下降。以对昆明市20%的低收入家庭2007年1～8月调查数据为例，由于物价上涨，昆明市低收入家庭1～8月被迫减少一些副食品的消费量，低收入家庭的猪肉月人均消费量从之前的1.55千克下降到现在的1.13千克，降幅达27%。

三是城市低收入家庭生活更加艰难。为维持生活，部分城市低收入家庭不得不采取一些无奈的、减少开支的措施。他们选择每天下午6点以后到集市买菜，这时的菜价、肉价都要比上午便宜，虽然不新鲜，但可以减少支出，从而适当减少物价上涨给家庭生活带来的影响；或到蔬菜批发市场上买大路菜，难以消费反季节的精细蔬菜；或为了填饱肚子，在选购商品时，降低消费档次，降低消费品的质量，买价格低的商品，艰难度日。

二、近期云南省食品价格出现迅速上涨的原因分析

（一）食品价格上涨的主要原因

据国家统计局云南调查总队调查分析，国际国内粮食价格上涨、农业生产固有的周期性、成本上升、自然灾害等因素是导致云南省食品价格上涨的主要原因。

一是国际国内粮食价格上涨的影响。2006年下半年，受国际小麦、大麦明显减产的影响，国内粮食价格出现明显上涨。以大麦市场为例，由于天气干旱，主产区澳大利亚2006到2007年度大麦产量从上年度的990万吨急剧减少到了370万吨，国际大麦价格节节走高。在石油价格居高不下、全球能源短缺的环境下，人们将粮食等农产品转换为能源的行为也加速了粮食价格的上涨。在我国，国家启动了最低收购价预案，粮源主要流向国家委托的收购企业，市场粮源较少。由于油价高涨，生物燃料备受青睐，我国也开始建设以玉米制造燃料乙醇之类的项目，这是玉米价格上涨的原因之一。由于玉米是重要饲料，玉米用于生物能源制造，导致价格上涨，饲养业成本抬高。全省粮食市场价格的变化直接受到国际国内粮食市场的影响。

二是生产的周期性等因素影响肉禽及制品、蛋类价格上涨。2006年上半年以前，全省畜牧业产品价格处于低谷。以生猪市场为例，去年上半年以前，生猪价格一直在低价位上运行，生猪养殖效益低下，许多养殖户出现不同程度的亏损，养殖积极性遭受严重影响。生猪价格的低迷，造成许多小规模养殖户放弃养殖或减少存栏，有的甚至宰杀了能繁母猪。自2006年下半年以来，随着市场需求的扩大，原有生猪存栏不足，因此价格水平逐步出现了新一轮的回升，如昆明市场活猪价格在去年低迷的时候，每公斤价格只有7元左右，最近价格上涨到11至12元，导致下游产品——肉禽及制品价格也出现了一定的回升，这一回升有恢复性上涨的成分。

三是生产成本增加的推动。农户的饲养成本有所提高，也是价格上涨的原因。2007年以来，全省饲料价格上涨，1～7月份全省饲料价格比2006年同期上涨8.6%，幼禽家畜价格上涨13.1%。随着运输、劳动力成本等各个环节费用的提高，农户的饲养成本也有所提高，因此，促使肉禽及制品、蛋类等产品价格出现一定程度的上涨，油脂价格上涨最主要的原因也是原料价格的上扬。以昆明黄龙山油脂厂生产的菜籽油为例，该公司的原料主要从云南省油菜籽大县罗平收购，2006 年同期每公斤油菜籽的收购价格只有 2.4 到 2.5 元，2007 年已经涨到了 4 元左右；同时运输价格上涨也增加了企业的原料成本，成本价格上涨，菜籽油价格不得不涨。

四是城乡居民收入增加。随着经济发展，产业结构调整，社会就业增加，企业用工劳动报酬随之增加，国家和省实行惠农政策，如云南省把 228.4 万绝对贫困人口全部纳入农村低保范围，各级政府投入 8 亿多元资金，既增加了农民收入，也切实保障了困难群众的基本生活。另外，茶叶、甘蔗、橡胶价格高于往年，产区农民增加不少收入，这些收入的很大部分用于改善生活，扩大了食品消费，也是造成今年农村物价涨幅高于城市的原因之一。

此外，全省不少地方发生干旱、洪涝、病虫害及畜禽疫病等自然灾害，造成粮食、蔬菜和肉类减产；以肉蛋为主的食品涨价后产生的传导作用等也是导致农副产品价格上涨的重要原因。

（二）下半年云南价格水平仍维持高位运行

从全国的形势看，国务院发展研究中心经济形势分析课题组认为，此次食品涨价是结构性的涨价，是在我国农业生产健康发展的情况下发生的，是工农和城乡之间利益格局调整的正常表现，我国不存在商品价格普遍持续上涨的条件。2004 年至 2006 年，我国粮食产量连续三年丰收，今年夏粮又丰收，粮食供给基础比较稳固，国内粮食生产能力比较扎实稳定，在市场价格调节下，肉、蛋等副食品供给增长潜力较大。随着各项措施的逐步到位，食品价格快速上涨的势头将得到有效遏制。根据国家统计局云南调查总队分析，云南居民消费价格的上涨主要是食品价格的拉动，而在食品中，影响程度较大的又主要源于少数几个类别尤其是受猪肉价格的波动影响较大。由于肉禽的生产周期稍长，短期内供应偏紧的现象暂时难以改变。

三、妥善安排城市低保对象生活的对策措施及建议

（一）加强市场的组织与监管，搞好舆论宣传

对于当前农产品价格上涨的形势，我们要保持清醒头脑，辩证地看待。一方面要加强对市场监管工作和组织领导。加强市场监管力度，防止一些食品生产、加工、销售企业和经营者打着农产品上涨的旗号，“跟风”涨价、连锁涨价、哄抬物价、制造混乱。稳定农资价格，防止因化肥、种子、饲料等农资价格的上涨抵消农民应得的实惠。另一方面要把握正确的舆论导向。引导新闻媒体本着尊重事实的原则，对社会负责的态度，客观发布粮食、油料等敏感物资的供求消息，引导消费者消除一些恐惧心理，正确认识消费形势。让农产品价格在经济增长，城镇和农村居民收入增加的背景下，按价格规律平稳增长。

（二）扶持农业龙头企业发展，抓好农产品生产

解决食品上涨问题，要从源头抓起，重点扶持好生猪、禽蛋和蔬菜生产、加工和销售的龙头企业，充分发挥龙头企业示范带动辐射作用，促进农业生产全面发展。一是要不折不扣落实国家政策。全面清理支农、惠农扶持政策的贯彻落实情况，对于涉及农业食品生产、加工的税收和补助政策，凡是可减免的一律减免。据调查，国务院和省政府出台的能繁母猪补助政策至今未完全兑现到养殖户，凡是该补助的要尽快补助到位，凡是应早落实的政策要尽早落实，不能出现政策的“肠梗阻”。近期要重点落实生猪饲养、运输、屠宰、销售等环节的税收和能繁母猪补贴政策，以提高生猪生产能力。二是要认真抓好养殖龙头企业生产。近几年云南省的高致病性禽流感和近一段时间的猪蓝耳病等疫情频发，加之 2006 年肉价太低，严重打击了养殖业积极性，成为畜禽产品价格波动的主要原因。建议政府以加大猪、牛、羊、鸡等养殖扶持力度为突破口，正确引导养殖企业和养殖大户建立合理的养殖规模；在养殖区要广泛推行生猪保险制度；对猪、牛、羊、鸡等重大疫情防治上要进场入户服务，提高养殖户抗疫病风险的能力；要加快制定和出台生猪等畜禽肉类食品的收购保护价政策，让扩大生产的农民吃一颗“定心丸”，增强养殖信心，提高生产能力。三是要不断扩大储备规模。我省目前对粮食、畜禽产品的储备能力严重不足，尤其对食用油等生活必需品基本没有开展储存，市场风险极大。为此，建议政府要加大对具有储藏能力的龙头企业的扶持力度，提高他们的储备能力，让他们在粮食、油脂、畜禽产品等生活急需品生产过剩时扩大储备规模，并积极鼓励全省粮食企业开拓东南亚市场，扩大粮食供给渠道，稳定供求关系，增强市场调控能力。

（三）提高低保标准，建立和完善低保收入增长的长效机制

目前，云南省的低保标准为人均每月 168 元，补助标准为 90 元，分别比全国平均水平低 9 元和 2 元，在全国处于中下水平，在西部各省区处于中等水平。因此，我们要继续做好城市低保对象“应保尽保”、“按标施保”工作，进一步加大“分类施保”力度，逐步建立健全“临时救助”制度，认真做好低保金及时足额发放工作，切实保障好低保对象的基本生活的同时，一是建议建立低保标准与物价指数挂钩的长效机制。居民消费价格指数是衡量居民消费价格总水平上涨趋势和程度的一个指标，低保标准与价格指数挂钩，有利于在物价上涨的过程中，及时调整补助标准，降低因物价上涨对低收入家庭生活的影响。建议有关部门要在物价上涨期年份，根据居民消费价格指数不失时机地上调低保标准和增加补助，以缓解因物价上涨而对低收入家庭生活造成的影响。二是认真贯彻落实临时性补贴政策。2007 年 6 月 1 日起，云南省对城镇低保对象中的“三无人员”增加了不低于 15 元的临时性最低生活保障补助，提高了重度残疾人、危重病人、60 岁以上老年人、单亲家庭中的未成年人及义务教育阶段在校学生补助标准，并在节假日期间向城市低保户、病残困难户、零就业家庭、退休较早的低收入人员等困难群体，发放一定数量的粮油

副食品实物或现金补助。建议各级、各部门要采取有力措施，认真抓好临时性补贴政策的贯彻落实，增加低收入家庭的收入。

（四）慎重出台政策性提价政策　稳定低收入家庭的生活水平

今年1～7月份，全省的居民消费价格涨幅比全国高0.5个百分点，居全国第八位，形势依然严峻。在当前农产品价格变动趋于稳定之前，建议政府部门谨慎制订水、电、煤气等政策性价格政策，暂缓出台增加城市居民消费支出的一些政策，以免对城市低收入家庭生活产生更多的负面影响。

（五）加强动态监测，提高应变能力

认真做好食品价格及居民消费品价格的日常监测和特殊时期价格监测工作，加强对食品价格监测数据的动态分析、整理、预测和上报。开展主要食品的生产、加工、销售，以及供给和市场价格的调查。当前重点要做好："中秋"、"国庆"节前食品价格监测和检查，提前建立和完善针对食品价格上涨的应急预案，一旦发现物价上涨迹象，要及时启动应急预案，保证全省消费市场价格的平稳运行。

此外，城市低保对象的生活困难问题不仅仅是价格上涨造成的，还存在城市救助体系不健全等因素。因此，要进一步完善城市救助制度和社会福利体系。不断扩大城市医疗救助制度向城市低保对象覆盖范围，做好与城市居民基本医疗保险制度的衔接工作，尽快在全省范围建立起比较规范的医疗保障制度的同时，全面整合社会救助资源，建立以城市最低生活保障制度为基础，临时救助为补充，医疗、教育、住房、司法等专项救助相衔接，政策优惠和社会互助相配套的社会救助体系框架。

（省政府研究室课题组执笔：
谭亚原　侯　峰　黄宏勇　程本文）

深化迪庆州集体林权制度改革的对策建议

集体林权制度改革是在坚持集体林地所有权不变的前提下，将林地使用权和林木所有权落实到户，明晰山林权属、落实经营主体、放活林业经营的重大改革，对充分调动林农和社会各界造林、护林、用林的积极性，进一步解放和发展林业生产力，促进生态建设和林业产业发展，增加农民收入，推进社会主义新农村建设具有重要意义。迪庆州在深化集体林权制度改革中，遇到的情况较为特殊、问题较为复杂，必须采取特殊的思路、办法和措施，深化集体林权制度改革。

一、迪庆州林业基本情况及其林改的特殊性

迪庆州地处"三江并流"世界自然遗产核心地带，全州国土面积3580.5万亩，林业用地面积2777.4万亩，占国土面积的77.6%，其中国有林地面积1582.5万亩，集体林地面积1194.9万亩（包括有林地、宜林荒山、荒地等，下同），分别占林业用地的57%和43%。全州森林覆盖率为62.5%，仅次于西双版纳州，是我省森林覆盖率较高的地区。林改范围内共涉及193.8万亩集体商品林，1001.1万亩集体公益林需要换发全国统一的林权证。迪庆州是我省乃至全国深化集体林权制度改革最特殊的地区之一，表现在四个方面：

（一）"三区"林地比重高，可改面积小

与全省62%的土地为林业用地，80%的林业用地为集体林地，83%集体林地为集体商品林相比，迪庆州的林业用地面积比例比全省高15.6个百分点，但集体林地以及集体商品林的面积比例却分别比全省低40个和76个百分点，而且自然保护区、天保工程区、公益林区广泛分布。自然保护区多。全州共有1个国家级和3个省级自然保护区，总面积480.12万亩，占全州林业用地面积的17.3%，占全省国家和省级自然保护区总面积的15.6%，区内有86.3万亩集体林；天保工程区范围广。全州3个县，共有2406.3万亩的林地属于天保工程区，占到林业用地面积的86.6%，区内有743万亩集体林；公益林比重高。全州公益林面积2429.5万亩，占林业用地面积的87.5%，比全省高35.3个百分点，其中国家重点公益林面积2229.5万亩，地方公益林面积200万亩，区内有1194.9万亩集体林（"三区"内存在部分交叉）。集体商品林面积小。全州共有商品林面积347.9亩，其中集体商品林面积为193.8万亩，仅占林业用地的7%，集体人工商品林面积更少。例如，格咱乡林业用地面积为308.99万亩，但集体人工商品林仅为138亩。可见迪庆州是一个典型的林业大州、林改小州。

（二）生态效益占主导，生态保护任务重

全州气候类型多样，物种资源丰富，是世界生物多样性最丰富的地区之一。仅占全国0.4%的国土面积，却容纳了全国20%的高等植物、25%以上动物种类。被誉为"地球生物多样性的黄金十字带"、"中国三大生态物种中心之一"、"世界生物基因库"，居全国生物多样性保护17个"关键地区"的第一位，是"三江并流"世界自然遗产核心保护地带。保护物种、涵养水源、保持水土，发挥森林的生态效益，成为迪庆林业发展的首要任务，林改中生态是否得到更有效地保护的问题，全国关切，全球关注。

（三）林木生长周期长，农民得实惠以林下资源为主

迪庆州林区主要以云杉、冷杉、高山松、红豆杉等高海拔地区生长乡土乔木树种为主，林木生长周期较长，成材需要上百年时间，农民们想通过林改直接从林木上获益要等上一两代人。因此，松茸、虫草等林下产品成了林农最大、最直接的收益，给均山到户带来了新的难题。

（四）地处藏区，深化林改工作复杂微妙

迪庆是云南省的藏区，总人口37.2万人，其中藏族占到总人口的30%以上。各种宗教势力和境外"藏独"分裂分子捣乱，加之林权纠纷普遍存在，更增加了深化集体林权制度改革的复杂性和艰巨性。因此，林权

制度改革的成败，直接影响到藏区社会的稳定，关系到全省的稳定，林改工作责任重大。

二、迪庆州在深化集体林权制度改革中存在的困难和问题

迪庆州州委、州政府严格按照省委、省政府关于林改的总体部署和要求，从迪庆州林情出发，真抓实干，艰苦奋斗，第一阶段的“宣传发动，开展培训”已经基本完成，目前，正在由第二阶段“调查摸底，制定方案”向第三阶段“落实权属，核发证书”迈进，林改进度总体上正常。但由于迪庆州林情特殊，林改工作面临不少困难和问题。

（一）历史资料缺失、调查摸底难

由于有的县乡对历史材料管理不善，“三定”资料不全，如格咱乡出现“三定”资料遗失的情况。加之过去保留下的“三定”资料粗糙，造成自留山、责任山的主体不明，责任不清，进一步查清林业家底的工作难度大，影响了下一步“两山”林权登记、换发林权证的工作进度。

（二）林地权属不清，林权纠纷调处难

受行政区划界限不清以及林业“三定”的工作粗糙、界限模糊的影响，林地权属不清、证实不符、四至界限不明等情况较为普遍，省与省、州与州、县与县、乡与乡、村与村、村民小组与村民小组之间的林权纠纷较多。目前，此项工作正在统计当中。

（三）农民得实惠少、宣传发动难

按照全省的改革方案，迪庆州可改面积很小，如果对生态公益林和天保工程区内的集体天然林仅仅只换发全国统一的林权证，不对集体林拥有者（林农）进行补偿的话，农民在林改中得到的实惠不多，“让农民得利”无法落实，将影响农民参与林改的积极性，并造成工作推动难。

（四）林木和林下资源差异大、农民利益平衡难

受林地因素和小气候的影响，迪庆州各种林份之间的林木蓄积和林下资源差异较大，蓄积量从几立方到几十立方不等，野生食用菌、药材等林下资源多寡不一，很难实施均山到户，还利于民难。

三、深化迪庆州集体林权制度改革思路和重点工作的建议

迪庆是云南省在林改工作中情况较特殊、问题较复杂、困难较多的地区，必须采取特殊的思路、办法和措施，深化集体林权制度改革。

（一）思路

以邓小平理论和“三个代表”重要思想为指导，用科学发展观统领林业改革发展全局，按照建设社会主义新农村的要求，把握农民得到实惠和生态得到保护两个关键，坚持国家、集体和林农利益三统一，遵循尊重农民意愿、因地制宜、分类指导三原则，采取“均股均利为主，均山到户为辅”方式，积极推进集体林权制度改革，大胆探索自然保护区、天保工程区和公益林区“三区”集体林权制度改革的途径，通过确权发证、换发全国统一的林权证和建立完善森林生态补偿机制，明晰集体林木林地所有权和使用权、放活经营权、落实处置权、确保收益权，使林农真正成为集体山林的主人，促进社会主义新农村建设。

（二）重点工作

1. 加快试点进度

三个试点乡的宣传发动、技术培训、调查摸底、试点方案等工作已全部完成，建议迪庆州加快推动试点步伐，尽快由村民委员会组织人员核实山林权属、面积和四至界线，张榜公布，签订（换签、补签）合同书、造册审核、林权登记之后，报县政府换发、核发林权证书，试点工作争取今年10月底前基本完成，为全州全面铺开林改工作赢得时间。

2. 尽快审批林改实施方案

建议迪庆州在试点工作的基础上，进一步摸清全州家底和认真总结试点经验，尽快修改完善迪庆州深化集体林权制度改革总体方案，报省审批，确保迪庆州高质量、高水平地按期完成林改任务。

3. 积极调处林权纠纷

按照“分级负责、属地管理”的原则，本着尊重历史、照顾现实、有利于生产、有利于民族团结，妥善处理、及时化解可能出现的各种矛盾纠纷，做到在稳定中推进改革，在改革中促进稳定。充分依靠群众，解决林权纠纷，扫清林改障碍。落实分级负责制，积极调处县际和乡（镇）、村、组之间的林权纠纷，力争做到县与县纠纷不出州、乡与乡纠纷不出县、村与村纠纷不出乡、组与组纠纷不出村、户与户纠纷不出组。对于省际、州市之间的林权纠纷，要尽快形成汇报材料，请求上级部门协调解决。

4. 建立林改工作挂钩联系机制

林改工作涉及面广，关系到广大林农的切身利益，是当前和今后一段时间党委、政府的工作重点。建议迪庆州以及各县建立部门挂钩联系制度，指导、督促，促进和服务好林改工作，确保农民满意、改革顺利、成果稳定。

四、请求帮助解决的几个问题

深化集体林权制度改革是消除林业发展的体制机制障碍，适应社会主义市场经济发展的必然选择，是增强林业活力、加快林业发展、有效持久增加农民收入的迫切要求，是调动社会力量参与林业开发的客观需要，是缓解林区矛盾、维护社会稳定的重要途径，是推进山区社会主义新农村建设的治本之策。为顺利推进迪庆集体林权制度改革，结合迪庆州情，请求省和中央帮助解决以下问题。

（一）请求省里帮助解决的问题

1. 明确“三区”内集体林林改政策。考虑到迪庆州的特殊情况，请求省委、省政府将迪庆州全部集体林纳入改革的范围。自然保护区内的集体林，按照自然保护区调整程序，通过置换或赎买等方式一次性解决区内插花集体林的问题，不能置换或赎买的，给予每亩每年5元的生态补偿金，使农户真正获得集体林的收益权；天保工程区和公益林区内的集体林，在继续执行国家天

然林保护政策和公益林管护政策，换发全国统一的林权证的同时，允许均股到户，让农户享受生态补偿。

2. 建立地方公益林森林生态补偿机制

建议省委、省政府以林改为契机，加快建立地方公益林森林生态补偿机制。在补偿机制建立之前，请求省委、省政府充分考虑迪庆州林业的特殊性，通过加大财政转移支付力度，对“三区”内的全部集体林给予生态补偿。

3. 深化森工企业改革

目前，迪庆州天保区内绝大多数的集体林由国有森工企业职工管护，国家补助的管护费全部用于发放职工工资还不够，农民没有得到天保工程管护费，享受不到集体林带来的收益。因此，请求省委、省政府把深化森工企业的改革作为完善森林生态补偿机制，深化集体林权制度改革的重要措施来抓，彻底解决森工企业职工安置和工资问题。并把天保区内集体林划归村组管护，责任和收益到户。

4. 解决林权纠纷

迪庆州的维西县与怒江州、丽江市存在林权纠纷，由迪庆州将纠纷情况上报后，请求省林改办牵头，省民政厅等部门参与，共同调处三个州市间的林权纠纷。

5. 增加林改专项资金

迪庆州虽只有三个县，但其国土面积和林地面积是我省最大的地区之一。为此，请求省委、省政府在安排年度林改经费时，充分考虑迪庆林地面积大、工作成本高、难度大、任务重等实际情况，适当向迪庆州三县倾斜，以确保林改工作顺利开展。

（二）请求中央帮助解决的问题

1. 进一步扩大生态补偿范围

2004年国家核定我省纳入重点公益林生态补偿范围的面积为2817.3万亩，迪庆州未纳入补偿范围，也未获得补偿。天保工程实施后新增林地面积也得不到国家的补偿。请求国家进一步扩大补偿范围，把非天保区重点公益林和天保区新增林地全部纳入补偿。

2. 提高天保工程区的管护费补助

据调查，迪庆州天保工程区管护费补助标准为1.3~1.7元每亩之间，这部分资金全部用于发放森工企业职工工资还不够，农民没有得到天保工程管护费，享受不到集体林带来的收益。请求省委、省政府一方面积极向国家反映提高补助标准，另一方面，加快督促和落实现行补偿标准。

3. 请国家林业局出面协调省际林权纠纷

迪庆州的香格里拉县和德钦县分别与接壤的四川省乡城县、木里县，西藏芒康县均有林权纠纷，请求国家林业局出面帮助协调解决省际林权纠纷。

（云南省政府研究室杨士吉、黄宏勇、赖晓棣）

加快构建云南公共航空运输体系
率先实现航空强省目标

近年来，民航总局审时度势，总揽全局，先后提出了构建新一代民用航空运输系统、建设民航强国、和谐民航和加强国家公共航空运输体系建设的战略举措，对促进中国民航又好又快发展起到了画龙点睛、纲举目张的作用。云南地处中国西南边陲，云南省经济社会的健康发展对加快边疆经济建设、促进民族团结、保持社会稳定尤为重要。作为公共基础性行业，航空运输是云南综合交通的“黄金走廊”、“空中桥梁”。近些年来，云南民航认真落实总局的战略举措和总体要求，航空运输业快速增长、机场设施明显改善、航线网络不断完善、航空产业协调配套、机场活力不断增强，正逐步由航空大省向航空强省过渡，为构建和完善云南公共航空运输体系，率先实现航空强省目标创造了良好的基础和条件。

一、云南构建公共航空运输体系背景分析

云南航空历史悠久，属全国发展航空业最早的地区之一。早在1922年，云南省督军唐继尧即在昆明设立航空处，买飞机、修机场、办航校，成为中国最早拥有航空条件的边疆城市，昆明机场是我国历史上第二个机场（第一机场是北京南苑机场）。二战时期，“驼峰航线”成为连通中缅印边界的空中生命线。作为中国最主要的抗日空军作战基地的云南省，机场数量达到了历史顶峰时期的52个，其密度之大，堪称亚洲第一。

新中国成立后，云南航空业稳步发展。1950年云南解放；1951年正式成立“军委民航局西南办事处昆明站”，同年3月，昆明站正式开航，主要航线有昆明—重庆—昆明；1956年，昆明—曼德勒—仰光国际航线开航，中缅正式通航，这是新中国开辟的第一国际航线。1957年10月，周恩来总理在中缅航线通航一周年总结报告上批示的“保证安全第一，改善服务工作，争取飞行正常”，成为50多年来民航工作的指导方针。

改革开放以来，云南民航取得了长足的发展。1984年，在亚洲地区率先购进2架波音737－300型客机；1991年，云南民航旅客吞吐量首次突破百万人次；1992年，云南航空公司正式成立；1997年、1999年，昆明机场旅客吞吐量在全国机场中名列第四。2001年，云南民航改革重组，基地航空公司、机场管理当局、空管中心分立；2004年，云南机场集团公司挂牌成立，云南民航机场属地化改革顺利完成；2007年，云南机场整体改制，成立了云南机场集团有限责任公司。

云南民航现已开辟航线209条，通航城市88个，进入云南航空市场营运的国内外航空公司共有29家。其中以昆明为基地的东航云南分公司，经过多年发展，已经具备国际航线枢纽间运作的条件，拥有飞机35架，执飞国内国际航线90多条。云南现有营运机场11个，腾冲机场将于2009年5月建成通航，机场密度平均每十万平方千米3个，是全国拥有机场数量较多、等级较高、航空资源富集、机场管理一体化的省份。2007年全省机场旅客吞吐量首次突破2000万人次，达到2107万人次，云南民航呈现出良好的发展势头。

目前，云南正处于航空大省向航空强省转变的过渡阶段，其主要特征是：航空资源富集，但运输能力不

足，基地公司中枢航线网络尚未真正形成；行业快速发展，但基础设施不足、安全发展、可持续发展能力尚需提升；枢纽机场地位日益形成，但机场枢纽功能不完善，缺乏国际机场配套通关能力；外部自然增长惯性推动强，但城市后续竞争力不足，区域经济、社会发展方式有待进一步转变；粗放型增长方式有所转变，但整体运行质量仍然不高，协调性、结构性矛盾突出。概括起来就是，需求旺盛、发展较快、运力不足、质量偏低，体制、机制依然存在障碍，还没有完全实现全面、协调、可持续发展。为此，以科学发展观为指导，加快构建云南公共航空运输体系，是云南实现航空强省目标的必由之路。

二、云南构建公共航空运输体系的必要性分析

公共航空运输体系是指符合地方经济、地理特征，满足国民经济发展和人民生活水平的需要，使用民用航空器运送旅客、行李、邮件或者货物的运输系统，主要由航空行政当局、航空公司、机场、空管等子系统和航油、航信、地面保障等配套系统组成。加快构建云南公共航空运输体系，既是国家公共航空运输体系建设的重要组成部分，也是实现云南航空强省目标的重要途径。

（一）构建公共航空运输体系是加快云南小康社会建设的重要途径

云南地处边疆，属于经济欠发达省份之一。云南94%的国土面积属于山区，交通不便是云南经济发展滞后的重要原因。众所周知，世界各国重要的空中交通枢纽周边地区一般都是经济和旅游发达地区，航空运输业的地理影响范围随着航空运输业的发展在不断扩大。例如，德国法兰克福人口仅有60万，而机场的年旅客吞吐量高达5400万人次，法兰克福近十分之一的人从事与机场有关的工作；荷兰人口是1600万，而阿姆斯特丹史基浦机场2007年旅客吞吐量就接近4800万人次，成为全球化时代发展空港经济、带动区域经济社会发展的范例。云南的丽江和西双版纳人口分别为120万人和84万人，2007年，丽江、西双版纳机场旅客吞吐量分别突破了190万人次和180万人次。云南机场在促进旅游业发展和经济社会发展中起到了积极的促进作用。由此可见，构建适应民航需求和地方经济发展的公共航空运输体系，是云南建设小康社会的迫切需要，也是我国全面建设小康社会的需要。

（二）构建公共航空运输体系是云南实施对外开放战略的基础和条件

随着西部大开发战略的深入实施，中国与周边国家的政治互信不断增强，区域经济合作不断加速，特别是中国—东盟自由贸易区建设进展顺利，大湄公河次区域合作向纵深推进，中孟印缅地区经济合作日趋紧密，为云南加快实施“走出去”战略奠定了基础。昆明作为连接中国和东南亚、南亚最便捷的通道之一，是中国飞往印度洋区域最快捷的航路之一；以600千米为半径的范围内，有近30个国内外机场，昆明机场正好位于辐射航线的交汇点，具有一定的集散优势。构建云南公共航空运输体系，对处理好与周边国家和地区的经济互利共赢关系，进一步促进民族团结、边疆巩固，推动云南经济社会又好又快发展具有重要的意义。

（三）构建公共航空运输体系是建设民航强国和实现云南航空强省目标的必然选择

云南民航历史悠久并取得了辉煌的业绩，云南已成为民航大省，昆明机场一直稳居全国七大机场之列。云南省委、省政府从战略的高度提出了建设航空强省的宏伟目标。2006年民航总局与云南省政府签署了《加快云南民航发展会谈纪要》，进一步加大对云南民航基础设施建设投资力度和政策扶持。云南正在向旅游强省、民族文化强省、绿色经济强省迈进。而实现航空强省目标是建设旅游强省、绿色经济强省的基础。没有发达的航空市场和通达能力，缺乏完善的公共航空运输体系，就会制约云南的健康发展。同时，民航总局提出了在2020年实现从民航大国向民航强国跨越的战略目标，并对构建民航强国提出了具体措施。构建云南公共航空运输体系，必将有力地促进云南经济社会发展，并在建设新一代民用航空运输系统和民航强国的建设中发挥重要的支撑作用。在过去的5年里，我国航空运输运送的旅客占四种主要运输方式（高速公路、铁路、航空、水路）总量的比例由8.89%提高到12.17%，云南航空业在“量”上也有较大的突破，构建公共航空运输体系将不但有效促进航空业从“量变”到“质变”的飞跃，进而带动经济结构调整、产业升级、甚至可以新型产业再造，起到经济、社会引擎和助推功能。

三、构建云南公共航空运输体系的主要思路

构建云南公共航空运输体系的总体思路：打造“一个枢纽”、坚持“两轮驱动”、建设“三个网络”、实现“四个跨越”、力促“五个带动”，争取到2015年实现云南航空强省目标。

“一个枢纽”：优先发展壮大航空公司，通过航线布局构建面向东南亚、南亚、连接欧亚的国家门户枢纽。“两轮驱动”：航空业务和空港经济发展，实行政府主导、企业负责。“三个航线网络”：即周边省际支线环飞网络，以昆明为中心、省内干线、大中城市网络和国际枢纽机场间的骨干网络。“四个跨越”：壮大航空运输主体、基础设施建设、航空资源优化、人力资源开发四个方面的跨越。“五个带动”：即带动“中国—东盟自由贸易区、大湄公河次区域、泛珠三角区域、滇川藏香格里拉地区、中国—欧亚空中通道区域”的航空运输需求、对外交往和经贸需求。

构建云南公共航空运输体系的需求分析，一是航空运输服务产品惠及全省总人口的75%以上；二是拥有多家兼顾国际国内客运、货运、干线、支线、通用航空的基地公司；三是构筑起一个结构优化的航线网络；四是机场枢纽功能完善健全；五是空中管制和地面配套保障有力，通关能力强。

四、构建云南公共航空运输体系的方法和关键点

民用航空业是一个网络性产业，机场构成网络的节点，空管部门保障网络路线的形成与正常运转，而航空公司在由机场与空管部门构成的运输网络上，完成航空运输生产，即客、货的空间位移。构建云南公共航空运输体系是一个综合性、系统性的工程，需要民航系统各主体共同努力、统筹兼顾、协调发展。

（一）扶持、培育航空运输主体，促进航空业健康发展

航空公司作为航空运输生产链的最前端，直接与消费者发生联系，受到的关注最多。航空公司的健康发展对于公共航空运输体系，新一代民航运输系统和航空强国的建设起着主导性决定性的作用。目前，我国的航空公司实力还不够强大，参与国际竞争的能力还不够强。为此，构建云南公共航空运输体系，必须加大培育和扶持航空公司。

一是要重新认识和定位航空公司。航空业是高风险、资金密集、知识密集的行业，从属于国民经济公共事业部类，中国民航必须重新认识和把握航空公司的这些特征与特性，充分认识到航空业的公益性。政府有关部门从税收、政策等方面加大对航空公司的扶持力度，尽可能降低航空运输成本费用，促进航空运输大众化服务程度，这是构建公共航空运输体系的重要内容。

二是大力培育航空运输主体，各主体间有所分工和侧重。第一类：大型基地航空公司，承担国际航线、国内主要干线和中枢结构航线任务，侧重国际航线和复合型枢纽间的航线运作，基地航空公司的市场份额与资源享有率保持平衡；第二类：中型干线航空公司，承担国内干线和省内支线，以及周边航线，侧重国内大中型机场干线和省内航线的运作；第三类：支线航空公司，承担省内支线和环飞航线，侧重周边机场及省内支线机场，与地方政府及机场共同开发支线市场，提高国内航线航班的通达性；第四类：货运及通用航空公司，承担货运航空，鼓励航空公司进行多式联运，积极开辟国际货运航线，其发展方向要紧紧围绕促进外向型经济、支柱产业和优势产业的发展，通用航空要充分发挥在科研开发、旅游观光、护林防火、抢险救灾等方面的作用。在相对分工的同时，要鼓励航空公司之间的合作，支持支线航空公司为大型干线、中枢网络航空公司提供中转客源，建立长效合作机制。

三是大力开拓中枢辐射航线。构建公共航空运输体系，要按照中枢辐射原则，充分考虑地区经济社会状况、机场发展规划、机场吞吐量规模、中转旅客比例和与其他交通方式的衔接等，提高中转联程服务质量，提高中转旅客比重；在时刻分布上要适应市场需求，满足一天中不同时间旅客出行的要求；参与枢纽建设的航空公司，应以新型飞机引进和加入航空联盟为契机，完善中枢航线网络，开辟中远程国际航线；增强国际转国内、国内转国际、国际转国际的门户枢纽集散功能；按照航线优化原则，形成轮辐式的枢纽网络，实现高周频、高密度、短航线、低成本、改善运输品质，提高运输效率，提高竞争力。

（二）加快机场基础设施建设，提高综合保障能力

截至2007年，我国共有民航机场147个，机场布局和航空业服务范围还不够合理。加快机场基础设施建设是构建公共航空运输体系的基础。云南目前通航机场11个，进一步加快机场基础设施建设仍很重要。

一是加快机场基础设施建设。根据《云南省民航运输机场布局和建设规划（2006－2020）》和全国民航“十一五”机场建设规划，云南机场启动两个“5＋1”工程：第一个“5＋1”是增容改造昆明巫家坝机场，改扩建大理、德宏芒市、迪庆香格里拉、丽江、西双版纳机场；第二个“5＋1”是新建昆明新机场和腾冲、泸沽湖、红河、怒江、会泽等5个支线机场。根据规划，到2015年云南机场将建成功能完善、布局合理、运作顺畅、梯次结构分明、保障能力强的机场体系。昆明新机场和其他支线机场的建成，将为云南航空市场规模的迅速增长打开向上的空间，旅客吞吐量有望达到4500万人次，与云南省总人口数量相当，成为名副其实的航空强省。

二是构建国际、干线和支线网络。通过构建三级网络，最终形成省内和周边省际支线网络、辐射国内大中城市的干线网络和面向东南亚、南亚、连接欧亚的国际航线网络的三个轮辐式结构为主、旅游环飞与城市对飞为辅、客货运输兼备的网络体系，建立支线支持干线、干线支持枢纽的“梯次航线网络”。

三是加强枢纽间合作，枢纽间合作领域包括市场、航线、资源、信息、技术、管理等。要充分发挥政府部门和民航领导机构的作用，强化以政府为主导，基地航空公司和机场为主体的门户复合枢纽建设模式，形成便捷、高效的综合交通运输体系。

（三）加强空管建设和通关服务，提高保障能力和水平

现在全国空域资源的紧张已经成为影响民航进一步发展的非常重要的因素。新一代民航空中交通管理系统的目标是，提升安全水平，确保飞行安全；提升空域容量，满足航空运输增长的需求；提升运行效率，减少航班延误；提升服务水平，通过实施网络信息化等手段，给高空运控提供优质服务。作为构建云南公共航空运输体系的保障部门，空中管制要围绕建设航空强省的战略目标，以航空事业发展需求为牵引，坚持优化创新，合理开发和充分利用空域资源，提高空中交通的安全、容量和效率，为云南经济和社会发展服务。

一是要从基础入手，加强航空管制规划。科学合理的航空管制规划必须有管制技术的完善、管制相关政策的支持以及管制人员教育培训体系的配套。二是要合理开发和充分利用空域资源。围绕“安全、容量、效率、服务”，规划和建设民航新一代空中交通管理系统；改进管理技术，提升安全管制水平，确保飞行安全；缩小管制间隔，优化飞行程序，开发时刻资源，提升空域容量，满足航空运输增长的需求；提升服务水平，通过实施网络信息化等手段，为高空运控提供优质服务；积极创造条件，争取开放航权。

同时，要加强体系配套，提升通关服务水平。建立健全沟通协调机制，进一步协调海关、检验检疫、边防等相关部门，不断简化和优化航空服务流程；解决通关配套服务问题，加大投入，不断提高通关技术水平，与

国际标准接轨，实现通关服务标准化；缩短旅客在枢纽机场的中转时间和进出口货物的通关时间，为国内外承运人、货运代理人和货主及收货人提供“一站式”大通关服务。

（四）政府主导、企业负责、市场运作、充分发挥各级政府的宏观调控作用

一是继续深化行政体制改革，通过市场配置资源。机场的时刻资源配置，在确保安全的前提下，应通过市场和需求来调配，政府和行业在发展过热或影响安全时方采取调控干预。空域资源随着成熟的管制技术和管制手段的现代化，该类资源也应逐渐市场化。对目前的空域资源，政府要充分发挥作用，在国家层面进行协商，发挥空域资源价值的最大化。在行政监管方面，应加快相关法规体系建设，完善监管手段，提高监管能力和监管水平。

二是加强宏观调控和统筹规划，积极发挥政府主导作用。政府主导作用应重点体现在“规划、引导、协调、服务”上，通盘考虑，重在制订规划，通过空港经济区规划，航空枢纽的定位及建设、行业政策标准制定、内部系统关系协调、航线资源分配和国际航权谈判、协调等方面，谋划公共航空运输的建设与发展。在民航产业体系的构建上，将航空市场开发、旅游市场开发、投融资市场开发有机结合起来，充分发挥市场机制的灵活性。同时，政府应强化机场作为城市现代交通基础设施的功能，为旅客提供公共安全、公共卫生、公共服务等。

三是加强配套政策的支持力度。政府部门是公共航空运输体系建设和规划发展的主导方或协调方，在土地、税收及其他相关政策方面有着绝对的控制权，应充分发挥作用，协调发改委、财政、经委、商贸、工商、税务、口岸等部门，共同解决构建公共航空运输体系过程中的难题。尤其在具有明显公益性质的支线航班经营上，应尽快研究落实航空公司和机场相关资金补贴政策。

四是理顺业内关系，实现利益均衡。云南公共航空运输体系是兼顾民航各方利益的体系，要理顺以下几个关系：航空公司与机场的关系、机场与空管的关系、机场与保障企业的关系、航空公司与保障企业的关系。民航的改革实质上是进行利益的重新调整和分配，理清业务归属，通过行政干预、政策法规、法律手段来实现利益的均衡，确保主体利益、个人利益，乃至国家利益得到实现。遵循国际惯例，机场、航空公司、空管等单位是利益共同体，相互间提供服务，对驻场单位和相关方采取特许经营的合作方式，真正建立起合作共赢的关系。

（五）加大培训教育，确保航空业持续健康发展

飞行员集体返航的深层原因之一是民航人力资源战略问题。我国民航业的经济总量正以每年14%的速度增长，业内飞行、机务、管制、机场管理、通讯导航等人才严重不足，已成制约中国民航业务发展的瓶颈。随着云南民航事业的发展和航空市场的开发，航空对人才的需求会逐渐加大，航空人才短缺、供求矛盾的问题也会越来越明显。为此，需要建立配套的教育培训机构和教育培训体系，民航企事业单位也要积极响应人力资源战略性规划，培养和储备从天空到地面的人力资源，包括飞行、机务等专业技术人员和地勤工作人员等等。在这方面，云南大量支线机场资源可以为培训、训练所用，中央和地方政府可以引导民航系统教育训练机构在云南支线机场安家落户；民航企事业单位也要积极响应人力资源战略性规划，培养和储备从天空到地面的人力资源，包括飞行、机务等专业技术人员和地勤工作人员等。

当前和今后一个时期，中国航空运输发展面临重要战略机遇。按照世界城市发展的“第五波理论”，航空运输继内河航运、海运、铁路和高速公路之后，已成为现代社会经济发展和经济中心城市迅速崛起的重要支撑。目前，国际航空运输格局已呈现空运企业联盟化、营销代号共享化、门户机场枢纽化、航线网络全球化四个主要特征，在这种大的环境下，要真正实现民航强国，中国航空运输业就必须更大程度地参与到国际竞争中去，而建设公共航空运输体系较好地顺应了这一历史发展潮流，完善的国家公共航空运输体系是实现民航强国的重要内容。

云南机场集团将认真践行国家民航局关于建设民航强国、构建新一代民用航空运输系统和加强国家公共航空运输体系建设战略，积极探索创新，完善“一体化管理”模式，加快构建适应云南民航需求和地方经济发展的公共航空运输体系，从而更好地促进云南社会经济发展、促进航空强省建设，实现又好又快发展，率先实现航空强省目标。

（云南机场集团有限责任公司总裁刘明）

中国海关参与大湄公河次区域合作的现状与对策

2005年7月在昆明召开的大湄公河次区域经济合作第二次领导人会议通过的《领导人宣言》，批准了《大湄公河次区域（GMS）贸易投资便利化战略行动框架》（以下简称《行动框架》），并要求切实执行。该《行动框架》确定了海关制度、检验检疫措施、贸易物流和商务人员流动四个优先合作领域，是指导大湄公河次区域经济合作未来10年发展的重要纲领性文件，标志着大湄公河次区域经济合作由此进入一个崭新的发展阶段。为总体掌握目前中国海关参与GMS合作的现状，衡量中国现状与《行动框架》之间的差距及存在的问题，提出中国在未来5~10年实施《行动框架》的具体对策措施，笔者结合商务部国际司委托课题《大湄公河次区域贸易投资便利化中方行动计划》的阶段研究情况，就上述有关问题一陈管见，以就教于方家。

一、《行动框架》有关海关制度的指导精神

1.《行动框架》将海关制度作为优先合作领域的依据。《行动框架》指出，贸易便利化的有效性取决于实施有效的海关措施，简化进出口和贸易经营者的过境制度，并使贸易经营者及其代理机构及时了解相关信息。在GMS次区域内，国家间贸易的进一步发展是一个关

键目标，所以要求海关法律、规章、制度和文件的日益集中与协调。这些重点问题反映在下面的战略目标和主要行动中，如能有效解决，不仅可以支持《GMS便利客货跨境运输协定》(CBTA)的执行，还可以营造“友好海关”的氛围，有助于吸收希望在次区域建立运营基地的经营者进行投资。

2.《行动框架》确定的战略目标和主要行动。《行动框架》确定的海关制度战略目标是：通过简化海关制度，加强一致性和提高透明度，以减少贸易壁垒，最大限度地降低交易成本，并提高贸易数据收集的效率和质量。确定的主要行动包括四个方面的内容：(1)参照主要国际标准如修改后的《京都公约》、《WTO估价协议》和东盟协调税则归类制度等，简化GMS各国的海关制度和法律规章，并发展一种在GMS各成员国间进行协调的途径——特别是与制度和文件相关的方面；(2)通过向贸易经营者和公众提供适当的英文出版物等，提高所有GMS海关法律、规章和文件的透明度；(3)GMS各国在有效的风险管理系统和制度基础上，建立海关后续缉查制度，减少海关的边境控制；(4)通过协调海关与其他边境管理部门的监管，减轻合法贸易和旅行者的负担。

二、中国海关参与GMS合作现状

(一)《GMS便利客货跨境运输协定》的谈判

中国海关自参与GMS合作以来，积极参与了由交通部总牵头的《GMS便利客货跨境运输协定》的研究，牵头并参加了《协定》有关附件和议定书的谈判工作。根据大湄公河次区域部长会议的安排，大湄公河6国将分三个阶段完成框架协定15个附件和3个议定书的谈判。第一阶段涉及的8个附件的谈判工作已于2003年完成，经国务院批准，交通部代表中国政府正式签署了上述8个附件，其中涉及海关的是附件4——《跨境手续便利化》(主要内容为实施“一站式海关检查”)。当前正在进行的第二阶段3个与海关有关附件的谈判。近两年的谈判实践表明，GMS各国海关中惟有中国海关有能力承担《GMS便利客货跨境运输协定》附件多边谈判的主持工作。由于海关谈判进展较为顺利，根据第12次部长会议的指示，各方期望《协定》附件和议定书能提前完成谈判并加以签署，其中海关协议的谈判是被寄予希望，能够先于其他完成谈判。

(二)一站式海关检查

《GMS便利客货跨境运输协定》附件4关于跨境手续便利化的主要措施即为实施“一站式海关检查”，经与云南省人民政府协商，结合昆明关区的实际情况，国家海关总署提出了在中越边境的河口——老街口岸实施“一站式海关检查”试点工作的建议。经与亚洲开发银行协调，于2005年6月28~29日组成中、越海关及亚行三方联合专家组对云南河口口岸进行联合考察，商讨“试点”的实施工作。中国海关将与越南海关通力合作，争取早日建成“河口—老街一站式海关检查”示范项目。

昆明海关与企业的沟通非常充分，有定期和不定期的沟通协调会，这样企业可以灵活掌握海关的办公时间及方式便于工作。如企业可以在公司所在地报关，海关在口岸进行验货，并根据企业的信誉度来决定抽检的数量，信誉好的企业实行先放行后稽查的方式等。海关与其他稽查部门的协调也较好，基本上可以做到对同批货物和人员的同时检验，减少了企业来回报检的麻烦，但距离“单一窗口服务”的要求还有一定差距。

因此，昆明海关制定了26项为企业货物贸易提供便利化服务的具体措施，建立“零距离关企协调沟通制度”和建立“关地”联动等制度。平均进出口海关速度由原来的3.3天下降到1.6天；当天放行率达到进口90%，出口66%。

昆明海关在推进管理电子化、网络化方面取得有效进展。2004年完成了23个点，51个业务现场H2000系统的切换工作，切换以来系统运行平稳，口岸通关顺畅，企业反映良好，100%的报关单均通过该系统正常流转，报关报检更方便快速。同时完善公用住处网应用系统，逐步扩展网上支付、无纸通关试点范围。

(三)对外提供海关培训

为配合国家的外交和外经贸大局，中国海关积极参与了GMS合作。在2001年的第10次GMS部长级会议上，当时的中国政府代表团团长、海关总署党组成员端木君先生提出，由中国海关与亚洲开发银行共同出资向GMS国家提供为期三年的培训项目。中国海关于2002年5月在云南昆明成功举办了便利跨境海关管理研讨班，此次培训受到了GMS国家的广泛好评，外交部、财政部对此也极为重视。在当年的GMS领导人会上，列为中国政府在贸易便利化项下的贡献之一。2004年6月22~24日，经与亚洲开发银行协商，中国海关与亚洲开发银行共同出资在云南再次举办GMS跨境运输协定有关海关问题研讨班。2005年12月，受我国国家商务部委托，昆明海关成功地承办了为期3周的GMS海关官员培训班。

三、存在问题及中方实施《行动框架》的对策建议

(一)简化协调估价、归类、原产地等海关制度

1. 存在问题。在中国—东盟自由贸易区建设启动以来，各国对相同商品化归入不同的H.S.编号，对此应提出解决对策。

2. 对策建议。一是虽然中国在海关税则上和东盟国家实行的协调税则基本一致，这体现在商品条形码的前六位是一样的。但GMS各国在实施上对统一制度的理解尚存在分歧，如中国海关将马铃薯列为蔬菜而泰国则将之列为粮食类等，所以建立一个各国可以沟通的平台和机制是必要的。尤其在归类方面，应加强GMS各国成员间的沟通协调。二是要同《京都公约》中建立的标准保持一致，缩小GMS各成员国现行标准同该标准的差距，并在GMS内建立协调一致的法律、规章、制度和形式。完成差异分析，列出结果并在GMS成员国间共享。GMS一个或更多成员国现行的有效的简化措施应被其他成员国所采用。加强对GMS成员国确定的法律、规章、制度和形式的进一步协调，使用可测量的年度目标简化、协调已启动的“行动计划”。

(二)建立协调统一的法律、法规、制度

1. 存在问题。建立协调统一的法律、法规、制度和形式需要GMS各成员国的政治支持。

2. 对策建议。一是加大对《京都公约》等的培训力度，使之得到GMS各成员国的了解和认可，促使各国在起草和修改海关法律、规章和制度时，参照《京都公约》等国际条约中关于贸易便利化的规定；二是建立多媒体“海关信息平台”，使GMS国家和外部的贸易经营者与公众能够获取有关GMS各国海关法律、规章、制度和形式的完整、准确的最新信息；三是建立GMS海关法律和制度数据库并投入使用；四是建立同GMS各国海关网站、贸易投资网站以及亚洲开发银行网点的全方位链接；五是更新和维护数据库和网站的适当安排；六是针对贸易主体、报关行、公共领域等制作并发布多语种的“信息公告”、说明、解释条款、布告等。

（三）数据交换及数据共享问题

1. 存在问题。如无法实现数据交换及数据共享，则存在以下问题：一是无法从根本上加速通关、降低贸易成本；二是无法提高贸易数据收集的效率和质量。

2. 对策建议。加大建立数据平台所需基础设施的投入力度。

（四）风险管理及后续稽查制度

1. 存在问题。世界海关组织（WCO）修改的《京都公约》总附约中，第一次将风险管理技术引进海关管理体制中，将其作为标准条款写入海关监管章节并制定其实施指南。从1997年开始，风险管理就作为一个首选的管理手段纳入了中国海关的战略规则，并于2003年的全国海关关长工作会议上写入主题报告。同年“中国海关风险管理平台”通过验收，第一阶段主要集中在业务量大、中、小各具有代表性，并且基础比较好的青岛等8个海关进行，第二阶段由沿海开始逐步推广到全国海关。风险管理的全面实施将大大地降低海关的行政成本和企业贸易成本，增强海关的监管效率，实现“管得住，通得快”的管理目标，但在实际操作中，仍有若干问题需要解决。

2. 对策建议。一是建立以风险管理机制为中心环节的海关管理制度，进一步完善海关风险布控系统，做到海关管理“耳聪目明”，实现海关管理质的飞跃；二是利用先进的风险管理手段，实现由“以货物为单元”的监管方式向“以企业为单元”的企业守法管理转变，突出监管重点，有效提高海关对进出口货物查验的针对性；三是GMS各成员国统一实施“守法便利原则”，促使企业规范自身经营，提高区域内贸易规范化程度，在分类管理的基础上有效实施风险管理及后续稽查制度；四是加强GMS成员国海关在信息交流和风险分析方面的合作，建立海关反价格瞒骗数据共享平台；五是开展GMS海关对风险分析人员的培训和业务交流，建立完备的知识培训、信息交流机制；六是通过信息交流和风险分析，协调开展涉及成员国间对重点企业及重点商品的监控和查验；七是传递区域海关成员之间涉及一些进出口情况以及案件方面的行政互助协查请求；八是建立区域海关联络官联系协调机制；九是基于有效的风险管理原则，提高GMS海关管理部门应用后续缉查和简化的进出口制度的能力；十是建立合理的后续缉查措施。

（五）人员编制及其他

1. 存在问题。基层海关在基础设施建设方面还很落后，特别是人员编制上大大滞后，按照24小时通关时间的要求，现有人员编制与实际的差距较大。如河口口岸，现有编制是12人，而24小时通关所需的人员是48人，海关人员经常超负荷工作且福利待遇、后勤保障工作又跟不上要求，长期下去，必将影响工作人员的工作积极性和工作效率。从设施方面看，符合一站式服务的先进联检大楼至今尚未建立。另外，上级海关的授权范围有限，基层海关在实际操作中常常无法根据实际情况作出相应的合理调整，在请示和等待回复的公文，往往因旅途时间长而丧失了处理问题的最佳时机，从而给企业带来损失。海关在一站式服务所必需的数据共享平台方面，还未建立和别的检验部门之间的联网措施。

2. 对策建议。按照各口岸便利通关的人员配备，足额落实人员编制，改善硬件设施等。

（孙小龙　李　平　王元喜）

大湄公河次区域旅游合作的进展困难与前景

一、大湄公河次区域旅游合作的进展

大湄公河次区域（GMS）旅游合作是在次区域经济合作的总体合作机制基础上，由联合国亚太经社会（ESCAP）、亚洲开发银行（ADB）等国际组织主导和推动的，旨在将次区域作为一个完整的旅游目的地进行合作开发、打造整体形象、统一推向世界旅游市场而建立起来的又一新的合作机制。

1994年4月在越南河内召开的第三届大湄公河次区域经济合作会议的基础上，经次区域越南、老挝、柬埔寨、缅甸、泰国和中国六国协商，确定成立由六国国家旅游组织高级代表参加的“大湄公河次区域旅游工作组”作为次区域旅游合作的总体决策、协调机构，在泰国国家旅游局设立“大湄公河次区域旅游协调机构”负责日常工作。

此后，在联合国亚太经社会、亚洲开发银行的指导和大力支持下，次区域六国围绕着多个方面开展合作，取得了显著效果。

一是举办了工作组会议和论坛。由大湄公河次区域旅游工作组和亚太旅行协会分别组织，先后在六国之间轮流举行了23次工作组会议和11届湄公河旅游论坛。通过工作组会议，研究决定和协调解决次区域旅游合作与发展中的重大问题；通过旅游论坛，采取政府间推动和企业间推动两头并进、区域内与区域外相互结合、次区域各国与有关国际组织共同协作的方式，推动了次区域旅游合作的开展。目前，次区域各国均已成为中国公民出国旅游目的地国，中国与泰国、越南和缅甸等国分别签署了政府合作协定或旅游合作谅解备忘录。2000年

以来，泰国接待的中国内地游客每年都逾100万人次，占泰国国际旅游人数的10%强，而越南接待的国际旅游人数有近1/3是中国内地游客。与此同时，近十年来，泰国一直是中国最主要的国际旅游客源地之一，1995年来华游客为17.33万人次，2000年为24.11万人次，2005年达到58.63万人次。

二是开展了次区域旅游人员培训工作。自1995年成功举办第一次旅游师资培训后，分别于1998、1999、2000、2001和2002年进行旅游培训者基本技能培训、旅游管理高级培训、旅游人力/资源保护经理培训、文化旅游开发与管理培训和旅游行政管理培训等培训项目，为次区域六国培养了一批旅游业高级人才。

三是开展了次区域旅游目的地宣传。围绕将次区域作为统一的旅游目的地进行开发和推出的目标，由亚洲开发银行、亚太旅行协会与次区域旅游工作组组织各国做了不少工作。例如，发行大湄公河次区域旅游指南；选定“湄公河明珠”景点，制作了有关画册；设立了次区域旅游网站“visit－me－kong. com”；组织主要旅游市场代理商和媒体到次区域考察；参加重大的交易会和研讨会等。通过开展次区域旅游宣传促销工作，逐步提高了次区域在国际上的知名度，对吸引区域外旅游者进入次区域旅游起到了积极的作用。

四是开展了次区域旅游规划研究。由亚洲开发银行和有关国际组织牵头、资助，完成了大湄公河六个河段的旅游规划，提出了南北经济走廊和东西经济走廊的构想并完成了东西经济走廊的研究和若干试点项目的可行性研究，并积极促成和推进实施。次区域旅游专项研究也进入了第三个阶段，“乡村旅游”、“简化手续”等都作为专题进行了讨论和研究。

五是实施了旅游开发建设项目。在亚洲开发银行的资助下，在做好前期工作的基础上，从2002年起开始实施“旅游基础设施技术援助项目”，第一批由亚洲开发银行贷款5040万美元，实施越、老、柬三国的六个旅游基础设施建设项目。

六是搭建了新的旅游合作框架。在次区域旅游合作框架的基础上，2001年越、老、缅、泰、柬与印度达成了“湄公河—恒河合作框架”，将旅游合作作为其中一个重点着力推进，为东南亚、南亚旅游市场的共同开发和融合打下了良好的基础。同时，在原东盟旅游投资工作组机制的基础上，2001年在昆明召开的第13次旅游工作组会议期间，建立了大湄公河次区域旅游投资工作组合作机制，将进一步促进区域内各国间旅游业相互投资，并吸引区域外的投资。

次区域国家和地区多年的旅游合作将各国原有自发、封闭、发展程度缓慢的边境、跨国旅游提升了一个档次，并为进一步拓展其发展规模奠定了基础。

二、大湄公河次区域旅游合作面临的困难及需要解决的问题

由于大湄公河次区域旅游资源丰富而独特，互补性很强，旅游客源市场也非常广阔，加之各国都有较强的合作意愿，因而十多年来在旅游合作方面取得了较大的进展。但是，由于主观和客观等各方面的原因，次区域的旅游合作也面临一些困难和问题，主要有如下几点。

一是在合作目标和方式方面。次区域旅游合作需要六国达成共识，积极行动。因为次区域开展旅游合作最大的问题是各国的合作意识、态度、各国政府之间的横向协调以及一国内部中央和地方之间的纵向协调情况。由于次区域各国的旅游发展水平参差不齐，且经济、社会背景差别较大，因此在旅游合作的目标和方式上可能存在一定的分歧。

二是在资源和产品方面。理论上次区域部分旅游资源品位很高，在国际社会具有较高的知名度，但实际上资源转化为现实旅游产品的难度比较大，如金三角旅游景点只有一个牌坊，美斯乐只有一座陵墓，其历史内涵和传说中的神秘吸引力难以体现；还有缅甸的社会形态、老挝的宗教文化及该区域整体所表现出的傣泰文化特征等，也都必须有相当意义的产品支撑才能充分展现。同时由于次区域的范围比较广，而且除了在澜沧江—湄公河黄金水道沿岸附近有比较密集的重点旅游城市和景区外，其他地区则相对分散，且交通条件不好。因此，如何在旅游线路设计过程中既为旅客提供高质量的景区景点，又尽量避免“旅多游少”的尴尬局面，是次区域旅游合作面临的一个不小的挑战。

三是在资金筹集方面。资金问题是目前次区域旅游合作面临的又一重大问题。目前次区域国家和地区的重大GMS旅游建设项目主要依靠向亚行申请无息贷款、争取各国的旅游发展建设资金和吸引有关国际组织机构的捐赠进行筹资建设。由于受时间限制和多方竞争等因素的影响，所能筹集到的资金有限。因此，需要大力促进次区域各国企业之间相互投资或合作投资，积极引导次区域外大型企业进来投资，广泛运用多种新型投融资渠道。

四是在语言沟通方面。由于次区域六国的语言各不相同，国家间在旅游合作中存在着很大程度的语言沟通障碍，而且次区域国家人们的英语口语水平普遍不高，大部分旅游活动都需要进行现场翻译，在一定程度上造成合作效率不高；而且先前编制次区域旅游单项规划时都有各国英语水平较高的旅游专家参与，规划文本也都是英文版，经常不能及时翻译成各国母语文本而难以进行深入分析，致使实施效果不明显。

三、大湄公河次区域旅游合作的前景

尽管次区域的旅游合作还存在一些困难和问题，但由于中国—东盟自由贸易区建设和大湄公河次区域合作正在顺利推进，因此总体来看，次区域旅游合作的进程是稳步向前的，合作的势头也可以说是方兴未艾。展望未来5～10年，次区域旅游合作的领域和范围会得到进一步拓宽，合作的深度会得到进一步的加强。

一是旅游基础设施建设将会继续得到优先考虑。旅游合作是大湄公河次区域合作的一个重要领域和先行领域，因此近年来次区域与旅游、贸易相关的基础设施建设项目得到了较为迅速的发展。中国昆明至泰国曼谷的高等级公路预计在2007年度全线贯通；中国昆明至缅甸曼德勒高速公路的云南保山—瑞丽段正在加紧建设；云南腾冲至缅甸密支那的腾密二级公路已于2007年4月通车；泛亚铁路东线方案（昆明—河内—金边—曼谷）云南段已开工建设；中线方案（昆明—景洪—万象—曼谷）和西线方案（昆明—瑞丽—仰光—曼谷）已进入规划设计阶段。下湄公河航道将得到进一步的规划、疏竣和整治，船运基础设施和水文监测系统将得到逐步完善。昆明新机场的建设已经启动。一个由云南通向次区域的以航空为先导、以陆路为主干、以水运为补充的立体国际通道格局正在形成。

二是旅游产品开发力度将得到加强。目前，次区域的主要旅游产品为热带自然风光、特色民族风情和历史遗迹观光旅游产品。而要继续推进大湄公河次区域的旅游合作，就必须深度挖掘次区域内多种特色文化的内涵，在继续开发传统旅游产品的同时加大力度打造多种专项或特种旅游产品，形成以传统的自然、人文观光旅游产品为主体，多种专项旅游产品为补充的产品体系；常规旅游产品和专项旅游产品互为推动、共同发展，促进产品结构的优化。

三是精品旅游线路将趋于成熟。预计次区域各国将在已有合作的基础上，分阶段打造辐射区域范围的精品旅游线路，形成具有向心性和层次性的旅游圈层区域，逐步形成全方位、开放型的大旅游网络结构。预计近期（1~3年）将重点推出和完善两条旅游线路：一是澜沧江—湄公河黄金水道旅游线，即云南景洪—老挝班象果—缅甸大其力—泰国清盛—老挝会晒水上旅游线；二是中老缅泰四国旅游小环线，即云南景洪—磨憨—老挝琅勃拉邦—泰国清孔—清莱—清迈—缅甸大其力—景栋—勐拉—云南打洛—景洪的四国陆路旅游线。中期（3~5年）将重点推出两条旅游线路：一是澜沧江—湄公河水上旅游长线，即云南景洪—缅甸大其力—泰国清盛—老挝万象—柬埔寨金边；二是中老缅泰四国旅游大环线，即云南景洪—打洛—缅甸勐拉—大其力—泰国清莱—曼谷—老挝万象—琅勃拉邦—云南磨憨—景洪的四国陆路旅游线。远期（6~10年）将重点推出两条旅游线路：一是西部旅游大环线，即云南景洪—老挝班象果—缅甸大其力—泰国清迈—曼谷—缅甸仰光—东枝—曼德勒—景栋—勐拉—云南打洛—景洪的西部水陆并进旅游线；二是东部旅游大环线，即云南景洪—老挝班象果—缅甸大其力—泰国清迈—曼谷—柬埔寨暹粒—金边—老挝沙湾拿吉—万象—越南河内—老挝琅勃拉邦—云南磨憨—景洪的东部水陆并进旅游线。

四是“次区域旅游一证通”计划有望实施。在大湄公河次区域旅游工作组第13次工作组会议上，湄公河旅游活动协调机构向各国旅游组织代表提交了“大湄公河次区域单一旅游签证”建议。2003年9月大湄公河次区域经济合作第12届部长会议同意由亚洲开发银行牵头对大湄公河次区域单一旅游签证的实施做可行性研究。由于次区域范围内部分国家对旅游合作认识上的差异，故目前探讨实施一证通的范围重点是在中老缅泰四国上。同时四国也在与其他国家进行磋商探讨，研究并制定诸如“落地签证”之类的签证方式。在合作趋于成熟时，可望全面实施“一证通”计划，加大力度解决次区域旅游出入境通行手续繁杂的问题，并为未来实施“免签证计划”奠定基础。

五是“大湄公河旅游圈”将逐步形成。尽管次区域各国政界、学界和商界对包括越南、老挝、柬埔寨、缅甸、泰国和中国六国的“大湄公河旅游圈”的构建有一些不尽相同的看法，但基本思想还是一致的，即认为要按照积极参与、平等协商、互利互惠、坚持创新和可持续发展等原则，充分利用当前的有利时机，进一步加强次区域各国、次区域旅游合作协调机构及有关国际组织的联系与协调，以深化和拓展次区域旅游合作的主要内容为重点，以澜沧江—湄公河黄金水道旅游开发为突破口，发挥各国有关方面的积极性，通过开展多边和多层次的合作，促进和推动大湄公河旅游圈的建设。

（刘小龙　刘杰豪　李庆雷）

年度专题报告

云南省环境状况公报

综　述

2007年，全省环保系统认真贯彻落实党的十七大和省第八次党代会精神，以实施“七彩云南保护行动”为载体，突出抓好主要污染物减排和以滇池为重点的水环境综合整治等各项工作，圆满地完成了各项工作任务。通过切实解决一批关系民生的突出环境问题，认真落实各项综合整治措施，切实维护人民群众的环境状况知情权，大力加强自然保护区建设与管护，继续抓好各类绿色创建示范，不断创新环保宣传方式，采取坚决有力的节能减排综合措施，环境法治行动得到有效推进，环境治理行动取得明显成效，环境阳光行动不断深入，生态保护行动积极推进，绿色创建行动蓬勃开展，绿色传播行动丰富多彩，节能减排行动成效明显，为全省经济社会环境全面协调可持续发展做出了积极贡献。

总体上看，全省环境质量状况保持稳定，部分区域环境质量有所改善。但是，也还存在一些问题和不足：我省节能减排进入攻坚阶段，完成“十一五”二氧化硫和化学需氧量减排任务形势严峻；以滇池为重点的九湖水环境治理成效与国家和省委、省政府以及广大人民群众的要求还有很大差距；我省跨界出境河流的水环境安全问题仍然不容忽视；一批影响人民群众生产生活的突出环境问题的治理难度大、矛盾多，环境突发事件呈上升趋势；环保系统能力建设与新形势、新任务的要求还有一定差距。要实现构建社会主义和谐社会的目标，环境保护工作任务依然繁重而艰巨。

水环境

全省主要河流水质污染空间分布呈由东向西逐渐减缓的趋势，城市河流污染较为严重，主要河流的大多数断面水质达到水环境功能要求。湖泊、水库水质总体保持稳定。

湖泊水库水质

全省开展水质监测的60个湖泊、水库中，Ⅰ～Ⅱ类水质的占33.3%、Ⅲ类水质的占36.7%、Ⅳ类水质的占11.7%、Ⅴ类水质的占5.0%、劣Ⅴ类水质的占13.3%。全省湖库水质总体为轻度污染。

60个湖泊、水库中，有28个水质达到水环境功能要求，占总数的46.7%。

16个湖泊（水库）开展湖泊富营养化状况监测，贫营养状态湖泊有2个、中营养状态有6个、轻度富营养状态有1个、中度富营养状态有5个、重度富营养状态有2个。

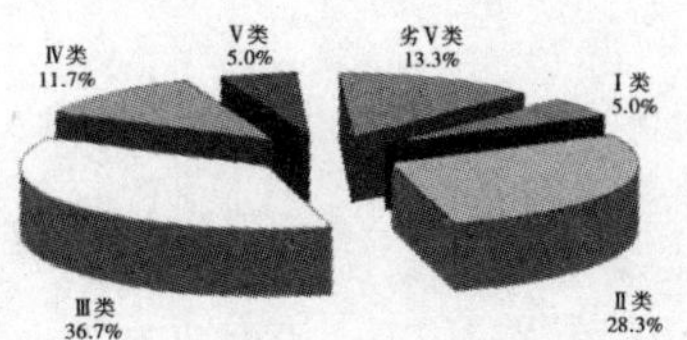

主要湖泊、水库水质类别比例

2007年主要湖泊水库类别统计

名称	个数	Ⅰ类	Ⅱ类	Ⅲ类	Ⅳ类	Ⅴ类	劣Ⅴ类	水环境功能达标
湖泊	23	2	2	7	3	1	8	7
水库	37	1	15	15	4	2	0	21
合计	60	3	17	22	7	3	8	28

九大高原湖泊及其入湖河流

水质优的湖泊是阳宗海、抚仙湖、泸沽湖，水质良好的湖泊是洱海、程海，水质受到重度污染的湖泊是滇池草海、滇池外海、星云湖、杞麓湖、异龙湖。

25条入湖河流30个监测断面中，Ⅰ～Ⅱ类水质的占10.0%、Ⅲ类水质的占6.7%、Ⅳ类水质的占23.3%、Ⅴ类水质的占13.3%、劣Ⅴ类水质的占46.7%。监测断面水环境功能达标率为20.0%。

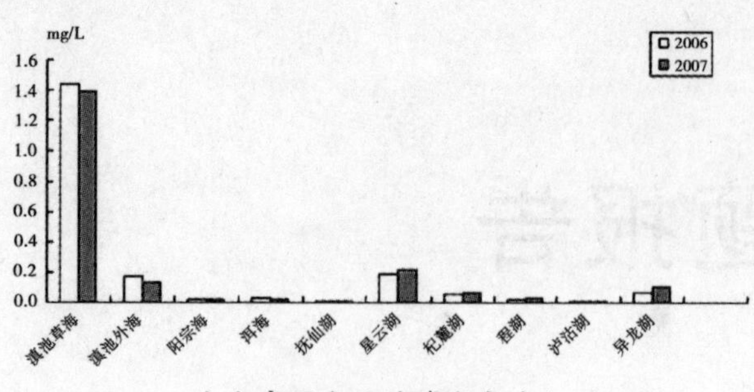

九大高原湖泊总磷浓度对比

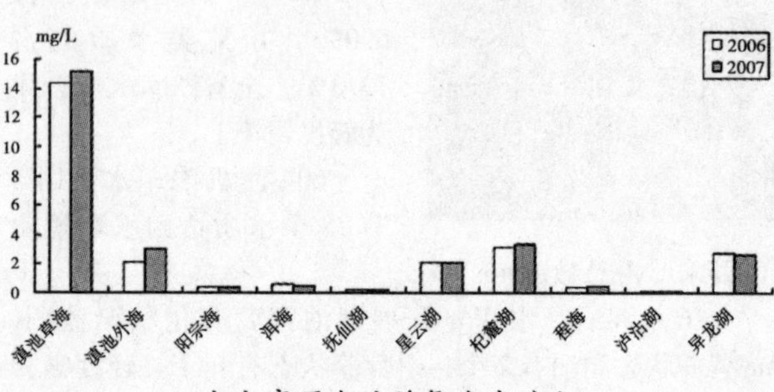

九大高原湖泊总氮浓度对比

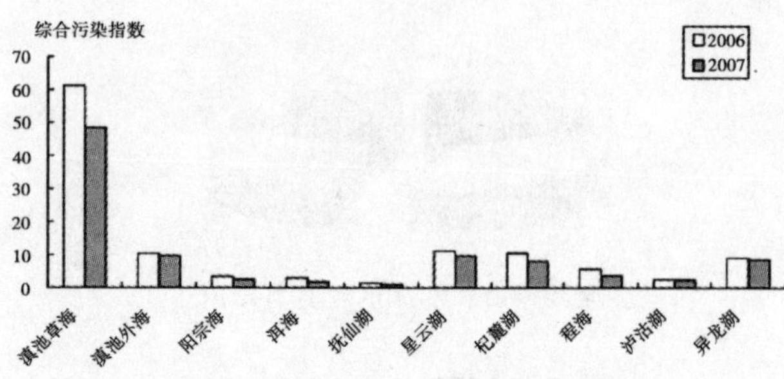

九大高原湖泊综合污染指数对比

2007 年九大高原湖泊主要污染指标值

单位：mg/L

湖泊名称	高锰酸盐指数	生化需氧量	总磷	总氮	营养状态指数
滇池草海	10.74	7.58	1.394	15.20	80.2
滇池外海	10.86	2.44	0.135	3.01	67.6
阳宗海	2.72	1.04	0.022	0.44	32.1
洱海	2.85	1.68	0.021	0.54	41.4
抚仙湖	1.06	1.62	0.006	0.17	17.7
星云湖	7.98	3.33	0.222	2.13	62.1
杞麓湖	7.81	3.31	0.064	3.40	60.4
程海	3.69	1.00	.026	0.51	37.7
泸沽湖	1.13	1.00	0.005	0.11	13.4
异龙湖	10.74	4.99	0.104	2.65	66.1

滇池草海

水质类别为劣Ⅴ类，水质重度污染，未达到水环境功能要求（Ⅴ类），主要超标污染指标为氨氮、总磷、总氮。水体处于重度富营养状态。月度监测表明，12 个月水质类别均为劣Ⅴ类；湖泊富营养状态 12 个月均为重度富营养。

与上年相比，滇池草海水质稳定，富营养状态稳定。

5 条入湖河流水质均为劣Ⅴ类，均为重度污染，达不到水环境功能要求。新河主要超标污染指标为溶解氧、高锰酸盐指数、生化需氧量、氨氮、石油类、总磷；船房河主要超标污染指标为溶解氧、高锰酸盐指数、生化需氧量、氨氮、总磷；运粮河主要超标污染指标为氨氮、总磷；乌龙河主要超标污染指标为溶解氧、高锰酸盐指数、生化需氧量、氨氮、石油类、总磷；采莲河主要超标污染指标为氨氮、总磷。

滇池外海

水质类别为劣Ⅴ类，水质重度污染，未达到水环境功能要求（Ⅴ类），主要超标污染指标为总氮。水体处于中度富营养状态。月度监测表明，12 个月水质类别均为劣Ⅴ类；湖泊富营养状态，10 个月为中度富营养，2 个月为重度富营养。

与上年相比，滇池外海水质稳定，富营养状态稳定。

6 条入湖河流 8 个监测断面中盘龙江松花坝口断面、洛龙河、东大河、大河达到水环境功能要求。盘龙江小人桥断面、严家村桥断面、大青河、柴河水质均为劣Ⅴ类，水质重度污染，未达到水环境功能要求。盘龙江小人桥断面、严家村桥断面主要超标污染指标均为生化需氧量、氨氮、总磷；大青河主要超标污染指标为溶解氧、高锰酸盐指数、生化需氧量、氨氮、总磷；柴河主要超标污染指标为溶解氧、生化需氧量、氨氮、总磷。

阳宗海

水质类别为Ⅱ类，水质优，达到水环境功能要求（Ⅱ类）。水体处于中营养状态。月度监测表明，5 个月水质类别为Ⅱ类，7 个月为Ⅲ类；湖泊富营养状态，7 个月为贫营养，5 个月为中营养。

与上年相比，阳宗海水质稳定，富营养状态稳定。

阳宗大河入湖水质为Ⅳ类，未达到水环境功能要求。

洱　海

水质类别为Ⅲ类，水质良好，未达到水环境功能要求（Ⅱ类），主要超标污染指标为总氮。水体处于中营养状态。月度监测表明，4 个月水质类别为Ⅱ类，8 个月水质类别为Ⅲ类；湖泊富营养状态，12 个月均为中营养。

与上年相比，洱海水质稳定，富营养状态稳定。

5 条入湖河流 8 个监测断面中弥苴河银桥村断面、永安江桥下村断面水质达到水环境功能要求。弥苴河江尾桥断面Ⅲ类，永安江江尾东桥断面、波罗江、白鹤溪Ⅳ类，罗时江莲河村断面、沙坪桥断面Ⅴ类，水质均未达到水环境功能要求。

抚仙湖

水质类别为Ⅰ类，水质优，达到水环境功能要求（Ⅰ类）。水体处于贫营养状态。月度监测表明，11个月水质类别为Ⅰ类，1个月水质类别为Ⅱ类；湖泊富营养状态，12个月均为贫营养。

与上年相比，抚仙湖水质稳定，富营养状态稳定。

入湖河流中，隔河Ⅳ类，马料河、路居河劣Ⅴ类，水质均未达到水环境功能要求。

星云湖

水质类别为劣Ⅴ类，水质重度污染，未达到水环境功能要求（Ⅲ类），主要超标污染指标为总磷、总氮。水体处于中度富营养状态。月度监测表明，1个月水质类别为Ⅴ类，11个月为劣Ⅴ类；湖泊富营养状态，4个月为轻度富营养，8个月为中度富营养。

与上年相比，星云湖水质稳定，富营养状态稳定。

入湖河流中，渔村河Ⅴ类，东西大河、大街河为劣Ⅴ类，水质均未达到水环境功能要求。

杞麓湖

水质类别为劣Ⅴ类，水质重度污染，未达到水环境功能要求（Ⅲ类），主要超标污染指标为总氮。水体处于中度富营养状态。月度监测表明，12个月水质类别均为劣Ⅴ类；湖泊富营养状态，1个月为中营养，2个月为轻度富营养，9个月为中度富营养。

与上年相比，杞麓湖水质稳定，富营养状态有所加重。

红旗河入湖水质为Ⅳ类，未达到水环境功能要求。

程　海

水质类别为Ⅲ类，水质良好，达到水环境功能要求（Ⅲ类）。水体处于中营养状态。月度监测表明，水质类别4个月为Ⅱ类，8个月为Ⅲ类；湖泊富营养状态12个月均为中营养。

与上年相比，程海水质有所下降，富营养状态稳定。

泸沽湖

水质类别Ⅰ类，水质优，达到水环境功能要求（Ⅰ类）。水体处于贫营养状态。月度监测表明，11个月水质类别为Ⅰ类，1个月为Ⅱ类；湖泊富营养状态，12个月均为贫营养。

与上年相比，泸沽湖水质稳定，富营养状态稳定。

异龙湖

水质类别为劣Ⅴ类，水质重度污染，未达到水环境功能要求（Ⅲ类），主要超标污染指标为总氮。水体处于中度富营养状态。月度监测表明，12个月水质类别均为劣Ⅴ类；湖泊富营养状态，11个月为中度富营养，1个月为重度富营养。

与上年相比，异龙湖水质稳定，富营养状态稳定。

城河入湖水质为劣Ⅴ类，未达到水环境功能要求。

其他湖泊水质状况

其他13个湖泊湖体水质为：浴仙湖Ⅱ类；普者黑、茈碧湖、海西海、北海、青海Ⅲ类；西湖、属都湖、碧塔海Ⅳ类；长桥海Ⅴ类；个旧湖、大屯海、南湖劣Ⅴ类。

主要河流水质

六大水系主要河流受污染程度由大到小排序依次为：珠江水系、金沙江水系、红河水系、澜沧江水系、怒江水系和伊洛瓦底江水系。

在77条主要河流的152个监测断面中，水质优达到Ⅰ～Ⅱ类标准的断面占21.1%，水质良好达到Ⅲ类标准的断面占31.6%，水质已受轻度污染达到Ⅳ类标准的断面占15.1%，水质已受中度污染达到Ⅴ类标准的断面占3.9%，水质已重度污染劣于Ⅴ类标准的断面占28.3%。

2007年度云南省主要河流水质类别表

水系名称	Ⅰ类	Ⅱ类	Ⅲ类	Ⅳ类	Ⅴ类	劣Ⅴ类	合计
金沙江	1	5	13	3	4	13	39
珠江	1	3	5	4	1	15	29
红河	–	4	10	6	–	6	26
澜沧江	–	8	14	8	–	7	37
怒江	1	5	1	1	1	2	11
伊洛瓦底江	–	4	5	1	–	–	10
小计	3	29	48	23	6	43	152

注：按断面数统计

按断面水质达到水环境功能类别衡量（简称达标），152个断面中，水环境功能达标的断面有91个，占59.9%，其中：Ⅰ类功能达标的断面有1个，占应达标断面的50.0%；Ⅱ类功能达标的断面有8个，占应达标断面的53.3%；Ⅲ类功能达标的断面有54个，占应达标断面的71.1%；Ⅳ类功能达标的断面有24个，占应达标断面的48.0%；Ⅴ类功能达标的断面有4个，占应达标断面的44.4%。

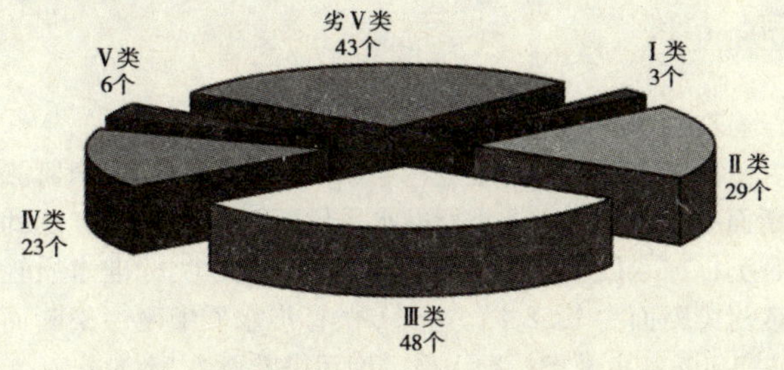

全省主要河流水质类别比例图

我省河流水质的主要污染指标为总磷、挥发酚、氨氮、生化需氧量，其污染分担率分别为18.8%、16.9%、14.8%、12.7%。

污染严重的主要河流是新河、泸江、螳螂川、三家河和北盘江。

与上年相比，全省总体水质基本保持稳定。主要河流监测断面中，水质符合Ⅰ～Ⅱ类标准减少4.1%，水质符合Ⅲ类标准增加5.3%，水质符合Ⅳ类标准减少8.8%，水质符合Ⅴ类标准增加0.7%，水质劣Ⅴ类标准增加6.9%。达到地表水环境功能要求的断面增加0.7%。

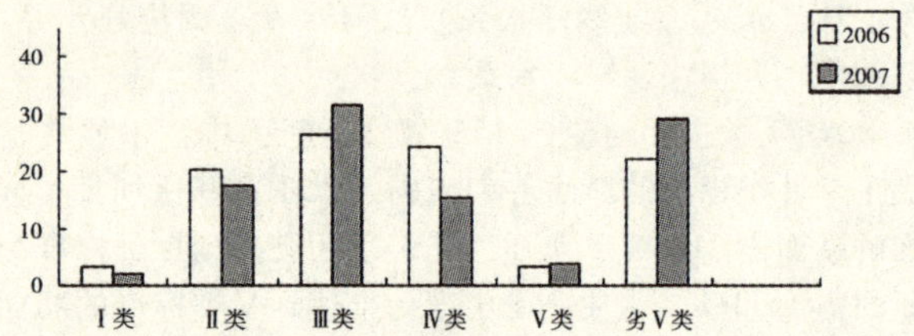

云南省主要河流监测断面水质类别变化

金沙江水系

金沙江水系水质总体为中度污染。22条主要河流39个监测断面中，达到Ⅰ～Ⅱ类标准水质优断面占15.4%；达到Ⅲ类标准水质良好断面占33.3%；达到Ⅳ类标准水质轻度污染断面占7.7%；达到Ⅴ类标准水质中度污染断面占10.3%；劣Ⅴ类标准水质重度污染断面占33.3%。

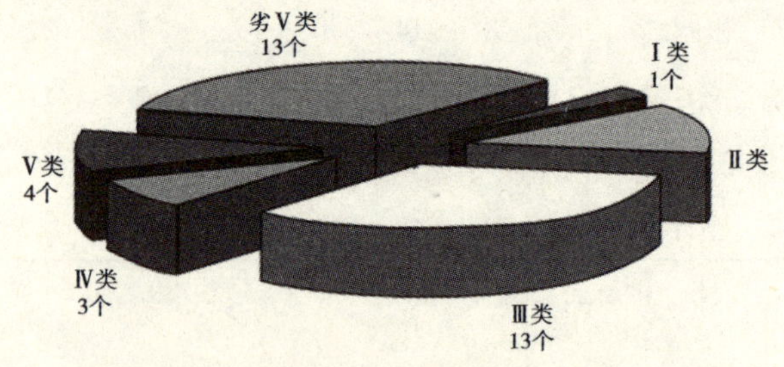

金沙江水系水质类别比例图

21个断面水质达到地表水水环境功能要求，断面达标率53.8%。其中达到Ⅱ类标准断面4个，Ⅲ类标准断面11个，Ⅳ类标准断面2个，Ⅴ类标准断面4个。

主要污染指标为总磷、氨氮和生化需氧量，其污染分担率分别为27.4%、24.2%和13.2%。主要河流按综合污染程度前5位为：新河、螳螂川、宝象河、秃尾河、洛泽河。

珠江水系

珠江水系水质为重度污染。9条主要河流29个监测断面中，达到Ⅰ～Ⅱ类标准水质优断面占13.7%；达到Ⅲ类标准水质良好断面占17.3%；达到Ⅳ类标准水质轻度污染断面占13.8%；达到Ⅴ类标准水质中度污染断面占3.4%；劣Ⅴ类标准水质重度污染断面占51.8%。

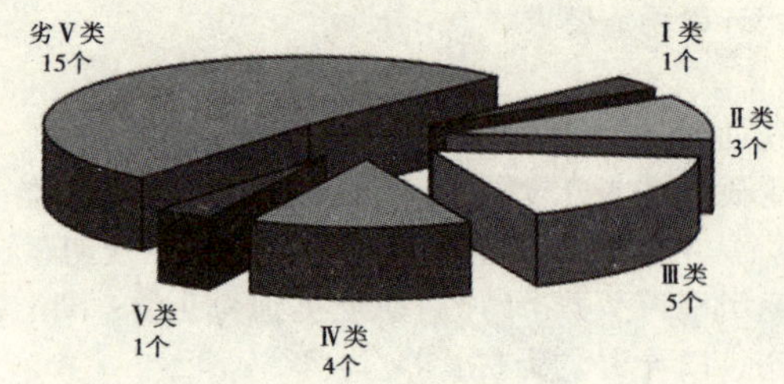

珠江水系水质类别比例图

10个断面水质达到地表水水环境功能要求，断面达标率34.5%。其中达到Ⅰ类标准断面1个，Ⅲ类标准断面4个，Ⅳ类标准的断面5个。

主要污染指标为挥发酚、总磷、氨氮和生化需氧量，其污染分担率分别为32.2%、14.1%、11.9%和11.9%。主要河流污染严重程度前5位为：泸江、北盘江、南盘江干流、曲江、甸溪河。

红河水系

红河水系水质轻度污染。12条主要河流26个监测断面中，达到Ⅰ～Ⅱ类标准水质优断面占15.4%；达到Ⅲ类标准水质良好断面占38.4%；达到Ⅳ类标准水质轻度污染断面占23.1%；劣Ⅴ类标准水质重度污染断面占23.1%。

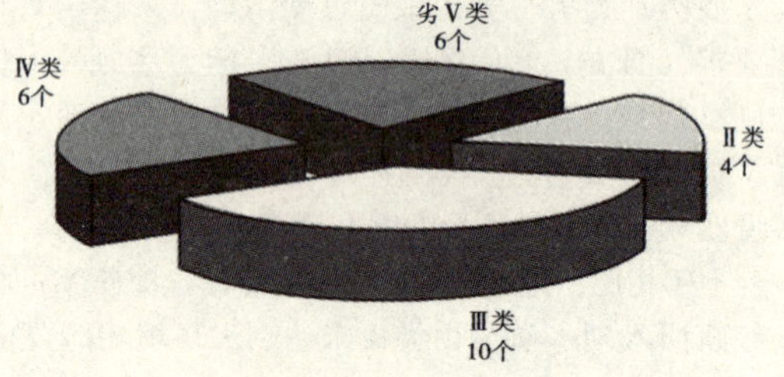

红河水系水质类别比例图

20个断面水质达到地表水水环境功能要求，断面达标率76.9%。其中达到Ⅲ类标准的断面12个，Ⅳ类标准的断面8个。

主要河流污染严重程度前5位为：三家河、藤条江、红河干流、星宿江、南溪河。

澜沧江水系

澜沧江水系水质轻度污染。23条主要河流37个监测断面中，达到Ⅱ类标准水质优断面占21.6%；达到Ⅲ类标准水质良好断面占37.9%；达到Ⅳ类标准水质轻度污染断面占21.6%；劣Ⅴ类标准水质重度污染断面占18.9%。

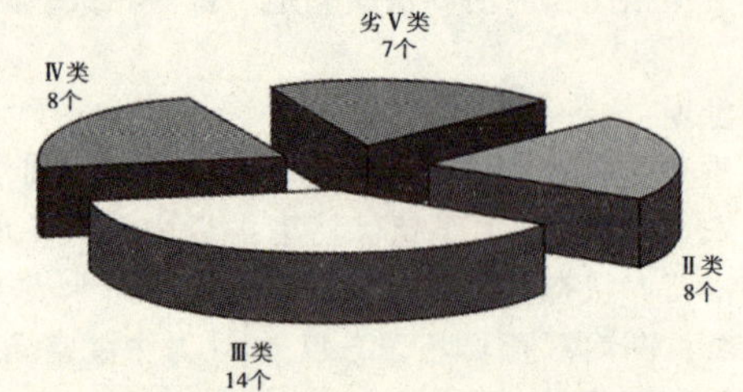

澜沧江水系水质类别比例图

23个断面水质达到地表水水环境功能要求，断面达标率62.2%。其中达到Ⅱ类标准断面2个，Ⅲ类标准断面18个，Ⅳ类标准断面3个。

主要污染指标为氨氮、生化需氧量和总磷，其污染分担率为17.5%、15.7%和13.5%。主要河流污染严重程度前5位为：瓦窑河、思茅河、波罗江、西洱河、沘江。

怒江水系

怒江水系水质轻度污染。5条主要河流11个监测断面中，达到Ⅰ～Ⅱ类标准水质优断面占54.5%；达到Ⅲ类标准水质良好断面占9.1%；达到Ⅳ类标准水质轻度污染断面占9.1%；达到Ⅴ类标准水质中度污染断面占9.1%；劣Ⅴ类标准水质重度污染断面占18.2%。

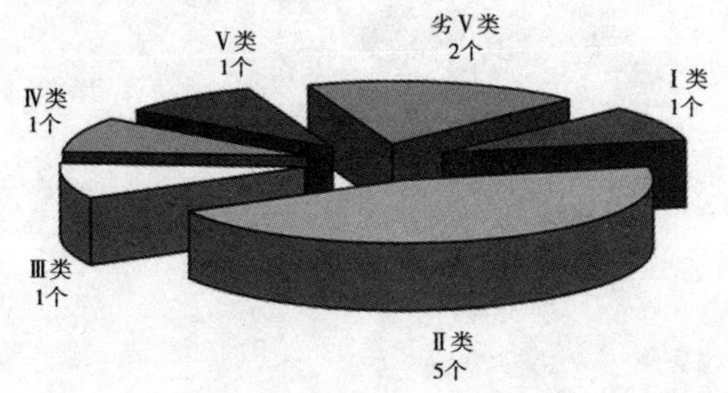

怒江水系水质类别比例图

8个断面水质达到地表水水环境功能要求，断面达标率72.7%。其中，达到Ⅱ类标准断面2个，Ⅲ类标准断面3个，Ⅳ类标准断面3个。

主要污染指标为总磷和生化需氧量，其污染分担率分别为32.4%和18.6%。主要河流污染严重程度排序依次为：枯柯河、老窝河、南汀河、怒江干流、南马河。

伊洛瓦底江水系

伊洛瓦底江水系水质优。6条主要河流10个监测断面中，达到Ⅰ～Ⅱ类标准水质优断面占40.0%；达到Ⅲ类标准水质良好断面占50.0%；达到Ⅳ类标准水质轻度污染断面占10.0%。

有9个监测断面水质达到地表水水环境功能要求，断面达标率90.0%。其中，达到Ⅲ类标准断面6个，Ⅳ类标准断面3个。

主要污染指标为生化需氧量和高锰酸盐指数，其污染分担率分别为26.6%和23.2%。主要河流污染严重程度排序依次为：南畹河、瑞丽江、龙川江、芒市大河、大盈江、槟榔江。

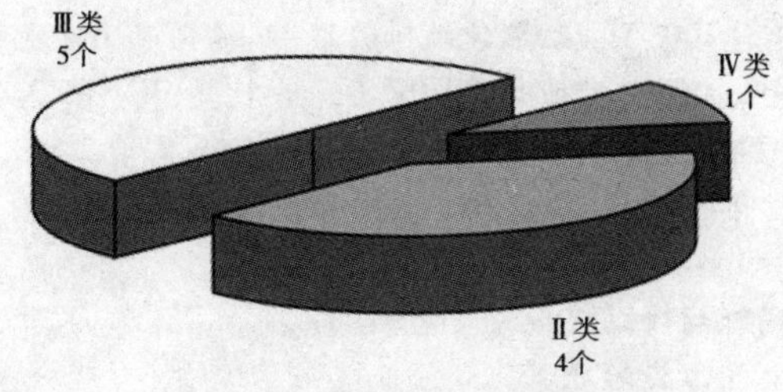

伊洛瓦底江水系水质类别比例图

地下水监测及水质状况

云南省地下水动态监测区有：昆明盆地、曲靖盆地、开远盆地、玉溪盆地、大理盆地、楚雄盆地、景洪盆地，控制面积2872平方千米，2007年各类监测点951个。其中，国家级监测点46个。

孔隙水与2006年相比孔隙水较差级比例有所下降，极差级比例有所上升。其中，枯水期优良级占10.04%、良好级占20.25%、较好级占5.20%、较差级占54.30%、极差级占10.21%；丰水期优良级占4.04%、良好级占16.77%、较好级占17.38%、较差级占43.00%、极差级占18.81%。主要污染物有：锰、“三氮”、氟化物、氯化物、化学耗氧量、细菌总数、大肠菌群等。

基岩水与2006年相比基岩水（裂隙水、岩溶水）水质状况为较差级、良好级比例有所下降，优良级比例有所上升。其中，枯水期优良级占21.19%、良好级占36.02%、较好级占17.65%、较差级占24.01%、极差级占1.13%；丰水期优良级占27.79%、良好级占29.39%、较好级占15.9%、较差级占23.41%、极差级占3.51%。主要污染物有：锰、氨氮、氟化物、氯化物、亚硝酸盐氮、化学耗氧量、总硬度、细菌总数、大肠菌群等。

废水和主要污染物排放及变化

全省废水排放总量8.38亿吨，比上年增长4.1%；化学需氧量排放量29.00万吨，比上年下降1.36%；氨氮1.98万吨，比上年增长1.0%。其中，工业废水排放总量3.54亿吨，比上年增长3.2%；工业废水中化学需氧量排放量9.79万吨，比上年下降7.3%；工业废水中氨氮排放量4，059.25吨，比上年增长0.6%；其他污染物202.14吨，比上年下降5.7%。

措施与行动

九大高原湖泊水污染防治情况

2007年，湖泊治理得到了党中央、国务院和省委、省政府前所未有的高度重视，省委、省政府认真贯彻落实国务院“三湖”治理座谈会和全国重点湖泊治理工作会精神，在深入调查研究的基础上先后召开了滇池水污染治理调研汇报会、省政府滇池水污染治理调研座谈会等重要会议，对湖泊水污染治理做出了重大部署，提出了新的要求。省九大高原湖泊水污染综合防治领导小组办公室主任会议，进一步推广洱海保护治理经验，加快推进九湖治理重点项目建设，确保实现主要污染物入湖总量控制目标。

2007年，九湖治理投资15.21亿元。其中，滇池治理投资8.62亿元，其余八湖治理投资6.59亿元。截至2007年底，九湖治理累计投资93.94亿元。其中，滇池治理投资62.32亿元。

九湖“十一五”目标责任书项目共184项，截止2007年底，已完成14项，在建73项，开展前期工作70项，未启动27项，项目开工率为47.3%。滇池“十一五”目标责任书项目42项，已完成3项，在建11项，开展前期工作22项，未启动6项，项目开工率为33.3%。

九湖流域环境监察

各级环保部门共出动环境监察人员3，290人次，对九湖流域城市污水处理厂、城市垃圾填埋场正常运行情况、重点治理项目工程进度进行检查，检查企业987家次，查处违法案件25起。为九湖流域综合防治提供了强有力的执法保障。

工业废水治理情况

2007年工业废水达标排放量3.20亿吨。截止2007年底，全省共建成废水治理设施2026套，废水治理设施处理能力达643.63万吨/日。工业废水重复利用率88.1%。全省工业废水治理投资21511.4万元，实施废水治理项目129个，完成116个，新增废水处理能力29.86万吨/日。工业废水排放达标率90.5%。

大气环境

城市环境空气质量与上年相比总体保持稳定，部分城市有所好转。

城市环境空气质量

全省开展空气自动监测的11个城市全年达到或优于空气质量二级标准天数的城市依次排序为，昆明市、丽江市、大理市、景洪市100%，保山市99.5%，楚雄市99.5%，玉溪市98.6%，曲靖市97%，蒙自县城89.6%，个旧市87.5%，昭通市86.5%。

未开展空气自动监测的城市中，文山县城、香格里拉县城达到环境空气质量一级标准；达到环境空气质量二级标准的城市有普洱市、临沧市、潞西市、六库镇、开远市、河口县城；达到环境空气质量三级标准的城市为宣威市。

与上年相比，昆明市、大理市、楚雄市、河口县城空气质量好转。其余城市基本保持稳定。

降水和酸雨

降水酸度

我省2007年开展降水酸度监测的16个主要城市中，出现酸雨的城市有11个，分别是昆明、玉溪、曲靖、保山、昭通、丽江、普洱、临沧、个旧、景洪、楚雄，占68.8%。文山、开远、大理、潞西、六库等5个城市未监测到酸雨。

在出现酸雨的11个城市中，酸雨pH平均值在4.27~5.32之间，最低值4.27，出现在个旧市，次低值4.61，出现在普洱市。

酸雨频率

16个主要城市平均酸雨频率为11.7%，酸雨频率在0~70.1%之间。其中，酸雨频率为0的城市有5个，占31.2%；酸雨频率≤30%的有9个，占56.3%；酸雨频率在50~80%的有2个，占12.5%。酸雨频率最高的是楚雄，酸雨频率为70.1%，其次为个旧，酸雨频率为50.9%。

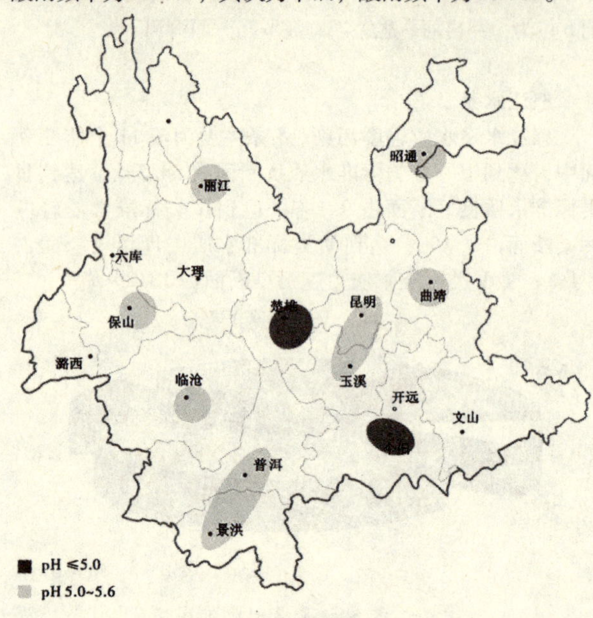

云南省酸雨分布图

酸雨变化趋势

与上年相比，全省的酸雨频率由11.4%升至11.7%，基本保持稳定，出现酸雨的城市所占百分比由53.3%升至68.8%，与上年相比增加了曲靖、昭通、保山等3个城市。

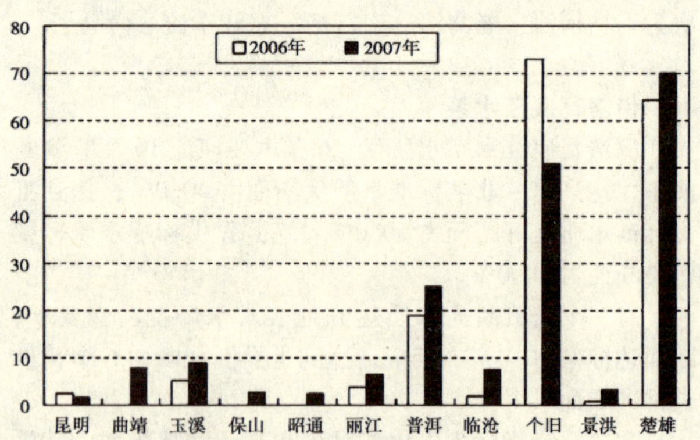

废气及主要污染物排放及变化

工业废气排放总量8081.71亿标立方米，比上年增长21.6%。二氧化硫排放量53.37万吨，比上年下降3.14%，其中工业二氧化硫排放量44.54万吨，比上年下降2.4%。烟尘排放量20.99万吨，比上年下降3.4%，其中工业烟尘排放量15.24万吨，比上年下降4.5%。工业粉尘排放量13.78万吨，比上年下降6.8%。

措施与行动

大气污染治理

截至2007年底，全省共建成废气治理设施4701套，其中，脱硫设施374套，废气治理设施处理能力达15589.07万标立方米/时。其中，脱硫设施脱硫能力达549.54吨/时。全省工业废气治理投资51766.2万元，实施废气治理项目275个，完成257个，新增废气处理能力321.03万标立方米/时。

工业固体废弃物及危险废物

全省工业固体废物产生量7，097.52万吨，比上年增长了18.8%。其中，危险废物产生量16.86万吨，比上年下降了70.6%。工业固体废物排放量82.66万吨，比上年下降了17.0%。其中，危险废物排放量0.03吨，比上年下降了93.3%。

措施与行动

工业固体废弃物危险废物防治

全省化工行业危险废物试点申报登记全面完成，共有75家单位进行了申报。组织实施好危险废物经营许可及危险废物跨省转移许可等环境制度，累计共核发危险废物经营许可证40份，其中综合利用证2家，收集、贮存证1家，其余37家均为废铅酸蓄电池的收集、临时贮存证；全年共办理2批危险废物转出手续。

工业固体废弃物综合利用量3036.23万吨，综合利用率42.7%，利用率比上年上升1.7个百分点；贮存量1691.25万吨；处置量2344.60万吨；排放量82.66万吨。

全省工业固体废弃物污染治理投资7501.3万元，完成治理项目25个，新增固体废弃物处理能力4178吨/日。

危险废物和医疗废物处置项目建设

保山、大理、普洱、德宏、文山五个医废建设项目全面动工；临沧、昭通医废项目已下达国债资金具备开工条件；丽江、楚雄、版纳、怒江、玉溪医废建设项目和曲靖危废项目完成了可研审批，已上报国家申请技术复核；红河危废项目完成了可研评审。昆明市危险废物处理处置中心建设获得国家的专项资金支持，并已开工建设；昆明医废处置中心已建成并投入运行。

辐射环境

辐射环境质量水平

2007年香格里拉县、丽江市、泸水县、大理市、昆明市、玉溪市、临沧市、景洪市8个国控点的辐射环境质量处于正常环境辐射水平波动范围，中心城市昆明市的连续监测点γ辐射空气吸收剂量率全年测值与2006年相比处于正常波动范围内；8个国控点的原野γ辐射空气吸收剂量率年均值与云南省辐射空气吸收剂量率的背景值相当；沉降物中总水平无异常升高；滇池、松花坝水库水中总放浓度与往年相比无太大变化；8个国控点代表区域内土壤中的主要放射性核素水平处于正常环境水平；中心城市昆明市电磁辐射水平等保持相对稳定。总体上未出现异常情况。

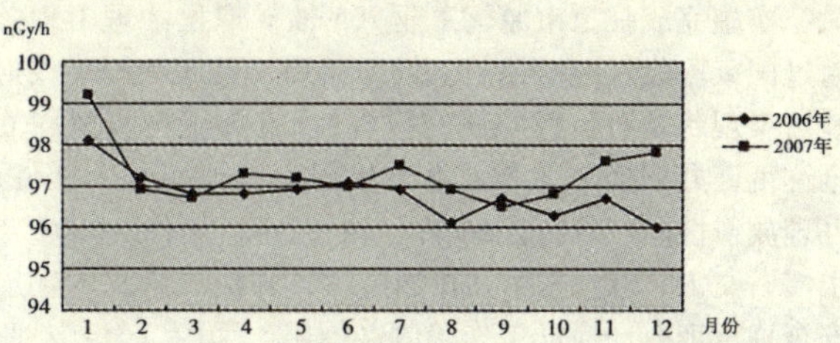

2006～2007年昆明市连续监测点γ辐射空气吸收剂量率变化趋势图

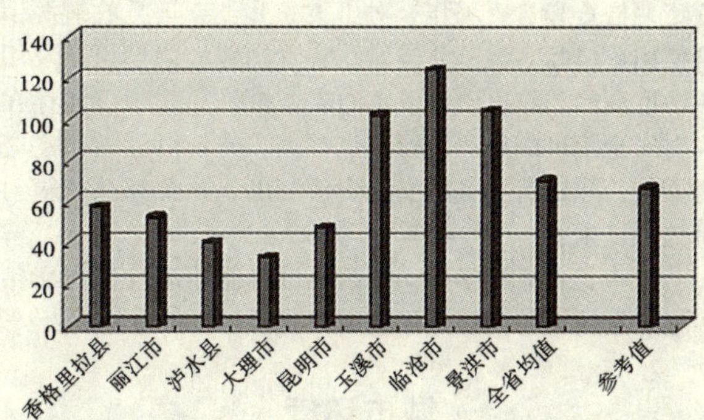

2007年云南省原野γ辐射空气吸收剂量率示意图

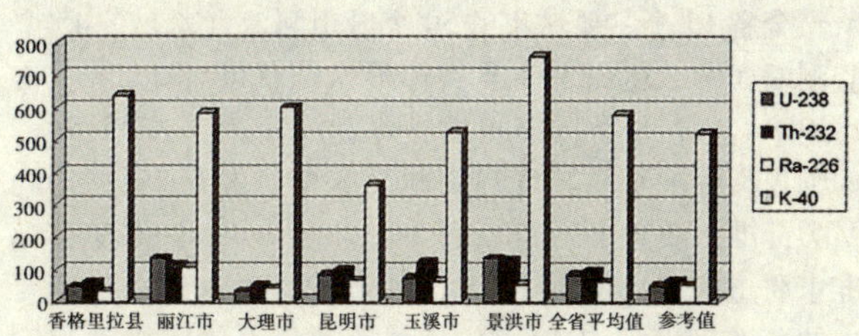

2007年云南省土壤中放射性核素含量示意图

主要污染源及其周围环境的辐射水平

2007年，对省内两家Ⅰ类辐照装置、省广播电视大楼、省气象局气象雷达、昆明市草（铺）——海（埂）高压输变电工程220kV输电线路、海埂变电站进行了监测。监测数据表明，各个监测点位辐射空气吸收剂量率及输电线、变电站工频电磁场强度与上年相比保持相对稳定，没有出现异常情况。

辐射源现状

截止年末，全省共有放射性同位素与射线装置工作单位2379家，密封放射源3182枚，全省城市放射性废物库2007年收贮各类废弃放射源124枚。使用射线装置的企事业单位有1849家，共3026台（套）。无线电台（站）460万个，移动通信基站12512个，微波站932个，广播发射台253座，电视差转台11439座。

措施与行动

全年分两次对辖区内的陆地辐射环境质量监测点、

水体中放射性水平、土壤中天然放射性水平、电磁辐射环境质量开展了监测工作。

实施完成临沧市原核工业765铀矿退役治理工程并通过国家验收。组织编制上报了《腾冲县381铀矿放射性污染现状及对策措施研究报告》。开展了全省辐射安全许可证办证换证工作。办理辐射安全许可证189件，办理放射性同位素转让61件，转移备案14件。2007年玉溪、文山、红河三个州市通过了省环保局组织的辐射安全许可证办证换证工作验收；德宏、保山、怒江、昭通、曲靖、迪庆、丽江等州市已完成了办证换证前的资料收集、现场监测和补做环境影响评价工作。

加强了监督检查与执法。开展了各放射源与射线装置定期检查和自查工作，对Ⅰ类、Ⅱ类、Ⅲ类放射源销售使用单位和Ⅰ类、Ⅱ类射线装置销售使用单位以及用源活度高、工作流动性较大的工业探伤单位等可能存在辐射安全隐患的单位进行重点排查。有针对性的制定应对措施，严格落实各项安全责任制度，预防和减少辐射事故的发生。

云南省农业科学院、中国科学院昆明动物研究所钴源辐照室的退役治理工作进展顺利。

城市环境

城市水质

全省15个主要城市的30个城市河流（水域）45个监测断面中，达到Ⅰ～Ⅱ类标准水质优断面13个，占28.9%；达到Ⅲ类标准水质良好断面8个，占17.8%；达到Ⅳ类标准水质轻度污染断面3个，占6.7%；达到Ⅴ类标准水质轻度污染断面2个，占4.4%；劣Ⅴ类标准水质重度污染断面19个，占42.2%。达到水功能要求的断面21个，占46.7%。城市河流总体水质为重度污染。

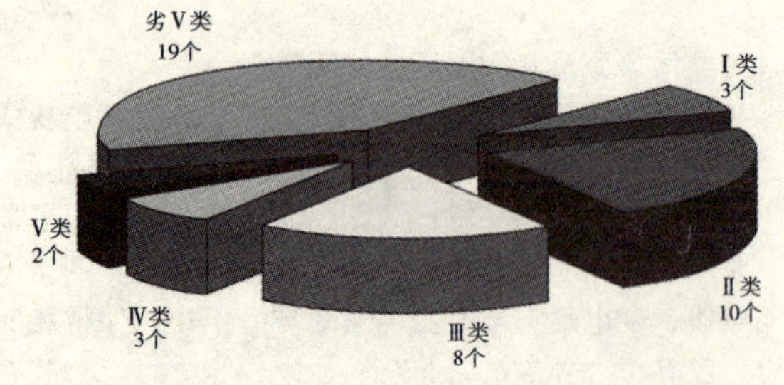

全省主要城市河流水质类别比例图

城市河流（水域）的主要污染指标为高锰酸盐指数、生化需氧量、氨氮和总磷，有机污染严重。

城市集中式饮用水源地

21个主要城市（16个州市政府所在地和5个县级市）的41个集中式饮用水水源地中，能满足集中式饮用水源地水质要求的有36个（柴河水库、大河水库、云龙水库、车木河水库、潇湘水库、西河水库、独木水库、东风水库、龙泉门、龙王潭、北庙水库、大龙洞、渔洞水库、丽江黑龙潭、三束河、洗马河水库、信房水库、纳贺水库、博尚水库、中山水库、文山盘龙河、暮底河水库、五里冲水库、牛坝荒水库、白云水库、兴龙水库、南洞、澜沧江、西静河水库、九龙甸水库、洱海、勐板河水库、姐勒水库、勐卯水库、玛布河、龙潭河源头），占87.8%；不能满足要求的5个（松华坝水库、自卫村水库、宝象河水库、偏桥水库、东山水厂），占12.2%。

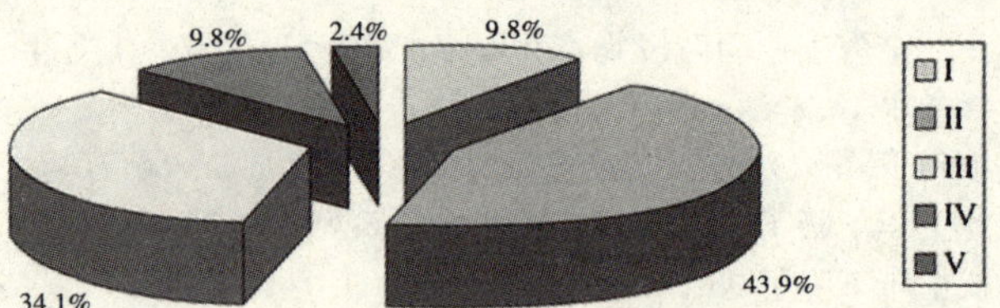

主要城市饮用水水源地水质类别图

与上年相比，我省主要城市集中式饮用水水源地水质好转的有11个（大河水库、柴河水库、车木河水库、大龙洞、信房水库、博尚水库、白云水库、南洞、盘龙河文山段、澜沧江景洪段、勐卯水库），占26.8%；水质下降的有3个（宝象河水库、白庙水库、蒙自东山水厂），占7.3%，下降原因均由于总氮监测值升高。

城市声环境

城市道路交通声环境

18个监测城市中，保山市、昭通市、丽江市、普洱市、临沧市、楚雄市、开远市、蒙自县、香格里拉县9个城市的城市道路交通声环境质量为好；昆明市、曲靖市、玉溪市、个旧市、景洪市、大理市和潞西市7个城市的城市道路交通声环境质量为较好；文山县和六库镇的城市道路交通声环境质量为轻度污染。城市道路交通声环境平均等效声级值范围在51.9～71.3分贝之间，六库镇最高，达71.3分贝，超过国家标准1.3分贝。

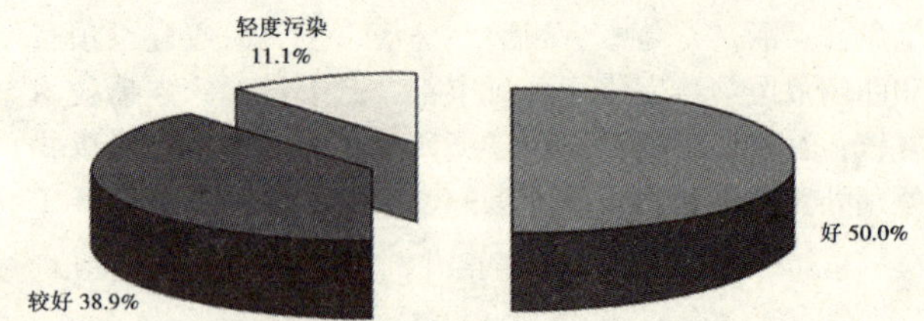

城市道路交通声环境污染程度比例

18个监测城市中只有昭通市没有平均等效声级值超过70分贝的交通干线，其余城市均有不同长度路段的平均等效声级值超过70分贝。全省道路交通声环境监测路段总长442.8千米。其中，132.4千米的路段声级超过70.0分贝，占监测路段总长度的29.9%。

2007年18个城市的道路交通声环境加权平均等效声级值为67.5分贝，比2006年下降0.8分贝。城市道路交通声环境质量达标率为88.9%，比2006年上升2.2个百分点，全省道路交通声环境加权平均等效声级值及达标率均好于2006年。

城市区域声环境

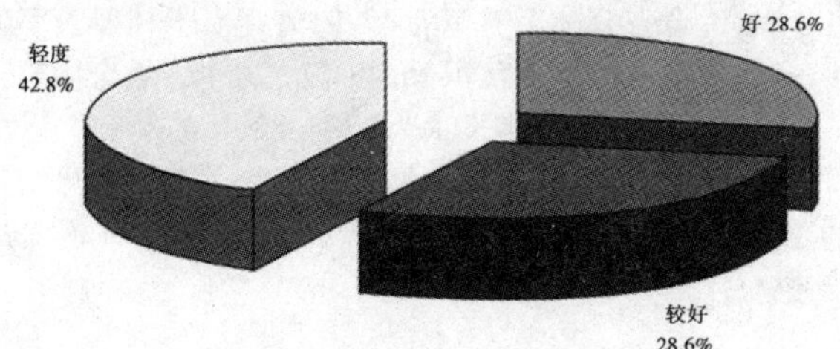

城市区域声环境污染程序比例

14 个监测城市中，玉溪市、昭通市、个旧市和景洪市的城市区域声环境质量为好，占监测城市的 28.6%；昆明市、曲靖市、楚雄市和大理市 4 个城市的城市区域声环境质量为较好，占监测城市的 28.6%；保山市、普洱市、开远市、潞西市、文山县、泸水县的城市区域声环境质量为轻度污染，占监测城市的 42.8%。

2007 年共有 8 个城市的城市区域声环境质量达标（平均等效声级值≤55.0 分贝），达标率为 57.1%

城市区域声环境平均等效声级值范围在 43.9 ~ 59.9 分贝之间。影响城市区域声环境的主要噪声源是生活噪声源及交通噪声源。

与上年相比，昆明市、昭通市、个旧市、开远市、景洪市和文山县城的城市区域声环境平均等效声级值下降，区域声环境质量有所好转；曲靖市、玉溪市和保山市的城市区域声环境平均等效声级值上升，区域声环境污染程度有所加重；其余城市的区域声环境平均等效声级值稳定。

2007 年 14 个城市的城市区域声环境等效声级值面积加权平均值为 53.0 分贝，比 2006 年下降 0.7 分贝。

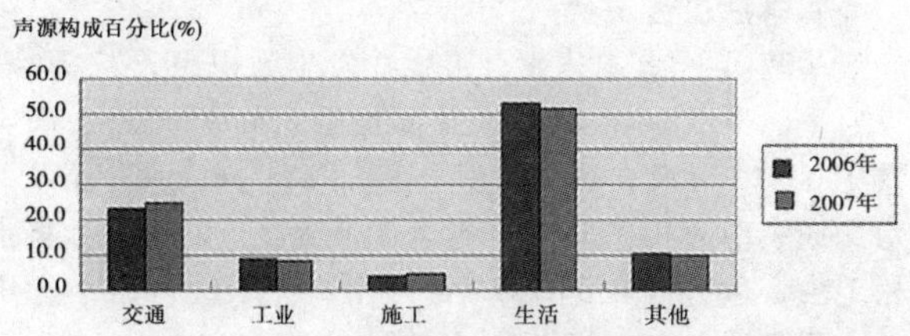

城市区域声环境声源构成年际变化比较

城市功能区声环境

在 14 个监测城市中，昭通市、普洱市、楚雄市、开远市的各种功能区噪声全部达标；其余城市的功能区噪声平均等效声级值均有不同程度的超标。

与上年相比，在进行功能区噪声监测的城市中，0 类区的昼、夜间功能区声环境质量均有所下降；1 类区的昼、夜间功能区声环境质量无明显变化；2 类区的昼间声环境质量好转情况好于夜间；3、4 类功能区的夜间声环境质量好转情况好于昼间。

城市污染排放

生活污水

城市生活污水排放量 4.84 亿吨，污水中排放化学需氧量 19.21 万吨，氨氮 1.58 万吨。与上年相比，城市生活污水、化学需氧量、氨氮排放量分别增长 4.8%、2.2%、1.3%。

空气污染物

城市生活二氧化硫排放量 8.83 万吨，生活烟尘 5.75 万吨。与上年相比，二氧化硫、烟尘排放量分别下降 6.9%、0.5%。

城市生活垃圾

全省清运垃圾 536.6 万吨/年。

城市机动车污染

全省机动车 4361768 辆。汽车在用车数 4345697 辆，比上年增长 1057113 辆。城市机动车数量逐年增加，污染排放呈加重趋势。

措施与行动

城市基础设施水平及建设情况

全省用水普及率达 90.95%，人均日用水量 131.63 升，城市综合供水能力达 430.7 万吨/日，比上年增长 23 万吨/日；城市燃气用气人口达 686.01 万人，比上年增长 155 万人；全省拥有标准运营公共车 9031 辆，比上年增长 1462 辆；全省城市人均公共绿地面积为 6.02 平方米，建成区绿化地面积为 22.23%，建成区绿化覆盖面积为 25576 公顷；全省城市道路面积 11123 万平方米，道路长度为 6974 千米，比上年增长 1118 千米。

城市生活污水处理厂建设

全省建成的污水处理厂 37 座，城市污水厂集中处理率为 43.56%，形成城市污水处理能力 123.2 万吨/日；在建项目 4 个，建成后污水处理能力可增加 33 万吨/日。

城市生活垃圾处理场建设

全省建成无害化垃圾处理场 29 座。其中，卫生填埋 28 座，堆肥 1 座。无害化处理率达 45.61%，形成无害化处理能力 9490 吨/日；目前有 8 座垃圾处理场正在建设中，建成后将增加垃圾无害化处理能力 1730 吨/日。

城市机动车污染防治

完成对昆明市、昭通市、普洱市机动车环保定期检验委托认证工作，对公用汽车和社会车辆尾气排放进行抽测。昆明市开展机动车检测标准、法规宣传培训工作。拟定了《昆明市机动车排气污染监督管理条例（草案）》并征求了各方意见。经统计，昆明市全市机动车注册登记车辆数为 892257 辆，实施环保定期检验车辆 713815 辆，环保定期检测率为 80%。昆明市在全国率先开展每月一次的“无车日”活动。

城市禁煤、禁白和烟控区、噪声达标区建设

昆明、曲靖、个旧、丽江古城等城市继续开展城区“禁煤”专项整治活动，昆明、丽江古城清洁能源使用率分别大于 50% 和 77%。迪庆、丽江继续全面开展“禁白”工作，成效显著。2007 年大理市开展“禁白”工作，出动执法人员 12000 多人次，执法车辆 3000 多车次，检查各类商户15000多户次，城市塑料袋、发泡餐盒减量达50%。

全省累计建成烟控区24个，比上年新增2个（丽江、临沧），新增面积33.38平方千米，总面积达419.88平方千米；建成环境噪声达标区35个，比上年新增2个，新增面积16.6平方千米，总面积达280平方千米。

城市环境综合整治定量考核及国家环保模范城市创建

全省17个设市城市环境综合整治定量考核得分排序由高到低为

地级市排名：昆明市、曲靖市、保山市、玉溪市、普洱市、昭通市、丽江市、临沧市。

县级市排名：安宁市、个旧市、景洪市、大理市、潞西市、楚雄市、瑞丽市、开远市、宣威市。

昆明创建“国家环境保护模范城市”工作取得积极进展，印发了《昆明市2007年“创模”工作计划》、《2007年度创模目标责任书》，创建“宁静小区”34家，建成“绿色学校”23个、“绿色社区”20个、“绿色商场”5个、“绿色酒店”10个。玉溪、大理、景洪、楚雄四城市的国家环保模范城市创建工作继续稳步推进。

安宁、个旧启动了国家环境保护模范城市的创建工作。

重点饮用水源地环境保护规划

编制并上报了《云南省主要城市集中式饮用水水源地环境保护规划报告》。对21个城市的41个重点集中式饮用水水源地进行了划分和规划。共划分水源保护区总面积5713.06平方千米，占全省国土面积的1.45%。水域保护区面积145.38平方千米，占保护区总面积的2.5%；陆域保护区面积5567.68平方千米，占保护区总面积的97.5%。其中，一级保护区总面积236.04平方千米，占区划总面积的4.13%；二级保护区总面积2396.03平方千米，占区划总面积的41.9%；准保护区总面积3080.99平方千米，占区划总面积的53.97%。

生态环境保护与建设

全省生态环境总体保持稳定，自然生态系统、生物物种资源保护和管理得到加强，城乡生态环境有所改善，生态建设取得成效。但全省生态环境的总体形势仍然十分严峻，生态保护和建设的任务艰巨。

自然保护区

截至2007年底，全省共建自然保护区176个。其中，国家级16个，省级45个，州市级80个，县级35个，总面积28832.49平方公里，占全省国土面积的7.32%。形成了各种级别、多种类型的自然保护区网络，有效的保护了云南的生态系统和物种资源。

森林资源现状及变化趋势

根据云南省森林资源连续清查第四次复查结果，全省林地面积2424.76万公顷，占全省土地总面积的61.52%。全省森林覆盖率为49.91%，灌木林覆盖率为10.67%。全省活立木蓄积15.48亿立方米，居全国第三位。全省森林年均总生长量为6396.85万立方米。

全省森林资源呈现稳步增长的态势，森林资源变化的总趋势是数量增长、质量提高、结构改善、覆盖率提高。

草地资源的现状及变化趋势

全省天然草原面积2.29亿亩（可利用面积1.78亿亩），其中疏林草地5079.49万亩，灌丛草地1892.49万亩，草丛草地9213.81万亩，草甸草地2854.14万亩，零星草地3858.04万亩，河湖水泛草地64.68万亩。建植人工草地807.41万亩，退牧还草525万亩，草原围栏830万亩，有毒有害植物及鼠虫害治理294万亩。目前，我省局部地区草原生态环境有所改善，草地石漠化、退化现象日趋严重，草原生态恶化的现状和趋势还没有得到有效遏制。

湿地资源

全省现有天然湿地总面积3439平方千米。其中，河流湿地1595平方千米，湖泊湿地1754平方千米，沼泽和沼泽化草甸湿地90平方千米。其中，林业系统管理的湿地类型自然保护区8处，分别为大山包黑颈鹤国家级自然保护区和碧塔海、纳帕海、拉市海、泸沽湖、腾冲北海、海峰、剑湖等7个省级自然保护区。大山包国家级自然保护区和碧塔海、纳帕海、拉市海省级自然保护区被列入“国际重要湿地”。

森林病虫害现状

2007年云南省林业有害生物发生面积597.37万亩，发生率为3.05%。其中，虫害发生531.06万亩；病害发生63.13万亩；鼠害发生3.18万亩。成灾面积168万亩，成灾率为8.7‰。全省发生最为严重的是食叶害虫松毛虫，危害面积达177.76万亩，蛀干性害虫小蠹虫危害面积达156.59万亩。

外来物种入侵

云南省2004年以来有7种外来有害生物入侵，特别是危险性极大的松材线虫、椰心叶甲、红棕象甲、微甘菊等的入侵，加之原来已成扩散蔓延趋势的紫茎泽兰、飞机草等有害生物，已对我省国土生态安全造成严重威胁。

石漠化现状

云南的石漠化总面积34772.76平方公里。云南的石漠化分布滇东较滇西严重。滇东石漠化分布广泛，集中连片分布于海拔1300～2200米的峰丛洼（谷）地和广大岩溶丘峰、台地、盆地边缘。石漠化具有自北向南逐渐增多，程度加重的特点。滇西和滇东北高原边缘与河谷斜坡带的中山岩溶盆（谷）地区以中、轻度石漠化为主。

农业面源及农药化肥使用状况

农业面源污染总负荷中，种植业的贡献率最高，其次是畜禽养殖业，渔业污染负荷相对较低。

2007年全省农药施用量45404吨（实物量），折纯量18065.3吨；化肥用量504万吨（实物量），农家肥使用量7815万吨。农作物秸秆产生量884万吨，绿肥翻压185万吨。

措施与行动

农村环境保护

加强农村环境综合整治，编制了《云南省农村环境保护行动计划》，在昆明、大理、保山、楚雄、丽江选点启动了农村饮用水源生态保护、生活污水处理等试点示范工程，开展全国农村环境保护试点工作，易门县、麒麟区、龙陵县、勐海县编制完成了《新农村建设环保行动计划》。在昆明市、文山州、楚雄州开展了以规模化畜禽养殖综合利用为主的污染防治试点。测土配方施肥技术推广1800万亩，比上年增146万亩。

农村户用沼气发展迅速，2007年新增21.6375万户，全省累计保有量达到192.0417万户。我省成为西南地区乃至全国沼气发展的主要省区之一。农村改灶节柴累计达到约600万户，推广太阳能热水器达到151.13万平方米，解决了我省农村约50万户家庭的沐浴和热水供应。

结合农村产业发展，编制完成《云南省有机食品生产基地建设规划》。继续深入开展无公害农产品、绿色食品和有机食品生产基地建设工作。2007年，全省共有60个产地获得无公害农产品产地认定，面积达155.45万亩；共有50家企业111个产品获得无公害农产品认证，认证面积73.81万亩，产量75.1万吨；共有51家企业104个产品获得绿色食品标志，认证面积68.6万亩，产量32.08万吨；共有10家企业16个产品获得有机食品认证，认证面积3.2万亩，产量0.28万吨。累计“三品”认证数首次超过1000个。

生态功能区划与生态示范区创建

编制了《云南省生态功能区划》，将生态功能类型中的65个三级生态功能区，按主导生态服务功能进行归类。

开展了生态省建设前期工作。楚雄州、玉溪市、昆明市启动了生态市（州）创建工作，易门、峨山、通海、弥勒、澄江等县启动了生态县创建工作。全省21个生态示范区完成规划编制，2007年红塔区生态示范区获得国家正式命名。截止2007年底，全省共创建全国环境优美乡镇7个，云南省生态乡镇80个。

生物多样性保护和自然保护区的建设管理

云南生物多样性评价试点工作顺利开展，采用物种丰富度、生态系统类型多样性、植被垂直层谱的完整性、物种的特有性、外来入侵物种种数等五个指标对云南129个县级行政区域进行综合评估，建立生物多样性基础数据库，为生物多样性的保护和管理服务。2007年，完成亚洲象繁育和苏铁就地保护2个野生动植物保护工程建设。长臂猿、滇金丝猴保护与监测等一大批科研、监测项目初见成效。

2007年，国家林业局批复西双版纳国家级自然保护区三期建设项目，并投资2777万元，实施药山、永德大雪山国家级自然保护区一期建设，白马雪山国家级自然保护区三期工程，以及拉市海、碧塔海、纳帕海、大山包国际重要湿地保护建设。

开展了云南省自然保护区现状调查，完成了自然保护区基础信息统计。成立了第三届省级自然保护区评审委员会，加强了对大理苍山洱海、会泽黑颈鹤国家级自然保护区湿地保护建设项目的监管，完成了巍山青华绿孔雀自然保护区范围调整的论证和报批工作。切实加强纳板河流域国家级自然保护区的建设，与西双版纳州政府协调有关保护区土地权属等问题，召开纳板河流域国家级自然保护区现场办公会议。

水土保持

2007年，全省水土保持工作稳步推进，成效显著。全省共完成水土流失防治面积2480平方千米，占年度计2400平方公里的103%，其中完成坡改梯1.63万公顷，水保林4.39万公顷，经济林5.07万公顷，种草0.31万公顷，封育治理10.97万公顷，保土耕作2.44万公顷，新建小型水利水保工程20528座（口），完成土石方4040万方，新实施生态修复面积5000平方千米。完成投资64657万元。全省共审批开发建设项目水土保持方案1798个，开发建设项目水土保持总投资71亿元。

退耕还林工程实施情况

2007年圆满完成国家下达计划任务80万亩。其中，退耕地还林15万亩，荒山荒地造林65万亩。重点在25度以上水土流失严重的陡坡耕地、石漠化集中区等生态建设重点区域及血吸虫重病疫区实施，涉及59县（市区）、156乡（镇）、572村、3.9万户退耕农户。

天然林保护工程

2007年国家下达我省天然林管护任务17969.3万亩，实际完成18976.05万亩，占年计划的105.6%，落实森林管护人员31947人。全省公益林建设任务160.72万亩，截止12月底，全面完成公益林建设任务。

防护林工程

截止2007年底，累计完成营造林198.27万亩。其中，人工造林127.89万亩，封山育林70.38万亩。2007年下达造林任务7.2万亩，各项造林指标完成较好。

湿地保护政策执行情况

大山包、苍山洱海、会泽黑颈鹤、拉市海、碧塔海、纳帕海、泸沽湖、海峰等湿地保护区保护工程开工建设，2007年投入基础设施建设、湿地恢复等资金3400余万元。

气候与自然灾害

云南全省大部地区降水量偏丰、年平均气温正常至偏高、全省平均年日照时数比常年偏少113小时，是近30年来的第4日照偏少年。但雨季开始期偏早，气候条件属对工农业生产，对经济、社会、生态环境利弊皆有的中等偏上年景。

降水分布

全省大部地区年降水量正常至偏多，其中冬春季节偏多，夏秋季节正常稍少。全省平均年降水量1132毫米，较常年偏多27毫米，为近5年来的最多年。最大降水区域位于滇南边缘一带，最少降水位于滇东北的昭通和滇西的宾川一带。

气温分布

全省大部地区年平均气温正常至偏高，但冬季（2006/2007年）温度正常稍高，暖冬特征不明显，是本世纪以来冬季温度最低的一年。全省年平均气温16.7℃，较常年偏高0.3℃，比2006年偏低0.5℃。全省高温月出现在3月、6月和12月，低温出现在4月、5月，其他月份均为正常至偏高。

气象灾害及诱发灾害

2007年气象灾害造成的经济损失和死亡人数较2006年略偏多。年内相继发生低温、霜冻、雪灾、干旱、大风冰雹、雷击、洪涝、滑坡泥石流、病虫害等多种气象及气象衍生灾害。其中，强降水引发的洪涝、滑坡、泥石流是造成我省受灾严重的主要气象灾害，其次是干旱和强对流天气引发的大风、冰雹、雷击灾害。全省1916.7万人受灾，因灾死亡374人，紧急转移安置10.7万人，饮水困难189.1万人；损坏房屋28.5万间，倒塌7.2万间；农作物受灾1356.6千公顷，绝收200.7千公顷，死亡大牲畜1.2万头（匹）；直接经济损失75.6亿元，其中农业经济损失46.6亿元。

暴雨洪涝

2007年我省共有127个县、1190个乡（镇）、630.9万人受灾，倒塌房屋3.05万间，因灾死亡173人，直接经济总损失约40.9亿元。其中，灾害损失较重的是临沧、曲靖、保山、普洱、昭通、昆明、红河等州市经济损失达33.68亿元，占直接经济总损失的82%。

地质灾害

2007年云南省发生地质灾害1154起。其中，滑坡883起、崩塌146起、泥石流80起、地面塌陷42起、地裂缝2起、地面沉降1起，地质灾害造成114人死亡，11人失踪，直接经济损失约2.75亿元，属灾害较重年。受灾严重的有昆明、昭通、玉溪、红河、普洱、保山、德钦、丽江、临沧等9个州、市。

地震灾害

全省（21°~29°N、97°~106°E）共发生3级以上地震328次，其中3.0~3.9级地震305次，4.0~4.9级地震18次，5.0~5.9级地震4次，6.0~6.9级地震1次。最大地震为2007年6月3日宁洱6.4级地震。地震共造成43万人受灾，受灾户数10.1万户，涉及20个乡（镇），地震造成3人死亡，28人重伤，392人轻伤，房屋倒塌151.2万平方米、破坏643.4万平方米，直接经济损失19.5亿元。

措施与行动

组织开展地质灾害基础性调查，制定地质灾害防治规划和方案，推进地质灾害预防和应急机制的建立，不断完善地质灾害群测群防网络，加强宣传，提高全社会的防灾减灾意识和水平。

省委、省政府召开农村民居地震安全工作会议，下发《关于实施农村民居地震安全工程的意见》，全面启动实施我省农村民居地震安全工程。2007年，省级财政共筹措5亿元专项资金，在全省16个州市的70个县范围内，组织16.6万户农村民居实施地震安全工程。

省十届人大常委会第二十九次会议审议通过《云南省建设工程抗震设防管理条例》，自2007年10月1日起施行。省委副书记、省长秦光荣主持下，省地震局和驻滇某集团军联合举行了“云震·07”地震应急救援演习。中国地震局和省政府共同投资1.5亿元的“十五”重大项目《云南数字地震观测网络建设》项目通过了国家验收。《中国大陆构造环境监测网络建设》和《云南省县级地震机构防震减灾基础能力建设》项目启动实施。《云南地震安全工程—大震应对与处置能力强化建设》可行性研究报告编制完成。

专　栏

七彩云南保护行动

为深入贯彻落实党的十六届六中全会和省第八次党代会精神，坚持生态立省、环境优先，促进全省经济社会又好又快发展，2007年，省委、省政府全面启动实施了以“七彩云南·我的家园”为主题，以环境法治、环境治理、环境阳光、生态保护、绿色创建、绿色传播、节能减排为主要内容的“七彩云南保护行动”。全面实施“七彩云南保护行动”，就是要着力解决影响我省经济社会发展和人民群众生产生活的突出环境问题，使全社会的环境意识明显增强，公众的环境权益切实得到维护，生态环境进一步优化，政府的环境监管能力明显提高，促进自然资源系统与经济社会系统良性循环，推进经济社会的可持续发展；全面实施“七彩云南保护行动”，充分体现了云南省坚定不移地落实科学发展观，构建社会主义和谐社会的信心和决心。行动旨在经过15~20年的艰苦努力，实现生态省建设的目标。

2007年2月1日，“七彩云南保护行动”启动仪式在昆明世博园隆重举行。国家环保总局副局长李干杰，联合国环境规划署驻华代表、联合国驻华系统环境和能源委员会主席邵雪民，老挝、马来西亚、越南、缅甸、泰国、柬埔寨六国驻昆总领事、领事，云南省委、省人大、省政府、省政协领导，云南各州（市）党政领导、省级各部门各单位领导，以及部分人大代表、政协委员、环保志愿者、各界群众代表、中央及地方新闻单位等2600余人到场参加启动仪式。省委书记白恩培宣布“七彩云南保护行动”启动，省长秦光荣发表“保护七彩云南建设和谐家园”的重要讲话。“七彩云南保护行动”的全面启动实施，得到了社会各界和广大公众的广泛认同和拥护，在国内外引起了强烈反响。全省16个州市129个县（市、区）相继启动实施了“七彩云南保护行动”。“七彩云南保护行动”实施近一年来，各级党委、政府、有关职能部门和广大群众积极行动，紧紧围绕七大行动创造性地开展工作，狠抓措施落实。一个政府引导、部门推进、全民参与，共同保护和建设美好家园的良好氛围逐步形成，为全面推进生态立省战略打下了坚实基础。

“七彩云南保护行动”的实施，极大地促进了以主要污染物减排、九大高原湖泊保护与治理等为重点的各项环保工作。同时，我省还成功举办了七彩云南保护行动“三个一”应征作品颁奖典礼暨歌唱七彩云南音乐会，开通了“七彩云南保护行动网站”，组织开展了联合国开发计划署中国环境意识项目部分子项目——“我眼中的可再生世界”摄影大赛、“畅想绿色未来——绿色课堂走进七彩云南”等一系列活动，有力地促进了“七彩云南保护行动”在全社会的蓬勃开展，为建设富裕、民主、文明、开放、和谐云南提供更大更优的发展空间。

主要污染物减排

省委、省政府高度重视污染减排工作，提出要通过全面实施“七彩云南保护行动”，确保完成全省节能减排目标任务。省政府以《云南省人民政府办公厅关于印发云南省节能减排领导小组组成成员和工作职能的通知》（云政办发〔2007〕250号），成立了以秦光荣省长为组长的全省节能减排工作领导小组。为进一步加强节能减排工作，在全国率先出台了《云南省人民政府关于进一步加强节能减排工作的若干意见》（云政办发〔2007〕141号）和《云南省人民政府办公厅关于印发云南省“十一五”主要污染物总量减排工作考核办法的通知》（云政办发〔2007〕218号），进一步明确了污染减排的目标、任务和责任。6月23日，省政府召开第51次常务会议专题研究了我省节能减排工作，并原则通过了《云南省节能减排综合性工作方案》等配套文件。6月30日，省政府召开全省节能减排工作电视电话会议，对我省节能减排工作进行了全面动员和部署，省政府常务副省长出席会议作了重要讲话，并代表省政府与各州市政府签订了2007年节能减排目标责任书。同时，省政府在9月12日启动了“全民节能·云南在行动”全民节能减排行动，并召开全省节能减排工作现场会，对全省节能减排工作进行再动员、再部署、再落实，秦光荣省长出席会议并作了重要讲话。

按照国家环保总局和省政府的要求，始终把主要污染物总量控制工作作为当前我省环保中心工作，制定和完善相关政策，进一步加大污染减排工作力度，完善工作制度，突出重点，全面推进。一是将总量控制指标及总量削减任务分解落实到各州市，督促各州市将总量削减任务落实到各县（市、区）和重点企业，并层层签订污染物总量削减目标责任书。二是公布了“十一五”期间国家和我省152家重点监控企业名单，全面推行排污许可证制度，对国控、省控企业加大监测和监管力度，所有重点污染企业限期安装在线监测装置并与环保部门联网。三是编制完成了我省2007年主要污染物总量减排计划，报请省政府印发了《云南省人民政府办公厅关于认真贯彻落实“十一五”期间全省主要污染物总量减排计划的通知》（云政办发〔2007〕105号），明确了我省“十一五”期间必须完成的70个主要污染物总量削减项目和2007年的53个项目。四是结合“七彩云南保护行动”，通报了20家严重违反环保法律法规的企业，省、州（市）、县三级环境监察部门共出动6，500余人次，以152家国控、省控重点企业和年底前必须完工并投入运行的53个污染物削减项目为重点，加大了对重点企业的监察力度。五是报请省政府印发了《云南省人民政府办公厅关于进一步加强环境影响评价管理工作的通知》（云政办发〔2007〕16号），严格“环评”制度，控制增量。六是会同省经委报请省政府印发了《云南省节能减排综合性工作方案和云南省节能减排工作任务分解方案》，并对节能减排工作方案和任务分解方案进一步细化分解，建立了省环保局主要污染物排放总量控制工作制度、污染减排定期会商制度，调整充实了我局“十一五”期间主要污染物总量控制领导小组，全面推进总量削减各项工作。七是积极参与省政府组织的5个督查组，对省直有关部门、省属各重点企业、各州、市贯彻落实全省节能减排会议、文件情况及节能减排年度目标、任务、措施完成情况进行了重点督查，有力地促进了全省节能减排工作的深入开展。八是组织全省各州、市和部分重点县（市、区）环保部门开展了以《主要污染物总量减排核算细则（试行）》的减排工作培训，使污染减排和环境统计工作做到有机统一，并进一步规范了减排工作。

在省委、省政府的正确领导和各级、各有关部门、企业的共同努力下，我省污染减排工作取得了积极进展，一批减排项目相继建成投入运行。2007年，工业污染治理投资24.59亿元。经国家环保总局初步核定，

2007年我省完成80项二氧化硫减排项目（其中工程减排22项，结构减排58项），41项化学需氧量减排项目（其中工程减排32项，结构减排2项，管理减排7项）；2007年我省二氧化硫和化学需氧量分别较2006年削减3.14%和1.36%，完成了减排年度目标，扭转了我省2006年和2007年上半年两项约束性指标不降反升的局面，污染减排工作取得阶段性进展。

第一次污染源普查

云南省污染源普查工作按照国务院的统一部署和要求，在省委、省政府的领导下，在相关部门和全省上下的大力支持和配合下，2007年普查准备阶段各项工作稳步推进、进展顺利。

2007年3月成立了云南省第一次污染源普查工作领导小组，由分管环保的副省长任组长，领导小组办公室设在省环保局。全省16个州（市）、129个县（市、区）相继成立相关普查机构，各州（市）与各县（市、区）签订了第一次污染源普查目标责任书。省级普查工作管理人员到位60多人，州（市）级普查工作管理人员约300人，县（市、区）级普查工作管理人员约1300人。

省政府办公厅印发了《云南省第一次污染源普查工作实施方案》；全省组织开展了152家重点污染源监测，各地广泛深入开展了污染源普查宣传动员工作；全省培训普查人员约2万人，组建普查队伍；落实省级普查经费1965万元，各州（市）及县（市、区）配套普查经费4000多万元。通过摸底清查，全省普查对象为241813家，其中工业源38446家。

国际交流与合作

亚行援助《大湄公河次区域生物多样性保护廊道建设云南（西双版纳和德钦）项目》、《大湄公河次区域可持续发展战略（云南省）研究项目》，全球环境基金援助《长江流域生态保护与洪水控制－云南老君山示范项目》，瑞典政府援助《云南省可持续发展能力建设项目》，西班牙政府援助《云南省环境监察信息系统能力建设可行性研究项目》等合作项目顺利实施。世行贷款《云南省城市环境建设项目》通过世行正式评估。为促进我省循环经济的发展，申请并实施了中英合作《云南省可持续消费和生产示范项目》。

国家环境保护总局和云南省人民政府主办，亚洲开发银行、欧盟驻华代表处、德国技术公司协办的“七彩云南”生物多样性保护国际论坛在昆明召开。由中国环境科学学会水环境分会、中国环境科学院湖泊创新基地、云南省环保局主办，大理州人民政府、大理州环保局承办的中国洱海富营养化控制与管理研讨会在大理成功举办，日本等国内外知名专家出席了研讨会。

邀请短期工作的外国专家20人次；接待了30多个外国政府、国际组织、研究机构、企业、民间团体及个人的访问；争取到国内外资助培训和工作出访6批，20人次。

环境信访

全年共受理群众来信220件，已办结210件，办结率95.45%；接待群众来访54批110人次，已办结51批次，办结率94.44%；收到省级领导批示重要信访12件，办结率100%。收到人大代表建议17件、政协提案33件，全部按要求办理完毕。

排污费征收

全省共征收排污费2.91亿元。其中，上缴中央国库0.29亿元，上缴省级国库1.23亿元，州（市）级以下国库1.39亿元。与上年相比，全省排污费增加2652万元，增长10%；上缴省级国库增加1489万元，增长14%；省级直接征收排污费9211万元，增加956万元，增长12%，排污费征收创历史新高。

污染事件处理

全省现场监督检查共51564次；处理污染纠纷1892起，结案率97%；群众信访7819件，处理率99%，结案率98.6%。

环保专项行动

2007年，全省按照国家统一部署继续组织开展了“整治违法排污企业，保障群众健康”环保专项行动。以饮用水源保护区及城市集中式饮用水源地整治、工业园区和工业集中区环境违法问题整治、危害群众健康和影响可持续发展的重点行业企业整治、公路沿线突出环境问题整治为重点。全省共出动环境监察执法人员31746人次，检查企业11055家次，查处违法企业110家。解决了一批长期影响人民群众生产生活、群众反映强烈的环境问题，成效明显。

环境法制

向社会通报了17项违法违规事项；全年全省各级环境保护行政主管部门共实施行政处罚案件2378起，其中省级处罚10个违法项目，处罚金额129万元；办理行政复议案件5起；行政诉讼案件8起。出台并实施了地方性政府规章《思茅区饮食娱乐服务业管理办法》。

环保科技与标准

积极组织开展了国家水体污染控制与治理科技重大专项我省有关项目的前期准备工作，成立了项目领导小组及管理机构。滇池流域水污染控制及富营养化治理关键技术与示范项目、富营养化初期湖泊（洱海）水污染综合防治技术研究与工程示范项目列入了国家水体污染控制与治理科技重大专项。成立了云南省环境保护专家咨询委员会并召开了第一次会议。滇池“863”项目《滇池入湖河流水环境治理技术与工程示范》进展顺利。2007年，共安排环境科技项目27项，共投入环保科技资金1550万元。

组织编制了《清洁生产标准甘蔗制糖业（含糖蜜酒精）》（DB53/T 234－2007）并由云南省质量技术监督

局发布，自2008年1月1日实施。

循环经济与清洁生产

开远、洱源、普者黑三个循环经济试点工作稳步推进。洱源县全面完成了年度农业循环经济中的各个项目。普者黑流域开展了生态示范村建设。

2007年，12户重点企业通过强制性清洁生产审核验收。12家企业共提出清洁生产方案1045项，实施1022项，项目总投入达1.3亿多元。通过实施清洁生产方案，12家企业有效削减了“三废”排放量，节能降耗明显。

泛珠江三角区域滇沪滇川环保合作

在国家环保总局的指导下，在广东省环保局的牵头协调下，泛珠江三角区域环保合作进一步展开，合作领域进一步扩大，成效已初步显现。参与了《珠江流域水污染防治“十一五“规划》编制和上报、《泛珠三角区域水环境监测规划》审议、流域生态补偿机制研讨等工作，开展了清洁生产技术、环保宣传教育和公众参与等方面的交流。组织举办了泛珠江三角区域大学生环保知识电视大奖赛。

召开了上海—云南对口合作（环保）工作组第十五、十六次工作会议，确定了年度工作任务。2007年各项合作工作进展顺利，环境监测能力建设项目得到上海方援助，按计划完成远程教育培训任务，约有60余人次参加了培训，开展了技术人员交流。

举办了“云南四川环境保护协调委员会”第三次会议，建立和完善了双方市、县两级的环境保护协调机制；完成了《泸沽湖流域水污染防治规划（2006～2020年）》的编制和上报；加大环境监察执法力度，建立了联合检查执法及环境监测机制。继续开展环境监测信息交流和通报。

环境保护机构与队伍建设

2007年全省环保队伍人数总计4066人。127个县区成立独立建制的环境保护局。环保系统人员参加业务培训共计1688人次。

建设项目环境管理

全省各级环保部门审批建设项目环境影响报告书、报告表、登记表共计5650项，环评执行率为99%，涉及项目总投资1669.19亿元，预计环保投资总额达121.48亿元，占7.3%；建设项目竣工环境保护验收942项，涉及项目总投资249.80亿元，实际环保投资总额15.95亿元，占6.4%；“三同时”合格率为100%。加强对国家和省级审批的建设项目“三同时”监察，全年出动环境监察人员305人次，对近百个项目进行了现场监察。

环境绿色创建绿色传播行动工作

在全国的绿色学校与绿色社区创建工作中，我省昆明市官渡区曙光小学等5所学校、5名优秀教师、5名先进工作者、4个优秀组织单位和大理州大理古镇的玉洱社区等3个社区、4名先进个人、1个优秀组织单位（麒麟区环保局），受到国家环保总局与教育部的表彰。云南省环境保护局与云南省教育厅联合表彰了第二批省级绿色社区32家，10名先进工作者、24名工作先进个人获表彰。

2007年底，在大理州、曲靖市的国家级绿色社区组织开展了我省首次“社区环境圆桌对话会议”，就社区创建组织和管理工作进行了讨论并交流经验。

编写了《学校环境教育指导手册》、《村民环境教育知识读本》和《国家工作人员环境教育读本》。

组织举办了泛珠三角区域环保演讲比赛。来自泛珠三角区域的二十一名环保系统和大学生选手在昆明参加了比赛。省政府、省政协领导观看比赛并为获奖选手颁奖，云南电视台进行了全程录播。

污染减排三大体系能力建设

以国控重点污染源自动监控、环境监察执法标准化、污染源监督性监测、环保业务信息化四大项目为主的污染减排指标、监测、考核“三大体系”能力建设项目，建设工作进展顺利。其中，国控重点污染源自动监控项目，中央主要污染物减排专项资金补助2813万元用于省级和除怒江、迪庆外的14个州（市）建设监控中心建设；环境监察执法标准化建设项目，中央主要污染物减排专项资金补助2244万元，对我省64个环境监察机构进行标准化建设，购置执法车辆70辆，取证等设备1391台（套）。

云南省土壤污染状况调查

全省共布设背景点73个，普查点1，718个，其中耕地956个，林地550个，自然保护区204个，建设用地8个；重点区域调查点位490个。全省16个州、市编制了各地土壤污染状况调查实施方案，12个州、市完成了普查点采样工作。

（云南省环境保护局）

国民经济和社会发展统计公报

2006年，在省委、省政府的正确领导下，全省上下认真贯彻党的十六大、十七大和省第八次党代会精神，坚持以科学发展观统领经济社会发展全局，始终突出科学发展、突出和谐建设、突出改善民生，狠抓节能减排工作，努力转变经济增长方式，全省经济社会发展呈现出经济效益良好、增长速度较快、结构协调优化、社会和谐稳定、民生不断改善的新局面。

综　合

初步核算，2007年全省生产总值（GDP）完成4721.77亿元，比上年增长12.3%，增速比上年加快0.4个百分点。其中：第一产业增加值868.09亿元，增长6.1%；第二产业增加值2040.44亿元，增长15.1%；第三产业增加值1813.24亿元，增长12.1%。三次产业结构由上年的18.7∶42.8∶38.5调整为18.4∶43.2∶38.4。

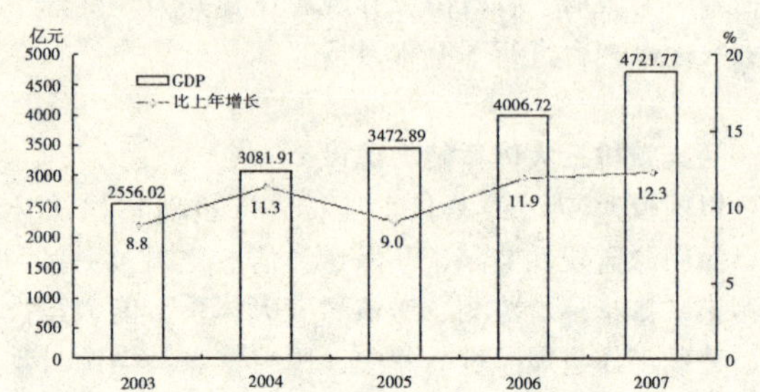

图1　2003－2007年生产总值及其增长速度

表1　2007年居民消费价格比上年涨跌幅度

单位：%

指　标	全　省	城 市	农 村
居民消费价格	5.9	5.9	5.9
食　品	14.1	14.7	13.6
其中：粮食	5.7	6.5	5.3
油脂	31.2	37.2	25.9
肉禽及其制品	32.0	33.1	30.0
猪肉	49.1	51.6	44.9
鲜蛋	13.2	13.6	12.5
烟酒及用品	2.9	3.3	2.5
衣　着	－2.2	－3.7	－0.3
家庭设备用品及服务	1.7	1.2	2.2
医疗保健及个人用品	5.9	7.0	3.7
交通和通讯	－1.4	－2.0	－0.2
娱乐教育文化用品及服务	持平	0.3	－0.3
居　住	4.2	3.1	5.8

全省人均GDP达到10496元（按年末汇率折合1437美元），比上年增长11.5%。非公有制经济创造增加值1764亿元，占全省生产总值的比重达37.4%，比上年提高0.9个百分点。

全省财政总收入完成1111.3亿元，比上年增长25.3%。地方财政一般预算收入完成486.7亿元，比上年增长28.1%；其中增值税完成85.72亿元，增长27.0%；营业税112.47亿元，增长25.7%；企业所得税55.51亿元，增长34.4%。全省地方一般预算支出完成1134.7亿元，比上年增长27.0%，其中，用于交通运输、教育、科技、医疗卫生、社会保障和就业的支出分别增长122.3%、14.1%、19.3%、31.1%和26.9%。

全省积极推进城市化战略，城市化进程进一步加快。年末全省城市化水平达31.6%，比上年提高1.1个百分点。

居民消费价格比上年上涨5.9%，其中食品价格上涨14.1%。商品零售价格上涨4.4%。工业品出厂价格上涨5.7%。原材料、燃料、动力购进价格上涨8.2%。固定资产投资价格上涨4.2%。农业生产资料价格上涨7.0%。

农　业

全年粮食总产量达1546.68万吨，比上年增长0.3%，实现了从2003年以来连续5年增产的可喜成绩。主要农产品产量稳定增长。油料产量36.7万吨，比上年下降6.0%；烤烟产量76.7万吨，增长1.2%；蔬菜产量1113.33万吨，增长7.7%；水果产量202.37万吨，增长24.5%；茶叶产量17万吨，增长22.9%；鲜切花产量49.9亿枝，增长25.3%。

全年肉类总产量达335.5万吨，比上年增长4.2%；牛奶产量42.3万吨，比上年增长16.2%；禽蛋产量25.9万吨，比上年增长26.3%；水产品产量33.4万吨，比上年增长14.2%。

表2　2007年主要农产品产量及其增长速度

单位：万吨

产品名称	产量	比上年增长%
粮食	1546.68	0.3
油料	36.70	－6.0
甘蔗	1938.70	15.5
烤烟	76.70	1.2
蔬菜	1113.33	7.7
水果	202.37	24.5
茶叶	17.00	22.9
橡胶	28.22	6.8
肉类总产量	335.50	4.2
牛奶	42.30	16.2
水产品产量	33.40	14.2

工业和建筑业

全年全部工业完成增加值1701.78亿元，比上年增长17.0%；其中规模以上工业完成增加值1494.38亿元，增长17.5%。在规模以上工业中，轻工业增加值691.08亿元，比上年增长17.9%；重工业增加值803.3亿元，增长16.5%。

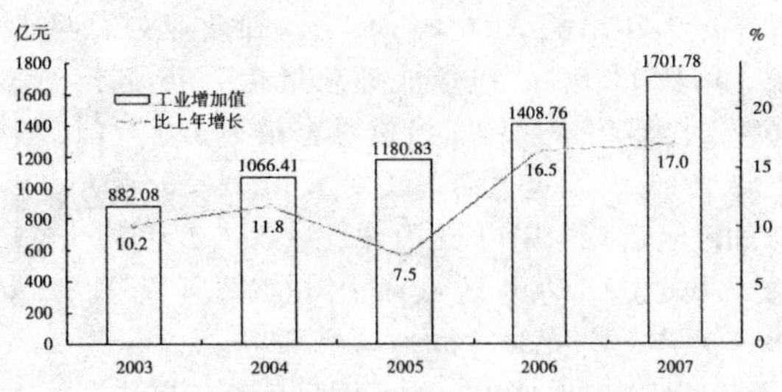

图2 2003－2007年工业增加值及其增长速度

主要能源、原材料生产平稳较快增长。全年原煤产量7755.19万吨，比上年增长5.7%；发电量904.51亿千瓦小时，增长20.0%；粗钢产量883.85万吨，增长39.1%；钢材产量789.99万吨，增长34.3%；十种有色金属产量233.77万吨，增长13.0%；水泥产量3568.53万吨，增长7.9%。

表3 2007年主要工业产品产量及其增长速度

产品名称	单位	2007年	比上年增长%
原煤	万吨	7755.19	5.7
发电量	亿千瓦小时	904.51	20.0
其中：水电	亿千瓦小时	430.96	21.1
火电	亿千瓦小时	473.55	19.0
铁矿石原矿量	万吨	1847.94	21.9
粗钢	万吨	883.85	39.1
钢材	万吨	789.99	34.3
十种有色金属	万吨	233.77	13.0
其中：铜	万吨	40.17	8.5
原铝	万吨	57.87	24.3
硫酸（折100%）	万吨	856.56	23.3
烧碱（折100%）	万吨	14.49	75.4
化肥（折100%）	万吨	317.64	4.1
卷烟	万箱	670.27	3.4
成品糖	万吨	188.04	34.0
精制茶叶	万吨	10.74	17.1
化学医药	吨	3198.05	114.1
中成药	吨	13662.00	19.4
自来水生产量	万吨	58657.58	3.4
机制纸及纸板	万吨	37.72	13.4
水泥	万吨	3568.53	7.9
平板玻璃	万重量箱	329.79	9.0
人造板	万立方米	87.47	11.0
发电设备	万千瓦	88.71	12.3
变压器	万千伏安	1144.22	1.0
汽车	辆	47085	25.6

全年全社会建筑业完成增加值338.66亿元，比上年增长6.6%。全省具有资质的建筑业企业完成总产值742.05亿元，比上年增长10.4%；实现利润20亿元，增长7.0%；上缴税金31亿元，增长13.6%。

固定资产投资

2007年全社会固定资产投资规模达到2798.89亿元，比上年增长26.1%。分城乡看，城镇投资完成2443.5亿元，增长22.1%；农村投资355.39亿元，增长62.4%。

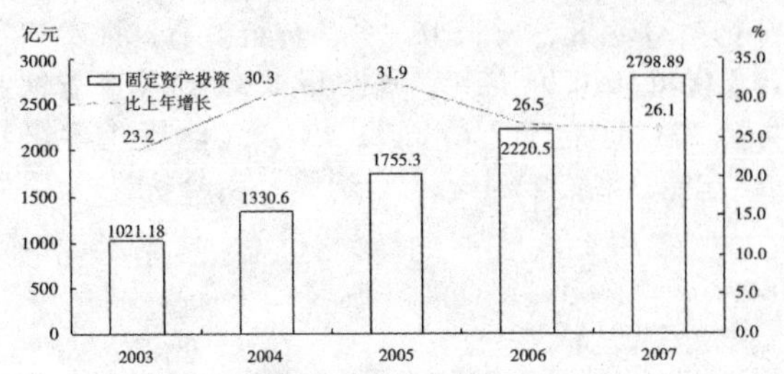

图3 2003－2007年全社会固定资产投资及其增长速度

分三次产业看，第一产业投资72.19亿元，增长10.5%；第二产业投资997.47亿元，增长24.9%；第三产业投资1729.23亿元，增长27.5%。

表4 2007年分行业全社会固定资产投资及其增长速度

单位：亿元

行业	投资额	比上年增长%
总计	2798.89	26.1
农、林、牧、渔业	72.19	10.5
采矿业	128.33	46.0
制造业	318.24	34.3
电力、燃气及水的生产和供应业	531.99	12.8
交通运输、仓储和邮政业	409.95	2.0
信息传输、计算机服务和软件业	54.67	14.7
批发和零售业	39.24	19.8
住宿和餐饮业	22.11	30.5
金融业	4.22	-0.9
房地产业	516.94	36.3
科学研究、技术服务和地质勘察业	12.86	498.1
水利、环境和公共设施管理业	198.06	4.9
居民服务和其他服务业	3.48	－23.2
教育	59.25	24.9
卫生、社会保障和社会福利业	17.65	41.9
文化、体育和娱乐业	24.54	56.1
公共管理和社会组织	149.43	97.9

全年房地产业开发投资完成422.9亿元，比上年增长27.3%，其中，商品住宅投资320.46亿元，增长34.2%。全省商品房屋施工面积4284.25万平方米，增长29.0%；竣工面积913.74万平方米，下降21.3%。商品房屋销售面积1890.15万平方米，增长11.6%，商品房屋销售额472.28亿元，增长17.2%。

国内贸易和对外经济

全年实现社会消费品零售总额1394.54亿元，比上年增长17.3%。分地域看，城市实现消费品零售额771.32亿元，增长18.3%；县及县以下实现消费品零售额623.23亿元，增长16.1%。分行业看，批发和零售业零售额1070.94亿元，增长15.8%；住宿和餐饮业零售额231.88亿元，增长22.4%；其他行业零售额91.72亿元，增长22.4%。

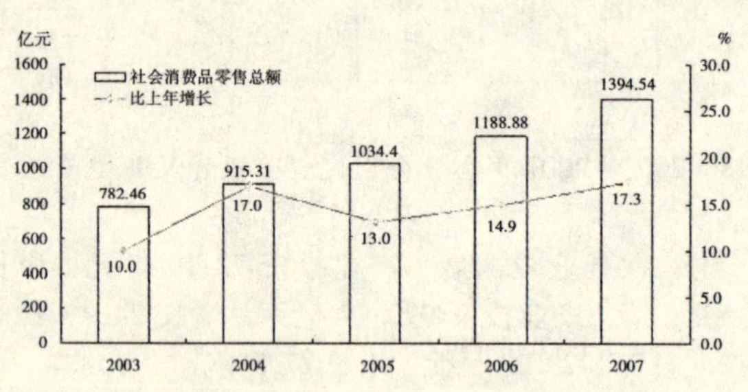

图4　2003－2007年社会消费品零售总额及其增长速度

注：2004年社会消费品零售总额为第一次经济普查数。

在限额以上批发和零售业零售额中，粮油类零售额比上年增长44.9%，肉禽蛋类增长21.3%，汽车类零售额比上年增长9.9%，石油及制品类增长7.9%，文化办公用品类增长23.8%，通讯器材类增长39.1%，家用电器和音像器材类增长24.9%，建筑及装潢材料类增长1.7倍，家具类增长82.7%，中西药品类增长26.6%，化妆品类增长10.1%，金银珠宝类增长1.09倍。

全年外贸进出口总额完成87.8亿美元，比上年增长41.0%。其中出口完成47.36亿美元，比上年增长39.6%；进口完成40.44亿美元，比上年增长42.4%。全年对亚洲出口36.3亿美元，增长36.6%；对欧盟出口4.22亿美元，增长25.2%；对东盟出口21.75亿美元，增长32.5%；对非洲出口0.66亿美元，增长66.2%。

全年共批准利用外资项目170个，合同外资9.66亿美元，比上年增长21.1%，实际外商直接投资3.95亿美元，比上年增长30.5%。

交通邮电和旅游

全年交通运输邮电仓储业增加值为203.06亿元，比上年增长13.1%。

交通运输业稳步发展。全年各种运输方式完成货物周转量770.96亿吨千米，比上年增长11.4%。其中，铁路314.23亿吨千米，增长13.4%；公路450.82亿吨千米，增长10.1%；航空1.31亿吨千米，下降0.8%；水运4.59亿吨千米，增长8.8%。旅客周转量393.4亿人千米，比上年增长8.6%。其中，铁路52.63亿人千米，增长11.5%；公路265.8亿人千米，增长7.3%；航空73.76亿人千米，增长11.3%；水运1.21亿人千米，增长3.4%。

邮电通讯业快速发展。全省邮电业务总量468.56亿元，比上年增长33.6%。其中，邮政业务总量11.1亿元，增长11.8%；电信业务总量457.46亿元，增长39.6%。全省年末局用交换机总容量为420万门，比上年下降1.1%。固定电话普及率达14.09部/百人。年末全省固定电话减少用户17万户，达627.2万户，比上年下降2.6%；移动电话新增用户278.4万户，达到1346.4万户，增长26.1%。

旅游业“二次创业”成效明显。全年接待海外入境游客458.36万人次，比上年增长16.2%；实现旅游外汇收入8.6亿美元，比上年增长30.6%。全年接待国内游客8986.15万人次，比上年增长16.4%；实现国内旅游收入497.74亿元，比上年增长10.7%。全省实现旅游业总收入559.21亿元，比上年增长12.6%。

金融保险和证券

年末金融机构人民币存款余额达7170.87亿元，比年初增加1041.17亿元，增长17.0%。其中，居民储蓄存款余额3046.4亿元，比年初增加191.69亿元。年末全省金融机构人民币各项贷款余额达5671.66亿元，比年初增加868.16亿元，增长18.1%。其中，短期贷款余额2125.16亿元，比年初增加236.11亿元；中长期贷款余额3363.25亿元，比年初增加634.98亿元。

全年保险公司保险保费收入111.86亿元，比上年增长17.4%。其中，财产险保费收入48.14亿元，增长36.6%；寿险保费收入50.26亿元，增长4.7%；意外伤害险保费收入6.07亿元，增长18.3%；健康险保费收入7.39亿元，增长6.6%。全年保险赔付额47.75亿元，比上年增长65.3%。其中，财产险赔付额23.16亿元，增长34.3%；寿险赔付额18.53亿元，增长193.2%；健康险赔付额3.61亿元，增长5.9%；意外伤害险赔付额2.45亿元，增长27.6%。

全年云南企业通过证券市场发行、配售股票共筹集资金91.31亿元，比上年增加52.32亿元。罗平锌电、绿大地两家公司成功上市。年末全省共有上市公司26家，总股份99.46亿股；总市值3482亿元，比上年增加2757亿元。

教育和科学技术

全年普通高等学校，招生9.92万人，比上年增长3.7%；在校学生31.11万人，比上年增长9.5%；毕业生7.3万人，比上年增长14.9%。各类中等职业教育招生15.26万人，在校生37.22万人，毕业生9.31万人。普通高中招生20.33万人，在校生57.64万人，毕业生15.33万人。初中招生68.26万人，在校生194.12万人，毕业生60.88万人。普通小学招生75.46万人，在校生453.32万人，毕业生71.46万人。幼儿园在园幼儿86.31万人。小学学龄儿童入学率达97.6%，小学毕业生升学率达96.2%。高等教育毛入学率达14.6%，高中阶段教育毛入学率达45.7%。全面落实“两免一补”政策，投入经费19.6亿元，享受免杂费、免教科书费的学生分别达到611万人和602万人。

全年科学研究与试验发展（R&D）经费支出22.14亿元，增长5.0%，占GDP的比重达0.47%，比上年下降0.06个百分点。全年省部级以上科技成果648项，其中基础理论成果32项，应用技术成果556项，软科学成果60项。已建立国家级高新技术开发区1个，省级高新技术开发区3个。专利申请3108件，获专利授权2139件；签订技术合同869项，成交金额达14.3亿元。

文化卫生和体育

年末全省共有各种艺术表演团体126个，文化馆148个，公共图书馆149个，博物馆36个。全省广播、电视人口覆盖率分别达到92.65%和94.02%。中、短波广播发射台和转播台56座，广播电台15座，电视台17座，有线电视用户404万户。全年出版各类报纸5.59亿份，各类期刊2793万册，图书15962万册（张）。

年末全省共有卫生机构9693个，医院668个；拥有床位数11.9万张，卫生技术人员12.4万人。其中，医生5.67万人。疾病预防控制机构152个，卫生技术人员6202人；专科防治机构30个，卫生技术人员532人；妇幼保险院（所、站）148个，卫生技术人员4778人。截至2007年末全省农村卫生服务体系项目竣工700个。

全年云南运动员在国际比赛中获金、银、铜牌3枚；在全国比赛中获金、银、铜牌43枚。群众体育蓬勃开展。

资源生态环境和安全生产

年末全省共有各级环境监测站91个，环境监测人员1146人。全年完成限期治理项目3531个，项目总投资4.77亿元；烟尘控制区19个，环境噪声达标区15个。城市污水处理率为61.59%。工业废水排放达标率为90.51%；工业固体废物结合利用率42.67%；分别比上年提高1.35个和1.71个百分点。全年二氧化硫（SO_2）排放总量53.37万吨，化学需氧量（COD）排放总量29万吨，分别比上年下降3.14%和1.36%，完成了省政府确定的年度污染减排目标。

全年共完成造林478.83万亩。本年新增封山育林面积136.5万亩，年末实有封山育林面积达2184.3万亩，全省森林覆盖率达到49.91%。全年完成水土流失治理面积2480平方千米。年末全省共有自然保护区176个。其中，国家级自然保护区16个，省级自然保护区45个。自然保护区面积288.33万公顷。其中，国家级自然保护区面积14.36万公顷，省级自然保护区面积85.68万公顷。

全年水资源总量2115.49亿立方米，比上年增加23.6%；人均水资源4687立方米，增加22.7%。全年平均降水量1249.6毫米，增加13.6%。年末全省大型水库蓄水总量30.23亿立方米，比上年末增加0.03亿立方米。全年总用水量146.4亿立方米，比上年增加1.1%。其中，生活用水增长3.4%，工业用水增加2.2%，农业用水增长0.5%。万元生产总值用水量310立方米，比上年下降14.3%。万元工业增加值用水量117立方米，下降12.0%。全省人均用水量为324立方米，比上年增加0.3%。

初步测算，全年能源消费总量7158.15万吨标准煤，较上年增长7.79%，增幅较上年下降2.44个百分点。单位GDP能耗为1.516吨标准煤/万元，比上年下降3.98%。全年共实现节能量296.76万吨标准煤。全省规模以上工业万元增加值能耗为2.867吨标准煤，较上年同比下降7.11%。全年全社会用电量为745.05亿千瓦时，较上年增长15.4%。全省单位GDP电耗为1577.9千瓦时/万元，比上年上升2.76%。

全年生产安全事故死亡人数为3027人，比上年下降15.7%。亿元GDP生产安全事故死亡人数为0.64人，下降28.6%；工矿商贸企业（不含煤矿）生产安全事故死亡人数为386人，下降17.0%；煤矿百万吨死亡人数为2.58人，下降33.8%。全年共发生道路交通事故5425起，造成2323人死亡、6248人受伤，直接财产损失2213万元；道路交通事故万车死亡人数为4.99人，下降30.9%。

人口劳动就业社会保障与人民生活

2007年全省人口出生率为13.08‰，死亡率为6.22‰，自然增长率为6.86‰，比上年下降0.04个千分点。年末全省总人口为4514万人，比上年末增加31万人。其中，城镇人口1426.4万人，乡村人口3087.6万人。

全年领取《再就业优惠证》的下岗失业人员实现就业8.7万人。城镇新增就业人数21.89万人。年末全省城镇实有登记失业人数14.02万人，城镇登记失业率4.18%。

全年城镇居民人均可支配收入为11496元，扣除价格上涨因素，比上年实际增长7.8%；城镇居民人均消费性支出7922元，比上年增长7.3%。全省职工年平均工资20481元，比上年增长9.5%。农民人均纯收入达到2634元，扣除价格上涨因素，比上年实际增长10.1%；农民人均生活消费支出2637.2元，比上年增长20.1%。城镇居民家庭恩格尔系数为45.0%，农村居民家庭恩格尔系数为46.5%。按当年人均纯收入低于785元的农村绝对贫困标准，年末农村绝对贫困人口为196.5万人，比上年净减少31.9万人；按当年人均纯收入786—1067元的农村低收入贫困标准，年末农村低收入人口为400万人，比上年净减少42.4万人。

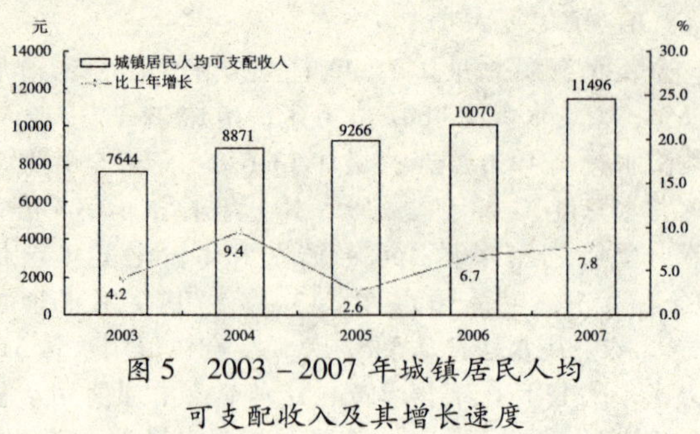

图5　2003－2007年城镇居民人均可支配收入及其增长速度

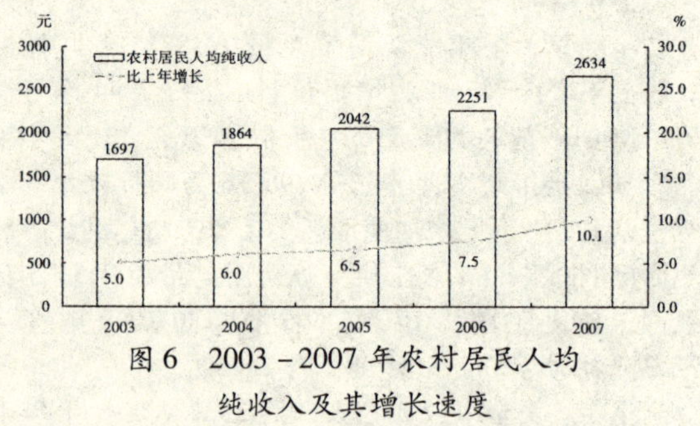

图6　2003－2007年农村居民人均纯收入及其增长速度

年末全省各类收养性社会福利单位床位2.02万张，全年收养各类人员1.6万人。城镇建设各种社区服务设施37个。全年销售社会福利彩票18.7亿元，筹集社会福利资金6.9亿元，接受社会捐赠12833.8万元。

年末全省参加基本养老保险人数279.35万人，其中参保职工191.75万人，参保离退休人员87.61万人。全省参加失业保险人数为190万人，比上年末增加0.64万人。全省参加城镇居民基本医疗保险人数为345.81万人。参加农村养老保险的人数为139.66万人，比上年末增加0.41万人；参加新型农村合作医疗的农民为3100.65万人，参合率达86.14%，比上年提高1.15个百分点。新型农村合作医疗基金累计支出总额为18.64亿元，累计受益6900万人次。全省享受城市最低生活保障的居民为79.3万人，比上年增加6.3万人；享受农村最低生活保障的农民为250.1万人，比上年增加235.3万人。

注释：

1. 本公报中数据均为初步统计数，正式统计数据以中国统计出版社出版的《2008年云南统计年鉴》为准。

2. 生产总值、三次产业增加值的绝对值按现价计算，增长速度按可比价计算。

3. 恩格尔系数是指居民食品消费支出占家庭消费总支出的比重。

4. 规模以上工业企业是指主营业务收入500万元以上独立核算工业企业。

5. 城镇居民人均可支配收入和农村居民人均纯收入的增长速度为扣除价格因素影响后的实际增速。

6. 涉及物价、城乡居民收支、城乡居民家庭恩格尔系数、贫困人口、粮食总产量、畜牧业产量的相关指标由国家统计局云南调查总队提供。

国民经济统计资料

2007年人口与自然资源

指　　标	单　位	2007年	指　　标	单　位	2007年
全省年底人口总数	万人	4514.0	主要湖泊湖面面积		
人口密度	人/平方千米	115	滇池	平方千米	306.3
全省土地面积	万平方千米	39.4	洱海	平方千米	250.0
其中：山地高原	万平方千米	37	抚仙湖	平方千米	212.0
民族自治地区土地面积	万平方千米	27.67	阳宗海	平方千米	31.0
全省荒山荒地面积	万公顷	1290.4	星云湖	平方千米	39.0
其中：宜农荒地	万公顷	286.7	程海	平方千米	78.8
全省森林面积	万公顷	1560.03	泸沽湖	平方千米	51.8
全省水面面积	万公顷	27.9	主要河流境内河长		
主要山峰高程			大盈江	千米	186
高黎贡山	米	3374	陇川江	千米	332
碧罗雪山	米	4141	怒江	千米	547
梅里雪山（卡格博峰）	米	6740	澜沧江	千米	1170
玉龙雪山（扇子陡峰）	米	5596	金沙江	千米	1560
点苍山（马龙峰）	米	4122	元江	千米	692
大雪山	米	3504	南盘江	千米	677
无量山	米	3291	全省水力资源蕴藏量	亿千瓦	1.04
哀牢山	米	2940	全省铁矿保有资源储量	亿吨	35.67
拱王山	米	3677	全省煤矿保有资源储量	亿吨	263.41
			全省磷矿石保有资源储量	亿吨	38.38

云南省主要年度国民经济主要指标

指标	单位	1978年	1990年	1995年	2000年	2005年	2006年	2007年
年末总人口	万人	3091.5	3730.6	3989.6	4240.8	4450.4	4483.0	4514.0
年末从业人员数	万人	1313	1923	2149	2295.4	2461.3	2503.0	2573.8
生产总值（当年价）	亿元	69.05	451.67	1206.68	1955.09	3472.89	4006.72	4741.31
农林牧渔业总产值（当年价）	亿元	40.02	211.72	474.46	680.86	1068.58	1209.76	1414.79
工业总产值（当年价）	亿元	55.43	345.26	1079.46	1589.36	3249.84	4110.25	5137.30
轻工业产值	亿元	23.84	181.14	584.60	802.70	1120.47	1269.63	
重工业产值	亿元	31.60	164.12	494.86	786.66	2129.37	2840.62	

续表

指　　标	单　位	1978 年	1990 年	1995 年	2000 年	2005 年	2006 年	2007 年
主要工农业产品产量								
粮食	万吨	864	1061	1188.91	1467.8	1514.93	1542.21	1546.68
油料	万吨	5.51	13.31	19.58	26.98	36.22	39.01	36.65
甘蔗	万吨	160.01	661.88	1055.92	1420.29	1415.50	1678.73	1938.67
烤烟	万吨、	12.26	43.60	76.07	64.61	77.22	75.78	76.68
水果	万吨	11.62	31.97	55.71	76.95	136.63	162.56	202.37
茶叶	万吨	1.78	4.48	6.40	7.94	11.59	13.82	17.00
猪牛羊肉	万吨	29.23	74.74	120.45	191.51	277.32	296.13	306.80
水产品	万吨	1.12	4.60	8.44	16.62	23.85	29.24	33.40
布	万米	10507	17974	13964	5855	1385	1002	
机制纸及纸板	万吨	5.12	15.43	30.41	22.32	28.88	33.26	37.72
糖	万吨	13.49	51.01	94.21	152.25	153.57	140.31	188.04
卷烟	万箱	63.3	448.25	680.45	612.77	631.47	648.10	670.26
钢	万吨	35.12	80.15	140.50	189.41	513.41	635.38	883.85
成品钢材	万吨	25.59	68.97	144.34	183.71	486.93	588.06	789.99
原煤	万吨	1483	2227	2803	2216	6462	7339	7755
发电量	亿千瓦小时	52.51	125.78	228.42	317.46	624.20	753.64	904.51
农用化肥	万吨	42.05	90.32	121.46	197.22	265.84	305.04	317.64
水泥	万吨	131.23	470.73	996.93	1642.80	2832.62	3305.97	3568.53
木材	万立方米	211.7	244.86	390.88	127.16			
运输邮电								
货运周转量	亿吨千米	62.34	260.67	307.71	479.52	656.49	692.21	770.96
旅客周转量	亿人千米	24.25	87.67	137.93	237.94	331.60	362.40	393.40
邮电业务总量	万元	3016	12737	139729	990739	2722000	3504900	4685600
全社会固定资产投资	亿元	15.04	75.74	380.57	697.94	1755.30	2220.45	2798.89
国有单位投资	亿元	13.44	51.22	262.84	466.20	815.27	1067.50	1211.78
基本建设	亿元	11.77	28.01	133.32	342.12	669.40		
更新改造	亿元	1.66	17.57	96.45	71.92	123.19		
社会消费品零售总额	亿元	28.38	145.59	369.55	583.17	1034.40	1188.88	1394.54
进出口总额	万美元	10420	75114	212102	181283	473822	623174	877976
出口	万美元	6948	56241	133097	117516	264158	339143	473612
进口	万美元	3472	18873	79005	63767	209664	284031	404363
地方财政收入	亿元	11.76	77.43	98.35	180.75	312.65	379.97	486.70
地方财政支出	亿元	18.28	90.76	235.10	414.11	766.31	893.58	1134.70

注：1. 进出口数据包括边境贸易，1998 年以前为外贸业务数，1999 年以后为海关进出口统计数。

2. 农林牧渔业总产值从 2003 年开始按新口径统计。

云南省主要时期国民经济主要指标增长速度

指标	2007年比下列各年增长%						平均每年增长%		
	1978年	1990年	1995年	2000年	2005年	2006年	1979~2007年	"九五"时期	"十五"时期
年末总人口	46.0	21.0	13.1	6.4	1.4	0.7	1.3	1.2	1.0
年末从业人员数	96.0	33.8	19.8	12.1	4.6	2.8	2.3	1.1	1.4
生产总值	13.8倍	3.8倍	1.9倍	93.5	25.9	12.5	9.7	8.7	9.0
农林牧渔业总产值	4.0倍	1.6倍	1.1倍	54.7	17.2	8.1	5.7	6.3	5.7
工业总产值	28.1倍	7.4倍	3.0倍	1.6倍	44.2	18.2	12.3	8.9	12.7
轻工业								6.8	
重工业								10.9	
主要工农业产品产量									
粮食	79.0	45.8	30.1	5.4	2.1	0.3	2.0	4.3	0.6
油料	5.7倍	1.8倍	87.2	35.8	1.2	-6.0	6.8	6.6	6.1
甘蔗	11.1倍	1.9倍	83.6	36.5	37.0	15.5	9.0	6.1	-0.1
烤烟	5.3倍	75.9	0.8	18.7	-0.7	1.2	6.5	-3.2	3.6
水果	16.4倍	5.3倍	2.6倍	1.6倍	48.1	24.5	10.4	6.7	12.2
茶叶	8.6倍	2.8倍	1.7倍	1.1倍	46.7	23.0	8.1	4.4	7.9
猪牛羊肉	9.5倍	3.1倍	1.5倍	60.2	10.6	3.6	8.4	9.7	7.7
水产品	28.8倍	6.3倍	3.0倍	1.0倍	40.0	14.2	12.4	14.5	7.5
布								-16.0	-25.0
机制纸及纸板	6.4倍	1.4倍	24.0	69.0	30.6	13.4	7.1	-6.0	5.3
糖	12.9倍	2.7倍	99.6	23.5	22.4	34.0	9.5	10.1	0.2
卷烟	9.6倍	49.5	-1.5	9.4	6.1	3.4	8.5	-2.1	0.6
钢	24.2倍	10.0倍	5.3倍	3.7倍	72.2	39.1	11.8	6.2	22.1
成品钢材	29.9倍	10.5倍	4.5倍	3.3倍	62.2	34.3	12.6	4.9	21.5
原煤	4.2倍	2.5倍	1.8倍	2.5倍	20.0	5.7	5.9	-4.6	23.9
发电量	16.2倍	6.2倍	3.0倍	1.8倍	44.9	20.0	10.3	6.8	14.5
农用化肥	6.6倍	2.5倍	1.6倍	61.1	19.5	4.1	7.2	10.2	6.2
水泥	26.2倍	6.6倍	2.6倍	1.2倍	26.0	7.9	12.1	10.5	11.5
木材								-20.1	
运输邮电									
货运周转量	11.4倍	2.0倍	1.5倍	60.8	17.4	11.4	9.1	9.3	6.5
旅客周转量	15.2倍	3.5倍	1.9倍	65.3	18.6	8.6	10.1	11.5	6.9
全社会固定资产投资	185.1倍	36.0倍	6.4倍	3.0倍	59.5	26.1	19.7	16.5	20.3
国有单位投资	89.2倍	22.7倍	3.6倍	1.6倍	48.6	13.5	16.8	16.6	11.8
基本建设								25.5	
更新改造								1.3	

续表

指　　标	2007年比下列各年增长%						平均每年增长%		
	1978年	1990年	1995年	2000年	2005年	2006年	1979～2007年	"九五"时期	"十五"时期
社会消费品零售总额	48.1倍	8.6倍	2.8倍	1.4倍	34.8	17.3	14.4	9.6	12.1
进出口总额				3.8倍	85.3	40.9			21.2
出口				3.0倍	79.3	39.6			17.6
进口				5.3倍	92.9	42.4			26.9
地方财政收入			3.9倍	1.7倍	55.7	28.1		12.9	11.6
地方财政支出	61.1倍	11.5倍	3.8倍	1.7倍	48.1	27.0	15.3	12.0	13.1

注：1999年及以后的进出口总额因口径与往年不一样故不可比。

云南省历年生产总值

（1978～2007）

单位：亿元

年　份	生产总值	第一产业	第二产业			第三产业			人　均生产总值（元）
				工　业	建筑业		#运输邮电业	#商业	
1978	69.05	29.46	27.58	20.91	6.67	12.01	2.34	4.49	226
1979	76.83	32.38	30.50	23.56	6.94	13.95	2.72	5.21	247
1980	84.27	35.89	33.98	25.86	8.12	14.40	2.80	5.16	267
1981	94.13	41.23	35.80	28.62	7.18	17.10	3.33	6.09	294
1982	110.12	47.04	42.39	34.21	8.18	20.69	4.01	7.41	339
1983	120.07	49.33	47.28	39.08	8.20	23.46	4.56	8.37	363
1984	139.58	57.33	54.38	44.14	10.24	27.87	5.42	9.94	417
1985	164.96	66.07	65.41	52.51	12.90	33.48	6.51	11.94	486
1986	182.28	71.32	70.83	61.09	9.74	40.13	7.84	14.20	529
1987	229.03	84.06	84.30	73.30	11.00	60.67	11.80	21.66	653
1988	301.09	103.47	112.40	99.19	13.21	85.22	14.57	33.01	845
1989	363.05	119.01	138.06	124.73	13.33	105.98	18.47	39.48	1003
1990	451.67	168.13	157.80	142.77	15.03	125.74	19.82	40.44	1224
1991	517.41	169.48	179.56	162.32	17.24	168.37	23.64	52.76	1377
1992	618.69	186.80	219.03	193.90	25.13	212.86	25.19	73.64	1625
1993	783.27	191.45	325.57	284.65	40.92	266.25	30.52	95.84	2030
1994	983.78	236.25	428.68	383.91	44.77	318.85	39.01	114.70	2515
1995	1222.15	302.69	534.78	480.95	53.83	384.68	49.93	134.91	3083
1996	1517.69	360.48	669.06	599.82	69.24	488.15	67.97	161.27	3780
1997	1676.17	387.02	743.82	657.05	86.77	545.33	77.37	169.34	4121
1998	1831.33	403.43	818.26	705.55	112.71	609.64	90.76	183.14	4446
1999	1899.82	406.87	811.90	686.09	125.81	681.05	110.48	194.42	4558

续表

年份	生产总值	第一产业	第二产业			第三产业			人均生产总值（元）
				工业	建筑业		#运输邮电业	#商业	
2000	2011.19	431.80	833.25	704.00	129.25	746.14	123.23	216.33	4769
2001	2138.31	444.42	868.06	730.81	137.25	825.83	142.34	221.24	5015
2002	2312.82	463.44	934.88	788.44	146.44	914.50	154.71	239.25	5366
2003	2556.02	494.60	1047.66	882.08	165.58	1013.76	176.38	244.87	5871
2004	3081.91	593.59	1281.63	1066.41	215.22	1206.69	219.90	278.68	7012
2005	3472.89	669.81	1432.76	1180.83	251.93	1370.32	250.46	345.58	7835
2006	4006.72	749.81	1712.60	1408.76	303.84	1544.31			8970
2007	4741.31	837.35	2051.08	1711.78	339.30	1852.88			10540

注：本表按当年价格计算

云南省历年生产总值指数

（1978～2007）　　（上年＝100）

年份	生产总值	第一产业	第二产业			第三产业			人均生产总值
				工业	建筑业		#运输邮电业	#商业	
1978	121.7	113.7	129.0	128.3	132.6	119.2	94.0	121.4	118.9
1979	103.1	93.0	105.8	106.3	103.2	114.8	115.8	117.1	101.3
1980	108.5	109.8	110.1	109.4	113.9	102.5	103.3	98.3	107.1
1981	107.8	109.3	103.3	105.7	91.5	117.2	119.0	111.9	106.3
1982	115.5	112.8	115.1	115.7	111.6	120.4	120.4	129.2	113.6
1983	108.4	104.2	108.9	110.3	100.2	113.3	113.7	115.3	106.6
1984	114.5	113.7	112.9	111.8	120.0	118.9	119.2	120.5	113.0
1985	113.0	106.8	113.6	112.6	119.3	119.6	125.1	116.7	111.5
1986	104.3	97.7	106.6	106.6	106.7	107.1	114.6	100.4	102.7
1987	112.3	107.7	110.4	110.3	111.0	120.7	120.5	112.0	110.4
1988	116.0	107.8	118.5	118.1	120.8	119.0	115.8	115.5	114.1
1989	105.8	103.2	103.9	104.5	100.4	111.3	120.4	104.5	104.1
1990	108.7	108.5	109.8	110.1	107.9	107.1	104.8	104.5	106.7
1991	106.6	101.1	108.9	109.3	105.5	111.0	110.0	102.9	104.7
1992	110.9	103.0	116.8	115.2	133.5	113.4	111.6	119.4	109.4
1993	111.1	102.5	113.7	113.2	117.8	117.0	118.1	112.3	109.6
1994	112.2	103.0	117.3	117.7	114.0	114.7	121.1	114.3	110.7
1995	111.7	105.0	113.5	114.2	107.1	115.2	116.8	109.3	110.2
1996	111.1	105.2	111.5	112.0	106.6	115.1	121.6	111.3	109.7
1997	109.7	104.6	110.6	109.6	120.4	112.3	119.1	104.7	108.3
1998	108.1	103.0	109.2	107.2	126.6	110.3	108.8	109.3	106.8

续表

年 份	生产总值	第一产业	第二产业			第三产业			人 均 生产总值
				工 业	建筑业		# 运输邮电业	# 商业	
1999	107.3	104.5	107.0	106.5	110.9	109.3	116.6	107.9	106.0
2000	107.5	105.6	105.8	107.0	97.2	110.4	107.5	114.8	106.3
2001	106.8	103.9	103.9	103.9	104.2	111.7	119.2	103.1	105.6
2002	109.0	103.8	109.3	110.0	105.8	111.4	108.4	110.6	107.8
2003	108.8	105.5	110.1	110.2	109.7	109.1	111.3	102.4	107.7
2004	111.3	105.3	112.7	111.8	117.8	112.8	120.9	109.2	110.3
2005	109.0	106.1	108.1	107.5	111.1	111.4	111.4	115.9	108.1
2006	111.9	106.8	117.0	116.5	119.2	109.2			111.1
2007	112.5	105.5	115.2	117.0	106.9	112.6			111.7

注：本表指数按可比价格计算

云南省人口与从业人员

单位：万人

指 标	1995 年	2000 年	2005 年	2006 年	2007 年
一、年末总人口	3989.6	4240.8	4450.4	4483.0	4514.0
按性别分：					
男性人口	2055.2	2192.0	2302.2	2319.1	2330.9
女性人口	1934.4	2048.8	2148.2	2163.9	2183.1
按城乡分：					
城镇人口	1821.3	990.6	1312.9	1367.3	1426.4
乡村人口	2168.3	3250.2	3137.5	3115.7	3087.6
按农业非农业分：					
农业人口	3445.5	3584.3	3720.5	3740.2	3765.9
非农业人口	544.1	656.5	729.9	742.8	748.1
出生率（‰）	20.75	19.05	14.72	13.20	13.08
死亡率（‰）	8.03	7.57	6.75	6.30	6.22
自然增长率（‰）	12.73	11.48	7.97	6.90	6.86
二、就业人员数	2148.5	2268.50	2461.3	2503.0	2573.81
1. 全部职工	311.5	273.40	235.71	247.98	280.72
国有经济单位	262.9	220.60	168.39	170.98	175.17
城镇集体经济单位	43.3	23.70	10.65	12.63	11.93
其他各种经济单位	5.3	29.10	56.67	64.37	93.62
#联营经济	0.6	0.29	0.19	0.24	0.28
股份制经济	2.2	25.50	45.69	50.08	50.74
外商投资经济	1.0	1.23	1.58	2.14	2.44
港、澳、台投资经济	1.3	1.61	1.53	1.90	2.29

续表

指　　标	1995 年	2000 年	2005 年	2006 年	2007 年
其他经济	0.2	0.47	7.68	10.01	37.87
2. 城镇私营企业就业人员	3.9	22.90	76.09	71.10	75.34
3. 城镇个体就业人员	27.9	43.50	87.25	88.20	105.69
4. 乡村就业人员	1798.0	1921.90	2050.93	2084.48	2096.50
5. 城镇其他就业人员	7.2	6.80	11.32	11.24	15.56

云南省全部职工工资总额和平均工资

指　　标	工资总额（亿元）		平均工资（元）	
	2006 年	2007 年	2006 年	2007 年
合　计	458.62	566.49	18711	20481
1. 国有经济单位	339.88	398.49	20017	22884
# 企业	120.74	145.10	23725	26627
事业	151.10	170.98	18406	20800
机关	68.04	82.41	18481	22009
2. 城镇集体经济单位	14.70	16.32	12193	14054
3. 其他各种经济单位	104.04	151.68	16447	16697
#联营经济	0.36	0.52	15012	18848
股份制经济	86.00	94.14	17172	18553
外商投资经济	4.12	5.07	19928	21430
港、澳、台投资经济	2.84	3.96	15005	17922
其他经济	10.72	47.99	10884	13109

云南省全社会固定资产投资

单位：亿元

指　　标	1995 年	2000 年	2005 年	2006 年	2007 年
一、投资总额	380.57	697.94	1755.30	2220.45	2798.89
按三次产业分：					
第一产业			52.94	65.34	72.19
第二产业			653.31	798.54	997.47
第三产业			1049.05	1356.57	1729.23
按经济类型分：					
1. 国有经济	262.84	466.20	815.27	1067.50	1211.78
2. 集体经济	38.55	47.44	79.47	136.81	193.99
# 城镇	9.92	10.38	16.18	61.11	73.01
农村	28.63	37.05	63.29	75.70	120.98
3. 个体私营经济	39.52	110.02	240.58	377.03	586.36

续表

指　　标	1995 年	2000 年	2005 年	2006 年	2007 年
# 城镇	3.57	60.27	177.30	234.13	352.24
农村	35.95	49.75	63.28	142.90	234.12
4. 其他经济	39.66	74.28	619.98	639.11	806.76
在投资总额中：					
房地产开发投资	36.63	83.23	246.91	332.15	422.86
二、全社会新增固定资产	290.04	499.15	916.7	1207.58	1331.81
三、全社会竣工房屋面积（万平方米）	3442.00	3552.02	4468.7	5181.38	6129.03
# 住宅	2291.19	2464.30	3041.3	3578.54	

云南省财政金融主要指标

单位：亿元

指　　标	1995 年	2000 年	2005 年	2006 年	2007 年
一、地方财政收入	98.35	180.75	312.65	379.97	486.70
二、地方财政支出	235.10	414.11	766.31	893.50	1134.70
三、金融机构各项存款余额	1187.24	2465.68	5140.50	6131.25	7170.87
#企业存款	478.89	1038.40	1773.63	2066.50	2578.84
四、金融机构各项贷款余额	924.67	1987.83	3987.58	4803.51	5671.66
五、金融机构现金收入	1403.37	5047.79	10287.27	13186.57	14891.56
金融机构现金支出	1450.92	5060.25	10342.45	13267.64	14968.37
六、居民储蓄存款余额	500.13	1138.22	2430.28	2854.86	3046.40
#定期储蓄		750.67	1399.14	1567.39	1563.36

注：金融机构各项贷款余额中不含开发银行在云南的统贷数。

云南省各种物价总指数

（以上年价格为 100）

指　　标	1995 年	2000 年	2005 年	2006 年	2007 年
居民消费价格指数	121.3	97.9	101.4	101.9	105.9
# 城市	120.3	97.6	101.7	101.9	105.9
农村	121.8	98.4	101.0	101.8	105.9
服务项目价格指数	120.3	103.8	106.3	104.9	103.8
商品零售价格指数	118.1	97.6	100.1	100.8	104.4
# 城市	116.3	97.0	100.4	100.0	103.8
农村	120.1	98.4	99.8	101.7	105.1
农业生产资料价格指数	125.5	98.9	105.9	102.8	107.0
工业品出厂价格指数	110.2	101.2	104.5	104.6	105.7
农产品生产价格指数			104.0	106.6	117.5
主要原材料、燃料、动力购进价格指数	113.2	101.5	106.5	107.6	108.2
固定资产投资价格指数	104.0	101.6	104.6	101.8	104.2

云南省城镇居民家庭生活基本情况

年　份	平均每户家庭人口（人）	平均每户就业人口（人）	平均每户就业面（%）	平均每一就业者负担人数（人）	人均年可支配收入（元）	人均年可支配收入指数（上年=100）	人均年消费性支出（元）	食　品
1978	4.45	2.15	48.3	2.07	327.70	110.6	303.12	190.94
1979	4.39	2.16	49.3	2.03	362.40	109.6	342.60	214.56
1980	4.34	2.14	49.4	2.03	420.45	107.4	380.64	236.66
1981	4.28	2.20	51.4	1.95	446.41	105.4	411.57	247.19
1982	4.24	2.27	53.5	1.87	492.51	108.5	455.92	273.26
1983	4.21	2.29	54.4	1.83	532.54	107.5	480.13	285.94
1984	4.13	2.27	55.0	1.82	608.23	111.3	527.27	311.02
1985	3.85	2.03	52.7	1.89	752.29	110.5	703.56	360.39
1986	3.80	2.03	53.4	1.88	871.75	110.6	813.92	423.93
1987	3.77	2.01	53.3	1.88	989.37	105.6	883.52	481.85
1988	3.69	1.92	52.0	1.93	1156.49	96.6	1143.29	553.70
1989	3.67	1.92	52.3	1.91	1305.15	95.7	1140.71	621.33
1990	3.57	1.93	54.1	1.85	1514.81	114.3	1272.09	679.18
1991	3.48	1.91	54.9	1.82	1703.16	108.3	1428.28	763.42
1992	3.37	1.91	56.7	1.76	2061.74	109.6	1704.15	861.60
1993	3.30	1.87	56.7	1.76	2639.07	107.7	2186.29	1066.99
1994	3.20	1.83	57.1	1.75	3433.97	110.9	2843.69	1441.93
1995	3.17	1.84	57.8	1.73	4064.93	98.4	3448.27	1808.71
1996	3.13	1.86	59.4	1.68	4977.95	113.2	4007.48	1971.54
1997	3.12	1.88	60.3	1.66	5558.29	106.7	4537.08	2109.53
1998	3.05	1.83	60.0	1.67	6042.78	106.2	5032.67	2222.58
1999	3.05	1.80	59.0	1.69	6178.68	103.5	4941.26	2194.25
2000	3.12	1.77	56.7	1.76	6324.64	104.9	5185.31	2091.70
2001	3.04	1.60	52.6	1.90	6797.71	109.6	5252.60	2105.66
2002	3.00	1.56	52.0	1.92	7628.34	113.0	5828.06	2423.43
					(7240.65)			
2003	2.99	1.55	51.8	1.93	7643.57	104.2	6023.56	2506.62
2004	2.96	1.41	47.6	2.10	8870.88	109.4	6837.01	2895.60
2005	2.96	1.33	44.9	2.22	9265.90	102.7	6996.90	2997.06
2006	2.95	1.37	46.4	2.15	10069.87	106.7	7379.81	3102.46
2007	2.88	1.39	48.3	2.07	11496.11	107.8	7921.83	3562.33

注：1. 人均年可支配收入指数已扣除价格因素。

2. 从2003年起，人均年可支配收入按国家统计局规定的新口径统计，2002年括号内的数据系按新口径统计。

云南省农民家庭生活基本情况

年份	平均每户常住人口（人）	平均每户整半劳动力（人）	平均每个劳动力负担人口（人）	平均每人全年纯收入（元）	平均每人全年纯收入指数（上年=100）	平均每人全年生活消费支出（元）	食品	平均每人年末居住面积（平方米）
1978	6.28	3.03	2.10	130.60	110.9	113.40	84.00	7.69
1979	6.01	2.83	2.12	125.21	95.9	111.50	81.00	8.37
1980	5.98	2.90	2.06	147.70	116.2	122.63	86.21	8.96
1981	5.93	2.92	2.03	178.08	115.9	137.75	91.83	9.10
1982	5.95	2.99	1.99	231.83	128.1	185.80	124.30	9.50
1983	6.04	3.37	1.79	266.66	112.8	223.81	144.63	11.68
1984	5.93	3.38	1.75	310.43	114.8	260.62	160.25	14.08
1985	5.83	3.31	1.76	325.74	96.7	267.01	177.91	14.92
1986	5.76	3.22	1.79	338.14	99.9	304.99	205.19	15.45
1987	5.68	3.20	1.77	364.57	104.1	325.65	217.26	15.86
1988	5.58	3.19	1.75	427.72	105.9	389.20	240.49	16.31
1989	5.50	3.20	1.72	477.89	100.6	436.18	269.18	16.56
1990	5.42	3.16	1.72	489.75	100.6	453.03	274.73	16.96
1991	5.20	3.02	1.72	572.58	103.4	501.36	315.10	18.02
1992	5.18	3.05	1.70	617.98	103.0	536.06	324.96	18.07
1993	5.10	3.11	1.64	674.79	101.3	625.19	382.60	20.12
1994	5.01	3.07	1.62	802.95	104.6	764.91	458.43	18.68
1995	4.94	3.12	1.59	1010.97	105.9	981.10	602.92	19.78
1996	4.90	3.15	1.56	1229.28	107.5	1209.16	743.33	19.80
1997	4.82	3.10	1.55	1375.50	104.9	1318.07	818.51	20.42
1998	4.68	3.05	1.53	1387.25	102.8	1312.31	801.99	20.64
1999	4.59	2.96	1.55	1437.63	104.3	1269.33	815.67	21.37
2000	4.56	2.85	1.60	1478.60	104.0	1270.83	749.22	22.18
2001	4.49	2.83	1.59	1533.76	104.3	1422.85	811.71	22.42
2002	4.48	2.87	1.57	1608.77	104.7	1381.54	772.61	23.72
2003	4.45	2.85	1.56	1697.12	105.0	1405.70	744.58	23.45
2004	4.41	2.88	1.53	1864.19	106.0	1569.98	847.24	23.53
2005	4.33	2.79	1.56	2041.79	106.5	1789.00	975.72	25.24
2006	4.35	2.85	1.53	2250.46	107.5	2195.64	1071.13	25.79
2007	4.32	2.85	1.52	2634.09	110.1	2637.18	1226.09	26.73

注：平均每人全年纯收入指数已扣除价格因素。

云南省农村基本情况

指　　标	单位	2006 年	2007 年	指　　标	单位	2006 年	2007 年
一、农村基层组织情况				五、农业机械拥有量			
乡镇个数	个	1256	1316	农用机械总动力	万千瓦	1755.38	1861.91
# 镇个数	个	586	584	# 收获机械	万千瓦	7.56	10.14
村委会个数	个	12917	12879	排灌机械	万千瓦	111.84	118.09
二、农村户数、人口、劳动力				运输机械	万千瓦	149.86	164.12
乡村户数	万户	886.60	900.25	拖拉机	万台	32.74	36.13
乡村人口数	万人	3600.19	3620.33	六、农业四化			
乡村劳动力	万人	2190.54	2218.47	当年实际机耕面积	千公顷	580.00	603.01
# 乡村从业人员	万人	2084.48	2096.51	有效灌溉面积	千公顷	1502.4	1517.1
三、常用耕地面积	千公顷	4200.18	4196.90	化肥施用量（折纯）	万吨	148.36	158.13
四、水库总数	座	5399	5405	乡、村水电站装机容量	万千瓦	22.81	22.35
水库库容量	亿立方米	104.40	105.80	农村用电量	亿千瓦小时	43.15	48.47

云南省农林牧渔业总产值及指数

年份	农林牧渔业总产值（亿元）	农业	林业	牧业	渔业	农林牧渔业总产值指数（上年＝100）	农业	林业	牧业	渔业
1978	40.02	30.34	2.48	7.12	0.08	112.4	112.9	127.0	105.9	113.8
1979	44.71	33.15	3.17	8.30	0.09	94.4	92.2	108.9	98.6	124.9
1980	48.20	35.29	2.94	9.78	0.19	106.8	107.8	104.5	103.3	108.6
1981	55.20	40.46	3.77	10.77	0.20	108.9	109.9	107.9	105.1	107.3
1982	61.84	44.94	3.86	12.83	0.21	110.7	109.1	104.8	119.3	103.2
1983	65.68	46.84	4.73	13.87	0.24	105.5	103.5	116.2	108.2	114.3
1984	77.36	55.30	5.97	15.82	0.27	115.2	113.9	130.0	113.6	112.4
1985	88.88	60.24	7.89	20.35	0.40	106.4	104.5	114.7	108.4	122.3
1986	96.01	61.74	7.40	26.15	0.72	97.7	97.6	87.0	102.5	117.7
1987	111.25	72.02	8.85	29.44	0.94	106.1	108.4	96.0	103.0	122.4
1988	135.39	86.75	10.05	37.03	1.56	106.6	106.9	106.2	105.8	108.4
1989	152.68	96.08	12.97	41.70	1.93	102.9	101.8	105.5	105.1	106.7
1990	211.72	138.04	18.26	54.03	1.39	106.5	105.9	109.6	107.5	104.5
1991	222.93	147.17	18.69	55.70	1.37	105.6	106.1	102.5	105.3	107.2
1992	250.35	163.93	22.84	61.56	2.02	104.4	103.7	110.2	104.2	108.4
1993	281.21	179.39	25.39	72.89	3.54	103.0	101.7	118.8	106.0	120.7
1994	356.78	228.99	30.41	92.13	5.25	103.1	101.0	106.7	105.9	124.0
1995	474.46	299.48	40.53	127.19	7.26	106.5	107.2	102.3	106.0	120.8
1996	567.51	369.36	43.21	146.03	8.91	107.4	107.4	106.3	107.4	118.3

续表

年份	农林牧渔业总产值（亿元）	农业	林业	牧业	渔业	农林牧渔业总产值指数（上年 =100）	农业	林业	牧业	渔业
1997	612.01	397.09	40.40	163.93	10.59	108.2	108.0	106.9	109.1	111.4
1998	620.02	381.26	41.77	184.83	12.16	104.5	100.6	105.1	112.6	124.1
1999	642.48	394.96	45.60	188.82	13.10	105.0	104.2	102.7	109.0	110.9
2000	680.86	416.36	49.75	201.49	13.26	106.5	106.1	104.1	108.6	103.8
2001	703.53	431.31	47.21	210.63	14.38	103.6	103.8	96.4	105.6	106.9
2002	737.55	445.35	53.52	223.49	15.19	104.6	103.5	109.0	105.1	109.3
	(743.75)	(414.89)	(59.27)							
2003	799.33	433.91	73.17	242.53	16.56	106.6	104.7	114.4	107.2	113.6
2004	965.22	516.92	86.40	305.42	19.14	106.8	106.1	103.7	108.7	109.5
2005	1068.58	559.32	105.53	339.68	22.97	106.9	104.3	108.8	110.3	111.4
2006	1209.76	630.19	142.59	362.90	26.30	108.4	107.8	113.2	107.4	117.1
2007	1414.79	707.20	156.30	459.60	35.70	108.1	107.3	109.9	107.4	121.6

注：1. 本表绝对数按当年价格计算，指数按可比价格计算。

2. 农林牧渔业总产值从2003年开始按新口径统计，2002年括号内的数据系按新口径统计的。

云南省工业总产值及指数

年份	工业总产值（亿元）	国有工业	集体工业	个体工业	其他经济类型工业	工业总产值指数（%）	国有工业	集体工业	个体工业	其他经济类型工业
1978	55.43	46.97	8.46	–	–	123.53	126.51	112.61	–	–
1979	62.38	53.45	8.93	–	–	108.14	109.40	103.15	–	–
1980	65.35	55.36	9.98	0.01	–	102.42	100.81	109.00	–	–
1981	72.54	61.88	10.45	0.03	0.17	107.69	108.33	102.26	270.00	466.67
1982	83.60	71.31	12.01	0.04	0.24	112.05	112.52	107.04	239.29	141.18
1983	95.11	80.80	13.87	0.12	0.32	112.37	111.41	111.53	220.90	133.33
1984	112.27	89.42	22.25	0.29	0.31	115.54	114.17	126.58	66.89	96.88
1985	136.26	109.12	24.29	2.23	0.62	115.51	113.08	119.32	225.25	187.10
1986	147.02	114.28	28.98	3.19	0.57	108.43	105.71	115.48	143.05	103.45
1987	181.85	140.25	36.45	4.35	0.80	116.68	115.63	118.84	128.53	120.00
1988	244.63	185.55	51.64	6.10	1.34	118.01	114.40	126.92	133.90	169.44
1989	304.91	232.34	63.26	7.36	1.95	106.77	106.03	107.35	113.84	131.97
1990	345.26	264.87	69.05	9.41	1.93	108.91	108.50	108.06	127.52	94.41
1991	393.63	300.45	80.68	10.41	2.09	109.82	108.95	113.85	102.58	114.69
1992	477.07	363.35	98.74	13.13	1.85	116.47	116.23	117.79	117.48	91.74
1993	690.08	516.22	144.02	19.89	9.95	115.78	110.76	123.03	139.05	380.63
1994	948.71	696.63	189.12	40.47	22.49	118.66	111.30	124.10	179.67	209.23
1995	1079.46	736.79	231.41	62.54	48.72	118.45	111.04	120.63	164.65	209.44

续表

年份	工业总产值（亿元）	国有工业	集体工业	个体工业	其他经济类型工业	工业总产值指数（%）	国有工业	集体工业	个体工业	其他经济类型工业
1996	1291.38	802.07	300.74	120.13	68.43	113.80	102.11	123.58	171.19	152.66
1997	1440.11	784.69	344.35	192.20	118.86	109.54	95.74	109.49	151.35	174.06
1998	1503.23	712.93	309.00	233.02	248.28	104.84	86.89	90.84	152.12	168.95
1999	1561.08	678.30	248.74	253.76	380.28	108.52	94.06	85.31	94.05	187.67
2000	1589.36	679.38	217.84	290.86	401.28	108.08	98.32	97.23	118.11	122.94
2001	1675.11	668.14	201.46	269.02	536.49	107.03	89.05	87.07	105.12	141.25
2002	1850.46	725.93	168.97	279.20	676.36	109.50	96.85	86.35	103.04	129.81
2003	2176.40	809.56	129.03	362.80	875.01	114.82	108.77	75.99	125.52	123.60
2004	2479.07	880.12	122.90			115.30				
2005	3249.84	997.09	95.27			117.10				
2006	4110.25	1181.86	117.72			122.00				
2007	5137.30					118.20				

注：1. 本表工业总产值按当年价格计算，指数按可比价格、以上年为100计算。1996年及以后工业总产值按新规定计算。

2. 本表国有工业中含国有联营工业、国有独资公司；集体工业中含股份合作制工业。

2007年全部国有及500万元以上非国有独立核算工业企业主要经济效益指标

	综合经济效益指数（%）	产品销售率（%）	总资产贡献率（%）	资产负债率（%）	成本费用利润率（%）	全员劳动生产率（元/人）	流动资产周转次数（次）
总　计	253.96	97.74	20.06	55.80	11.41	202901	1.72
在总计中							
国有企业	434.00	100.15	27.49	52.04	15.87	429818	2.08
集体企业	147.40	97.41	14.50	64.40	3.53	75714	2.64
在总计中							
轻工业	459.25	97.93	37.91	34.02	23.29	408710	1.36
重工业	196.17	98.46	12.38	62.17	7.80	129975	2.22
在总计中							
大型企业	380.93	99.37	29.39	39.30	15.24	344945	1.84
中型企业	236.22	97.33	16.62	61.74	10.34	174067	1.91
小型企业	157.28	98.15	10.09	65.74	5.42	96534	1.98

注：全员劳动生产率系按当年价的工业增加值计算。

云南省主要年份能源利用经济效益指标

年份	能源消费量（万吨标煤）	工业部门消费（万吨标煤）	亿元工业产值耗能（万吨）	亿元生产总值耗能（万吨）	吨能创造工业产值（元）	吨能创造生产总值（元）
1952	19.0	11.4	4.99	1.61	2005	6200
1978	1065.9	692.8	19.23	15.44	520	648
1985	1298.3	761.1	9.53	7.87	1050	1271
1990	1954.8	1143.6	5.66	4.33	1766	2311
1995	2640.6	1688.6	2.15	2.19	4658	4570
1996	2819.4	1746.0	2.18	1.89	4580	5291
1997	3429.0	2090.8	2.38	2.09	4200	4795
1998	3364.5	2222.9	2.24	1.88	4468	5332
1999	3288.0	2125.2	2.11	1.77	4748	5644
2000	3468.3	2346.4	1.48	1.72	6773	5799
2001	3741.0	2481.7	1.48	1.75	6750	5716
2002	4131.3	2796.9	1.51	1.79	6616	5598
2003	4450.0	3132.0	1.44	1.74	6949	5744
2004	5209.8	3802.2	1.53	1.69	6520	5916
2005	6024.0	4390.7	1.35	1.73	7402	5765
2006	6640.6	4882.8	1.19	1.66	8418	6033
2007	7173.3	5300.98	1.23	1.51	8108	6609

注：2000年及以后年份的各项数据均按第一次经济普查口径调整，与往年不可比；能源消费量采用等价热值计算，GDP与工业产值用当年价计算，不可比。

云南省运输邮电主要指标

指标	单位	1995年	2000年	2005年	2006年	2007年
铁路营运里程	千米	1644	2015	1925	1925	1925
公路通车里程	千米	68236	163604	194495	198496	200333
民用航空航线里程	千米	51638	119702	135448	136785	129879
货物运输量	万吨	38400	52452	62246	66412	71829
#铁路	万吨	2829	3521	5300	5542	6021
公路	万吨	35446	48789	56702	60614	65537
水路	万吨	123	134	236	247	262
民用航空	万吨	2.40	7.8	7.93	8.56	8.74
旅客运输量	万人	21697	33704	41079	43844	46290
#铁路	万人	1257	1532	1574	1840	2106
公路	万人	20095	31586	38509	40861	42913
水路	万人	134	241	501	544	599
民用航空	万人	211	345	495	599	672

续表

指　　标	单位	1995 年	2000 年	2005 年	2006 年	2007 年
货物周转量	亿吨千米	307.71	479.52	656.49	692.21	770.96
# 铁路	亿吨千米	114.24	180.76	270.37	277.21	314.23
公路	亿吨千米	192.10	296.65	381.96	409.46	450.83
水路	亿吨千米	1.06	0.98	2.93	4.22	4.59
民用航空	亿吨千米	0.31	1.13	1.23	1.32	1.31
旅客周转量	亿人千米	137.93	237.94	331.60	362.39	393.40
# 铁路	亿人千米	23.03	31.35	41.04	47.21	52.63
公路	亿人千米	93.10	171.20	233.12	247.71	265.80
水路	亿人千米	0.35	0.78	1.05	1.17	1.21
民用航空	亿人千米	21.45	34.57	56.39	66.30	73.76
邮电业务总量	亿元	13.97	64.3	272.20	350.69	468.56
函件	万件	16024	10001	7958	7300	6696
报刊期发数	万份	485	758	318	343	265
电话普及率	%			34	38.5	44.35

注：邮电业务总量1995年的数据是按1990年不变价格计算的2000年及以后的数据是按2000年不变价格计算的。

云南省社会消费品零售总额

单位：亿元

指　　标	1995 年	2000 年	2005 年	2006 年	2007 年
社会消费品零售总额	369.55	583.17	1034.40	1188.88	1394.54
一、按经济类型分					
国有及国有控股	143.66	148.53	116.80	131.74	162.62
集体及股份合作	67.41	80.88	70.88	73.24	81.45
个私经济	92.26	253.92	660.22	762.75	967.48
# 个体经济	84.92	216.75	487.15	544.77	621.84
其他经济	66.22	99.84	186.50	221.15	183.00
二、按行业分					
批发零售贸易业	328.85	493.53	823.83	949.80	1070.94
住宿和餐饮业	22.82	74.87	155.44	178.71	231.88
其他	17.88	14.77	55.13	60.36	91.73
三、按销售地区分					
市的零售额	172.30	309.28	564.54	651.05	771.31
县的零售额	105.17	139.08	239.29	275.40	318.31
县以下的零售额	92.08	134.81	230.57	262.43	304.92

云南省对外经济贸易和旅游主要指标

指　　标	单位	2006 年	2007 年	指　　标	单位	2006 年	2007 年
一、对外贸易情况				三、对外经济技术合作			
进出口贸易总额	万美元	623174	877976	对外承包、劳务合作及设计咨询合同额	万美元	60364	70098
# 出口	万美元	339143	473613				
进口	万美元	284031	404363	对外承包、劳务合作及设计咨询营业额	万美元	43371	50028
# 边境贸易	万美元	77649	101101				
# 出口	万美元	46538	56774	四、旅游发展情况			
进口	万美元	31111	44327	接待国内外旅游者	万人次	7902	9208
二、利用外资情况				# 国内旅游者	万人次	7721	8986
外商直接投资合同项目	个	204	170	海外旅游者	万人次	181	222
外商直接投资合同金额	万美元	79771	96608	旅游总收入	亿元	499.8	559.2
外商直接投资实际利用金额	万美元	30234	39453	# 国内旅游收入	亿元	447.1	497.74
				旅游外汇收入	万美元	65844	85958

注：进出口贸易总额为海关统计数。

云南省进出口贸易总额

（1985～2007）

单位：万美元

年　　份	进出口总额	出口额	进口额	差额（+出超，-入超）
1985	25413	15032	10381	+4651
1986	32472	19682	12790	+6892
1987	46642	32301	14341	+17960
1988	67571	47258	20313	+26945
1989	80210	53863	26347	+27516
1990	75114	56241	18873	+37368
1991	75682	52468	23214	+29254
1992	96546	64869	31677	+33192
1993	121304	77379	43925	+33454
1994	160363	105334	55029	+50305
1995	212102	133097	79005	+54092
1996	205865	114168	91697	+22471
1997	201111	121425	79686	+41739
1998	203498	126299	77199	+49100
1999	165969	103444	62525	+40919
2000	181283	117516	63767	+53749
2001	198906	124412	74494	+49918
2002	222635	142965	79670	+63295
2003	266767	167658	99109	+68549

续表

年　份	进出口总额	出口额	进口额	差额（+出超，-入超）
2004	374776	223882	150894	+72988
2005	473822	264158	209664	+54494
2006	623174	339143	284031	+55112
2007	877976	473613	404363	+69250

注：本表数据均包括边境贸易，1998 年以前为外贸业务数，1999 年以后为海关统计数。

2007 年西部 12 省区主要经济指标（一）

指　标	单位	云南	四川	贵州	广西	西藏	重庆
年末总人口	万人	4514	8127	3975.5	5002	284	2816
地区生产总值（当年价）	亿元	4741.31	10505.3	2710.3	5885.9	342.2	4111.8
农林牧渔业总产值（当年价）	亿元	1414.80	3377.0	697.0	2026.2	79.8	720.7
工业增加值（当年价）	亿元	1701.78	3868.6	1006.02	2001.17	25.71	1514.72
#规模以上工业增加值	亿元	1494.38	3580.7	843.74	1430.88	22.54	1234.06
#轻工业增加值	亿元	691.08	1115.9	247.98	471.96		418.07
重工业增加值	亿元	803.30	2464.8	595.76	958.92		815.99
主要工农业产品产量							
粮食	万吨	1546.68	3448.4	1170.7	1551.4	93.86	1148.01
油料	万吨	36.70	228.5	91.9	67.0	5.23	43.77
甘蔗	万吨	1938.67	127.0				
烤烟	万吨	76.68	16.9	31.57	2.4		
水果	万吨	202.37	592.0	112.9	861.5	1.1	175.9
茶叶	万吨	17.0	13.1	2.84	3.4		
肉类	万吨	335.5	1092.6	223.22	452.3	23.7	178.53
水产品	万吨	33.4	121.2	12.98	380.6	0.1	18.5
布	亿米		8.4	0.5	0.50		4.7
机制纸及纸板	万吨	37.72			163.44		
糖	万吨	188.04					
卷烟	亿支	3351.30	731.5	1103.6	603.75		426.00
钢	万吨	883.85	1411.9	349.4	765.67		356.30
成品钢材	万吨	789.99	1589.5	328.1	984.91		436.57
十种有色金属	万吨	233.77	72.3	85.2	81.31	0.1	15.70
原煤	万吨	7755.19	7758.8	10864.2	721.48		2711.65
发电量	亿千瓦小时	904.51	1182.6	1166.3	682.81	15.17	351.96
水泥	万吨	3568.53	6214.2	1943.1	4350.48	159.66	2819.92
汽车	万辆	4.71	7.21		60.48		70.80
运输邮电							

续表

指　　标	单位	云南	四川	贵州	广西	西藏	重庆
货物周转量	亿吨公里	770.96	1059	721	1404	42	1052
旅客周转量	亿人公里	393.40	797	369	677	27	353
邮电业务总量	亿元	468.56	747.0	291.66	479.47	30.93	365.81
全社会固定资产投资	亿元	2798.89	5842.0	1485.57	2970.47	271.18	3161.52
房地产开发投资	亿元	422.86	1331.5	248.48	536.67	11.68	849.90
国有单位投资	亿元	1211.78			976.44	169.92	1255.10
社会消费品零售总额	亿元	1394.54	4015.6	821.8	1897.9	112.01	1661.2
进出口贸易总额	亿美元	87.80	143.8	22.7	92.7	3.9	74.4
出口	亿美元	47.36	86.1	14.7	51.1	3.3	45.1
进口	亿美元	40.44	57.7	8.1	41.6	0.7	29.3
地方财政收入	亿元	486.7	850.3	284.9	418.8	20.14	442.7
地方财政支出	亿元	1134.7	1760.9	787.6	977.3	275.37	769.7
城镇居民人均可支配收入	元	11496.1	11098.3	10678.4	12200.4	11130.9	12590.8
农民人均纯收入	元	2634.1	3546.7	2374.0	3224.1	2788.2	3509.3

2007年西部12省区主要经济指标（二）

指　　标	单位	内蒙古	陕西	甘肃	青海	宁夏	新疆
年末总人口	万人	2405	3748	2617	552	610	2095
地区生产总值（当年价）	亿元	6018.8	5369.9	2699.2	761.0	834.2	3494.4
农林牧渔业总产值（当年价）	亿元	1276.4	1002.9	686.1	121.3	182.9	1063.5
工业增加值（当年价）	亿元	2668.58	2498.21	1066.74	324.05	348.68	1378.48
#规模以上工业增加值	亿元	2365.27	2189.97	956.68	315.39	325.31	1324.18
#轻工业增加值	亿元	478.83	325.06	119.68		56.45	111.21
重工业增加值	亿元	1886.44	1864.91	837.00		268.86	1212.97
主要工农业产品产量							
粮食	万吨	1750.0	1194.4	824.43	94.12	316.0	867.04
油料	万吨	105.92	44.2	46.36	30.46	7.7	40.30
甘蔗	万吨						
烤烟	万吨		5.7	0.80			
水果	万吨	208.06	1125.0	358.40	3.3	153.8	672.50
茶叶	万吨		1.4				
肉类	万吨	201.8	96.3	92.50	31.4	22.8	160.58
水产品	万吨	9.4	7.69	1.78	0.2	7.0	8.89
布	亿米	1.48	8.2				1.20
机制纸及纸板	万吨						21.72
糖	万吨	19.5					64.94

续表

指　　标	单位	内蒙古	陕西	甘肃	青海	宁夏	新疆
卷烟	亿支	215.0	710.0	372.0			100.00
钢	万吨	1040.3	396.27	602.80	114.71	0.4	445.83
成品钢材	万吨	912.3	559.73	597.89	109.03	41.5	469.20
十种有色金属	万吨	134.9	59.85	142.76	107.89	73.0	7.70
原煤	万吨	35438.0	18313.30	3949.34	896.11	3729.9	3986.78
发电量	亿千瓦小时	1931.9	698.76	618.85	297.18	451.16	404.33
水泥	万吨	2871.2	3026.12	1540.21	436.85	808.4	1455.60
汽车	万辆	1.58	17.06				0.23
运输邮电							
货物周转量	亿吨公里	2023	1191	1150	176	285	963
旅客周转量	亿人公里	354	564	376	67	73	370
邮电业务总量	亿元	372.5	511.20	219.71	53.74	80.04	303.65
全社会固定资产投资	亿元	4404.75	3641.88	1310.38	487.47	621.80	1850.70
房地产开发投资	亿元	500.89	353.32	134.07	34.21	93.11	169.78
国有单位投资	亿元	1729.56		736.24	303.91	328.60	690.40
社会消费品零售总额	亿元	1904.1	1800.9	833.3	208.3	233.3	847.7
进出口贸易总额	亿美元	77.4	68.9	55.0	6.1	15.8	137.2
出口	亿美元	29.5	46.7	16.6	3.9	10.9	115.0
进口	亿美元	48.0	22.2	38.4	2.3	5.0	22.1
地方财政收入	亿元	492.28	475.24	190.6	56.7	80.0	285.0
地方财政支出	亿元	1083.57	1053.97	675.1	282.3	241.5	793.0
城镇居民人均可支配收入	元	12377.8	10763.3	10012.3	10276.1	10859.3	10313.4
农民人均纯收入	元	3953.1	2644.7	2328.9	2683.8	3180.8	3183.0

2007年云南主要经济指标占全国的比重及在全国的位次

指　　标	单位	指标值		云南占全国的比重（%）	云南在全国的位次
		云南	全国		
年末总人口	万人	4514.0	132129	3.4	12
生产总值（当年价）	亿元	4741.31	249530	1.9	23
第一产业	亿元	837.35	28095	3.0	16
第二产业	亿元	2051.08	121381	1.7	23
第三产业	亿元	1852.88	100054	1.9	22
农林牧渔业总产值（当年价）	亿元	1414.8	48893	2.9	17
工业增加值（当年价）	亿元	1701.78	107367	1.6	
#规模以上工业增加值	亿元	1494.38			22
轻工业增加值	亿元	691.08			
重工业增加值	亿元	803.30			

续表

指　　标	单位	指标值		云南占全国的比重（%）	云南在全国的位次
		云南	全国		
全社会固定资产投资	亿元	2798.89	137239	2.0	23
房地产开发投资	亿元	422.86	25280	1.7	22
国有单位投资	亿元	1211.78		2.4	
社会消费品零售总额	亿元	1394.54	89210	1.6	24
进出口总额	亿美元	87.80	21738	0.4	22
出口额	亿美元	47.36	12180	0.4	21
进口额	亿美元	40.44	9558	0.4	20
财政收入	亿元	486.70	51304		
财政支出	亿元	1134.70	49565		
城镇居民人均可支配收入	元	11496.11	13785.8		16
农民人均纯收入	元	2634.09	4140.4		29
主要农产品产量					
粮食	万吨	1546.68	50148.3	3.1	15
油料	万吨	36.70	2548.9	1.4	22
甘蔗	万吨	1938.67	10565.1	18.4	
烤烟	万吨	76.68	217.8	35.2	
水果	万吨	202.37	18136.3	1.1	21
茶叶	万吨	17.00	116.6	14.6	
肉类	万吨	335.50	6865.7	4.9	12
水产品	万吨	33.40	4747.5	0.7	19
主要工业产品产量					
布	亿米		660.0		
机制纸及纸板	万吨	37.72			
糖	万吨	188.04	1271	14.8	2
卷烟	亿支	3351.30	21414	15.7	1
钢	万吨	883.85	48966	1.8	16
成品钢材	万吨	789.99	56894	1.4	20
十种有色金属	万吨	233.77	2351	9.9	2
原煤	万吨	7755.19	253600	3.1	11
发电量	亿千瓦小时	904.51	32777	2.8	14
水泥	万吨	3568.53	136000	2.6	15
汽车	万辆	4.71	888.7	0.5	23

注：云南财政收入和财政支出数为地方财政一般预算口径。

（黎　晶）

重要经济法规

经济立法概况

综　述

2007年，为更好地适应加快建设法治政府、全面推进依法行政的要求，云南省以经济立法为重点的政府立法工作，取得了新的进展。经过省政府法制办公室组织起草、审查、协调、修改和提请省政府常务会议通过等立法程序后，在年内公布的地方性法规和省政府规章共14件。其中，经济立法项目共9件。

《云南省建设工程抗震设防管理条例》立法

为了加强建设工程抗震设防管理工作，提高建设工程抗震能力，减轻地震灾害，保护人民的生命和财产安全，根据《中华人民共和国防震减灾法》、《中华人民共和国建筑法》等有关法律、法规，结合云南实际，制定该条例。该条例对抗震设防管理的职责分工、抗震设防要求、抗震防灾规划、建设工程抗震设防的质量管理、农村抗震设防、建设工程的抗震加固等事项作了较为全面的具体化规定。该条例草案由省建设厅、省地震局起草，经省政府法制办公室审查、协调、修改后，提请2007年2月16日省政府第48次常务会议讨论通过，并由秦光荣省长签署省政府议案提请省人大常委会审议。该地方性法规案经2007年3月、5月省十届人大常委会第28次、29次会议审议后通过。已通过的该条例于2007年5月23日以省十届人大常委会公告第58号公布，自2007年10月1日起施行。

《云南省安全生产条例》立法

为了加强安全生产监督管理，防止和减少生产安全事故，保障人民群众生命和财产安全，促进经济发展和社会稳定，根据《中华人民共和国安全生产法》等有关法律、法规，结合云南实际，制定该条例。该条例对生产经营单位的安全生产保障、从业人员的权利和义务、安全生产的监督管理、生产安全事故的处置等事项作了较为全面的具体化规定。该条例草案由省安全生产监督管理局起草，经省政府法制办公室审查、协调、修改后，提请2007年8月20日省政府第53次常务会议讨论通过，并由秦光荣省长签署省政府议案提请省人大常委会审议。该地方性法规案经2007年9月、11月省十届人大常委会第31次、32次会议审议后通过。已通过的该条例于2007年11月29日以省十届人大常委会公告第26号公布，自2008年1月1日起施行。

《云南省国防交通规定》立法

为了加强国防交通建设，保障战时和平时特殊情况下国防交通顺畅，根据国务院、中央军委公布的《国防交通条例》及有关法律、法规，结合云南实际，制定该规定。该规定对国防交通保障计划的制定程序、国防交通建设项目的审核范围和审核程序、国防交通保障队伍的任务等事项作了具体化规定。该规章草案由省发展和改革委员会起草，经省政府法制办公室审查、协调、修改后，提请2007年4月9日省政府第49次常务会议审议通过。已通过的该规定由秦光荣省长于2007年5月16日签署云南省人民政府令第141号予以公布，自2007年8月1日起施行。

《云南省车船税实施办法》立法

为了推进地方税制改革，根据国务院公布、自2007年1月1日起施行的《中华人民共和国车船税暂行条例》的有关规定，结合云南实际，制定该办法。该办法对车辆的具体适用税额、城乡公共交通车船定期减免税的条件和程序、纳税地点、申报纳税期限、保险机构代收代缴车船税、车船管理部门协助地方税务机关加强车船税征管等事项作了具体化规定。该规章草案由省地方税务局起草，经省政府法制办公室审查、协调、修改后，提请2007年8月20日省政府第53次常务会议审议通过。已通过的该办法由秦光荣省长于2007年9月7日签署云南省人民政府令第142号予以公布，自公布之日起施行。云南省人民政府1986年10月30日发布的《〈中华人民共和国车船使用税暂行条例〉云南省实施细则》及1999年1月28日发布的《关于调整机动车车船使用税税额和征收非机动车车船使用税的规定》同时废止。

《云南省城镇土地使用税实施办法》立法

为了完善城镇土地使用税税制，根据国务院修订公布、自2007年1月1日起施行的《中华人民共和国城镇土地使用税暂行条例》的规定，结合云南实际，制定该办法。该办法对城镇土地使用税的适用范围、计税依据、税额幅度、纳税人范围、申报纳税期限、划分土地等级的方法等事项作了较为全面的具体化规定。该规章草案由省地方税务局起草，经省政府法制办公室审查、协调、修改后，提请2007年8月20日省政府第53次常务会议审议通过。已通过的该办法由秦光荣省长于2007年9月7日签署云南省人民政府令第143号予以公布，自公布之日起施行。云南省人民政府1988年12月16日发布的《〈中华人民共和国城镇土地使用税执行条例〉云南省实施办法》同时废止。

（陈晓光）

经济法规选登

云南省建设工程抗震设防管理条例

（2007年5月23日云南省第十届人民代表大会
常务委员会第二十九次会议通过
云南省第十届人民代表大会常务委员会公告第58号公布）

第一章　总　则

第一条　为了加强建设工程抗震设防管理工作，提高建设工程抗震能力，减轻地震灾害，保护人民的生命和财产安全，根据《中华人民共和国防震减灾法》、《中华人民共和国建筑法》等有关法律、法规，结合本省实际，制定本条例。

第二条　在本省行政区域内从事建设工程抗震设防活动及其监督管理，适用本条例。

第三条　县级以上人民政府应当加强对建设工程抗震设防工作的领导，将建设工程抗震设防工作纳入国民经济和社会发展规划，并按年度安排专项经费。

第四条　地震工作主管部门负责建设工程地震安全性评价及抗震设防要求的监督管理。

建设行政主管部门负责抗震防灾规划和房屋建筑及其附属设施、市政设施建设工程的抗震设计、施工、监理等的监督管理。

交通、水利、电力、铁路、民航等部门按照各自职责负责本行业有关建设工程抗震设防设计与施工的监督管理。

发展和改革、工业经济等部门按照各自职责做好建设工程抗震设防的监督管理。

第五条　各级人民政府及其建设、地震等部门应当组织开展建设工程抗震知识的宣传教育，提高公民的防震、抗震意识。

各级人民政府及其建设、地震等部门应当将农村建设工程和民房建设的抗震设防纳入农村建设的规划，加强村（居）民自建房屋抗震设防工作的技术指导和服务咨询，提高城乡民房的抗震能力。

第六条　建设、地震、科技等部门应当加强建设工程抗震设防的科学研究和技术开发，推广隔震、减震等新技术。

第七条　各级人民政府及其建设、地震等部门在建设工程抗震设防管理工作中，应当强化责任意识，改进服务方式，推行便民措施，提高工作效率。

第二章　抗震设防要求

第八条　新建、扩建、改建的建设工程，必须达到抗震设防要求。抗震设防要求的确定应当遵守下列规定：

（一）一般建设工程必须按照国家颁布的中国地震动参数区划图规定的抗震设防要求，进行抗震设防。

（二）抗震设防要求高于中国地震动参数区划图抗震设防要求的重大建设工程、重要建设工程和可能产生严重次生灾害的建设工程，必须进行地震安全性评价，并根据地震安全性评价结果确定抗震设防要求。地震安全性评价的具体范围由省地震工作主管部门会同建设、交通、水利、电力、铁路、民航等部门拟定，报省人民政府批准。

（三）位于地震动参数区划分界线两侧各4千米区域的建设工程和地震研究程度及资料详细程度较差的边远地区的建设工程，必须进行地震动参数复核，并根据地震动参数复核结果确定抗震设防要求。

（四）地震重点监视防御区或者位于复杂地质条件区域的大中城市，地震重点监视防御城市、大型厂矿企业、长距离生命线工程以及新建开发区，应当根据需要和可能开展地震小区划工作，并根据地震小区划工作结果确定抗震设防要求。

地震灾区区域性抗震设防要求需要变更的，由省地震工作主管部门按照规定报国家有关部门审批。

第九条 大型水库大坝、特大桥梁、发射塔等重大建设工程应当按照国家有关规定设置强震动监测设施，并报地震工作主管部门备案。

鼓励位于地震烈度7度以上地区的建设单位，在下列建筑工程上设置强震动监测设施：

（一）高度超过80米的高层建筑工程；

（二）采用隔震、减震等新技术的建筑工程；

（三）体型不规则的7层以上的建筑工程。

强震动监测设施的设置、运行、维护、管理工作由建设单位负责，并由地震工作部门进行指导。

第十条 纳入基本建设程序的建设工程，负责项目备案、核准、审批的县级以上发展和改革、工业经济、建设、交通、水利、电力、铁路、民航等部门，应当将项目基本情况和抗震设防要求采用情况送同级地震工作主管部门备案。

必须进行地震安全性评价和地震动参数复核的建设工程，建设单位应当在项目选址或者预可行性研究、可行性研究、初步设计前，按照项目管理权限，到地震工作主管部门办理抗震设防要求审核确认手续。

前款规定外的建设工程，属于国家建筑工程抗震设防分类标准中乙类以上的建设工程，建设单位应当将抗震设防要求采用情况报当地地震工作主管部门备案。

第十一条 必须进行地震安全性评价和地震动参数复核的建设工程，建设单位应当在项目预可行性研究或者可行性研究阶段（无可行性研究的在初步设计前），委托具有相应资质的地震安全性评价单位进行地震安全性评价和地震动参数复核工作，并按照国家有关规定将地震安全性评价报告和地震动参数复核结果报省级以上地震工作主管部门审定。

地震小区划工作必须委托具有相应资质的地震安全性评价单位实施，结果由省地震工作主管部门按照国家有关规定报批。

第十二条 建设工程抗震设防要求审核意见书、地震安全性评价报告及审批文件，应当作为项目立项、预可行性研究或者可行性研究报告、初步设计审查的文件材料。

第十三条 发展和改革、工业经济等部门应当会同同级地震工作主管部门，对需要进行地震安全性评价的建设工程的预可行性研究或者可行性研究报告进行论证、审查；可行性研究报告中未包含经批准的抗震设防要求内容的，不予批准或者核准。

第十四条 建设、交通、水利、电力、铁路、民航等部门应当会同同级地震工作主管部门对需要进行地震安全性评价的建设工程的初步设计文件进行审查；初步设计文件中未包含经批准的抗震设防要求内容的，不予批准或者核准。

第十五条 承担地震安全性评价的单位，应当取得国家或者省地震工作主管部门核发的地震安全性评价资质证书，执行相关法律、法规和国家地震安全性评价工作规范，其收费项目和收费标准，按照国家和省的有关规定执行。

省外单位在本省从事地震安全性评价的，应当到县级以上地震工作主管部门进行资质验证和备案。

第三章 抗震防灾规划

第十六条 抗震防灾规划是城乡总体规划和防震减灾规划中的专业规划。

抗震防灾规划应当由取得城乡规划编制相应资质的单位编制，并按照有关规定报批。

第十七条 编制抗震防灾规划应当遵循预防为主、因地制宜、突出重点、城乡并举和防、抗、避、救相结合的原则。

第十八条 抗震防灾规划中的抗震设防标准、建设用地的抗震评价与要求、抗震防灾措施，应当列入城乡总体规划的强制性内容，作为编制城乡详细规划的依据。

第十九条 城乡房屋建筑工程的选址，应当符合抗震防灾规划的要求。

城乡规划区外的房屋建筑工程选址和建设，应当在人员聚居区留有避震通道及避震疏散场地。

第四章 抗震设计与施工

第二十条 新建、扩建、改建的建设工程，必须按照抗震设防标准进行设计。设计文件中应当包含抗震设防要求和抗震设防标准、等级等内容。

第二十一条 建设、交通、水利、电力、铁路、民航等有关部门在进行建设工程初步设计审查时，应当审查抗震设防的内容；大型或者地质条件特别复杂的建设工程，应当审查勘察成果；对不符合建设工程抗震设防标准的，不予批准。

第二十二条 下列建筑工程在初步设计时，建设单位应当向建设行政主管部门提出抗震设防专项审查报告：

（一）超出国家现行抗震设计规范所规定的高度、层数、体型规则性和其他强制性规定的高层建筑工程；

（二）采用现行建筑抗震设计规范规定以外的结构

体系（结构型式）的高层建筑；

（三）采用隔震、减震等新技术或者新材料的建筑工程；

（四）经安全性评价、地震动参数复核和开展过地震小区划工作的高层建筑工程；

（五）国家建筑工程抗震设防分类标准中甲类和重要的乙类建筑工程；

（六）省人民政府规定需要进行抗震专项审查的地震灾区恢复重建项目。

前款所列建筑工程未经抗震设防专项审查的，建设行政主管部门不予批复初步设计、不予颁发施工许可证。

第二十三条 建设行政主管部门应当自接到建筑工程抗震设防专项审查报告之日起20个工作日内组织审查，提出书面审查意见，并将审查结果告知建设单位。

经审查不合格的建筑工程设计，由设计单位重新设计并报审。

对审查结论有争议的，设计单位或者建设单位可以申请上一级建设行政主管部门组织复审。

第二十四条 建筑工程的施工图抗震审查，由省建设行政主管部门认定的审查机构承担。其中超限高层建筑工程的施工图抗震审查，由国家建设行政主管部门认定的审查机构承担。

第二十五条 审查机构对施工图抗震审查后，应当根据下列情况分别作出处理：

（一）审查合格的，应当向建设单位出具审查合格书，同时将审查情况报相关主管部门备案；

（二）审查不合格的，应当将施工图退还建设单位并书面说明不合格原因，并将审查中发现的违反法律、法规和工程抗震强制性标准等问题，向具有管辖权的建设行政主管部门报告。

施工图退还建设单位后，建设单位应当要求原勘察设计单位进行修改，并将修改后的施工图报原 审查机构审查。

施工图未经抗震审查或者审查不合格的，建设行政主管部门不予颁发施工许可证。

第二十六条 施工、监理单位应当按照审查合格的施工图进行施工、监理，确保建设工程达到抗震设防要求。

第二十七条 建设工程质量监督机构对未按抗震设计文件施工或者达不到相关验收标准的工程项目，应当责令其采取相应措施，达到工程抗震要求。

建设工程质量监督机构出具的工程质量监督报告应当含有抗震设防内容。

第二十八条 建设单位应当委托具有相应资质的工程检测机构，对建设工程主体结构的隐蔽工程或者需要进行质量检测的工程部位的抗震质量进行检测。未经检测或者检测不合格的，不得进入工程建设的下一道工序。

第二十九条 建设单位在组织工程竣工验收时，应当将建设工程是否符合抗震设防要求和抗震设计标准纳入竣工验收内容，并将工程竣工验收报告报相关主管部门备案，有关部门应当在20个工作日内将备案结果书面通报地震工作主管部门。其中，经过地震安全性评价的建设工程，组织竣工验收的单位应当将地震安全性评价内容作为竣工验收的内容，并应当有地震工作主管部门参加。

第三十条 地震发生后，建设、交通、水利、电力、铁路、民航等主管部门应当组织专家，对破坏程度超出工程建设强制性标准允许范围的建设工程进行破坏原因调查、鉴定和责任认定。

第三十一条 各级人民政府和有关部门应当加强对纳入城市规划范围内的农村社区的管理，按照规划进行改造，对达不到抗震设防要求和标准的居民住房，指导其进行加固改造。

第五章 农村抗震设防

第三十二条 各级人民政府和有关部门应当加强对农村民房建设工作的指导和城乡结合部村（居）民建房的管理，引导村（居）民建设具有抗震性能的房屋。

各级人民政府有关部门在实施农村民居地震安全、易地扶贫搬迁、移民搬迁等工程时，应当保证工程及相关村民房屋建设达到抗震设防要求和标准。

第三十三条 各级人民政府和有关部门应当在普查和鉴定的基础上，多方筹集资金，按照规划对达不到抗震设防要求的农村居住用房和城乡结合部村（居）民住房进行加固改造，提高抗震性能。

第三十四条 农村的公共设施及3层以上的各类房屋建筑工程，应当按照工程建设强制性标准进行抗震设防。

村（居）民自建的2层以下房屋应当采取必要的抗震措施。

第三十五条 建设行政主管部门应当指导农村对抗震性能差的传统结构及建造方法予以改进，并推广应用抗震性能好的结构形式及建造方法。

第三十六条 地震重点监视防御区县级以上建设行政主管部门、地震工作主管部门应当通过科普教育宣传、建设抗震样板房、技术培训等多种方式，指导村（居）民自建房屋进行抗震设防。

第六章 抗震加固

第三十七条 已建成的下列建（构）筑物，未采取抗震设防措施或者达不到抗震设防要求，且未列入近期拆除改造计划的，必须委托具有相应资质的设计单位按现行抗震鉴定标准进行抗震鉴定：

（一）《建筑工程抗震设防分类标准》中甲类和乙类建（构）筑物；

（二）可能发生严重次生灾害的；

（三）有重大文物价值和纪念意义的；

（四）地震重点监视防御区的；

（五）震后经应急评估需要进行抗震加固的。

经鉴定需要加固而未加固的建（构）筑物，应当在县级以上建设主管部门确定的限期内采取必要的抗震加固措施；未加固前应当限制使用。

第三十八条 改变建（构）筑物使用功能导致需要提高抗震设防类别或者装修改造涉及承重构件的，产权人应当委托具有相应资质的设计、检测、施工单位，进行抗震验算、检测、修复和加固。

第三十九条 建（构）筑物的抗震鉴定、抗震加固费用，由产权人承担。

公共建（构）筑物的抗震加固经费由该建（构）筑物的管理使用单位多渠道筹措，同级财政部门适当予以补助。

第四十条 抗震加固工程应当执行基本建设程序，按照其规定办理相关手续，保证质量和安全。

第七章　监督检查

第四十一条 建设行政主管部门、地震工作主管部门和其他有关行业主管部门，应当依照本条例，按照职责分工，对建设、勘察设计、地震安全性评价单位及施工图审查机构的建设工程抗震设防情况进行定期监督检查或者不定期抽查。在监督检查或者抽查中发现建设工程未依法进行抗震设防时，应当责令其改正。

第四十二条 建设行政主管部门、地震工作主管部门和其他有关行业主管部门履行监督检查职责时，有权采取下列措施：

（一）对有关单位进行实地检查，了解情况，调查取证；

（二）查阅或者复制建设工程抗震设防的有关资料；

（三）责令单位和个人停止违法行为；

（四）对违法行为进行查处。

第四十三条 建设、勘察设计、地震安全性评价单位及施工图审查机构及其工作人员，对有关部门的检查、调查取证，应当予以配合，不得拒绝和阻碍，不得提供虚假材料。

第八章　法律责任

第四十四条 建设单位违反本条例第八条、第十条第二款和第三款、第十一条规定，建设工程按规定进行抗震设防或者未办理抗震设防要求审核确认手续，以及未进行地震安全性评价或者未按照抗震设防要求进行抗震设防的，由地震工作主管部门责令改正，处1万元以上10万元以下的罚款；构成犯罪的，依法追究刑事责任。

第四十五条 建设单位违反本条例第九条规定，有下列行为之一的，由地震工作主管部门责令改正，并要求采取相应的补救措施，对主管人员和其他直接责任人员，由其所在单位或者上级主管部门给予行政处分：

（一）未按照国家有关规定设置强震动监测设施的；

（二）擅自中止或者终止强震动监测设施运行的。

第四十六条 负责项目审批的部门违反本条例第十条第一款、第十三条、第十四条规定，有下列行为之一的，对直接负责的主管人员和其他直接责任人员依法给予行政处分；构成犯罪的，依法追究刑事责任；

（一）不按规定备案的；

（二）批准未进行地震安全性评价的重大建设工程、重要建设工程和可能产生严重次生灾害的建设工程立项的。

第四十七条 不具备地震安全性评价资质从事安全性评价的，由地震工作主管部门责令改正，没收违法所得，并处1万元以上5万元以下的罚款；构成犯罪的，依法追究刑事责任。

第四十八条 地震安全性评价单位有下列行为之一的，由地震工作主管部门责令改正，没收违法所得，并处1万元以上5万元以下的罚款；情节严重的，由颁发资质证书的部门吊销资质证书；构成犯罪的，依法追究刑事责任：

（一）超越其资质许可的范围承揽地震安全性评价业务的；

（二）以其他地震安全性评价单位的名义承揽地震安全性评价业务的；

（三）允许其他单位以本单位名义承揽地震安全性评价业务的；

（四）违反国家有关法律、法规和强制性技术标准的规定，降低抗震设防要求的。

第四十九条 建设单位明示或者暗示设计单位、施工单位降低工程抗震设防标准，违反工程抗震强制性标准，降低工程质量的，由建设行政主管部门或者其他有关部门责令改正，处20万元以上50万元以下的罚款。

第五十条 设计单位降低工程抗震设防标准，未按照工程抗震设计强制性标准进行设计的，由建设行政主管部门或者其他有关部门责令改正，处10万元以上30万元以下的罚款。

第五十一条 建设单位未按照规定申报工程抗震设计审查或者审查不合格，擅自施工的，由县级以上建设行政主管部门或者其他有关主管部门责令改正，处1万元以上10万元以下的罚款。

建设单位违反本条例第二十九条的规定，未将建设工程抗震设防要求纳入竣工验收内容的，由县级以上建设行政主管部门、地震工作主管部门责令改正。

第五十二条 产权人违反本条例第三十八规定，未按规定进行抗震验算、检测、修复和加固的，由建设行政主管部门责令限期改正；逾期不改的，处1万元以下的罚款。

第五十三条 设计、施工单位未按照抗震设计审查意见修改设计或者擅自取消抗震措施的，由建设行政主管部门或者其他有关主管部门责令改正，处1万元以上10万元以下的罚款。

第五十四条 建设单位未委托具有相应资质的工程检测机构，对建设工程主体结构的隐蔽工程或者确实需要进行质量检测的工程部位进行抗震质量检测的，或者委托不具有相应资质的工程检测机构进行检测的，由建设行政主管部门责令改正，处1万元以上10万元以下的罚款。

未经审核批准的工程检测机构从事工程检测的，由建设行政主管部门责令停止违法行为，处1万元以上5万元以下的罚款。

第五十五条 地震、建设、交通、水利、电力、铁路、民航等有关部门工作人员在建设工程抗震设防管理工作中滥用职权、玩忽职守、徇私舞弊的，依法给予行政处分；构成犯罪的，依法追究刑事责任。

第九章 附 则

第五十六条 本条例下列用语的含义：

（一）抗震设防，是指根据抗震设防要求和抗震设计规范对建设工程进行的抗震设计和施工等活动，包括抗震设防要求、抗震防灾规划、抗震设计与施工、抗震加固。

（二）抗震设防要求，是指依法确定的建设工程抗御地震破坏的准则和一定风险水准下抗震设计应当采用的基本地震动参数或者地震烈度。

（三）抗震设防标准，是指衡量建筑抗震能力高低的综合尺度，根据抗震设防要求及建（构）筑物使用功能的重要性确定。

（四）地震安全性评价，是指根据对建设工程场地和场地周围的地震活动与地震地质环境的分析，按照工程设防的风险水准，给出与工程抗震设防要求相应的地震烈度和地震动参数，以及场地的地震地质灾害预测结果。

（五）地震动参数，是指表征地震引起的地面运动的物理参数，包括峰值、反应谱和持续时间等。

（六）地震动参数复核，是指采用最新基础资料和研究成果，对地震动参数区划图给出的某地地震动参数进行核实或修正。

（七）地震小区划，是指根据地震区划图及某一区域（场地）范围内的具体场地条件给出抗震设防要求的详细分布，包括地震动小区划和地震地质灾害小区划等。

第五十七条 本条例自2007年10月1日起施行。

云南省安全生产条例

（2007年11月29日云南省第十届人民代表大会常务委员会第三十二次会议通过
云南省第十届人民代表大会常务委员会公告第66号公布）

第一章 总 则

第一条 为了加强安全生产监督管理，防止和减少生产安全事故，保障人民群众生命和财产安全，促进经济发展和社会稳定，根据《中华人民共和国安全生产法》等有关法律、法规，结合本省实际，制定本条例。

第二条 在本省行政区域内从事生产经营活动的单位的安全生产以及对安全生产的监督管理活动，适用本条例。

有关法律、行政法规对消防安全和道路交通安全、铁路交通安全、水上交通安全、民用航空安全等另有规定的，从其规定。

第三条 安全生产管理，坚持“安全第一、预防为主、综合治理”的方针。建立健全“政府领导、部门监管、企业负责、群众参与、社会支持”的工作机制。

第四条 生产经营单位是安全生产的责任主体，其主要负责人是本单位安全生产的第一责任人，对安全生产工作全面负责；安全生产管理人员在其职责范围内对安全生产工作承担相应责任。

从业人员应当遵守安全生产的法律、法规和操作规程，并有依法获得安全生产保障的权利。

第五条 县级以上人民政府应当加强对安全生产工作的领导，将安全生产纳入国民经济和社会发展规划，将安全生产监督管理经费纳入同级财政预算。

县级以上人民政府的主要负责人是本行政区域安全生产工作的第一责任人，对安全生产工作负全面领导责任；分管安全生产工作的负责人，负分管领导责任。

第六条 县级以上人民政府安全生产监督管理部门对安全生产工作实施综合监督管理。

县级以上人民政府的公安、交通、建设、煤炭、电力、农业、质监、旅游等负有安全生产监督管理职责的部门（以下简称有关部门）依照有关法律、法规的规定，在各自的职责范围内对有关的安全生产工作实施监督管理。

第七条 工会依法加强对安全生产的民主管理和民主监督，督促生产经营单位落实安全生产措施，提出保障安全生产的建议，参与生产安全事故调查，监督对事故伤亡人员的赔偿，维护从业人员的合法权益。

第八条 各级人民政府及其有关部门和生产经营单位，应当组织开展安全生产方面的宣传教育，提高公民和从业人员的安全生产意识。

新闻媒体应当加强安全生产的宣传教育，并对违反安全生产法律、法规行为进行舆论监督。

第九条 县级以上人民政府及其有关部门对在安全生产工作中做出显著成绩和举报安全生产违法行为有功的单位和个人，应当给予表彰奖励。

第二章 生产经营单位的安全生产保障

第十条 生产经营单位应当具备下列安全生产条件，方可从事生产经营活动：

（一）有关法律、法规规定的安全生产条件，并依法取得相关证照；

（二）生产经营场所和设备、设施符合有关国家标准或者行业标准；

（三）建立健全安全生产责任制，制定安全生产规章制度和相关操作规程；

（四）保证安全生产所必需的资金投入；

（五）依法设置安全生产管理机构和配备安全生产管理人员；

（六）为从业人员提供符合安全技术标准的劳动工具、劳动防护用品和自救器材，保证作业环境符合安全卫生标准；

（七）主要负责人和安全生产管理人员具备与生产经营活动相适应的安全生产知识和管理能力；

（八）从业人员经安全生产教育和培训合格，特种作业人员经专门的安全作业培训，取得特种作业操作资格证书。

第十一条 生产经营单位新建、改建、扩建工程项目的安全设施，应当与主体工程同时设计、同时施工、同时投入生产和使用。

安全设施投资应当纳入建设项目概算。

第十二条 矿山、建筑施工单位，危险物品的生产、经营、运输、储存单位，应当采取下列应急措施：

（一）制定应急救援预案；

（二）建立专职或者兼职应急救援队伍；

（三）配备应急救援物资；

（四）储备应急救援物资；

（五）开展应急救援演练。

生产经营单位可以委托专业应急救援机构提供服务。

第十三条 矿山、建筑施工单位，危险物品的生产、经营、储存单位，道路和水上客运经营单位，应当设置专门的安全生产管理机构并配备相应的专职安全生产管理人员。

前款规定以外的其他生产经营单位，从业人员超过300人的，应当设置安全生产管理机构，并按照从业人员3‰的比例配备专职安全生产管理人员，但最低不得少于2人；从业人员在300人以下的，应当配备专职或者兼职安全生产管理人员，或者委托具有国家规定的相关专业技术资格的人员提供安全生产管理服务。生产经营单位有下属单位的，其安全生产管理机构和人员分别独立设置和配备。

第十四条 生产经营单位应当依法参加工伤保险，为从业人员足额缴纳工伤保险费。

建筑施工、高处悬挂作业、危险化学品、烟花爆竹、民用爆炸物品生产单位应当为从事危险作业的人员，矿山企业应当为井下作业人员，办理人身意外伤害保险，支付保险费。

鼓励生产经营单位参加雇主安全生产责任保险。

第十五条 生产经营单位应当开展经常性的安全生产检查，及时消除隐患；发现重特大事故隐患的，应当立即采取防范措施，并向相关部门报告。

第十六条 生产经营单位应当建立健全下列制度：

（一）安全生产责任制度；

（二）安全生产例会制度；

（三）安全生产奖惩制度；

（四）安全生产教育培训制度；

（五）生产经营场所、设备和设施的安全管理制度；

（六）安全生产检查制度；

（七）重大危险源监控和事故隐患报告、整改制度；

（八）伤亡事故报告和处理制度；

（九）劳动防护用品管理制度；

（十）法律、法规规定应当制定的其他安全生产制度。

第十七条 生产经营单位的主要负责人除履行《中华人民共和国安全生产法》第十七条规定的职责外，还应当履行下列职责：

（一）与内设部门和下属单位签订安全生产责任书，并督促落实；

（二）组织制定安全生产工作计划；

（三）督促开展安全生产宣传教育工作；

（四）组织开展生产安全事故应急救援演练；

（五）组织现场安全检查。

第十八条 生产经营单位的安全生产管理人员应当履行下列职责：

（一）贯彻落实安全生产的法律、法规、规章和安全技术规程、标准；

（二）组织实施安全生产规章制度；

（三）组织开展安全生产检查，消除事故隐患；

（四）组织对设施、设备进行定期安全检测检验；

（五）组织开展安全生产宣传教育工作；

（六）督促从业人员正确佩戴和使用劳动防护用品；

（七）及时报告事故隐患和安全生产情况；

（八）法律、法规规定的其他职责。

第十九条 生产经营单位不得将生产经营项目、建设工程项目、场所、设施、设备发包或者出租给不具备安全生产条件或者不具备相应资质的单位、个人。

依法发包、出租的，应当与承包、承租方签订安全生产管理协议，或者在承包合同、租赁合同中约定各自的安全生产管理职责，并保证执行。

第二十条 矿山、危险化学品、烟花爆竹、民用爆炸物品、建筑施工、交通运输等生产经营单位，应当按照国家有关规定提取安全费用，缴存安全生产风险抵押金。

第二十一条 生产经营单位应当对重大危险源采取下列监控措施：

（一）对运行情况进行全程监控，建立运行管理档案；

（二）定期对设施、设备进行检测、检验；

（三）定期进行安全评价；

（四）定期检查重大危险源的安全状态。

生产经营单位可以委托具有安全生产评价资质的中介服务机构，对重大危险源进行检测和安全评价，并提出完善监控的措施。

生产经营单位应当至少每半年向当地县级安全生产监管部门和有关部门书面报告重大危险源的监控措施实施情况。

第二十二条 歌舞厅、影剧院（会堂）、体育场（馆）、宾馆、饭店、商（市）场、旅游景区（点）、网吧等场所的经营单位应当遵守下列规定：

（一）在经营场所设置标志明显的安全出口和符合疏散要求的疏散通道，并确保畅通；

（二）在经营场所配备应急广播和指挥系统、应急照明设施、消防器材，并确保完好、有效；

（三）有关人员能够熟练使用应急广播和指挥系统；

（四）从业人员能够熟练使用消防器材，了解安全出口和疏散通道的位置以及本岗位的应急救援职责；

（五）经营场所实际容纳的人员不超过规定的容纳人数。

第二十三条 居民区、学校（幼儿园）以及其他公众聚集场所的安全距离范围内不得新建危险物品的生产、经营、储存场所及设施。

在下列区域内不得新建居民区、学校（幼儿园）及其他公众聚集的场所：

（一）危险物品生产、经营、储存区域的不安全距离内；

（二）重大危险源可能危及的区域；

（三）矿区塌陷可能危及的区域；

（四）尾矿库（含固体废弃物堆场）可能危及的区域；

（五）燃油和燃气长输管道的不安全距离内；

（六）电力设施保护区域内。

第二十四条 旅游景区（点）管理单位和经营者应当确保旅游设施、项目符合国家有关规定和标准，并加强旅游安全管理，完善旅游安全防护设施，做好旅游安全预测预报和游人疏导工作。

第二十五条 公共场所的安全设施、安全通道、安全标志等，应当符合有关法律、法规和国家标准的规定。有关单位应当进行经营性维护、检修，定期检测安全防护效果，确保安全防护装置齐全有效。

第三章 从业人员的权利和义务

第二十六条 生产经营单位的从业人员享有下列权利：

（一）了解其作业场所、工作岗位存在的危险危害因素以及防范和应急措施；

（二）对安全生产工作中存在的问题提出建议、批评、举报和控告；

（三）拒绝违章指挥、强令冒险作业；

（四）在发现直接危及人身安全的紧急情况时，停止作业或者采取可能的应急措施后撤离作业场所；

（五）因生产安全事故受到人身伤害或者因职业危害造成健康损害的，依法获得治疗、赔偿以及保险赔付；

（六）法律、法规规定的其他权利。

第二十七条 生产经营单位的从业人员应当履行下列义务：

（一）遵守安全生产法律法规、规章制度和操作规程，服从安全生产管理；

（二）接受安全生产教育和培训；

（三）及时报告生产安全事故和事故隐患；

（四）参加生产安全事故抢险救援；

（五）法律、法规规定的其他义务。

第二十八条 生产经营单位不得以货币或者其他形式替代发放劳动防护用品。

从业人员对生产经营单位提供的劳动防护用品应当正确佩戴和使用，对生产经营单位替代发放劳动防护用品有权拒绝和举报。

第二十九条 生产经营单位不得因从业人员的建议、批评、举报和控告采取降低工资福利待遇或者解除劳动合同等报复行为。

第三十条 生产经营单位不得以任何形式与从业人员订立协议，免除或者减轻其对从业人员因生产安全事故伤亡依法应承担的责任。

第四章 安全生产监督管理的职责

第三十一条 县级以上人民政府应当履行下列职责：

（一）制定、实施安全生产规划；

（二）建立健全安全生产工作的监管体系和责任制体系；

（三）定期研究、部署防范重特大事故发生的措施和方案，协调解决安全生产工作中的重大问题；

（四）制定生产安全事故应急救援预案，组织开展应急救援演练，建立应急救援体系，组织、协调重特大生产安全事故应急救援工作；

（五）部署、督促安全生产工作，组织开展安全生产检查和调查研究；

（六）法律、法规规定的其他职责。

第三十二条 县级以上人民政府安全生产监督管理部门应当履行下列综合管理职责：

（一）贯彻实施安全生产法律、法规、规章和政策；

（二）监督检查、指导协调同级人民政府所属部门和下级人民政府的安全生产工作；

（三）组织实施、监督检查安全生产责任制的落实；

（四）监督管理、指导生产经营单位的安全生产工作；

（五）协调安全生产专项整治工作；

（六）分析、预测安全生产形势，统计报告伤亡事故，统一发布安全生产信息；

（七）协调、指导督促有关部门开展生产安全事故应急救援；

（八）组织开展生产安全事故调查处理工作。

第三十三条 县级以上人民政府有关部门应当在各自的职责范围内，依法对安全生产工作实施监督管理，并履行下列职责：

（一）贯彻实施安全生产法律、法规、规章和政策；

（二）督促、指导生产经营单位建立健全和落实安全生产责任制；

（三）实施安全生产工作目标管理，督促生产经营单位安全生产工作与生产、施工同时计划、布置和落实；

（四）组织、指导排查生产安全事故隐患并督促整治；

（五）协助生产安全事故调查，配合做好事故善后工作，落实事故处理的有关决定；

（六）法律、法规规定的其他安全生产职责。

第三十四条 乡（镇）人民政府、街道办事处应当履行下列职责：

（一）宣传、贯彻安全生产法律、法规、规章和政策；

（二）执行和督促落实上级政府有关部门作出的安全生产决定；

（三）协助上级政府和安全生产监督管理部门排查安全隐患、制止安全生产违法行为和处置生产安全事故。

乡（镇）人民政府、街道办事处应当建立健全安全生产监督管理制度，明确安全生产工作主要负责人和分管负责人的工作职责。

第三十五条 安全生产行政执法人员具有下列职权：

（一）进入生产经营场所进行安全生产检查；

（二）查阅资料、询问有关人员、调查取证；

（三）制止违法、违规、违章行为；

（四）督促生产安全事故隐患的整改。

安全生产行政执法人员不得泄露被检查单位的技术秘密、商业秘密和被调查人的个人隐私。

第三十六条 承担安全评价、认证、检测、检验等机构应当具有相应的资质，对其作出的安全评价、认证、检测、检验结果负责，不得转借、出租、出让资质证书，不得出具虚假报告。

第五章 生产安全事故的处置

第三十七条 生产经营单位发生生产安全事故后，事故现场有关人员应当立即向本单位负责人报告，并采取相应措施；单位负责人接到事故报告后，应当按规定程序启动应急预案，组织应急救援，并在1小时内将事故基本情况向所在地县级以上人民政府安全生产监督管理部门和负有安全生产监督管理职责的有关部门报告。

生产经营单位不得迟报、谎报或者瞒报生产安全事故，因迟报、谎报或者瞒报导致对发生事故的过错无法查明的，生产安全事故认定为生产经营单位的责任事故；不得隐匿、篡改、销毁事故证据，不得随意变动、伪造或者破坏事故现场，但因救援确需移动事故现场物品的，应当作出标记和绘制现场简图并书面记录，妥善保存现场重要痕迹和有关证物。

县级以上人民政府及其有关部门接到生产安全事故报告后，应当按照有关规定及时向上级报告，并启动相应级别的生产安全事故应急预案，开展救援工作；不得迟报、谎报或者瞒报。

第三十八条 生产安全事故的等级划分按照国务院的规定执行。

生产安全事故发生后，一般事故由县级人民政府负责调查，较大事故由州（市）人民政府负责调查，重大事故由省人民政府负责调查，特别重大事故，按照国务院有关规定执行。上级人民政府可以直接调查应当由下级人民政府负责调查的事故。

县级以上人民政府可以直接组织事故调查组进行调查，也可以授权或者委托安全生产监督管理等部门，组织事故调查组进行调查。

第三十九条 生产安全事故的调查由有关人民政府及其安全生产监督管理部门、负有安全生产监督管理职责的有关部门、监察机关、公安机关及工会派人组成，并应当邀请人民检察院派员参加。

第四十条 生产安全事故调查组成员应当执行回避制度。

事故单位、有关人员和有关部门应当配合事故调查。任何单位和个人不得阻挠、拒绝、干预事故调查。

第四十一条 生产安全事故调查处理过程中发生的费用，由发生事故的生产经营单位承担。事故责任涉及2个以上单位的，由事故调查组按照责任划分承担份额。

第四十二条 生产安全事故的调查组应当自事故发生之日起60日内提交事故调查报告。因特殊情况，经负责事故调查的人民政府批准，可以适当延长，但延长期限不得超过60日。

第四十三条 接到事故调查报告的人民政府应当在15日内作出批复。

事故单位和有关部门应当按照人民政府的批复，及时进行处理，处理结果应当报负责事故调查的人民政府备案。

第四十四条 发生生产安全事故被依法责令停产停业整顿的生产经营单位，经责令其停产停业的人民政府或者部门验收后方可恢复生产经营活动。

第四十五条 发生生产安全事故造成人员伤害需要救治的，生产经营单位应当及时将受伤人员送医疗机构救治，并垫付医疗费用。因特殊情况无法及时垫付的，医疗机构不得拒绝救护。

第四十六条 因生产安全事故造成从业人员死亡的，其家属除依法获得工伤保险补偿外，生产安全事故发生单位还应当向其一次性支付死亡赔偿金，赔偿金的数额按照不低于本省上一年度城镇居民人均可支配收入的20倍计算。

第六章 法律责任

第四十七条 违反本条例规定的行为，《中华人民共和国安全生产法》及其他有关法律、行政法规已有处罚规定的，依照其规定处罚。

第四十八条 国家机关工作人员在安全生产管理工作中滥用职权、玩忽职守、徇私舞弊，或者泄露被检查单位的技术秘密、商业秘密及被调查人个人隐私的，依法给予处分；构成犯罪的，依法追究刑事责任。

第四十九条 生产经营单位有关人员拒绝或者阻碍安全生产监督检查的，由安全生产监督管理部门或者有关部门责令改正；逾期不改的，对生产经营单位处1万元以上5万元以下的罚款；对直接负责的主管人员和其他直接责任人员处2000元以上5000元以下的罚款。

第五十条 生产经营单位违反本条例第十一条第一款规定的，由安全生产监督管理部门或者有关部门责令限期改正，处1万元以上10万元以下的罚款。

第五十一条 矿山、建筑施工单位和危险物品的生产、经营、运输、储存单位违反本条例第十二条第一款规定之一的，由安全生产监督管理部门或者有关部门责令限期改正；逾期不改的，对直接负责的主管人员和其他直接责任人员处2000元以上5000元以下的罚款。

第五十二条 生产经营单位违反本条例第十六条规定的，由安全生产监督管理部门或者有关部门责令限期改正；逾期不改的，对直接负责的主管人员处1万元以上5万元以下的罚款。

第五十三条 生产经营单位的主要负责人未履行本条例第十七条规定职责的，由安全生产监督管理部门责令限期改正；逾期不改的，处5000元以上2万元以下的罚款；导致发生安全事故的，依法给予处分，并处2万元以上20万元以下的罚款；构成犯罪的，依法追究刑事责任。

第五十四条 生产经营单位的安全生产管理人员未履行本条例第十八条规定职责的，由安全生产监督管理部门责令限期改正，逾期不改的，处200元以上2000元以下的罚款；导致发生生产安全事故的，处5000元以上5万元以下的罚款；构成犯罪的，依法追究刑事责任。

第五十五条 生产经营单位未按照本条例第二十条规定提取安全费用或者缴存安全生产风险抵押金的，由安全生产监督管理部门或者有关部门责令限期改正，逾期不改的，处1万元以上10万元以下的罚款。

第五十六条 安全评价、认证、检测、检验等机构转借、出租、出让资质证书或者出具虚假报告的，由安全生产监督管理部门或者有关部门没收违法所得，违法所得在5000元以上的，并处违法所得2倍以上5倍以下的罚款，没有违法所得或者违法所得不足5000元的，处5000元以上2万元以下的罚款；对其直接负责的主管人员和其他直接责任人员处5000元以上5万元以下的罚款；给他人造成损害的，与生产经营单位承担连带赔偿责任；构成犯罪的，依法追究刑事责任。

第五十七条 生产经营单位对提出建议、批评、举报和控告的从业人员打击报复的，由安全生产监督管理部门或者有关部门责令改正，可以对主要负责人处2000元以上1万元以下的罚款。

第五十八条 发生生产安全事故停产停业整顿的生产经营单位，未经验收合格擅自恢复生产经营的，由安全生产监督管理部门或者有关部门责令改正，没收违法所得，可以并处主要负责人5000元以上2万元以下的罚款。

第七章 附 则

第五十九条 本条例自2008年1月1日起施行。

云南省国防交通规定

（2007 年 4 月 29 日云南省人民政府第 49 次常务会议通过
2007 年 5 月 16 日云南省人民政府令第 141 号公布）

第一条 为了加强国防交通建设，保障战时和平时特殊情况下国防交通顺畅，根据《国防交通条例》及有关法律、法规，结合本省实际，制定本规定。

第二条 在本省行政区域内从事国防交通活动，必须遵守《国防交通条例》及有关法律、法规和本规定。

本规定所称国防交通，是指为国防建设服务的铁路、道路、水路、航空、管道、邮政、电信等交通体系。

第三条 县级以上交通战备办公室为地方国防交通主管机构，在本级人民政府和国防动员委员会的领导下，负责本行政区域内的国防交通工作。

主管铁路、道路、水路、航空、管道、邮政、电信的行业管理部门为交通管理部门，分别负责本系统的国防交通工作。

承担国防交通任务的企业事业单位，应当依法履行职责，做好国防交通工作。

第四条 县级以上人民政府应当将国防交通事业费列入本级财政预算。

承担国防交通任务的企业事业单位，实施民兵交通保障队伍管理、训练、演练所需经费，列入当地人民政府民兵事业费安排；承担国防交通保障任务所需经费，在被保障单位的经费预算中安排补助。

企业事业单位承担的国防交通工程设施建设项目，依照国家规定减免有关税费。

第五条 省国防交通主管机构按照全国国防交通保障计划要求，组织省级有关部门和军事机关拟订全省国防交通保障计划，征求上一级国防交通主管机构的意见后，报省人民政府批准。

州（市）、县（市、区）国防交通主管机构按照上级国防交通保障计划要求，组织本级政府有关部门和军事机关拟订本行政区域的国防交通保障计划，征求上一级国防交通主管机构的意见后，报本级人民政府批准，并报上一级国防交通主管机构备案。

国防交通保障计划每五年修订一次，特殊情况可以提前或者推迟修订，批准、备案程序依照前两款规定执行。

第六条 国防交通建设规划由省、州（市）、县（市、区）国防交通主管机构分别拟订，经本级发展改革部门会同交通管理部门综合平衡后，纳入本级人民政府国民经济和社会发展规划。

第七条 申请国防交通经费建设的国防交通工程设施建设项目和贯彻国防要求的建设项目，上报立项前应当经省国防交通主管机构同意。

第八条 国家规定范围的以及下列范围的国防交通工程设施建设项目和贯彻国防要求的建设项目，其可行性研究报告审查、设计鉴（审）定和竣工验收，应当经省国防交通主管机构同意；由国家国防交通主管机构负责审核的，依照国家有关规定办理：

（一）铁路建设项目；

（二）国边防公路建设项目；

（三）大型桥梁、重要码头、重要隧道、客货运输枢纽建设项目；

（四）机场建设项目；

（五）邮件处理中心、公用通讯网枢纽、二级以上长途传输干线建设项目；

（六）与国防交通有关的其他重要建设项目。

第九条 县级以上人民政府和交通管理部门应当根据国防交通保障计划和上级国防交通主管机构的要求，负责组建和管理本地区、本系统的国防交通保障队伍。

第十条 国防交通保障队伍分为专业保障队伍和交通沿线保障队伍。

专业保障队伍以铁路、道路、水路、航空、管道、邮政、电信等系统的企业事业单位为基础分别组建，承担下列主要任务：

（一）实施战时和平时特殊情况下国防交通工程设施的抢修和国防交通物资的抢装、抢运；

（二）配合部队运输和物资倒运，抢建临时线路和站场；

（三）协同重要交通通讯设施的防护，实施遮断任务和交通管制；

（四）为领导机关和部队提供指挥通讯保障。

交通沿线保障队伍由交通沿线的县级以上人民政府和同级军事机关负责组织，主要承担当地国防交通设施的防护和抢修任务。

第十一条 国防交通保障队伍的车辆、船舶和其他机动设备，应当按照国家国防交通主管机构的规定，设置国防交通统一标志，在战时和平时特殊情况下，优先通行并免交通行费。

第十二条 对违反国防交通管理的行为，依照《国防交通条例》的有关规定追究法律责任。

第十三条 本规定自2007年8月1日起施行。

云南省车船税实施办法

（2007年8月20日云南省人民政府第53次常务会议通过 2007年9月7日云南省人民政府令第142号公布）

第一条 根据《中华人民共和国车船税暂行条例》（以下简称《条例》）的有关规定，结合本省实际，制定本办法。

第二条 在本省行政区域内，车辆、船舶（以下简称车船）的所有人或者管理人为车船税的纳税人，应当依照《条例》、《中华人民共和国车船税暂行条例实施细则》（以下简称《细则》）和本办法的规定缴纳车船税。

第三条 车船的适用税额，依照本办法所附的《云南省车船税税目税额表》执行。

第四条 符合下列条件的公共汽车、在县内或者毗邻县间至少有一端在乡村的班线运行的客运汽车等城市、农村公共交通车船，经县级地方税务机关核准并出具免税证明，给予免征车船税：

（一）依法取得营运许可；

（二）按照主管部门核定的线路、站点和时间营运；

（三）执行价格主管部门核定的票价；

（四）按照法律、法规、规章规定，承担社会公益性服务和政府指令性任务，对老年人、残疾人、学生、伤残军人等提供减免票优惠。

对城市、农村公共交通车船给予免征车船税的截止期限，由省人民政府根据实际情况决定。

对城市、农村公共交通车船给予定期减征车船税的条件、幅度和起止期限，由省人民政府根据实际情况决定。

第五条 车船税由主管地方税务机关负责征收。

车辆的车船税，除主管地方税务机关直接征收的外，由已向主管地方税务机关申报办理扣缴税款登记的从事机动车交通事故责任强制保险（以下简称交强险）业务的保险机构代收代缴。

第六条 车船税的纳税地点为车船的登记地。

在本省行政区域内投保交强险时由保险机构代收代缴车船税的车辆，其纳税地点为交强险的投保地。

第七条 车船税按年申报缴纳。申报纳税期限为车船的登记月份或者车辆的投保交强险月份。有多辆（艘）车船的单位，可以在每年的1至4月份集中申报缴纳。

除《条例》第三条规定免征车船税的车船和依照本办法第四条规定给予定期免征车船税并由地方税务机关出具免税证明的车船外，其他单位和个人的车船都应当由纳税人依照前款规定的申报纳税期限缴纳车船税。

第八条 从事交强险业务的保险机构为机动车车船税的扣缴义务人，应当在地方税务机关和保险监管机构的指导和监管下，依法代收代缴车船税，并按规定的期限和方式，向主管地方税务机关如实报送代收代缴的报表、资料，解缴代收代缴的税款。

地方税务机关应当按照国家主管部门规定的标准，向机动车车船税的扣缴义务人支付代收代缴手续费。

从事交强险业务的保险机构代收代缴车船税的管理办法，由省地方税务机关制定。

第九条 机动车车船税的扣缴义务人依照《条例》、《细则》和本办法及省地方税务机关制定的管理办法代收代缴车船税时，纳税人不得拒绝。

第十条 各级公安、交通、农业等车船管理部门及车船安全技术检验机构，应当在提供车船管理信息和办理车船的注册登记、营运许可、定期检验（审验）及查验交强险保险凭证等方面，协助地方税务机关加强对车船税的征收管理，发现未缴纳车船税的，应当告知纳税人依法缴纳车船税，并将相关信息提供给地方税务机关。

第十一条 车船税的征收管理，依照《中华人民共和国税收征收管理法》及其实施细则和《条例》、《细则》及本办法的规定执行。

第十二条 自2007年纳税年度起，车船税依照《条例》、《细则》和本办法的规定计算缴纳。

第十三条 本办法自公布之日起施行。云南省人民政府1986年10月30日发布的《〈中华人民共和国车船使用税暂行条例〉云南省实施细则》及1999年1月28日发布的《关于调整机动车车船使用税税额和征收非机动车车船使用税的规定》同时废止。

云南省车船税税目税额表

税 目	子税目	计税单位	每年税额	备 注
载客汽车	大型客车（核定载客20人以上）	每辆	540元	包括电车
	中型客车（核定载客10－19人）	每辆	480元	
	小型客车（核定载客9人以下）	每辆	360元	
	微型客车（排气量1升以上）	每辆	240元	
载货汽车		按自重每吨	60元	包括半挂牵引车、挂车
客货两用汽车		按自重每吨	60元	
三轮汽车 低速货车		按自重每吨	60元	
专项作业车 轮式专用机械车		按自重每吨	60元	
摩托车		每辆	60元	
船 舶	200吨以下船舶	按净吨位每吨	3元	拖船和非机动驳船分别按船舶税额的50%计算
	201吨至2000吨船舶	按净吨位每吨	4元	
	2001至10000吨船舶	按净吨位每吨	5元	
	10001吨以上船舶	按净吨位每吨	6元	

注：本表所称自重，是指机动车的整备质量。

云南省城镇土地使用税实施办法

（2007年8月20日云南省人民政府第53次常务会议通过
2007年9月7日云南省人民政府令第143号公布）

第一条 根据《中华人民共和国城镇土地使用税暂行条例》（以下简称《条例》）的规定，结合本省实际，制定本办法。

第二条 在城市、县城、建制镇、工矿区的规划区范围内使用土地的单位和个人，为城镇土地使用税的纳税人，应当依照《条例》和本办法的规定缴纳城镇土地使用税。

前款所称使用土地的单位和个人，是指城镇土地的使用权人。使用权人未缴纳城镇土地使用税的，实际使用人应当代为缴纳城镇土地使用税。

第三条 本办法所称城市，是指设市城市，包括设区的市和不设区的市；所称县城是指县人民政府所在地的镇；所称建制镇是指按照行政建制设立的其他建制镇；所称工矿区是指符合建制镇标准，但未设立建制镇的大、中型工矿企业所在地。

本办法所称单位，包括国有企业、集体企业、私营企业、股份制企业、外商投资企业、外国企业以及其他企业和事业单位、社会团体、国家机关、军队以及其他单位；所称个人，包括个体工商户以及其他个人。

第四条 城镇土地使用税以纳税人实际占用的土地面积为计税依据。实际占用的土地面积按照下列办法确定：

（一）已核发土地使用证书的，按照土地使用证书记载的土地面积确定；

（二）尚未核发土地使用证书的，按照有权批准使用土地的机关的批准文件所批准的土地面积确定；

（三）无土地使用证书和批准文件的，按照纳税人申报的实际土地面积确定，纳税人申报的土地面积明显偏低又无正当理由的，由主管地方税务机关核定；

（四）因扩建、改建、城市规划调整等原因增加或者减少的土地，按照变动后的实际土地面积确定。

第五条 城镇土地使用税的税额幅度，依照本办法所附的《云南省城镇土地使用税税额表》执行。

第六条 市、县人民政府应当根据实际情况，将本地区城镇土地划分为若干等级。大城市的土地应当划分为5个以上等级，中等城市的土地应当划分为4个以上等级，小城市的土地应当划分为3个以上等级，县城、建制镇、工矿区的土地应当划分为2个以上等级。

各等级土地的具体适用税额标准，由市、县人民政府在《云南省城镇土地使用税税额表》确定的税额幅度内制定，逐级报省人民政府批准执行。

第七条 国家及省级扶贫开发工作重点县的适用税额标准可以适当降低，但降低不得超过《条例》第四条规定最低税额的30%。具体的适用地区和适用税额标准由州（市）人民政府确定。

第八条 《条例》第六条第（六）项规定的土地，应当取得县级以上土地管理机关出具的证明，并经县级地方税务机关核实后，方能享受定期免税优惠。

第九条 纳税人缴纳城镇土地使用税确有困难需要定期减免的，由主管地方税务机关审核后，报省地方税务机关按照国家有关规定办理。

第十条 城镇土地使用税由土地所在地的主管地方税务机关负责征收。

第十一条 土地管理机关应当向地方税务机关提供城镇土地使用权属、位置、面积以及新批准使用的土地文件副本等资料，协助地方税务机关做好城镇土地使用税的征收管理工作。

第十二条 城镇土地使用税按年计算，分期缴纳。申报纳税期限分为半年、季、月。纳税人具体适用的申报纳税期限由州（市）地方税务机关确定。

第十三条 纳税人应当按照地方税务机关确定的申报纳税期限，向主管地方税务机关报送城镇土地使用纳税登记表和纳税申报表。

城镇土地使用税纳税登记表和纳税申报表由省地方税务机关印制。

第十四条 新征收的土地，依照《条例》第九条的规定缴纳城镇土地使用税。

第十五条 使用权属有争议的城镇土地，城镇土地使用税由实际使用人缴纳；土地权属确认后，由依法取得土地使用权的纳税人缴纳。

第十六条 城镇土地使用税的征收管理，依照《中华人民共和国税收征收管理法》及其实施细则和《条例》及本办法的规定执行。

第十七条 城镇土地使用税收入纳入地方财政预算管理。

第十八条 自2007纳税年度起，城镇土地使用税依照《条例》和本办法的规定计算缴纳。

第十九条 本办法自公布之日起施行。云南省人民政府1988年12月16日发布的《〈中华人民共和国城镇土地使用税暂行条例〉云南省实施办法》同时废止。

云南省城镇土地使用税税额表

单位：元/平方米·年

类别	税额幅度	适用地区
大城市	3.5—30	昆明市各市辖区
中等城市	2.5—24	符合条件的设区的市的市辖区和不设区的市
小城市	2—18	其他设区的市的市辖区和不设区的市
县城	1—12	所有县城
建制镇、工矿区	0.8—12	县城以外的建制镇和符合条件的工矿区

人 物

关于公布获得第十一批职业经理资格证书人员名单的通知

各省、自治区、直辖市和部分中心城市企业联合会（企业管理协会）、企业家协会、全国性行业协会，中国企联系统职工经理人资格认证工作机构及有关企业：

根据中共中央、国务院《关于进一步加强人才工作的决定》提出的“建立以能力业绩为导向、科学的社会化的人才评价机制”和“探索社会化的职业经理人资质评价制度”的文件精神，为加速推进企业中高级经营管理人员的职业化进程，经我会各地方（行业）认证机构对申报人员进行资格审查并于2007年11月10日组织了2007年第四次全国统一考试，经对其品德、知识、能力、业绩进行综合评价，符合我会颁布的《职业经理人资格认证标准》，464人获得第十一批职业经理资格证书，现予以公布。

中国企业联合会、
中国企业家协会
二〇〇八年二月十五日

获得第十一批职业经理资格证书人员名单

云南省9人

王　浩　云南大理九恒印务有限公司　部门经理
张　杰　云南大理九恒印务有限公司　部门经理
李学峰　云南大理洱宝实业有限公司　总经理
洪加武　云南大理交通运输集团公司货运分公司　经理
袁　杰　云南大理交通运输集团公司培训站　站长
葛宇昆　云南大理交通运输集团公司分公司　经理
董飞翔　云南大理志隆房地产开发有限公司　副总经理
董志雄　云南大理天滋实业有限责任公司　副总经理
蒋鸿奎　云南大理交通运输集团公司汽车客运站　站长

关于公布获得第十批高级职业经理资格证书人员名单的通知

各省、自治区、直辖市和部分中心城市企业联合会（企业管理协会）、企业家协会、全国性行业协会，中国企联系统职业经理人资格认证工作机构及有关企业：

根据中共中央、国务院《关于进一步加强人才工作的决定》提出的“建立以能力业绩为导向、科学的社会化的人才评价机制”和“探索社会化的职业经理人资质评价制度”的文件精神，为加速推进企业中高级经营管理人员的职业化进程，经我会高级职业经理人资格认证中心对申报人员进行资格审查，组织进行考试并对其品德、知识、能力、业绩进行综合评价，763人符合我会颁布的《职业经理人资格认证标准》，获得第十批高级职业经理资格证书，现予以公布。

中国企业联合会、中国企业家协会
二〇〇八年二月十五日

获得第十批高级职业经理资格证书人员名单

云南省53人

丁红力　云南省玉溪大红山矿业有限公司　总工程师
王再军　云南祥云县太鼎水泥制造有限公司　副总经理
邓菊敏　云南大理州中小企业投资咨询服务中心　副总经理
刘文章　云南省云天化集团有限责任公司　副总经理
吕庆胜　云南省云天化集团有限责任公司　董事
朱国俊　云南祥云县海容实业有限责任公司　副总经理
朱明松　云南省云天化集团有限责任公司　副总经理
吴　坚　云南水工程（集团）股份有限公司　副总经理
张国卿　云南省云天化集团有限责任公司　专职董事
张智刚　云南大理州中小企业投资咨询服务中心　副总经理
张嘉庆　云南省云天化集团有限责任公司　副总经理
李　平　云南省玉溪大红山矿业有限公司　总经理
李　钢　云南大理交通运输集团公司　董事、经理

李如岗　云南省云天化集团有限责任公司　副总经理
李绍宏　云南清逸堂实业有限公司　副总经理
李恒昌　云南大理州中小企业融资担保有限责任公司　董事长
李祖智　云南省鹤庆锰业有限责任公司　副董事长
李维育　云南省云天化集团有限责任公司　党委副书记（副总经理）
李鸿凤　云南大理州中小企业投资咨询服务中心　副总经理
李豫滇　云南力帆骏马车辆有限公司　副总经理
杨文杰　云南省中国建筑材料地质勘查中心云南总队　副总队长
杨丽清　云南丽江电力工程有限责任公司　副总经理
杨国辉　云南水工程（集团）股份有限公司　副总经理
杨建东　云南省云天化集团有限责任公司　纪委书记（副总经理）
杨昌靖　云南铜业房地产开发有限公司　总经理
杨金明　云南省中国建筑材料地质勘查中心云南总队　总队长
杨海云　云南楚雄思远投资有限公司　副总经理
杨章宏　云南大理州中小企业投资咨询服务中心　总经理
苏丽华　云南大理州中小企业投咨咨询服务中心　副总经理
苏树发　云南鹤庆糖业有限责任公司　董事长
陆添义　云南省云天化集团有限责任公司组织人事部　部长
陈一新　云南大理交通运输集团公司　副总经理
陈永明　云南大理交通运输集团公司　副总经理
周　伟　云南大理经济开发工程总公司　董事长
周　黎　云南大理州医药有限责任公司　总经理
段光斗　云南省鹤庆锰业有限责任公司　董事长
胡廷理　云南大理州中小企业投资咨询服务中心　副总经理
贺建平　云南省中铁大桥局集团五公司　经理
赵　迅　云南力帆骏马车辆有限公司　副总经理
凌晓东　云南省云天化集团有限责任公司　总工程师
徐伟华　云南省祥云建材（集团）有限责任公司　总经理
钱体辉　云南省祥云县银龙茧丝绸有限公司　董事长、总经理
顾建林　云南省大理交通运输集团公司　副总经理
高　杰　云南省国电迪庆香格里拉发电有限责任公司　副总经理
曹云虎　云南祥云县海容实业有限责任公司　总经理
傅玉滨　云南省玉溪大红山矿业有限公司　副总经理
彭海丽　云南下关沱茶（集团）股份有限公司　副总经理
董建升　云南大理来思尔乳业有限责任公司　董事长
廖德跃　云南大理交通运输集团公司　副总经理
熊有明　云南大理勤瑞会计师事务所有限公司　总经理
蔡郁艳　云南大理辉煌实业有限责任公司　副总经理
穆荣兴　云南大理宏电变压器有限公司　副总经理
戴　进　云南大理交通运输集团公司　副董事长

云南省进一步深化国有企业改革先进单位入选名单

州市13个

昆明市委、市政府
昭通市委、市政府
曲靖市委、市政府
玉溪市委、市政府
保山市委、市政府
楚雄州委、州政府
红河州委、州政府
文山州委、州政府
普洱市委、市政府
大理州委、州政府
德宏州委、州政府
丽江市委、市政府
临沧市委、市政府

省属企业8个

云天化集团有限责任公司
云南锡业集团（控股）有限责任公司
云南冶金集团总公司
西南交通建设集团有限公司
云南省工业投资控股集团有限责任公司
云南煤化工集团有限公司
昆明钢铁集团有限责任公司
云南建工集团总公司

省级部门20个

省委办公厅
省委组织部
省委宣传部
省委老干局
省政府办公厅
省委办公厅、省政府办公厅信仿局
省维护稳定工作办公室

省发展和改革委员会
省经济委员会
省教育厅
省公安厅
省财政厅
省劳动和社会保障厅
省卫生厅
省国土资源厅
省国有资产监督管理委员会
省深化国有企业改革工作领导小组办公室
省煤炭工业局
省高级人民法院
省总工会

中央驻滇单位1个

中国银监会云南监管局

全省深化国企改革工作特别奖4个

省深化国企改革第一督导组
省深化国企改革第二督导组
省深化国企改革第三督导组
省深化国企改革第四督导组

云南省进一步深化国有企业改革先进工作者入选名单

州市52名

张祖林　昆明市市长
李文荣　昆明市副市长
罗朝峰　昆明市政府副秘书长
毕昆闽　昆明市体改办主任
许仲敏　昆明市体改办副主任
周守德　昆明市劳保局改制办公室主任
何　刚　昭通市副市长
陈　平　昭通市经委副主任
冉　旗　昭通市财政局企业科科长
许建平　曲靖市副市长
王松平　曲靖市经委主任
陈学文　曲靖市劳保局副局长
姚庭忠　曲靖市财政局总会计师
王　跃　玉溪市副市长
姚学松　玉溪市市长助理
马厚慈　玉溪市经委副调研员
胡家忠　保山市人大常委会副主任
魏勇华　保山市经委副主任
邹银凯　保山市财政局局长
杨光超　保山市劳保局副局长
崔学政　楚雄州财政局副局长
李光华　楚雄州劳保局劳动工资科科长
耿克明　楚雄州副州长
姚正雄　楚雄州企改办副主任
杨　红　红河州经委企业改革科科长
杨福生　红河州州长
聂　明　红河州副州长
韩建荣　红河州财政局企业科科长
王维俊　文山州经委副主任
吴奇有　文山州国资委企业科科长
王洪湘　文山州劳保局劳动仲裁科副科长
李骏波　普洱市财政局副局长
杨赞梅　普洱市财政局国资办主任
孔　玲　普洱市劳保局劳动仲裁与工资福利科副科长
程云川　大理州副州长
杨光军　大理州财政局局长
张　松　大理州劳保局局长
赵才清　大理州企改办副主任
孟必光　德宏州州长
李志明　德宏州人大常委会巡视员
杨小左　德宏州经委副调研员
周　毅　丽江市副秘书长
朱文忠　丽江市国资局产权科副科长
张志军　迪庆州副州长
吾　佳　迪庆州德钦县经委主任
张中义　临沧市副市长
李尤能　临沧市财政局副局长
伍锡铜　临沧市财政局国资办综合科科长
李秀梅　大理市经济局副局长
钟益民　大理市创新工业园区管委会主任
王　忠　个旧市市长
李志东　个旧市劳保局工资科副科长

省属企业42名

王长勇　昆明钢铁集团有限责任公司董事长
李幼灵　昆明钢铁集团有限责任公司总经理
沈忠华　昆明钢铁集团有限责任公司规划发展部主任
赵民生　昆明钢铁集团铁合金股份公司董事长
沈　宁　昆明钢铁集团有限责任公司规划发展部干部

刘一农　云南省投资控股集团有限公司总裁
毛义强　云南铜业集团党委书记、副董事长
李继彬　云南铜业集团企改办主任
薛　礼　云南铜业集团法务科科长
姚家立　云南锡业集团总经理助理、改革办主任
李德宝　云南锡业集团党政办公室主任
高文翔　云南锡业集团常务副总经理
李如岗　云天化集团有限责任公司副总经理
明大增　云天化国际化工股份有限公司总经理
刘和兴　云天化股份有限公司总经理
顾　民　云南机场集团投资管理部副部长
陈毅蓉　云南机场集团法律事务部副部长
赵永生　云南冶金集团总公司副总经理
祝赵伟　云南冶金集团总公司资产部副主任
马　雯　云南冶金集团总公司资产投资部科长
赵孟云　云南煤化工集团有限公司董事长
董学周　云南煤化工集团兴化贸易公司经理
陈国华　云南煤化工集团有限公司综合管理部副部长
纳　杰　云南建工集团总公司董事长
沈金柱　云南建工集团总公司总经理
赵思进　云南建工集团总公司顾问
赵云忠　云南世博集团副总经理、昆明国际会展中心董事长
何永娟　云南世博集团改革办副主任
葛宝荣　云南世博集团昆明国际会展中心总经理
李丽华　云南世博集团人力资源部干部
杨焰平　云南农垦集团有限责任公司董事长
高雨奇　云南农垦集团有限责任公司体改办主任
龚立东　云南省工业投资控股集团有限责任公司董事长
宋兴举　云南省工业投资控股集团有限责任公司副总经理
周少方　云南物流产业集团有限公司董事长
徐　梅　云南物流产业集团有限公司副总经理
吴天祥　西南交通建设集团有限公司董事长
章志杰　西南交通建设集团有限公司总经理
程　红　西南交通建设集团有限公司宣传教育处副处长
李朝荣　云南商业集团有限公司副总经理
邵英锋　十四冶建设集团有限公司稳定办主任
吴启明　云南省电子工业总公司副总经理

省级部门43名

王卫勇　省委办公厅副主任
杨榆坚　省委组织部副部长
路红东　省委组织部干部五处处长
江云华　省委宣传部宣传教育处副处长
王兴明　省委政策研究室副主任
梁宁源　省委政策研究室副主任
杨　敏　省委办公厅、省政府办公厅信访局办公室主任
邵　强　省维护稳定工作办公室主任科员
杨洪波　省政府副秘书长
李　坚　省政府研究室副主任
刘绍忠　省经济委员会主任
王兴宁　省经济委员会副主任
李明劼　省经济委员会综合处主任科员
卢　明　省教育厅基础教育处副处长
张　红　省公安厅治安总队主任科员
陈秋生　省财政厅厅长
胡芩菩　省财政厅副厅长
罗　敏　省财政厅企业处处长
宋建华　省劳保厅综改办副调研员
刘学文　省劳保厅医保处主任科员
余蕴祥　省国土资源厅巡视员
辛　玲　省国土资源厅土地利用处副处长
侯建红　省卫生厅副调研员
戴安明　省委老干局生活待遇处副处长
陈欣韬　省总工会法律保障部主任科员
徐盛鹏　省国资委主任、省企改办主任
费建平　省国资委党委副书记、省企改办常务副主任
王露霞　省国资委副主任
陈　勇　省国资委机关党委专职副书记、信访维稳办主任
杨声武　省国资委办公室副主任
和建英　省企改办副主任
吴蜀军　省企改办副主任
吕　霖　省企改办综合组组长
李原森　省国防工办主任助理、企改办主任
周　刚　省煤炭工业局企事业改革处副处长
陈庆林　省监狱管理局总工程师
李思明　省高级人民法院副院长
凌　云　省高级人民法院民三庭庭长
朱　毅　云南日报社经济部主任
李　犁　云南日报社主任记者
张艺敏　云南人民广播电台主任记者
高金波　云南电视台记者
杨　熹　云南经济日报社总编辑

中央驻滇单位3名

黄良君　财政部驻滇专员办专员助理
马　驰　中国银监会云南监管局副局长
徐中文　建设银行云南省分行资产保全部副总经理

省深化国有企业改革领导小组办公室

二〇〇八年八月十四日

附　录

主要统计指标解释

人口数

指一定时点，一定地区范围内的有生命的自然人的总和。

总人口及其他相关指标是按照抽样调查推算的，统计口径为常住人口。

市人口

指居住在城市市区的人口。即指经国务院批准设市建制的城市市区，包括：设区市的市区和不设区市的市区。

（一）设区市的市区是指：

1. 市政区人口密度在1500人/平方千米及以上的，市区为区辖全部行政区域；

2. 市辖区人口密度不足1500人/平方千米的，市区为市辖区人民政府驻地和区辖其他街道办事处地域；

3. 前款市辖区人民政府驻地的城区建设已延伸到周边建制镇（乡）的部分地域，其市区还应包括该建制镇（乡）的全部行政区域。设区市的其他区分别按镇、乡村划分。

（二）不设区市的市区是指：

1. 市人民政府驻地和市辖其他街道办事处地域；

2. 市人民政府驻地的城区建设已延伸到周边建制镇（乡）的部分地域，其市区还应包括该建制镇（乡）的全部行政区域。

不设区市的其他地区分别按本规定的镇、乡村划分。

镇人口

指居住在镇区的人口，即指经批准设立的建制镇的镇区，包括：县及县以上（不含市）人民政府、行政公署所在建制镇的镇区和其他建制镇的镇区。镇区是指：

1. 镇人民政府驻地和镇辖其他居委会地域；

2. 镇人民政府驻地的城区建设已延伸到周边村民委员会的驻地，其镇区还应包括该村民委员会的全部区域。

乡村人口

指居住在乡村的人口，乡村指市镇划定的城镇地区以外的其他地区，包括集镇和农村。

集镇是指乡、民族乡人民政府所在地和经县人民政府确认由集市发展而成的作为农村一定区域经济、文化和生活服务中心的非建制镇。农村指集镇以外的地区。

凡地处城镇地区以外的工矿区、开发区、旅游区、科研单位、大专院校等特殊地区，常住人口在3000人以上的，按镇划定；常住人口不足3000人。按乡村划定。

人口密度

指一定时点一定地区的人口数与该地区的面积数之比，即一定时点的单位土地面积上的人口数通常以每平方千米的居民人数来表示。计算公式：

人口密度（人/平方千米）＝该地区的人口数/该地区的土地面积

出生率

（又称粗出生率）指一定时期内（通常为一年内）平均每千人所出生的人数的比例，一般用千分率表示。计算公式：出生率（‰）＝年出生人数/年平均人数×1000‰

出生人数是指活产婴儿，即胎儿脱离母体时（不管怀孕月数）有过呼吸或其他生命现象。

年平均人数是年初、年末人口数的平均数，也可用年中人口数代替。

死亡率

指在一定时期内（通常为一年内）一定地区的死亡人数与同期平均人数（或期中人数）之比，一般用千分率表示。计算公式：

死亡率（‰）＝年死亡人数/年平均人数×1000‰

人口自然增长率

在一定时期内（通常为一年内）人口自然增加数（出生人数减死亡人数）与平均人数（或期中人数）之比，一般用千分率表示。计算公式：

人口自然增长率＝（本年出生人口数－本年死亡人口数）/年平均人口数×1000‰

人口自然增长率（‰）＝人口出生率－人口死亡率

性别比

反映两性人口比例的指标，指在总人口中或各年龄组人口中，男性人数与女性人数之比。通常以每100个女性人口相对应的男性人口数。计算公式：

性别比 = 男性人口/女性人口 ×100

农业非农业人口

根据公安部门下发的“户口簿”的户口性质统计。

城镇居民家庭就业人口

指从事社会劳动并取得劳动报酬或经营收入的人口。我国的就业方针是：“在国家统筹规划和指导下，实行劳动部门介绍就业，自愿组织起来就业和自谋职业相结合”的方针。因此通过这三种方式就业的，不论在国有、集体经济单位工作或从事个体劳动，不论有固定性职业或临时性职业都是就业人口。城镇就业人口包括“国有经济单位职工”、“城镇集体经济单位职工”、“其他各种经济类型单位职工”、“个体经营者”、“个体被雇人员”、“离退休再就业人员”、“其他就业人员”七项。

城镇居民家庭总收入

指调查户中生活在一起的所有家庭成员在调查期得到的工薪收入、经营净收入、财产性收入、转移性收入的总和。不包括出售财物和借贷收入。

城镇居民家庭可支配收入

指居民家庭可用于最终消费支出和其他非义务性支出以及储蓄的总和。即居民家庭可以用来自由支配的收入。它是家庭总收入扣除交纳的所得税、个人交纳的社会保障费以及调查户的记账补贴后的收入。

城镇居民家庭消费性支出

指调查户用于本家庭日常生活的全部支出，包括食品、衣着、家庭设备用品及服务、医疗保健、交通和通信、娱乐教育文化服务、居住、杂项商品和服务八大类支出。

农村居民总收入

指调查期内农村住户和住户成员从各种来源渠道得到的收入总和。按收入的性质划分为工资性收入、家庭经营收入、财产性收入和转移性收入。

农村居民纯收入

指农村住户当年从各个来源得到的总收入相应的扣除所发生的费用后的收入总和。纯收入主要用于再生产投入和当年生活消费支出，也可用于储蓄和各种非义务性支出，计算方法：

纯收入 = 总收入 − 家庭经营费用支出 − 税费支出 − 生产性固定资产折旧 − 赠送农村外部亲友支出

农村居民总支出

指农村住户用于生产、生活和再分配的全部支出。家庭经营费用支出、购置生产性固定资产支出、生产性固定资产折旧、税费支出、生活消费支出、财产性支出和转移性支出。

城乡居民储蓄存款余额

包括城镇居民储蓄和农民个人储蓄两部分的余额。不包括工矿企业、部队、机关团体等集团存款。

城镇居民储蓄存款余额是指各专业银行的城市居民储蓄、华侨储蓄之和。农民个人储蓄是指信用社社员储蓄。

就业人员

指从事一定社会劳动并取得报酬或经营收入的人员，这一指标反映了一定时期内全部劳动力资源的实际利用情况，是研究全省基本省情省力的重要指标。它包括全部职工、城镇私营企业就业人员、城镇个体就业人员、农村就业人员、其他就业人员（包括再就业的离、退休人员；民办教师；以及在各单位中工作的外方人员和港澳台方人员、兼职人员、借用的外单位人员和第二职业者等）。2000年及以后的就业人员人数按此口径直接相加计算得到。

职　工

指在国有经济、城镇集体经济、联营经济、股份制经济、外商和港、澳、台经济、其他经济单位及其附属机构中工作，并由其支付工资的各类人员。不包括返聘的离、退休人员；民办教师、在国有经济单位工作的外方人员和港、澳、台人员（1998年以后的数据均为在岗职工数据，其他相关指标如职工工资总额、职工平均工资等指标也从1998年按此口径进行了相应调整）。

在岗职工

指在本单位工作并由其支付工资的人员，以及有工作岗位，但由于学习、病伤产假等原因暂未工作，仍由单位支付工资的人员。

国有单位职工

指在各级国有经济单位工作，并由其支付工资的各类人员。

城镇集体单位职工

指在城镇集体经济企业、事业及其管理部门中工作，并由其支付工资的各种人员。

其他单位职工

指在联营经济（国有与集体联营企业，国有与私人联营企业，集体与私人联营企业，国有、集体与私人联营企业），股份制经济（股份有限公司、有限责任公司），外商投资经济（中外合资经营企业，中外合作经营企业，外资企业），港、澳、台投资经济（与大陆合资经营企业，与大陆合作经营企业，港、澳、台独资企业），其他经济等单位中工作，并由其支付工资的人员。

城镇登记失业人员

指有非农业户口，在一定的劳动年龄内，有劳动能力，无业而要求就业，并在当地就业服务机构进行求职登记的人员。

城镇登记失业率

指反映城镇劳动者就业程度的指标，它的计算公式：

城镇登记失业率＝城镇登记失业人数÷（城镇登记就业人数＋城镇登记失业人数）×100%

职工工资总额

指各单位在一定时期内直接支付给单位全部职工的劳动报酬总额。工资总额的计算原则上应以直接支付给职工的全部劳动报酬为根据。各单位支付给职工的劳动报酬以及其他根据有关规定支付的工资，不论是计入成本的还是不计入成本的，不论是按国家规定列入计征奖金税项目的，还是未列入计征奖金税项目的，不论是以货币形式支付的还是以实物形式支付的，均包括在工资总额内。

奖　金

指支付给职工的超额劳动报酬和增收节支的劳动报酬。

津贴和补贴

指为了补偿职工特殊或额外的劳动消耗和因其他特殊原因支付给职工的津贴，以及为了保证职工工资水平不受物价影响支付给职工的物价补贴。

职工平均工资

指企业、事业、机关单位的职工在一定时期内平均每人所得的货币工资额。它表明一定时期职工工资收入的高低程度，是反映职工工资水平的主要指标。计算公式为：

职工平均工资＝报告期实际支付的全部职工工资总额÷报告期全部职工平均人数

职工平均工资指数

指报告期职工平均工资与基期职工平均的比率，是反映不同时期职工货币工资水平变动情况的相对数。计算公式为：

职工平均工资指数＝报告期职工平均工资÷基期职工平均工资

职工平均实际工资指数

职工平均实际工资指扣除物价变动因素后的职工平均工资。职工平均实际工资指数是反映实际工资变动情况的相对数。计算公式为：

职工平均实际工资指数＝报告期职工平均工资指数÷报告期城镇居民消费价格指数×100%

进出口总额

指实际进出全省境内的货物总金额。包括对外贸易实际进出口货物，来料加工装配进出口货物，国家间、联合国及国际组织无偿援助物资和赠送品，华侨、港澳同胞和外籍华人捐赠品，租赁期满归承租人所有的租赁货物，进料加工进出口货物，边境地方贸易及边境地区小额贸易进出口货物（边民互市贸易除外），中外合资企业、中外合作经营企业、外商独资经营企业进出口货物和公用物品，到、离岸价格在规定限额以上的进出口货样和广告品（无商业价值、无使用价值和免费提供出口的除外），从保税仓库提取在中国境内销售的进口货物，以及其他进出口货物。该指标可以观察一个国家在对外贸易方面的总规模。我国规定出口货物按离岸价格统计，进口货物按到岸价格统计。

商品经营单位所在地进出口额

指所在地海关注册登记的有进出口经营权的企业实际进、出口额。

利用外资

指各级政府、部门、企业和其他经济组织通过对外借款、吸收外商直接投资以及用其他方式筹措的境外现汇、设备、技术等。

对外借款

指通过对外正式签订借款协议，从境外筹措的资金，包括政府贷款、国际金融组织贷款、外国银行商业贷款、出口信贷以及以前还包括对外发行股票。该指标是利用外资的重要部分。

外商直接投资

指外国企业和经济组织或个人（包括华侨、港澳同胞以及云南省在境外注册的企业）按中国有关政策、法规，用现汇、实物、技术等在云南境内开办外商独资企业、与中国境内的企业或经济组织共同举办中外合资经营企业、合作经营企业或合作开发资源的投资（包括外商投资收益的再投资），以及政府有关部门批准的项目投资总额内企业从境外借入的资金。

外商其他投资

指除对外借款和外商直接投资以外的各种利用外资的形式。包括企业在境内外股票市场公开发行的以外币计价的股票（目前主要是在香港证券市场发行的H股和在境内证券市场发行的B股）发行价总额，国际租赁进口设备的应付款，补偿贸易中外商提供的进口设备、技术、物料的价款，加工装配贸易中外商提供的进口设备、物料的价款。

对外承包工程

指各对外承包公司以招标议标承包方式承揽的下列业务：（1）承包国外工程建设项目；（2）承包云南对外经援项目；（3）承包云南驻外机构的工程建设项目；（4）承包云南境内利用外资进行建设的工程项目；（5）

与外国承包公司合营或联合承包工程项目时云南公司分包部分；(6) 对外承包兼营的房屋开发业务。对外承包工程的营业额是以货币表现的本期内完成的对外承包工程的工作量，包括以前年度签订的合同和本年度新签订的合同在报告期内完成的工作量。

对外劳务合作

指以收取工资的形式向业主或承包商提供技术和劳动服务的活动。云南对外承包公司在境外开办的合营企业，中国公司同时又提供劳务的，其劳务部分也纳入劳务合作统计。劳务合作营业额按报告期内雇主提交的结算数（包括工资、加班费和奖金等）统计。

旅游者人数

(1) 入境国际旅游者人数：是指来云南参观、访问、旅行、探亲、访友、休养、考察、参加会议和从事经济、科技、文化、教育、宗教等活动的外国人、华侨、港澳同胞和台湾同胞的人数。不包括外国在我国的常住机构，如使领馆、通讯社、企业办事处的工作人员；来中国常住的外国专家、留学生以及在岸逗留不过夜人员。

(2) 国内旅游者人数：指中国大陆居民和在我国常住1年以上的外国人、华侨、港澳台同胞，离开常住地在境内其他地方的旅游设施至少停留一夜，最长不超过6个月的人数。

国际旅游外汇收入

指入境旅游的外国人、华侨、港澳同胞和台湾同胞在中国大陆旅游过程中发生的一切旅游支出，对于国家来说就是国际旅游（外汇）收入。

云南省百强企业名录

2007年云南100强企业

法人单位名称	法定代表人	地　　址
玉溪红塔烟草（集团）有限责任公司	柳万东	云南省玉溪市红塔区
昆明卷烟厂	朱绍明	云南省昆明市五华区
云南电网公司	王良友	云南省昆明市官渡区
昆明钢铁股份有限公司	王长勇	云南省昆明市安宁市连然镇
红河卷烟厂	邱建康	云南省红河州弥勒县弥阳镇
曲靖卷烟厂	俞瑞芳	云南省曲靖市麒麟区
云南铜业股份有限公司	邹韶禄	云南省昆明市五华区
云南锡业集团有限责任公司	肖建明	云南省红河州个旧市
云南红塔集团楚雄卷烟厂	张国良	云南省楚雄州楚雄市鹿城镇
红河卷烟总厂昭通卷烟厂	张嘉滨	云南省昭通市昭阳区凤凰镇
云南铝业股份有限公司	陈　智	云南省昆明市呈贡县七甸乡
大理卷烟厂	谢昆成	云南省大理白族自治州大理市下关镇
四川德胜集团楚雄钢铁有限公司	宋德安	云南省楚雄州禄丰县金山镇
昆明钢铁集团有限责任公司	郝蜀东	云南省昆明市安宁市连然镇
云南三环化工有限公司	吕庆胜	云南省昆明市西山区海口镇
一汽红塔云南汽车制造有限公司	藤铁骑	云南省曲靖市麒麟区
云南铜业铜材有限公司	孔繁义	云南省昆明市五华区
国电宣威发电有限责任公司	王风华	云南省曲靖市宣威市
云南云天化股份有限公司	李如岗	云南省昭通市水富县云富镇
云南春城卷烟厂	田　福	云南省昆明市五华区

续表

法人单位名称	法定代表人	地　址
云南三环中化嘉吉化肥有限公司	吕庆胜	云南省昆明市西山区海口镇
国投云南大朝山水电有限公司	元　波	云南省昆明市五华区
国投曲靖发电有限公司	金　锋	云南省曲靖市沾益县白水镇
昆明云内动力股份有限公司	段华生	云南省昆明市盘龙区
云南云维集团有限公司	赵孟云	云南省曲靖市沾益县花山镇
云南云峰化学工业有限公司	吕树明	云南省曲靖市宣威市板桥镇
云南乘风有色金属股份有限公司	万希勤	云南省红河州个旧市大屯镇
昆明中铁大型养路机械集团公司	马云昆	云南省昆明市官渡区
易门矿务局	虞海洋	云南省玉溪市红塔区
云南省烟草烟叶公司复烤部	钟　华	云南省昆明市官渡区
云南红磷化工有限责任公司	刘文章	云南省红河州开远市
云南华云实业总公司	王瑞林	云南省昆明市安宁市连然镇
中国国电集团公司小龙潭发电厂	程　岩	云南省红河州开远市
个旧市自立矿冶有限公司	陈向前	云南省红河州个旧市乍甸镇
云南省驰宏锌锗股份有限公司	朱崇仁	云南省曲靖市会泽县者海镇
云南华能漫湾发电厂	钏毅民	云南省临沧市云县漫湾镇
个旧市百冶矿产品加工厂	陈建伟	云南省红河州个旧市乍甸镇
云南盐化股份有限公司	候文虎	云南省昆明市官渡区
祥云县飞龙实业有限责任公司	杨　龙	云南省大理白族自治州祥云县祥城镇
云南滇能个旧铝业有限公司	刘智宏	云南省红河州个旧市大屯镇
云南德宏英茂糖业有限公司	尹茂庄	云南省德宏州瑞丽市勐卯镇
昆明电缆股份有限公司	彭松平	云南省昆明市西山区
云南省小龙潭矿务局	王文忠	云南省红河州开远市
云南解化集团有限公司	苏乔宝	云南省红河州开远市
闽拖集团云南洱源县拖拉机装配厂	马伟亮	云南省大理白族自治州洱源县邓川镇
昆明焦化制气厂	杨玉昌	云南省昆明市官渡区大板桥镇
云南白药集团股份有限公司	王明辉	云南省昆明市五华区
国电阳宗海发电有限公司	刘伟民	云南省昆明市宜良县汤池镇
云南省富源矿厂云南省中安监狱	李老伍	云南省曲靖市富源县中安镇
云南烟草文山州公司	杨世田	云南省文山州文山县开化镇
昆明自来水集团有限公司	朱　智	云南省昆明市盘龙区
个旧市大屯有色矿冶有限公司	万华书	云南省红河州个旧市大屯镇
大理州烟叶复烤厂	严必富	云南省大理白族自治州祥云县祥城镇
昆明正大有限公司	保兴元	云南省昆明市安宁市太平镇
云南楚雄矿冶股份有限公司	张义忠	云南省楚雄州大姚县六苴镇
云南马龙化建股份有限公司	夏　蜀	云南省曲靖市马龙县王家庄镇
蒙自博发矿冶有限公司	李保荣	云南省红河州蒙自县草坝镇
云南玉溪仙福炼钢有限公司	李凤海	云南省玉溪市新平县扬武镇

续表

法人单位名称	法定代表人	地　址
昆明醋酸纤维有限公司	边有伦	云南省昆明市盘龙区
云南省鲁布革发电总厂	李继宝	云南省曲靖市罗平县罗雄镇
云南力帆骏马车辆有限公司	马伟亮	云南省大理白族自治州大理市凤仪镇
昆明市东川凯通有限责任公司	李芳华	云南省昆明市东川区碧谷镇
云南玉溪卷烟厂滤嘴棒分厂	杨永平	云南省玉溪市红塔区大营街镇
云南富瑞化工有限公司	刘文章	云南省昆明市安宁市草铺镇
云南九九彩印有限公司	苗魁元	云南省昆明市五华区
云南省江川天湖化工有限公司	董　华	云南省玉溪市江川县江城镇
兰坪金鼎锌业有限责任公司	赵道全	云南省怒江州兰坪县金顶镇
云南新平仙福矿冶有限公司	陈瑞宝	云南省玉溪市新平县扬武镇
云南云冶锌业股份有限公司	牛　皓	云南省昆明市五华区
云南德宏力量生物制品有限公司	王俊平	云南省德宏州潞西市芒市镇
云南昆船第二机械有限公司	王国荣	云南省昆明市官渡区
云南省曲靖越钢有限公司	赵应明	云南省曲靖市麒麟区越州镇
云南新立有色金属有限公司	焦华苏	云南省昆明市西山区
云南省保山电力股份有限公司	刘忆斌	云南省保山市隆阳区永昌镇
云南红塔蓝鹰纸业有限公司	杨发甲	云南省红河州建水县临安镇
云南侨通包装印刷有限公司	许经振	云南省昭通市昭阳区
昆明伟建彩印有限公司	陈世伟	云南省昆明市五华区
云南云维股份有限公司	李剑秋	云南省曲靖市沾益县花山镇
云南新美铝铝箔有限公司	Craig S. Belnag	云南省昆明市官渡区
云南省玉溪市洛河钢铁有限公司	刘从文	云南省玉溪市红塔区洛河乡
云南磷化集团有限公司	他盛华	云南省昆明市晋宁县昆阳镇
云南南天电子信息产业股份有限公司	郑志刚	云南省昆明市五华区
昆明钢铁集团有限责任公司凉亭轧钢厂	王建中	云南省昆明市官渡区
云南云景林纸股份有限公司	王　水	云南省思茅市景谷县钟山乡
云南文山电力股份有限公司	冯崇武	云南省文山州文山县开化镇
曲靖大为焦化制供气有限公司	李　红	云南曲靖市沾益县花山镇
云南昆钢桥钢有限公司	王幼昌	云南省昆明市安宁市太平镇
云南地矿资源股份有限公司	李晓明	云南省昆明市五华区
云南省曲靖市烟叶有限责任公司	胡荣海	云南省曲靖市麒麟区
昆明黄龙山饲料工贸有限公司	王振岗	云南省昆明市官渡区阿拉乡
云南省曲靖化学工业有限公司	雷荣忠	云南省曲靖市麒麟区越州镇
云南东源实业股份有限公司	和　军	云南省曲靖市富源县中安镇
云南天宏香精香料有限公司	杨发甲	云南省玉溪市红塔区
昆明滇虹药业有限公司	周家礽	云南省昆明市五华区
昆明制药集团股份有限公司	汪　诚	云南省昆明市五华区
云南鑫辉有色金属工贸有限公司楚雄冶炼厂	董佳伟	云南省楚雄州楚雄市永安镇
易门铜业有限公司	李少龙	云南省玉溪市易门县龙泉镇
交大昆机科技股份有限公司	岳华锋	云南省昆明市盘龙区
云南昆钢集团机械制造工程有限公司	普锐刚	云南省昆明市五华区
安宁市永昌钢铁有限公司	曹继光	云南省昆明市安宁市青龙镇

索 引

说 明

一、本索引采用主题分析法编制。索引范围包括全书专文、条目、统计表格。“特载”、“重要经济法规”、“经济大事记”、“年度专题报告”、“人物”等编的具体内容未作索引，仅以其文献标题标引；“区（市、县）经济”、“开发区建设”、“大中型企业”等编则以其行政区划名或单位名称标引。

二、本索引按主题词首字汉语拼音音序（同音字按音调）排列，若首字拼音相同则按第二字音序排列，以此类推；首字为阿拉伯数字或外文字母者，以“非音序”集中排列在本索引末。

三、索引款目由主题词、修饰词（或说明词）、位置所组成，并采取主题在前的形式。索引款目中的阿拉伯数字表示该主题内容在书中的页码：a、b字母则表示主题内容在该页码的栏别（从左到右）。

四、同一主题词的内容采用“附见”或“参见”的形式标引，其中在主题词下各占一行排列的为“附见”，在主题词后出现的两个以上的页码为“参见”。

五、编目、栏目名称直接用作主题词时以黑体字标引。

D

H

P

Q

R

S

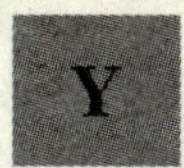

Z

非音序

《云南经济年鉴》（2008）编撰人员名单

杨　仪　云南省发展和改革委员会综合处
李鸿雁　云南省民族事务委员会发展处
赖晓榕　云南省人民政府农经处处长
刘余武　云南省农业厅
毕书明　云南省经济委员会综合处
杨永峰　云南省经济委员会综合处
谭　文　云南省财政厅办公室
连　桦　云南省统计局经贸处
杨　明　云南省商务厅国际贸易研究所
耿　霁　云南省西部大开发领导小组办公室综合处
金　铃　云南省西部大开发领导小组办公室综合处
陈　丽　云南省环保局办公室
冉玉兰　云南省国土资源厅办公室副主任科员
蔡　玲　云南省人口和计划生育委员会
张懋功　云南省人民政府研究室综合处处长
魏　薇　云南省经合办
徐　斌　云南省林业厅
闵　磊　云南省水利厅
李　莉　云南省经济委员会重工业处
周建新　云南省经济委员会轻工业处
苏燕妮　云南省经济委员会轻工业处
赵　红　云南省经济委员会轻工业处
赖庆华　云南省经济委员会轻工业处
周建中　云南省机械工业行业协会处长
王洪军　云南省建材工业行业协会办公室秘书
徐莉萍　云南省人民政府国防科学技术工业办公室副主任科员
蔡　昆　云南省经济委员会乡镇企业处
黄　增　云南省建设厅秘书
吴立群　昆明市铁路局
陈乃文　云南省交通厅办公室副主任
刘云建　云南省交通厅信息中心副主任
吉　永　中华人民共和国昆明海关办公室
薛荣昆　云南省出入境检验检疫局
龚晓兰　中国人民银行昆明中心支行
康晓虹　中国人民银行昆明中心支行
刘润元　云南省人民政府信息产业办公室
高长华　云南省邮政公司办公室
张红云　云南省科技厅办公室
和振远　云南省科技厅办公室
毕　红　云南省科技厅办公室
孙　进　云南省科技厅办公室
金振辉　云南省科技厅办公室
黄丕铂　云南省科技厅办公室
吴　杰　云南省科技厅办公室
牛永东　云南省科技厅办公室
杨磊权　云南省科技厅办公室
王雪升　云南省科技厅办公室
邱　林　云南省教育厅办公室副主任
郑延麟　云南省测绘局办公室主任
冯　颖　云南省气象局
王恩泽　云南省扶贫办公室
李培华　云南省民政厅办公室
原红凯　云南省劳动和社会保障厅办公室
朱远昆　云南省劳动和社会保障厅办公室
黄　增　云南省建设厅秘书
彭颖睿　云南省国家税务局
王　玫　云南省地方税务局
杜立基　云南省工商局办公室
杨　璇　云南省工商局办公室
李钰潇　云南省质量技术监督局文秘
马全林　云南煤矿安全监察局办公室副主任
江　峰　云南省供销合作社联合社
杨　漾　云南省烟草公司
申　玮　云南省旅游局主任科员
王达达　云南电网公司
黄清祥　云南省生物资源开发创新办
夏　兵　云南省生物资源开发创新办
赵丕德　昆明年鉴编辑部执行主编
邹　蓉　昭通市统计局综合科
沈璐娟　曲靖市委政策研究室副科长
邓默燃　玉溪市人民政府研究室副县级助调
王江龙　普洱市人民政府研究室农社科副科长
王宏斌　普洱市人民政府办公室信息科科长
李　丹　普洱市人民政府办公室信息科副科长
王文蓉　保山市人民政府经济研究中心
顾永康　丽江市人民政府办公室信息科科长
左映莲　临沧市发展研究中心
杨志伟　楚雄州发展和改革委员会
李　雁　红河州人民政府研究室
胡廷汉　文山州人民政府研究室秘书科长
颜建华　西双版纳州委州政府政策研究室
赵秀元　大理州地方志办公室主任
黄艳芳　德宏傣族景颇族自治州人民政府办公室信息科科长
关建涛　怒江州人民政府经济研究中心经济研究科科长
李燕兰　迪庆藏族自治州发展研究中心
李晓燕　五华区地方志办公室
于良骓　盘龙区地方志办公室

蒋水建　官渡区史志办
罗桂莲　西山区地方志办公室
杜选明　东川区史志办副主任
张丽华　安宁市史志办主任
耿文江　宣威市地方志办公室
何少华　个旧市人民政府办公室秘书二科科长
李学慧　文山县委党史研究室
王娅敏　潞西市史志办科员
李俊成　香格里拉县史志办公室
郝万平　昆明滇池国家旅游渡假区管理委员会副局长
程　鹏　云南省经委产业政策处
张　凤　云南省经委产业政策处
齐　欢　云南省澜湄办
李　平　云南省澜湄办
郭　宽　云南省澜湄办
刘小龙　中共云南省委党校理论研究所所长
李庆雷　中共云南省委党校理论研究所
刘杰豪　中共云南省委党校理论研究所
李　平　云南省科技厅澜湄办研究室
王元喜　昆明海关风险管理处副处长
吴建烈　JMS 物流研究中心
张云江　云南省经济委员会中小企业处副主任科员
李继彬　云南铜业（集团）有限公司经济发展研究室主任
王世德　云南铜业（集团）有限公司经济发展研究室副总编
张劲锋　云南铜业（集团）有限公司
黎小浪　云南冶金集团总公司办公室科长
周永碧　云南商业集团有限公司
陈　葵　云南省农垦总局办公室副主任
周少方　云南物流产业集团有限公司董事长、党委书记
周玉康　云南世博集团有限公司
杜劲松　交通银行昆明分行秘书科长
冷少萍　中国太平洋财产保险股份有限公司云南分公司
彭　怡　中国太平洋人寿保险股份有限公司云南分公司办公室文宣科副科长
金丽霞　云南省社会科学界联合会主任科员
罗荣淮　云南省社会科学院经济研究所
黎　晶　云南省统计局副调研员
陈晓光　云南省人民政府法律顾问室副主任
梁　雁　中国企联办公室
王德堂　云南省人民政府研究室科研处处长
杨桂敏　云南省人民政府研究室科研处
魏家骏　云南经济年鉴编辑部
秦　硕　云南经济年鉴编辑部
江　楠　云南经济年鉴编辑部
思茅区志办
昆明国家经济技术开发区办公室